Frontispiz (zu S. 695): Der Traktat *in elucidationem cuiusdam hostie rubricate in urbe inclita Berna* enthält einen einzigen Holzschnitt, der die Aussetzung der roten Hostie zur Verehrung und die blutweinende Marienstatue mit dem Leichnam Christi in der Marienkapelle der Dominikanerkirche in Bern zeigt. Auf dem Altar liegt der Konversenbruder Hans Jetzer ausgestreckt. Man sieht die Stigmata an seinen Händen und Füßen und in der Seite. Links vom Altar zwei Dominikaner (einer von hinten) und zwei Zuschauer, ein Mann (?) und eine Frau. Der eine Dominikaner zeigt mit der rechten Hand auf eine Hostie oben an der Wand (oder schwebend?) mit einem Kreuz und fünf Punkten. Im Hintergrund zwei vergitterte Fenster.

Frontispiz von Jacobus de Marcepallo [Jacques de Marchepallu], *Tractatus in elucidationem cuiusdam hostie rubricate in urbe inclita Berna*, wahrscheinlich Basel, um 1509. Das Frontispiz dürfte, wie die meisten Holzschnitte der *Falschen History*, von Urs Graf d. Ä. stammen; vgl. HIERONYMUS, Oberrheinische Buchillustration 2 S. 36 Nr. 47 mit Abb. 171, 1.

(Österreichische Nationalbibliothek, 77.R.30.[Adl]; http://data.onb.ac.at/rep/10AC2CB4)

Monumenta Germaniae Historica

Schriften

Band 78

II

2022

Harrassowitz Verlag · Wiesbaden

Kathrin Utz Tremp

Warum Maria blutige Tränen weinte

Der Jetzerhandel und die Jetzerprozesse in Bern
(1507–1509)

II

2022
Harrassowitz Verlag · Wiesbaden

Bibliographische Information der Deutschen Nationalbibliothek
Die Deutsche Nationalbibliothek verzeichnet diese Publikation
in der Deutschen Nationalbibliografie; detaillierte bibliographische Daten
sind im Internet über https://dnb.de abrufbar.

Bibliographic information published by the Deutsche Nationalbibliothek
The Deutsche Nationalbibliothek lists this publication
in the Deutsche Nationalbibliografie; detailed bibliographic data
are available in the Internet at https://dnb.de.

© 2022 Monumenta Germaniae Historica, München
Alle Rechte vorbehalten
Gedruckt auf alterungsbeständigem Papier
Satz: Dr. Anton Thanner, Weihungszell
Druck und Verarbeitung: Beltz Grafische Betriebe GmbH, Bad Langensalza
Printed in Germany
ISBN 978-3-447-11647-3
ISSN 0080-6951

Inhaltsverzeichnis

[Teil II]

3. Der Revisionsprozess in Bern (2. bis 31. Mai 1509) 535
   a) Die Vorbereitungen und der Beginn des Revisionsprozesses
   (20. September 1508 bis 2. Mai 1509) 535
   Die Vorbereitungen S. 535 – Briefe aus Rom (5. November
   1508 bis 1. Februar 1509) S. 538 – Der päpstliche Auftrag zum
   Revisionsprozess (1. März 1509) S. 543 – Der Beginn des Revisionsprozesses (2. Mai 1509) S. 548
   b) Die Verhöre Jetzers und der vier Dominikaner
   (2. bis 16. Mai 1509) 553
   Jetzer (2. bis 5. Mai 1509) S. 553 – Der Lesemeister (5. und
   7. Mai 1509) S. 557 – Der Schaffner (8. und 9. Mai 1509) S. 563
   – Der Prior (10. bis 12. Mai 1509) S. 568 – Der Subprior (14.
   bis 16. Mai 1509) S. 576
   c) Die Zeugen (17. bis 22. Mai 1509)....................... 584
   Der Priester Johann Zwygart S. 585 – Der Sporenmacher
   Friedrich Hirz S. 591 – Der Goldschmied Martin Franke und
   der Glaser Lukas S. 592 – Der Schuhmacher Johann Koch
   S. 594 – Der Kaufmann Johann Graswyl S. 595 – Der Chorherr Heinrich Wölfli S. 597 – Der Apotheker Niklaus Alber
   S. 601 – Der Stadtschreiber Niklaus Schaller und Venner Kaspar Wyler S. 602 – Der Scherer Johann Haller S. 605 – Der
   Kustos Johann Dübi S. 606
   d) Letzte Verhöre der Klostervorsteher (18. bis 22. Mai 1509).... 606
   Augenschein im Dominikanerkonvent S. 610 – Die Skandalisierung des Skandals S. 611
   e) Das Urteil gegen die vier Dominikaner und gegen Jetzer nach
   den Prozessakten und den chronikalischen Quellen (23. und
   24. Mai 1509).. 619
   Allerletzte Geständnisse des Priors (30. Mai 1509) S. 625 – Die
   Degradierung und Hinrichtung der Dominikaner in der Chronik des Valerius Anshelm S. 627 – Der Jetzerhandel und die
   Degradierung der Dominikaner in der Chronik des Diebold
   Schilling von Luzern S. 631 – Der Jetzerhandel in der Chronik
   des Werner Schodoler S. 643 – Der Jetzerhandel in der Chronik des Ludwig Schwinkhart S. 646

4. Die Anklagepunkte gegen die Dominikaner 655
   a) Häresie und Erscheinungen. 663
   Auf der Suche nach der Häresie im Jetzerhandel S. 663 – Marienerscheinungen im Mittelalter S. 668
   b) Sakrileg: der Diebstahl der Kleinodien aus der Marienkapelle in der bernischen Dominikanerkirche 674
   c) Vergiftung: die wiederholten Vergiftungsversuche an Jetzer ... 677
   Der Giftmord im Mittelalter S. 681
   d) Idolatrie: Hostienwunder und Hostienfrevel 683
   Ein Fest der befleckten Empfängnis nach dem Vorbild des Fronleichnamsfestes S. 688 – Eine vergiftete, erbrochene und verbrannte Hostie S. 689 – Der *Tractatus in elucidationem cuiusdam hostie rubricate in urbe inclita Berna* S. 694
   e) Absage an Gott und Anrufung von Dämonen 698
   Schwarze Magie im Kloster S. 710

5. Hintergründe und Abgründe. 720
   a) Die Stadt Bern als weltlicher Arm 720
   Die Vertretung der Stadt in den Gerichten der Jetzerprozesse S. 723 – Die Stadt Bern: von der negativen Auswahl zum höchsten Lob S. 730 – „Kuhliebhaber und Verräter": Die Beleidigung Berns und der Eidgenossen S. 739 – Die Prophezeiungen der blutweinenden Marienstatue S. 744 – Der eidgenössische Pensionenbrief (1503) und seine Folgen S. 751 – Der bündnispolitische Hintergrund S. 760
   b) Eine Inflation des Übernatürlichen 776
   Die Reliquien und ihre Verehrung S. 780 – Eine neue Wallfahrt S. 795 – Jetzers Stigmata und Passionsspiel S. 804 – Zweifel an den Stigmata des hl. Franziskus von Assisi S. 812 – Der Vergleich mit Niklaus von Flüe S. 820 – Jetzers Stigmata: „Nicht große Löcher, sondern nur ein bisschen weggeschürfte Haut" S. 829 – Ekstase oder Epilepsie? S. 833 – Echte und falsche Heiligkeit am Ende des Mittelalters S. 838

Schluss: Vom Jetzerhandel zum Predigerhandel 847

Epilog:
Vom Jetzerhandel zur Reformation

Einleitung: Der Jetzerhandel in den „Dunkelmännerbriefen" (1515 und 1517).. 874

1. Jetzers Schicksal 884
   a) Jetzers Verurteilung und seine Flucht aus dem Gefängnis (24. Mai und 25. Juli 1509)............................. 884
   b) Jetzers Verhaftung und Freilassung in Baden (1512) 888

2. Die Kosten der Jetzerprozesse.............................. 892
   a) Die Rechnungen.. 893
   b) – und ihre Bezahlung.................................. 902

3. Ein Aufschub?.. 915
   a) Neue Altartafeln für die Berner Dominikanerkirche 918
   b) Totentanz und Jetzerhandel 928
   c) Ende des Tauwetters?................................... 937

4. Vom Jetzerhandel zur Reformation (1520 bis 1528/1530) 943
   a) Der Jetzerhandel in den 1520er-Jahren 946
   b) Bis dass der Tod euch scheidet: der Streit zwischen den Chorherren Ludwig Löubli und Heinrich Wölfli............ 952

Anhang

1. Chronologische Übersicht über Jetzerhandel und Jetzerprozesse. 963
   a) Jetzerhandel 963
   b) Jetzerprozesse... 970
   Jetzers Prozess in Lausanne und Bern S. 970 – Hauptprozess in Bern S. 977 – Revisionsprozess in Bern S. 986

2. Die Mitglieder des Dominikanerkonvents Bern 1498–1508...... 994

3. Who's who von Jetzers Erscheinungen...................... 996

4. Die Zeugen in den Jetzerprozessen......................... 1004

VIII   Inhaltsverzeichnis

Abbildungsverzeichnis 1006

Tafeln.. 1009

Namenregister 1021

3. Der Revisionsprozess in Bern (2. bis 31. Mai 1509)

Interrogatus [Jetzer] si sciat, super quibus fuerit examinatus tunc et quid deposuerit, respondit quod totiens fuit examinatus, quod non bene et distincte poterit recordari de singulis
Akten III S. 414 Nr. 3 (1509, Mai 2; Jetzer)

a) Die Vorbereitungen und der Beginn des Revisionsprozesses (20. September 1508 bis 2. Mai 1509)

Die Vorbereitungen

Wie wir gesehen haben, ging der Hauptprozess in Bern am 7. September 1508 ohne Urteil zu Ende, und es galt, wieder nach Rom zu reisen, um die päpstliche Erlaubnis zu einem weiteren Prozess zu bekommen. Diesmal nahm Konrad Wymann, der zweite Glaubensprokurator neben Ludwig Löubli, die Reise auf sich, während dieser im Frühling 1508 die erste Reise unternommen hatte (siehe Kap. II/2a, Die Vorbereitungen). Dabei kann man vermuten, dass Löubli nicht mehr reisen konnte, weil er am 15. September 1508 – wohl wegen seiner Verdienste als Glaubensprokurator im Hauptprozess – zum Dekan des Vinzenzstifts aufgestiegen war (siehe Kap. II/2e, Ein offenes Ende). Am 20. und 24. September 1508 wurde Wymann mit einem Wechselbrief, einer Instruktion, einem Passbrief und vielen Empfehlungsbriefen ausgestattet. Der Kaufmann Bartholomäus May wurde angewiesen, einen Wechselbrief über 300 Dukaten auszustellen[1]. Dieses Geld diente nicht nur dazu, ein weiteres päpstliche Breve zu erwirken, sondern auch, um eine päpstliche Bestätigung für Johann Murer zu bekommen, der am 27. August 1508 zum Propst des Vinzenzstifts gewählt (und am 17. September bereits installiert) worden war (siehe Kap. II/2d, Johann Murer). Laut seiner Instruktion erhielt Konrad Wymann Empfehlungsbriefe an den Papst und einige Kardinäle in beiden Angelegenheiten, *dem handel der Bredger und hern nüwen probst*. Als Ratgeber in Rom wurden Wymann der Propst von Solothurn, Niklaus von Diesbach, und andere ans Herz gelegt, doch wurde er auch an den Bischof von Sitten, Matthäus Schiner, verwiesen, *der üch weiß zů bescheiden, was üch gebüren wil ze tund und zů lassen*, wohl als Kenner der Kurie in Rom, aber vielleicht auch, weil dieser das glei-

---

1) Beilagen S. 628 Nr. 30 (1508, Sept 20). Zu Bartholomäus May siehe Kap. II/2a, Der Beginn des Hauptprozesses, Anm. 17.

che wollte wie auch die Stadt Bern, nämlich die Hinrichtung der vier Dominikaner (siehe Kap. II/2e, Ein offenes Ende). Entsprechend wurde der Bote auch instruiert, dass es für die vier Klostervorsteher keine Gnade geben könne, weder in Bern noch anderswo: *So ver üch aber wurde begegnen, daß jemand wölte meynen, den gefangnen Bredgern gnad ze tůnd, es sye dieselben inzůnämen und by leben beliben zů lassen, an andre ort und uß diser stat Bern zů vertigen, so wellend understan, dem vor zů sind und üch lassen merken die unrůw und widerwärtikeit, so daher erwachsen, und daß solichs deheins wägs wurde nachgelassen, ungehindert ob daher verrer beschwerden solten besorget werden.* Um keinen Widerspruch aufkommen zu lassen, drohte der Rat hier – und auch in der Folge immer wieder – mit einem Volksaufstand und spielte damit gewissermaßen mit dem Feuer. Er unterstrich einmal mehr, dass er nur höchst unwillig und ungern den Bischöfen von Lausanne und Sitten nachgegeben und in einen „Verzug" eingewilligt habe. Der Bote erhielt von Bartholomäus May einen Wechsel über 300 Dukaten, von denen 200 Dukaten für die Bestätigung des neuen Propsts und 100 Dukaten für den *handel der Bredger* zu verwenden waren, und wurde ermahnt, damit sparsam umzugehen und darüber Rechnung abzulegen; doch scheint von Wymanns Romreise – anders als von derjenigen Löublis – keine Abrechnung überliefert zu sein, sondern nur einzelne Einträge in die Rechnungen[2]. Dagegen wissen wir, dass die Reise über Sitten führte, denn am 25. September 1508 war Wymann dort, wohl um sich von Schiner instruieren zu lassen[3].

Im Empfehlungsbrief an den in Rom weilenden Propst von Solothurn, Niklaus von Diesbach, und an Kaspar von Silenen, Hauptmann der päpstlichen Garde, datiert vom 24. September 1508, spricht der Rat wiederum vom *sweren und großen mißhandel, so si [die gefangenen Dominikaner] zů schmach und verachtung des cristenlichen gloubens und der muter Gots, ouch unser gemeinen stat und landtschaft gebrucht, bekant und verjechen haben.* Dabei steht die „Schmach und Verachtung" von Stadt und Landschaft Bern zwar an zweiter Stelle, aber doch praktisch gleichberechtigt ne-

---

2) Beilagen S. 629 Nr. 31 (undat., 1508, Sept 20; Instruktion für Konrad Wymann). Vgl. auch Rechnungen S. 658 (Rechnung 1): *Denne herr Kunrad von Spietz uff den ritt gan Rom, 120 lb. [...] Denne aber Bartlome Meyen von herrn Cunrads von Spietz ritlon, 270 lb.* Vgl. auch ebd. S. 66 Anm. 1 (Rechnung 4): *Denne mins hern probsts ußrichtern umb den mul, so her Cunrat gan Rom hatt gerytten, 15 guldin.* Bei *mins hern probsts ußrichtern* handelte es sich um die Testamentsvollstrecker des verstorbenen Propsts Armbruster, dem das Maultier, das Wymann für seinen Ritt nach Rom benutzte, offenbar gehört hatte.

3) Korrespondenzen Schiner 1 S. 79 Nr. 104 (1508, Sept 25; Wymann Zeuge einer Urkunde).

ben derjenigen des christlichen Glaubens und der Mutter Gottes. Obwohl der „Misshandel" „offenbar" gewesen sei und der Rat von den Bischöfen von Lausanne und Sitten verlangt habe, dass die Dominikaner „nach ihrem Verdienen" zu bestrafen seien, hätten die beiden es doch vorgezogen, den Prozess (= die Prozessakten) dem Papst zu schicken und ihn um Rat für das Urteil zu ersuchen, und dies, obwohl die Gemeinde von Bern „unruhig" und Willens gewesen sei, *selbst in der sach zů handlen* (möglicherweise Lynchjustiz zu üben), und der Rat sie nur mit Mühe und Not daran habe hindern können (*wo wir sölichs mit vil müg und arbeit nit hätten verkommen*). Der Rat fürchtete, *daß den berürten gefangnen Predigern uf unwarhaft, ungegrundt fürgeben des ordens oder andrer, gnad möchte beschechen*, und stellte klar, dass er nur eine Hinrichtung durch Feuer in Bern akzeptieren werde: *damit die berürten gefangnen Brediger hie in unser stat unabgefürt bliben und mit dem für und nach irem verdienen werden hingericht!* Der Rat versprach sich von seiner unnachgiebigen Haltung „Ruhm und Lob" für seine „nicht wenig geschmähte und verachtete" Stadt! Auch im lateinischen Brief (ebenfalls vom 24. September 1508) an Papst Julius II., dem Bern nicht wenig schmeichelte, indem es ihn Stellvertreter Gottes (*indubitatus Dei vicarius*) und Haupt der Welt (*totius orbis caput celeberrimum*) nannte, machte der Rat klar, dass die Augen nicht nur von Bern und seinem Untertanengebiet, sondern auch von ganz Deutschland auf ihm ruhten und dass die Missetaten der Dominikaner, für die er die Begriffe Häresie und Idolatrie verwendete, selbst den Türken, Barbaren und Juden missfallen würden. Er verlangte für die vier Klostervorsteher nicht nur die Feuerstrafe, sondern war auch nicht mehr willens, den Dominikanerorden weiterhin in seinen Mauern zu dulden. Schließlich wurden am gleichen Tag auch noch Briefe an den Sekretär und den Referendar des Papstes, an die Auditoren des *sacrum palatium* und der Rota, an drei beliebige Bischöfe sowie an Alexander de Gablonetis (de Gabioneta) und Peter Colini, Ehrenchorherren des Vinzenzstifts, formuliert[4]. Im Folgenden kann es weder darum gehen, die Mechanismen der päpstlichen Kurie in Rom zu erklären noch zu verste-

---

4) Beilagen S. 629–632 Nr. 32–34 (1508, Sept 24). Zu den Ehrenchorherren Alexander de Gablonetis und Peter Colini vgl. TREMP-UTZ, Chorherren S. 104 u. 106 f. Eine ungefähre deutsche Übersetzung des Briefs an den Papst bei Anshelm 3 S. 150 f. – Bei der Rota handelte es sich um das Gericht des Papstes, das sich zunächst aus den Kardinälen zusammensetzte, die seit Beginn des 13. Jahrhunderts von Kaplänen abgelöst wurden, die wiederum seit Beginn des 14. Jahrhunderts den Titel von Auditoren (Vernehmungsrichtern) trugen. Die Bezeichnung Rota leitet sich wohl von der Porphyrtafel der vatikanischen Basilika ab, um die sich der Papst und die Kardinäle versammelten, um die schwierigeren Fälle zu besprechen, vgl. Agostino PARAVICINI BAGLIANI, Art. Rote, in: Dictionnaire encyclopédique de Moyen âge 2 (1997) S. 1343.

hen, wie Wymann und seine Berater sich darin bewegt haben; wir können lediglich versuchen, bei der Wiedergabe der Bezeichnung von Ämtern und Personen so präzise als möglich zu sein, damit Kenner der päpstlichen Kurie sich darauf einen Reim machen können.

Briefe aus Rom (5. November 1508 bis 1. Februar 1509)

Der Gesandte Berns, Konrad Wymann, hat über seine Reise nach Rom zwar keine Rechnung geführt, aber doch fleißig Briefe nach Bern geschrieben, von denen nicht weniger als sechs erhalten sind. Der erste datiert vom 5. November 1508 und berichtet, wie Wymann am 26. Oktober in Rom angekommen sei und dank Niklaus von Diesbach und Kaspar von Silenen am 31. Oktober bereits eine Audienz beim Papst bekommen habe, den er *wolgeschickt und als uwern gnaden uf das höchst geneigt funden*. Nur: die Dominikaner hatten bereits vor Wymann beim Papst vorgesprochen und sich über die Folter beschwert, der Mitglieder ihres Ordens in Bern unterworfen worden seien. Der Papst hätte lieber gehabt, wenn die bischöflichen Richter am Ende des Hauptprozesses ein Urteil gesprochen hätten, doch wollte Wymann dessen Gründe offenbar nicht schriftlich niederlegen, sondern seinen Herren erst nach seiner Rückkehr – *so mir Gott heim ghilft* – mündlich übermitteln, mit der Folge, dass wir sie nie erfahren. Der Papst habe die Prozessakten *dem verhörern bäbstlicher sachen* zum Lesen gegeben, der ihn an den Kardinal von Senagalen (Marcus Vigeri OFM) weitergeben sollte; dieser sei ein Franziskaner und deshalb auf der Seite von Bern: *der ein Barfüßer und für uns ist*. Darauf sei Wymann zum *auditor camerae* – wohl identisch mit dem oben genannten „Verhörer päpstlicher Sachen" – gegangen und habe ihn gebeten, die Prozessakten zu *übersehen und uns zu fürdern*. Dieser habe geantwortet, *der process wäre lang* und *der handel swere* – und die Dominikaner seien bereits bei ihm gewesen und hätten sich beklagt; es könnte sein, dass sie eine Kopie der Prozessakten haben wollten, um dagegen Einsprache erheben zu können; der Papst wolle dies jedoch nicht und sei den „Herren" von Bern wohlgesonnen. Konrad Wymann sah bereits voraus, dass die Sache sich länger hinziehen werde, *wann uwer gnad lieb oder lydig sig*, und mahnte seine „Herren" zu Geduld. Er habe noch gar nicht gewagt, davon zu sprechen, dass die Dominikaner ganz aus der Stadt Bern entfernt werden und die Dominikanerinnen in der Insel an ihrer Stelle das Kloster der Männer in der Innenstadt beziehen sollten. Der Papst sei nach Ostia verreist und werde erst in drei Wochen nach Rom zurückkehren, was Wymanns Aufenthalt natürlich verlängern und teurer machen werde: *Es kostet vil, eins und das ander, die zerung ist thür.* Wymann wollte auch

nicht zu Bestechung greifen: dazu habe er keinen Auftrag und wüsste auch nicht richtig, wie dabei vorzugehen wäre[5].
Nicht nur die Dominikaner scheinen keine Kopie der Prozessakten gehabt zu haben, sondern auch die Berner selber nicht. Jedenfalls wandten sie sich am 6. November 1508 an den Bischof von Sitten und baten ihn um die Abschrift, die er ihnen versprochen habe. Bern argumentierte wieder mit „der Unruhe der Gemeinde" und versprach, die Prozessakten auch nach Erhalt einer Kopie geheim halten zu wollen, *damit daher dehein verrer geschrey noch ußkundung sol erwachssen*; man werde Mittel und Wege finden, *unsern großen ratt zu geswigen und die unrüwigen zu gestillen*[6]. Wir wissen nicht, ob Bern in der Folge eine Abschrift bekommen hat; eine solche kann nicht mit der Kopie identisch sein, die heute in Bern liegt und die Steck herausgegeben hat, denn diese enthält auch den Revisionsprozess, der hier noch gar nicht stattgefunden hatte (siehe Einl. 2a). Dagegen schrieb Konrad Wymann am 16. November 1508 einen zweiten Brief, in dem er von den Agitationen der Dominikaner in Rom berichtete, und insbesondere von denen von Paul Hug von Ulm, der während des Hauptprozesses dem verwaisten Konvent in Bern vorgestanden hatte und selber heftig in Verdacht geraten war, ein Mitschuldiger zu sein (siehe Kap. II/2e, Die Mitschuld der Oberdeutschen Dominikanerprovinz). Dieser weilte nun offenbar in Rom und setzte zusammen mit dem Protektor des Dominikanerordens (Olivier Carafa) und dem *magister pallatii* (Johann de Rafanellis OP) Himmel und Hölle in Bewegung, um den Dominikanern zu helfen. Da der letztere zugleich Beichtvater des Papsts war, hätte dies den Bemühungen der Berner ernstlich schaden können, *wa uwern gnaden der babst nit so ganz wol wölt*. Der Gesandte befürchtete lediglich eine „kleine Verlängerung der Handels" und ermahnte seine Auftraggeber erneut zur Geduld. Der Jetzerhandel (vielmehr der Handel der Dominikaner) sei in Rom das Tagesgespräch: *Jederman verwundert sich des ends diser sach und wirt von allen nation hie zu Rom davon geredt*[7].

---

5) Beilagen S. 633 f. Nr. 35/1 (1508, Nov 5). Beim „Kardinal von Senagalen" handelt es sich um Markus Vigeri OFM, seit 1504 Bischof von Senigallia (Provinz Ancona It.), seit 1505 Kardinal von Santa Maria in Trastevere und seit 1511 Bischof von Praeneste, heute Palestrina (Provinz Rom It.), † 1516, vgl. SCHMITT, La controverse allemande S. 430 Anm. 1.
6) Beilagen S. 632 f. Nr. 34 (1508, Nov 6).
7) Beilagen S. 634 f. Nr. 35/2 (1508, Nov 16). Olivier Carafa (1430–1511), Erzbischof von Neapel (1458–1484 u. 1503–1511), Kardinalbischof von Albano (1476–1483), von Sabina (1483–1503) und von Ostia (1503–1511), Protektor des Dominikanerordens seit 1478 (Wikipedia), vgl. auch SCHMITT, La controverse allemande S. 425. Der *magister palatii* und Beichtvater des Papstes scheint immer ein Dominikaner gewesen zu sein, in den

Der nächste überlieferte Brief von Konrad Wymann datiert vom 14. Dezember 1508, doch muss ein Brief verloren gegangen sein, denn Wymann schreibt, dass er vor vier Tagen (also am 10. Dezember) nach Bern geschrieben habe, *wie es um den handel der Prediger hie zu Rom stand, wie er vast gemach ruck, mit anzöugenden ursachen*. Der Grund, warum der Gesandte nach vier Tagen bereits wieder zur Feder griff, war, dass er am 14. Dezember beim Kardinal von Senigallia gewesen sei, *der den proceß in siner hand hatte*. Dieser habe ihm einen raschen Entscheid in Aussicht gestellt, sobald der Papst auf Weihnachten von Ostia nach Rom zurückgekehrt sein werde. Wymann lobte den Kardinal sehr und bat Bern, diesem in einer Pfründenangelegenheit behilflich zu sein; es ging offenbar um eine Abtei in Savoyen, die der Herzog einem anderen verliehen habe. Der Kardinal habe Wymann eigens aufgetragen, nach Bern zu schreiben, man solle sich die Verlängerung in Rom nicht zu Herzen nehmen und insbesondere *mit den gefangnen [Dominikanern] dhein hertikeit anvachen, biß zu endtlichem ustrag, damit ir uwer gut lob, das ir in aller welt hand, nit verschüttend*. Niemand, der von diesem „Handel" höre, könne *sich siner swer und unbillikeit gnüg verwundern, darumb muß man im wyl geben*. Wymann schreibt, dass er dem Kardinal vorgestellt habe, die Verzögerung werde dem Volk Ursache geben, die gefangenen Klostervorsteher zu überfallen und sie im Gefängnis zu töten, gibt aber zu, dass er diese Furcht geäußert habe, um schneller abgefertigt zu werden[8].

Der nächste Brief, den Konrad Wymann am 21. Dezember 1508 schrieb, tönt weniger optimistisch. Es begann ihn zu verdrießen, *daß ich ustrags des handels nit mag erlangen*. Er führte dies darauf zurück, dass der Papst, seitdem er, Wymann, in Rom angekommen sei (seit dem 26. Oktober 1508), sich ganze vier Wochen nicht hier aufgehalten habe und dass die Kardinäle den „Handel" als „so groß und schwer" beurteilten, dass sie nichts überstürzen wollten (*daß sie nit wöllend uberylt werden*). Diese sagten, *daß es der gröst und swerst handel sig, der gen Rom in zweihundert jar nie kommen sig, ouch ein mächtigen orden berüren, der tag und nacht großen flys, müg und arbeit brucht mit gaben und anderm, söllichen zu underdrucken, als ich weiß, daß si nit fyrend noch stilstandend*. Der Papst sei der Stadt Bern nach wie vor wohlgesonnen, nicht aber einige Kardinäle. Wymann hoffte weiterhin, dass diejenigen von ihnen, die damit beauftragt waren, die Pro-

---

Jahren 1502–1515 Johann de Raffanellis, vgl. Beilagen S. 635 Anm. 1 (sonst nicht weiter identifiziert).

8) Beilagen S. 635 f. Nr. 35/5 (1508, Dez 14), hier S. 636: *Ich hett im geseit, ich besorgt, die verlängerung wurde dem gemeinen volk ursach geben – das doch vast unlidig wäre – si zu uberfallen und in der gevänknuß zu tod zu schlachen, damit daß ich dester ylender und usrichtlicher abgevertigt wurd*.

zessakten zu sichten, bis Ende Monat (Dezember) dem Papst darüber referieren würden und dass er dann endlich „abgefertigt" werde. Er bat einmal mehr um Geduld und versuchte die Berner mit der *wisheit, billikeit und vernunft* zu entschädigen, *so uwern gnaden in disem handel von allen nation wirt zugelegt*. Als seine unermüdlichen Gegner nannte er den Protektor des Dominikanerordens (Carafa), den Generalprokurator (wohl Cajetan) und Paul Hug[9].

Am 10. Januar 1509 befand Wymann sich weiterhin in Rom, konnte aber immerhin melden, dass der Kardinal von Senigallia, der *auditor camerae* (nicht identifiziert) und der *magister sacri palatii* (Johannes de Rafanellis OP) die Prozessakten inzwischen durchgearbeitet hätten und hofften, vom Papst bald zum Referieren einberufen zu werden. Der Dominikanerorden tue nach wie vor alles, um einen für Bern günstigen Ausgang zu verhindern, zusammen mit einigen ihm wohlgesinnten Kardinälen (*gutgönnern*) und mit *gelt und gaben*. Obwohl Wymann gerne heimgekehrt wäre, wollte er dies doch nicht unverrichteter Dinge („ungeschafft") tun; das Geld sollte noch bis Pfingsten (die 1509 auf den 27. Mai fiel) reichen. Die Dominikaner scheinen noch immer keine Abschrift der Prozessakten gehabt zu haben, die sie brauchten, um den Prozess anzufechten: *dass er nit förmlich nach form des rechten gemacht sig*. Die gefangenen Klostervorsteher hätten unter der Folter sich selber und auch anderen, die sie denunziert hätten, Unrecht getan (*daß die gevangnen von gröse(!) der marter inen selbs, ouch den andern, so si dargeben haben, unrecht than*). Laut Wymann sollten Vertreter der Dominikaner, darunter Paul Hug, aber auch *etlich ander uß dem convent zu Bern*, in den vergangenen Tagen heimlich und ohne sein Wissen an der Kurie gewesen sein und sich mit Leib und Leben für die gefangenen Klostervorsteher eingesetzt haben, denen Unrecht geschehen sei. Wymann riet indessen dringend von irgendwelchen Retorsionsmaßnahmen gegen die Gefangenen in Bern ab, denn die Berner hätten einen guten Ruf zu verlieren: *wann es gang oder end, wie es wöll, so redt man doch so vil gůts diser sachen halb von uwern gnaden, daß ich's ouch nit genügsamlich weiß zu schriben*. Zuletzt gab der Gesandte seiner Hoffnung Ausdruck, dass er in zehn Tagen abgefertigt werden würde, *wann der bapst ist uwern gnaden geneigt*; sonst

---

9) Beilagen S. 636 f. Nr. 35/4 (1508, Dez 21). Am 3. Januar 1509 schrieb Bern seinerseits an den Bischof von Lausanne, dass die Sache in Rom sich hinziehe, und übermittelte ihm einen an ihn gerichteten Brief, der offenbar Wymanns (letztem) Brief beigelegen hatte, und ebenso einen an den Herzog von Savoyen adressierten Brief, in dem es offenbar um die vom Kardinal von Senigallia angestrebte savoyische Abtei ging und den der Bischof von Lausanne dem Herzog von Savoyen durch einen eigenen Boten übermitteln sollte, vgl. Urkunden S. 275 f. (1509, Jan 3).

wüsste er überhaupt nicht, wie es gehen sollte, denn *zu Rom hat man gelt lieb und schafft man mit demselben vil*[10]!

Anfang Februar war Konrad Wymann noch immer nicht „abgefertigt", was er mit dem großen Widerstand begründete, den der ganze Orden und seine vielen Gönner leisteten: *angesechen die großi, sweri und merklichen widerstand des ganzen ordens, ouch desselben gůtgönnern, der vil ist.* Nichtsdestoweniger sei er, wohl zusammen mit dem Propst von Solothurn, in den vergangenen Wochen zwei Mal beim Papst gewesen und habe versucht, die Sache voranzutreiben, indem er wiederum von einem Überfall auf die gefangenen Dominikaner oder ihr Kloster sprach. Der Papst scheint wiederum mit der „Größe und Schwere des Handels" argumentiert zu haben, die nicht nur ihm, sondern auch denjenigen, welche Einblick in die Prozessakten hätten, und nicht zuletzt dem ganzen Konsistorium (Kollegium der Kardinäle) zu schaffen mache. Der Dominikanerorden und seine Beschützer beklagten sich, man lasse sie in Rom nicht zu einer „wahren Entschuldigung" kommen, ebenso wie sie auch während des Hauptprozesses in Bern daran gehindert worden seien, eine richtige Verteidigung aufzubauen, was sie allerdings nur zeigen könnten, wenn sie im Besitz einer Abschrift der Prozessakten wären (*so wäre auch ir gegenwere zu Bern in vil stucken wider die form des rechten alweg abgeschlagen worden, das si mit dem proceß wölten erzöigen*). Nichtsdestoweniger sei der Papst gestern wiederum mit einigen Kardinälen und auch den Gelehrten, welche die Prozessakten durchgearbeitet hätten, und ihnen beiden (wohl mit Wymann und dem Propst von Solothurn) zusammen gekommen, und sie hätten sich nicht weniger als vier Stunden lang beraten. Als sie danach zum Kardinal von Senigallia gegangen seien, habe dieser ihnen gesagt, sie würden eine bessere Antwort bekommen, als sie selbst ahnen möchten. Es könnte sein, dass der Papst „einen" nach Bern schicken würde, um zusammen mit den Bischöfen von Lausanne und Sitten „die Sache auszumachen". Und Wymann bricht in eine Art Jubel aus: *Unser heiliger vatter der babst ist für uch, min gnädigen herrn; wann sust weiß ich nit, wann dise sach ein end hätt genommen.* Seine Heiligkeit habe auch nicht gewollt, dass er abreise, ohne etwas erreicht zu haben, obwohl er öfters mit seiner Abreise gedroht habe. Es sei fast nicht möglich, die Abwehr der Dominikaner, die sich wegen dieses Handels unter großen Kosten überall in Rom aufhielten, zu beschreiben, und er riet seinen „Herren", die Dominikaner in Bern gewissermaßen auszuhungern, indem man ihnen nichts mehr zukommen ließe, so dass sie aus Mangel selber weg-

---

10) Beilagen S. 637 f. Nr. 35/5 (1509, Jan 10).

zögen[11] – was wohl bedeutet, dass Wymann nicht gewagt hatte, den Papst um die Aufhebung des Dominikanerkonvents in Bern zu bitten.

Der päpstliche Auftrag zum Revisionsprozess (1. März 1509)

Wymanns sechster (und letzter) Brief scheint spätestens am 13. Februar 1509 in Bern angekommen zu sein, denn an diesem Tag schrieben die Berner ihrerseits an den Bischof von Sitten, *was anzoügung inen von Rom begegnet, mit beger, minen hern darin zu raten*, doch scheint der Brief selber bzw. der Entwurf in den Deutschen Missivenbüchern des Staatsarchiv Bern nicht überliefert zu sein[12]. Am 1. März 1509 erließ Julius II. wiederum ein Breve an die Bischöfe von Lausanne und Sitten, in dem er sie zunächst für die Art und Weise lobte, mit welcher sie in seinem Auftrag einen Prozess (den Hauptprozess) gegen einen Konversen und vier andere Brüder des Dominikanerordens durchgeführt hatten. Da aber der Provinzial, ihr Kollege, sich von ihnen distanziert habe (*a vobis dissensit*), sei es von größter Bedeutung, darin einiges zu verifizieren und einige Fehler (*defectus*) auszubessern. Deshalb schicke er ihnen Achilles (de Grassis), Bischof von Città di Castello, seinen Referendar und Vertreter eines Auditors seines *sacrum palatium* (wohl identisch mit der Rota); dieser solle zusammen mit den beiden Bischöfen den Prozess revidieren, fortsetzen und bis zum Urteil oder Freispruch (*usque ad sententiam condemnatoriam vel absolutoriam inclusive*) vollenden, wie dies alles in einem Brief an den Bischof von Città di Castello weiter ausgeführt werde[13]. Achilles de Grassis (1463–1523) könnte also der Referendar des Papstes gewesen sein, der in dessen Namen die Prozessakten durchgearbeitet und ihm anschließend Bericht erstattet hatte; wenn dem so ist, kannte er den Fall schon recht genau. Er war ein Kaplan Papst Julius' II., der ihm trotz eines nicht sehr geistlichen Lebens zahlreiche Pfründen verlieh und ihn 1507 zum französischen König Ludwig XII. (1498–1515) nach Genua sowie 1510 zu Kaiser Maximilian I. (1493/1508–1519) und anschließend nach Ungarn und Polen schickte. Seit 1491 war er Auditor der Rota,

---

11) Beilagen S. 638 f. Nr. 35/6 (1509, Feb 1).
12) Beilagen S. 639 Nr. 36 (1509, Feb 13).
13) Akten III S. 408 f. (1509, Mrz 1). Dabei handelt es sich um die Abschrift des päpstlichen Breves vom 1. März 1509 in die Prozessakten des Revisionsprozesses. Das Original bzw. das Exemplar des Bischofs von Lausanne, Aymo von Montfalcon, befindet sich möglicherweise in den Archives cantonales vaudoises unter der Signatur C III 81 (1509, Mrz 1), vgl. auch BÜCHI, Schiner 1 S. 135 Anm. 2. Das Original des Bischofs von Sitten könnte sich im Archiv der Edlen von Vautéry in Monthey befinden, mit einer Kopie in Staatsarchiv Freiburg, Coll. Gremaud 2, vgl. Korrespondenzen Schiner 1 S. 80 f. Nr. 107.

1506–1511 Bischof von Città di Castello (Provinz Perugia It.), 1511 Bischof von Bologna und 1521 Bischof von Pomesanien (poln. Pomezania). Am 10. März 1511 wurde er, gleichzeitig wie der Bischof von Sitten, Matthäus Schiner (siehe Einl. 1f), zum Kardinal erhoben, sei es wegen seiner Verdienste um die Beendigung der Jetzerprozesse oder um das päpstliche Bündnis mit den Eidgenossen, das 1510 zustande kam (siehe Kap. II/5a, Der bündnispolitische Hintergrund)[14].

Das an den Bischof von Città di Castello gerichtete Breve folgt in den Prozessakten des Revisionsprozesses unmittelbar auf dasjenige an die Bischöfe von Lausanne und Sitten und geht in einigen Punkten weiter, so wenn es sagt, dass der Konverse und die vier Dominikaner, denen der Hauptprozess galt, in Bezug auf die Jungfrau Maria viel vom katholischen Glauben Abweichendes fingiert hätten. Der Prozess sollte sorgfältig revidiert werden, um jeden Anlass zu Skandal zu unterbinden und den Dominikanern jeden Grund zu Klage zu nehmen. Der Papst zeigte sich überzeugt von der Gelehrsamkeit, der Umsicht und der Rechtschaffenheit, die der Bischof von Città di Castello in der Rota (*rota causarum palatii apostolici*) seit langer Zeit unter Beweis gestellt habe, und übertrug ihm deshalb die Aufgabe, sich persönlich nach Bern zu begeben und hier zusammen mit den Bischöfen von Lausanne und Sitten den von diesen durchgeführten Hauptprozess zu „revidieren" und die Fehler, die sich allenfalls darin finden würden, zu korrigieren. Er sollte die Brüder (Jetzer wohl inbegriffen) erneut befragen und verhören und auch diejenigen anhören, die zu ihrer Verteidigung angetreten waren, und schließlich zusammen mit den beiden Bischöfen in einem summarischen Prozess (*summarie et de plano*) zu einem Endurteil – einem Freispruch oder einer Verurteilung – gelangen und die Brüder, wenn nötig, in Anbetracht der Delikte und der Qualität des Skandals degradieren und dem weltlichen Arm übergeben. Im Weiteren wurde auf den päpstlichen Auftrag zum Hauptprozess (vom 21. Mai 1508) verwiesen, in dem jegliche Appellation vom Urteil unterbunden worden war. Der Bischof von Città di Castello erhielt auch die Kompetenz, ungeachtet der Privilegien des Dominikanerordens gegen andere Mitglieder des Ordens vorzugehen, die sich in der gleichen Sache ebenfalls verdächtig und schuldig gemacht hätten[15] – eine Anordnung, die den Absichten der Stadt Bern insbesondere in Bezug auf die mutmaßlichen Mitschuldigen entgegengekommen sein dürfte.

---

14) F. WASNER, Art. Grassi, Achille d. Ä., in: LThK 4 ([2]1960) Sp. 1167, vgl. auch Akten III S. 407 Anm. 2 und HS I/4 S. 39.

15) Akten III S. 409 f. (1509, Mrz 1). Dabei handelt es sich wiederum um die Abschrift des an Achilles de Grassis gerichteten päpstlichen Breves vom 1. März 1509 in die Prozessakten des Revisionsprozesses. Laut Steck befindet sich eine weitere Kopie „unter

Wir wissen nicht, wann Wymann nach Bern zurückgekehrt ist, wohl aber, dass der Rat am 7. März 1509 wegen der Dominikaner erneut an den Papst schreiben wollte, und am 8. März an den Bischof von Sitten, um ihn aufzufordern, nach Bern zu kommen, sobald der „päpstliche Bote", d. h. wohl Achilles de Grassis, bei ihm eingetroffen sein würde, und dann auch den Bischof von Lausanne aufzubieten[16]. Der „päpstliche Bote" ließ jedoch auf sich warten, jedenfalls war nicht ganz ein Monat später, am 5. April 1509, noch keiner der drei Bischöfe in Bern eingetroffen. An diesem Datum schrieb der Rat an den Bischof von Sitten, dass er vernommen habe, dass „die bischöfliche Botschaft" bei ihm eingetroffen sei, worüber man sich freue; denn die Verzögerungen, die bisher in dieser Sache eingetreten seien, seien sehr lästig. Bern scheint die erfreuliche Nachricht von Alexander de Gablonetis, Ehrenchorherr des Vinzenzstifts, erfahren zu haben, der offenbar zusammen mit dem „päpstlichen Boten" über den Großen St. Bernhard gekommen war. Für diesen wollte man alles Mögliche anwenden und bat deshalb den Bischof von Sitten, seine Ankunft – zusammen mit derjenigen der Bischöfe von Città di Castello und Lausanne – im Voraus nach Bern zu melden und mitzuteilen, ob der erstere lieber in einem eigenen Haus oder bei einem Wirt wohnen wolle[17].

Die Antwort des Bischofs von Sitten vom 9. April 1509 (Montag nach Ostern) war weniger enthusiastisch: er teilte mit, dass der Kastlan von Martigny ihn am 4. April habe wissen lassen, dass der Bischof von Città di Castello über den Großen St. Bernhard gekommen und in Martigny vorbeigereist sei. Da der Bischof von Sitten gesundheitliche Probleme hatte (*libes halber ungeschigt*) und außerdem an Gründonnerstag (5. April 1509) die heiligen Sakramente weihen musste (die heiligen Öle in der Chrisam-Messe), habe er seinen Kaplan, Peter Magni (Beisitzer im Hauptprozess), talabwärts geschickt, um den Bischof von Città di Castello einzuladen, die Osterzeit bei ihm in Sitten zu verbringen; doch dieser habe die freundliche Einladung ausgeschlagen, was den Bischof von Sitten nicht wenig kränkte (*deß wir ser verwundert sind*). Achilles de Grassis habe ausrichten lassen, dass es sein Befehl sei, sich so rasch als möglich nach Bern zu begeben, wohin der Bischof von Sitten danach vielleicht auch gerufen werde. Da Schiner aber auf die kommende Woche einen Landtag nach Naters einberufen habe, könne er nicht so rasch nach Bern reisen, und vielleicht wolle der Bischof von Città di Castello sich auch zunächst in Bern informieren und brauche

---

den Akten des Jetzerprozesses" (gedruckt Urkunden S. 276 f.) und außerdem eine deutsche Übersetzung, vgl. Akten III S. 409 Anm. 1.
16) Beilagen S. 639 Nr. 36 (1509, Mrz 7 u. 8).
17) Beilagen S. 639 f. Nr. 37 (1509, Apr 5).

ihn dazu nicht. Wenn man ihn dann aber dennoch nötig habe und er seine eigenen Angelegenheiten werde erledigt haben, werde er nach Bern kommen. Der Bischof legte außerdem ein Büchlein bei, welches „das Gedicht der Prediger" enthalte (wahrscheinlich einen Teil des Defensoriums), das in seinem Besitz geblieben sei und das die Berner dem päpstlichen Boten geben könnten, *damit er deß mangel nit beclagen möge*[18]. Kurz, Matthäus Schiner war beleidigt und verärgert, weil der Bischof von Città di Castello seine Einladung und damit auch eine erste Kontaktaufnahme verschmäht hatte – und vielleicht auch, weil er ihm im Revisionsgericht vor die Nase gesetzt worden war –, und machte sich deshalb ein bisschen rar, wohl wissend, dass der Revisionsprozess ohne seine Gegenwart nicht durchgeführt werden konnte und dass die Berner darauf drängten, die Angelegenheit zu einem raschen Ende zu bringen.

Achilles de Grassis, Bischof von Città di Castello, scheint Anfang April 1509 in Bern eingetroffen zu sein, wo er nicht zuletzt deshalb Aufsehen erregte, weil er laut Anshelm (3 S. 153f.) ein Gebiss („elfenbeinerne Zähne") trug, wohl eine italienische Errungenschaft, die man nördlich der Alpen noch nicht kannte. Der Chronist verschweigt auch nicht, dass der Bischof als Weltgeistlicher ein Vorurteil gegenüber Angehörigen aller Orden hatte, das er auch gegenüber dem Bischof von Lausanne, einem Benediktiner, nicht verschwieg:

Demnach im Apprellen kam gon Bern, von bäbstlicher heilikeit verordnet und gesent, der bischof von Castel, mit namen Achilles de Grassis von Bononia [Bologna], ein hochgelerter, trefflicher man, erfaren und gůts alters, brucht zeeden helfenbeinin zǎn, nach(h)er ein fůrnemer cardinal, und, wie man sagt, von siner sůnen und kinden wegen nit babst worden; das den münchen wol kam, dan er sprach, ouch vorm bischof von Losan: les freres toti quanti sunt pultroni et ecclesiae sanctae devoratores.

Laut einem Brief, den der Rat am 9. April (Ostermontag) an den Bischof von Sitten richtete (also am gleichen Tag, als dieser den oben erwähnten Brief nach Bern schrieb), war der Bischof von Città di Castello am Samstag vor Ostern (7. April 1509) in Bern angekommen. Da dieser, wie oben schon angeführt, den Prozess nicht ohne die Bischöfe von Lausanne und Sitten durchführen konnte, bat Bern die beiden um Erscheinen auf den nächsten Montag (16. April 1509) in Bern. Der Rat drängte; denn er wollte den Handel, dessen Kosten täglich anstiegen, endlich beenden: *damit wir dero zu růwen und ab costen, so täglich und in märklicher gestalt erwachst, mogen*

---

18) Beilagen S. 640 f. Nr. 38 (1508, Apr 9).

komen. Der Rat schrieb weiter an alt Stadtschreiber Thüring Fricker und bat ihn ebenfalls um sein Kommen auf den 16. April, da er bereits am Hauptprozess teilgenommen habe und besser informiert sei als jeder andere (*so ir vormals bi der sach gesessen und dero für ander bericht sind*)[19].

Am 16. April 1509 waren weder der Bischof von Lausanne noch derjenige von Sitten in Bern angekommen. Der Bischof von Lausanne befand sich auf einer Tagsatzung in Luzern, wo er zwar nicht als direkter Gesandter des Königs von Frankreich, wohl aber als Nachbar der Eidgenossen für eine Erneuerung des im März 1509 auslaufenden eidgenössischen Bündnisses mit Frankreich warb. Aber auch der Papst wollte ein Bündnis mit den Eidgenossen und hatte zu diesem Zweck einen Gesandten (wohl Alexander de Gablonetis) nach Luzern geschickt. Auf der Tagsatzung lag weiter ein Brief von Achilles de Grassis vor, der am 12. April 1509 von Bern aus schrieb, wo er zur Erledigung eines päpstlichen Geschäftes weile (*pro quibusdam Sanctissimum dominum nostrum sedemque apostolicam tangentes expediendis*). Er scheint indessen noch einen weiteren Auftrag gehabt zu haben, jedenfalls bat er die Tagsatzung um Gehör und einen Tag, der auf den 14. Mai 1509 in Bern angesetzt wurde, wahrscheinlich weil vorauszusehen war, dass Achilles de Grassis, der sich hier neben Auditor und Referendar auch päpstlicher Nuntius nennt, dann in Bern beschäftigt sein würde (siehe Kap. II/5a, Der bündnispolitische Hintergrund)[20].

Am 18. April 1509 schrieb Bern wiederum an die Bischöfe von Lausanne und Sitten und bat sie, so rasch als möglich zu erscheinen. Dabei scheint nur der Brief an den Bischof von Sitten erhalten zu sein, der etwas diplomatischer abgefasst war als die vorhergegangenen; offenbar hatte man eingesehen, dass man auch den Bischof von Sitten – nicht nur denjenigen von Città di Castello – pfleglich behandeln musste. Nichtsdestoweniger verwies Bern einmal mehr auf die täglich anwachsenden Kosten und die Unruhe der Gemeinde und gab auch der Angst Ausdruck, dass alle weiteren Verzögerungen den gefangenen Dominikanern Auftrieb geben könnten (*daß die gefangnen münch daher stärke und sollichen trost empfachen, damit etlich derselben ir vorgetanen vergicht söllen abstan*). Außerdem sei der Bischof von Città di Castello erschienen und habe zu bedenken gegeben, dass der bevorstehende Revisionsprozess ohne die Anwesenheit der Bischöfe von Lausanne und Sitten angreifbar sein würde (*dann sunst söllichs alles unnütz und untogenlich wurde geachtet*)[21]. Dass es überhaupt zu einem Revisionspro-

---

19) Beilagen S. 642 Nr. 39 (1509, Apr 9). Die Briefe an den Bischof von Lausanne und an Thüring Fricker nur bei Rettig, vgl. Urkunden S. 281 f. (1509, Apr 9).
20) EA III/2 S. 451–455 Nr. 328, hier S. 455 (1509, Apr 16).
21) Beilagen S. 642 f. Nr. 40 (1509, Apr 18).

zess (nicht Rehabilitationsprozess!) kam, ist in der Geschichte der Inquisitionsprozesse wohl einmalig und der Tatsache geschuldet, dass die zu Verurteilenden Geistliche und außerdem Angehörige des (exempten) Dominikanerordens waren, der an der Kurie alles getan hatte, um deren Verurteilung zu verhindern; der Revisionsprozess war ein Kompromiss zwischen den Wünschen Berns und denen des Ordens, der letztlich zu Ungunsten des Ordens und der Klostervorsteher seiner Niederlassung in Bern ausging, vielleicht weil diese doch nicht so unschuldig waren, wie vom Orden behauptet.

Der Beginn des Revisionsprozesses (2. Mai 1509)

Am 2. Mai 1509 (Mittwoch) konnte sich der außerordentliche Gerichtshof, bestehend aus den Bischöfen von Città di Castello sowie denjenigen von Lausanne und Sitten, endlich in Bern konstituieren, und zwar zunächst im Gasthof zur „Krone" (*in hospitio signo corone*), wo sowohl der Bischof von Città di Castello als auch derjenige von Sitten untergebracht waren (und wo der letztere schon während des Hauptprozesses gewohnt hatte); dagegen wohnte der Bischof von Lausanne wieder im eigenen Haus, das er in Bern besaß, dem „Falken"[22]. Das Wirtshaus zur „Krone" war vom verstorbenen Propst Johann Armbruster an der Gerechtigkeitsgasse (64) erbaut und seinem Bruder Bernhard zur Ehesteuer gegeben worden. In seinem Testament (vom 3. Februar 1508, in Kraft gesetzt am 3. September 1508) hatte der Propst die „Krone" allerdings seinem Patensohn Hans von Diesbach vermacht[23], doch scheint sie zumindest während der Jetzerprozesse noch in den Händen von Bernhard Armbruster gewesen zu sein (siehe Epilog 2a). Der Bischof von Città di Castello las den Bischöfen von Lausanne und Sit-

---

22) Akten III S. 407 (1509, Mai 2), vgl. auch Anshelm 3 S. 154: *Als nun uf die gegenwårtikeit des êgenanten Rômschen commissaris ouch die andren zwen lantbischof, von Losan und Sitten, beschriben und gon Bern kommen waren, uf den andren tag Meyen, in der herberg zûr Kronen, da die bischof von Castel und Sitten sich enthielten, und der bischof von Losan uss sinem eignen hus, in der Nůwen stat gelegen, zům Falken gnemt, ouch [zu] disen kommen was [...]*. Zum „Falken" siehe auch Kap. II/1b, Die Chorherren Johann Dübi und Heinrich Wölfli (6. Dezember 1507).

23) TREMP-UTZ, Chorherren S. 58 f. Laut WEBER, Historisch-Topographisches Lexikon, stand die „Krone" an der Gerechtigkeitsgasse 64 / Postgasse 57 und war bereits vor 1470 durch Zusammenfassung dreier Häuser entstanden, doch sind Weber die Besitzer Johann und Bernhard Armbruster unbekannt, und ebenso die Rolle der „Krone" in den Jetzerprozessen. Vgl. auch Heinrich TÜRLER, Die Häuser Nr. 80, 78 u.s.w. bis 40 an der Gerechtigkeitsgasse in Bern, in: Neues Berner Taschenbuch 5 (1899) S. 104–144, hier S. 120 ff.

ten die zwei päpstlichen Breven vom 1. März 1509 vor, die oben schon vorgestellt worden sind, und alle drei verpflichteten sich zu deren Ausführung, und zwar in Gegenwart von Baptiste de Aycardis und Jean Grand, den Offizialen der Diözesen Lausanne und Sitten. Darauf wählten die drei Bischöfe als Ort des Gerichts wiederum die Propstei „neben der großen Kirche" (*prope ecclesiam magnam*). Schließlich ernannten sie die Notare und Schreiber, welche die Prozessakten führen sollten, nämlich François des Vernets, Domherr von Lausanne und Sekretär des Bischofs von Lausanne, für denselben, Georg Colleti, Notar und Kleriker der Diözese Genf, für den Bischof von Sitten (anstelle von Johann de Pressensé, der im Hauptprozess mit François des Vernets zusammengearbeitet hatte) und schließlich Salvator de Melegottis (Mellegottis, Melligottis), Doktor beider Rechte und Domherr von St. Petronius in Bologna, für den Bischof von Città di Castello. Der letztere scheint den übrigen Notaren übergeordnet gewesen zu sein, jedenfalls war er es, der zuletzt die Kopien der Akten sowohl von Jetzers Prozess in Lausanne und Bern als auch des Haupt- und des Revisionsprozesses in Bern mit seinem Notariatszeichen beglaubigte[24].

Nachdem die Notare und Sekretäre einen Eid abgelegt hatten, erschienen vor dem Gericht die Dominikaner Johann Ottnant (Ortnant) und Georg Sellatoris, die als Prior und Lesemeister (*predicans*) des Berner Dominikanerkonvents bezeichnet werden. Von ihnen war Ottnant bereits in den Jahren 1480 und 1486 sowie 1497–1498 Prior des Konvents gewesen und dann als Beichtvater zu den Dominikanerinnen des Inselkloster versetzt worden, wo er im Jahr 1501 belegt ist[25]. In der Krise von Anfang 1508 scheint er ins Männerkloster zurückgekehrt zu sein, jedenfalls ist er bei der Schuldverschreibung vom 19. Februar 1508 gegenüber dem Basler Dominikanerkonvent an vierter Stelle nach dem Prior Johann Vatter, dem Lesemeister Stephan Boltzhurst und dem Schaffner Heinrich Steinegger aufgeführt, und zwar als Lesemeister und Beichtvater (*lector et confessor*) (siehe Anh. 2). Es ist anzunehmen, dass er zum Prior aufrückte, nachdem Paul Hug, der dem Konvent seit der Gefangennahme der Klostervorsteher als eine Art Stellvertreter vorgestanden hatte, im Herbst 1508 nach Rom abgereist war, um dort zu retten, was noch zu retten war (siehe oben, Briefe aus Rom). Georg Sellatoris (wohl Sattler) ist schon 1498 im Dominikanerkonvent Bern nachweisbar, damals als Diakon, und dann wieder am 19. Februar 1508 als Ab-

---

24) Akten III S. 407–411 (1509, Mai 2), vgl. auch Akten I S. 54; II S. 403; III S. 536. Zu den Notaren siehe Einl. 2a.
25) Akten III S. 411, vgl. auch UTZ TREMP, Art. Bern S. 318 f. Laut Mitteilung von Herrn Ian Holt, Zentralbibliothek Solothurn, liegt dort ein Druck, in dem sich eine bildliche Darstellung des Beichtvaters Johann Ottnant findet, vgl. E-Mail vom 24. Sept. 2018.

solvent des Generalstudiums (*studens generalis*), nicht aber in der Liste, die am Anfang des Defensoriums steht (siehe Anh. 2). Auf dem Generalkapitel, das im Juni 1507 in Pavia stattfand, war er als Student nach Heidelberg geschickt worden[26]. Es ist nicht auszuschließen, dass es mit Sellatoris' Beförderung vom Absolventen des Generalstudiums (1508) zum Lesemeister (1509) ein bisschen schnell gegangen ist, weil Boltzhurst als Lesemeister ersetzt werden musste.

Der neue (alte) Prior und der neue Lesemeister baten das Revisionsgericht um freies Geleit für einige andere Dominikaner oder auch andere Personen, die zur Verteidigung der vier inhaftierten Klostervorsteher erscheinen wollten, und zwar gemäß einem Brief, den Paul Hug, nun wieder in Ulm, am 24. (oder 6.?) April 1509 von dort an den Bischof von Città di Castello geschrieben hatte. Dieser Brief ist in die Akten inseriert und lautet: Da die vier in Bern gefangengehaltenen Dominikaner des Rechts unkundig seien, sei es nötig, ihnen die Hilfe und den Rat von Gelehrteren zukommen zu lassen. Deshalb bat Paul Hug um freies Geleit für diejenigen, die sich zur Verteidigung der unschuldigen Brüder nach Bern begeben wollten. Dabei scheute er sich nicht, den Bischof von Città di Castello, den er als päpstlichen Legaten in Deutschland bezeichnet, daran zu erinnern, dass er in der Sache der gefangenen Brüder bereits bei ihm in Rom vorgesprochen habe: *qui cum vestra reverendissima Dominatione Rome fuit in causa fratrum detentorum*. Der Bischof von Città di Castella antwortete auch im Namen seiner Kollegen (in direkter Rede), dass die Herren bereit seien, alle und jeden für die Gefangenen zuzulassen und anzuhören, doch wenn es sich finden sollte, dass einer von diesen an deren Delikten mitschuldig oder Komplize sei, würde auf gleiche Weise gegen diese(n) vorgegangen werden wie gegen die Gefangenen – eine klare Antwort, die im Grund jede Verteidigung unmöglich machte, denn am Ende des Hauptprozesses hatte sich herausgestellt, dass nicht wenige Angehörige der Oberdeutschen Ordensprovinz gewusst hatten, was in Bern gespielt worden war (siehe Kap. II/2e, Die Mitschuld der Oberdeutschen Dominikanerprovinz). Der neue Prior und der neue Lesemeister des Berner Dominikanerkonvents baten darum, diese Antwort der Bischöfe und Richter schriftlich zu bekommen, wohl um sie an Paul Hug weiterzuleiten, was ihnen gewährt wurde[27]. Dabei wird nicht klar, in wessen Namen Paul Hug handelte oder wer nach dem Tod von Peter Sieber im Herbst 1508 Vorsteher der Oberdeutschen Dominikanerpro-

---

26) Acta capitulorum generalium ordinis Praedicatorum 4 S. 74.
27) Akten III S. 411–413 (1509, Mai 2). Der Brief ist tatsächlich in der Einleitung auf den 24. April 1509 datiert, im Brief selber aber auf den 6. April, vgl. StABern, A V 1438, Unnütze Papiere, Kirchliche Angelegenheiten 69, Revisionsprozess, fol. 2r.

vinz war; in der Liste der Provinziale klafft zwischen Sieber (1505–1508) und seinem Nachfolger Lorenz Aufkirchen (1509–1515) eine Lücke von einem Jahr[28]. Der Jetzerhandel könnte die Oberdeutsche Dominikanerprovinz stärker aus dem Tritt gebracht haben, als man gemeinhin weiß.

Paul Hug meldete sich erst am 17. Mai 1509 wieder zu Wort und beklagte sich bitter darüber, dass er statt freien Geleits nur „eine bloße, unbesiegelte Schrift" zugeschickt bekommen habe, aufgrund derer keiner der Rechtsgelehrten, mit denen er nach Bern habe kommen wollen, ihn habe begleiten wollen. Er bat erneut um freies Geleit, besiegelt mit dem Siegel der Stadt Bern, doch näherte sich damals der Revisionsprozess bereits seinem Ende; jedenfalls scheint sein Brief erst am 23. Mai in Bern eingetroffen zu sein oder wurde erst an diesem Tag beantwortet, am gleichen Tag also, an dem die vier Klostervorsteher bereits degradiert und dem weltlichen Arm übergeben wurden (siehe Kap. II/3e), doch antwortete die Stadt lediglich, dass sie dem Schreiben der bischöflichen Richter (vom 2. Mai 1509) nichts beizufügen habe[29]. Festzuhalten ist, dass eine Verteidigung der Angeklagten zumindest im päpstlichen Brief an den Bischof von Città di Castello zwar vorgesehen war, aber nicht wahrgenommen werden konnte, weil allfällige Mitschuldige in den Prozess einbezogen worden wären, so dass das Nichterscheinen von Verteidigern von Seiten der Oberdeutschen Provinz wohl auch als indirektes Eingeständnis von Mitschuld interpretiert werden kann. Der Revisionsprozess kennt also keine Verteidigung mehr, aber auch keine Anwendung der Folter, wobei es wohl nicht richtig ist, die beiden Dinge gegeneinander abzuwägen.

Es ist nicht auszuschließen, dass durch die Intervention des neuen Priors und des neuen Lesemeisters des Berner Dominikanerkonvents am 2. Mai 1509 ein Zeremoniell unterbrochen worden war; denn die Glaubensproku-

---

28) HS IV/5 S. 134. Lorenz Aufkirchen wurde am 23. Juni 1509 vom Ordensgeneral Thomas de Vio Cajetan als Provinzial bestätigt, so dass man vielleicht annehmen darf, dass er dieses Amt bereits vorher versehen hatte, vgl. Registrum litterarum fr. Thomae de Vio Caietani S. 187 Nr. 34. Im Jahr 1515 abgesetzt, „pour sa faiblesse dans le commandement et son indolence à visiter la province", vgl. BARTHELMÉ, La réforme dominicaine S. 108. Laut Anshelm 3 S. 90 wäre Aufkirchen Mitte Mai 1507 zusammen mit dem Provinzial Peter Sieber auch im Dominikanerkonvent in Bern und bei Jetzer gewesen, doch wird er in den Prozessakten nirgends namentlich erwähnt. Anshelm schreibt weiter, dass Aufkirchen (bei ihm Obkirch) *disem handel widrig* gewesen sei, doch ist die Notiz zu kurz, als dass man viel daraus entnehmen könnte. – Der gegebene Nachfolger von Peter Sieber könnte Paul Hug gewesen sein, doch war dieser wohl zu sehr in den Jetzerhandel verstrickt, als dass der Orden sich diese Ernennung hätte leisten können; Hug wurde erst 1530 Provinzial, siehe Kap. I/3b, Anm. 110.

29) Beilagen S. 643 f. Nr. 41 u. 42 (1509, Mai 17 u. 23)

ratoren und Dolmetscher wurden erst nachher eingesetzt. Als Glaubensprokuratoren, hier auch als „Fiskalprokuratoren" (*procuratores fiscales seu fidei*) bezeichnet, wurden erneut Ludwig Löubli, nun Dekan des Vinzenzstifts, und Konrad Wymann, Pfarrer in Spiez und bernischer Kamerarius (*camerarius Bernensis*), eingesetzt, von denen der letztere allerdings abwesend war und während des ganzen Revisionsprozesses nie mehr auftauchen sollte. Dies entsprach der geringen Rolle, die er als Glaubensprokurator auch im Hauptprozess gespielt hatte, und man darf vermuten, dass er nur mehr *pro forma* zum Glaubensprokurator auch im Revisionsprozess ernannt wurde; sein großes Verdienst bestand darin, dass er im Winter 1508/1509 in Rom mit Hilfe von Niklaus von Diesbach die päpstliche Einwilligung zu diesem Prozess erreicht hatte. Als Dolmetscher für die deutsche Sprache wurden Johann Murer, jetzt Propst von St. Vinzenz, Thüring Fricker und Peter Magni, Domherr von Sitten, in Dienst genommen, von denen immer mindestens zwei bei den Verhören anwesend sein mussten[30].

Damit wurde möglicherweise ein Mangel des Hauptprozesses korrigiert, bei dem die Dolmetscher nie offiziell in Dienst genommen worden waren und bei dem erst in der notariellen Beglaubigung festgehalten worden war, dass der Bischof von Sitten – also einer der Richter! – fast alles selber übersetzt hatte (siehe Kap. II/2e, Ein offenes Ende). Diese pragmatische Lösung hatte dessen Macht und Einfluss während des Hauptprozesses wohl noch verstärkt und sollte jetzt möglicherweise beschnitten werden – wurde es aber nicht, weil man auch während des Revisionsprozesses relativ rasch wieder auf ihn als Hauptübersetzer zurückgriff, wahrscheinlich schon bei Jetzers erstem Verhör, das ebenfalls noch am 2. Mai 1509 stattfand, und dann auch bei der Einvernahme der lateinunkundigen Zeugen. Andererseits brauchte man für die Verhöre der Klostervorsteher keine Übersetzer, denn diese scheinen alle Latein verstanden zu haben[31]. Die Verhöre von Jetzer und der vier Klostervorsteher (Reihenfolge: Lesemeister, Schaffner, Prior, Subprior) folgen im Wesentlichen eines auf das andere, so dass wir – anders als bei den Folterverhören der Klostervorsteher im Hauptprozess (siehe Kap. II/2e) – keine chronologische Reihenfolge herstellen müssen, um zu verstehen, wie die einen durch die Geständnisse der anderen überführt wurden. Die Beisitzer des Gerichts werden nur ein Mal vollständig aufgezählt, nämlich am Ende des Prozesses, bei der Verurteilung der Dominikaner am 23. Mai 1509 um 6 Uhr morgens, und, weniger vollzählig, am 24. Mai 1509 um 8 Uhr abends bei der Verlesung des Urteils gegen Jetzer (siehe Kap. II/3e). Dabei fehlen die Rechtsgelehrten Johann Mörnach und Jakob Wyss-

---

30) Akten III S. 413 (1509, Mai 2).
31) TREMP-UTZ, Welche Sprache S. 236–239.

har aus Basel sowie Antoine Suchet aus Genf, die für den Hauptprozess herangezogen worden waren (siehe Kap. II/2c) und die für den Revisionsprozess offenbar nicht mehr benötigt wurden.

b) Die Verhöre Jetzers und der vier Dominikaner (2. bis 16. Mai 1509)

Jetzer (2. bis 5. Mai 1509)

Immer noch am 2. Mai 1509 wurde Johann Jetzer vor das Gericht geführt, das nun in der Propstei und nicht mehr in der „Krone" tagte. Er wurde vom Bischof von Sitten in Anwesenheit der beiden anderen Bischöfe befragt. Das Verhör begann ganz konventionell mit der Frage, ob er wisse, warum er festgehalten werde (*si sciret causam detentionis sue seu carcerationis*), und er antwortete, dass er nichts anderes wisse als dass es wegen der *causa* der Dominikanerbrüder sei. Auf die zweite Frage, ob er schon anderswo verhört worden sei, und wie viele Male, antwortete er: drei Mal, einmal in Lausanne vor dem dortigen Bischof, ein zweites Mal in Bern vor dem Rat und das dritte und letzte Mal ebenfalls in Bern und ebenfalls in der Propstei, durch die Bischöfe von Lausanne und Sitten zusammen mit dem Provinzial des Dominikanerordens. Auf die dritte Frage, worüber er verhört worden sei und was er ausgesagt habe, antwortete er, dass er sooft verhört worden sei, dass er sich nicht mehr an die Einzelheiten zu erinnern vermöge – eine schlagende Antwort, die wir als Motto über dieses Kapitel gesetzt haben. Man ist erstaunt, dass Jetzer die einzelnen Prozesse, denen er unterworfen worden war, noch so gut auseinanderhalten konnte, auch wenn er offenbar seinen ersten Prozess von Lausanne und Bern als zwei Prozesse unterschied, doch könnte das Gericht ihm auch geholfen haben, Ordnung in seine Erinnerungen zu bringen. Auf die Frage, welche von den Geständnissen, die er in diesen drei Prozessen abgelegt habe, die „wahrsten" seien, antwortete er: diejenigen im letzten Prozess vor den Bischöfen von Lausanne und Sitten, also im Hauptprozess. In der Folge wurde er entlang seiner Aussagen im Hauptprozess (28. Juli – 5. August sowie 4. und 14. September 1508) abgefragt, die er im Wesentlichen bestätigte. Hier sollen nur mehr jene Punkte herausgegriffen werden, die gegenüber dem Hauptprozess etwas Neues ergeben oder einen Einblick in das Verfahren des Revisionsprozesses erlauben. So korrigierte Jetzer eine seiner Aussagen, wonach vor dem Lesemeister der Prior sein Beichtvater gewesen sei, dahingehend, dass es der Subprior gewesen sei – was wir schon wissen (siehe Kap. II/2b, Jetzers Geist und seine Beichtväter). Weiter war den Richtern aufgefallen, dass Jetzers Anklageartikel in den Akten des Hauptprozesses nicht vollständig wiedergegeben waren (*qui in registro seu processu huiusmodi non reperiuntur*) (siehe Kap. II/2b); sie schlossen aber, dass diese von der Erscheinung der Jungfrau Maria gehandelt haben müssten, und stellten die entsprechenden Fragen[32].

Jetzers zweites Verhör – immer entlang seiner Aussagen im Hauptprozess – fand am 4. Mai 1509 statt. Hier waren nun auch die drei Dolmetscher anwesend, nämlich Propst Murer, Altstadtschreiber Thüring Fricker und Peter Magni. Von ihnen scheint Thüring Fricker jedoch schon bald wieder weggegangen zu sein, was im Protokoll festgehalten wird (*Et tunc dominus doctor Thurngius recessit*). Im Hauptprozess hatte Jetzer sich widersprochen, indem er am 28. Juli 1508 ausgesagt hatte, zu seiner Zelle habe es fünf Schlüssel gegeben, und zwar in den Händen von Prior, Subprior, Lesemeister, einem Laienbruder und dem Schaffner, und am 31. Juli, dass es drei Schlüssel gewesen seien, in den Händen des Priors, eines Laienbruders und Jetzers selber – jetzt wurde er gefragt, wie viele Schlüssel es denn eigentlich gegeben habe. Er vermochte den Widerspruch aufzuheben, indem er antwortete, dass es zunächst drei Schlüssel waren, die vom Prior, Subprior und Lesemeister verwahrt worden seien. Als die Erscheinungen zunahmen, habe der Prior weitere Schlüssel machen lassen, und zwar so viele wie nötig, denn alle fünf oben Genannten hätten ihm das Bett gemacht. Darauf ist im Protokoll vermerkt, dass von den Dolmetschern Thüring Fricker zurückkam und dafür Propst Murer sich entfernte, aber erst kurz vor dem Ende des Verhörs[33].

Am Nachmittag des 4. Mai 1509 (um 13 Uhr) wurde Jetzers Verhör fortgesetzt, doch waren die Dolmetscher Propst Murer und Thüring Fricker verhindert und wurden durch Kustos Dübi und den Chorherrn Martin Lädrach vertreten. Dabei übersetzte der Bischof von Sitten weiterhin die Akten des Hauptprozesses für Jetzer direkt in die deutsche Sprache, während die Dolmetscher wohl Jetzers deutsche Antworten ins Latein übertrugen (*secundum quod interpretes retulerunt*). Bei der Beschreibung des Schwebezugs wurde der Begriff der „Rolle im Flaschenzug" sicher für den Bischof von Città di Castello ins Italienische übersetzt (*scilicet que in Italia vulgariter cirelle vocamus*). Bei der Beschreibung des Hostienfrevels hat man den Eindruck, dass Jetzer noch nicht wusste, was aus den Folterverhören der Klostervorsteher im Hauptprozess hervorgegangen war: dass näm-

---

32) Akten III S. 413–416 Nr. 1–15 (1509, Mai 2; Jetzer).
33) Akten III S. 416 f. Nr. 16–27 (1509, Mai 4; Jetzer), vgl. auch ebd. II/1 S. 72 Nr. 19, S. 87 Nr. 119 (1508, Juli 28, 31; Jetzer). Zur Bedeutung der Schlüssel in observanten Dominikanerinnenklöstern vgl. ENGLER, Regelbuch S. 263.

lich die rote Hostie im Ofen verbrannt war[34]. Im nächsten Verhör, vom 5. Mai 1509, wurde er denn auch gefragt, ob er gewusst habe, dass die rote Hostie vergiftet gewesen sei, eine Frage, die er mit Nein beantwortete. Darauf wurde er gefragt, warum er sich denn so hartnäckig geweigert habe, sie zu schlucken. Jetzer antwortete, weil sie so rot und blutig gewesen sei, habe er sich davor geekelt, und auch weil er bei der Erscheinung der Maria ihre Verwandlung gesehen und damals noch geglaubt habe, dies sei auf wunderbare Art und Weise geschehen. Er habe zunächst auch nicht glauben können, dass die Väter versucht hätten, sein Essen zu vergiften; erst nachdem er ihre Verschwörung in der Marienkapelle belauscht habe, habe er es begriffen und sich sehr gefürchtet. Die Väter hätten es ihm auch gesagt und es wiederum als ein Wunder dargestellt, dass er überlebt habe[35].

Im Folgenden kam das Gericht auf eine päpstliche Bulle zu sprechen, welche die Klostervorsteher Ende Juli 1507 in Ulm hatten holen lassen und in der angeblich stand, dass Maria erst nach ihrem Tod von der Erbsünde erlöst worden sei. Hier müssen wir auf Jetzers Verhör vom 5. August 1508 (im Hauptprozess) zurückgreifen, wo erstmals von dieser Bulle die Rede gewesen war. Auf eine Frage des damaligen Gerichts nach dem, was die Klostervorsteher alles unternommen hätten, um den misstrauisch gewordenen Konversen wieder gläubig zu machen, hatte dieser erzählt, dass diese eine Bulle erwähnt hätten, mit welcher der Papst dem Dominikanerorden die Freiheit zugestanden habe, dass sie in ihrem Orden alles unternehmen könnten, was sie wollten (*adinvenire et tractare, quicquid sibi liberet*), um ihre Auffassung von der Empfängnis Marias zu bestätigen. Deshalb hätten die Klostervorsteher Bruder Balthasar Fabri nach Ulm geschickt, um diese Bulle beim Provinzial zu holen. Diese Bulle samt anhängendem Siegel hätten sie Jetzer in seinem Stübchen gezeigt und ihm gesagt, dass darin enthalten sei, dass Maria erst nach ihrem Tod von der Erbsünde erlöst worden sei und dass schwer sündige, wer dies nicht glaube[36]. Bei dieser Bulle handelte

---

34) Akten III S. 417–420 Nr. 28–36 (1509, Mai 4, 13 Uhr; Jetzer). Zu Martin Lädrach, Chorherr am Vinzenzstift (1485)–1519, Kantor 1519–1523, vgl. TREMP-UTZ, Chorherren S. 77–79.

35) Akten III S. 420 Nr. 37f. (1509, Mai 5; Jetzer).

36) Akten II/1 S. 139f. Nr. 390f. (1508, Aug 5; Jetzer), vgl. auch ebd. S. 119 Nr. 289 (1508, Aug 2; Jetzer), und Def. S. 592 Kap. III/6 (1508, Jan 14). Im Defensorium hatte Prior Werner von Basel geschrieben, dass er selber die Bulle *Grave nimis* Ende Juli 1507 nach Bern geschickt habe, als nach und nach ans Tageslicht kam, dass es beim Jetzerhandel um die Empfängnis Marias ging und die Klostervorsteher sich verteidigen mussten, vgl. Def. S. 583 Kap. II/11. – Balthasar Fabri wird zu Anfang des Defensoriums (1506/1507) im Dominikanerkonvent in Bern erwähnt, und dann wieder am 19. Februar 1508, hier als Vikar des Subpriors, siehe Anh. 2.

es sich wahrscheinlich um die Bulle *Grave nimis*, die Papst Sixtus IV. 1482/1483 erlassen und Papst Alexander VI. 1503 bestätigt hatte (siehe Einl. 3a und c), doch ist ihr Inhalt hier sehr entstellt wiedergegeben. Hier hakte nun – am 5. Mai 1509 – das Revisionsgericht ein und fragte Jetzer, ob ihm damals nicht aufgefallen sei, dass dies in krassem Gegensatz zur Botschaft „seiner" Maria stand, wonach sie nur drei Stunden nach ihrer Empfängnis in der Erbsünde geblieben sei, eine Frage, die er mit Ja beantwortete. Er habe dies den Vätern auch entgegengehalten, und diese hätten ihm geraten, weiterhin zu glauben, was Maria ihm verkündet habe, und nichts anderes verlauten zu lassen. Andererseits habe man das, was in der Bulle stehe, während 1100 Jahren geglaubt und dürfe es auch weiterhin glauben, bis die Kirche anderweitig entschieden haben würde[37].

Schließlich wurde Jetzer zur schwarzen Magie des Subpriors befragt, zu der er sich zwar in seinen Folterverhören in Bern am 5. und 7. Februar 1508 geäußert hatte (siehe Kap. II/1c, Jetzers erstes und zweites Folterverhör), nicht mehr aber im Hauptprozess. Auf die Frage, ob er wisse, dass der Subprior die schwarze Magie (*ars nigromancie*) beherrsche, antwortete Jetzer mit Ja; denn dieser habe sie ihn, Jetzer, lehren wollen, so dass er ein guter Prediger geworden wäre (die Gabe des Wortes) und der Teufel ihn nach seinem Willen überallhin getragen hätte. Als er die Klostervorsteher gefragt habe, wie er diese Kunst erlernen solle, hätten sie geantwortet, er müsse dem gekreuzigten Herrn absagen, ebenso dessen Heiligen und schließlich der Jungfrau Maria und ihrer Fürbitte, wie sie es selber auch gemacht hätten. Als er sich ungläubig gezeigt habe, hätten sie ihn dem Subprior überlassen, der mit der Hand eine Art Kreis in die Luft gezeichnet und ein kleines Buch genommen habe, das zwei Finger dick sowie ungefähr drei bis vier Finger breit und hoch gewesen sei – also fast quadratisch –, und daraus einige Worte vorgelesen habe, wobei Jetzer nur wusste, dass diese nicht Deutsch gewesen waren, nicht aber, ob Latein oder eine andere Sprache. Der Subprior habe verlangt, dass der Konverse ihm diese Worte nachspreche, und darauf seien durch die Tür sechs(!) schwarze Männer gekommen, von der Statur von gewöhnlichen Menschen, ohne Bärte, aber schrecklich anzuschauen, so dass Jetzer sehr erschrocken sei und seine Haare zu Berg standen (*directis [erectis?] eius crinibus*). Er habe dem Subprior das Büchlein aus der Hand geschlagen, so dass es auf den Boden gefallen sei, worauf die schwarzen Männer verschwunden seien und einen grässlichen Gestank zurückgelassen hätten. Auf die Frage, wann das geschehen sei, antwortete der Konverse, dass er sich nicht genau erinnere, aber doch nachdem seine Stigmata (Ende Juli 1507) verschwunden seien, oder auch vierzehn Tage nach

---

37) Akten III S. 420 f. Nr. 39 (1509, Mai 5; Jetzer).

dem Weggang des Bischofs von Lausanne aus Bern (der am 21. Juli 1507 hier gewesen war). Dagegen sei Jetzer nicht dabei gewesen, als die andern drei Klostervorsteher Gott abgesagt hätten. Damit war der Revisionsprozess für diesen am 5. Mai 1509 bereits beendet, und ihm wurde Schweigen auferlegt[38], auch dies eine Neuheit gegenüber dem Hauptprozess. Dieses Schweigen wurden später auch den Zeugen aufgebunden (siehe Kap. II/3c), nicht aber den Klostervorstehern – als ob Jetzer vom Hauptangeklagten zum Haupt- und Kronzeugen aufgestiegen wäre. Anshelm (3 S. 155) hält sich nicht lange bei Jetzers Verhören im Revisionsprozess auf, sondern fasst nur kurz zusammen: *gefragt von stuk ze stuk um sine vorgetane vergichten, da etliche stuk bass erlütret und ouch gemêret wurden, aber nût gemindert.*

Der Lesemeister (5. und 7. Mai 1509)

Noch am gleichen 5. Mai 1509 wurden die vier Klostervorsteher Prior, Subprior, Lesemeister und Schaffner einzeln dem Gericht vorgeführt. Der Glaubensprokurator Ludwig Löubli legte das Breve vom 21. März 1509 vor, und ebenso die Geständnisse, die diese im Rahmen des Hauptprozesses abgelegt hatten, und verlangte von den Richtern, weiter gegen sie vorzugehen. Die Klostervorsteher forderten die Zulassung ihrer Verteidiger (*procuratores [...] pro defensione eorum*). Die Richter erklärten sich bereit, diese anzuhören, und der Prior und der Schaffner nannten Paul Hug sowie Johann Heinzmann und Dr. Jakob von Straßburg, den Verteidiger und dessen Fürsprecher aus dem Hauptprozess (siehe Kap. II/2c)[39]. Dagegen scheinen der Lesemeister und der Subprior keine Verteidiger benannt zu haben, vielleicht weil sie wussten, dass diese ohnehin nicht würden erscheinen können (siehe Tafel 4).

Als erster wurde am 5. Mai 1509 um 14 Uhr der Lesemeister verhört, und zwar durch den Bischof von Città di Castello, das heißt wohl in lateinischer Sprache; die Übersetzer wurden bei den Verhören der vier Klostervorsteher nicht mehr benötigt. Als der Bischof von Città di Castello das Verhör beginnen wollte, kam der Lesemeister ihm zuvor und erklärte, dass er das Gericht anerkenne und die im Rahmen des Hauptprozesses gemachten Geständnisse alle bestätigen wolle, also vielleicht etwas Ähnliches, wie er im Hauptprozess mit seiner Bekenntnisschrift versucht hatte (siehe Kap. II/2e, Die Folterverhöre des Lesemeisters ... und seine Bekenntnisschrift). Nichtsdestoweniger wurde auch er verhört, und als erstes wurde ihm die Frage gestellt, welche seiner verschiedenen Geständnisse denn „wahrer" seien. Der

---

[38] Akten III S. 423 f. Nr. 44–46 (1509, Mai 5; Jetzer).
[39] Akten III S. 424 f. (1509, Mai 5).

Lesemeister nannte die von seiner eigenen Hand geschriebene Bekenntnisschrift, auch wenn diese nachher an einigen Orten und Stellen korrigiert worden sei, was er akzeptiere. In der Folge wurde ihm diese vom Bischof von Città di Castello vorgelesen und von ihm bestätigt, doch korrigierte er dahingehend, dass die ganze Geschichte ihren Anfang nicht in einer Beratung unter den vier Klostervorstehern (um Weihnachten 1506 herum) genommen habe, sondern vielmehr auf dem Provinzialkapitel in Wimpfen (Anfang Mai 1506, vom Lesemeister nach wie vor auf 1505 datiert), und zwar bei einem Gespräch zwischen ihm und dem Prior und einigen anderen über die Frage der Empfängnis Marias, die man im Konvent von Colmar habe ausprobieren wollen, auch wenn daraus nichts geworden sei. Dadurch wird eine Aussage bestätigt, die Jetzer bereits am 22. Februar 1508 vor dem bischöflichen Generalvikar in Bern und am 5. August 1508 auch im Hauptprozess gemacht hatte[40].

Im Weiteren berichtigte der Lesemeister eine Aussage, die er in seiner Bekenntnisschrift gemacht hatte, dass nämlich Prior Werner von Basel von der ganzen Sache nichts gewusst habe, bevor er nach Ostern 1507 vom Prior und Lesemeister von Basel nach Bern gerufen wurde, dahingehend, dass dieser bereits früher informiert gewesen sei. Auch habe nicht er, der Lesemeister, die rote Hostie gefärbt, sondern ein gewisser Lazarus, von dem indessen hier nicht gesagt wird, dass er ein getaufter Jude war. Dann gab der Lesemeister zu, dass er dem Subprior für den Auftritt der Maria samt Engeln auf dem Schwebezug ein falsches Alibi gegeben habe, als er sagte, dieser sei damals nicht im Konvent gewesen und der Schaffner habe einen der beiden Engel gespielt. Auch der Provinzial sei nicht erst Mitte Mai 1507 eingeweiht worden, als er auf dem Weg zum Generalkapitel in Lyon nach Bern kam. Dann musste der Lesemeister auch eingestehen, dass nicht er die Stimmen der blutweinenden Marienstatue und ihres Sohnes gemacht hatte, sondern der Novize Johann Meyerli, den er bisher aus nicht ganz uneigennützigen Gründen zu schützen versucht hatte. Weiter habe nicht der Subprior Jetzers Stigmata mit Medikamenten geheilt, sondern diese seien von selber zugeheilt, weil der Konverse den Trank nicht mehr nehmen wollte, der ihn in Ekstase versetzte, während welcher man die Wunden habe erneuern können. Schließlich musste der Lesemeister auch zugeben, dass die rote Hostie, welche die vier Klostervorsteher Jetzer zu schlucken geben wollten, vergiftet gewesen sei, und zwar vom Subprior, aber auf Beschluss aller vier Klostervorsteher. Auf die Frage des Gerichts, ob derjenige, der Jetzer die vergiftete Hostie verabreichte, nicht fürchten musste, ebenfalls vergiftet zu wer-

---

40) Akten III S. 425–427 Nr. 1 u. 2 (1509, Mai 5, 14 Uhr; Lesemeister), vgl. auch Akten I S. 53 Nr. 166 (1508, Feb 22; Jetzer); II/1 S. 140 f. Nr. 394 (1508, Aug 5; Jetzer).

den, antwortete der Lesemeister, dass ein kleiner Teil der Hostie, an der man sie anfassen konnte, nicht vergiftet gewesen sei[41].

Am 7. Mai 1509 (Montag) fanden am Morgen und am Nachmittag das zweite und dritte Verhör des Lesemeisters statt, nun nicht mehr über seine Bekenntnisschrift, sondern über die darauffolgenden Verhöre im Hauptprozess. Dabei ging es zunächst nur um Einzelheiten, wie die Koordinaten des Priester Johann Zwygart, zu dem Lazarus nach seinem Aufenthalt im Dominikanerkloster gegangen war und von dem der Lesemeister nur wusste, dass er in Bern wohnte und ein Illuminist war. Oder auch um die Frage, warum der Auftritt der Jungfrau Maria vor dem Goldschmied Martin Franke und dem Glaser Lukas (am Vorabend vor Ostern 1507) so improvisiert ausgefallen war (siehe Kap. II/2e, Die Folterverhöre des Lesemeisters ...): sie hätten gefürchtet, dass die beiden Familiare des Konvents die Maria erkennen würden. Nichtsdestoweniger sei derjenige, der durch Jetzers Zelle gegangen sei und etwas gemurmelt habe, nicht Prior Werner von Basel gewesen, sondern ebenfalls der Novize Meyerli. Dann kam die Sprache wieder auf den Hostienfrevel: wie sie zum Beschluss gekommen seien, die von Jetzer erbrochene (und vergiftete) Hostie zu verbrennen. Der Lesemeister antwortete, dass diese durch dessen Speichel so aufgelöst gewesen sei, dass keine andere Lösung geblieben sei. Dann wollten die Richter wissen, ob er Gott wirklich abgesagt habe, was er schließlich zugeben musste (allerdings nur ein einzige Mal), obwohl er diese Aussage inzwischen auch schon widerrufen hatte. Auf entsprechende Fragen antwortete er, dass die gemeinsame Absage an Gott an einem Vormittag gemacht worden sei und dass dabei fünf Teufel erschienen seien, von denen einige einen Bart und einige keinen gehabt hätten[42].

Dann kam die Rede auf die Romreise, die der Lesemeister und der Subprior im Herbst 1507 unternommen hatten, und auf die päpstliche Absolution und die volle Vergebung (*absolutionem apostolicam et plenariam remissionem*), die der Lesemeister dabei erlangt haben wollte, und dieser wurde gefragt, ob dies im *forum fori* (auch *forum externum*) oder im *forum penitenciali* (auch *forum internum*) oder in beiden geschehen sei, und gab zur Antwort: nur im *forum pentenciali* (zuständig für Gewissensfragen). Die Absolution sei ihm von einem der ordentlichen Poenitentiare in der Petersbasilika in Rom verliehen worden, der außerdem ein Angehöriger des Dominikanerordens gewesen sei, aber kein Deutscher. Der Subprior habe von

---

41) Akten III S. 427–430 Nr. 3–21 (1509, Mai 5, 14 Uhr; Lesemeister).
42) Akten III S. 430–432 Nr. 22–35 (1509, Mai 7; Lesemeister). Der Lesemeister hatte das Geständnis, dass er sowie der Prior und der Schaffner Gott abgesagt hätten, in seinem letzten Verhör im Hauptprozess am 3. September 1508 widerrufen, vgl. Akten II/2 S. 255 Nr. 50.

der Absolution des Lesemeisters gewusst, denn dieser habe ihn vor dem Poenitentiar gesehen, und umgekehrt habe auch er den Subprior vor diesem erblickt, und zwar vor ihm. Auf die Frage, ob er mit dem Ordensgeneral vom Jetzerhandel gesprochen habe, antwortete der Lesemeister, dass es damals nicht der Ordensgeneral gewesen sei, sondern der *vicarius procurator ordinis*, was auf Cajetan zutrifft (siehe Kap. II/2e, Die Mitschuld der Oberdeutschen Dominikanerprovinz). Bei der Unterredung sei auch der „Gefährte" des Vikars anwesend gewesen, der sich mit Nikolaus von Schönberg (1472–1537) identifizieren lässt. Der Lesemeister und der Subprior hätten ihnen den Handel als wahr dargestellt, aber sie hätten geantwortet, dies seien Dummheiten und Illusionen (*fatuitates et illusiones*), denen kein Glauben zu schenken sei, und hätten sie ermahnt, nicht mehr davon zu sprechen. Darauf hätten sie es schon gar nicht mehr beim Protektor des Dominikanerordens (Olivier Carafa) versucht[43].

Schließlich kam noch eine entscheidende Frage: ob der Lesemeister jemals auf den Altar der Marienkapelle gestiegen sei, sich hinter der Marienstatue versteckt und deren Stimme nachgeahmt habe. Er musste dies zugeben und datierte seinen diesbezüglichen Auftritt auf zwei Tage, nachdem der Novize Johann Meyerli die Stimmen von Mutter und Sohn nachgemacht hatte. Damals habe er den Grund dafür geliefert, dass die „Herren von Bern" ihrem Untergang entgegengingen: wegen der Kriege und weil sie dafür Geld (Pensionen) nähmen. Dabei sei er von Jetzer hinter der Tafel, die schwankte, entdeckt worden. Wie wir sehen werden, war auch dies noch nicht die ganze Wahrheit, doch wurde der Lesemeister offenbar nicht mehr danach gefragt, sondern vielmehr nach den hölzernen Engeln, die laut einer Aussage von Jetzer vom 31. Juli 1508 einen Auftritt der Jungfrau Maria begleitet hatten: man sieht, die Richter – oder ihre Helfer – hatten die Akten des Hauptprozesses gründlich studiert. Der Lesemeister antwortete, dass es sich um Engel gehandelt habe, die an den Altar (Hauptaltar?) angelehnt würden, wenn darauf Reliquien ausgestellt seien; sie würden in der Sakristei aufbewahrt und seien in der Tat einmal für eine Erscheinung der Maria an die Wand von Jetzers Zelle gehängt worden, wie wenn sie in der Luft schwebten – der Lesemeister glaubte, es sei bei der ersten Erscheinung der

---

43) Akten III S. 432–433 Nr. 36–38 (1509, Mai 7; Lesemeister). Nikolaus von Schönberg (1472–1537), Studium der Rechte in Pisa, hörte Savonarola in Prato predigen, trat 1497 in Florenz (San Marco) in den Dominikanerorden ein, dann Prior in Lucca, Siena und Florenz, 1507–1508 *socius* in Rom, 1508–1515 Generalprokurator von Cajetan, 1510 Professor an der Sapienza, 1512 Vikar der deutschen Ordensprovinzen, 1520 Erzbischof von Capua (bis 1536), 1535 Kardinal, vgl. A. WALZ, in: LThK 9 (^{2}1964) Sp. 451.

Maria gewesen, jedenfalls vor jener Erscheinung, als der Prior und der Subprior die Engel darstellten[44].
Das Verhör des Lesemeisters wurde am 7. Mai 1509 am Nachmittag (um 14 Uhr) fortgesetzt. Er wurde nicht mehr nach den Prozessakten abgefragt, sondern zunächst nach seiner freien Erinnerung und dann nach Fragen der Richter, die in der Art eines Kreuzverhörs in alle Richtungen zielten. Als erstes sagte der Lesemeister, dass Prior Werner von Basel immer ängstlicher und besorgter gewesen sei als die anderen, und zwar wohl, weil es um die Empfängnis Marias gegangen sei. Als weitere Mitwisser und „Komplizen" nannte er zunächst diejenigen, die bereits am Provinzialkapitel von Wimpfen teilgenommen hatten, nämlich den Provinzial selber, Peter Sieber; den Prior von Wimpfen, Peter Valper (Palmer); den Prior von Heidelberg, Konrad (Köllin); den Prior von Pforzheim, an dessen Namen er sich nicht erinnerte; dann Servatius Fanckel (Prior von Köln), Wigand Wirt (Prior von Stuttgart), Prior Werner von Basel, den Prior von Ulm (Ulrich Kölli) und Paul Hug sowie den Prior und Lesemeister – sich selber – von Bern. Als Mitwisser aus dem Konvent von Bern erwähnte der Lesemeister Bruder Jost Hack und den Konversen Oswald. Dies gab den Richtern das Stichwort, wieder nach den Schlüsseln zu Jetzers Zelle zu fragen. Laut dem Lesemeister hätten außer Jetzer noch der Prior und er selber einen Schlüssel gehabt; er habe den seinen häufig ausgeliehen, vor allem an Bruder Oswald, der die Aufgabe hatte, Jetzer das Bett zu machen. Er habe ihn aber auch hie und da dem Schaffner oder dem Subprior gegeben, vor allem, wenn sie eine Erscheinung vorbereitet hätten. Auf die Frage nach der Krone der gekrönten Maria antwortete der Lesemeister, dass diese verbrannt worden sei. Er habe sie aber nicht selber verbrennen sehen, da er damals mit dem Subprior nach Rom aufgebrochen sei, sondern nach seiner Rückkehr von Paul Hug erfahren, dass dieser sie ins Feuer geworfen habe[45].
Dann wurde der Lesemeister gefragt, ob die Klostervorsteher Jetzer jemals eine Bulle gezeigt hätten, in der angeblich stand, dass Maria nicht nur

---

44) Akten III S. 434 Nr. 40–43 (1509, Mai 7; Lesemeister), vgl. auch ebd. II/1 S. 85 f. Nr. 107 ff. (1508, Juli 31; Jetzer). Laut der Aussage des Priors vom 11. Mai 1509 (15 Uhr) kamen die hölzernen Engel bei einer Erscheinung von Maria und Barbara zum Einsatz, vgl. Akten III S. 465 Nr. 37. Dies stimmt mit einer Aussage überein, die Jetzer bereits bei seinem allerersten Verhör, am 8. Oktober 1507, vor dem Bischof von Lausanne gemacht hatte, vgl. Akten I S. 9 Nr. 29.

45) Akten III S. 434 f. Nr. 44–47 (1509, Mai 7, 14 Uhr; Lesemeister). Zu den Teilnehmern am Provinzialkapitel von Wimpfen siehe die Namen, die der Lesemeister in seinem Verhör vom 30. August 1508 (im Hauptprozess) gegeben hatte, vgl. Akten II/2 S. 225 f. Nr. 1, und siehe Kap. II/2e, Die Folterverhöre des Lesemeisters vom 30. August 1508 bis 1./3. September 1508.

in der Erbsünde empfangen, sondern auch darin gestorben sei. Dieser gab zu, dass sie eine Bulle von Papst Alexander VI. gehabt hatten, mit der dieser eine Bulle Papst Sixtus IV. bestätigte, in welcher wiederum stand, dass beide Meinungen von der Empfängnis Marias (befleckt und unbefleckt) gültig seien. Diese Bulle habe er Jetzer in Gegenwart der anderen drei Klostervorsteher gezeigt und ihm gesagt, dass darin stehe, dass Maria sowohl in der Erbsünde geboren als auch gestorben sei, eine, wie bereits gesagt, sehr freizügige Auslegung der Bulle *Grave nimis*. Der Lesemeister musste weiter zugeben, dass er, wenn er Jetzer als Maria erschienen sei, immer gesagt habe, dass diese nur drei Stunden nach ihrer Empfängnis in der Erbsünde geblieben sei, und dass dieser Widerspruch dem Konversen nicht entgangen sei; darauf habe er ihm geantwortet, dass dies durch den Papst entschieden werden sollte. Dann kam das Gericht auf die rote Hostie zurück, die im Hauptaltar aufbewahrt wurde. Dazu gab es drei Schlüssel, von denen der eine vom Stadtschreiber von Bern, Niklaus Schaller, der zweite vom Venner Kaspar Wyler und der dritte vom Prior der Kartause Thorberg aufbewahrt wurde. Auf die Frage, wie sie es denn gemacht hätten, wenn sie an die Hostie herankommen wollten, antwortete der Lesemeister, dass diejenigen, welche die Schlüssel hatten, sie den Vätern bald zurückgegeben hätten und dass die Hostie darauf in eine kleine Truhe wiederum im Hauptaltar gesteckt worden sei, die mit dem Siegel des Chorherrn Heinrich Wölfli versiegelt wurde; nichtsdestoweniger habe der Subprior gewusst, wie er Wölflis Siegel manipulieren konnte, so dass niemand sah, wenn die kleine Truhe geöffnet wurde. Dann gestand der Lesemeister, dass man nicht weniger als vier Mal versucht habe, Jetzer zu vergiften[46].

Schließlich wurde der Lesemeister erneut nach den Mitwissern im Konvent gefragt, vielleicht weil er oben nur Bruder Jost Hack und den Konversen Oswald genannt hatte, das Gericht aber aus einer Aussage des Subpriors vom 2. September 1508 wusste, dass auch der Kustos Konrad Zimmerecklin und vor allem Bruder Paul Süberlich eingeweiht gewesen waren. Entsprechend musste der Lesemeister seine Aussage jetzt ergänzen. Bruder Oswald sei von Anfang an im Bild gewesen, da er Jetzer das Bett machte und die vier Klostervorsteher öfters seine Hilfe brauchten. Weiter Paul Süberlich von Frankfurt, der als Novizenmeister fast von allem Anfang an im Bild gewesen sei, und vor allem dann, wenn man die Dienste des Novizen Johann Meyerli in Anspruch nehmen wollte – wie wir gesehen haben, bereits am Vorabend von Ostern 1507. Schließlich Bruder Jost Hack, der gegen Ende eingeweiht werden musste, weil man seine Unterstützung als Sakristan nötig hatte. Die andern Brüder hätten bis am Schluss nie richtig Bescheid ge-

---

46) Akten III S. 435–437 Nr. 47–56 (1509, Mai 7, 14 Uhr; Lesemeister).

wusst – bis die Sache aufgeflogen und verbreitet worden sei[47]. Von diesen drei Mitwissern scheint der Konverse Oswald eher passiv gewesen zu sein; er wurde zwar im Hauptprozess als Zeuge einvernommen, hielt dabei aber bemerkenswert dicht (siehe Kap. II/2d, Die Dominikaner: der Konversenbruder Oswald ...). Dagegen waren Paul Süberlich und Jost Hack wesentlich aktiver gewesen, und zwar sowohl beim Predigen im Simmental als auch bei der Erscheinung der gekrönten Maria auf dem Lettner (siehe Kap. II/2d, Zeugenaussagen der Pfarrer des Simmentals, und Anh. 3). Es ist deshalb kein Wunder, wenn zu Beginn des Jahres 1508 weder Süberlich noch Hack sich mehr im Berner Konvent befanden und man sie offenbar rechtzeitig anderswohin versetzt hatte (siehe Anh. 2). Mit der Frage nach den Mitwissern und Komplizen innerhalb des Konvents beschlossen die Richter die Revision des Prozesses des Lesemeisters, behielten sich aber die Möglichkeit vor, diesen wieder zu eröffnen, wenn sie es für richtig hielten[48] – was am 18. Mai 1509 der Fall war, nachdem die anderen drei Angeklagten verhört worden waren (siehe Kap. II/3d).

Der Schaffner (8. und 9. Mai 1509)

Noch am gleichen 7. Mai 1509 um 17 Uhr begannen die Prozesse gegen den Schaffner, den Subprior und den Prior[49]. Am nächsten Tag schritt man zum ersten Verhör des Schaffners, der zunächst aufgrund seiner Aussagen im Hauptprozess abgefragt wurde. Das Verhör kam rasch auf die blutweinende Marienstatue, und der Schaffner wurde gefragt, wie oft man diese habe sprechen lassen. Er antwortete: zwei Mal, wollte aber nicht sagen, wer das zweite Mal gesprochen hatte, und versuchte auf das erste Mal und den Novizen Johann Meyerli auszuweichen. Als er gefragt wurde, ob es das zweite Mal der Lesemeister gewesen sei, lavierte er und wollte sich bis nach dem Mittagessen besinnen und beschrieb dann, was am 25. Juni 1507 um die blutweinende Maria herum geschehen war. Der Novize Johann Meyerli sei in der Nähe der Pietà hinter dem bekannten himmelblauen Vorhang verborgen gewesen und der Novizenmeister Paul Süberlich habe auf dem Lettner Wache gehalten, damit keiner der uneingeweihten Brüder in die Szene platzen konnte. Da der Schaffner aber in seinem Folterverhör vom 25. August 1508 davon gesprochen hatte, dass auch der Lesemeister einmal hinter dem blutweinenden Marienbild Orakel gespielt hatte, konnte er jetzt nicht mehr zurück, sondern musste zugeben, dass nach jenem ersten Gespräch zwischen

---

47) Akten III S. 436 Nr. 57 (1509, Mai 9, 14 Uhr: Lesemeister), vgl. auch ebd. II/2 S. 310 Nr. 28 (1508, Sept 2; Subprior, Folterverhör).
48) Akten III S. 438 (1509, Mai 9, 14 Uhr; Lesemeister).
49) Akten III S. 438–440 (1509, Mai 9, 17 Uhr).

Mutter und Sohn, das vom Novizen Johann Meyerli mit zwei verschiedenen Stimmen geführt worden war, ein zweites Orakel stattgefunden hatte, das vom Lesemeister stammte, was das Gericht aus dessen Verhör vom 7. Mai 1509 (Vormittag) bereits wusste. Der Schaffner konnte den genauen Wortlaut dessen, was er gesagt hatte, nicht wiedergeben, wohl aber, dass der Grund für den Untergang der Stadt Bern gewesen sei, dass die Berner nicht glauben wollten, dass Maria in Erbsünde empfangen worden sei, und nichts für die Durchsetzung dieser Meinung unternähmen. Dann aber auch, weil die „Herren von Bern" den Deutschen Orden aus der Vinzenzkirche herausgeworfen und diese den neuen Chorherren überlassen hätten. Schließlich, weil sie den Pensionen der Fürsten abgeschworen hätten und diese doch immer wieder annähmen[50]. An diesem Beispiel lässt sich gut ablesen, wie das Gericht vorging: aus einer eher nebensächlichen Bemerkung des Schaffners in einem Verhör im Hauptprozess, die ihm wohl unbedacht entschlüpft war, vermochte es ein noch unvollständiges Geständnis des Lesemeisters selber herauszuholen, das es sich dann wiederum durch den Schaffner vervollständigen ließ. Dass dieser dabei zögerte und lavierte, zeigt eindeutig, dass ihm bewusst war, dass die Klostervorsteher mit ihren Orakeln über die Stadt eine Grenze überschritten hatten; diese hatten auch entsprechende Reaktionen hervorgerufen bzw. die Stadt in ihrem harten Vorgehen gegen die Klostervorsteher und den ganzen Konvent noch bestärkt.

Die weiteren Fragen an den Schaffner (Verhör vom 8. Mai 1509) betrafen zunächst den Schwebezug. Der Schaffner musste zugeben, dass Bruder Oswald und Bruder Paul Süberlich von Frankfurt ihm bei dessen Bedienung geholfen hätten und dass Prior Werner von Basel sich in seine – des Schaffners – Zelle geflüchtet habe, als Jetzer sich bei ihm bitter über die Erscheinung der Maria und der beiden Engel auf dem Schwebalken beklagen wollte. Der Schaffner wusste nicht genau, wer die rote Hostie gefärbt hatte, ob der Lesemeister oder Lazarus, denn er war zwar dabei gewesen, als dies im Stübchen des Priors ins Werk gesetzt wurde, aber im entscheidenden Moment habe es an der Pforte geläutet und habe er aufstehen müssen, um zu schauen, wer es war; als er nach ungefähr eineinhalb Stunden zurückgekommen sei, sei die Hostie bereits bemalt gewesen. Der Schaffner entschuldigte dies und anderes mit den Pflichten seines Amtes (*nam cum ipse esset procurator monasterii, habebat plura negocia ad tractare*), während man bei den andern Klostervorstehern den Eindruck hat, dass die Zeit, die ihnen für das Inszenieren von Erscheinungen zur Verfügung stand, unbeschränkt war ... Andererseits war der Schaffner sicher, dass die beiden Hostien, die weiße

---

50) Akten III S. 440–442 Nr. 1–6 (1509, Mai 8; Schaffner), vgl. auch Akten II/2 S. 263 Nr. 19 (1508, Aug 25; Schaffner).

und die rote, die gegeneinander ausgetauscht worden waren, geweiht gewesen seien, und zwar nicht, weil er dabei gewesen wäre, als dies geschehen war, sondern weil der Prior ihm gesagt hatte, dass er sie geweiht habe[51].

Das nächste Verhör des Schaffners fand am Nachmittag des 8. Mai 1509 um 15 Uhr statt. Es drehte sich wieder um die rote Hostie, in der Form, wie sie von Jetzer erbrochen worden war. Das Verhör schien sich an den Aussagen des Lesemeisters vom 7. Mai 1509 (Vormittag) zu orientieren, wenn der Schaffner nach dem Zustand der erbrochenen Hostie gefragt und dabei unterstellt wurde, dass diese nicht unbedingt hätte verbrannt werden müssen; der Schaffner wusste es nicht, denn er war weggegangen, um das nötige Holz zu holen. Dann kam das Verhör auf die Absage an Gott, und der Schaffner beteuerte einmal mehr, dass er dies nicht mit dem Herzen getan habe; nichtsdestoweniger scheint er die Formel aus dem Buch des Subpriors noch auswendig gewusst zu haben – es sei denn, sie wäre ihm vom Gericht suggeriert worden: *Ego, talis, abnego Deum et promitto non facere crucem ante me sive non signare me cruce.* Der Schaffner war sicher, dass sie alle zusammen gewesen seien – und nicht nur der Subprior mit Jetzer allein –, als die vier oder fünf Dämonen erschienen seien, doch wurde er leider nicht gefragt, ob diese Bärte getragen hätten oder nicht ... Dann musste er eine Aussage korrigieren, die er am 5. September 1508 betreffend Mitschuld der Oberdeutschen Dominikanerprovinz gemacht hatte: als er sagte, er habe nicht gewusst, ob der Provinzial informiert gewesen sei, bevor er Mitte Mai 1507 nach Bern kam, habe er diesen schützen wollen (*deferre procinciali et aliis patribus et non accusare de toto*); dieser sei sehr wohl schon vorher im Bild gewesen, was im Berner Dominikanerkloster gespielt wurde. Damals sei auch der Beschluss gefasst worden, Jetzer, der sich beim Provinzial beklagt habe, mit Gift aus der Welt zu räumen, und zwar sei dieser Vorschlag von Prior Werner von Basel gekommen[52].

Das dritte und letzte Verhör des Schaffners fand am 9. Mai 1509 wohl am Vormittag statt. Hier wurden die Fragen nun frei gestellt, und das Gericht begann mit jener ersten Zusammenkunft der Klostervorsteher (um Weihnachten 1506), an der beschlossen worden war, Jetzer Erscheinungen vorzuspielen (*de ludendo Ietzer*) – nicht mit dem Provinzialkapitel von Wimpfen (vom 3. Mai 1506), an dem der Schaffner nicht teilgenommen hatte. Dabei war es eindeutig darum gegangen, der Meinung von der befleckten Empfängnis Marias zum Durchbruch zu verhelfen, obwohl der Schaffner, wie er jetzt sagte, immer der gegenteiligen Meinung gewesen sei und ihm das Vorhaben der übrigen Väter deshalb missfallen habe. Der Schaffner könnte also

---

51) Akten III S. 443 f. Nr. 10–16 (1509, Mai 8; Schaffner).
52) Akten III S. 444–447 Nr. 17–26 (1509, Mai 8, 15 Uhr; Schaffner).

ein Immakulist gewesen sein, und dies vielleicht nicht nur aus opportunistischen Gründen. Dann musste er sein Alibi für die zweite Hälfte der Fastenzeit 1507 bestätigen, als er zum Predigen in Lützelflüh gewesen war, einem Ort im Emmental, unter dem die Richter sich sichtlich nicht viel vorstellen konnten (das Protokoll schwankt zwischen der Bezeichnung als *villa* oder *oppidum*). Deshalb wusste der Schaffner auch nichts von den hölzernen Engeln, die bei einer der ersten Erscheinungen der Jungfrau Maria zum Einsatz gekommen waren, wohl aber von der späteren Erscheinung des Priors als hl. Bernhard von Clairvaux, den er nach seinem Sturz aus Jetzers Fenster aufgehoben und gepflegt habe. Dagegen hatte der Schaffner wiederum ein Alibi für die Erscheinung der gekrönten Maria (auf dem Lettner), denn damals sei er in der Weinlese in Twann am Bielersee gewesen. Er wusste indessen, dass Paul Süberlich von Frankfurt die gekrönte Maria gespielt hatte. Als er zurückgekommen sei, sei die Krone, die der Subprior hergestellt hatte, bereits verbrannt gewesen[53].

Der Schaffner scheint jedoch auch an der falschen Auslegung der Bulle Sixtus' IV. bzw. deren Bestätigung durch Alexander VI. beteiligt gewesen zu sein, und er erklärte, dass es schwierig gewesen sei, Jetzer von der befleckten Empfängnis Marias zu überzeugen – also auch Jetzer ein Immakulist – und dass sie ihm deshalb diese Bulle gezeigt hätten. Der Schaffner wusste aber sehr gut, dass in der Bulle lediglich stand, dass niemand angegriffen werden dürfe, weil er die Meinung der Dominikaner (von der befleckten Empfängnis) vertrat, was allerdings auch eine einseitige Lesart ist. Dann sei er für eine Weile aus Bern weggegangen, weil er als Schaffner auswärts zu tun gehabt habe. Es trifft zwar zu, dass der Schaffner damals zum Provinzial geschickt worden war, aber nicht wegen irgendwelcher Geschäfte des Konvents, sondern – laut einer Aussage Jetzers vom 4. August 1508 – weil er bei seinem Auftritt als hl. Katharina von diesem am Kopf verwundet worden war und deshalb eine Weile aus dem Konvent entfernt werden musste (siehe Kap. II/2b, Die Erscheinungen der heiligen Cäcilia, Bernhard von Clairvaux und Katharina von Siena). Deshalb könnte auch sein obiges Alibi – dass er bei der Erscheinung der gekrönten Maria in der Weinlese gewesen sei – falsch gewesen sein. Die rote Hostie sei schließlich in einer Truhe im (Haupt-)Altar aufbewahrt worden, versiegelt von Heinrich Wölfli; doch der Schaffner habe selber ein ähnliches Siegel aus Blei hergestellt, so dass die Truhe nach Belieben geöffnet und geschlossen werden konnte. Er wusste zwar, dass man gemeinsam beschlossen hatte, Jetzer die rote Hostie zum Schlucken zu geben, nicht aber, ob diese vergiftet gewesen sei[54].

---

53) Akten III S. 447–449 Nr. 27–32 (1509, Mai 9; Schaffner).
54) Akten III S. 449–451 Nr. 32–40 (1509, Mai 9; Schaffner).

Zuletzt wurde der Schaffner gefragt, ob Jetzer, als er in den Konvent eingetreten sei, Geld oder andere Güter mit sich gebracht habe. Er antwortete, dass dieser ein Stück schwarzen Damast besessen habe und dass die Klostervorsteher daraus zwei Wämser für sich selber hätten schneidern lassen. Vom Prior hatte der Schaffner gehört, dass Jetzer bei seinem Eintritt das Tuch und eine gewisse Summe Geld bei diesem deponiert hatte, zusammen mit einem Dolch mit einem Griff aus Sandelholz. Dies alles wusste das Gericht wohl aus einer Aussage, die Jetzer im Hauptprozess am 4. August 1508 gemacht und wo er sich beklagt hatte, dass die Väter sich seinen schwarzen Damast und seinen Dolch angeeignet hatten (siehe Kap. II/2b, Die Frauengeschichten der Klostervorsteher). Schließlich wurde der Schaffner auch noch nach der Anzahl der Schlüssel zu Jetzers Zelle gefragt, und er antwortete, dass er selber zu den gewohnten zwei Schlüsseln, von denen offenbar einer der Bewohner einer Zelle und der andere der Prior verwahrte, einen weiteren Schlüssel habe machen lassen, den er in seiner Zelle aufgehängt habe, so dass jedermann, insbesondere der Subprior und der Lesemeister, sich nach Belieben bedienen konnte[55].

Es stellte sich immer mehr heraus, dass der Novize Johann Meyerli eine Schlüsselfigur war, und das Gericht scheint auch nach ihm geschickt zu haben, und zwar Balthasar de Cathaneis, Doktor beider Rechte und Kleriker von Bologna (wohl aus dem Gefolge des Bischofs von Città di Castello); Lienhard Schaller, den Großweibel von Bern; Johann Albi, Inhaber des Weibel-Lehens von Sitten (wohl aus dem Gefolge des Bischofs von Sitten), und Humbert von Praroman von Freiburg (möglicherweise aus dem Gefolge des Bischofs von Lausanne). Diese erschienen immer noch am 9. Mai 1509 vor dem Gericht und berichteten, dass sie sich in den Berner Dominikanerkonvent begeben hatten, um den Novizen zu zitieren, allerdings vergeblich; denn der neue Lesemeister, Georg Sellatoris, hatte ihnen geantwortet, dass dieser letztes Jahr vom Provinzialkapitel in Basel (14. Mai 1508) nach Nürnberg versetzt worden sei, wo er sich jetzt noch aufhalte[56]. Es ist

---

55) Akten III S. 451 Nr. 41 (1509, Mai 9; Schaffner).
56) Akten III S. 451 f. (1509, Mai 9). Eine ähnliche Rolle wie Johann Meyerli spielte ein Novize in der Affäre der Franziskaner von Orléans (1534–1535), vgl. BALZAMO, Fausses apparitions, insbes. S. 487. – Balthasar de Cathaneis hat sich nicht weiter identifizieren lassen. – Johann (III.) Albi hatte von seinem Vater Johann (II.) das Weibel-Lehen von Sitten geerbt, weshalb er hier wohl als *salterius* bezeichnet wird. Vertrauter von Matthäus Schiner, Bischof von Sitten, und seit 1510 auch bedingungsloser Anhänger der Schiner-Partei, 1522–1524 Großkastlan von Sitten, † vor dem 23. Oktober 1533, vgl. Hans Anton VON ROTEN, Eine Walliser Familie in Bern und in der Waadt. Die v. Weiß, Herren von Mollens und Daillens. Ein Beitrag zur Geschichte der Beziehungen zwischen Bern und Wallis, in: Blätter aus der Walliser Geschichte 17/1 (1978) S. 135–170,

wohl kein Zufall, dass man Meyerli im Frühjahr 1508, als der Hauptprozess in Bern bevorstand, aus der Schusslinie in Bern nahm, und es erstaunt auch nicht, dass das Gericht ihn offenbar nicht in Nürnberg ausfindig machen ließ; denn zu den Hauptschuldigen gehörte er wohl nicht, eher zu den Verführten oder schlimmer: Missbrauchten.

Der Prior (10. bis 12. Mai 1509)

Der Prior Johann Vatter hatte im Rahmen des Revisionsprozesses nicht weniger als sechs Verhöre zu überstehen, die sich über drei ganze Tage hinzogen. Zunächst wurde er während zweier Verhöre am 10. Mai 1509 am Vormittag und Nachmittag entlang seiner Aussagen im Hauptprozess (nur Folterverhöre) abgefragt, und dann ging das Gericht (am 11. Mai) zu freieren Fragen über. Wir versuchen hier nur das wirklich Wesentliche herauszugreifen, so dass der Prior sich beim ersten Verhör (am Vormittag des 10. Mai) nicht mehr an den Wortlaut des Gesprächs zwischen der blutweinenden Statue und ihrem Sohn erinnerte und ihm dieser aus dem Defensorium vorgelesen wurde. Bei diesem ersten Verhör war zusätzlich ein italienischer Arzt zugegen, nämlich Prosper Calano von Sarazana (an der Riviera di Levante in Italien), möglicherweise der Leibarzt des Bischofs von Città di Castello. Am Nachmittag des 10. Mai 1509 kam die Rede auf ein besonders heikles Thema, nämlich die rote Hostie. Der Prior wurde gefragt, ob er diese wirklich geweiht habe, eine Frage, die er mit Ja beantwortete. Auf die folgende Frage, ob dies geschehen sei, bevor oder nachdem sie gefärbt worden sei, antwortete der Prior, dass er sie vorher geweiht habe. Dies stand im Gegensatz zu einer Aussage, die er am 29. August 1508 gemacht hatte, und er wurde von den Richtern auch darauf aufmerksam gemacht. Er beharrte indessen darauf, dass er die Hostie vorher geweiht habe, damit nicht einer nicht geweihten Hostie vergeblich die Verehrung (*reverencia*) erwiesen und damit Abgötterei (*ydolatria*) betrieben würde! Es sei indessen eine *nicht* geweihte Hostie gewesen, die Jetzer erbrochen habe und die anschließend verbrannt worden sei. Die konsekrierte Hostie hätte also ein Doppel gehabt, das ebenfalls von Lazarus gefärbt worden war, aber eben nicht konsekriert – und es sei unter den vier Klostervorstehern ausdrücklich besprochen wor-

---

hier S. 145 f. – Humbert von Praroman, 1511–1515 Mitglied des Großen Rats der Stadt Freiburg, 1514–1515 Landvogt von Mendrisio, 1516–1547 Mitglied des Kleinen Rats, 1516 Jerusalemfahrt (Ritterschlag) zusammen mit dem Freiburger Staatsmann und Humanisten Peter Falck, 1528–1530 Schultheiß, 1531–1534 Landvogt von Plaffeien, † 1547, vgl. Pierre DE ZURICH, Généalogies de la famille de Praroman, in: Annales fribourgeoises 45 (1962) S. 23–69, hier S. 42 f.

den, dass man Jetzer die nicht geweihte Hostie geben wolle[57]. Der Prior versuchte also, die erbrochene und verbrannte Hostie als nicht geweiht darzustellen, was den Hostienfrevel wohl gemindert hätte, verwickelte sich dabei aber immer mehr in seine eigenen Widersprüche.

Am 11. Mai 1509 am Vormittag wurde das Verhör fortgesetzt, jetzt mit freien Fragen, die wieder beim Provinzialkapitel von Wimpfen (3. Mai 1506) einsetzten, das vom Prior richtig auf 1506 datiert wurde. Dieser gab zu, dass er den erlösten Geist gespielt habe, und beschrieb eingehend die liturgischen Gewänder, die er als solcher getragen habe, inbegriffen eine bunte Kasel (*depicta casula*) – wobei hier allerdings ein Fehler des Editors der Prozessakten vorliegt: im Original heißt es nämlich „ohne Kasel" (*dempta casula*), und damit stimmte der Prior mit dem Lesemeister überein, der in seiner Bekenntnisschrift im Hauptprozess geschrieben hatte, dass der erlöste Geist (angeblich der Subprior) ohne Kasel (*excepta casula*) erschienen sei, weil er zwar eine Messe lesen, aber selber nicht kommunizieren konnte. Jedenfalls war dem Prior klar, dass der erlöste Geist nicht kommunizieren durfte, weil er eben ein Geist war und weil Jetzer dies glauben sollte. Er gab auch zu, dass dieser ihm öfters gesagt habe, er gleiche dem erlösten Geist, wenn er in eine Albe gekleidet war – was wiederum einer Aussage Jetzers vom 29. August 1508 entspricht (siehe Kap. II/2b, Jetzers Geist und seine Beichtväter)[58].

Dann kam das Verhör auf die Bulle *Grave nimis*. Der Prior wusste relativ gut Bescheid, was in dieser Bulle stand, allerdings auch wieder aus dem Blickwinkel der Dominikanerordens: dass nicht sündige, wer die Meinung der Dominikaner teile, dass die Jungfrau Maria in der Erbsünde empfangen sei. Er wusste auch, dass die Bulle, die er (durch einen gewissen Bruder Balthasar) im Konvent von Ulm hatte holen lassen, die Form eines Transsumpts (rechtskräftig beglaubigte Abschrift) hatte und das Siegel eines Propstes trug, das in einer Kapsel aus Messing oder Zinn steckte. Sie hätten diese Bulle Jetzer nicht vorgelesen, sondern folgendermaßen zusammengefasst: dass ihre Meinung von der (befleckten) Empfängnis Marias approbiert sei und dass diese sowohl in der Erbsünde empfangen als auch geboren, darin ihren Sohn empfangen und geboren und auch noch unter dem Kreuz in der Erbsünde gewesen und schließlich darin gestorben sei – was durchaus nicht mit den Auffassungen der Kirche übereinstimmte. Auf die Frage, war-

---

57) Akten III S. 455 Nr. 9 u. 10, S. 457 f. Nr. 16–19 (1509, Mai 10 – Mai 10, 15 Uhr; Prior), vgl. auch ebd. II/2 S. 290 Nr. 30 (1508, Aug 29; Prior).

58) Akten III S. 458 f. Nr. 21–25 (1509, Mai 11; Prior), mit Rückgriff auf das Original StABern, A V 1438, Unnütze Papiere, Kirchliche Angelegenheiten 69, Revisionsprozess, fol. 18v. Vgl. auch Akten II/1 S. 76 Nr. 48 (1508, Aug 29; Jetzer), und II/2 S. 230 (undat., 1508, Aug 31; Lesemeister, Bekenntnisschrift).

um sie dies Jetzer so gesagt hätten, antwortete der Prior: um ihn leichter für ihre Auffassung zu gewinnen. Dies sei aber misslungen; denn Jetzer habe ihnen entgegengehalten, dass Maria selber – oder aber die Väter als Maria (*ipsa Maria vel ipsimet patres in eius apparicione*) – gesagt hätte, dass sie nur drei Stunden (nach der Empfängnis) in der Erbsünde geblieben sei und dass dies der Bedeutung der drei Blutstropfen auf einer der beiden Reliquien entspreche. Als die Richter sahen, dass sie mit dem Prior nicht weiterkamen, beschlossen sie, ihn mit Jetzer zu konfrontieren, um die Wahrheit über die Diskussionen über die Empfängnis Marias zu erfahren, doch führte diese Gegenüberstellung auch nicht weiter, indem Jetzer, der wahrscheinlich seit den Gegenüberstellungen im Rat im Januar 1508 keinen seiner Peiniger mehr gesehen hatte, sich zunächst in einer langen Hasstirade verlor und dann – begreiflicherweise – auch nicht zu erklären wusste, warum die Väter in ihrer Auslegung der Bulle *Grave nimis* so weit gegangen waren[59].

Am gleichen 11. Mai 1509 um 15 Uhr wurde das Verhör mit dem Prior fortgesetzt, und dieser wurde unter anderem gefragt, was Jetzer bei seinem Eintritt in den Konvent (den der Prior auf die erste Hälfte des Monats September 1506 datierte) mitgebracht habe, eine Frage, die am 9. Mai bereits dem Schaffner gestellt worden war. Der Prior antwortete, dass Jetzer 9 Batzen (*batzones*) und einen Dolch mit einem Griff aus Sandelholz besessen habe, und auf eine konkrete Frage nach dem Damast: dass er lieber mit Nein antworten möchte! Auf die Frage, was er damit sagen wolle, antwortete er, es sei wahr, dass Jetzer ein Stück Damast mitgebracht habe, und zwar etwa 8½ Ellen. Auf weitere Fragen antwortete er, dass aus diesem Damast zwei Wämser gemacht worden seien, und zwar bei einem Schneider in Basel und für ihn und den Lesemeister; ihre Maße hätten sie selber genommen und durch den Schaffner nach Basel geschickt. Es ist seltsam, dass sich beim Prior hier – aber eigentlich nur hier, bei dem dem Jetzer gestohlenen Damast – so etwas wie ein schlechtes Gewissen oder Unrechtbewusstsein gegenüber diesem zeigt. Dann kam das Verhör auf die Verschwörung in der Marienkapelle, bei der auch beschlossen wurde, Jetzer aus der Welt zu schaffen und Geld aufzunehmen, damit die Klostervorsteher, wenn die Sache aufgedeckt würde, sich anderswohin flüchten und zu ihrer Verteidigung nach Rom schicken könnten. Zu diesem Zweck hätten sie 400 Gulden bzw. 800 Pfund beim Kaufmann Johann Graswyl aufgenommen. Davon hätten sie 40 Scudi (Taler) dem Lesemeister und dem Subprior nach Rom mitgegeben und 80 Gulden an den Heimatort Marbach (in Schwaben) des Priors geschickt, zusammen mit Halsbändern und Kleinodien, nämlich Ringen und Korallen aus der Marienkapelle, und zwar durch einen Bauern, der aus

---

59) Akten III S. 460–464 Nr. 28–33 (1509, Mai 11; Prior).

Marbach stammte, und später auch noch 25 rheinische Gulden durch eine Frau von dort. Der Prior datierte die Verschwörung in der Marienkapelle auf kurz vor dem Fest der Geburt Marias (8. September 1507), nach der Komplet, um 9 Uhr abends, als die übrigen Brüder sich schlafen legten. Bei dieser Gelegenheit sei auch beschlossen worden, Jetzer eine Maria in anderer Form vorzuspielen, nämlich eine gekrönte Maria, die nach der Matutin öffentlich auf dem Lettner erscheinen sollte[60].

Beim nächsten Verhör, am 12. Mai 1509, wurde der Prior nach der Romreise des Lesemeisters und des Subpriors gefragt. Er antwortete, dass sie mit dem Prokurator des Dominikanerordens (wohl Cajetan) gesprochen hätten, der nach dem Tod des Ordensgenerals (Johann de Clérée, † 10. August 1507 in Pavia) dessen natürlicher Stellvertreter war und der sie nicht habe anhören wollen (*noluit eos audire*). Der Lesemeister und der Subprior hätten indessen ein päpstliches Breve erlangt, womit sie sich von diesen (ihren) Betrügereien reinigen könnten und deshalb von niemandem behelligt werden dürften (*ut ipsi possent se purgare de huiusmodi trufis et ab aliquo non molestari*). Auf die Frage, ob das Breve nur für diejenigen bestimmt gewesen sei, welche die Reise nach Rom unternommen hatten, oder für alle vier Klostervorsteher, antwortete der Prior, dass dieses an die Pröpste des Chorherrenstifts St. Vinzenz in Bern und des Augustinerchorherrenstifts in Interlaken gerichtet gewesen sei und dass der Lesemeister und der Subprior es (wohl nach ihrer Rückkehr am 11. Januar 1508) Bruder Paul Hug gezeigt hätten, der damals den Provinzial in Bern vertrat. Dieser hätte es wiederum dem Stadtschreiber von Bern, Niklaus Schaller, vorgewiesen, der ihm gesagt habe, dass dieses ihnen nicht helfen würde. Deshalb hätten sie es den Richtern (wohl des Hauptprozesses) nicht gezeigt, sondern dem Provinzial geschickt (der immerhin zunächst auch im Gericht des Hauptprozesses saß). Der Prior hatte eine Kopie des Breves gelesen und daraus entnommen, dass dieses den ganzen Konvent von Bern und alle „Komplizen" in dieser Angelegenheit umfasse; dagegen habe er das Original nicht gelesen, wohl aber gesehen; es sei auf gewohnte Weise verschlossen gewesen (*erat clausum more consueto*)[61]. Laut Anshelm (3 S. 128) hätte Cajetan dem Lesemeister und dem Subprior zu diesem Breve geraten und verholfen: *Riet und half inen vom allerhelgesten vater ein apostolisch bref ussbringen, dass si, ir convent und der orden dises handels halb ganz entschlagen und bi bäbstlichem ban und bot unangefochten söltid sin und bliben.*

Der Herausgeber der Akten der Jetzerprozesse, Rudolf Steck, hat dieses Breve zwar gekannt, aber nicht in seine Beilagen aufgenommen (wo es ei-

---

60) Akten III S. 464–466 Nr. 34–42 (1509, Mai 11, 15 Uhr; Prior).
61) Akten III S. 467 f. Nr. 43–46 (1509, Mai 12; Prior).

gentlich hingehört), so dass es unbekannt geblieben ist. Es datiert vom 30. November 1508 und ist tatsächlich an die Pröpste von Bern und Interlaken gerichtet. Als Petenten figurieren der Prior und die Brüder des Berner Dominikanerkonvents, die von ihren Feinden teils aus Neid, teils aus Nichtwissen mit „hündischem Gebell" verfolgt würden, wie wenn sie aus Habgier etwas Übernatürliches oder Wunder gegen die Person eines der Brüder ihres Konvents fingiert hätten, und sie deshalb sowohl öffentlich als auch privat mit Schmähworten überschütteten, so dass die Almosen ihrer Wohltäter geschmälert und der Ruf des Konvents in den Schmutz gezogen werde. Deshalb baten der Prior und die Brüder, dass darüber eine Untersuchung angestellt und, wenn sich ihre Unschuld erwiesen haben würde, dies feierlich publiziert und sie vor Klerus und Volk entschuldigt und gegen ihre sie diffamierenden Feinde verteidigt würden; diesen sollte Schweigen auferlegt werden, bis der päpstliche Stuhl anders entschieden haben würde. Den Pröpsten von Bern und Interlaken wurde deshalb aufgetragen, diese Untersuchung durchzuführen und den Feinden der Dominikaner bei erwiesener Unschuld Schweigen zu gebieten und deren guten Ruf zu schützen und ihre Feinde nötigenfalls zu exkommunizieren oder den weltlichen Arm anzurufen. Dabei werden auch schon die Schreiber von diffamierenden Briefen oder ehrenrührigen Schriften (*certas diffamatorias literas mittentes seu libellos famosos scribentes*) erwähnt[62], so dass man vermuten darf, dass die mediale Schlacht, die zur Jetzerliteratur (siehe Einl. 2c) führte, im Herbst 1507 bereits begonnen hatte; aber auch die Einkünfte des Dominikanerkonvents scheinen bereits zurückgegangen zu sein. Die Dominikaner scheinen also bereits im Spätherbst 1507 versucht zu haben, den in der Folge gegen sie angestrengten Prozessen zuvorzukommen und ihrerseits eine Untersuchung gegen ihre Feinde und angeblichen Verleumder anstrengen zu lassen, die ihre Unschuld erweisen sollte – dann stellt sich allerdings die Frage, warum sie das Breve bei ihren Artikelverhören im Hauptprozess nicht geltend gemacht haben, als ihnen im letzten der insgesamt 35 Anklageartikel vorgeworfen wurde, dass sie nichts zu ihrer „Reinigung" unternommen, sondern hartnäckig an ihren Irrtümern festgehalten hätten (siehe Kap. II/2c). Man kann lediglich vermuten, dass sie dies unterlassen haben, weil der Stadtschreiber Niklaus Schaller, der ihr Vertrauter war, ihnen nach ihrer Rückkehr von Rom im Januar 1508 mitgeteilt hatte, dass auch das Breve ihnen nichts mehr nützen würde – womit er wahrscheinlich Recht hatte (siehe oben und Kap. II/2d, Der Stadtschreiber Niklaus Schaller).

Da der Prior ausgesagt hatte, dass das Breve (vom 30. November 1507) den ganzen Konvent betreffe, folgte die Frage, ob denn der ganze Konvent

---

62) WIRZ, Bullen und Breven S. 248 f. Nr. 262 (1507, Nov 30).

eingeweiht gewesen sei, was dieser verneinte. Neben den vier Klostervorstehern hätten nur die Brüder Paul Süberlich von Frankfurt, Jost Hack, Bernhard Karrer und Johann Meyerli davon gewusst, nicht aber der Sakristan (beim Lesemeister erscheint indessen Bruder Jost Hack als Sakristan, siehe oben). Dann kamen die Fragen nach der Anzahl der Schlüssel zu Jetzers Zelle und zu denjenigen zum Behältnis, in welchem die rote Hostie aufbewahrt wurde. Nachdem der Prior der Kartause Thorberg, der Stadtschreiber von Bern und Venner Wyler ihre Schlüssel zurückgegeben hätten, sei die Hostie in eine kleine Truhe eingeschlossen und mit den Siegeln des Stadtschreibers und des Venners versiegelt worden; wenn die Klostervorsteher die Truhe hätten öffnen wollen, hätten sie dies nur in Gegenwart der beiden tun können. Dies war wieder einmal nicht die ganze Wahrheit, und der Prior scheint diese seine Antwort denn auch kurz vor seiner Hinrichtung noch berichtigt zu haben; jedenfalls findet sich am Rand der Prozessakten eine Notiz von der Hand von Salvator de Melegottis, Notar des Bischofs von Città di Castello, wonach der Prior diese Behauptung am Ende des Prozesses korrigiert und widerrufen habe (*correxit et revocavit ac mandavit corrigi, ut in fine processus apparet. Salvator, notarius*) (siehe Kap. II/3e, Allerletzte Geständnisse des Priors). Nichtsdestoweniger musste der Prior nach dieser Unwahrheit auf eine entsprechende Frage doch eingestehen, dass die kleine Truhe von Heinrich Wölfli versiegelt worden sei und dass die Klostervorsteher eine Nachbildung von dessen Siegel gehabt hätten, so dass sie die Truhe hätten öffnen können, sooft sie wollten[63].

Dann kam das Verhör auf die Orakel der blutweinenden Marienstatue, und der Prior musste zugeben, dass es nicht nur ein, sondern zwei Orakel gegeben habe, das zweite kurz nach dem ersten, bei welchem der Novize Meyerli die Stimmen der Marienstatue und ihres Sohnes nachgemacht hatte. Wenig später habe der Lesemeister sich hinter der Statue versteckt und so getan, wie wenn diese sprechen würde, dass eine große Plage über die „Herren von Bern" kommen werde, weil sie nicht an die durch Jetzer bewirkten Wunder glauben wollten, aber auch, weil sie den Pensionen der Fürsten abgeschworen hatten und sie doch immer wieder annähmen, und schließlich wegen der Vinzenzkirche, die sie dem Deutschen Orden weggenommen und zu einer Kollegiatkirche erhoben hatten. Dabei sei der Lesemeister von Jetzer ertappt worden, doch hätten die Klostervorsteher darauf bestanden, dass dieser den höchst beunruhigten „Herren von Bern" die Gründe für die bevorstehenden Plagen bekanntgäbe. Jetzer habe sich zuerst geweigert, aber als die Väter ihm sagten, dass ihnen und ihm sonst große Gefahr drohe,

---

63) Akten III S. 469 Nr. 47–49 (1509, Mai 12; Prior).

habe er eingelenkt, und als sie selber den „Herren von Bern" diese Geschichten erzählt hätten, habe er sie bestätigt[64].

Dann wurde der Prior wieder nach der roten Hostie bzw. nach den roten Hostien gefragt: wie viele es denn eigentlich gewesen seien? Diesmal antwortete er: es seien drei gewesen, nämlich eine, die heute noch konsekriert aufbewahrt werde, und eine zweite, die vom Subprior vergiftet und Jetzer dargeboten worden sei, als er (am 25. Juni 1507) auf dem Marienaltar kniete – damit er möglichst rasch sterbe; da der Konverse diese Hostie jedoch verschmäht hatte, sei auch diese noch vorhanden. Als der Prior indessen mehrmals nach der dritten Hostie gefragt wurde, brach er zusammen bzw. fiel vor den Richtern auf die Knie und bat um Gnade; es seien eben doch nur zwei rote Hostien gewesen, beide von ihm geweiht. Dabei sei die zweite, die Jetzer auf dem Marienaltar hätte schlucken sollen, die gleiche gewesen, die später in sein Stübchen getragen worden sei, die er erbrochen habe und die schließlich in den brennenden Ofen geworfen worden sei. Nach diesem entscheidenden Geständnis des Priors wurde die Sitzung unterbrochen und die Beisitzer (die nicht genannt werden) mit einem Eid zum Stillschweigen verpflichtet – wie schon Jetzer (siehe Kap. II/3b, Jetzer); denn die Richter vermuteten, dass der Angeklagte sich scheute, die ganze Wahrheit zu gestehen, weil er fürchtete, dass diese durch die Beisitzer an die Öffentlichkeit gelangen könnte[65].

Nach dieser Unterbrechung musste der Prior bestätigen, dass es tatsächlich nur zwei gefärbte und geweihte Hostien gegeben habe, die eine noch erhalten und die andere vergiftet, erbrochen und verbrannt. Auf die Frage, wo die zweite Hostie aufbewahrt worden sei, bevor sie verbrannt wurde, antwortete der Prior: seit sie geweiht worden sei, im Sakramentshäuschen; vorher habe er sie in seinem Stübchen oder seiner Zelle aufbewahrt. Sie scheint schon vergiftet gewesen zu sein, als Jetzer sie am 25. Juni 1507 hätten nehmen sollen, aber zurückgewiesen habe. Der Prior musste zugeben, dass der Subprior sie vergiftet habe, aber in seiner Gegenwart und in seinem Stübchen. Der Lesemeister und der Schaffner seien eingeweiht gewesen, denn sie hätten alle gemeinsam beschlossen, die Hostie zu vergiften, und zwar mit einem starken Gift. Der Schaffner habe dieses Gift von einem Apotheker (*aromatarius*) der Stadt Bern gehabt, der Meister Niklaus (Alber) heiße und seine Apotheke in der Nähe der Kreuzgasse (*prope plateam crucis*) und gegenüber dem Fischmarkt (*prope seu ex opposito foro[!] piscium*) habe. Das Gift sei jedoch schon im Kloster gewesen, als der Beschluss gefasst wurde, den Konversen zu vergiften; der Schaffner habe es vorher er-

---

64) Akten III S. 471 Nr. 55 (1509, Mai 12; Prior).
65) Akten III S. 471 f. Nr. 56 (1509, Mai 12; Prior).

worben, um die Echtheit eines Einhorns zu prüfen, das im Besitz des Konvents war. Bevor die Hostie damit vergiftet wurde, habe der Schaffner das Gift an einer Katze ausprobiert, die sofort daran verendet sei. Der Prior wusste nicht genau, wann er die Hostie geweiht hatte, wahrscheinlich nur wenige Tage, bevor sie Jetzer (am 25. Juni 1507) auf dem Marienaltar dargeboten wurde, aber jedenfalls bevor sie vergiftet worden sei (*prius fuit consecrata quam venenata*). Sie sei nicht vollständig vergiftet worden, sondern nur in der Mitte, und der Subprior habe außerdem die Stelle, wo man sie anfassen konnte, mit einem Zeichen versehen. Der Plan bestand darin, dass Jetzer an der vergifteten Hostie sterben und der Subprior durch schwarze Magie bewirken sollte, dass der Teufel ihn von der Marienkapelle in den Chor tragen und vor dem Hauptaltar niederlassen sollte, so dass man hätte verkünden können, dass er von der Jungfrau Maria oder einem Engel während der Ekstase hinweggerafft worden und als Heiliger gestorben sei. Schließlich wurde der Prior auch noch nach dem Schicksal der Krone der gekrönten Maria gefragt, die in der Nacht vom 12. auf den 13. September 1507 auf dem Lettner der Dominikanerkirche erschienen war, und er antwortete: Bruder Georg (Sellatoris?) habe sie verbrannt[66].

Das Verhör des Priors wurde am gleichen 12. Mai 1509 um 16 Uhr fortgesetzt, und zwar bei der gekrönten Maria bzw. bei der Buße, die Jetzer erhalten hatte, weil er nicht glauben wollte, dass die Erscheinung echt sei. Vor allem aber wurde der Prior auf die schwarze Magie angesprochen, die im Konvent offenbar gepflegt wurde; denn laut der Aussage, die er hier machte, hatte nicht nur der Subprior ein einschlägiges Büchlein besessen, sondern auch der Lesemeister. Dieses sei vor Alter schwarz gewesen (*vetustate quasi atritum*), von der Breite eines halben Blattes Papier und von der Dicke eines Fingers und habe Beschwörungen enthalten, doch habe der Prior weder das Buch gelesen noch darüber eine Untersuchung angestellt (wie es wohl seine Pflicht als Vorsteher des Konvents gewesen wäre). Das Büchlein des Subpriors sei von der Dicke von zwei Fingern, von der Länge von etwas mehr als einer Handfläche, von der Breite einer Hand, und der Deckel sei aus rotem Leder geprägt gewesen, wobei der Prior als Buchbinder einen Fachausdruck verwendete (*in tabulis ligatis*). Auf die Frage, ob er jemals Gott abgesagt habe, antwortete er mit Nein, und ebenso auf eine weitere Mahnung, die Wahrheit zu sagen, so dass die Richter offenbar laut überlegten, ob sie ihn wieder mit Jetzer konfrontieren wollten und schon nach diesem schickten –

---

66) Akten III S. 472–474 Nr. 57–64 (1509, Mai 12; Prior). Der Apotheker Niklaus Alber ist Zeuge im Haupt- und im Revisionsprozess, siehe Kap. II/2d und II/3c. Gerade weil das Horn von Einhörnern als giftresistent galt, wurde es benutzt, um Gift zu entdecken, vgl. COLLARD, Veneficiis vel maleficiis S. 50.

da fiel der Prior wieder auf die Knie und bat die Richter, den ehemaligen Konversen nicht kommen zu lassen; denn er wolle alles erklären, was es mit dieser Absage auf sich habe. Er gab zu, dass er sich zusammen mit den andern in den vom Subprior gezeichneten Kreis gesetzt und die einschlägige Formel gelesen habe, die sich im oben beschriebenen Büchlein des Subpriors gefunden habe: *Ego talis, Iohannes Vatter, abnego Deum et crucifixum salvatorem meum et sanctos eius, et invoco hec tales*, also eine ähnliche Formel, wie der Schaffner sie angegeben hatte. Auf diese Formel seien einige Zeichen (*caracteres*) gefolgt, von denen der Prior geglaubt habe, sie bezeichneten gewisse böse Geister, weshalb er die Absage nicht habe machen wollen. Diese Geister seien auch gleich erschienen, „wie oben im Prozess steht", was wohl bedeutet, dass der Protokollant hier abkürzen wollte. Auf die Frage, ob er seine Absage an Gott jemals gebeichtet und dafür Absolution bekommen habe, antwortete der Prior, dass er aufgrund eines vom Kardinal Raymund (Peraudi, Bischof) von Gurk erlangten Beicht- und Ablassbriefs gebeichtet und Buße getan habe. Schließlich wurde er noch nach Lazarus gefragt, der den Trank für Jetzer hergestellt hatte, doch wusste er nicht, wo dieser hingekommen, sondern nur, dass er ein fahrender Schüler (*vagabundus*) war. Darauf schlossen die Richter den Prozess des Priors, nicht ohne die Möglichkeit offenzulassen, diesen Schluss zu widerrufen, wenn es ihnen nötig (*oportunum*) erschiene[67].

Der Subprior (14. bis 16. Mai 1509)

Am 14. Mai 1509 (Montag) begannen die Verhöre des Subpriors, der sich als recht uneinsichtig und unsolidarisch herausstellte. Auf die Frage, ob er schon anderswo über die Taten, die er und die anderen Angeklagten mit Jetzer begangen hatten (*gestis per eum et alios inquisitos cum Ietzer*), verhört worden sei, berief er sich auf den Hauptprozess durch die Bischöfe von Lausanne und Sitten (der Provinzial wird nicht erwähnt). Auf die Frage, ob er damals die Wahrheit gesagt habe, antwortete er, dass er diese beim ersten Verhör (dem Artikelverhör) gesagt habe; was er aber bei den späteren Verhören (den Folterverhören) gesagt habe, habe er aus Furcht vor der Folter gesagt. Auf die Frage, ob er glaube, dass die anderen drei Klostervorsteher die Wahrheit gesagt hätten, antwortete er, dass sie wohl versucht hätten, ihn in etwas hineinzuziehen, wenn sie sich in irgendeiner Hinsicht schuldig be-

---

67) Akten III S. 474–478 Nr. 65–76 (1509, Mai 12, 16 Uhr; Prior). Raymund Peraudi (1435–1505), seit 1476 Domdekan von Saintes (Dép. Charente-Maritime F), seit 1487 Generalkollektor für den Türkenkrieg, seit 1491 Bischof von Gurk (Kärnten), seit 1493 Kardinal, 1500–1504 Legat für die Schweiz, seit 1505 Bischof von Saintes, vgl. Urban FINK, Art. Peraudi, Raimondo, in: HLS online (Zugriff 16. März 2019).

kannt hätten; was ihn betreffe, so sei er unschuldig. Nach diesen Aussagen wurde der Subprior von den Offizialen von Lausanne und Sitten, Baptiste de Aycardis und Jean Grand, zu einem geheimen Gespräch (*secretum colloquium*) beiseite genommen, bei dem er, wie Steck vermutet, möglicherweise mit einer Wiederholung der Folter bedroht wurde. Es ist aber auch nicht auszuschließen, dass der Subprior von den beiden Offizialen an die Sonderverhöre erinnert wurde, die ihm im Hauptprozess am 26. und 30. August 1508 gewährt worden waren und denen möglicherweise ein Sonderdeal zugrunde lag (siehe Kap. II/2e, Die außerordentlichen Geständnisse des Subpriors ...). Nach dieser geheimen Unterredung kehrte der Subprior jedenfalls vor die Richter zurück, fiel vor ihnen auf die Knie und bat um Gnade: er wolle nun die „reine Wahrheit" sagen, die er vorher aus Angst nicht zu enthüllen gewagt habe. In der Folge wurden ihm seine Geständnisse aus dem Hauptprozess vorgelesen[68], doch scheint das Verhör bereits am Nachmittag des 14. Mai 1509, beim zweiten Verhör, zu freieren Fragen übergegangen zu sein.

Zunächst kam die Sprache auf den Geist, und da musste der Subprior zugeben, dass nicht er den erlösten Geist gespielt habe, wie am 21. August 1508 behauptet, sondern der Prior. Auf die Frage, warum er dies nicht gleich (im Hauptprozess) gesagt habe, antwortete er, dass er diesen nicht habe denunzieren, sondern lieber die Schuld auf sich selber habe nehmen wollen. Er bestätigte, dass er Jetzer (am 7. Mai 1507) die übrigen Stigmata verabreicht habe, und zwar in Abwesenheit des Lesemeisters und des Priors, die auf einem Provinzialkapitel weilten; doch erinnerte der Subprior sich nicht mehr, wo dieses stattgefunden hatte (Pforzheim). Laut seiner Aussage vom 23. August 1508 pflegte er Jetzers Wunden mit einer grünen Salbe, die er beim Scherer (*barbitonsor*) Johann Haller bezogen hatte. Das Gericht wollte wissen, wer dieser sei, und der Subprior antwortete: ein ehrenhafter Bürger von Bern, der auf dem Platz beim Zeitglockenturm wohne (*in platea prope turrim horologii*) und der ihm die Salbe bereits eineinhalb Jahre vorher gegeben habe. Der Subprior wurde weiter gefragt, warum er in seinen Folterverhören zuerst behauptet habe, dass der Lesemeister die Hostie rot bemalt habe, und nicht der Illuminist Lazarus, doch wusste er keinen überzeugenden Grund zu nennen. Schließlich wurde er nach jenem „Unschuldigen" gefragt, der sich hinter der Marienstatue versteckt und das (erste) Orakel gemacht hatte, und er musste zugeben, dass dieser der Novize

---

68) Akten III S. 478 f. Nr. 1 f. (1509, Mai 14; Subprior).

Johann Meyerli gewesen war[69], doch ist hier noch nicht die Rede von einem zweiten Orakel.

Das nächste Verhör des Subpriors folgte am gleichen 14. Mai 1509 am Nachmittag um 15 Uhr. Dieser wurde weiterhin nach seinen früheren Aussagen abgefragt, doch blieb das Verhör bei der Jetzer aufgezwungenen und von ihm erbrochenen Hostie stehen; dabei hatte der Subprior offenbar sofort begriffen, dass es sich um einen Hostienfrevel handelte; denn er sagte aus, dass er so erschrocken und eingeschüchtert (*perterritus et pavidus*) gewesen sei, dass er nicht mehr darauf geachtet habe, in welchem Zustand die Hostie gewesen sei, nämlich ziemlich aufgelöst. Bemerkenswert ist, dass alle vier Klostervorsteher, selbst die verstocktesten, sofort begriffen hatten, dass sie einen Hostienfrevel begangen hatten, als sie Jetzer gezwungen hatten, Hostie zu schlucken, und dieser sie erbrochen hatte, so dass schließlich nichts anderes übrig blieb, als sie zu verbrennen. Dann kam das Verhör auf das Provinzialkapitel von Pforzheim (Anfang Mai 1507) zurück, doch wusste der Subprior nicht, was dort, in der Versammlung selbst und außerhalb (*in tali congregacione vel extra*), verhandelt worden sei, und dies obwohl er in der Woche nach Ostern (4. April 1507) vom Prior und vom Lesemeister zum Provinzial nach Ulm geschickt worden war, mit einem Brief, mit dem sie diesen darüber unterrichteten, was sie mit Jetzer angestellt hatten (*qualia tractata fuerunt per hos inquisitos circa Iohannem Ietzer*). Auf die Frage, ob er dem Provinzial erklärt habe, dass es sich um Erfindungen (*figmenta*) handelte, antwortete der Subprior, dass er ihm nichts verschwiegen habe (*quod eidem nichil tacuit de veritate*). Auf die Frage, ob der Provinzial zornig geworden sei und ihn und seine „Komplizen" gescholten und ihnen Schweigen auferlegt habe, antwortete er mit Nein; er habe nur gesagt, dass sie umsichtig und vorsichtig vorgehen müssten, damit die Erfindungen nicht ans Licht kämen und einen Skandal hervorriefen. Der Provinzial hatte also lange, bevor er (Mitte Mai 1507) nach Bern gekommen war, gewusst, dass Jetzers Erscheinungen fingiert waren. Auch als der Konverse sich damals bei ihm über den Subprior beklagt hatte, der ihn mit einer vergifteten Suppe umzubringen versucht hatte, habe der Provinzial ihn nicht ermahnt oder gescholten, sondern ihm nur gesagt, dass er sich hüten solle, damit nichts ans Licht käme (*ne penetraret ad noticiam hominum*)[70]. Nach dieser Aussage des Subpriors kann an der Mitschuld des Provinzials kein Zweifel mehr bestehen, auch wenn sein vorzeitiger Tod im Herbst 1508 vielleicht

---

69) Akten III S. 479 f. Nr. 3–6 (1509, Mai 14; Subprior). Der Scherer Johann Haller wird als Zeuge im Revisionsprozess herangezogen, siehe Kap. II/3c.
70) Akten III S. 481 f. Nr. 7–12 (1509, Mai 14, 15 Uhr; Subprior).

dazu beigetragen hat, dass man ihn jetzt nicht mehr glaubte schonen zu müssen.
Am 15. Mai 1509 wurde das Verhör des Subpriors fortgesetzt, und zwar nur am Vormittag. Da die Revision der Folterverhöre des Hauptprozesses abgeschlossen war, ging das Gericht zu freieren Fragen über und begann einmal mehr mit dem Geist. Auf die Idee, einen solchen zu spielen, sei man gekommen, weil nicht nur Jetzer, sondern auch andere Brüder sowohl in der Gästekammer als auch im Krankenzimmer (*infirmaria*) einen solchen gehört haben wollten. Jetzer war tatsächlich nach seiner Aufnahme ins Kloster, die der Subprior auf etwa drei Monate vor dessen Einkleidung (am 6. Januar 1507) datierte, schwer krank und ins Krankenzimmer gelegt worden. Während seiner Krankheit habe er viel Wirres geredet, so dass der Subprior nicht wusste, wieviel davon wahr gewesen sei. Auf Drängen des Priors (*inductus per priorem*) habe Jetzer sein Testament gemacht und dabei dem Kloster viele Dinge vermacht, über die er gar nicht verfügt habe. Außer seinen Kleidern habe er noch zwei Stücke schwarzen Damasts besessen, aus dem die Klostervorsteher zwei Wämser hätten machen lassen, eines für den Prior und eines für den Lesemeister (wobei man nicht den Eindruck hat, als ob der Subprior – im Unterschied zu Prior – dabei ein schlechtes Gewissen gehabt hätte). Weiter habe Jetzer ein rotes Birett gehabt, und einen schönen Dolch mit einem Griff aus Sandelholz und schließlich ein Hemd (*camisea*), aus dem später das Skapulier für die Erscheinung des hl. Bernhard von Clairvaux gemacht worden sei. All diese Dinge habe Jetzer in seiner Krankheit dem Prior (d. h. wohl dem Konvent) vermacht, und außerdem noch eine Geldsumme von ungefähr 30 Gulden – was näher bei der Wahrheit liegen dürfte als die 400–500 Gulden, von denen in der Folge, zur Verleumdung des Konversen, die Rede war (siehe Kap. II/2d, Zeugenaussage Alber). In der Folge ließ das Gericht sich vom Subprior die Aussagen des Priors bestätigen, dass der Schaffner für die Anfertigung der Wämser eigens zu einem Schneider nach Basel gegangen sei und dass sie die Maße dafür unter sich genommen hätten. Der Subprior gab weiter zu, dass der Prior sich Jetzers Dolch und das rote Birett angeeignet und dass er selber ein rotes Wams getragen habe. Dies entsprach einer Aussage, die Jetzer am 4. August 1508 gemacht hatte (siehe Kap. II/2b, Die Frauengeschichten der Klostervorsteher), und es wirft ein übles Licht auf die Klostervorsteher, wenn der Subprior sie hier im Wesentlichen bestätigen musste[71].
Als nächstes wurde der Subprior nach der Anzahl der Schlüssel zu Jetzers Zelle gefragt, und er antwortete, dass sowohl Jetzer als auch der Prior

---

71) Akten III S. 483 f. Nr. 13–15 (1509, Mai 15; Subprior), vgl. auch ebd. II/1 S. 123 Nr. 308–310 (1508, Aug 4; Jetzer).

und er selber im Besitz eines Schlüssels gewesen seien, wobei er den seinen in der Zelle des Schaffners aufgehängt habe, so dass jedermann sich bedienen konnte, was wahrscheinlich auch die verschiedenen Angaben in Bezug auf die Anzahl der Schlüssel (Jetzer: fünf; Lesemeister, Schaffner und Subprior: drei; Prior: vier) erklärt. Der Subprior musste weiter zugeben, dass er Jetzers erstes Stigma geküsst habe, wie wenn dieser ein Heiliger gewesen wäre, und dass er ihm befohlen habe, sich die Füße zu waschen, bevor er ihm die übrigen vier Stigmata verabreicht habe. Dann kam das Verhör auf die schwarze Magie, die der Subprior laut seiner Aussage vom 23. August 1508 in Bozen von einem Organisten gelernt hatte, der Meister Martin geheißen habe und bereits vor sechzehn Jahren gestorben sei. Auf die Frage nach dem Büchlein, in welches er dessen Lehren aufgeschrieben hatte, antwortete der Subprior, dass er es verbrannt habe, und zwar bevor er (zusammen mit dem Lesemeister) nach Rom aufgebrochen sei[72].

Auf die Frage, ob die Marienstatue ein Mal oder mehrere Male gesprochen habe, antwortete der Subprior: zwei Mal. Zuerst sei der Sprechende der Novize Johann Meyerli gewesen, und dann nach einigen Nächten oder Tagen der Lesemeister, der sich in einer Nische der Mauer (*intra concavitatem muri*) in der Nähe der Statue verborgen habe, und zwar hinter einem Vorhang und einer Tafel mit der Darstellung der Dreifaltigkeit, die von Boley (Gantner), dem Wirt zur „Sonne", gestiftet worden war. Da der Lesemeister das Gesicht gegen die Wand gedreht hatte, damit seine Stimme nicht wie die eines Menschen, sondern wie die einer Statue klinge, sei er wegen der Enge des Ortes an die Tafel gestoßen, so dass Jetzer, der von den anderen drei Klostervorstehern herbeigeführt worden war, die Tafel wanken sah und sie festhalten wollte – und schließlich den Lesemeister dahinter entdeckte. Die Klostervorsteher hätten sich zu einem zweiten Orakel entschlossen, als sie gesehen hatten, dass nach dem ersten sogleich der inzwischen verstorbene Schultheiß, Rudolf von Erlach, selber herbei geeilt sei und Zugang zu Jetzer verlangt habe, um den Grund für den Untergang der Stadt Bern zu erfahren. Der Prior habe ihm diesen Zugang jedoch verwehrt und ihn für eine Antwort auf später vertröstet, und deshalb habe der Lesemeister ein zweites Orakel fingiert, des Inhalts, dass eine Plage über die Stadt Bern kommen werde, weil die Menschen den Wundern, die im Dominikanerkloster geschähen, keinen Glauben schenken und die „Herren von Bern" sich nicht für die Durchsetzung der Lehre von der befleckten Empfängnis einsetzen wollten. Dann aber auch, weil die Berner den Pensionen abgeschworen hätten und sie trotzdem immer wieder annähmen, und

---

72) Akten III S. 484–486 Nr. 17–24 (1509, Mai 15; Subprior), vgl. auch ebd. II/2 S. 304 Nr. 16 (1508, Aug 23; Subprior).

schließlich, weil sie zur Errichtung des Vinzenzstifts die Deutschordensbrüder vertrieben und viele andere Klöster aufgehoben hätten, Vorwürfe, welche die Berner wesentlich mehr treffen mussten als die mangelnde Unterstützung für die Durchsetzung der Lehre von der befleckten Empfängnis. Jedenfalls kamen nach diesem zweiten Orakel umgehend der Altstadtschreiber Thüring Fricker und sein Nachfolger, Niklaus Schaller, ins Kloster, um die Gründe für die Plage zu erfahren, die über die Stadt Bern kommen sollte. Da aber Jetzer den erneuten Betrug erkannt hatte, wollte er nicht so recht mit der Sprache herausrücken, ließ sich aber schließlich überreden, die Zusammenfassung, die der Prior den Herren davon machte, zu bestätigen, wenn auch nicht sehr klar[73].

Am 16. Mai 1509 fanden das vierte sowie das fünfte und letzte Verhör des Subpriors statt. Das vierte Verhör kehrte zur schwarzen Magie zurück, und der Subprior wurde nach dem Büchlein des Lesemeisters gefragt, von dem der Prior gesprochen hatte. Im Büchlein des Lesemeisters sei weniger schwarze Magie enthalten, vielmehr vor allem Rezepte für Medikamente und Zaubersprüche (*incantamentis*), so zum Verführen von Frauen und zum Verflüssigen von Glas und Horn. Der Subprior gab zu, dass er versucht habe, Jetzer zu überreden, die schwarze Magie zu erlernen und dazu Gott und insbesondere dem gekreuzigten Heiland abzusagen. Jetzer habe sich indessen nicht überzeugen lassen, sondern sei vielmehr in Entrüstung ausgebrochen: „Oh, was seid ihr für Mönche (*religiosi*), wie könnt ihr Messen feiern und eure Beichten ablegen?" Darauf habe ihm einer von ihnen leichtfertig entgegnet: „Wie machen es die Türken, die Gott nur in einem Winkel beichten, und trotzdem ist es so viel wert, wie wenn sie den ganzen Tag vor einem Priester knien und viel reden würden?" Der Subprior wollte sich nicht mehr erinnern, wer dies gesagt habe, doch dürfte es der Prior ge-

---

[73] Akten III S. 486 f. Nr. 24 f. (1509, Mai 15; Subprior). Im Tellbuch von 1494 ist Poley (Pelagius) Gantner mit einer Magd an der Kramgasse Schattenseite nachweisbar (Tellbuch 1494 S. 160 Nr. 68). Am 2. Mai 1500 lieh Bollei Gantner, Bürger von Bern, dem Ritter Hans Rudolf von Scharnachtal, Herrn von Oberhofen, 100 Pfund auf dessen Haus unten an der Kirchgasse, vgl. StABern, Herrschaftsarchiv Spiez, Oberhofen, sub dato. Im Jahr 1506 ließ Boley Gantner den Gasthof zur „Sonne", der 1485 eröffnet worden war und der sich beim Zeitglocken befand, umbauen, vgl. WEBER, Historisch-Topographisches Lexikon, Stichwort Sonne (Zugriff 12. Sept. 2019). Am 30. Jan. 1514 verkauften Poley Gantner im Namen seiner Ehefrau, Berneta von Spiegelberg, und Hans von Roll im Namen von Frau Küngold von Wabern geb. Spiegelberg (möglicherweise die Schwester von Berneta) Junker Hans von Erlach einen jährlichen Zins von 10 Pfund, vgl. StABern, Familienarchiv v. Erlach I,196. Boley Gantner scheint im Jahr 1517 gestorben zu sein und ist möglicherweise im Totentanz des Niklaus Manuel als Kaiser dargestellt, vgl. www.niklaus-manuel.ch, Kat. 19.10, und siehe Epilog 3b.

wesen sein; denn von ihm stammt eine fast wörtlich gleiche Aussage vom 11. Mai 1509, mit welcher die Richter diejenige des Subpriors provoziert haben könnten[74].

Der Subprior selber scheint als einziger einen geschriebenen Pakt, Chirograph (*cyrographum*), mit dem Teufel gehabt zu haben; denn er wurde gefragt, ob er diesen zurückbekommen habe, eine Frage, die er mit Ja beantwortete. Auf die Frage, wie dies geschehen sei, wollte er indessen nur ungern antworten, denn sein Beichtvater habe es ihm verboten. Dann rückte er aber doch mit der Sprache heraus und sagte, dass er seine Absage an Gott einem päpstlichen Poenitentiar von St. Peter (in Rom) gebeichtet habe, der ein Mönch gewesen sei und einen schwarzen Mantel getragen habe, doch wusste er nicht, welchem Orden er angehörte. Dieser habe ihm eine Buße aufgetragen, die er erfüllt habe. Als er darauf vor einem Bild (einer Statue?) der Jungfrau Maria in der Kirche Santa Maria Maggiore gebetet habe, sei er fast eingeschlafen und sei ihm das schöne Bild der Jungfrau erschienen und habe ihm sein Chirograph zurückerstattet. Und als er dieses sah und las, habe er erkannt, dass es sich um den Pakt handelte, den er dem Teufel früher gegeben habe; und als er es noch einmal habe lesen wollen, sei die Schrift verschwunden, und er habe die Urkunde (*carta*) zerrissen[75].

Dann kam das Verhör wieder auf die rote Hostie zurück. Auf die Frage, warum Jetzer auf dem Marienaltar (am 25. Juni 1507) die rote Hostie schlucken sollte, antwortete der Subprior: weil er damit vergiftet werden sollte. Er gab zu – was das Gericht schon wusste –, dass er selber die Hostie vergiftet hatte, und zwar im Stübchen des Priors und in dessen Gegenwart. Die Hostie sei nur in der Mitte vergiftet gewesen, so dass man sie trotzdem habe anfassen können, und zwar an einer Stelle, wo sie mit einem Zeichen versehen gewesen sei. Das Gift sei von weißer Farbe gewesen, die aber ins Rötliche gespielt habe, und sei mit einer Feder (*pennalis*) aufgetragen worden. Der Subprior wusste nicht genau, wann die Hostie vergiftet worden sei; er nahm an, dass es kurz vor dem Eligiustag gewesen sei, als sie Jetzer gereicht wurde. Das Gift habe der Schaffner vom Apotheker Niklaus (Alber) bekommen, und zwar zur Prüfung des Horns eines Einhorns. Der Subprior wusste, dass es sich um ein starkes Gift handelte, denn er habe es in einer nur kleinen Dosis an einer Katze des Klosters ausprobiert, die sofort verendet sei. Die gefärbte und vergiftete Hostie sei im Sakramentshäuschen im Hauptaltar aufbewahrt worden, was wohl auch schon an einen Hostienfrevel grenzte. Auf die Frage, warum die Klostervorsteher Jetzer auf diese Wei-

---

74) Akten III S. 487 f. Nr. 26–31 (1509, Mai 16; Subprior), vgl. ebd. S. 462 Nr. 31 (1509, Mai 11; Prior).
75) Akten III S. 488 f. Nr. 32 (1509, Mai 16; Subprior).

se vergiften wollten, antwortete der Subprior ähnlich wie der Prior (am 12. Mai 1509): dass er selber mit schwarzer Magie hätte bewirken sollen, dass ein Geist den Konversen von der Marienkapelle vor den Hauptaltar im Chor trüge; wenn er dabei an dem starken Gift gestorben wäre, dann hätte man verkünden können, er sei als Heiliger gestorben – was natürlich auch seine Botschaft aufgewertet haben würde. Dann kam wieder die recht entscheidende Frage, wie viele gefärbte und geweihte Hostien es gegeben habe, und der Subprior antwortete: zwei, und berief sich dabei auf den Prior, doch wusste er nicht genau, wie oder wann und wo es zwei gegeben hatte[76].

Das fünfte und letzte Verhör des Subpriors fand am 16. Mai 1509 um 15 Uhr statt und streifte nur kurz den Priester Johann Zwygart, einen Weltpriester, Bürger und Bewohner von Bern, der den Illuministen Lazarus manchmal im Dominikanerkloster besucht habe, um von ihm die Kunst des Bücherilluminierens zu erlernen. Dann wurde der Subprior nach dem Breve (vom 30. November 1507) gefragt, das er und der Lesemeister von Rom mitgebracht hatten, und er bestätigte dessen Aussage, dass der Generalprokurator des Dominikanerordens, der damals auch Vikar (des Ordensgenerals) war (Cajetan), nichts von ihren Geschichten habe hören wollen und ihnen geraten habe, einen päpstlichen Auftrag zu erwirken, um sich von den Fiktionen zu reinigen (*ut possent se super fictionibus huiusmodi purgare*). Sie seien seinem Rat gefolgt und hätten ein Breve besorgt, das an die Pröpste von Bern und Interlaken gerichtet gewesen sei. Auf die Frage, was mit diesem geschehen sei, antwortete der Subprior, dass sie es Bruder Paul Hug gegeben hätten, der damals im Berner Dominikanerkonvent den Provinzial vertreten habe, als sie (am 11. Januar 1508) von Rom zurückkehrten, und dass damit nichts mehr unternommen worden sei, da die Klostervorsteher kurz darauf (*quasi incontinenter*) verhaftet worden seien. Laut dem Subprior war es auch Paul Hug, der die Krone der gekrönten Maria verbrannt hatte, doch war der Subprior nicht Augenzeuge der Verbrennung gewesen. Zuletzt kam das Gericht noch einmal auf den schriftlichen Pakt des Subpriors mit dem Teufel zurück, den jener angeblich zurückerhalten hatte; denn es schien den Richtern (sehr zu Recht), dass es sich dabei um eine Fabel handle (*quia domini dicebant illam hodiernam [historiam] esse unam fabulam*), nämlich die höchst bekannte Legende von Theophil, auf die wir anderswo eingehen werden (siehe Kap. II/4e). Der Subprior musste in der Tat zugeben, dass er den Pakt nicht zurückbekommen habe, auch wenn er dies am Morgen anders erzählt hatte. Auf die Frage der Richter, warum er denn eine Lüge erzähle, wo er doch geschworen habe, die Wahrheit zu sagen, antwortete der Subprior: aus Angst und Furcht. Damit wurde sein Prozess abge-

---

76) Akten III S. 489 f. Nr. 34–37 (1509, Mai 16; Subprior).

schlossen, wobei die Richter sich wiederum die Möglichkeit offenließen, diesen wieder zu eröffnen, wenn es opportun erscheinen würde[77].

c) Die Zeugen (17. bis 22. Mai 1509)

Am gleichen 16. Mai 1509, wie das vierte und fünfte Verhör des Subpriors stattfand, erschien der Glaubensprokurator Ludwig Löubli vor dem Gericht und verlangte die Akkreditierung von Zeugen, und zwar diesmal in Gegenwart der vier Angeklagten, allerdings einzeln: man hatte aus dem Hauptprozess gelernt, wo der Verteidiger erst (am 17. August 1508) eine Liste der Zeugen erhalten hatte und diese mit seinen Schutzbefohlenen besprechen konnte, als die Zeugenverhöre längst im Gange waren (siehe Kap. II/2d, unter Zeugenaussage Esslinger). Die Zeugen sollten der „weiteren Verifizierung des Prozesses (*pro ulteriore verificatione processus*)" dienen; sie wurden vom Gericht zugelassen und leisteten einen Eid, die Wahrheit zu sagen. Es handelte sich um den Priester Johann Zwygart, den Goldschmied Martin (Franke), den Glaser Lukas, den Schuhmacher Johann (Koch), den Schmied (Sporer) Friedrich (Hirz), den Chorherrn Heinrich Wölfli, den Kaufmann Johann Graswyl, den Apotheker Niklaus Alber und andere Bürger und Bewohner von Bern, die nicht genannt werden. Von ihnen waren der Goldschmied Martin Franke und der Apotheker Niklaus Alber bereits im Hauptprozess als Zeugen einvernommen worden, und der Schuhmacher Johann Koch und der Chorherr Heinrich Wölfli noch früher in Jetzers Prozess in Lausanne und Bern (siehe Anh. 3)[78]. Anders als im Hauptprozess wurden die Zeugen nicht mehr ausführlich nach allem befragt, was sie wussten, sondern lediglich auf bestimmte Punkte hin, in dieser Hinsicht ähnlich wie in Jetzers erstem Prozess. Anders als im Hauptprozess dienten ihre Aussagen auch nicht mehr der Überführung der Angeklagten, sondern vielmehr eben der Vervollständigung des Revisionsprozesses. Entsprechend sind sie auch weniger aufschlussreich als die Zeugenaussagen im Hauptprozess. Die oben akkreditierten Zeugen wurden alle am 17. Mai einvernommen, doch kamen am 18. Mai zusätzlich der Stadtschreiber Niklaus Schaller (ebenfalls schon Zeuge im Hauptprozess) und Venner Kaspar Wyler hinzu, sowie am 21. und 22. Mai der Scherer Johann Haller und der Chorherr Johann Dübi, der letztere als einziger Zeuge in allen drei Jetzerprozessen. Obwohl die Zeugenaussagen sich ab dem 18. Mai mit den letzten Verhören der

---

77) Akten III S. 492–494 Nr. 46–53 (1509, Mai 16, 15 Uhr; Subprior).
78) Akten III S. 494 f. (1509, Mai 16).

Klostervorsteher überschneiden, werden sie hier doch in einem Kapitel zusammengefasst und behandelt.

Der Priester Johann Zwygart

Der Priester Johann Zwygart war bereits am 5. Februar 1508 in Jetzers Folterverhör vor dem Rat in Bern genannt worden, und zwar als derjenige, der den Illuministen Lazarus nach(!) seinem Aufenthalt im Berner Dominikanerkloster (für einige Tage) bei sich aufgenommen hatte. Am 28. August 1508 hatte der Prior ausgesagt, dass die Hostie kunstreich von einem Illuministen namens Lazarus bemalt worden sei, der in der Fastenzeit 1507 im Dominikanerkonvent Bücher illuminiert habe und dann zu einem Priester namens Zwygart gegangen sei, und am 31. August der Lesemeister, dass sie diesen Lazarus, nachdem er seine Arbeit im Konvent beendet und zehn bis fünfzehn Tage bei einem Priester namens Zwygart geweilt habe, ins Kloster zurückgerufen und ihn einige Tage im Geheimen im Stübchen der Väter beherbergt hätten, und zwar um Ostern herum, die 1507 auf den 4. April fiel, und ähnlich der Schaffner am 1. September 1508[79]. Laut Jetzer wäre Lazarus also zuerst im Dominikanerkloster gewesen und dann zum Priester Zwygart gegangen; laut dem Lesemeister und dem Schaffner kehrte er von dort im Geheimen noch einmal ins Kloster zurück, um u. a. die rote Hostie bzw. die roten Hostien zu färben. Es hat also nicht nur zwei rote Hostien und zwei Orakel der blutweinenden Marienstatue gegeben, sondern auch zwei Besuche von Lazarus im Dominikanerkonvent, der eine gewissermaßen öffentlich, der andere heimlich. Da dieser Lazarus nach übereinstimmenden Angaben der vier Klostervorsteher im Revisionsprozess ein fahrender Schüler (*vagabundus*)[80] und also nicht mehr erreichbar war, musste man sich wohl oder übel mit dessen Gastgeber begnügen, der sich als weltlicher Priester, Bürger und Bewohner von Bern – Angaben des Subpriors vom 16. Mai 1509 (15 Uhr) – wohl leicht ausfindig machen ließ. Zwygart gab ohne Weiteres zu, dass Lazarus sich in der Fastenzeit 1507, in der Woche vor *Letare Jerusalem* (14. März 1507), ungefähr drei Tage bei ihm aufgehalten habe, um ihn seine Kunst zu lehren; denn dieser sei ein Meister der Kunst des Bücherilluminierens oder Maler (*artis illuminatorie librorum magister sive pictor*). Auf die Fragen nach Lazarus' Religion, Familienname und Geburtsort antwortete Zwygart, dass er lediglich wisse, dass dieser sich auch Lazarus von Andlau nannte, dass er sich als Priester bezeichnete, obwohl er

---

79) Akten I S. 46 f. Nr. 150 (1508, Feb 5; Jetzer); II/2 S. 240 Nr. 12 (1508, Aug 31; Lesemeister), S. 270 Nr. 64 (1508, Sept 1; Schaffner), S. 285 Nr. 13 (1508, Aug 28; Prior).
80) Akten III S. 477 Nr. 76 (1509, Mai 12, 16 Uhr; Prior), S. 494 Nr. 52 (1509, Mai 16, 15 Uhr; Subprior), S. 506 f. u. 510 (1509, Mai 18; Lesemeister und Schaffner).

ihn nie habe beten oder die Messe feiern sehen, und dass er keine Haare auf dem Kopf gehabt habe. Er habe ihn zufällig vor den Toren der Stadt Bern in der Herberge zum „Storchen" (*in quodam hospicio ad signum ciconie*) kennengelernt. Er wusste aber nicht, ob Lazarus getauft oder ein Jude sei. Nach dem Aufenthalt bei ihm sei er ins Dominikanerkloster gegangen, wo er ungefähr 14 Tage geblieben sei. Im Kloster habe er sich im Stübchen des Priors aufgehalten, wo er Bücher illuminiert habe; dabei habe er ihn hie und da besucht. Johann Zwygart wusste indessen nicht, ob Lazarus sich mehrere Tage im Geheimen im Kloster aufgehalten habe; doch da er der Meinung war, dass dieser im Dominikanerkloster gewesen sei, bevor er zu ihm gekommen war, musste er im Grund den zweiten, geheimen Aufenthalt des Illuministen im Dominikanerkloster meinen, der ihm offenbar gar nicht so geheim erschienen war. Damit war das Verhör beendet, und Zwygart musste schwören, darüber zu schweigen – wie Jetzer (siehe Kap. II/3b, Jetzer)[81].

Laut Jetzers Aussage vom 5. Februar 1508 hatte der Illuminist Lazarus den Dominikanern verschiedene Farben, auch von großem Wert (*varios colores, etiam magni precii*), zubereitet. Am 7. Februar hatte Jetzer dann ausgesagt, dass dieser Lazarus ein Jude gewesen sei und dass die Klostervorsteher nach ihren eigenen Aussagen mit den von diesem zubereiteten Farben die Statue in der Marienkapelle bemalt hätten, und ebenso die Hostie (hier noch im Singular) sowie die Kreuze und die darum herum angeordneten Blutstropfen auf den Reliquien[82]. Am 4. August 1508 hatte der ehemalige Konverse weiter ausgesagt, dass Lazarus ein getaufter Jude gewesen sei, der manchmal auch als Hebamme gearbeitet habe, und dass er als solche(r) das Blut aus dem Nabel eines jüdischen(!) Knaben zum Trank geliefert hatte, der Jetzer in Ekstase und zum Passionsspiel brachte. Am gleichen Tag am Nachmittag: dass der Prior die Hostie zunächst geweiht und der getaufte Jude Lazarus sie dann in dessen Zelle mit sakramentalem Blut bemalt habe. Am 5. August war Jetzer eingehender zu Lazarus befragt worden und hatte auf die entsprechenden Fragen geantwortet, dass dieser sich mehr als drei Wochen im Kloster aufgehalten und hier auch Bücher illuminiert habe und dass die Klostervorsteher ständigen Umgang mit ihm gehabt hatten. Jetzer vermutete sogar, dass Lazarus selber dem Dominikanerorden angehörte, obwohl er das Ordenskleid nicht trug. Laut Aussagen der Väter hätte dieser

---

81) Akten III S. 495 f. (1509, Mai 17; Zeugenaussage Zwygart). Der Priester Johann Zwygart hat sich nicht weiter identifizieren lassen. Der Gasthof „Storchen" befand sich von 1498 bis 1505 im Haus Aarbergergasse 2, vgl. WEBER, Historisch-Topographisches Lexikon, Art. Storchen (Zugriff 15. Aug. 2019). Vgl. auch STECK, Kulturgeschichtliches S. 179.
82) Akten I S. 46 f. Nr. 150, S. 48 f. Nr. 54 (1508, Feb 5, 7; Jetzer, Folterverhöre), vgl. auch Def. S. 597 (Kap. III/9).

das Blut, mit dem die Hostie bemalt war, aus Bamberg mitgebracht, wo er als Hebamme das Kind eines Webers nach der Geburt und der Taufe – diesmal also ein christliches Kind! – getötet hätte, indem er ihm die Herzvene (*vena cordialis*) öffnete und daraus Blut entnahm[83]. In den Anklageartikeln gegen Jetzer, die der Verteidiger der Dominikaner zwischen dem 17. und 18. August 1508 vorlegte, versuchte dieser, einfach den Spieß umzudrehen und Jetzer Umgang (*familiaritas*) mit Lazarus vorzuwerfen, den er indessen wohlweislich nur als Illuministen und nicht als getauften Juden bezeichnete[84].

Im Folgenden wurden die vier Klostervorsteher – immer noch im Hauptprozess (Folterverhöre) – auf Lazarus angesprochen. Der Lesemeister musste (am 31. August 1508, Vormittag und Nachmittag) zugeben, dass Lazarus nach dem Aufenthalt zunächst im Kloster und dann beim Priester Zwygart über Ostern 1507 noch einmal zu einem geheimen Aufenthalt in den Konvent zurückgekehrt sei und dass er ihnen zwei(!) Hostien bemalt habe[85]. Der Schaffner wusste, dass das Kind, das angeblich von Lazarus getötet worden war, noch keine menschliche Nahrung genossen hatte; doch versuchte er zuerst (am 26. August 1508) dem Gericht weis zu machen, dass der Lesemeister die Hostie (in der Einzahl!) mit diesem Blut gefärbt habe; dann aber musste er (am 1. September) zugeben, dass es Lazarus selber gewesen war[86], was die Sache wohl noch schlimmer machte. Der Prior musste (am Nachmittag des 28. Augusts 1508) zugeben, dass Lazarus die Hostie (Einzahl!) während eines zweiten geheimen Aufenthalts im Kloster bemalt, und am folgenden Tag auch, dass dieser auch den Trank für Jetzer gemischt habe, und zwar aus dem Blut eines Knaben, der ausschließlich von Muttermilch ernährt worden war, und aus Quecksilber, das bewirkte, dass Jetzers Eingeweide sich bewegten[87]. Der Subprior machte sogar vier verschiedene Aussagen zu Lazarus: am 23. August 1508 sagte er, dass der Lesemeister die Tränen der Statue in der Marienkapelle mit Farben gemalt habe, die der Illuminist Lazarus im Kloster zurückgelassen hatte. Am 1. September 1508: dass Lazarus zwei Hostien bemalt habe, und zwar mit dem Blut eines erst kürzlich getauften Knaben, gemischt mit Farbe. Am 2. September 1508: dass er selber, der Subprior, in der Nacht vom 24. auf den 25. Juni 1507 mit der

---

83) Akten II/1 S. 126 f. Nr. 323, S. 130 Nr. 340, S. 134 Nr. 359–362 (1508, Aug 4 – Aug 4, 14 Uhr – Aug 5; Jetzer).
84) Akten II/2 S. 214 Nr. 11 (undat.).
85) Akten II/2 S. 240 Nr. 12, S. 250 Nr. 37 (1508, Aug 31 u. Aug 31, Vesperzeit; Lesemeister).
86) Akten II/2 S. 267 Nr. 39, S. 270 Nr. 64 (1508, Aug 26, Sept 1; Schaffner).
87) Akten II/2 S. 285 Nr. 13, S. 289 Nr. 27 (1508, Aug 28, Nachmittag – Aug 29; Prior).

gleichen Mischung auch die Marienstatue bemalt habe, wie wenn sie Blut weinen würde. Dagegen hatte er am Morgen des 2. Septembers 1508 behauptet, dass Lazarus ihm zur Herstellung des Trankes für Jetzer das Blut eines jüdischen(!) Knaben geliefert hätte, so dass der Ritualmord an einem jüdischen und nicht, wie im Spätmittelalter gewohnt, an einem christlichen Knaben geschehen wäre[88].

Im Revisionsprozess gab der Lesemeister (am 5. Mai 1509) einmal mehr zu, dass Lazarus – und nicht er – die rote Hostie bemalt habe, und der Schaffner ließ die Frage (am 8. Mai 1509) weiterhin offen, da er, als es soweit gewesen sei, in seiner Eigenschaft als Schaffner abberufen worden sei und deshalb nicht wusste, wer in seiner Abwesenheit die Hostie gefärbt hatte[89]. Der Prior gab am 10. Mai 1509 zu, dass Lazarus die Hostie (in der Einzahl) bemalt habe, und am 11. und 12. Mai auch, dass dieser den Klostervorstehern beigebracht habe, wie man den Trank mische. Der Subprior schließlich gestand am 14. Mai 1509, dass Lazarus und nicht der Lesemeister die Hostien (Mehrzahl) bemalt hätte, wusste aber nicht, warum er früher das Gegenteil behauptet hatte[90]. Es ist nicht auszuschließen, dass jetzt einiges – und auch höchst Phantastisches – auf Lazarus abgeschoben wurde, gerade weil alle wussten, dass er nicht erreich- und belangbar war. Der Chronist Anshelm (3 S. 76f.) gibt Lazarus den gleichen Beinamen oder Herkunftsort wie der Priester Zwygart: nämlich von Andlau (im Elsass). Für Anshelm war Lazarus sowohl ein getaufter Jude als auch ein Dominikaner und kahl aus eigenem Willen (*dolet [duldet] kein har an im*). Beim Chronisten stammte das Blut für die „Blutfarbe" zum Bemalen der Hostien von einem eben erst getauften, d. h. christlichen Knaben, und dasjenige für den Trank aus dem Blut eines ungetauften, d. h. wohl jüdischen Knaben, was, wenn wir die Belege überprüfen, tatsächlich der Unterschied zwischen den beiden Blutarten gewesen sein könnte:

Gedachten [die vier spilmeister und mit inen der priol von Basel] bi den krůzlin und plůtstropfen, ob muglich ein hostien zefårben, dass sie fůr plůt und fleisch dargeben möchte werden; berůftend harzů iren meister Lazarus von Andlou, was ein kunstlicher illuminist und ein erfarner lantfarer, wie geachtet ein toufter Jud und Prediermůnch, dolet kein har an im, ist nachmalen zů Lips [Leipzig] verbrent worden; hat inen in diser vasten

---

88) Akten II/2 S. 305 Nr. 19, S. 306 Nr. 24, S. 313 Nr. 39, S. 322 Nr. 72 (1508, Aug 23 – Sept 1 – Sept 2 – Sept 2 morgens; Subprior).

89) Akten III S. 427 Nr. 4 u. 6 (1509, Mai 5; Lesemeister), S. 443 Nr. 14 (1509, Mai 8; Schaffner).

90) Akten III S. 457 Nr. 18, S. 462 Nr. 31, S. 476 Nr. 70 (1509, Mai 10 – Mai 11 – Mai 12, 16 Uhr; Prior), S. 480 Nr. 6 (Mai 14; Subprior).

[1507] gewerket. Den hieltends zů diser zit heimlich im vaterstůble; hat ouch inen die plůtfarb geben, doch unwissend worzů, mit semlichem rům, das die selbig farb nit abgienge, nit fulete, nit zů erkennen wår, die ouch kein bôser geist veråndren noch ůtset dabi schaden tůn môchte, dan si vom sacramentlichen helgen plůt gemacht wurde. Da versprachend die våter und diser meister sich so hoch gegen enandren, dass si enandren ire heimlichen sachen ofneten und vertruwten, also dass die spilmeister, die geistlichen wirdigen våter, zů irem spil und geistlichen wirdikeit zwei fůrneme, aber unmenschliche, unkristliche, môrderische stuk, on zwifel nit umsust, iedoch vom suppriol um gegenstuk, lerneten, namlich êgemelte farb, darzů erst getoufts knåblis plůot uss der herzader, item und das martertrank, darzů ungetoufts knåblis plůt, zům tod der kinden, můst genommen werden. Dise plůt hat er in hebammen gestalt zů Bomberg [Bamberg] uberkommen und disen spilmeistern anzeigt, gebrucht und geben. Nun so hat der priol von Basel hostien beschikt, damit die, so zů den Barfůssen um jårlichen kornzins fůr stat und land gemacht und verkouft, als nit von lutrem weizen und deshalb zům sacrament untôgliche materî veraget wurdid. Der selben, damit man die leibrůeder communiciert, farbt der Lazarus zwo, welche im und den våteren zům spil ganz wol gefielen, waren fleisch- und plůtfarb und zwifach dik.

Laut Anshelm wäre Lazarus „nachmalen" in Leipzig verbrannt worden, doch hat sich dies im Stadtarchiv Leipzig (1904) nicht bestätigen lassen. Rudolf Steck (oder der damalige Stadtarchivar von Leipzig) dachte an eine Verwechslung mit einer Judenverfolgung, die im Sommer 1510 in Berlin stattgefunden hat und bei der 38 Juden wegen Hostienschändung und Kindermord verbrannt wurden, oder auch an eine Verwechslung mit dem 1514 in Halle hingerichteten Pfaffen Rapp, der trotz der Taufe ständig mit seinen ehemaligen Glaubensgenossen in Verbindung geblieben und, ohne Priester zu sein, Messe gelesen und aus altem jüdischem Hass Christenkinder geschlachtet hätte[91]. Tatsache ist, dass es an der Wende vom 15. zum 16. Jahrhundert im Reich wieder zu heftigen Judenverfolgungen gekommen war, die sich von den früheren dadurch unterschieden, dass konvertierte Juden, die gegen ihre einstigen Glaubensbrüder hetzten, dabei eine herausragende, aber unrühmliche Rolle spielten; vielleicht sind deshalb die Ritualmordmotive (an christlichen oder jüdischen Kindern) im Jetzerhandel durcheinandergeraten. Dabei wurden die konvertierten Juden von den Bettelorden und insbesondere von den Dominikanern unterstützt. Kaiser Friedrich III. (1440/1452–1493), stets in Geldnöten, war den Juden als Kammerknechten

---

91) Akten III S. 495 Anm. 1.

des Reichs einigermaßen wohlgesonnen, und sein Sohn und Nachfolger, Maximilian I., versuchte, ihm auch in dieser Hinsicht nachzufolgen, war aber zu schwach, um sich durchzusetzen. Deshalb setzten die Judenverfolgungen im Reich nach dem Tod Friedrichs III. ein, und zwar zunächst in Österreich (Steyr, Kärnten, Krain) und unter dem Vorwand, dass die Juden das Sakrament profaniert sowie Christenkinder ermordet und deren Blut zu Ritualen missbraucht hätten[92].

In diesen Zusammenhang gehört auch der Reuchlin-Handel, der später (1515 und 1517) zu den „Dunkelmännerbriefen" führte (siehe Epilog, Einleitung). Johannes Reuchlin (1454/1455–1522), ein promovierter Jurist, der Griechisch und Hebräisch gelernt hatte, wandte sich 1510 gegen die von Johann Pfefferkorn, einem konvertierten Juden, der mit den Dominikanern von Köln zusammenarbeitete, initiierte massenhafte Konfiskation von jüdischen Büchern, eine antijüdische Kampagne, die in die gleichen Jahre (1507–1509) fiel wie der Jetzerhandel und die Jetzerprozesse und deshalb auch den Hintergrund für die Lazarus-Geschichte bilden könnte[93]. Man darf vermuten, dass die in den Jetzerprozessen suggerierte Zusammenarbeit zwischen Dominikanern und konvertierten Juden nach der Wende vom 15. zum 16. Jahrhundert eine gängige Formel war. Es fällt auf, dass diese bei Anshelm (*iren meister Lazarus von Andlou*) bereits anders konnotiert ist als in den Prozessakten selber, wo nicht gefragt wird, was Lazarus selber gedacht oder gewollt haben könnte. Im Unterschied zu Johann Pfefferkorn war Lazarus nicht ein konvertierter Jude, der andere Juden bekehren wollte, sondern ein Illuminist, dessen Name in einem Band der Kantonsbibliothek Solothurn verzeichnet sein soll, der sich indessen bisher nicht hat ausfindig machen lassen[94]. Für die Kulturgeschichte Berns ist es wichtiger festzuhalten, dass wir hier einen sonst unbelegten Illuministen haben, und im Priester Johann Zwygart möglicherweise sogar noch einen zweiten. Da in Bern durch die Reformation viele mittelalterliche Handschriften verloren gegan-

---

92) Ulrich von Hutten, Lettres des hommes obscurs S. 21 f. Zu den Judenverfolgungen unter Maximilian I. vgl. auch J. Friedrich BATTENBERG, Maximilian I. und die Juden im Heiligen Römischen Reich, in: „Nit wenig verwunderns und nachgedenken" S. 45–69, insbes. S. 57 ff.
93) Ulrich von Hutten, Lettres des hommes obscurs S. 24 ff.
94) Anshelm 3 S. 77 Anm. 1: „Als solcher [*kunstlicher illuminist*] hat er [Lazarus] seinen Namen in einem in der Kantonsbibliothek [Solothurn] aufbewahrten Buch eingezeichnet. Es ist diess zugleich der einzig sichere Beweis, dass es sich um eine historische Person handelt." Bereits STECK, Kulturgeschichtliches S. 182, scheint diesen Band gesucht und nicht gefunden zu haben, und auch in Die mittelalterlichen Handschriften der Zentralbibliothek Solothurn, beschrieben von Alfons SCHÖNHERR (1964), findet sich keine Angabe dazu.

gen sind, ist dies ein nicht unwichtiger Fund – nachdem man seit einigen Jahren weiß, dass in der zweiten Hälfte der 1480er-Jahre am Vinzenzstift ein so berühmter Illuminist wie der Meister des Breviers des Jost von Silenen am Werk war. Dieser hat, zusammen mit einem anonym gebliebenen, traditionelleren Illuministen und zwei bedeutenden Schreibern, Meister Michel und Konrad Blochinger, die sechs Antiphonare hergestellt, die den Bildersturm überlebt haben und heute in Estavayer-le-Lac und in Vevey liegen[95].

Der Sporenmacher Friedrich Hirz

Der Sporer Friedrich Hirz war am 12. Mai 1509 vom Prior als derjenige Mann genannt worden, der für Jetzer eine Kette schmiedete, mit der dieser sich angeblich geißeln konnte, die aber möglicherweise letztlich einem anderen Zweck diente. Der Prior hatte zwar den Namen des Sporers nicht gewusst, sondern von einem „Meister" gesprochen, „der Sporen macht und hier in Bern beim Rathaus wohnt" (*quidam magister, qui facit calcaria et habitat hic Berno prope domum consulum*)[96]. Dieser Meister lässt sich identifizieren; denn im Jahr 1476 hatte ein gewisser Friedrich Hirss(!), Schlosser und Bürger von Bern, vom Tischmacher Martin Stark ein Haus oberhalb des Rathauses gekauft, und sechs Jahre später löste der Sporer Friedrich Hirz noch ein Pfandrecht ab, das auf diesem Haus lag. Im Tellbuch von 1494 ist er als Friedrich Sporer ausgewiesen, der zusammen mit seiner Frau und zwei Knechten an der heutigen Metzgergasse (damaligen Hormansgasse) wohnte und ein Vermögen von 400 Pfund versteuerte. Im Jahr 1505 war er Mitglied des Großen Rats[97].

Bei seiner Zeugenaussage am 17. Mai 1509 wird Friedrich Hirz als Schmied bezeichnet. Er bestätigte, dass er auf Verlangen des Chorherrn Wölfli eine eiserne Kette geschmiedet habe. Dieser sei an einem Samstag vor einem Marienfest, d. h. wohl am Samstag vor Mariä Himmelfahrt (15. August), die 1507 auf einen Sonntag gefallen war, zu ihm gekommen und habe ihn als Hersteller von Zäumen und Sporen für Pferde (*opifex frenorum et calcarium*) gefragt, ob er eiserne Ketten habe. Er habe ihm mehrere Ketten gezeigt, die an einem hölzernen Stab (*lancea lignea*) hingen, und Wölfli habe drei ausgesucht, die er zur Auswahl haben wollte. Nach Mariä Himmelfahrt habe er alle drei Ketten zurückgebracht und stattdessen eine neue machen lassen, die Hirz angefertigt und einem Jungen gegeben habe,

---

95) Utz Tremp/Abbott, Le Chapitre de St-Vincent; Utz Tremp, Le Chapitre de St-Vincent de Berne S. 18–21.
96) Akten III S. 470 Nr. 52 (1509, Mai 12; Prior).
97) StABern, F, Bern Oberamt, 1476, Juni 12; 1482, Dez 12; Tellbuch 1494 S. 187 Nr. 696; Anshelm 2 S. 417.

den Wölfli zu ihm geschickt hatte, um nach dem Preis zu fragen; die Kette habe 3 mailändische Groß oder Plappart gekostet. Auf die Frage nach Qualität und Quantität der Kette antwortete Hirz, dass diese aus recht grobem Eisendraht und länglichen Ringen geschmiedet gewesen sei, und nur so lang, dass jemand sich damit umgürten konnte, denn am Ende habe sie eine Schließe (*unca*) gehabt. Nach drei Tagen sei Wölfli mit der Kette zu ihm zurückgekehrt und habe ihn gebeten, sie um zwei oder drei Ringe zu verkürzen und am anderen Ende der Kette ebenfalls eine Schließe anzubringen. Der Zeuge wusste aber nicht, wozu die Kette gebraucht wurde[98]; Näheres ist erst aus der Zeugenaussage des Chorherren Heinrich Wölfli ebenfalls vom 17. Mai 1509 zu erfahren (siehe unten).

Der Goldschmied Martin Franke und der Glaser Lukas

Als nächster wurde der Goldschmied Martin Franke einvernommen, der am Vorabend vor Ostern (4. April) 1507 zusammen mit dem Glaser Lukas als allererster eine Erscheinung der Jungfrau Maria in Jetzers Zelle im Dominikanerkonvent beobachtet und darüber bereits im Hauptprozess ausgesagt hatte (siehe Kap. II/2d). Das Ganze scheint ihm bereits damals peinlich gewesen zu sein, vielleicht gerade als Familiare des Konvents, und offensichtlich hatte er im Revisionsprozess keine Lust, die ganze Geschichte noch einmal zu erzählen. Stattdessen verwies er auf seine Aussage im Hauptprozess und kam damit auch durch; man auferlegte ihm Schweigen und ließ ihn gehen[99]. Dagegen war sein Kollege, der Glaser(meister) Lukas, offenbar zu einer Zeugenaussage bereit, und wurde am gleichen Tag (17. Mai 1509) einvernommen, aber erst nach dem Schuhmacher Johann Koch, dem Kaufmann Johann Graswyl und dem Chorherrn Heinrich Wölfli, doch lassen wir seine Aussage hier unmittelbar auf die verweigerte des Goldschmieds Martin Franke folgen. Der Glaser Lukas hätte bereits im Hauptprozess als Zeuge aussagen sollen, jedenfalls war er am 12. August 1508 als solcher akkreditiert worden, erschien aber nicht unter den Zeugen der Hauptprozesses; dafür kam er im Revisionsprozess zu Wort. Es ist uns nicht gelungen, ihn zu identifizieren, vor allem auch, weil sein Familienname nie genannt wird; dagegen darf man vermuten, dass er ebenso wie Martin Franke Mitglied der prestigeträchtigen Annen-, Lux- und Loyenbruderschaft der Maler-, Goldschmiede-, Münzer-, Bildhauer-, Glaser- und Seidenstickermeister war, die von den Dominikanern betreut wurde (siehe Einl. 3b).

---

98) Akten III S. 496 f. (1509, Mai 17; Zeugenaussage Hirz).
99) Akten III S. 497 (1509, Mai 17; Zeugenaussage Franke).

Bei seiner Zeugenaussage wurde der Glaser Lukas vom Bischof von Sitten, Matthäus Schiner, befragt, ebenso wie auch die Zeugen vor und nach ihm (*interrogatus per organum domini Sedunesis, sicuti alii etiam testes precedentes et subsequentes*). Dies bedeutet wohl nichts anderes, als dass die am Anfang des Revisionsprozesses sorgfältig auf die Beine gestellte Organisation von drei Dolmetschern (Johann Murer, Thüring Fricker und Peter Magni) bereits nicht mehr funktionierte und man zur pragmatischen Lösung des Hauptprozesses, als der Bischof von Sitten die meisten Zeugen befragt hatte, zurückgekehrt war. Lukas sagte freimütig aus – vielleicht freimütiger als der Goldschmied Martin –, dass sie beide am Vorabend vor Ostern 1507 aus Frömmigkeit (*pro devocione*) zu den Dominikanern gegangen seien, deren Familiaren sie waren. Sie hätten mit den Brüdern – wohl den Klostervorstehern – zu Abend gegessen und diese nachher bestürmt, dass sie die Jungfrau Maria sehen möchten, die Jetzer erschienen sei – was übrigens damals erst einmal, nämlich in der Nacht vom 24. auf den 25. März 1507, geschehen war! Die Brüder hätten eingewilligt und sie in eine Zelle im Dormitorium geführt, die unmittelbar neben jener von Jetzer lag (also wohl die Zelle des Schaffners), und ihnen die Gucklöcher in der Wand gezeigt. Danach seien der Prior und der Lesemeister schlafen gegangen und hätten ihre Gäste allein gelassen, was diese nicht störte, im Gegenteil; denn so hätten sie besser sehen können, ob Maria tatsächlich erscheine. Nach langer Zeit, etwa um 11 Uhr (abends), sei die Lampe in Jetzers Zelle ausgelöscht worden, und dann hätten sie in der Zelle unterdrückte Stimmen oder Flüstern und Zischen (*certe parve voces sive susurraciones aut sibilaciones*) gehört, aber nichts klar verstanden. Da sei der Lesemeister oder der Prior – der Zeuge erinnerte sich nicht genau, welcher von beiden – plötzlich wieder neben ihnen gestanden und hätte ihnen versichert, dass dies die Jungfrau Maria sei und dass er darauf wetten könnte, dass die Lichter im Dormitorium angezündet seien – was auch wirklich der Fall war. Dagegen hätten die Kerzen im Chor nicht gebrannt, und die Väter hätten gesagt, dies sei so, weil die Novizen in der Johanneskapelle beim Heiliggrab beteten[100]. Die Klostervorsteher waren offensichtlich noch nicht auf Besuch vorbereitet und mussten deshalb improvisieren – ein Eindruck, den wir schon bei der Zeugenaussage des Goldschmieds Martin Franke (Kap. II/2d) und dann auch bei einem (Folter-)Verhör des Lesemeisters vom 31. August 1508 hatten. Bei dieser Gelegenheit hatte der Lesemeister ausgesagt, dass Prior Werner von Basel die durch Jetzers Zelle irrende Maria gespielt habe, und dies erst im Revisionsprozess dahingehend berichtigt, dass man damals den Novizen Johann Meyerli ein erstes Mal ins Gefecht geschickt habe (siehe Anh. 3).

---

100) Akten III S. 503–507 (1509, Mai 17; Zeugenaussage Lukas).

Wahrscheinlich waren der Lesemeister und der Prior deshalb vorübergehend verschwunden: um diese Sache zu organisieren.

Der Schuhmacher Johann Koch

Nach dem Goldschmied Martin Franke wurde der Schuhmacher Johann Koch einvernommen, der bereits in Jetzers Prozess in Lausanne und Bern am 12. Dezember 1507 in Bern ausgesagt hatte, und zwar über den Diebstahl der Kleinodien aus der Marienkapelle, den die Klostervorsteher und Jetzer sich gegenseitig zur Last legten (siehe Kap. II/1b, Der Schuhmacher Johann Koch). Das Verhör im Revisionsprozess begann ganz ähnlich wie dasjenige in Jetzers erstem Prozess (ob der Zeuge Johann Jetzer kenne ...), und weicht auch inhaltlich nicht sehr davon ab, doch kamen die Richter schneller zur Sache, indem sie fragten, ob der Zeuge auf Bitten Jetzers und in dessen Namen einige Ringe aus Silber habe machen lassen, eine Frage, die Koch bejahte, und zwar im Herbst des Jahres 1507, genauer nach dem Fest des hl. Bartholomäus (24. August). Damals habe er im Dominikanerkloster Schuhe gemacht und Jetzer habe ihn durch den Konversen Oswald zu sich in sein Stübchen rufen lassen. Dort habe er ihm einige silberne Äpfel gezeigt, darunter einen vergoldeten, an eine Schnur gereiht, ebenso gewisse Agnus Dei (Anhänger in der Form eines Lammes) aus Silber sowie eine kleine Statue der Jungfrau Maria, und ihm einige davon gegeben, um sie zum Goldschmied zu tragen und daraus Ringe machen zu lassen. Jetzer habe gesagt, dass er diese Kleinodien von seinen Eltern bekommen habe und dass er die Ringe seinen Brüdern schenken wolle. Als Koch eingewandt habe, es wäre besser, die Kleinodien in der gleichen Form zu lassen, wie sie waren, und sie so den Brüdern zu schenken, habe der Konverse erwidert, dass diese in der Teilung des elterlichen Erbes bereits einen gleichen Anteil bekommen hätten. Also habe Koch die Ringe machen lassen, nämlich vier, davon einer vergoldet. Dabei habe der Goldschmied einen Apfel, der vergoldet war, nicht zerbrochen, sondern nur gereinigt, und Koch habe ihn Jetzer zurückgebracht. Auf die Frage, wer die Arbeit des Goldschmieds bezahlt habe, antwortete Koch, dass dieser sich am übriggebliebenen Silber schadlos gehalten habe. Aus der silbernen Statue der Jungfrau Maria sei kein Ring gemacht worden, der Goldschmied habe vielmehr noch eigenes Silber daran gewendet und der Lesemeister habe die Statue später ausgelöst[101], doch wird nicht klar, was dieser damit zu tun hatte, wo Jetzer doch laut Kochs Aussage vom 12. Dezember 1507 nicht wollte, dass man wusste, dass er diese Kleinodien besaß.

---

101) Akten III S. 497 f. (1509, Mai 17; Zeugenaussage Koch).

Der Kaufmann Johann Graswyl

Nach mehr oder weniger übereinstimmenden Aussagen von Jetzer sowie dem Schaffner und dem Subprior im Hauptprozess und des Priors im Revisionsprozess hatten die Klostervorsteher im Herbst 1507 eine Anleihe von 400 Gulden bzw. 800 Pfund beim Kaufmann Johann Graswyl gemacht, um die Reise des Lesemeisters und des Subpriors nach Rom und eine allfällige Flucht der Dominikaner nach Deutschland zu finanzieren[102]. Laut dem Tellbuch von 1494 wohnte ein Hans Grasswile mit seiner Frau und einem Knecht an der Marktgasse Sonnseite oder am Kornhausplatz (*Nûwenstatt und uff dem Platz*) und versteuerte ein Vermögen von 1200 Pfund[103]. Anshelm (3 S. 157) nennt ihn *Hans Grasswil, den dûchman*, was vielleicht bedeutet, dass er vor allem mit Tuch handelte. In den Jahren 1505 und 1515 scheint er als Mitglied des Großen Rats belegt zu sein[104]. Johann Graswyl wurde am 17. Mai 1509 verhört und gefragt, ob er jemals den vier Klostervorstehern Geld geliehen habe, eine Frage, die er ohne weiteres mit Ja beantwortete: eine Summe von 800 Pfund Berner Währung, und zwar gegen das Pfand der Rebberge, welche der Konvent am Bielersee besaß. Über diese Anleihe besaß Graswyl auch Brief und Siegel und versprach, diese vorzulegen. Er erinnerte sich nicht, wann er das Geld gegeben hatte, wohl aber, dass dies geschehen sei, bevor er die Urkunde bekommen habe[105] – was vielleicht die Unsicherheit bei der Datierung der Verschwörung in der Marienkapelle und der Anleihe in einem ersten Bericht über diese Verschwörung, den Jetzer am 22. November 1507 in Lausanne abgegeben hatte, erklären könnte (siehe Kap. II/1a, Jetzers fünftes Verhör).

Der Kaufmann Johann Graswyl brachte die Urkunde über die Anleihe bereits am nächsten Tag, am 18. Mai 1509, nach den Zeugenaussagen des Stadtschreibers Niklaus Schaller und des Venners Kaspar Wyler. Dabei stellte sich heraus, dass die Urkunde in deutscher Sprache geschrieben war, so dass man sie zunächst übersetzen lassen musste, wohl für diejenigen Richter und Beisitzer, die nicht Deutsch verstanden. Dabei wird auch gesagt, dass

---

102) Akten II/1 S. 137 Nr. 378 (1508, Aug 5; Jetzer); II/2 S. 269 Nr. 61 (1508, Aug 26; Schaffner), S. 318 Nr. 51 (1508, Sept 2; Subprior); III S. 466 Nr. 39 (1509, Mai 11, 15 Uhr; Prior).
103) Tellbuch 1494 S. 190 Nr. 787. Eine Tochter oder Schwester des Tuchherrn Hans v. Graswyl war mit Hans Stürler († 1529) verheiratet, vgl. www.niklaus-manuel.ch, Kat. 19.09.
104) Anshelm 2 S. 417; 3 S. 157; 4 S. 163. Johann Graswyls Testament datiert vom 11. September 1514, vgl. HUBER HERNÁNDEZ, Für die Lebenden, Anhang I: Verzeichnis der Testatoren und Testatorinnen Nr. 77.
105) Akten III S. 498 (1509, Mai 17).

das Siegel aus grünem Wachs war und in einer Messingkapsel steckte. Am 19. Mai 1509 wurde die Urkunde zunächst den vier Angeklagten (einzeln) gezeigt, die sowohl das Siegel als auch den Inhalt beglaubigen mussten, und dann auch dem Stadtschreiber Niklaus Schaller und dessen Substituten, Heinrich Peyer, die beide die Hand, von der das Instrument geschrieben war, als diejenige des letzteren identifizierten; dieser erhielt auch den Auftrag, das Instrument zu übersetzen, eine Übersetzung, die er am 22. Mai 1509 vorlegte[106].

Aus der lateinischen Übersetzung geht hervor, dass Prior und Konvent des Dominikanerordens in der Stadt Bern dem Johann Graswyl, Bürger und wohnhaft in Bern, für 800 Pfund einen Zins von 40 Pfund verkauften, der jedes Jahr auf den Tag des hl. Michael (29. September) zu bezahlen war, zu beginnen am 29. September 1508. Dafür verpfändeten sie ihm ihre Rebberge in Neuenstadt (am Bielersee), die ungefähr 70 Mannwerk umfassten (*in estimacione laborum septuaginta virorum vel circa*), zusammen mit dem Haus und der Kelter, welche die Dominikaner von Johann Falco (Hans Falck), Mitglied des Rats von Freiburg, Jakob Malagorge, Stadtschreiber von Biel, und Peter Irreney(?), Bürger von Solothurn, erworben hatten. Auf diesem Besitz ruhte jedoch bereits ein (abkäuflicher) Zins von einem Kapital von 400 Pfund, das die Dominikaner bei den Erben des verstorbenen Peter Habck und beim Glaser Lukas genommen hatten. Vielleicht weil der verkaufte bzw. verpfändete Besitz bereits belastet war, mussten die Dominikaner Graswyl darüber hinaus noch ihren gesamten Besitz und ihre Einkünfte verpfänden, erhielten aber ein Rückkaufsrecht für den Zins bzw. die Reben. Als Zeugen fungierten Ludwig Tillier (Tellier), Mitglied des Rats, und Martin Müller (Molitoris), ein Goldschmied, der wahrscheinlich wiederum mit dem Goldschmied Martin Franke identisch war (siehe Kap. II/2, Der Goldschmied Martin Franke). Die Urkunde datiert vom 10. September 1507, d. h. nur wenige Tage vor der Erscheinung der gekrönten Maria (12./13. Sept. 1507) auf dem Lettner der Dominikanerkirche. Besonders interessant ist die Begründung für diesen Verkauf, wenn auch durch die Übersetzung von der deutschen in die lateinische Sprache wohl etwas entstellt. Der Verkauf wurde getätigt, „um das Wohl und die Ehre des Klosters zu befördern und Schaden zu verhüten, und um dessen guten Ruf jetzt und in Zukunft zu erhalten" (*comodum et honestatem iamdicti nostri monasterii promovendo dampnaque eiusdem precavendo [pro] vendicanda fama valida perpetua et*

---

106) Akten III S. 514, 516 f., 522 (1509, Mai 18, 19, 22). Zu Heinrich Peyer, der in den Jahren 1507–1511 außerdem Schreiber des Vinzenzstifts war, vgl. TREMP-UTZ, Kollegiatstift S. 126.

semper valitura)[107]. Dies ist keine „normale" Begründung für einen Verkauf, sondern gestattet einen Blick auf den wahren Grund, in dieser Hinsicht vielleicht vergleichbar mit dem vom Lesemeister und Subprior in Rom erwirkten Breve vom 30. November 1507 (siehe Kap. II/3b, Der Prior). Hervorzuheben ist außerdem das Engagement der beiden alten Familiare des Berner Dominikanerkonventes, des Glasers Lukas, der zusammen mit dem verstorbenen Peter Habch den Dominikanern bereits einmal 400 Pfund auf ihre Rebberge in Neuenstadt geliehen hatte, und des Goldschmieds Martin Müller – wenn er denn mit Martin Franke identisch ist –, der als Zeuge für die erneute Anleihe wirkte. Diese doppelte Verpfändung der Weinberge am Bielersee zeigt außerdem, dass es um die Finanzen des Berner Dominikanerkonvents nicht zum Besten stand.

Der Chorherr Heinrich Wölfli

Der Chorherr Heinrich Wölfli war bereits in Jetzers erstem Prozess in Lausanne und Bern als Zeuge einvernommen worden, und zwar ausschließlich über die Erscheinung der gekrönten Maria auf dem Lettner der Dominikanerkirche in der Nacht vom 12. zum 13. September 1507 (siehe Kap. II/1b, Die Chorherren Johann Dübi und Heinrich Wölfli, 6. Dezember 1507). Dagegen war er im Hauptprozess nicht als Zeuge herangezogen worden, wohl weil er den Dominikanern zu blind vertraut hatte bzw. von ihnen miss-

---

107) Akten III S. 522–524 (1509, Mai 22 – 1507, Sept 10). Zum Rebbesitz der Dominikaner von Bern in Neuenstadt siehe Kap. II/2e, Die Folterverhöre des Schaffners vom 25. und 26. August 1508, Anm. 289. Johann Falco = Hans Falck, Bruder des Staatsmanns und Humanisten Peter Falck von Freiburg, selber Handelsmann, Gerichtsschreiber, Mitglied der verschiedenen Räte der Stadt Freiburg, Vogt von Grandson und Echallens, † 1518, vgl. HBLS 3 (1926) S. 106. – Jakob Malagorge, Stadtschreiber von Biel = wahrscheinlich Jakob Malegorge, Stadtschreiber von Neuenstadt, der den Dominikanerkonvent von Bern 1499 um 80 Gulden quittiert hatte, die ihm aus einem Tausch und Kauf von Reben und Korngülten noch zustanden, vgl. StABern, F. Inselarchiv, 1499, Mrz 21. Dabei könnte es sich um den Kauf handeln, von dem in der Urkunde vom 10. Sept. 1507 die Rede ist. – Peter Irreney(?), Bürger von Solothurn, nicht identifiziert. – Peter Habch (Hapch) war 1496 u. 1500 Mitglied des bernischen Großen Rats, vgl. Anshelm 2 S. 52, 277 Anm. 3. – Ludwig Tillier, 1474–1476 Sechzehner, 1485–1505 (und länger) Mitglied des Kleinen Rats (Anshelm 1 S. 97, 277; 2 S. 416), lieh 1467 Petermann von Erlach eine Summe von 200 rheinischen Gulden (StABern, Familienarchiv v. Erlach I,145, vgl. auch ebd. I,152); Inhaber der Mühle und Bläue von Suberg 1490 u. 1516 (damals wahrscheinlich verstorben) (StABern, F. Aarberg, 1490, Mai 7, und 1516, Mrz 6); 1497 u. 1500 Vogt des Obern Spitals (StABern, F. Inselarchiv, 1497, Apr 11, und F. Haus Köniz, 1500, Juli 21), siegelte 1492 eine Vergabung zu Gunsten des Dominikanerkonvents von Bern (StABern, F. Nidau, 1492, Nov 26).

braucht worden war, so etwa bei der Versiegelung der roten Hostie. Im Revisionsprozess wurde er zu zwei bestimmten Punkten befragt, nämlich zur Kette, die er für Jetzer beim Sporer Hirz hatte anfertigen lassen, und zu den Kleinodien, die er in dessen Stübchen vorgefunden hatte. Wölfli scheint vorsichtig geworden zu sein, jedenfalls hatte er sich zu seiner Aussage wohl Notizen auf einen „Zettel" gemacht, die er zuerst mündlich vortrug (*primo oretenus [...] per cedulam*), aber nachher auch noch schriftlich einreichte (*in scriptum*), ähnlich wie im Hauptprozess die Zeugen Niklaus Schaller, Johann Murer und Valerius Anshelm (siehe Kap. II/2d). Diese schriftliche Stellungnahme, von Wölfli selber „Chirograph" genannt und von eigener Hand geschrieben, scheint wörtlich ins Protokoll aufgenommen worden zu sein[108]. Die Stellungnahme ist in drei Punkte gegliedert, von denen der erste Jetzers Kette gewidmet ist (*De cathena*), der zweite den Kleinodien (*De calculis Dominice oracionis coralliis, de [nodis] argenteis inauratis, ac annulis*) und der dritte der Versiegelung der roten Hostie durch Wölfli (*De hostie rubricate sigillatione*), das letzte vielleicht eine freiwillige Zugabe des Chorherrn, der sich rechtfertigen wollte.

Was Jetzers Kette betraf, so führte Wölfli zunächst aus, dass er viel im Dominikanerkloster und mit Jetzer verkehrt habe, den er für einen gerechten Mann (*virum iustum*) gehalten habe. Dieser habe ihm um das Fest von Mariä Himmelfahrt (15. August) 1507 anvertraut, dass er seit langem ein Geheimnis mit sich herumtrage, das er noch niemanden, auch nicht einem Priester in der Beichte, enthüllt habe, das er aber jetzt aufdecken müsse und Wölfli als einem besonders engen Freund (*tanquam specialis et intimus eius amicus*) aufdecken wolle, unter der Bedingung, dass dieser es geheim halte. Wölfli habe geantwortet, dass er sich ihm gerne anvertrauen könne, wenn es sich um etwas handle, das man ehrenhafterweise verschweigen dürfe. Darauf habe Jetzer ihm erzählt, dass er eine eiserne Kette besessen habe, die er bereits vor seinem Eintritt ins Kloster (*conversio*) auf dem nackten Körper getragen habe. Um diesem etwas Ruhe zu gönnen, habe er die Kette einmal abgelegt und dann verloren, er wusste nicht, ob im Kloster oder draußen, im Kornhaus (*granarium, quam domum frumenti vocant*). Da er niemandem enthüllen wolle, dass er eine solche Kette trage, wolle er dieser nicht nachfragen, sondern bat Wölfli, ihm eine neue machen zu lassen. Dieser ging am Montag nach Mariä Himmelfahrt (Sonntag, 15. August 1507) in die Schmiede des Sporers Friedrich Hirz, der ihm, wie wir bereits aus dessen Zeugenaussage wissen, eine Auswahl von drei Ketten mitgab. Jetzer habe die „härteste" als Muster für seine eigene ausgewählt, um eine Schließe gebeten und Wölfli mit einem Faden oder einer Schnur angegeben, wie lang

---

108) Akten III S. 498 f. (1509, Mai 17; Zeugenaussage Wölfli).

die Kette sein solle. Am Dienstag nach Mariä Himmelfahrt sei diese bereits fertig gewesen, und Wölfli habe sie durch seinen Famulus beim Sporer abholen lassen – sie habe 3 Plappart gekostet – und sie um fünf Uhr zu Jetzer gebracht, der jedoch nicht in seiner Behausung (wohl im Stübchen) gewesen sei, weil der Konvent um diese Zeit das Abendessen einnahm. Wölfli habe sich Zutritt verschafft, die Kette auf einen Sitz gelegt und Jetzer dann im Kreuzgang beim Brunnen getroffen, der ihm großen Dank gesagt habe[109].

Nach drei oder vier Tagen sei Wölfli zu Jetzer zurückgekehrt, der noch eine Änderung an der einen Schließe und dazu eine zweite haben wollte, weil die Kette um sechs oder sieben Ringe zu lang sei, die sonst herunterhingen, was der Sporer ohne Aufpreis gemacht habe. Als Wölfli Jetzer später wieder besuchte und die Kette sehen wollte, habe er diesem gegen dessen Willen fast das Kleid ausziehen müssen. Der Konverse habe die Kette so eng auf dem nackten Körper getragen, dass Wölfli kaum seine Finger zwischen Kette und Haut stecken konnte. Als der Chorherr ihm zur Mäßigung riet, habe Jetzer geantwortet, dass er die Kette ablegen werde, bis die Haut wieder geheilt sein würde, was auch wirklich geschehen sei, doch habe Wölfli gesehen, dass diese ganz offen war[110], aber wohl nicht gewusst, dass die Klostervorsteher Jetzer drei Tage lang mit seiner eigenen Kette gefangen gehalten hatten (siehe Kap. II/2b, Jetzers Martyrium). Dies alles erzählte Wölfli sehr ausführlich und umständlich und mit viel direkter Rede. Etwas kürzer fasste er sich in Bezug auf die Kleinodien, die er am Sonntag nach den Zurzacher Messen (die an Pfingsten und am 1. September stattfanden, also wohl am 5. September 1507) in Jetzers Behausung beim Fenster auf einer Bank vorgefunden habe: ein Paternoster aus Korallen von erheblicher Größe, abwechselnd mit Knoten aus vergoldetem Silber von verschiedener Größe *(intermixti nodis argenteis inauratis in ceteris calculis grossioribus)*, an dem ein vergoldetes Agnus Dei hing. Dazu ein kleines Paternoster aus ähnlichem Material sowie zwei vergoldete Ringe und ein silberner Ring, von denen Jetzer gesagt habe, einer stamme von seinem Vater und einer von seinem Großvater. Wölfli war so hingerissen von der Größe des ersten Paternosters, dass er nicht wusste, wie viele Paternoster und Ringe es gewesen seien. Er wusste auch nicht, ob der Lesemeister vor ihm in Jetzers Stübchen gewesen sei oder er erst dazu gekommen sei, als er schon da war, wohl aber, dass dieser mit seinen Händen alles zusammen geschoben habe *(contractasse)*. Jetzer habe beständig versichert, dass dies alles durch seinen Vormund von Zurzach geschickt worden sei, und zwar durch einen Gerber. Bei dem Ganzen habe auch eine Münze gelegen, die Jetzers Väter ihm gegeben hat-

---

[109] Akten III S. 499–501 (1509, Mai 17; Zeugenaussage Wölfli).
[110] Akten III S. 501 f. (1509, Mai 17; Zeugenaussage Wölfli).

ten, um den Überbringer dieser Herrlichkeit zu entlöhnen. Jetzer und Wölfli seien sich einig gewesen, dass dies eine viel zu geringe Entlöhnung sei, und der letztere habe sich sogar anerboten, eine gleiche Münze beizusteuern, doch habe der Lesemeister geantwortet, dass dieser Mann sich nicht mehr gezeigt habe[111] – was dazu diente, den Konversen selber in Verdacht zu bringen, die Kleinodien aus der Marienkapelle gestohlen zu haben (siehe Kap. II/2b, Die Frauengeschichten der Klostervorsteher).

Der letzte Punkt von Wölflis Stellungnahme betraf die rote Hostie, von der man fürchtete, dass sie auch verschwinden oder verändert würde, nachdem Jetzers Stigmata Ende Juli 1507 verschwunden waren (siehe Kap. II/2b, Die Erscheinungen der heiligen Cäcilia, Bernhard von Clairvaux und Katharina von Siena). Hier fällt Wölfli gewissermaßen mit der Tür ins Haus, wenn er sagt, dass sie – womit er wohl die Klostervorsteher meinte – gesagt hätten, dass die rote Hostie eingeschlossen und mit zwei oder drei Schlössern und die Schlüssel zu den einzelnen Schlössern bei Außenstehenden verwahrt werden sollten, einer beim Prior der Kartause Thorberg und der andere beim Stadtschreiber von Bern, doch wusste Wölfli nicht mehr sicher, ob es drei Schlüssel gewesen seien und von wem der dritte hätte aufbewahrt werden sollen. Er habe ihnen geantwortet, dass die Sache damit nicht sicher sei, und wenn sie zehn Schlösser und ebenso viele Schlüssel Außenstehenden anvertrauten. Wenn die Hostie wieder zu einer ganz gewöhnlichen Hostie mutieren würde, dann würde niemand glauben, dass dies wiederum durch ein Wunder geschehen sei. Man würde vielmehr sagen, dass sie ein Doppel der Schlüssel und dies durch List verursacht hätten. Dabei spricht Wölfli in der direkten Rede und in der Wir-Form: „dass wir ein Doppel der Schlüssel hätten und dass dies durch unsere List geschehen sei", was zeigt, wie sehr er sich mit der ganzen Geschichte und mit den Dominikanern identifiziert hatte. Er habe den Klostervorstehern geraten, glaubwürdige und ihnen („uns"!) wohlgesinnte Männer herbeizurufen und die kleine Truhe, in der die rote Hostie aufbewahrt wurde, von ihnen versiegeln zu lassen. Die Klostervorsteher seien seinem Rat gefolgt und hätten den Bauherrn Rudolf Huber (Zeuge im Hauptprozess) und Lienhard Hübschi, beide Mitglieder des Kleinen Rats, gerufen, ihnen die rote Hostie gezeigt und sie vor ihren Augen – und denen Wölflis – in einer kleine Truhe verwahrt. Von den beiden habe damals nur Hübschi sein Siegel bei sich gehabt und die Truhe versiegelt. Nach einigen Tagen seien sie wieder zusammen gerufen worden

---

111) Akten III S. 502 (1509, Mai 17; Zeugenaussage Wölfli). Bei der Gegenüberstellung von Jetzer und den Dominikanern im Rat vom 7. Januar 1508 ist von einem „Gerbergesellen in Rock und weißen Hosen" die Rede, vgl. Beilagen S. 615 Nr. 11 (1508, Jan 7).

und hätten das Siegel unversehrt gefunden, doch habe Hübschi damals das seine nicht dabei gehabt und darauf bestanden, dass Wölfli mit seinem Ring siegle, was er getan habe, wenn auch ungern. Denn er habe gefürchtet, dass man sagen würde, es sei mit seinem Rat und seiner Hilfe geschehen, wenn sich an der Hostie etwas verändern sollte; er habe nämlich aufgrund der Kompilation des Priors – des ersten Teils des Defensoriums – fest geglaubt, dass die Hostie auf wunderbare Weise blutig geworden sei. Als er aber nach einer Abwesenheit sein Siegel unversehrt gefunden habe, habe er nicht mehr gewusst, wo die Hostie aufbewahrt worden sei. Dieser Satz ist nur schwer verständlich, aber er deutet doch an, dass Wölfli ahnte, dass sein Siegel manipuliert worden war (siehe Kap. II/3b, Die Verhöre ... der vier Dominikaner). Aber auch Lienhard Hübschi, der ein Schwager des Subpriors Franz Ueltschi war und die Klostervorsteher am 12. Januar 1508 vor dem Rat in Schutz genommen hatte, könnte schon im Herbst 1507 zu ihnen auf Distanz gegangen sein; denn es war wohl nicht nur Zufall, wenn er beim zweiten Mal sein Siegel nicht mehr bei sich hatte[112]. Weiteres zur Einschließung und Versiegelung der roten Hostie ist aus den Zeugenaussagen des Stadtschreibers Niklaus Schaller und des Venners Kaspar Wyler zu erfahren (siehe unten).

Der Apotheker Niklaus Alber

Der Apotheker Niklaus Alber war bereits im Hauptprozess als Zeuge befragt worden, doch geht aus seiner damaligen Aussage eigentlich nur hervor, dass er ein Familiare der Dominikaner war und vielleicht gerade deshalb vieles nicht hatte sehen wollen (siehe Kap. II/2d). Erst im Revisionsprozess kam ans Licht, was ihm vielleicht schon vorher bewusst war: dass er es war, der den Klostervorstehern das Gift verkauft hatte, mit dem Jetzer umgebracht werden sollte, allerdings eineinhalb Jahre vorher und zu einem ganz anderen Zweck. Als der Prior (am 12. Mai 1509) nach dem Namen des *aromatarius* gefragt worden war, hatte er geantwortet, dass dieser Meister Niklaus (Alber) heiße und seine Apotheke in Bern neben der Kreuzgasse und gegenüber dem Fischmarkt habe, also vielleicht dort, wo heute noch eine Apotheke steht[113]. Der Apotheker wurde am 17. Mai 1509 als Zeuge einvernommen, und zwar wiederum, wie auch schon die sechs vorangehenden Zeugen (Zwygart, Hirz, Franke, Koch, Graswyl und Lukas), direkt durch

---

112) Akten III S. 502 f. (1509, Mai 17; Zeugenaussage Wölfli), vgl. auch Def. S. 591 Kap. III/5 (1508, Jan 12).
113) Akten III S. 472 f. Nr. 59 f. (1509, Mai 12; Prior), vgl. auch ebd. S. 490 Nr. 35 (1509, Mai 16; Subprior). Zum Fischmarkt siehe Kap. II/2d, Der Klostervogt Wilhelm von Diesbach.

den Bischof von Sitten. Alber erinnerte sich, dass eines Tages – und zwar vor dem Beginn des Jetzerhandels (*iste res Ietzer*) – der Schaffner des Dominikanerkonvents in seine Apotheke gekommen sei und nach Gift gefragt habe, um ein Experiment mit einem Stück des Horns eines Einhorns zu machen, doch habe er ihm das Gift – eine kleine Portion Arsen – erst gegeben, nachdem er Rücksprache mit dem Prior genommen hatte; er wusste indessen nicht, was die Dominikaner mit dem Gift gemacht hatten. Auch ihm wurde Schweigen auferlegt[114].

Der Stadtschreiber Niklaus Schaller und Venner Kaspar Wyler

Am 18. Mai 1509 erschien der Glaubensprokurator Ludwig Löubli einmal mehr vor Gericht und präsentierte den Richtern und den vier Angeklagten (einzeln) zwei weitere Zeugen, nämlich den Stadtschreiber von Bern, Niklaus Schaller, und Venner Kaspar Wyler. Von ihnen war Niklaus Schaller bereits im Hauptprozess (am 12. August 1508) als Zeuge einvernommen worden, damals über alles, was er wusste (siehe Kap. II/2d), jetzt primär über die Umstände der Einschließung der roten Hostie und anderes, was den Jetzerhandel (*circa Ietzer materia*) betraf, und vor allem die Skandale, die daraus hätten erwachsen können. Dabei wird eigens vermerkt, dass die Einvernahme in Abwesenheit der Angeklagten stattfand (*absentibus ipsis inquisitis*). Ebenso wie Heinrich Wölfli (und wie er selber im Hauptprozess) hatte auch Schaller seine Aussage auf einen Zettel aufgeschrieben, trug sie zuerst mündlich vor und gab den Zettel dann zu Protokoll. Eines Tages sei er ins Kloster der Dominikaner gerufen worden, zusammen mit dem Prior der Kartause Thorberg, mit Venner Wyler sowie Rudolf Huber und Lienhard Hübschi aus den Räten, um Jetzer zu sehen, dessen Narben [Ende Juli 1507] – ebenso wie im Hauptprozess vermeidet Schaller auch hier den Begriff „Stigmata" – verschwunden waren und der sagte, die Jungfrau Maria habe ihm offenbart, dass dies deshalb geschehen sei, weil niemand den von ihr bewirkten Wundern und Zeichen glauben wolle. Nun hätten die Klostervorsteher gefürchtet, dass sich auch die rote Hostie verändern könnte, und hätten diese in Gegenwart der Gerufenen in den Hauptaltar im Chor einschließen wollen, und zwar mit drei Schlüsseln, von denen sie einen dem Prior von Thorberg, den anderen Venner Wyler und den dritten dem Stadtschreiber zur Verwahrung gegeben hätten. Auf dem Heimweg sei dieser dem Säckelmeister von Bern begegnet, damals Jakob von Wattenwyl, und habe ihm erzählt, was sich zugetragen hatte. Dieser habe ihn gewarnt: „Seid ihr nicht gescheiter als die andern, dieser Sache zu glauben (*Non estis vos alii*

---

114) Akten III S. 505 f. (1509, Mai 17; Zeugenaussage Alber).

sapienciores hiis adhibere fidem)? Die Klostervorsteher könnten andere Schlüssel haben und Euch übel mitspielen!" Darauf habe Schaller seinen Schlüssel zurückgegeben, zusammen mit demjenigen von Venner Wyler, der auf eine Tagsatzung nach Luzern gegangen sei (die am 7. August 1507 stattfand). Als alles, was im Kloster gespielt wurde, an die Öffentlichkeit kam und die Meinungen darüber sehr geteilt waren, hätten die „Herren von Bern", die Verwirrung, Irrtum und Skandal fürchteten, den Bischof von Lausanne nach Bern gerufen, der sich nicht verweigert habe[115]. Der Bischof war allerdings bereits am 21. Juli 1507 nach Bern gekommen, also vor dem Verschwinden von Jetzers Stigmata und der Einschließung der roten Hostie; sein Kommen könnte umgekehrt das Verschwinden der Stigmata ausgelöst haben, die der Bischof medizinisch untersuchen lassen wollte (siehe Kap. II/2d, Valerius Anshelm, Schulmeister und Stadtarzt). Ähnlich wie für Wölfli scheint auch für Schaller das Manöver um die Einschließung der roten Hostie zu einer Abkühlung des Verhältnisses zu den Dominikanern geführt zu haben, wobei nicht ganz auszuschließen ist, dass diese erst im Verlauf der Jetzerprozesse und nicht schon im Verlauf des Jetzerhandels stattgefunden hatte. Dabei darf man nicht übersehen, dass Schaller auch das Breve (vom 30. November 1507) gekannt hat, das der Lesemeister und der Subprior sich zur Verteidigung der Klostervorsteher in Rom beschafft hatten und das auf seine Art auch ein Eingeständnis von Schuld war.

Im Unterschied zum Stadtschreiber Niklaus Schaller, der offensichtlich Latein verstand, wurde Venner Kaspar Wyler durch den Bischof von Sitten befragt. Im Tellbuch 1494 ist er mit seiner Frau am Stalden Schattenseite oder an der Junkerngasse belegt, 1496 war er Vogt im Obersimmental, 1499–1502, 1507–1511 und 1514–1518 Venner im Gerberquartier und an zahlreichen Kriegszügen und Gesandtschaften führend beteiligt[116]. Wyler

---

115) Akten III S. 511 f. (1509, Mai 18; Zeugenaussage Schaller). Zu Jakob von Wattenwyl (1466–1525), 1485 u. 1486 Mitglied des Großen Rats, seit 1487 Mitglied des Kleinen Rats, 1490–1495 Schultheiß von Thun, 1496–1500 u. 1504–1506 Venner zu Pfistern, 1506–1512 Säckelmeister, 1512 Schultheiß, vgl. Hans BRAUN, Art. Wattenwyl, Jakob von, in: HLS online (Zugriff 18. Sept. 2017). Jakob von Wattenwyl testierte am 24. August 1515, vgl. HUBER HERNÁNDEZ, Für die Lebenden, Anhang I: Verzeichnis der Testatoren und Testatorinnen Nr. 274. – Zur Tagsatzung, die am 7. August 1507 in Luzern stattfand und an der Wyler tatsächlich teilnahm, vgl. Anshelm 3 S. 28 und EA III/2 S. 388 f. Nr. 283.

116) Tellbuch 1494 S. 175 Nr. 417; Anshelm 2 S. 52 (1496), 109, 256, 225, 277 (1500), 358, 361, 416 (1505) 422; 3 S. 5, 6, 14, 259, 274, 481; 4 S. 162 (1515). Beim Könizer Aufstand 1513 vermittelte Kaspar Wyler zunächst zusammen mit dem Stadtschreiber Niklaus Schaller zwischen den Behörden und den aufständischen Bauern und geriet dann, ebenso wie auch der Stadtschreiber, selber in den Verdacht, kaiserlich-päpstliches Geld

scheint aber auch ein Familiare der Dominikaner und Mitglied der Annen-, Lux- und Loyenbruderschaft gewesen zu sein; denn er hatte zusammen mit Thomas vom Stein, Kantor am Vinzenzstift, dem Apotheker Niklaus Alber und dem Goldschmied Martin Franke am 5. März 1507 – also kurz vor Beginn des Jetzerhandels – bei der in der Dominikanerkirche beherbergten Annenbruderschaft eine zusätzliche Jahrzeit gestiftet[117].

Kaspar Wyler konnte zwar den Tag, an dem er sich zusammen mit dem Prior der Kartause Thorberg und dem Stadtschreiber von Bern im Dominikanerkonvent in Bern aufgehalten hatte, nicht nennen, sagte aber, dass alle drei den Schlüssel angenommen hätten, um einen Skandal zu vermeiden. Als er wenige Tage danach vom Rat auf eine Tagsatzung geschickt worden sei, habe er seinen Schlüssel dem Stadtschreiber gegeben, und dieser habe beide Schlüssel zurückgegeben. Auf die Frage, warum ein Skandal befürchtet worden sei, antwortete er, dass die „Tatsachen", dass Jetzer die Stigmata verloren gehabt habe und dass laut der Prophezeiungen der blutweinenden Marienstatue eine große Plage über die Stadt Bern kommen sollte (weil man den Offenbarungen der Maria keinen Glauben schenkte sowie wegen der Annahme der Pensionen und der Errichtung des Vinzenzstifts), einen großen Eindruck auf das bernische Volk gemacht habe; „weil die einen glaubten, dies alles sei wahr, und die anderen nicht, wäre ohne Zweifel ein großer Skandal entstanden, wenn die Herren nicht nach dem Bischof von Lausanne, ihrem Ordinarius, geschickt hätten, durch dessen Eingreifen und die göttliche Vorsehung die Sache aufgedeckt worden sei"[118]. Als Skandal wurde also bezeichnet, dass die Bevölkerung von Bern sich anhand des Jetzerhandels in zwei Parteien, Befürworter und Gegner, zu spalten drohte, und als Retter wurde – hier und auch später – der Bischof von Lausanne dargestellt, und dies ungeachtet der Tatsache, dass dieser am Ende des Hauptprozesses eher zur Milde gegenüber den Dominikanern geraten hatte und an Bern und dem Bischof von Sitten gescheitert war (siehe Kap. II/2e, Ein offenes Ende). Zugleich diente der Begriff des Skandals auch der Entschuldigung des Stadtschreibers Niklaus Schaller und des Venners Kaspar Wyler,

---

angenommen zu haben. Nach Wylers Tod (vor Ostern = 8. April 1520) kam der Verdacht noch einmal hoch und sollten diesem seine Ehrentitel aberkannt werden, und seine Erben, zwei Töchter, sollten 1600 Kronen in den Stadtsäckel legen; es wurde gar die Forderung laut, ihn aus seinem Grab in St. Vinzenz zu entfernen und in ungeweihte Erde zu vergraben, doch wurde er sechs Jahre später rehabilitiert, vgl. Anshelm 3 S. 446, 451–453, 466; 4 S. 388–390; Annelies HÜSSY, Art. Wyler, Kaspar, in: HLS online (Zugriff 18. Sept. 2017); STUDER IMMENHAUSER, Verwaltung S. 56, und ROGGER, Geld, Krieg und Macht S. 307–309.

117) UTZ TREMP, Geschichte S. 140.
118) Akten III S. 512–514 (1509, Mai 18; Zeugenaussage Wyler).

die mit der Annahme der Schlüssel möglicherweise eine zu große Leichtgläubigkeit und Nähe zu den Dominikanern an den Tag gelegt hatten.

Der Scherer Johann Haller

Am 21. Mai 1509 erschien der Glaubensprokurator Ludwig Löubli erneut vor Gericht und bat um Anhörung eines weiteren Zeugen, Johann Haller, Bürger von Bern und Chirurg(!). Laut den Aussagen des Subpriors im Hauptprozess (23. August 1508) und im Revisionsprozess (14. Mai 1509) stammte die grüne Salbe, mit der er Jetzers Stigmata gepflegt hatte, von Johann Haller, der an beiden Stellen als Scherer (*barbitonsor*) bezeichnet wird. Dieser wohne am Platz beim Zeitglocken (*in platea prope turrim horologii*) und habe ihm die Salbe in einem Büchslein nicht für Jetzer gegeben, sondern für eine Wunde an seinem eigenen Zeigefinger, und zwar mehr als ein Jahr vor dem Jetzerhandel. Aus der Zeugenaussage des Glockengießers Johann Zehnder im Hauptprozess wissen wir außerdem, dass der Scherer Johann Haller im Besitz einer Reliquie war, d. h. eines Verbandstückes, das auf einem von Jetzers Stigmata gelegen hatte. Im Tellbuch von 1494 ist der Bader Johann Haller nicht eindeutig auszumachen; denn in der „Neuenstadt und auf dem Platz" (d. h. an der Marktgasse Sonnseite und am Kornhausplatz) sind zwei „Meister Hanss der scherer" ausgewiesen, von denen der erste ein Vermögen von 200 Pfund und der zweite eines von 150 Pfund versteuerte; der einzige Unterschied bestand darin, dass der zweite außerdem noch „am Gässchen" wohnt: *Meister Hanss der scherer am gesßli und sin wib*. Johann Haller wurde vom Bischof von Sitten gefragt, ob er jemals während des Jetzerhandels den vier Klostervorstehern oder einem von ihnen eine Salbe gegeben habe, eine Frage, die er verneinte. Wohl aber habe der Schaffner, der an einer gewissen Krankheit am Bein oder an der Seite (*in tibia seu cossa*) litt, Salbe auf einem Stück Leinen von ihm bekommen; er konnte aber auch nicht ausschließen, dass sein Gehilfe den vier Angeklagten ohne sein Wissen Salbe gegeben habe, denn dieser habe viel Umgang mit ihnen und ihrem Konvent (*habebat maximam familiaritatem cum illis et eorum conventu*)[119]. Damit schob Haller eine allfällige Verantwortung auf seinen Gehilfen ab, ähnlich wie auch schon der Gehilfe des Scherers Ludwig von Schüpfen den Schaffner nach seiner handgreiflichen Auseinandersetzung als Katharina von Siena mit Jetzer behandelt haben soll (siehe Kap. II/2d, Der Scherer Ludwig von Schüpfen).

---

119) Akten III S. 519 (1509, Mai 21; Zeugenaussage Haller), vgl. auch ebd. II/2 S. 303 f. Nr. 14 (1508, Aug 23; Subprior, Folterverhör); II/3 S. 376 (1508, Aug 16; Zeugenaussage Zehnder); III S. 480 Nr. 5 (1509, Mai 14; Subprior); Tellbuch 1494 S. 190 f. Nr. 779 und 795.

Der Kustos Johann Dübi

Am 22. Mai 1509 ließ der Glaubensprokurator Ludwig Löubli noch einmal Johann Dübi, Kustos des Vinzenzstifts, als Zeugen einvernehmen; dieser hatte bereits in Jetzers Prozess in Lausanne und Bern (am 6. Dezember 1507) und im Hauptprozess (am 16. August 1508) ausgesagt, als einziger Zeuge, der in allen drei Prozessen einvernommen wurde (siehe Anh. 4). In Jetzers erstem Prozess hatte er (zusammen mit dem Chorherrn Heinrich Wölfli) über die Erscheinung der gekrönten Maria auf dem Lettner in der Nacht vom 12. auf den 13. September 1507 ausgesagt, die ihm als die schönste Frau erschienen war, die er je gesehen hatte (siehe Kap. II/1b, Die Chorherren Johann Dübi und Heinrich Wölfli). Aus seiner Aussage im Hauptprozess geht hervor, dass er ein Familiare der Dominikaner war, doch wollte er rechtzeitig gewarnt und auf das Gegenbeispiel Bruder Klaus verwiesen haben (siehe Kap. II/2d, Johann Dübi, Kustos des Vinzenzstifts). Im Revisionsprozess sollte er wiederum über die Erscheinung der gekrönten Maria auf dem Lettner der Dominikanerkirche Auskunft geben, doch berief er sich auf die Aussage, die er seinerzeit vor dem Bischof von Lausanne (d. h. in Jetzers Prozess in Lausanne und Bern) gemacht hatte, die immer noch gelte[120]. Man darf vermuten, dass Dübi keine Lust mehr hatte, noch weiter auszusagen, vielleicht gerade weil er als Familiare der Dominikaner gewissermaßen selber ein Enttäuschter und Geprellter war.

d) Letzte Verhöre der Klostervorsteher (18. bis 22. Mai 1509)

Während die Zeugenverhöre noch andauerten, setzten am 18. Mai 1509 die abschließenden Verhöre der Klostervorsteher ein, wobei der Prozess des Lesemeisters, der eigentlich am 7. Mai 1509 (Nachmittag) abgeschlossen worden war, noch einmal eröffnet wurde, wohl aufgrund der Erkenntnisse, die man inzwischen aus den Verhören der übrigen drei Angeklagten gewonnen hatte. Als erstes wurde er gefragt, ob die Bulle über die Empfängnis Marias, von der oben die Rede war, ein Original oder ein Transsumpt sei –, wobei die Richter aus einem Verhör des Priors vom 11. Mai 1509 bereits wussten, dass es sich um ein Transsumpt handelte. Der Lesemeister präzisierte, dass es ein von einem Propst von Ulm besiegeltes Transsumpt gewesen sei. Dann wurde er nach dem Breve (vom 30. November 1507) gefragt, das er und der Subprior in Rom erwirkt hatten und von dem die Richter aus dem Verhör des Priors vom 12. Mai 1509 wussten. Der Lesemeister bestätigte, dass dieses an die Pröpste von Bern und Interlaken gerichtet gewesen

---

120) Akten III S. 520 (1509, Mai 22; Zeugenaussage Dübi).

war, die mit der Untersuchung „dieses Geschäfts" (*huius negocii*) betraut worden seien, und dass die Angeklagten sich mittels dieses Breves tatsächlich hätten reinigen wollen (*intendebant se purgare*). Das Breve sei den beiden Pröpsten aber nie vorgelegt worden, sondern nach ihrer Rückkehr von Rom (am 11. Januar 1508) dem Stadtschreiber, Niklaus Schaller, der ihnen riet, dieses nicht ins Feld zu führen, damit das Volk nicht noch mehr gegen sie aufgebracht würde (*ne populus contra eos magis incitaretur*). Was sie dem Stadtschreiber gezeigt hatten, war eine Kopie; das verschlossene Original sei an Paul Hug gegangen, der damals den Provinzial in Bern vertrat.

Auf die Frage nach dem Illuministen Lazarus antwortete der Lesemeister, dass er nicht wisse, wo er hergekommen noch wo er hingegangen sei, da er ein fahrender Schüler (*vagabundus*) sei und keinen festen Wohnsitz habe. Dann wurde der Angeklagte gefragt, ob er auch ein Büchlein mit schwarzer Magie, d. h. Zaubersprüchen oder Rezepten, besessen habe – was das Gericht aus den Verhören des Priors vom 12. Mai (16 Uhr) und des Subpriors vom 16. Mai 1509 bereits wusste –, doch präzisierte er, dass dieses nicht Zaubersprüche oder Rezepte enthalten habe, auch keinen Liebeszauber, sondern lediglich die Kunst, Glas oder Hörner weich zu machen. Da er befürchtet habe, dass er wegen des Besitzes dieses Büchleins in Verdacht geraten könne, habe er es zerrissen und später an einem geheimen Ort weggeworfen. Der Lesemeister musste weiter zugeben, dass der Provinzial lange vor dem Provinzialkapitel von Pforzheim (Anfang Mai 1507) um den Jetzerhandel gewusst habe; denn Prior Werner von Basel habe ihn, den Provinzial, bereits nach jenem von Wimpfen (das der Lesemeister immer noch auf 1505 statt auf 1506 datierte) darüber unterrichtet, was zwischen ihm und den Klostervorstehern von Bern abgesprochen worden sei – obwohl es noch gar nicht begonnen worden war! Und nachher sei der Provinzial durch den Subprior informiert worden, der zu ihm nach Ulm geschickt worden war. Der Lesemeister musste auch eingestehen, dass der Bischof von Lausanne ihnen (bei seinem Besuch in Bern am 21. Juli 1507) verboten habe, Weiteres zu unternehmen, und dass sie dieses Verbot mit den Erscheinungen der Katharina von Siena und der gekrönten Maria auf dem Lettner missachtet hätten. Der Vorwurf des Ungehorsams gegenüber dem Bischof von Lausanne war Jetzer und den Dominikanern bereits in den im November 1507 in Lausanne formulierten Anklageartikeln gemacht worden, und den letzteren wieder in den Anklageartikeln im Hauptprozess[121], doch wurde dieses Argument, wie wir schon bei der Zeugenaussage des Stadtschreibers Niklaus Schaller gesehen haben, hier und später auch in den Ab-

---

121) Akten III S. 506–508 (1509, Mai 18; Lesemeister), vgl. auch Akten I S. 22f. Nr. 20–22 (undat.; 1507, Nov 17); II/2 S. 162 Nr. 19 (undat.; 1508, Aug 7).

schlussverhören der übrigen Klostervorsteher, wahrscheinlich im Hinblick auf deren Verurteilung neu in den Vordergrund gerückt, nicht zuletzt, weil sich damit die „Hartnäckigkeit" (*pertinacio*) und „Verstocktheit" (*obstinacio*) nachweisen ließen, mit denen sie an ihren Irrtümern festgehalten hätten.

Am gleichen Tag fand das abschließende Verhör des Lesemeisters statt, das in den Prozessakten auf das oben zusammengefasste folgt, aber von 7 Uhr morgens datiert, so dass man nicht weiß, welches Verhör dem andern voranging. Bei diesem zweiten (oder ersten?) Verhör wurden dem Lesemeister alle seine Aussagen sowohl im Haupt- als auch im Revisionsprozess von Wort zu Wort vorgelesen, und er musste sie bei seinem Eid bestätigen. Dabei legte er Wert auf die Feststellung, dass er niemals geglaubt habe, dass Maria in der Erbsünde gestorben sei, obwohl er es Jetzer so gesagt hatte, um diesen leichter zum Glauben auch an anderes zu verführen (*ut ipsum Ietzer facilius ad aliarum rerum credulitatem induceret*). Schließlich habe es auch nie in seiner Absicht gelegen, Gott wirklich abzusagen, auch wenn er die entsprechende Formel aus dem Büchlein des Subpriors gelesen habe[122].

Am gleichen 18. Mai 1509 fand weiter das abschließende Verhör des Schaffners statt. Diesem wurden ebenfalls alle seine bisherigen Geständnisse – sowohl des Haupt- als auch des Revisionsprozesses – vorgelesen und er musste sie bestätigen und in einigen Fällen modifizieren. So gab er zu, dass er nie geglaubt, dass Jetzers erstes Stigma echt gewesen, sondern immer gewusst habe, dass auch dieses ihm von den Klostervorstehern verabreicht worden sei. Dann erinnerte er sich, dass bei einer Erscheinung der Jungfrau Maria die hölzernen Engel aus der Sakristei zum Einsatz gekommen waren. Er hatte auch gewusst, dass die Hostie vergiftet worden war, und zwar damit man sagen könne, dass Jetzer als Heiliger gestorben sei. Dagegen wusste er nicht, was aus den Reliquien geworden war, außer dass eine von ihnen lange im Stübchen des Priors aufbewahrt worden sei. Er gab zu, dass er vom Apotheker Niklaus Alber ein weißes Gift bekommen habe, um das Horn eines Einhorns auszuprobieren, doch wusste er nicht, ob dies vor oder nach Jetzers Klostereintritt geschehen sei. Vor allem aber musste der Schaffner zugegeben, dass der Bischof von Lausanne den Klostervorstehern (bei seinem Besuch am 21. Juli 1507) verboten hatte, weitere Erscheinungen zu produzieren, und dass sie diesem Verbot zuwider gehandelt hatten, ein Argument, das immer wichtiger wurde[123].

Am 19. Mai 1509 fanden die abschließenden Verhöre des Priors und des Subpriors statt. Der Prior legte Wert darauf, dass er die Absage an Gott zwar gemacht habe, aber nicht mit dem Herzen bzw. mit dem Geist (*ani-*

---

122) Akten III S. 508 f. (1509, Mai 18, 7 Uhr morgens; Lesemeister).
123) Akten III S. 509–511 (1509, Mai 18; Schaffner).

mo). Dagegen wusste er auch nicht, was aus den Reliquien geworden war, außer dass die eine lange in einem silbernen Kästchen in seinem Stübchen aufbewahrt und dieses später vom Lesemeister und vom Subprior weggebracht worden sei. Nach ihm kam der Subprior an die Reihe, der ebenfalls alle Aussagen, die er im Haupt- und Revisionsprozess gemacht hatte, bestätigen musste, und ebenso das Verbot des Bischofs von Lausanne, dem die Klostervorsteher mit den Erscheinungen der Katharina von Siena und der gekrönten Maria zuwider gehandelt hatten. Auch er wusste nicht, was aus den Reliquien geworden war[124]. In der Folge erhielten alle vier Angeklagten – immer noch am 19. Mai 1509 – einzeln eine Bedenkfrist von drei Tagen, die jedoch auf einen einzigen Tag, den 19. Mai, reduziert wurden (*eadem die Sabati inchoandorum et finiendorum*), um noch weitere Geständnisse zu machen und sich zu verteidigen. Sie mussten wiederum einzeln den Wechselbrief identifizieren, den sie am 10. September 1507 für den Kaufmann Johann Graswyl ausgestellt hatten[125].

Immer noch am 19. Mai 1509 erschien der Glaubensprokurator Ludwig Löubli vor dem Gericht und verlangte, dass weitere Zeugen akkreditiert würden, und zwar solche, die bezeugen konnten, das die von den Angeklagten genannten Verteidiger ausgeblieben waren. Diese Zeugen waren wiederum der Stadtschreiber Niklaus Schaller und sein Substitut Heinrich Peyer; der Sekretär des Bischofs von Lausanne, François des Vernets; Valerius Anshelm, hier nun als Stadtarzt bezeichnet (siehe Kap. II/2d, Valerius Anshelm, Schulmeister und Stadtarzt), und neu Franz Kolb, der am 8. Februar 1509 als Prädikant am Vinzenzstift angestellt worden und damit ein Vorgänger von Berchtold Haller war, der dieses Amt seit 1519 innehaben sollte. Die fünf wurden in Gegenwart der Angeklagten (einzeln) zugelassen, dann aber in deren Abwesenheit befragt, und zwar nach dem Verbleib des Dominikaners Paul Hug sowie nach Johann Heinzmann und Dr. Jakob von Straßburg, von denen die letzteren beide im Hauptprozess als Verteidiger der Dominikaner gewirkt hatten und zu Beginn des Revisionsprozesses vom Prior und vom Schaffner als solche genannt worden waren. Der Stadtschreiber und sein Substitut antworteten, dass sie Paul Hug seit mehreren Tagen nicht mehr in Bern gesehen hätten. Franz Kolb und Valerius Anshelm sagten das Gleiche von Johann Heinzmann, und François des Vernets sowie Heinrich Peyer von Dr. Jakob und wiederum von Paul Hug[126]. Dabei ging

---

124) Akten III S. 514 f., 515 f. (1509, Mai 19; Prior und Subprior).
125) Akten III S. 516 (1509, Mai 19).
126) Akten III S. 517 f. (1509, Mai 19). Franz Kolb (1465?–1535) aus Inzlingen bei Lörrach, Prädikant am Vinzenzstift 1509–1512 und wieder seit 1527 an der Seite von Berchtold Haller, dem Reformator Berns, vgl. TREMP-UTZ, Kollegiatstift S. 154, 158, 159 f. Franz Kolb testierte am 15. Oktober 1535 zusammen mit seiner Frau Appolonia

es darum, die Abwesenheit der Verteidiger schriftlich festzuhalten, die, wie wir bereits wissen, dem Revisionsprozess fern geblieben waren, weil man ihnen nicht hatte freies Geleit zusichern wollen (siehe Kap. II/3, Der Beginn des Revisionsprozesses).

In der Folge ließen die drei Richter durch ihre Notare, Salvator de Melegottis, François des Vernets und Georg Colleti, die vier Angeklagten (in der Reihenfolge: Prior, Subprior, Lesemeister und Schaffner) und deren drei Verteidiger (Hug, Heinzmann und Jakob) zitieren, und zwar durch Anschläge an den Türen der Vinzenzkirche, an der Propstei, auf einem öffentlichen Platz (*in platea publica*, laut Anshelm 3 S. 157, an der Kreuzgasse) und schließlich an den Türen der Kirche oder des Konvents der Dominikaner. Der Wortlaut der Zitation ist in den Prozessakten wiedergegeben. Demnach sollten die Angeklagten und ihre Verteidiger innerhalb von drei Tagen vor dem Gericht erscheinen und vorbringen, was sie zur Verteidigung der Angeklagten vorzubringen hätten, andernfalls man weiter gegen diese vorgehen würde. Die Zitationen waren von den oben genannten Sekretären geschrieben und von den drei Bischöfen besiegelt, die hier als Richter im Fall der „Exzesse" (der vier Angeklagten) bezeichnet werden. Am Montag, dem 21. Mai 1509, erschien der Glaubensprokurator Ludwig Löubli erneut vor Gericht, ließ die Türen öffnen und klagte die vier Angeklagten und ihre Verteidiger, die nicht erschienen waren, der Uneinsichtigkeit (*contumacia*) an und forderte die Richter auf, weiter gegen diese vorzugehen. Am 22. Mai 1509 wurden um acht Uhr morgens die vier Angeklagten (Reihenfolge: Prior, Schaffner, Lesemeister und Subprior) bei offenen Türen dem Gericht vorgeführt und einzeln gefragt, ob sie ihre Geständnisse vermehren oder vermindern oder etwas zu ihrer Verteidigung vorzubringen hätten, was nicht der Fall war; diese baten vielmehr um Gnade und bestätigten unter Eid alle ihre Geständnisse[127].

Augenschein im Dominikanerkonvent

Der 22. Mai 1509, ein Dienstag, sollte ein langer Tag werden. Nachdem die Richter sich um 8 Uhr morgens die Angeklagten hatten vorführen lassen, begaben sie sich um 10 Uhr zusammen mit den Beisitzern und den Notaren zu einem Augenschein in den Dominikanerkonvent[128]. Dabei ließen sie sich vom Goldschmied Martin Franke und vom Glaser Lukas begleiten, die als erste Besucher von außerhalb in der Nacht vom 3. auf den 4. April 1507 in

---

Archer, vgl. HUBER HERNÁNDEZ, Für die Lebenden, Anhang I: Verzeichnis der Testatoren und Testatorinnen Nr. 117.
127) Akten III S. 518 f., 519, 520 (1509, Mai 19 – Mai 21 – Mai 22, 8 Uhr).
128) Akten III, S. 520–522 (1509, Mai 22, 10 Uhr; Augenschein).

den Genuss einer allerdings sehr improvisierten Erscheinung der Jungfrau Maria gekommen waren (siehe Kap. II/3c, Der Goldschmied Martin Franke und der Glaser Lukas). Die Richter wollten vor allem Jetzers Stübchen und Zelle (in dieser Reihenfolge) sehen, aber auch die rot gefärbte Hostie und die Kerze, die sich angeblich nicht anzünden ließ, und insbesondere das zerbrochene Fenster in Jetzers Stübchen. Sie wurden von den Dominikanern empfangen, die ihnen zunächst Jetzers Stübchen zeigten, dessen Fenster tatsächlich zerbrochen war, und zwar – was hier wohl als selbstverständlich vorausgesetzt wird – beim Kampf zwischen Jetzer und Katharina von Siena (bzw. dem Schaffner). Dann betraten sie Jetzers Zelle, um (zusammen mit dem Goldschmied Martin und dem Glaser Lukas) die Gucklöcher in der Wand zur Zelle des Schaffners zu besichtigen; doch fanden sie alles verändert und „renoviert", und zwar durch die Dominikanerbrüder selber und vielleicht nach dem missglückten Auftritt des Priors als hl. Bernhard von Clairvaux (siehe Kap. II/2b, Die Erscheinungen der heiligen Cäcilia, Bernhard von Clairvaux und Katharina von Siena). Der Goldschmied und der Glaser zeigten den Richtern die Wand, in der die Gucklöcher gewesen waren. Dann ließen sich diese das Bild (oder die Statue) der Maria im Dormitorium zeigen, vor dem (oder der) die Kerzen sich in der Nacht angeblich von selber entzündet hatten. Darauf stiegen die Richter – wohl über den Lettner – zum Hauptaltar in der Klosterkirche hinunter und ließen sich die rot gefärbte Hostie zeigen. Der Bischof von Città di Castello berührte und betastete sie, ebenso wie auch die Wunderkerze, die man jetzt anzünden ließ; sie brannte zwar, aber nur mühsam. Darauf ließen die Richter den neuen (alten) Prior (Johann Ottnant) und einige andere Brüder des Konvents rufen und schärften ihnen ein, die rot gefärbte Hostie sorgfältig aufzubewahren, aber niemandem zu zeigen, bis der Papst über ihr weiteres Schicksal entschieden haben würde – eine Anordnung, die beweist, dass diese ein *corpus delicti* von besonderer Qualität darstellte. Auf die Frage nach den Reliquien antwortete der neue Prior, dass diese durch Bruder Paul Hug verbrannt worden seien, doch wusste er nicht genau, an welchem Ort des Konvents.

Die Skandalisierung des Skandals

Immer am 22. Mai 1509, um 18 Uhr, erschien der Glaubensprokurator Ludwig Löubli einmal mehr vor dem in der Propstei versammelten Gericht und forderte von den Richtern das weitere Vorgehen; dabei brachte er nicht weniger als dreizehn weitere Zeugen bei, die bezeugen sollten – und auch bezeugten –, dass die Taten der Angeklagten in der Stadt Bern und an mehreren anderen Orten zu einem nicht geringen Skandal geführt hätten, wenn nicht die „Herren von Bern"– zu denen die Zeugen selber gehörten – zum Bischof von Lausanne, ihrem Ordinarius, geschickt hätten, durch dessen Umsicht und durch göttliche Fügung (*cuius prudentia et divino mutu*) die Erdichtungen und Erfindungen (*confictiones et figmenta*) der Angeklagten aufgedeckt worden seien. Von den Zeugen stammten neun aus dem Kleinen und vier aus dem Großen Rat.

– Aus dem Kleinen Rat: (Hans) Rudolf von Scharnachtal, Schultheiß der Stadt Bern und Ritter; Sebastian vom Stein, Ritter; Thüring Fricker und Niklaus Schaller, ehemaliger und aktueller Stadtschreiber; Rudolf Huber, sowie alle vier Venner, Kaspar Wyler, Julian (= Gilian) Schöni, Peter Achshalm und Benedikt von Weingarten (identisch mit Benedikt Weingarter, Zeuge im Hauptprozess).

– Aus dem Großen Rat (*ex burgensibus Bernensibus*): Ludwig Michel, Niklaus Huber, Johann Suppinger bzw. Hans Subinger (Anshelm 3 S. 158) und Leonhard (Lienhard) Willading.

Sie wurden als Zeugen zugelassen und einzeln durch den Bischof von Sitten befragt, und sie antworteten alle im gleichen Sinn, wenn auch mit verschiedenen Worten: dass das Verschwinden von Jetzers Stigmata (Ende Juli 1507) und die Orakel der Statue in der Marienkapelle (Annahme der Pensionen, Vertreibung der Deutschordensbrüder und Zweifel an den Wundern, die um Jetzer herum geschahen) in der Stadt Bern zweifellos einen großen Skandal ausgelöst hätten, wenn die „Herren von Bern" nicht nach dem Bischof von Lausanne geschickt hätten. Dies alles habe im Volke ein zweideutiges Murren (*murmur ambiguum*) ausgelöst, indem die einen an die Orakel glaubten und die anderen nicht[129]. Dahinter steckt wohl eine bestimmte Strategie, die spätestens mit den Zeugenaussagen des Stadtschreibers Ni-

---

129) Akten III S. 524–526 (1509, Mai 22, 18 Uhr). Julian bzw. Gilian Schöni, 1474 Landvogt Trachselwald, 1488 Venner zu Metzgern und Obervogt Schenkenberg, 1495 Obervogt Aarwangen, 1499 bernischer Truppenführer im Schwabenkrieg, 1486, 1503, 1508 im Kl. Rat, vgl. HBLS 6 (1931) S. 235. – Peter Achshalm, Sohn von Gilian, seit 1496 Mitglied des Gr. Rats, seit 1497 des Kl. Rats, 1499–1503 u. 1508–1511 Venner zu Schmieden, 1505 Vogt des Heiliggeistspitals und mehrmals bernischer Tagsatzungsgesandter, vgl. Kathrin UTZ TREMP, Art. Achshalm, in: HLS online (Zugriff 26. März 2019). – Ludwig Michel wohnte 1494 mit seiner Frau und seiner Magd an der Gerechtigkeitsgasse Schattseite, vgl. Tellbuch 1494 S. 173 Nr. 374; 1496–1513 Vogt von Hasle (Anshelm 2 S. 52; 3 S. 463); 1500 u. 1505 im Gr. Rat (Anshelm 2 S. 277, 417 f.). – Niklaus Huber, 1498 Landvogt Trachselwald, 1507 Kastlan Wimmis, 1509 Landvogt Wangen, vgl. HBLS 4 (1927) S. 300. – Johann Suppinger bzw. Hans Subinger, nicht identifiziert. – Lienhard Willading, Enkel von Peter, 1505, 1513, 1515, 1520, 1525 Mitglied des Gr. Rats (Anshelm 2 S. 417; 3 S. 473; 4 S. 163, 388; 5 S. 142), 1511 Landvogt Laupen, 1515 Grandson, 1522 Obervogt Schenkenberg, wechselte 1528 nach Freiburg, † 1549, vgl. HBLS 7 (1934) S. 542.

Der Revisionsprozess in Bern 613

klaus Schaller und des Venners Kaspar Wyler eingesetzt hatte. Es ist sicher nicht zufällig, wenn die Formulierungen, die für die Aussagen der Zeugen vom 22. Mai 1509 gebraucht werden, teilweise wörtlich diejenigen der Zeugenaussage Wyler wiederaufnehmen. Dabei wird, bei allem Lob auf den Bischof von Lausanne, auch der Anteil der „Herren von Bern" nicht unterschlagen, die diesen (im Juli 1507) hatten kommen lassen. Vor allem aber ist der Vorwurf wegen der Abschwörung und Annahme der Pensionen hier an die erste Stelle gerückt, vor die Vertreibung der Deutschordensbrüder und die Zweifel an den Wundern, die um Jetzer herum geschahen, die bei Wyler noch an erster Stelle standen.

Zeugenaussage Venner Kaspar Wyler (1509, Mai 18; Akten III S. 513 f.)	Zeugenaussage von Mitgliedern des Kleinen und des Großen Rats (1509, Mai 22; Akten III S. 525 f.)
Interrogatus, quia dixit quod timeretur scandalum etc., quare scandalum ob istam materiam timeretur, respondet quod – cum iam stigmata evanuissent Ietzer et dicti fratres dicerent <u>ymaginem virginis</u> Marie <u>loquutam fuisse et dixisse</u>, quod <u>magna plaga esset ventura supra civitatem Bernensem</u>, eo quod nolebant credere suis revelacionibus, et etiam <u>quia Bernenses abiuraverant pensiones et tamen</u> eo non obstante <u>illas recipiebant, et etiam quia ipsi domini Bernenses, expulsis fratribus Theutonicis, erexerant collegiatam in ecclesia sancti Vincenzii, deputatis ibidem canonicis secularibus</u> –, ista omnia apud <u>populum</u> Bernensem videbantur magne admirationis et importancie; et <u>quia aliqui credebant esse vera, alii non</u>, propterea sine dubio maximum <u>scandalum</u> inde <u>fuisset ortum, nisi tunc domini misissent</u> pro <u>domino episcopo Lausannensi, eorum ordinario</u>, cu-	*[...] responderunt et deposuerunt in hanc sententiam, licet per diversa verba, sed ad hoc tendentia et hunc eundem sensum et intellectum habentia, quia, <u>nisi domini</u> Bernenses et ipsi testes <u>misissent pro</u> reverendissimo <u>domino episcopo Lausannensi, eorum ordinario</u>, cuius prudentia et divino nutu ipse confictiones et figmenta detecta fuerunt, procul dubio fuisset subortum in hac urbe Bernensi <u>maximum scandalum</u> et inconveniens, quia stigmata Iohanni Ietzer iam cessaverant et fratres ipsi affirmabant imaginem Virginis <u>fuisse locutam et dixisse maximam plagam venturam super civitate Bernensi</u>, ex hiis causis: <u>quoniam abiuraverant pensiones</u> principum <u>et tamen illas recipiebant; item, quia repulsis fratribus Theutonicis ecclesiam sancti Vincentii erexerant in collegiatam, appositis ibidem canonicis secularibus</u>; tertio quia non credebant mi-*

614 Die Jetzerprozesse

ius opera et divina providentia res fuit detecta	*rabilibus, que erant facta circa personam Ietzer. Que omnia ipsi testes et quilibet eorum dixit generasse certum murmur ambiguum in populo, quia aliqui credebant, alii vero non esse vera; propter quod fuisset necesse, ut scandalum aliquod natum fuisset, nisi, ut supra, divina providentia sic detecta fuissent, mediante opera domini episcopi Lausannensis, ut supra.*

Der Begriff des „Skandals" wird zwar schon vorher in den Akten der Jetzerprozesse vielfach verwendet, doch tritt er seit den Zeugenaussagen Schaller und Wyler im Revisionsprozess gehäuft auf. Zuerst erscheint er in den Anklageartikeln gegen Jetzer, die im November 1507 in Lausanne formuliert und später auch in den Hauptprozess übernommen wurden. Hier heißt es, dass es die Aufgabe der Prälaten sei, die „Irrtümer" in der Kirche auszurotten, „die nicht nur zum Verderben derjenigen führten, die sie säten, sondern auch zu Spaltung (Schisma) in der Kirche und im Volk selbst, insbesondere dort, wo, wie in Jetzers Fall, der Skandal die Körper und die Seelen betreffe"[130]. Dann auch in den Anklageartikeln gegen die Dominikaner im Hauptprozess, wo nicht mehr von der Kirche, sondern vom Gemeinwesen (*res publica*) ausgegangen wird, in dessen Interesse es liege, dass Delikte, die einen Skandal in den Völkern und Irrtümer in der Kirche hervorbringen könnten, bestraft und die Irrtümer ausgerottet würden. In Artikel 2 wird nachgedoppelt, dass das, was seit eineinhalb Jahren in der Stadt Bern und im Dominikanerkonvent geschehe, zum Skandal und Schisma der ganzen Gemeinde Bern und der ganzen Christenheit führen könne[131]. Ebenso wird der Begriff des Skandals in den päpstlichen Aufträgen zum Haupt- und zum Revisionsprozess gebraucht; der erste erfolgte, „um den Skandal im Volk und die entstandenen Tumulte zu beruhigen (*ad sedandum etiam scandalum populi et tumultus exortus*)", und der zweite, an den Bischof von Città di Castello gerichtete, „in Anbetracht der Qualität der Delikte und des Skandals (*considerata delictorum et scandali qualitate*)"[132]. Bemerkenswert ist, dass der Begriff des Skandals in den Verhören dort gehäuft auftritt, wo

---
130) Akten I S. 19 (undat., 1507, Nov 17; Jetzer, Anklageartikel), vgl. auch ebd. II/1 S. 64 f. (undat.; 1508, Aug 26; Jetzer, Anklageartikel).
131) Akten II/2 S. 158, 159 Nr. 2 (undat., 1508, Aug 7; Klostervorsteher, Anklageartikel).
132) Akten II/1 S. 60 (1507, Mai 21); III S. 410 (1509, Mrz 1).

es wirklich kriminell wird, wie beim Verschwinden von Jetzers Stigmata[133], bei der Verschwörung in der Marienkapelle, wo die Klostervorsteher selber einen Skandal befürchteten[134], oder bei der Erscheinung der gekrönten Maria auf dem Lettner[135], auch wenn wir nur Aussagen Jetzers haben und nicht wissen, ob dieser den Begriff des Skandals wirklich gekannt und verwendet hat oder ob er von den protokollierenden Notaren stammt. In den Zeugenaussagen des Hauptprozesses fällt das Wort nur selten, doch deutlich, so wenn der Bauherr Rudolf Huber aussagt, dass der Prior und andere Brüder vor den Rat zitiert und ermahnt worden seien, darauf zu achten, dass bei ihnen alles mit rechten Dingen zugehe, weil sonst ein Skandal entstehen könne (*alias quod scandalum suboriretur*), oder wenn umgekehrt der Dominikanerbruder Bernhard Karrer zu Gunsten seiner Vorgesetzten aussagte, dass sie keinen Anlass zu Skandal oder Übel gegeben hätten (*non dedisse causam scandali vel mali*)[136].

Erst im Revisionsprozess scheint der Begriff des Skandals vermehrt aufzutreten, und dies auch in den Verhören des Schaffners und des Subpriors, und zwar bei beiden in Bezug auf den Provinzial, der „Gefahr und Skandal" gefürchtet und deshalb die Klostervorsteher zur Vorsicht gemahnt und auch in den Beschluss eingewilligt habe, Jetzer mit Gift zu beseitigen[137]. Dann aber gelang es dem bernischen Rat in einer geschickten Strategie, die wohl diejenige des Glaubensprokurators Ludwig Löubli war, sich des Begriffs des Skandals zu bemächtigen und ihn mittels der Zeugenaussagen des Stadtschreibers Niklaus Schaller und des Venners Kaspar Wyler gegen die Klostervorsteher zu wenden und zu verwenden. Dabei wurde der Begriff wieder – wie schon in den Anklageartikeln – mit jenem des Schismas verbunden und auf die Spaltung bezogen, die in der stadtbernischen Gesellschaft zwischen Befürwortern und Gegnern der Dominikaner und ihrer Wunder entstanden wäre, wenn der Rat nicht eingegriffen und den Bischof von Lausanne eingeschaltet hätte. Es wird also eine Art Bedrohung des Staats konstruiert, welcher der Rat mit seinem Eingreifen zuvorgekommen sei. Die Angst vor dem Verlust der Einheit gerade auch in Glaubensdingen gleicht schon sehr derjenigen, die Fabrice Flückiger für die Schweizer Städte der 1520er-Jahre geschildert hat, als das reformatorische Gedankengut eines Lu-

---

133) Akten II/1 S. 119 Nr. 288, S. 131 Nr. 344 (1508, Aug 2 – Aug 4, 14 Uhr; Jetzer).
134) Akten I S. 31 Nr. 107 (1507, Nov 22; Jetzer); II/1 S. 136 Nr. 376 (1508, Aug 5; Jetzer).
135) Akten II/1 S. 139 Nr. 386 (1508, Aug 5; Jetzer).
136) Akten II/3 S. 361 f., 390 (1508, Aug 14 u. 30; Zeugenaussage Huber u. Karrer OP).
137) Akten III S. 447 Nr. 26 (1509, Mai 8; Schaffner), S. 482 Nr. 10 (1508, Mai 14, 15 Uhr; Subprior).

thers und eines Zwinglis die städtischen Gemeinden in Anhänger und Gegner der Reformation spaltete[138].

Der Skandal ist erst kürzlich als Gegenstand der Geschichtsschreibung entdeckt worden, und zwar unter anderem in Heft 3 der Traverse 22 (2015). Die Herausgeber gehen von einem kurzen, aber wegweisenden Aufsatz aus, den Eric de Dampierre (1928–1988) im Jahr 1954 in den Annales E. S. C. veröffentlicht hat. Demnach müssen als Ursachen oder vielmehr Bedingungen für das Entstehen eines Skandals drei Aspekte vereint sein: einmal ein Ereignis, das als skandalös gilt, ohne dass es unbedingt real sein muss; Hauptsache ist, dass es „gewisse moralische Werte im engeren Sinn oder gesellschaftliche Werte im weiteren Sinn verletzt" und dass es ein Publikum findet. Der Skandal kann auch verschiedene Auswirkungen haben; er kann ein Test für die Werte sein, „die er angeblich untergräbt" und die dann „entweder angeschlagen oder zerstört aus dieser Probe" hervorgehen oder „im Gegenteil bestätigt oder bekräftigt" werden. Dies bedeutet, dass der Skandal eine auflösende oder aber eine ordnungsbewahrende Kraft haben kann. Er ruft weiter ein gesellschaftliches Unbehagen hervor, das sein Publikum in zwei Lager spalten kann: in jene, die versuchen, die Ordnung wiederherzustellen, und jene, die versuchen, sie zu zerstören und eine neue zu schaffen; die ersteren „ersticken" den Skandal, und die letzteren „schlachten" ihn aus. In diesem Fall kann der Skandal einen revolutionären Beigeschmack bekommen[139].

Für die Herausgeber des zitierten Traverse-Heftes ist der Begriff durchaus auch auf die Schweizergeschichte mit ihren zahlreichen Skandalen und „Affären" anwendbar. Dabei übersehen sie indessen, dass der deutsche Begriff für „Affäre" der „Handel" ist: gerade die vormoderne Schweiz kannte nicht nur zahlreiche „Affären", sondern auch zahlreiche „Händel", nicht zuletzt auch den Jetzerhandel! In dem gleichen Band befindet sich auch ein Aufsatz von Daniel Schläppi mit dem Titel „Selbstbereicherung an kollektiven Ressourcen. ‚Eigennutz' als Leitmotiv politischer und sozialer Skandalisierung in der vormodernen Eidgenossenschaft". Doch bevor wir darauf eingehen, müssen wir den Skandalbegriff noch etwas erweitern und differenzieren, und zwar anhand eines Aufsatzes von Hervé Rayner, der sich mit zahlreichen zeitgenössischen Skandalen, darunter auch dem schweizerischen Fichenskandal (1989/1990) auseinandergesetzt hat. Rayner legt großen Wert darauf, dass lange nicht alle Ereignisse, die als skandalös eingestuft

---

138) Fabrice FLÜCKIGER, Dire le vrai. Une histoire de la dispute au début du XVIe siècle. Ancienne confédération helvétique, 1523–1536 (2018) S. 94 ff.
139) Malik MAZBOURI e. a., Editorial: Figuren und Akteure des Skandals in der Schweiz, in: Traverse 22,3 (2015) S. 24–31, hier S. 24 f., vgl. auch Eric DE DAMPIERRE, Thèmes pour l'étude du scandale, in: Annales. E. S. C. 3 (1954) S. 328–336.

werden, auch wirklich in einen Skandal münden. Gerade weil dieser schwer fassbar und im Vergleich mit Revolutionen, politischen Krisen und sozialen Bewegungen als ephemer, irregulär und flüchtig gilt, ist er für die Sozialwissenschaften nur sekundär und wird in den einschlägigen Wörterbüchern (noch) kaum je aufgeführt. Er wird sowohl von seinen Protagonisten als auch von seinen Beobachtern (den Historikern) als Übertretung von Normen wahrgenommen, und man interessiert sich mehr für die Normen als für den Prozess der Übertretung. Dabei übersieht man gern, dass die Akteure nicht selten aus verschiedenen sozialen Bereichen und Räumen stammen, was gerade auf den Jetzerhandel zutrifft, der sich dort situiert, wo der städtische und der Ordensraum sich überschneiden, und deshalb sowohl als politischer wie auch als religiöser Skandal einzustufen ist (siehe Kap. II/5a, Der eidgenössische Pensionenbrief). Vor allem aber legt Rayner höchsten Wert darauf, dass ein Skandal nicht nur ein Katalysator von (überschrittenen) Normen ist, dass er nicht nur entsteht, sondern dass er auch gemacht werden kann, wie wir dies gerade in dieser letzten Phase des Revisionsprozesses beobachten, als die „Herren von Bern" energisch eingriffen. Ohne solche Mobilisation gibt es keinen Skandal, und deshalb ist dieser als „offene Form" (frz. une forme ouverte) zu sehen, dessen Triebfedern (frz. ressorts) sich entwickeln, während der Skandal noch andauert. Dieser besitzt eine eigene Dynamik, und sein Ausgang steht nicht von allem Anfang an fest. Die Größe des Skandals hängt von der Größe der Mobilisierung ab, und da haben die „Herren von Bern" ihr Bestes gegeben, und zwar nicht erst im Mai 1509, sondern bereits im Herbst 1508, nach dem Ende des Hauptprozesses, als sie nicht nachgaben, sondern ständig mit einem Aufstand des Volkes drohten (siehe Kap. II/3a, Die Vorbereitungen). Der Skandal ist also nicht nur ein Produkt, sondern auch ein Produzent, und deshalb sind Ursache und Wirkung manchmal nicht klar zu unterscheiden[140].

Daniel Schläppi prüft zunächst die Anwendbarkeit des Begriffs „Skandal" auf die Vormoderne und kommt zum Schluss, dass dieser hier durchaus als heuristische Kategorie dienen kann, auch wenn die „medialen Rahmenbedingungen" (Öffentlichkeit) völlig andere waren. Auch für ihn „setzen skandalhafte Ereignisse [...] fundamentale Wertehaltungen einer Gesellschaft frei", doch zieht er ebenfalls den dynamischen Begriff der „Skandalisierung" dem statischen des „Skandals" vor. Mittels von „Skandaldiskursen" kann die Empörung gemacht und insbesondere geschürt werden. Dabei be-

---

[140] Hervé RAYNER, De quoi les scandales sont-ils faits?, in: Traverse 22,3 (2015) S. 33–45, vgl. auch DERS. e. a., Les institutions politiques suisses à l'épreuve du scandale: le scandale des fiches, in: Les Annuelles – Figures et acteurs du scandale en Suisse XIXe–XXe siècles (im Druck).

ziehen sich diese „in der Regel nicht auf Ideen, Ideologien oder gar überzeitliche Entitäten, sondern auf den jeweils verbindlichen Common Sense". In der Alten Eidgenossenschaft war dies insbesondere der Gegensatz von Gemeinnutz und Eigennutz. Die vormodernen Eliten stellten ihre Herrschaftspraktiken mit Vorliebe als selbstlosen Dienst an der Gemeinschaft dar – was er keinesfalls war, denn es gab keine „Trennung von privater und öffentlicher Sphäre" und eine solche wurde auch nicht angestrebt: „im Gegenteil war völlig selbstverständlich und akzeptiert, dass politische Ämter anstreben musste, wer sich bessere Gewinnchancen für private Geschäfte verschaffen wollte". Nichtsdestoweniger resultierten aus dieser „Gemengelage" zwischen Gemeinnutz und Eigennutz in der vormodernen Eidgenossenschaft nicht wenige politische Spannungen, Revolten und Aufstände oder eben „Affären" und „Händel", nicht zuletzt um den Bezug von Pensionengeldern[141]. Daher kann man sich mit gutem Recht fragen, ob die „Herren von Bern" mit der Skandalisierung des Jetzerhandels am Ende des Revisionsprozesses nicht einer anderen Skandalisierung zuvorkommen wollten, nämlich den Vorwürfen, die ihnen im zweiten Orakel der Marienstatue – das erst während des Revisionsprozesses ans Licht kam – gemacht worden waren, d. h. der Ersetzung des Deutschen Ordens durch ein Kollegiatstift und insbesondere des fortwährenden Bezugs von Pensionengeldern trotz des 1503 beschlossenen Pensionenbriefs. Was in der letzten Phase des Jetzerprozesses von Seiten der „Herren von Bern" skandalisiert wurde, war die Spaltung der stadtbernischen Gesellschaft in Anhänger und Gegner der Dominikaner bzw. der Wunder, die bei ihnen geschahen. Aber es hätten vielleicht ebenso gut diejenige der Anhänger und Gegner der Pensionenempfänger (oder „Kronenfresser") sein können – wie es dann im Könizer Aufstand 1513 der Fall war (siehe auch Kap. II/5a, Der eidgenössische Pensionenbrief)[142]. Wir wissen nicht, wie bekannt und wie öffentlich insbeson-

---

141) Daniel SCHLÄPPI, Selbstbereicherung an kollektiven Ressourcen. „Eigennutz" als Leitmotiv politischer und sozialer Skandalisierung in der vormodernen Eidgenossenschaft, in: Traverse 22,3 (2015) S. 57–71. Zum Thema „Aufruhr / Harmonie" in der spätmittelalterlichen Stadt mit ihrem Bedürfnis nach Assimilation, Repräsentation, Abgrenzung und Kontrolle vgl. auch SIEBER-LEHMANN, Spätmittelalterlicher Nationalismus, bes. S. 376 ff.
142) André HOLENSTEIN, Die Stadt und ihre Landschaft. Konflikt und Partizipation als Probleme des bernischen Territorialstaats im 15./16. Jahrhundert, in: Berns große Zeit S. 348–356, hier S. 351–353. Vgl. auch STECK, Kulturgeschichtliches S. 173 (zur Einvernahme der Zeugen vom 22. Mai 1509): „So spielt auch das Pensionenwesen, ein Hauptübel der damaligen Zeit, hier eine Rolle und man fühlt das böse Gewissen, das man in den höheren Kreisen deshalb hatte, deutlich durch." – Der Skandal des Jetzerhandels wird auch erwähnt bei Beat HODLER, Das „Ärgernis" der Reformation. Be-

dere das zweite Orakel der Marienstatue war, aber man darf doch vermuten, dass hier ein Skandal, der unter Umständen hätte ausbrechen können, in einem Ablenkungsmanöver durch die Skandalisierung eines Skandals, der ohnehin bereits einer war, ersetzt wurde. Zur Skandalisierung des Jetzerhandels war es nötig, das Verbot, das der Bischof von Lausanne bei seinem Besuch am 21. Juli 1507 im bernischen Dominikanerkonvent ausgesprochen hatte, ans Licht zu ziehen, um eine Norm herauszustellen, welche die Dominikaner offensichtlich übertreten hatten – auch wenn man damit den Ordinarius stärker loben musste, als den „Herren von Bern" vielleicht lieb war; immerhin wurde auch immer wieder darauf hingewiesen, dass diese ihn zu Hilfe gerufen und sich damit als regelkonform erwiesen hatten.

e) Das Urteil gegen die vier Dominikaner und gegen Jetzer nach den Prozessakten und den chronikalischen Quellen (23. und 24. Mai 1509)

Mit der Einvernahme von dreizehn Mitgliedern aus dem Kleinen und Großen Rat der Stadt Bern als Zeugen um 18 Uhr war der lange Tag des 22. Mai 1509 jedoch noch nicht zu Ende. Um 19 Uhr erschien der Glaubensprokurator Löubli noch einmal vor Gericht und verlangte, dass das endgültige Urteil gegen die Angeklagten gesprochen werde. Diese waren anwesend und von ihren Fesseln befreit, wurden aber nur getrennt mit dem Glaubensprokurator konfrontiert. Die Richter erklärten sich bereit, das Urteil zu sprechen, und gaben sowohl dem Glaubensprokurator als auch den Angeklagten einen Termin am nächsten Morgen um 6 Uhr[143]. An diesem Termin stellte der Glaubensprokurator, wiederum in Anwesenheit der einzelnen Angeklagten, den Antrag, wonach der Prior (Johann Vatter) für verschie-

---

griffsgeschichtlicher Zugang zu einer biblisch legitimierten politischen Ethik (Veröffentlichungen des Instituts für europäische Geschichte Mainz, Abt. Religionsgeschichte 158, 1995) S. 75–78. Dieser bettet das „Ärgernis" der Reformation zwischen eine scholastische Lehre *de scandalo* und mehrere reformatorische „Ärgernislehren" ein, die sich vor allem dadurch auszeichnen, dass sie dem „Ärgernis" auch eine positive Seite einräumen (weil die Reformation in den Augen ihrer Gegner ein „Ärgernis" darstellte) und dass diesem hier eine viel größere Nähe zur politischen Praxis verliehen wird als in der scholastischen Lehre. In dieser Hinsicht könnte interessant sein, dass der Chronist Valerius Anshelm zwar in Bezug auf den Jetzerhandel nicht selten von „Misshandel" spricht (Anshelm 3 S. 48, 49, 110, 135), aber auch schon von „Ärgernis" und „Misshandel" nebeneinander (Anshelm 3 S. 158), und dass er schließlich die *scandalose illusiones* im Urteil gegen die Dominikaner mit *vast ärgerlicher betrůgnůssen* und *sine scandalo* in Jetzers Urteil mit *on grosse ärgernůss* übersetzt (Anshelm 3 S. 160, 163).
143) Akten III S. 526 (1509, Mai 22, 19 Uhr).

ne skandalöse und vom katholischen Glauben abweichende Täuschungen (*illusiones*) sowie für Sakrileg (Kirchendiebstahl), Giftmord, Idolatrie, Absage an Gott und Anrufung von Dämonen sowie für andere Exzesse und Delikte des priesterlichen und klerikalen Privilegs sowie des Ordens zu berauben (*privandum, deponendum et degradandum*) und als verfaultes und für die Kirche unnützes Glied dem weltlichen Arm zu übergeben sei. Das Gericht folgte diesem Antrag, und das Urteil wurde von allen drei Bischöfen unterzeichnet, wobei der Bischof von Città di Castello als päpstlicher Kommissär und Nuntius bezeichnet wird, die Bischöfe von Lausanne und Sitten nur als päpstliche Kommissäre. Das gleiche Verfahren (Antrag und Urteil) wurde in der Folge für den Subprior, den Lesemeister und den Schaffner durchgeführt. Als Zeugen werden genannt: Baptiste de Aycardis, Doktor beider Rechte, hier zum einzigen Mal in den Prozessakten nicht nur als Offizial und Domherr von Lausanne, sondern auch als Chorherr (Ehrenchorherr) von Bern bezeichnet (was er seit der Gründung des Vinzenzstifts 1485 war); Jean Grand, ebenfalls Doktor beider Rechte, hier nicht als Offizial von Sitten, sondern auch als Domherr von Lausanne bezeichnet (was er seit 1505 war); Peter Magni, Domherr von Sitten; Balthasar de Cathaneis, Doktor beider Rechte und Kleriker von Bologna; Prosper Calano, Doktor der freien Künste und der Medizin, von Sarazana; Laurentius de Viribus, Kleriker von Città di Castello, hier zum ersten Mal erwähnt; Bartholomäus May, Rat und Kaufmann von Bern; Thüring Fricker, Doktor beider Rechte; Claude de Tupho, Hofmeister (*magister hospicii*) des Bischofs von Lausanne, hier ein einziges Mal belegt; Bernardin von Bellegarde, Pfarrer von Meytter (Diöz. Genf?); die Adeligen Peter de Rosen (Rosay), Inhaber des Vizedominats von Monthey, und Michael Musarni; Raymond (wahrscheinlich Antoine) de Rocules, Kantor des Benediktinerpriorats Lutry; Johann Werra von Leuk und Arnold Kalbermatter, beide Doktoren und von Sitten und beide nur hier belegt; Johann Murer, Propst von Bern; Peter Banderis, Kleriker von Genf, nur hier belegt; Johann Stör, Kleriker der Diözese Aosta, nur hier belegt[144]. Davon lassen sich de Cathaneis, Calano und

---

144) Akten III S. 526–530 (1509, Mai 23, 6 Uhr). Laurentius de Viribus, Kleriker von Città di Castello, nicht identifiziert. – Claude de Tupho, Hofmeister (*magister hospicii*) des Bischofs von Lausanne, nicht identifiziert. – Peter de Rosay, savoyischer Vogt im Chablais, der 1505 das Vizedominat von Monthey erworben hatte, vgl. Korrespondenzen Schiner 1 S. 57 f. Nr. 79 u. 81 mit Anm. 1. – Michael Musarni, *dominus viceus(?)*, ev. *vicecomite*, nicht identifiziert. – Johann Werra von Leuk (um 1476–1536) wurde auch als *clericus* bezeichnet, was auf eine juristische Ausbildung schließen lässt, wandte sich aber früh dem Soldatenleben und der Politik zu; 1506 Hauptmann der Walliser Vorhut, vor 1508 und danach wiederholt Meier von Leuk; begleitete Matthäus Schiner als Rechtsberater nach Bern zum Jetzerprozess und später nach Rom (vgl. auch BÜCHI, Schiner 1

de Viribus wohl dem Gefolge des Bischofs von Città di Castello zuordnen, de Aycardis, de Tupho, von Bellegarde, de Rocules und Banderis jenem des Bischofs von Lausanne, und schließlich Jean Grand, Peter Magni, de Rosay, Musarni(?), Werra und Kalbermatter jenem des Bischofs von Sitten, während unklar bleibt, wie Johann Stör, Kleriker der Diözese Aosta(?), einzuordnen ist. May, Fricker und Murer sind wohl als Vertreter von Stadt und Stift im Gericht zu betrachten (siehe Kap. II/5a, Die Vertretung der Stadt ...). Auf die einzelnen Anklagepunkte werden wir im nächsten Kapitel (II/4) zurückkommen.

Zwei Stunden später, am 23. Mai 1509 um 8 Uhr, begaben sich die Richter an die Kreuzgasse (*ad locum platee*), wo der Richterstuhl stand, von dem aus der Schultheiß (oder sein Stellvertreter) Recht sprach, und ebenso der Pranger. Dort hatte sich bereits eine große Menge Leute beiderlei Geschlechts versammelt (*astante populi utriusque sexus multitudine*) und war eigens zu diesem Zweck eine Tribüne aufgerichtet worden (*super paleo seu tabulato manu facto et ibidem propterea fabricato et constituto*). Dort schritt der Bischof von Città di Castello in Gegenwart seiner Kollegen von Lausanne und Sitten in den dafür gewohnten feierlichen Gewändern zur Degradierung der vier Angeklagten (Reihenfolge: Prior, Lesemeister, Subprior, Schaffner) und ihrer Übergabe an den weltlichen Arm, und zwar entsprechend dem im *Liber pontificalis* vorgesehenen Ritus[145], womit wahrscheinlich das *Pontificale Romanum* gemeint war; denn Anshelm (3 S. 161) übersetzt mit „Römisch Pontifikalbuch". Mehr geben die Prozessakten nicht preis, doch haben wir eine Beschreibung der Degradierung (und der Hinrichtung) in den Chroniken des Valerius Anshelm und des Diebold Schilling von Luzern, die wahrscheinlich beide Augenzeugen waren, und beim letzteren sogar eine wertvolle bildliche Darstellung, auf die wir weiter unten eingehen werden.

Wir wissen nicht, wie lange die Degradierungszeremonie dauerte, doch fand das nächste Ereignis, das in die Prozessakten eingetragen ist, erst am gleichen Tag um die Vesperzeit statt. Da erschien der Glaubensprokurator

---

S. 175), vgl. Bernard TRUFFER, Art. Werra, Johannes von, in: HLS online (Zugriff 28. März 2019). – Arnold Kalbermatter (um 1460–1537) verfügte über großen Besitz und Rechte im Zenden Raron, 1502, 1503 und 1514 Bote auf dem Walliser Landrat, 1512–1513 Landeshauptmann, vgl. Philipp KALBERMATTER, Art. Kalbermatten, Arnold von, in: HLS online (Zugriff 28. März 2019). – Peter Banderis, Kleriker der Diözese Genf, nicht identifiziert. – Johann Stör, Kleriker der Diözese Aosta, nicht identifiziert.

145) Akten III S. 530 f. (1509, Mai 23, 8 Uhr). Zur Kreuzgasse, bei der es sich damals eher um einen Platz als um eine Gasse handelte, vgl. TÜRLER, Topographie der Kreuzgasse S. 123 f. (wo auch der Jetzerhandel erwähnt wird); vgl. auch GERBER, Gott ist Burger S. 202 f.

Ludwig Löubli erneut vor den Richtern, die wohl wiederum in der Propstei tagten, und verlangte von diesen das weitere Vorgehen gegen Johann Jetzer, der ebenfalls anwesend war und der auf den nächsten Tag um 8 Uhr am gleichen Ort (d. h. in der Propstei) erscheinen sollte, um das Urteil über ihn zu vernehmen[146]. An diesem Termin erschien der Glaubensprokurator wieder und stellte den Antrag, dass Jetzer wegen gewissen Täuschungen, Götzendienst, falschen Erfindungen und Vorführungen (*de et super certis illusionibus, ydolatriis, falsis figmentis et ostentacionibus*; gemeint ist möglicherweise das Passionsspiel) sowie vielen enormen Verbrechen und Falschaussagen auch unter Eid (*multisque decertationibus et enormibus criminibus falsisque deposicionibus*) als verbrecherisch, schlecht beleumdet und in (allen) Teilen Deutschlands Ärgernis erregend (*tanquam criminosum, infamen ac in partibus Germanie scandalosum*) aus ganz Deutschland (sowohl Ober- als auch Niederdeutschland) zu verbannen sei. Wenn er gegen das Urteil verstoßen, d. h. wohl in den deutschen Raum zurückkehren würde, konnte er schwer bestraft werden (*penis possit multari predictis*). Und damit alle seine Werke bekannt würden und seine Strafe zum Exempel für andere dienten, sollte Jetzer als Angeklagter und Verbrecher durch die Stadt Bern und ihre öffentlichen Orte geführt werden, und zwar nach der Art von schlecht beleumdeten Männern (*more virorum infamium*) mit einer Mitra (Kopfbedeckung eines Bischofs) aus Papier, während eines Tages oder auch mehr, wie es den Richtern gut scheinen würde, und nach diesem Umgang ebenfalls mit der Mitra für eine gewisse Zeit auf einer öffentlichen Leiter gegenüber der Propstei und/oder dem Rathaus ausgestellt werden. Die Richter folgten im Wesentlichen dem Antrag des Glaubensprokurators, doch zogen sie in Rechnung, dass der Angeklagte sich zwar bei seinem Prozess in Lausanne häufig widersprochen, aber dann im Haupt- und im Revisionsprozess kollaborativ gezeigt hatte. Nichtsdestoweniger verbannten sie ihn auf ewig aus ganz Deutschland, wo er in aller Munde sei und wo er deshalb nicht bleiben könne, ohne Ärgernis (Skandal) zu erregen, entschieden sich aber dafür, dass er „nur" während eines Tages mit einer Papiermitra auf dem Kopf durch Bern geführt und „nur" während einer Stunde vor der Propstei oder dem Rathaus ausgestellt werden sollte[147].

---

146) Akten III S. 531 (1509, Mai 23, Vesperzeit). Die Vesperzeit kommt in den Prozessakten zwar sehr häufig vor, doch gibt es nirgends einen Hinweis darauf, wie sie zeitlich einzuordnen ist. Steck weist in einer Anmerkung darauf hin, dass das Maskulinum *(hora) vesperorum* den Abendgottesdienst bezeichne, das Femininum *(hora) vesperarum* die Abendzeit, vgl. Akten II/2 S. 202 Anm. c.

147) Akten III S. 531–534 (1509, Mai 24, 8 Uhr). Zur Mitra aus Papier vgl. GONTHIER, Le châtiment du crime S. 72, 125, 137, 184. Zur Leiter oder zum Pranger vgl. ebd. S. 122 f.

Dieses Urteil wurde, immer am 24. Mai 1509 um 8 Uhr, vom Bischof von Città di Castello verlesen und dem anwesenden Jetzer vom Bischof von Sitten ins Deutsche übersetzt, und zwar in der Propstei – also nicht öffentlich – und in Gegenwart von weniger Zeugen als das Urteil gegen die vier Dominikaner am 23. Mai 1509 um 6 Uhr. Das Protokoll vermerkt zwar, dass auch noch andere Zeugen als die „gerufenen" anwesend waren (*etiam unacum quampluribus aliis non vocatis*), nennt aber nur den Propst von St. Vinzenz, Johann Murer, die Offiziale von Lausanne und Sitten, Baptiste de Aycardis und Jean Grand, sowie Prosper Calano, Doktor der freien Künste und der Medizin; Balthasar de Cathaneis, Doktor beider Rechte von Bologna, und Laurentius de Virilibus(!), Kleriker von Città di Castello, alle drei von Seiten des Bischofs von Città di Castello. Rudolf Steck hat gemeint, dass das Urteil über Jetzer „mehr einer Strafpredigt als einem Rechtsspruch" gleiche[148], und hat sich damit gründlich geirrt; denn gerade die lebenslängliche Verbannung aus ganz Deutschland war alles andere als eine leichte Strafe! Bei den Strafen, die in den Westschweizer Hexenprozessen des 15. Jahrhunderts gesprochen wurden, steht die Verbannung an dritter Stelle nach dem Tod auf dem Scheiterhaufen und dem lebenslänglichen Gefängnis – und diese letztere Strafe wurde nur selten ausgesprochen, weil es am Ende des Mittelalters noch keine Gefängnisse für lebenslängliche Verwahrung gab, sondern höchstens das, was wir heute als Untersuchungsgefängnis bezeichnen würden. Bei den Hexern und Hexen, die im 15. Jahrhundert in der Westschweiz zu lebenslänglicher Verbannung verurteilt wurden, handelt es sich um Leute, die sich reuig gezeigt und vor allem gestanden hatten, bevor die Folter angewandt werden musste. Wenn wir auf die Urteile eines weltlichen Gerichts schauen, nämlich desjenigen der Stadt Freiburg an der Wende vom 15. zum 16. Jahrhundert, dann wurden vor allem Fremde zur Verbannung verurteilt, die man einfach des Territoriums der Stadt verwies[149] – und Jetzer war ja in Bern auch ein Fremder. Er wurde indessen nicht nur aus dem bernischen Territorium verbannt, sondern aus

---

148) Akten III S. 534 f. (1509, Mai 24, 8 Uhr), vgl. auch STECK, Der Berner Jetzerprozess S. 51.
149) OSTORERO, Crimes et sanctions S. 24–26; GYGER, L'épée et la corde S. 204–206. Vgl. auch SIMON, „Si je le veux, il mourra!" S. 84: „Une telle condamnation [au banissement] ne représentait pas pour autant une aubaine pour l'inculpé. Certes, il garde la vie sauve. Cependant, l'exil le condamne à une mort sociale certaine, puisqu'il entraîne inévitablement 'le retrait du droit de la participation à la vie de la communauté'." Vgl. auch Helmut MAURER, Erzwungene Ferne. Zur räumlichen Dimension der Stadtverweisung im Spätmittelalter, in: Guy P. MARCHAL (Hg.), Grenzen und Raumvorstellungen (11.–20. Jh.) / Frontières et conceptions de l'espace (11e–20e siècles) (Clio Lucernensis 3, 1996) S. 199–224, insbes. S. 208 ff., und MARCHAL, „Von der Stadt" S. 225–263. Zur Ver-

ganz Deutschland, und dies war eine sehr harte Strafe; denn er beherrschte, wie wir gesehen haben, keine Sprache außer Deutsch – und er hat sich in der Folge auch nie nur aus dem Raum der nachmaligen Deutschschweiz fortbewegt (siehe Epilog 1).

In der Stadt Freiburg ging der Verbannung immer eine diffamierende (oder körperliche) Strafe voraus[150]; denn am Tatort musste, in einem regelrechten „rituel d'expulsion", bekanntgemacht werden, warum der Bestrafte verbannt wurde. So auch in Jetzers Fall: dieser sollte während eines Tages durch die Stadt Bern geführt und während einer Stunde vor der Propstei oder vor dem Rathaus ausgestellt werden, und zwar auf einer Leiter, die wohl den Dienst eines Prangers tat. Dabei sollte er nach der Art der schlecht beleumdeten Männer eine Mitra aus Papier auf dem Kopf tragen. Am bekanntesten ist die Darstellung von Jan Hus auf dem Scheiterhaufen in Konstanz 1415, auf dessen Mitra „Häresiarch" geschrieben stand. Im Jahr 1445 hatte eine Synode, die in Rouen (Nordfrankreich) stattfand, vorgeschrieben, dass „Anrufer von Dämonen" öffentlich ausgerufen (ausgepredigt) werden und zum Zeichen immerwährender Infamie mit einer Mitra versehen werden sollten. Diese Strafe scheint im Jahr 1460 bei einer großen Hexenverfolgung in der heute nordfranzösischen Stadt Arras – der sog. „Vauderie d'Arras" – zur Anwendung gekommen zu sein, als die zum Tod Verurteilten unter anderem eine Mitra aus Papier tragen mussten, mit einer Darstellung, wie sie dem Teufel einen Lehenseid leisteten[151]. Doch brauchen wir für Jetzer nicht so weit zu suchen, denn in Bern scheint es üblich gewesen zu sein, dass die an den Pranger Gestellten eine Mütze oder *Inful* (Mitra) tragen mussten, „mit einem Zettel, auf welchem ihr Vergehen genannt" wurde. So wurde am 27. August 1521 ein Schererlehrling namens Ulrich aus dem Baselbiet an den Pranger gestellt, der gesagt haben soll, dass die Eidgenossen im Herzogtum Mailand eine große Schlacht verloren hätten; auf seinem *Infulzedell* war sein „Verbrechen" in Verse gesetzt: *Dieser Lotter und Bub, hie gegenwürttig, / So da ist uß Basler gpiett bürttig, / Ein schantlichen schellmen lug ufgetrochen / Und mitt der unwarheit gesprochen / Die Eidtgnossen hetten in Mailand jetz ein schlacht getan, / und daran sechs tusend*

---

bannungstrafe vgl. auch GONTHIER, Le châtiment du crime S. 134 ff.; ZAREMSKA, Les bannis S. 82 ff.
150) GYGER, L'épée et la corde S. 205.
151) OSTORERO, Le diable au sabbat S. 496 f.; Corpus documentorum inquisitionis haereticae pravitatis Neerlandicae 1, hg. von P. FREDERICQ (1889) S. 353 Nr. 304 (1409, Mai 9): *furent mitrés d'une mitre ou estoit poinct la figure du diable en telle maniere qu'ils avoient confessé lui avoir fait hommaige, et eulx a genoux, peincts devant le diable.* Vgl. auch ebd. S. 371 Nr. 313 (1460, Juni 22–Juli 16), S. 380, 382 Nr. 317 (1460, Okt 12–22). Zur „Vauderie d'Arras" vgl. MERCIER, La Vauderie d'Arras.

uff ir syten verloren ghan, / Und wo im min gnädigen herren von Bern nit so große gnad bewisen, / Sy hettend in sinem verdienen nach vom Läben zum Tod gwisen[152].

Wir wüssten natürlich gerne, was auf Jetzers Mitra abgebildet oder auf seinem *Infulzedell* geschrieben war, aber darüber schweigen die Quellen sich aus. Jedenfalls waren die Strafen, die über ihn verhängt wurden, alles andere als leichte Strafen – und völlig ungerechtfertigte Strafen, wenn er unschuldig gewesen sein sollte, was trotz aller Schuld, die man auf ihn gehäuft hat, doch nicht auszuschließen ist. Das Urteil, das am 24. Mai 1509 gesprochen worden war, war jedoch lediglich dasjenige des geistlichen, nicht aber dasjenige des weltlichen Gerichtshofs; dieses stand noch aus und sollte zu nicht wenigen Diskussionen Anlass geben (siehe Epilog 1a), so dass wir nicht einmal sicher wissen, ob Jetzer letztlich wirklich an den Pranger gestellt worden ist.

Allerletzte Geständnisse des Priors (30. Mai 1509)

Die Akten des Revisionsprozesses enden damit, dass am 30. Mai 1509 – also einen Tag, bevor die vier Dominikaner am 31. Mai auf der Schwellenmatte auf dem Scheiterhaufen hingerichtet wurden – der Prädikant Franz Kolb, der Johann Vatter, ehemals Prior des Dominikanerkonvents Bern, in seinen letzten Stunden als Beichtvater beistand, vor dem Bischof von Città di Castello erschien und ihm mitteilte, dass dieser ihm gebeichtet habe, dass er zwar (am 12. Mai 1509) ausgesagt habe, dass die rote Hostie eingeschlossen und mit den Siegeln des Stadtschreibers Schaller und des Venners Wyler besiegelt worden sei, dass dies aber nicht der Wahrheit entsprochen habe, indem die Hostie nur mit dem Siegel des Chorherrn Heinrich Wölfli verschlossen gewesen sei – was die Richter aus den Aussagen der anderen Angeklagten schon längst wussten. Weiter berichtete Franz Kolb, dass der Prior (ebenfalls am 12. Mai 1509) ausgesagt habe, dass das Breve, das der Lesemeister und der Subprior (am 30. November 1507) in Rom erwirkt hatten, dem Stadtschreiber Niklaus Schaller von Paul Hug gezeigt worden sei: es sei nicht Paul Hug gewesen, sondern Johann Ottnant, der neue (und alte) Prior des Dominikanerkonvents. Der Bischof von Città di Castello ging auch dieser letzten Spur noch nach, indem er seinen Notar, Salvator de Melegottis,

---

152) TÜRLER, Topographie der Kreuzgasse S. 124. Am 25. April 1489 wurde eine der Zauberei verdächtigte Frau aus Nürnberg ausgewiesen, aber zuvor auf einer „Leiter" ausgestellt, angetan mit einer papierenen Mitra, auf der ein Teufel gemalt war, vgl. HANSEN, Quellen und Untersuchungen S. 587 Nr. 151: *Da stelt man auf die laitern Margreth Salchingerin, het ein pappierin infel auf, teufel daran gmalt, verpot ir die stat. Het zaubert.*

zu Ottnant schickte, um die Wahrheit zu erfahren. Dieser bestätigte, dass tatsächlich er das Breve dem Stadtschreiber gezeigt habe, und zwar weil er ihn sehr gut gekannt habe (*propter maximam familiaritatem, quam habebat secum*), dass er aber nicht wisse, ob noch jemand anderes diesem eine andere Kopie des Breves gezeigt habe[153]. Bemerkenswert ist die Familiarität zwischen dem neuen Prior Johann Ottnant und dem Stadtschreiber Niklaus Schaller, die vielleicht dazu geführt oder beigetragen hat, dass Ottnant nach der Gefangensetzung der Vorsteher des Dominikanerkonvents vom Inselkloster der Dominikanerinnern, wo er die Stelle eines Beichtvaters versah, in den Männerkonvent zurückkehrte, um dort wieder die Stellung eines Priors einzunehmen. Sie könnte sich auch daraus erklären, dass Schaller zumindest im Jahr 1506 als Vogt des Inselklosters nachweisbar ist (siehe Kap. II/2d, Der Stadtschreiber Niklaus Schaller).

Nachdem der Notar Salvator de Melegottis seinem Herrn die letzten Geständnisse – oder Korrekturen an Geständnissen – des Priors ausgerichtet hatte, gab der Bischof ihm den Auftrag, dessen Geständnisse in den Prozessakten entsprechend zu ergänzen (*aliis confessatis inseri et hic corrigi et adnotari*), und der Notar scheint zumindest die zweite „falsche" Aussage des Priors (vom 12. Mai 1509) korrigiert zu haben, indem er in den Prozessakten dort an den Rand schrieb, dass der Prior die Aussage „am Schluss des Prozesses korrigiert und widerrufen [...] habe (*correxit et revocavit ac mandavit corrigi, ut in fine processus apparet*)"[154]. Es ist vielleicht typisch für den Prior, dass er auch diese letzten Widersprüche noch beseitigt haben wollte, denn er war ein Skrupulant, und von allen vier Klostervorstehern hat die ganze Geschichte ihm wohl am meisten zugesetzt, nicht zuletzt, weil er als Prior zwar der Verantwortliche, aber wohl nicht der Rädelsführer gewesen war; die Sache hatte eine eigene Dynamik genommen und war ihm aus der Hand geraten. Es ist anzunehmen, dass auch die drei anderen Verurteilten einen Beichtvater hatten, aber da sie nichts mehr berichtigen ließen, wissen wir nicht, ob dies auch Franz Kolb gewesen war. Am Schluss wurden die Akten des Revisionsprozesses vom Notar Salvator de Melegottis beglaubigt und mit seinem Notariatszeichen versehen. Aus dem Ratsmanual ist noch zu erfahren, dass am 31. Mai 1509 – also am Hinrichtungstag – der Kleine und der Große Rat wegen der Dominikaner versammelt wurden

---

153) Akten III S. 535f. (1509, Mai 31), vgl. auch ebd. S. 468 Nr. 45, S. 469 Nr. 48 (1509, Mai 12; Prior). Zum Recht auf den Beistand eines Beichtvaters in den letzten Stunden vor der Hinrichtung, in Frankreich seit dem Ende des 14. Jahrhunderts, vgl. GONTHIER, Le châtiment du crime S. 192.

154) Akten III S. 536 (1509, Mai 31), vgl. auch ebd. S. 469 Nr. 48 (1509, Mai 12; Prior), Anm. a.

(*Rat und darzu gemein Burger von der Brediger wägenn versamnet*)[155], vielleicht zur Bestätigung des Todesurteils, dann aber versiegen die von Steck publizierten „offiziellen" Quellen endgültig – bis auf die Verhandlungen um die Bezahlung der Kosten des Jetzerhandels (siehe Epilog 2b).

Wie bereits gesagt, lassen uns die „offiziellen" Quellen, die Prozessakten und die Serien der Stadt Bern, bezüglich der Vollstreckung der am 23. und 24. Mai 1509 über die vier Klostervorsteher und über Jetzer gesprochenen Urteile im Stich. Dies ist für die Akten von Inquisitionsprozessen nicht außergewöhnlich, geben diese doch manchmal nicht einmal das Urteil (geschweige denn seine Vollstreckung), weil dieses gesondert ausgefertigt wurde. Im Fall der Klostervorsteher haben wir zwar das Urteil in den Prozessakten und auch einen Bericht über dessen Vollstreckung, d. h. die Degradierung, soweit sie durch den geistlichen Arm – die Bischöfe von Città di Castello sowie von Lausanne und Sitten – vorgenommen wurde, dann aber, nach der anschließenden Übergabe an den weltlichen Arm, keine Nachricht mehr. Die Prozessakten bieten auch keine Erklärung für die Tatsache, dass die Hinrichtung der Klostervorsteher auf dem Scheiterhaufen erst acht Tage nach der Übergabe an den weltlichen Arm stattfand, obwohl diese sonst in den allermeisten Fällen noch am gleichen Tag vollzogen wurde[156]. Für dies alles müssen wir zu den Chroniken greifen, die im Fall der Dominikaner doch einigermaßen reichlich fließen (siehe Einl. 2b), und zunächst einmal zu den Berichten in der Chronik des Valerius Anshelm, der, wie wir gesehen haben, als Schulmeister und Stadtarzt von Bern ein Augenzeuge des Handels und Zeuge im Hauptprozess gewesen war, gefolgt von den Berichten in der Bilderchronik des Diebold Schilling von Luzern, in der Chronik des Werner Schodoler, des Stadtschreibers von Bremgarten, und schließlich in der Chronik des Ludwig Schwinkhart wiederum von Bern.

Die Degradierung und Hinrichtung der Klostervorsteher in der Chronik des Valerius Anshelm

Zwischen die Wiedergabe des Urteils gegen die Dominikaner und desjenigen gegen Jetzer hat Anshelm ein Kapitel über die Degradierung der ersteren und ihre Übergabe an den weltlichen Arm eingeschoben. Nachdem das Urteil der Degradierung am 23. Mai 1509 morgens um 6 Uhr ausgesprochen worden war, verlangte der Glaubensprokurator Ludwig Löubli unverzüglich dessen Vollstreckung. Um 8 Uhr wurden die Verurteilten vom Pedellen des Vinzenzstifts, Hans Schlüssel, mit Hilfe von Weibeln zum Gesell-

---

155) Akten III S. 536 (1509, Mai 31); Beilagen S. 644 Nr. 42 (1509, Mai 31).
156) OSTORERO, Crimes et sanctions S. 18 ff.

schaftshaus zum Narren (und Distelzwang) an der Kreuzgasse geführt, wo vor dem Richterstuhl eine hohe *brůge* aufgestellt war, ausgerüstet mit Sesseln, Stühlen, Kissen und Teppichen (*dåpten*). Darauf nahmen die drei Bischöfe (von Città di Castello sowie von Lausanne und Sitten) samt ihren Ratgebern und Notaren Platz, und daneben, auf einem besonderen Sessel, der Schultheiß von Bern, Ritter Hans Rudolf von Scharnachtal, der Säckelmeister, die (vier) Venner und einige andere Ratsmitglieder. Als erster wurde der Prior (Johann Vatter) vom Pedellen vom Gesellschaftshaus zum Narren auf die *brůge* vor die Bischöfe geführt, und zwar gekleidet wie ein Priester, wenn er zu Messe ging, mit einem bedeckten Kelch in der Hand. Der Bischof von Città di Castello, der in der Mitte saß, hieß ihn vor sich niederknien und nahm ihm danach ein „geweihtes Stück" nach dem anderen ab, und zwar mit den Worten und Gebärden, wie sie im „Römischen Pontifikalbuch" festgehalten waren, das der Bischof auf seinem Schoß liegen hatte. Nachdem er ihm den Kelch weggenommen und die Messgewänder abgezogen hatte, stieß er ihn mit einem Fuß von sich und übergab ihm dem Schultheißen, mit der Bitte, „ihm, wenn das Recht es zulässt, Barmherzigkeit zu erweisen". Diese Bitte wurde „im Namen der barmherzigen Mutter, der heiligen Kirche" gesprochen, „die niemanden tötet und allen, die Gnade begehren, vergibt", und war bei der Übergabe an den weltlichen Arm üblich, doch war sie insofern scheinheilig, als die Hinrichtung unausweichlich war; entsprechend nennt Anshelm sie eine „hübsche Fürbitte". Danach hieß der Bischof von Città di Castello den Prior „bescheren", d. h. ihm die Tonsur wegrasieren, und ihm auch die Mönchskleider abnehmen. Darauf wurde er mit einem „weltlichen Kleid" bekleidet, einem „ungefalteten, groben, grauen Rock aus Landtuch", und auf Geheiß des Schultheißen von den Stadtweibeln wieder in die Propstei und auf seine Kammer geführt, wo er gefangen gehalten wurde. Auf die gleiche Weise wurde auch mit den anderen drei Klostervorstehern verfahren, und zwar *in biwesen und zůsehen so grossem volk, als in Bern ie gedacht*; soweit man sehen konnte, waren alle Fenster, Dächer und Gassen gedrängt voll von Einheimischen und Fremden, *wan desglichen handel in disen landen nie gesehen noch gehört, ganz wunderbarlich was*[157].

---

157) Anshelm 3 S. 161 f.: *Wie die vier våter degradiert und dem weltlichen richter ubergeben sind worden.* Hans Schlüssel, ein ehemaliger Deutschordensbruder, der als Kaplan zum Vinzenzstift übergetreten war, 1490–1504 Subkustos, 1509 sowie 1514 u. 1515 Pedell, vgl. TREMP-UTZ, Kollegiatstift S. 141, 156, 165, 173, 216 Anm. 23, S. 242 Anm. 403. Johann Schlüssel testierte am 6. Oktober 1515, vgl. HUBER HERNÁNDEZ, Für die Lebenden, Anhang I: Verzeichnis der Testatoren und Testatorinnen Nr. 204. – Das Wirtshaus zum Distelzwang (Gerechtigkeitsgasse 79) kam gegen Ende des 14. Jahrhunderts in den Besitz der adeligen Gesellschaft, die seit 1406 ihre Stube in dem Haus

Wir werden später auf diese Degradierungszeremonie zurückkommen, nämlich bei der vom Luzerner Schilling geschilderten und abgebildeten. Im Kapitel nach demjenigen über Jetzers Urteil bietet Anshelm weiter eine Beschreibung der Hinrichtung der Dominikaner, aber auch keine Erklärung, warum diese erst am 31. Mai 1509 stattfand, und nicht am gleichen Tag (23. Mai) wie die Urteilsverkündung und die Degradierung. Er berichtet, dass die vier „entweihten" Väter am 31. Mai 1509 *nach vorgelesner urtel an der krúzgassen* zum Marzilitor hinaus über die Aare an die Schwellenmatte geführt und dort an zwei Säulen verbrannt worden seien. Dabei habe der Henker seine Arbeit so schlecht gemacht, dass ihm noch am gleichen Tag gekündigt wurde. Als er die Dominikaner zwei und zwei, Rücken an Rücken, gut sichtbar auf zwei Scheiterhaufen gesetzt habe, habe das Feuer wegen des Windes nicht übergreifen wollen, so dass ihnen zuerst die Füße und die Beine verbrannt seien, bevor das Feuer auch die Köpfe erfasst habe. Deshalb sei dem Henker nichts anderes übrig geblieben, als den Verurteilten die Köpfe mit Scheiten zu zertrümmern, bevor sie verbrannt und gestorben seien (siehe auch Kap. I/4, Abb. 14, Holzschnitt zur *Falschen History*, wo der Henker zustich). Während die Zuschauer sich über diesen empörten, habe der Bischof von Città di Castello ungerührt vom Turm der Propstei zugeschaut und soll gesagt haben, den Dominikanern geschehe Recht und sie hätten noch Schlimmeres verdient. Der Prior habe sich aus der Todesnot geholfen, indem er den Rauch schluckte, so dass er relativ rasch sterben konnte[158]. Hier scheint selbst bei Anshelm so etwas wie Mitleid mit den

---

hatte und die sich vielleicht vor 1439 aus den zwei Gesellschaften „zum Narren" und „zum Distelfink" (= Distelzwang) zusammengeschlossen hatte; 1469–1478 Neubau, der in der Mitte des 16. Jahrhunderts grundlegend umgestaltet wurde, vgl. WEBER, Historisch-Topographisches Lexikon, Art. Distelzwang (Zugriff 15. Aug. 2019), und GERBER, Gott ist Burger S. 210 f., 355–359.

158) Anshelm 3 S. 164: *Wie die vier entwichten väter mit dem fûr gericht wurden. Uf den letsten tag Meyen, was Donderstag in Pfingsten, nach vorgelesner urtel an der krúzgassen, wurden die vier entwichten väter zûm Marsilientor uss uber die Aren, uf die Swöllematten gefüert und da an zweien sundren sülen verprent, so ellentklich, dass hierum dem nachrichter des tags sin dienst ward abkünt; dan als er si uf gemachte biglin, zwen und zwen, rúglingen und ganz sichtbar hat gesetzt, wolt das fúr nit uber sich brinnen, von angangnem luft, also dass inen garnah die füess und bein waren verprunnen, ê dan's fúr zûm hopt kâme; darum der nachrichter, schiter zûwerfend, inen die kôpf ê zerwarf, dan si verprunnen und gestorben wârid. Darzû, als man ubern henker tobet, der bischof von Castel, uss der probstî turn zûsehend, sagt: „Inen beschicht recht, si wârid noch grössers wirdig." Aber der prior schlukt angends den dicken rouch, damit er im selbs der marter schnel hat abgeholfen.* – Murner, Von den fier ketzeren S. 149 f., meint, dass man absichtlich zu wenig Holz und Stroh gebraucht habe, um den Dominikanern ihr schreckliches Ende noch schrecklicher zu machen. Bei der Hinrichtung einer Frau in

Dominikanern durch, weshalb er vielleicht auch die Unerbittlichkeit des Hauptrichters, des Bischofs von Città di Castello, anprangert, mit dessen Urteil er aber letztlich übereinstimmte.

Die Schwellenmatte, die sich südlich und unterhalb der Stadt Bern und jenseits der Aare befindet, war nicht der normale Hinrichtungsort, sondern wohl eigens für die Hinrichtung der Dominikaner ausgewählt, die man gut sichtbar durchführen wollte. Die „regulären" Hinrichtungsstätten befanden sich vielmehr die eine „untenaus", im Bereich der heutigen Siedlung Schönberg Ost, und die andere „obenaus", im Bereich des heutigen Inselspital-Areals[159]. An keiner dieser beiden Richtstätten hätte sich die Hinrichtung der Dominikaner so sichtbar inszenieren lassen wie auf der Schwellenmatte gegenüber der Stadt. Entsprechend erhielten Schiffleute 10 Schilling 8 Pfennig, um Holz und Stroh über die Aare zu transportieren[160]. Anshelm führt weiter aus, dass man die Halde jenseits der Schwellenmatte habe „schwenden und reuten" lassen, um für die Leute Platz zu machen; die Schwellenmatte selber, die Seite an der Aare und die Stadt seien, soweit man blicken konnte, alle voller Leute gewesen, *damit die stat nit entblôst und ein sundre gedåchtnůs wurde*. Er kann es nicht lassen, über die Väter zu triumphieren, deren Weissagung, es würde soweit kommen, dass die Bäcker der Stadt Bern nicht genug Brot zu backen vermöchten, um die Wallfahrer zu ihrem Heiligtum und Heiligen (Jetzer) zu ernähren, sich so ganz anders erfüllt habe, als sie geträumt hätten[161]. Bei der Hinrichtung der Dominikaner wurde im

---

Metz 1503 soll der Henker aus Geiz zu wenig Holz genommen haben, vgl. Jean-Pierre LEGUAY, Le feu au Moyen Âge (2008) S. 365. – Beim Marzilitor handelte es sich wohl um das Alte, Äußere oder Obere Marzilitor, das 1345 erbaut, 1376/1382 verstärkt und 1666 abgebrochen wurde, vgl. WEBER, Historisch-Topographisches Lexikon, Art. Marzilitor (Zugriff 15. Aug. 2019). – Die Schwellenmatte hat ihren Namen von der Schwelle in der Aare, ein altes Reichslehen, das 1360 von Johann von Bubenberg an die Stadt Bern verkauft und in den Jahren 1468/1470 neu gebaut wurde. Das dazugehörende Haus war Wohnsitz des Schwellenmeisters, vgl. ebd.

159) Armand BAERISWYL / Susi ULRICH-BOCHSLER, Bern, Brechbühlerstrasse 4–18, Schönberg Ost: die bernische Richtstätte „untenaus", in: Archäologie Bern: Jahrbuch des Archäologischen Dienstes des Kantons Bern (2010) S. 50–55 (freundlicher Hinweis von PD Dr. Armand Baeriswyl, Archäologischer Dienst des Kantons Bern).

160) Rechnungen S. 658.

161) Anshelm 3 S. 165: *Uf disen tag ward diser arbetseligen våteren und meistren wissagen erfült, dass sie gerůemt hatten, es wurde darzů kommen, dass die pfister zů Bern nit brots gnůg möchtid bachen dem grossen zůlouf des volks, so zů irem heltum und helgen wurde wallen. Man hat die halden ennet der Swöllematten lassen alle schwenden und růten, die was vol volks; so was die Swöllematten, die siten an der Aren, und die stat, so wit zesehen miglich(!), alle mit lůten gefült, und das was angesehen, damit die stat nit entblôst, und ein sundre gedåchtnůs wurde; wie wol nach unlanger zit, durch erpetne pit*

Gegenteil alles getan, damit sich kein Heiligenkult entwickeln konnte, anders als bei dem 1498 in Florenz hingerichteten Dominikanerobservanten Hieronymus Savonarola; so schildert der Franziskaner Thomas Murner zusätzlich zu Anshelms Informationen, wie die Asche der Hingerichteten gesammelt und in die Aare gestreut wurde (*Wie man ir esch ufffasset / und sye in das wasser schutt*) (siehe auch Epilog 3)[162]. Der Tod auf dem Scheiterhaufen war ohne Zweifel neben dem Rädern und dem Kochen in heißem Wasser die schlimmste Hinrichtungsart, die im Mittelalter vor allem bei rückfälligen Häretikern und dann bei Hexern und Hexen angewandt wurde, denen man auf diese Weise auch die christliche Hoffnung auf die Auferstehung in Leib und Seele nehmen wollte[163]. Auf der andern Seite sanktionierte der Scheiterhaufen Verbrechen, die nach einer extremen Reinigung durch die vollständige Eliminierung der Körper der Schuldigen verlangte, die wiederum die christliche Gesellschaft von schädlichen und ungesunden Elementen befreien sollte, und zwar auf demonstrative und didaktische, ja dramatische Art und Weise[164].

Der Jetzerhandel und die Degradierung der Dominikaner in der Chronik des Diebold Schilling von Luzern

Der Bericht des Valerius Anshelm zur Degradierung der vier Klostervorsteher lässt sich durch denjenigen des Chronisten Diebold Schilling von Luzern ergänzen, der nicht nur einen Text, sondern auch ein Bild aufweist. Doch bevor wir darauf zu sprechen können, müssen wir weiter ausholen und schauen, wie der Luzerner Schilling, Neffe des Berner Schillings, den Jetzerhandel überhaupt bewertet. Die einschlägigen Bilder samt ihren Beschreibungen sind schon in den Text eingebaut worden (siehe Tafeln 1–4), nicht aber die verschiedenen Texte, mit denen der Luzerner Schilling den Jetzerhandel, verstreut über die Jahre 1506–1509, schildert. In einem ersten Kapitel (Kap. 321) wird beschrieben, wie ein Schneiderknecht namens Hans Jetzer von Zurzach um Weihnachten (1506) als Laienbruder in den Dominikanerkonvent von Bern eintrat, wo ihn jedermann für „sehr fromm" hielt. Diesem „begegnete nachts in seiner Zelle etwas", was er für einen Betrug hielt. Er beklagte sich bei seinen Mitbrüdern, insbesondere beim Prior, was

---

des bischofs von Losan, da wurden die sůl dannen getan. Und also hat diser geistlichen våtern und gelerten spilmeistren helgen- und marterspil, vil anders, dan von inen angesehen, ein grůlich, lidenhaftig end. Got begnad und behůt uns! Amen.

162) Murner, Von den fier ketzeren S. 151 f.
163) GYGER, L'épée et la corde S. 214, vgl. auch UTZ TREMP, Von der Häresie, *passim*, und ANGENENDT, Heilige und Reliquien S. 149.
164) GONTHIER, Le châtiment du crime S. 163, 174 f., 206.

die falsche Adresse war, denn wie der Luzerner Schilling gleich enthüllt, waren es die Mönche selber, die Jetzer ohne sein Wissen betrogen (*die dann on sin wüssen inn betrugend*). Sie taten zwar, als ob sie sehr erschraken, doch ließen sie einen Mönch – Schilling nennt keine Namen – des Nachts in Jetzers Zelle als Frau erscheinen und geboten diesem, darauf zu achten, *ob die sach von Gott oder ein gespånst wåre*. Jetzer ließ die Frau das Vaterunser und das Ave Maria beten, wobei diese, wenn sie Jesus nannte, immer anfügte, dass dies ihr Sohn sei, und wenn sie Maria nannte, *sprach sy: Dz bin ich*. Die Dominikaner versahen Jetzer zu seinem Schutz mit dem Sakrament und verabreichten ihm einen Trank, der ihn schlafen machte (*das er hart ward schlaffen*). Im Schlaf brachten sie ihm mit Ätzwasser die Stigmata bei, und zwar offensichtlich alle fünf – in Hände und Füße und in die rechte Seite – auf einmal (Abb. 13). Der Trank diente hier mehr dem Schlaf als dem Passionsspiel, von dem der Luzerner Schilling ebenfalls berichtet. Vom eigentlichen Zweck des Ganzen, der Lehre von der befleckten Empfängnis Marias, scheint er nichts zu wissen – ein Beweis mehr, dass man diesen gar nicht nennen durfte, weil bei der zwischen Franziskanern und Dominikanern herrschenden Rivalität sonst jedermann gleich gewusst hätte, worum es den letzteren eigentlich ging. Beim Luzerner Schilling scheint es eher um die Stigmata gegangen zu sein, wobei das Vorbild eindeutig Franziskus von Assisi war. Es waren die Brüder – und nicht die blutweinende Marienstatue (obwohl diese im nächsten Kapitel auch vorkommt) –, die selber von den großen Plagen predigten, die über die Stadt Bern kommen sollten, doch werden die Gründe dafür nicht genannt. Vielmehr verweist der Chronist auf die „großen Sünden", welche die Mönche im Kloster selber begangen hätten, mit einer Anspielung auf die Frauengeschichten, mit denen Jetzer seit Januar 1508 die Klostervorsteher belastet hatte (siehe Kap. II/2b, Die Frauengeschichten der Klostervorsteher). Der Chronist stellt es so dar, wie wenn die Klostervorsteher Jetzer hätten vergiften wollen, weil er um ihre diesbezüglichen Verfehlungen wusste. Dann kommt er recht unvermittelt auf die Erscheinung der hl. Katharina von Siena zu sprechen, ohne dass man verstehen würde, was damit beabsichtig war[165].

Auch das beim Luzerner Schilling folgende Kapitel (Kap. 322) ist dem Jetzerhandel gewidmet, und zwar insbesondere dem „Blut schwitzenden Marienbild" (Tafel 2). Hier nennt der Chronist die eigentlichen Urheber des Jetzerhandels, allerdings nicht ganz die richtigen, nämlich den Prior, den Prokurator (= Schaffner) und den Lesemeister Stephan, aber auch noch einen „jungen" (Meyerli?). Nachdem diese Jetzer die Stigmata verpasst hat-

---

165) Luzerner Schilling S. 364 Kap. 321, vgl. auch UTZ TREMP, Eine Werbekampagne S. 330 ff.

ten, verfielen sie auf die Idee, einem alten Marienbild in ihrer Kirche blutige Tränen aus den Augen rinnen zu lassen (*dz eim alten Marienbild in ir kilchen dz blůt zů den ougen uß ran, alß ob es weinte*) – von *Blutschwitzen*, wie in der Kapitelüberschrift, ist nicht mehr die Rede. Die blutweinende Marienstatue löste im Volk zunächst einen großen Schrecken und dann einen großen Zulauf von Fremden und Einheimischen aus, die vom Blut, das der Marienstatue aus den Augen rann, haben wollten, dieses auch teuer bezahlten und in fremde Länder trugen – auch dies eine arge Entstellung der Geschichten um das wahre Blut Christi, welche die Klostervorsteher laut den Prozessakten bei ihren Reliquienschauen erzählten (siehe Kap. II/5b, Die Reliquien und ihre Verehrung). Das Gewicht liegt hier auf dem Gewinn, den die Klostervorsteher angeblich machten: *darab die münch groß gůt lostend*. Diese hätten den schlafenden Jetzer auf den Altar (wohl den Marienaltar) getragen und für ihn eine vergiftete Hostie vorbereitet, um ihn umzubringen. Dabei sei ihm ein Mönch als Maria erschienen und habe ihm gesagt, er solle ihren Sohn empfangen (*er sôlte iren sun entpfan*) – vielleicht die einzige, aber völlig verkehrte Anspielung auf die Empfängnis beim Luzerner Schilling. Jetzer habe die vergiftete Hostie nicht schlucken wollen, so dass die Klostervorsteher es mit einer giftigen Suppe versuchten, die er einem Hund – nicht den jungen Wölfen – vorsetzte, der daran starb. In Wirklichkeit fand der Vergiftungsversuch mit der Suppe vor demjenigen mit der Hostie statt. Die blutweinende Marienstatue in der Dominikanerkirche in Bern ist übrigens nicht die einzige in der Chronik des Luzerner Schillings; in Kap. 324 findet sich ein Bild von einer geschnitzten Marienstatue, die in Como Blut zu weinen begann, als die Franzosen dort in einer Vorstadt ein Kloster plünderten[166].

Der Luzerner Schilling kommt erst wieder in Kapitel 333 auf Jetzer zu sprechen, nachdem sich herausgestellt hatte, dass das, was die Mönche mit ihm angestellt hatten, alles *bůberig und wider Gott und sin wirdige můter, ouch uncristenlich was* – und als die Berner Jetzer verhafteten und zum Bischof von Lausanne schickten, der ihn befragen und nach seiner Schuld beurteilen sollte. Die Mönche, die alles getan *und darmit ein huffen gâltz gesamlet* hatten, hätten so getan, als ob sie von nichts wüssten, und dies, obwohl sie mit ihrem Tun *ein grosse irrung und unrůw* angestoßen hatten, die der Luzerner Schilling interessanterweise mit dem Berner Waldenserprozess von 1399 in Verbindung bringt, den man vor allem aus der Berner Chronik des Konrad Justinger († 1438) kennt: *[die Mönche] hattend aber darvor in geistlich und wältlich sovil gestossen, das ein grosse irrung und unrůw darvon ufferstůnd, wie darvor by LXXX jaren ouch ein sollich uncristenlich lå-*

---

166) Luzerner Schilling S. 366 Kap. 322, vgl. auch S. 368 Kap. 324.

ben zů Bern in eim gewelb ufferstanden gewåsen, darinn vil lüten, frowen und man verlümdet was etc. Dieser Vergleich ist trotz der ungenauen Datierung umso bemerkenswerter, als der Luzerner Schilling damit einen großen Bogen zu einer anderen Häresie schlägt, derjenigen der Waldenser, mit denen die Berner sich 1399 auseinandersetzen mussten[167].

Die nächste Erwähnung des Jetzerhandels bzw. der Jetzerprozesse in der Chronik des Luzerner Schilling geschieht erst in Kapitel 386, so dass dieser für seine Leser einen kleinen Rückblick geben muss, in dem wiederum die Rede ist von Jetzers Stigmata und den Mönchen, die ihm Erscheinungen der Muttergottes und der Katharina von Siena vorgespielt hatten; genannt werden diesmal der Lesemeister, der Subprior und der Prokurator. Neu ist, dass diese *ein unconsecrierte hostien mit blůt zeichnetend und sprachend, es wår das war sacrament*. Damit hätten sie den Widerspruch von einigen frommen und gelehrten Priestern herausgefordert, und insbesondere des Chorherrn Ludwig Löubli, der als „Stadtkind" und als „trefflicher gelehrter Mann" bezeichnet wird; dieser wird in den Chroniken sonst nie erwähnt, obwohl er als Glaubensprokurator im Haupt- und im Revisionsprozess eine sehr wichtige Rolle spielte. Löubli und andere, die ihm zu Hilfe gekommen seien, hätten begonnen, *wider solch uncristenlich sachen zů bredigen*. Damit erweist sich der Luzerner Schilling als recht gut informiert über den Ursprung des Widerstands gegen die Dominikaner, den wir aus der Aussage des Zeugen Anton Noll im Hauptprozess kennen (siehe Kap. II/2d), und man kann nicht ausschließen, dass er vielleicht mit Löubli, der inzwischen zum Glaubensprokurator und zum Dekan des Vinzenzstifts aufgerückt war, in Berührung gekommen war. Angesichts dieses Widerspruchs und Widerstands hätten die Mönche Angst bekommen und deshalb versucht, Jetzer zu vergiften. Hier erzählt Schilling wieder die Geschichte von der vergifteten Suppe, die Jetzer einem jungen Hund oder Wolf vorgesetzt habe, der daran starb. Der Konverse wurde, wie bereits gesagt, zum Bischof von Lausanne geschickt, der ihn – und das ist neu – wiederum nach Bern zurückschickte: der Chronist wusste offenbar nicht, dass dies auf heftiges Verlangen der Stadt geschehen war (siehe Kap. II/1a, Jetzers drittes Verhör). In Bern sei Jetzer so befragt und gefoltert worden, dass er alles von der (gefärbten) Hostie und der (vergifteten) Suppe gestanden habe und die Mönche deshalb auch verhaftet und verwahrt worden seien. Die Berner schickten Löubli zu Papst Julius II., der ihnen erlaubte, die Mönche zu „degradieren"(!) und wie andere Übeltäter zu befragen, zu foltern und nach ihrem Verdienen zu bestrafen, doch damit zuzuwarten, bis er ihnen eine „Botschaft" schicken

---

167) Luzerner Schilling S. 381 Kap. 333. Vgl. auch UTZ TREMP, Freiburger Waldenserprozess.

würde, womit wahrscheinlich die Richter des Hauptprozesses, die Bischöfe von Lausanne und Sitten, gemeint waren; vom Vorsteher der Oberdeutschen Dominikanerprovinz ist nicht die Rede. Jedenfalls seien die Berner „froh geworden und hätten die Sache (vorläufig) ruhen lassen"[168] – was sich auf die lange Wartezeit im ersten Halbjahr 1508 beziehen mag (siehe Kap. II/2a, Die Vorbereitungen).

Im übernächsten Kapitel (Kap. 388) trafen die Bischöfe von Lausanne und Sitten in Bern ein, wobei beim Luzerner Schilling der Bischof von Sitten in der Regel zuerst genannt wird, vielleicht weil zwischen ihm sowie Löubli und Schiner eine gewisse Nähe bestand. Der Chronist verliert nicht viele Worte über den Hauptprozess: die „armen"(!) Mönche wurden angeblich durch die beiden Bischöfe gefoltert und befragt, und dabei kam „soviel" zum Vorschein, dass sie zum Tod verurteilt wurden: *wurdend die armen münch durch dieselben beid bischoff gevoltert und gefragt, und ward sovil an inen erfunden der dingen halb, das man sy jemer zum tod verurteilt* (siehe auch Tafel 3). Es ist weder die Rede davon, dass Jetzer auch noch befragt wurde, noch trifft zu, dass am Schluss des Hauptprozesses schon ein Todesurteil gestanden hätte. Sehr wichtig ist dagegen die Mitteilung, die sich sonst nirgends findet und von der wir schon Gebrauch gemacht haben: dass die beiden Bischöfe sich nicht einig waren; der Bischof von Lausanne wollte die Mönche nicht töten, sondern „einmauern", d. h. zu einer lebenslänglichen Haftstrafe verurteilen; der Bischof von Sitten war sich mit dem Rat der Stadt Bern einig, dass sie auf dem Scheiterhaufen hingerichtet werden sollten (siehe Kap. II/2e, Ein offenes Ende). Es entstand eine „Zwietracht": die Berner bestanden auf ihrer Ansicht, waren aber schließlich bereit, wiederum auf ein Mandat des Papstes zu warten (*liessend die sach abermalß anstan uff mandat unnsers helgen vatters des bapstz*)[169].

Der Luzerner Schilling scheint nicht zu wissen, wie es gekommen ist, dass es plötzlich drei Bischöfe waren, die (im Revisionsprozess) über die

---

168) Luzerner Schilling S. 450 Kap. 386.
169) Luzerner Schilling S. 452 Kap. 388. Die Verbindung zwischen Löubli und Schiner könnte über Wilhelm von Diesbach, Onkel von Ludwig Löubli, gelaufen sein, dem der Bischof von Lausanne, Aymo von Montfalcon, bei seinen Verhandlungen mit dem Bischof von Sitten, Matthäus Schiner, 1506 einen großen Einfluss auf den letzteren zuschrieb, vgl. MOSER, Ritter Wilhelm von Diesbach S. 171 f., 175 f. Im freiburgischen Arsenthandel (1510–1511) wurden Diesbach und Schiner dann allerdings zu politischen Gegnern, weil der erstere gewissermaßen das Haupt der französischen Partei in Bern und der zweite das Haupt der päpstlichen Partei in der Eidgenossenschaft war und weil der freiburgische Schultheiß Franz Arsent (um 1457–1511), der im sog. Arsenthandel ums Leben kam, Diesbachs Schwiegersohn (Ehemann seiner unehelichen Tochter Margareta) gewesen war, vgl. ebd. S. 179 f.

Dominikaner zu Gericht saßen. Jedenfalls kommt er erst in Kapitel 427 wieder auf den Jetzerhandel zurück, und auch hier ist die Überschrift irreführend, denn sie lautet: *Wie die drig bischoff all tag zů Bårn nach imbis zů den armen münchen giengend und sy examiniertend* (siehe auch Tafel 4). Aus dem Text geht ausdrücklich hervor, dass die drei Bischöfe, der Bischof von Rom (statt Città di Castello) sowie die Bischöfe von Sitten und Lausanne (in dieser Reihenfolge) (im Mai 1509) lange in Bern weilten und alle Tage sowohl vor als auch nach dem „Imbiss" die gefangenen Dominikaner befragten. Der Chronist hält sich nicht länger beim Revisionsprozess auf; er schließt lediglich, dass die Mönche für schuldig befunden wurden und am Mittwoch (er hat irrtümlicherweise Donnerstag) vor Pfingsten (23. Mai 1509) degradiert, d. h. ihrer priesterlichen Würde beraubt und dem weltlichen Arm übergeben werden sollten. Dabei verwechselt er offenbar den Degradierungstag, auf den er in einem späteren Kapitel (Kap. 429) zurückkommt, zumindest teilweise mit dem Hinrichtungstag (Donnerstag nach Pfingsten). Hier liefert der Luzerner Schilling auch eine Erklärung für die Tatsache, dass die Brüder so lange auf ihre Hinrichtung warten mussten: weil viele Leute der Hinrichtung beiwohnen und die Berner diese auch weitherum ankündigen wollten – wohl als Rache für die erlittene Schmach. Folgt noch eine Kostprobe aus den Geständnissen der Mönche, und insbesondere denjenigen des Priors, den der Chronist offensichtlich mit dem Subprior verwechselt: dieser habe gestanden, dass er viel mit schwarzer Magie zustande gebracht und vor Jetzer drei(!) Geister heraufbeschworen habe, von denen er ihm einredete, es wären drei der zwölf Apostel mit langen Bärten. Der Prior sei selber ob den „grausamen Erscheinungen" erschrocken, denn sie hätten „große Fürze" gelassen und seien dann verschwunden. Nichtsdestoweniger habe er bis zuletzt gehofft, der Teufel helfe ihm aus seiner Not; dieser habe ihm und den anderen jedoch nur ins Feuer geholfen[170].

Zwei Kapitel später (Kap. 429) kommt der Luzerner Schilling auf den Jetzerhandel und insbesondere auf die Degradierung und Entweihung der Dominikaner zurück, die er diesmal richtig auf den 23. Mai 1509 (Mittwoch vor Pfingsten) datiert und bei der er möglicherweise sogar Augenzeuge gewesen ist. Er schildert, wie an der Kreuzgasse auf einem Gerüst – wie Anshelm spricht er ebenfalls von einer *brügi* – ein Altar mit brennenden Kerzen, Messkännchen, Büchern und anderem „zugerüstet" war. Darauf die Dominikaner, von Schilling hier wiederum als „arme Leute" bezeichnet, in vollem priesterlichem Ornat, wie für eine Messe (*priesterlich in aller wat [Kleidung], alß ob sy über altar sôltend gan*). Sie wurden einer nach dem andern auf der linken Seite zum Altar hinauf geführt, wo der Bischof von Cit-

---

170) Luzerner Schilling S. 496 Kap. 427.

tà di Castello saß, und es wurden ihnen die (geweihten) Dinge, die ihnen seinerzeit bei der Priesterweihe in die Hände verliehen worden waren, unter den entsprechenden Worten wieder abgenommen; Schilling nennt nur die „gesalbten (crismierten) Finger" und die Tonsur (*gantz beschoren*). Danach wurden ihnen die Kleider von Laien angezogen und sie wurden vom Bischof von Città di Castello mit den Füßen dem weltlichen Arm (der weltlichen Gewalt) „dargestoßen". Der weltliche Arm wurde von einem „Stadtknecht" oder Weibel verkörpert, der die Dominikaner auf der rechten Seite des Gerüsts in Empfang nahm[171]. Eine solche Beschreibung der *degradatio realis* – nicht nur *verbalis* wie in den Prozessakten – ist selten und wertvoll, und dies umso mehr, als die ganze Szene bei Schilling außerdem mit einem Bild von der Hand A (d. h. von Schillings eigener Hand) versehen ist (siehe Tafel 5).

Der größte Unterschied zwischen der Beschreibung und Darstellung des Luzerner Schilling und der Beschreibung des Valerius Anshelm besteht darin, dass bei diesem auf der *Brügi* neben den drei Bischöfen auch der ganze weltliche Arm versammelt war: der Schultheiß, der Säckelmeister, die vier Venner und einige Ratsmitglieder; damit nahm die weltliche Obrigkeit einen wesentlich besseren Platz ein als beim Luzerner Schilling, wo sie nur durch einen Stadtknecht unterhalb der *Brügi* repräsentiert wird und wo auf dieser auch ohne die Vertreter der Stadt bereits recht enge Verhältnisse herrschen. In Bezug auf die „Dinge", welche den Priester ausmachen (der Kelch und die Messgewänder), ist Anshelm konkreter als Schilling. Hingegen führt Schilling zusätzlich die geweihten Finger der Priester an, die bei der Degradierung abgeschabt wurden. Seltsam ist, dass Schilling zwar die Verzögerung der Hinrichtung um gut eine Woche unter anderem mit einem großen

---

171) Luzerner Schilling S. 499 Kap. 429: *[...] Sy wurdend aber zů Bårn offelich an der Crützgassen uff einer brügi, darzů gemachet, durch den hochwirdigen in Gott vatter und heren, heren Achilles de Gracys, bischoff zů Castell, ein hörer [lat. auditor] der sachen des geistlichen gerichtz zů Rom, Rota genant, mit hilff und in bywäsen beider bischoff von Wallis und Losan offelich vor aller wält degradiert und entwicht. Ouch was ein altar zůgerüscht mit brünenden kertzen, måßkånnli, bůcher und anderm, daruff ouch die armen lüt priesterlich in aller wat, alß ob sy über altar söltend gan, angeleit / Daz doch ungehört was in der Eitgnoschafft / Und also einer nach dem andern zů der lincken sitten hinuff zů dem altar, da dann der bischoff von Rom saß, gefürt und alle ding, die man inen erlich in ir hend gab, schantlich mit worten und collecten, darzů dienende und im geistlichen råchten geschriben, von eim an das ander von inen genommen und gantz abgezogen, ouch crismierten finger geschabet und gantz beschoren, demnach leyenkleider angeleit und mit den füssen von dem bischoff dem wåltlichen gewalt dargestossen, daselbs sy von den stattknechten genomen und wider inn gefengiß gebunden gefürt wurdend. [...]*

Zustrom von Leuten begründet, dass die Menge der Zuschauer bei der Degradierung hingegen bei Anshelm, der von „drangvollen Fenstern, Dächern und Gassen" spricht, viel „sichtbarer" wird als bei Schilling; hier drängen sich die Zuschauer nur unterhalb der *Brügi*, aber die Fenster und Dächer sind leer. Schillings Darstellung zeigt einmal mehr, wie selbst ein Bild täuschen kann: er sieht nur die Geistlichkeit, vielleicht weil Löubli und Schiner seine Informanten waren. Anshelm sieht dagegen auch die bernische Obrigkeit auf der *Brügi*, wohl nicht zu Unrecht; denn der weltliche Arm spielt in den Jetzerprozessen wahrscheinlich doch eine recht große Rolle (siehe Kap. II/5a, Die Vertretung der Stadt in den Gerichten der Jetzerprozesse). Zu beachten ist allerdings auch, dass die zur Verfügung stehende Bildfläche Schillings Blick bestimmt hat: auf der *Brügi* war lediglich Platz für das geistliche Gericht. Die Degradierung der Dominikaner scheint Schilling mehr interessiert zu haben als ihre Hinrichtung, von der er zwar in Kapitel 429 abschließend auch noch spricht, die er aber nicht bildlich darstellt.

Wenn wir einen Blick auf die Geschichte der Degradierung von Geistlichen werfen, dann sehen wir, dass diese bis ins 12. Jahrhundert sowohl von geistlichen als auch von weltlichen Gerichten verurteilt und je nach Schwere ihrer Verbrechen bestraft wurden[172]. Dabei war die schwerste Strafe die Absetzung (lat. *depositio* oder *degradatio*), durch welche der Verurteilte mit dem Verlust seiner Gewänder zugleich sein Amt und seine Weihe verlor. Anschließend konnte er verbannt, eingekerkert oder zur Bestrafung einem weltlichen Gericht übergeben werden (*traditio curie*). Im Jahr 1176 wurde die *traditio curie* von Papst Alexander III. (1159–1181) verboten, worauf die Bestrafung von fehlbaren Klerikern neu geregelt werden musste, eine Entwicklung, die erst 1298 unter Papst Bonifaz VIII. (1294–1303) ihren Abschluss fand. Da Laien bei Raub oder Mord zum Tod verurteilt wurden, waren geistliche Missetäter (seit der Dekretale Alexanders III. von 1176) gegenüber den Laien bevorzugt, was in der Folge vor allem bei Mordfällen zu Konflikten zwischen kirchlichen und weltlichen Gerichten führte, und zwar insbesondere dann, wenn es sich bei den Verbrechern um niedere Geistliche handelte, die sich häufig wie Laien kleideten, heirateten und weltlichen Geschäften nachgingen – und trotzdem Anspruch auf das *privilegium fori*, den geistlichen Gerichtsstand, erhoben. Daher erkannten schon die Nachfolger Alexanders III., dass es trotz des Verbots der *traditio curie* eine Möglichkeit geben müsse, um Geistliche dem *privilegium fori* zu entziehen und anschließend durch den weltlichen Arm aburteilen zu lassen, und diese Möglichkeit war die Degradation. Zur Degradierung führten u. a. die Fälschung von päpstlichen Urkunden, der Widerstand gegen den Bischof und schließlich

---

172) Hier und im Folgenden nach SCHIMMELPFENNIG, Degradation von Klerikern.

die Häresie, von denen die beiden letzteren auch auf die Berner Dominikaner zutreffen könnten. Bis zur Reformation durften weltliche Gerichte nur dann geistliche Verbrechen aburteilen, wenn die Kirche es erlaubte. Entsprechend war die Unterstellung der Geistlichen unter die weltlichen Gerichte in der Reformation eine der wichtigsten Stufen bei der Herausbildung des frühmodernen Staates.

Ein erster Degradationsordo entstand bereits um 1200, doch war er kaum verbreitet und daher ohne größeren Einfluss. Eine sichere Grundlage lieferte erst eine Dekretale zur Degradation, die Papst Bonifaz VIII. im Jahr 1297 erließ. Diese teilte die Degradation in zwei Akte auf, die *degradatio verbalis* und die *degradatio realis* oder *actualis*, die, wie wir gesehen haben, beide auch im Fall der Berner Dominikaner zur Anwendung kamen. Zunächst die *degradatio verbalis* oder die Degradationssentenz in den Prozessakten und darauf die *degradatio realis*, der liturgisch vollzogene Rechtsakt, bei Anshelm und dem Luzerner Schilling beschrieben bzw. beim letzteren auch bildlich dargestellt. Seit Anfang des 14. Jahrhunderts wurde in *Ordines* fixiert, wie die *degradatio realis* im Einzelnen zu verlaufen hatte. Von ihnen sind aus dem 14. und frühen 15. Jahrhundert insgesamt sieben Beispiele bekannt. Weil mit der Degradation vor allem häretische Kleriker bestraft und diese damals besonders häufig in Südfrankreich aufgespürt wurden, entstanden die ersten *Ordines* dort, wohl angeregt durch die Dekretale Bonifaz' VIII., und diese wurde später auch in Nordfrankreich, Böhmen und Deutschland angewandt.

Aus dem allerersten Ordo, der oben erwähnt worden ist und der aus der Zeit um 1200 stammt, geht hervor, dass der Ablauf der Degradation in umgekehrter Reihenfolge dem Ablauf der Priesterweihe durch den Bischof entsprach, bei der zuerst die Hand aufgelegt und dann die liturgischen Gewänder überreicht wurden. In einem späteren Ordo, der Anfang des 14. Jahrhunderts wahrscheinlich in Südfrankreich verfasst wurde, aber vor allem deshalb wichtig ist, weil er Ende des Mittelalters in die gedruckten römischen Pontifikalien aufgenommen wurde und deshalb das Degradationsverfahren bis ins 20. Jahrhundert geregelt hat, ist die *degradatio verbalis* enthalten, gefolgt von der *degradatio realis* für die einzelnen Klerikergrade und schließlich von der *traditio curie*. Bei der Degradation eines Bischofs mussten zwölf Bischöfe anwesend sein, bei der eines Priesters sechs, bei der eines Diakons drei und bei der eines Subdiakons zwei bis drei. Diese hohen Zahlen gehen auf Bestimmungen (*Canones*) des 1. und 3. Konzils von Karthago (348 und 397) zurück und ließen sich im 4. nachchristlichen Jahrhundert durchaus realisieren, weil in Nordafrika die Bischofssitze nahe beieinander lagen, nicht mehr aber im europäischen Mittelalter und vor allem nicht nördlich der Alpen.

Schon Papst Gregor IX. (1227–1241) hatte diese Schwierigkeit erkannt und deshalb verfügt, dass bei der Degradation eines häretischen Klerikers und insbesondere bei der *degradatio realis* die Anwesenheit des Ortsbischofs ausreiche – im Fall der Berner Dominikaner der Bischof von Lausanne. Hier spielte allerdings der Bischof von Città di Castello wohl als päpstlicher Gesandter die Hauptrolle, und zwar sowohl bei Anselm als auch beim Luzerner Schilling, wo er in der Mitte steht und den violetten Mantel und die violette Mitra trägt. Wenn ein Inquisitionsprozess voranging – im Fall der Berner Dominikaner waren es sogar zwei Inquisitionsprozesse – bildete die *degradato verbalis* zugleich den Abschluss des Prozesses, doch fehlt in den Prozessakten meist die *degradatio realis*, so dass nicht erkennbar ist, nach welchem *Ordo* sie erfolgte. Immerhin wird in den Akten des Revisionsprozesses als Quelle für die *degradatio verbalis* der *Liber pontificalis* genannt, was wahrscheinlich eine falsche Angabe ist, denn bei diesem handelt es sich um die seit 1724 so bezeichnete quasi offiziöse Geschichtsschreibung des römischen Papsttums im Mittelalter, zunächst in Papstlisten und dann in Papstbiographien. Schon zutreffender könnte der von Anselm (3 S. 161) in Bezug auf die *degradatio realis* genannte Begriff des Römischen Pontifikalbuches sein; dabei könnte es sich um das römisch-germanische Pontifikale handeln, das Ende des 13. Jahrhunderts von Wilhelm Durand gründlich überarbeitet und von Agostino Patrizi Piccolomini und Johannes Burckard 1485 in Rom zum Druck gebracht wurde[173] – und das vielleicht vom Bischof von Città di Castello vorsorglich nach Bern mitgebracht worden war, denn in dem an ihn gerichteten päpstlichen Auftrag vom 1. März 1509 ist bereits die Rede von Degradierung (siehe Kap. II/3a, Der päpstliche Auftrag ...).

Laut dem oben genannten südfranzösischen Degradationsordo aus dem Anfang des 14. Jahrhunderts sollte nicht nur der Delinquent, sondern auch der Bischof mit liturgischen Gewändern angetan sein, eine Forderung, die bei der *degradatio realis* der Berner Dominikaner vom 23. Mai 1509 erfüllt war. Dagegen fand diese nicht, wie im erwähnten Ordo vorgeschrieben, in einer Kirche vor dem Hauptaltar statt, sondern in aller Öffentlichkeit, am Gerichtsplatz der weltlichen Gerichtsbarkeit, die hier offensichtlich eine größere Rolle spielt, als den päpstlichen Gesetzgebern lieb gewesen wäre. Wie im Urteil des geistlichen Gerichts formuliert, beinhaltete die Degradie-

---

173) H. ZIMMERMANN, Art. Liber pontificalis, in: Lex.MA 5 (1991) Sp. 1946f.; M. KLÖCKENER, Art. Pontifikale, ebd. 7 (1995) Sp. 96. – Im Reimgedicht des Franziskaners Thomas Murner ist von einem Buch die Rede, aus dem der Bischof (von Città di Castello) während der Degradierung der Dominikaner gelesen habe, doch sagt Murner, dass er den Wortlaut nicht verstanden habe – was vielleicht beweist, dass auch er ein Augenzeuge war, siehe Einl. 2c.

rung der Dominikaner auch deren Degradierung als Ordensleute, und entsprechend kann man bei Anshelm (3 S. 162) lesen, dass der Bischof von Città di Castello die vier Klostervorsteher „bescheren und (ihnen) die Mönchskleider abnehmen hieß", und ebenso im Reimgedicht des Franziskaners Thomas Murner: dass der Bischof von Città di Castello „ihnen auch den Orden abgezogen hätte"[174].

Mit der Degradierung der Dominikaner ist der Inhalt von Kapitel 429 des Luzerner Schilling noch nicht erschöpft. Dieser fährt fort, dass der Bischof von Città die Castello „die von Bern" gebeten habe, die Dominikaner nicht weiter zu foltern. Dies könnte der von Anshelm rapportierten „hübschen Fürbitte" entsprechen, aber auch noch einen realeren Hintergrund gehabt haben, indem die Berner laut Schilling wissen wollten, was die Dominikaner gestanden hatten. Dies erinnert uns daran, dass es sich bei den Inquisitionsprozessen um geheime Verfahren handelte und dass im Revisionsprozess noch mehr Wert darauf gelegt wurde als in den vorhergegangenen Prozessen, indem Jetzer und die Zeugen durch Eid zum Stillschweigen verpflichtet wurden und man anlässlich eines Verhörs des Priors (vom 12. Mai 1509) über die roten Hostie auch von den Beisitzern einen solchen Eid verlangt hatte. Schilling meint, dass es nicht gut gewesen wäre, dieses Schweigen zu brechen, denn es „hätte viel Unruhe gebracht". Nichtsdestoweniger scheinen die Berner auf ihrem Begehren bestanden zu haben, mit der Drohung, die Dominikaner sonst wieder foltern zu lassen, so dass die Bischöfe einen anderen Ausweg finden mussten. Sie ließen acht oder zwölf vom Rat versammeln und diese schwören, ihr Leben lang nichts von dem zu verraten, was sie erfahren würden, außer dem Papst; unter dieser Bedingung wollten sie ihnen die Geständnisse der Angeklagten eröffnen, damit der Rat Ruhe geben würde:

Und alß die bischoff diß verstůndent, hießend sy acht oder zwölff personen vom rat darzů verordnen und die heissen sweren, ir låptag das nieman ze offenbaren, dann allein dem bapst, so wóltend sy umb růwen willen eins rates sollichs inen offenbaren, alß ouch sollichs angendz beschach.[175]

---

174) Murner, Von den fier ketzeren S. 147: *Nun hóren, wie der bischoff thett, / Wann er einen abzogen hett, / Den Orden zoh er jm auch ab, / Das mancher hett ein trauren drab / [...].*
175) Luzerner Schilling S. 499 Kap. 429.

Dies ist eine neue Interpretation der kollektiven „Zeugenaussage" von neun Mitgliedern des Kleinen und vier Mitgliedern des Großen Rats, die am 22. Mai 1509 um 18 Uhr abends – also vor der Degradierung der Klostervorsteher – stattgefunden hatte und bei der – laut den Prozessakten – alle diese Räte bezeugen mussten, dass in Bern ein großer Skandal entstanden wäre, wenn die „Herren von Bern" nicht rechtzeitig den Bischof von Lausanne zu Hilfe gerufen hätten (siehe Kap. II/3d, Skandalisierung des Skandals). In den Akten des Revisionsprozesses ist zwar nicht zu lesen, dass den Räten Einzelheiten aus den Geständnissen der Dominikanern anvertraut worden wären, aber ihre Zahl stimmt in etwa überein, und wenn hier wirklich unter Eid große Geheimnisse weitergegeben worden waren, war es wohl besser, diese nicht auch dem Papier anzuvertrauen. Wie auch immer: die Chronik des Luzerner Schillings wirft jedenfalls noch einmal ein ganz neues Licht auf die seltsame kollektive Zeugenaussage der Räte vom 22. Mai 1509 um 18 Uhr abends, und da Schilling gute Gewährsleute (Schiner und Löubli) gehabt haben könnte, ist vielleicht nicht abwegig, was er schreibt[176]. Es ist auch nicht ganz auszuschließen, dass die Stadt Bern bei dieser Gelegenheit erreicht hat, dass sie eine sehr frühe beglaubigte Kopie der Akten aller drei Prozesse bekommen hat, die, wenn das Original in Rom verloren gegangen ist, die einzige überlieferte Kopie überhaupt ist (siehe Einl. 2a)

Jedenfalls machten die Geheimnistuerei und das Versteckspiel um die Geständnisse der Dominikaner diese nur umso interessanter und furchterregender: die Tatsache, dass die Geständnisse nur einer ausgewählten und beschränkten Zahl von Räten bekannt gegeben werden durften, die sie laut dem Luzerner Schilling ihr Leben lang niemandem offenbaren durften außer dem Papst, gab ihnen einen Anstrich von Anrüchigkeit, den sie niemals

---

[176] Laut Murner hätten die bischöflichen Richter die Geständnisse der Dominikaner nicht öffentlich machen wollen, um den ohnehin schon bestehenden „Neid und Hass" gegenüber der Geistlichkeit nicht noch zu schüren, vgl. Murner, Von den fier ketzeren S. 144 f.: *[...] Wann all gemein hat gsehen gern, / Das man das öfflich hat zů Bern / Gelesen da vor yederman, / Was die ketzer hetten gethan. / Das was den bischöffen nit eben, / Ir confessat [ihre Geständnisse] also zů geben / Und yederman das lassen hören / Do durch sich neyd und haßß möcht meren / Gegen aller der geistlichkeit. / Das wer jn dann von hertzen leidt. / Sye wolten stillen doch die gmein / und kamen mit jn über ein / Das acht der herren uß dem Rat / und fier der gmein ir confessat / Hörendt / do mit wer es gnůg / Und brächt jn allen glimpff und fůg / Doch solten sye das heimlich tragen, / Bey iren eyden niemants sagen. / Die herren sprachent von den Räten, / Das man der gmein ein bnůgen thäte; / So solt man von der ketzer wesen / Doch etwas lassen öfflich lesen.* [Folgen die Anklagepunkte.]

erlangt hätten, wenn man sie einfach bekanntgemacht hätte[177]. Nichtsdestoweniger scheint man doch zu einem Kompromiss gekommen zu sein, indem – immer laut Schilling – bei der Hinrichtung der Dominikaner am Donnerstag nach Pfingsten (31. Mai 1509) ihre Geständnisse zum Teil öffentlich verlesen wurden, gewissermaßen in Stichworten, nämlich Verleugnung Gottes, seiner Mutter und seiner Heiligen, Schmähung der Muttergottes und Beraubung der Vernunft gegenüber Jetzer sowie Abgötterei, und zwar während zwölf Jahren, wahrscheinlich ein Missverständnis für zwei Jahre. Die Hinrichtung der vier Dominikaner wird vom Luzerner Schilling als „schändlich" bezeichnet, indem der Henker „mit den armen Leuten Mutwillen" getrieben habe, und dies obwohl noch vier weitere Henker anwesend gewesen seien[178]. Rückblickend lässt sich feststellen, dass der Luzerner Schilling zwar nicht zuverlässig ist, was den Jetzerhandel betrifft, und dass er über den Haupt- und den Revisionsprozess nur kurz berichtet, dass er aber über die letzten Tage der Dominikaner, als er wohl selber in Bern weilte, sehr interessante Zusatzinformationen bietet, die weit über die Akten hinausgehen.

Der Jetzerhandel in der Chronik des Werner Schodoler

Während der Luzerner Schilling seine Chronik in den Jahren 1511–1513 schrieb, scheint Werner Schodoler sich schon 1509 ans Werk gesetzt zu haben, wohl bereits als Stadtschreiber von Bremgarten AG, wohin er nach einer Lehre in der Stadtkanzlei Bern (unter Niklaus Schaller) zurückgekehrt war (siehe Einl. 2b). Das Kapitel, das er dem Jetzerhandel in seiner Chronik (Kap. III/466) widmet, ist kein erstklassiges Zeugnis, sei aber der Vollständigkeit halber doch referiert. Anders als der Luzerner Schilling beginnt Schodoler nicht mit Jetzer, sondern mit den Dominikanern, dem Prior, dem Subprior, dem Lesemeister und „noch einem" (dem Schaffner), von ihnen einige Stadtkinder von Bern (der Subprior und allenfalls der Schaffner), die indessen – wie beim Luzerner Schilling – nie namentlich genannt werden. Schodoler unterstreicht einerseits ihre Gelehrsamkeit (*gelehrt lüth, doctores etc.*) und andererseits ihren Geiz, den er offenbar als Hauptmotiv sieht, und nicht die Lehre von der Empfängnis Marias, in dieser Hinsicht vergleichbar mit dem Luzerner Schilling. Dieser Geiz habe sie dazu gebracht, ein „Marienbild" in der Kapelle der *absiden* (Apsiden?) Blut weinen zu lassen, Blut, das sie in das „Bild" gegossen hätten, so dass es diesem zu den Augen hinausgelaufen sei. Die blutigen Tränen lösten zuerst großen Schrecken und

---

177) Luzerner Schilling S. 499 Kap. 429. Vgl. auch CHIFFOLEAU, Avouer l'inavouable, und DERS., Dire l'indicible.
178) Luzerner Schilling S. 499 Kap. 429. Anshelm 3 S. 164 spricht von nur einem Henker; Murner, Von den fier ketzeren S. 149f., von vieren.

dann großen Zulauf aus, den die Mönche ausnützten, indem sie die „alten guten Fräulein" in der Predigt anhielten, altes gebrochenes Silbergeschirr oder sonst Bruchsilber zu bringen, um damit „Heiltum" (Reliquien) zu fassen, ein Detail, das sich sonst nirgends findet. Den Dominikanern erwuchs ein Gegner in der Gestalt des Lesemeisters der Franziskaner, den Schodoler nicht namentlich nennt und der immer wieder gegen die Dominikaner predigte und die Obrigkeit mahnte, gut aufzupassen, *dann er geloupte, wann man der sach recht in das antlit seche, so wurden den brediger münchen zů Bern balld ir kutten súnckelen [knistern] und vom fhúr schmecken*[179].

Erst jetzt ist von Jetzer die Rede, einem jungen Mönch (nicht einem Laienbruder) im Dominikanerkloster in Bern, gebürtig aus Zurzach und nicht einer der „Witzigsten". Unter den Dominikanern sei einer gewesen (wohl der Subprior), der „mit der schwarzen Magie umging" und der „mit Hilfe seiner Gesellen" für Jetzer einen „Tolltrank" herstellte, der diesen schlafen machte, so dass die Dominikaner ihm die Stigmata verabreichen konnten, „als ob er ein neuer Franziskus wäre". Der Rat habe mehr als einmal Mitglieder ins Kloster geschickt, um „die Dinge zu sehen", *unnd kondt doch den betrug, wiewol er in vil lúten nit gancz one argwan was, nieman spúren*. Laut Schodoler hätte Jetzer erst beim Auftritt der hl. Katharina von Siena gemerkt, was gespielt wurde, indem er denjenigen, der die Katharina gab (den Schaffner), an der Stimme erkannte. Er habe ihn mit der Schneiderschere(!) an einem Schenkel verletzt, eine Wunde, die niemand heilen konnte und die der Betroffene als „böse Blattern" ausgab. Als die Dominikaner befürchten mussten, dass *die sachen ußkommen wellten*, hätten sie den Beschluss gefasst, den „jungen Mönch" zu vergiften, und zwar mit einer Suppe, die ihm angeblich ins Refektorium gebracht wurde und die ganz grün geworden sei, als er darin rührte, so dass er sie zum Fenster hinausgeschüttet habe; hier wurde sie von jungen Wölfen, die im Kloster aufgezogen wurden, aufgeleckt, die daran eingingen. Darauf sei Jetzer aus dem Kloster geflohen und habe verraten, *was im zůgerústet was*. In der Folge wurden sowohl die vier Mönche als auch Jetzer verhaftet und lange Zeit im Gefängnis gehalten, Jetzer im Marziliturm – eine Information, die sich nur gerade bei Schodoler findet – und die vier Dominikaner in der Propstei (allerdings erst seit Beginn des Hauptprozesses). Man habe lange nicht gewagt, Hand an sie zu legen und sie zu foltern, weil „sie alle vier geweihte Personen und Priester waren". Dagegen wurde Jetzer gefoltert und „gestand allerlei", was sie mit ihm angestellt hatten, doch hatte er nie seine Einwilligung dazu gegeben und kam deshalb mit dem Leben davon. Um gegen die andern vier vorzuge-

---

179) Schodoler S. 274 Kap. III/466. Zum Lesemeister der Franziskaner siehe Kap. II/2d, Der Franziskaner Johann Müller.

hen, beschaffte Bern sich Vollmacht in Rom, doch musste es den Vorsteher der Oberdeutschen Dominikanerprovinz im Gericht dulden, neben den Bischöfen von Sitten und Lausanne (in dieser Reihenfolge). Als die Dominikaner gefoltert wurden, schien denjenigen, die der Folterung beiwohnten, als ob der Provinzial mit dem Finger über dem Mund den Mönchen bedeutete, dass sie mit den Geständnissen aufhören sollten (*das si vast sôllten innhallten*). Danach wollten die Berner ihn nicht mehr im Gericht dulden, und er sei rasch hinweggeritten[180]. Die gleiche Geschichte findet sich bei Murner (sowohl in den *De quattuor heresiarchis* als auch *Von den fier ketzeren*), jedoch mit dem entscheidenden Unterschied, dass es nicht die Berner waren, die den Provinzial nicht mehr im Gericht haben wollten, sondern die Bischöfe von Lausanne und Sitten (siehe Kap. II/2e, Die Folterverhöre des Schaffners, Priors und Subpriors vom 21. und 23. August 1508).

Schodoler unterscheidet nicht zwischen Haupt- und Revisionsprozess und berichtet nur, dass die Dominikaner nach langer Zeit alle Dinge dieses *mortlichen hanndells* gestanden hätten. Laut ihren Geständnissen hätten „sie miteinander unkeusche Werke gebraucht", auch manche Jahre lang Messe gehalten, ohne zu konsekrieren, ehrlichen Leuten ihre Frauen ausgespannt und sich manchmal wie Laien in „geteilte Kleider, rote Birette und seidene Wämser" gekleidet. Dafür seien sie in Gegenwart einer großen Volksmenge degradiert und schließlich auf der Schwellenmatte verbrannt worden. Die Sache habe sich so lange hingezogen, dass dies erst um Pfingsten 1508(!) geschehen sei. Am Schluss kommt Schodoler auf die Gelehrsamkeit der Brüder zurück, nur um mit dem Sprichwort zu schließen, „dass ein Weiser keine kleine Torheit begehen" kann (*das dheyn wyser dhein kleiny thorheyt begat*). Die „Verbrechen" der Dominikaner, die Schodoler aufzählt, hätten wohl zu einer Hinrichtung auf dem Scheiterhaufen nicht ausgereicht, außer die Homosexualität (Sodomie), von der indessen in den Akten kein Wort steht. Interessanter ist, dass die Dominikaner lange Zeit Messe gehalten haben sollen, ohne zu konsekrieren; doch geht dieses „Verbrechen" möglicherweise auf die Diskussionen um den messelesenden toten Geist im Defensorium zurück (siehe Kap. I/2d), oder aber auf eine Aussage des Subpriors vom 26. August 1508, wonach der Teufel, mit dem er einen geschriebenen Pakt geschlossen haben soll, ihm verboten habe, bei der Messe zu konsekrieren (siehe Kap. II/2e, Die außerordentlichen Geständnisse des Subpriors ...). Es ist allerdings fraglich, ob dies allgemein bekannt war. Schon bekannter dürfte gewesen sein, dass Jetzer am 7. Februar 1508 nach der Folter vor dem Rat ausgesagt hatte, dass die Dominikaner ihn gezwungen hätten, häufig zu kommunizieren, und dass seine „Illusionen" mit der

---

180) Schodoler S. 275 Kap. III/466.

häufigen Kommunion zugenommen hätten, so dass ihm schien, dass sie bei ihm nicht die richtige Art des Kommunizierens angewandt hätten (*non sint usi vero modo communicandi*). Wohl noch bekannter waren die Frauengeschichten der Dominikaner, denn Jetzer hatte von diesen bereits bei seinen Gegenüberstellungen mit ihnen vor dem Rat im Januar 1508 berichtet (siehe Kap. II/2b, Die Frauengeschichten der Klostervorsteher). Es ist vielleicht nicht zufällig, wenn Schodoler vor allem auf diese abhebt, denn im Januar 1508 könnte er noch im Bern gewesen sein: am 12. Dezember 1507 ist er zusammen mit dem Stadtschreiber Niklaus Schaller als Zeuge bei der Zeugenaussage des Schuhmachers Johann Koch nachweisbar (siehe Kap. II/1b, Der Schuhmacher Johann Koch)[181]. Nach seinem Weggang aus Bern könnte er den Jetzerhandel von Bremgarten aus verfolgt haben. Dieser Sicht aus einer gewissen Distanz entspricht, dass Schodoler im Unterschied zu Valerius Anshelm und zum Luzerner Schilling zu den letzten Tagen des Revisionsprozesses nichts Wesentliches beizutragen hat.

Der Jetzerhandel in der Chronik des Ludwig Schwinkhart

Der Chronist Ludwig Schwinkhart (1495–1522), ein Berner, der seine Chronik wohl in den Jahren 1516/1519–1521 schrieb (siehe Einl. 2b), widmet dem Jetzerhandel ein ausführliches Kapitel (Kap. 10). Dieses beginnt (und endet) mit einem Lob auf den Rat von Bern, der sich *so wissenglich und erlich gehalten håt mit gåstlichen[!] und weltlichen råchten und sich kein müege noch arbeit hat lossen turen jn keinen weg, dardurch ouch ein Statt von Bernn ein groß lob von geistlichen und weltlichen erlanget hat.* Mit seinem Lob auf die Stadt Bern steht Schwinkhart am Ende der 1510er-Jahre bereits in einer gewissen Tradition, die vom anonymen Herausgeber des Defensoriums ausgegangen war und sich mit Murner fortgesetzt hatte und die darin bestand, dass nicht mehr der Bischof von Lausanne oder der Papst für den „glücklichen" Ausgang des Jetzerhandels verantwortlich gemacht wurden, sondern die Stadt Bern selber, die zuvor durch ihre Wahl zum Tatort für den Jetzerhandel tief geschmäht worden war (siehe Kap. II/5a, Die Stadt Bern: von der negativen Auswahl zum höchsten Lob). Es ist kein Zufall, dass der Chronist auch die Geschichte dieser negativen Auswahl kennt, beginnend mit dem dogmatischen Streit zwischen den Dominikanern und den Franziskanern um die Empfängnis Marias und fortgesetzt durch entsprechende Beratungen unter „etlichen Predigermönchen", jedoch ohne dass das Provinzialkapitel von Wimpfen (3. Mai 1506) erwähnt würde.

---

181) Schodoler S. 275 Kap. III/466, vgl. auch Akten I S. 50 Nr. 157 (1508, Feb 7; Jetzer, Folterverhör).

Laut Schwinkhart seien für das Komplott die Städte Ulm, Basel und Bern in Frage gekommen, doch gab es in Ulm nach Ansicht der Dominikaner zu viele weitgereiste Leute (*vil gewandleter lüten*) und in Basel eine Hohe Schule. Dagegen seien in Bern (im Üchtland) *gůt, schlåcht [schlicht] und gmein einvaltig lüt* und würden die dortigen Dominikaner bei einem allfälligen Überfall von der Stadt geschützt werden. Ja, wenn man Schwinkhart glauben will, wären eigens Dominikaner nach Bern versetzt worden, um die Sache durchzuführen (*ward der handel gan Bernn geschlagen, und von stund an münch dar verordnet, die die sach verfüeren sőlten*). Der Kampf um die Empfängnis Marias sei zuerst von den Kanzeln der Dominikaner und Franziskaner aus geführt worden – bis der „weise Rat beiden Parteien verbieten ließ", über dieses Thema überhaupt zu predigen, eine Information, die wir nur gerade hier haben[182].

Im Folgenden geht Schwinkhart auf die Akteure des Jetzerhandels ein, nämlich den Prior, den Subprior, den Lesemeister und den Schaffner, von denen er den Prior für den Rädelsführer hält; jedenfalls soll dieser zu den anderen gesagt haben: *Wendt jr mir volgen, so vil jch üch die sach gar bald angefangen haben.* Dies steht in einem gewissen Gegensatz zu einer Aussage der Priors vom 28. August 1508, wonach er seinen Komplizen lediglich Vollmacht gegeben und ihnen seine Unterstützung zugesichert habe, doch braucht auch das nicht die Wahrheit gewesen zu sein (siehe Kap. II/2e, Die Folterverhöre des Priors vom 28. und 29. August 1508). Darauf folgt gleich der Pakt mit dem Teufel; denn eines Abends spät habe der Subprior den bösen Geist beschworen, der in der Gestalt eines Mohren gekommen sei, einer Gestalt des Teufels, die möglicherweise durch den Äthiopier inspiriert war, mit dem laut dem Herausgeber des Defensoriums die vier „Pseudoväter" einen schriftlichen Pakt geschlossen hatten (siehe Kap. I/4). Der Prior habe den „Mohren" um seine Hilfe gebeten, die dieser den Klostervorstehern gerne zugesagt habe, unter der Bedingung, dass sie alle vier Gott, seine Mutter und alle seine Heiligen verleugneten, was sie auch getan hätten. Erst nach dem Pakt mit dem Teufel habe der Zufall den Dominikanern einen „Schneiderknecht" aus Zurzach namens Hans Jetzer ins Haus geführt. Dieser hatte einige Zeit in der Stadt Bern gedient und wäre gerne in das Kloster eingetreten. Nachdem sie den Konvent zu Rat gezogen hatten, nahmen die vier Klostervorsteher ihn auf. Er brachte 53 Gulden mit und hatte sich vorgenommen, sein Leben lang Gott zu dienen. Er zeichnete sich durch Beten, Fasten und Kasteiung des Leibes aus, so dass die vier überall ausstreuten, dass ein heiliger Mensch in der Stadt Bern sei, ohne indessen zu sagen, dass dieser sich in ihrem Kloster aufhalte – was sich schließlich doch herumge-

---

182) Schwinkhart, Chronik S. 30 f. Kap. 10.

sprochen habe. Diese Situation wollten die Klostervorsteher ausnützen, und sie begannen, Jetzer Erscheinungen vorzuspielen[183], Erscheinungen, die bei Schwinkhart zwar häufig durcheinander geraten sind, von denen er aber als Berner letztlich doch mehr weiß als der Luzerner Schilling und Schodoler.

Zuerst habe der Prior oder Subprior – Schwinkhart scheint die beiden zu verwechseln – sich eines Nachts als Geist verkleidet und dabei den bösen Geist beschworen, damit er ihn (als Hund?) begleitete, die Tür öffnete und in Jetzers Zelle Schrecken verbreitete. Der Geist bzw. der Subprior beruhigte Jetzer, befahl ihm aber, sich zu bekreuzigen, so dass der ihn begleitende böse Geist zu einem Fenster hinausfuhr. Der Geist redete Jetzer als seinen Erlöser an und verriet ihm, dass Gott noch andere große Dinge mit ihm vorhabe. Er hieß ihn beichten gehen und den Klostervorstehern gehorsam zu sein und versprach, bald wiederzukommen. Jetzers Beichte diente den Klostervorstehern dazu, festzustellen, ob dieser irgendwelche Zweifel hegte, und als Beichtvater fungierte der Lesemeister – was beweist, dass Schwinkhart den Zweck von Jetzers Beichte und Beichtvater durchschaut hat. Der Lesemeister hörte die Beichte des Konversen und riet ihm dann, in Absprache mit seinen „Mitgesellen", in die Kartause Thorberg zu gehen, um dort um Aufnahme zu bitten. Dabei wusste er sehr gut, dass jemand, der von den Dominikanern kam, dort nicht aufgenommen würde, aber er tat es trotzdem, „damit die Sache (mit dem Geist?) auskäme und der Bruder umso heiliger geachtet würde". Jetzer wurde in Thorberg, so Schwinkhart, in der Tat abgewiesen und kehrte in den Dominikanerkonvent zurück; der Geist bzw. Prior erschien ihm wieder und eröffnete ihm seine Biographie und die Bedingungen für seine Erlösung, die Jetzer zusammen mit seinen Mitbrüdern erfüllte. Danach erschien ihm der Prior als erlöster Geist, dankte ihm für die Erlösung, kündete an, dass er jetzt in den dritten(!) Himmel auffahren werde, wo er für ihn bitten und Messe lesen wolle – wobei Schwinkhart offenbar nichts von der Problematik der messelesenden Toten mitbekommen hatte. Der erlöste Geist kündigte Jetzer weiter das Kommen der Muttergottes für die bevorstehende Nacht an, und ebenso dasjenige der hl. Barbara, *die dir us wassers nöten geholfen hat* – was der erlöste Geist aus einer Beichte wusste, die Jetzer dem Lesemeister abgelegt hatte[184]. Anders als in den Prozessakten kam Maria hier jedoch vor Barbara, und diese ließ lange auf sich warten.

Jetzer begann langsam selber zu glauben, dass er ein heiliger Mann sei, und legte am nächsten Morgen wiederum beim Lesemeister eine Beichte ab. Da dieser feststellte, dass sein Beichtkind weiterhin keine Zweifel hegte, be-

---

183) Schwinkhart, Chronik S. 31–33 Kap. 10.
184) Schwinkhart, Chronik S. 33–36 Kap. 10.

schlossen die Klostervorsteher, *das sy die sach so by langem offenbar machen wölten jn der Stadt Bernn etlichen wolerkanten herren und lüten*, mit der Folge, dass der Konverse von vielen Leuten besucht wurde. Da verkleidete sich der Schaffner(!) als Muttergottes, ging in Jetzers Zelle und teilte ihm mit, dass ihr Sohn über die Bewohner der Stadt Bern höchlich erzürnt sei, weil diese die Franziskaner wegen ihres „Missglaubens" nicht bestraften und weil sie vom König von Frankreich(!) Pensionen annähmen. Jetzer begann zu zweifeln, und ließ die Erscheinung ein Ave Maria beten, eine Probe, die sie bestand (*Grüesst syge jch Maria* ...). Zum Zeichen, dass er nicht betrogen werde, versprach Maria ihm die Stigmata, die er offenbar alle auf einmal bekommen sollte. Nichtsdestoweniger erfolgte die Stigmatisierung doch in zwei Schritten, indem Maria die Stellen, an welchen Jetzer die Wunden an den Händen bekommen sollte, zunächst einmal mit roten Kreuzen bezeichnete und ihm diese erst in der nächsten Nacht beigebracht wurden. Dabei beunruhigte die Klostervorsteher, dass Jetzer sich in der Zwischenzeit seinem Beichtvater nicht anvertraut hatte, und so rügte die Maria bzw. der Schaffner ihn in der nächsten Nacht zunächst einmal für sein Schweigen. Anschließend gab sie (er) ihm einen Trank, der bewirkte, dass Jetzer in Ohnmacht fiel, so dass die vier Klostervorsteher ihm gemeinsam die Stigmata verabreichen konnten. Von jetzt an nahm der Zulauf aus der Stadt zu: die Leute strömten ins Kloster und küssten Jetzers Wunden[185].

Die Reaktionen fielen jedoch nicht nur positiv aus: neben „Verwundern" gab es auch „Missfallen", und letzteres scheint sogar überwogen zu haben. Deshalb beschlossen die Klostervorsteher, den Bruder auf dem Gipfel seiner Heiligkeit umzubringen. Der Schaffner begab sich wiederum als Maria zu ihm und brachte ihm – erst jetzt – drei *schlißlümplyn [Wundbinden] von den Wunden ihres Kindes* und gebot ihm, seine eigenen Wunden damit zu trocknen und dann eines dem Papst nach Rom zu schicken, das andere dem Provinzial nach Straßburg und das dritte im Kloster zu behalten. Sie offenbarte ihm auch, dass ein Sakrament auf wunderbare Weise in das Sakramentshäuschen gelangt sei – also keine wunderbare Verwandlung vor Jetzers Augen. Folgte die blutweinende Marienstatue und sogleich das zweite Orakel, dasjenige des Lesemeisters, der sich als Sohn erzürnt zeigte, dass die Berner die Franziskaner wegen ihres „Missglaubens" noch nicht vertrieben hätten und dass sie weiterhin Pensionen vom König von Frankreich annähmen. Als Mutter bat der Lesemeister um Gnade für die Stadt Bern und als Sohn versprach er einen Aufschub. Die vier Klostervorsteher schickten nach dem Schultheißen Rudolf von Erlach sowie den Ratsherren Wilhelm von Diesbach, Lienhard Hübschi und Rudolf Huber, also die gleichen vier, die

---

185) Schwinkhart, Chronik S. 36–38 Kap. 10.

in den Akten genannt werden. Vor ihrem Angesicht sollte Jetzer mit dem roten Sakrament vergiftet werden, doch weigerte er sich, dieses zu nehmen, so dass die Klostervorsteher weiter überlegen mussten, wie sie ihn umbringen konnten. Damals kam auch der Bischof von Lausanne nach Bern – es ist nicht die Rede davon, dass er von Bern gerufen worden wäre –, doch konnte er nicht beweisen, dass die Sache falsch war, und deswegen nichts dagegen unternehmen. Die Klostervorsteher „machten" wiederum „eine falsche Maria" (man erfährt nicht, wer sie dargestellt hat), die Jetzer befahl, das rote Sakrament zu *niessen, damit es nit vergeben geschickt sy*, und ihm – erst jetzt – den Besuch der hl. Barbara ankündigte. Als Jetzer am nächsten Abend im Kloster umherging, sah er, dass der Lesemeister sich in seiner Zelle als Barbara verkleidete. Als dieser als Barbara Jetzers Zelle betrat, zückte dieser einen Hammer und schlug der Erscheinung ein Loch in den Kopf. Darauf habe der Prior es noch als hl. Katharina von Siena versucht, doch stach Jetzer ihm mit einem Messer in den Schenkel[186].

Die Klostervorsteher waren sich einig, dass Jetzer aus der Welt geschafft werden müsse, doch endete dies in dem bekannten Hostienfrevel bzw. in einem Hostienwunder, das Schwinkhart recht anschaulich schildert: wie die Hostie aus dem Ofen sprang und letztlich nicht verbrannte!

> *Also wurden sy zů rat, das sy jm das sacrament zů niessen welten geben und brachten jm das. Do wolt er sin nit. Do namen sy jn mit gwalt und legten jn uf einen schåmel und stiessen jm das mit gwalt jn. Aber es schoß widerumb von jm und bleib unversert. Es jst ouch ze wüssen, das do blůt und wasser von jm schoß uf dem schåmel. Do namen sy das sacrament und den schåmel und wurfens jn ein ofen mit für. Do sprang es widerum hårus. Do wurfen sy es widerum hinin und vermachten den ofen. Do wart ein såmlich groß grüsamlich getön jn jren oren, das sy nit anders vermeinten, ein ganze Statt von Bernn welte undergan, und namen das harus und stalten es an sin gewarsame.*

Die Mönche überlegten weiter, wie sie Jetzer umbringen könnten: durch Ertränken im Klosterweiher, durch Erwürgen, durch Ermorden, durch Vergiften. Jetzer belauschte sie dabei (die Verschwörung in der Marienkapelle), fürchtete sich sehr und wollte sich aus dem Kloster entfernen („Urlaub von ihnen nehmen"). Da fand er sie bei schönen Frauen sitzen, von denen der Lesemeister sagte, es seien Verwandte von ihm. Sie wollten ihn nicht gehen lassen, sondern zum Komplizen ihrer Verbrechen machen, aber am liebsten immer noch vergiften. Dies versuchten sie mit einer vergifteten Suppe, die

---

186) Schwinkhart, Chronik S. 38 f. Kap. 10.

er jungen Wölfen gab, die daran starben, auch Katzen und anderen Tieren, die alle daran verendeten. Schließlich griffen „die von Bern" ein, verhafteten Jetzer und schickten ihn zum Bischof von Lausanne, der ihm jedoch angeblich kein Geständnis entlocken konnte (*kein vergicht an jm fand*) und ihn deshalb nach Bern zurückschickte. Hier wurde Jetzer ins Gefängnis gelegt und musste einiges gestehen, doch weiß – oder sagt – Schwinkhart nicht, dass dabei die Folter zum Einsatz kam, die der Bischof von Lausanne nicht hatte anwenden wollen. Inzwischen waren zwei von den Klostervorstehern nach Rom gegangen; Schwinkhart meint, es wären der Prior und der Lesemeister gewesen. Als die beiden zurückkehrten, kam es zu Gegenüberstellungen der vier Klostervorsteher mit Jetzer vor dem Rat mit viel Rede und Widerrede. In der Folge schickten die „Herren von Bern" Weibel in das Kloster, um die vier Mönche dort zu bewachen; denn sie wollten und durften nicht Hand an Geistliche legen. Die Bewachung kostete viel, und ebenso die Gesandtschaft (Löubli) nach Rom zu Papst Julius II. Dieser versammelte angeblich alle Prälaten und Bischöfe, die in Rom waren, und gab den Herren von Bern großes Lob und die Vollmacht, ein Gericht, bestehend aus den Bischöfen von Lausanne und Sitten sowie dem Provinzial von Straßburg, einzusetzen; der letztere hätte sich jedoch laut Schwinkhart der Sache entzogen und nichts damit zu tun haben wollen[187].

Nachdem die Bischöfe von Lausanne und Sitten in Bern eingeritten waren, ließen sie die vier Mönche aus ihrem Kloster in die Propstei *zů Sanct Vincencen münster* führen. Die Herren von Bern hätten sich im Gericht durch je vier Mitglieder aus dem Kleinen und dem Großen Rat „mit ihrem eigenen Schreiber" vertreten lassen, was zwar Schwinkharts Darstellung von der Rolle des Berner Rats im Jetzerhandel entsprechen würde, aber durchaus nicht zutrifft. Immer laut Schwinkhart wäre der Prior sehr hartnäckig gewesen und hätte sich lieber foltern lassen, als etwas zu gestehen, während der Lesemeister eher geschwätzig gewesen sei und den Richtern verraten habe, dass die schwarze Magie den Prior vor Geständnissen schütze (*wie der prior mit siner kunst nit reden wurde*). Darauf hätten die Richter zu einem Gegenmittel gegriffen und den Prior beschworen(!), so dass er darauf alle seine Übeltaten gestanden und auch gesagt habe, wenn „er dem Lesemeister den Finger im Mund hätte haben mögen, wäre die Sache nicht an den Tag gekommen", eine Entstellung der Geschichte um den Provinzial. Das „Übel", das die vier Mönche schließlich gestanden hätten, sei so groß gewesen, dass Schwinkhart es nicht aufschreiben wollte – ohne dass man erfahren würde, ob er es in seinem ganzen Umfang gekannt hat. Auch die Bischöfe wollten ohne Erlaubnis des Papstes nicht weiter gehen und hätten

---

187) Schwinkhart, Chronik S. 39–41 Kap. 10.

sich von Bern verabschiedet, womit möglicherweise das Ende des Hauptprozesses gemeint ist. Danach ritt laut Schwinkhart nicht der Glaubensprokurator Konrad Wymann nach Rom, sondern der Bischof von Sitten selber, der dem Papst „den ganzen Handel" mündlich und schriftlich unterbreitete (*erzellt da dem babst allen handel, welchen er dann genzlichen zů Bernn jn geschrifft entpfangen hatt*). Inzwischen ließen die Herren von Bern die vier Mönche weiterhin in der Propstei bewachen, bis die beiden Bischöfe (von Lausanne und Sitten) – von demjenigen von Città di Castello ist nicht die Rede – wiederum nach Bern kamen, um die Sache zu Ende zu führen[188].

Über den Revisionsprozess verliert Schwinkhart kein Wort: die beiden Bischöfe hätten die vier Mönche an die Kreuzgasse geführt und „ihnen dort vor vielen Leuten die Weihe abgenommen" und sie den Herren von Bern „unter das weltliche Recht gegeben". Diese aber hätten sie wiederum in die Propstei (hier auch „Domhaus" genannt) gelegt und sie nach kaiserlichem Recht zum Tod verurteilt; hier hat man das einzige Mal – außer vielleicht beim Herausgeber des Defensoriums[189] – den Eindruck, dass nach der Degradierung und Übergabe an den weltlichen Arm noch ein Todesurteil gefällt worden war. Für unsere Belange ganz wichtig ist die Information, dass „an der genannten Kreuzgasse fünf große Artikel gelesen" wurden, in denen die Geständnisse der vier Dominikaner zusammengefasst waren, und zwar weil man nicht Zeit gehabt habe, diese in ihrer ganzen Länge vorzulesen. Laut dieser fünf Artikel hatten die Dominikaner gestanden, dass sie erstens Gott, seine würdige Mutter und alle Heiligen Gottes verleugnet hatten. Zweitens: dass sie sich dem Teufel übereignet und mit Leib und Seele übergeben hätten. Drittens: dass sie das heilige Sakrament rot gefärbt und dann angeblich verbrannt hatten. Viertens: dass sie Jetzer die Stigmata verpasst hatten (*das sy dem brůder hatten sine hend, fůeß und sydten durchgraben und jm sólliche zeychen angeton und gemacht*). Fünftens: dass sie die Statue der Maria weinen gemacht hatten. Schwinkhart teilt nicht mit, wann die fünf Artikel verlesen wurden, aber laut dem Luzerner Schilling wäre dies vor der Hinrichtung der vier Dominikaner (am 31. Mai 1509) gewesen, laut Schwinkhart wiederum an der Kreuzgasse. Dafür, dass man die beiden Informationen kombinieren darf, spricht, dass zumindest die ersten Anklagepunkte bei den beiden Chronisten übereinstimmen: Verleugnung Gottes, seiner Mutter und seiner Heiligen sowie Schmähung der Mutter Gottes beim Luzerner Schilling – Absage an Gott, seine Mutter und alle Heiligen bei Schwinkhart. Dieser weiß indessen nichts von den acht Tagen, die zwi-

---

188) Schwinkhart, Chronik S. 41 f. Kap. 10.
189) Def. S. 606 Kap. IV/6 (zu 1509, Mai 31, Hinrichtungstag): *tandem in genere contra eosdem sententia prolata, igni adiucati sunt.*

schen der Degradierung und Übergabe an den weltlichen Arm und der Hinrichtung verstrichen. Er scheint sich vielmehr auf den 31. Mai 1509 zu konzentrieren, als die vier Mönche unmittelbar nach dem Verlesen der fünf Artikel dem weltlichen Henker überantwortet wurden, „der sie mit dem Feuer vom Leben zum Tod richten sollte". Gleich darnach wurden sie „über die Aare auf die Schwellenmatte" geführt und dort „nach kaiserlichen Rechten" gerichtet, ohne dass die dabei auftauchenden Schwierigkeiten mit dem Henker erwähnt würden, die möglicherweise inzwischen in Vergessenheit geraten waren[190].

Auf die einzelnen Anklagepunkte und ihre Reihenfolge und Gewichtung soll erst im nächsten Kapitel eingegangen werden, aber hier sei doch festgehalten, dass bei Schwinkhart – und wahrscheinlich tatsächlich in einer offiziellen Verlesung des Urteils des weltlichen Gerichts – die Verleugnung Gottes, seiner Mutter und seiner Heiligen und die Übereignung an den Teufel mit Leib und Seele an erster (bzw. an erster und zweiter) Stelle standen. Der Chronist kommt viel später noch einmal auf die schwarze Magie zurück, welche die Dominikaner und insbesondere der Prior – vielmehr der Subprior – ausgeübt hätten, und zwar als im Jahr 1521 – immer noch in den Mailänderkriegen – ein Blitz in das Schloss von Mailand und seinen Pulverturm schlug. Da im Turm 90 Tonnen Pulver lagen, ist es kein Wunder, dass dieser samt dem Schloss explodierte, und trotzdem ging die Rede, der Bischof von Sitten, Matthäus Schiner, inzwischen Kardinal geworden, hätte dies mit schwarzer Magie zustande gebracht; denn er sei im Besitz der „Büchlein" und der Geständnisse der 1509 hingerichteten Dominikaner von Bern gewesen und habe aus ihnen gelernt[191]. Mit den „Büchlein" sind wohl die einschlägigen Büchlein mit schwarzer Magie gemeint, die der Subprior und laut dem Revisionsprozess auch der Lesemeister besessen hatten, doch

---

190) Schwinkhart, Chronik S. 42. Zur Verdoppelung des Urteils – durch das geistliche Gericht und den weltlichen Arm – vgl. Georg MODESTIN, La remise au bras séculier de Pierre Terraz alias Bolenget de Saint-Saphorin-sur-Morges en 1469. Une contribution à l'histoire de la procédure en matière de sorcellerie dans le Pays de Vaud, in: Inquisition et sorcellerie S. 441–457, und DERS., Der Grundherr als Glaubensrichter. Zu den weltlichen Hexenverfahren in der nachmaligen Westschweiz (15.–16. Jahrhundert), in: FG 96 (2019) S. 71–94.
191) Schwinkhart, Chronik S. 258 Kap. 95, vgl. auch BÜCHI, Schiner 1 S. 144 Anm. 1: „Laut Kundschaft der Gattin des Schulmeisters Thomas soll der Geistliche Christoph de Pileo von Schiner gesagt haben: ,der bischof ist ein stridil [Hexenmeister] und der bapst ist auch ein stridil, quia ipsi nacti sunt libros combustorum haereticorum de Berno et ex illis didicerunt scientiam hujusmodi.'" – Schwinkhart war ein Anhänger des französischen Bündnisses und lehnte Schiner „als den grossen Störefried in der französisch-eidgenössischen Harmonie" ab, vgl. Schwinkhart, Chronik S. 392.

wollte der erstere das seine verbrannt und der zweite das seine zerrissen und weggeworfen haben, so dass sie kaum in Schiners Besitz gekommen sein konnten[192]. Dies war jedoch wohl nicht allgemein bekannt, und so könnte trotzdem die Meinung gewesen sein, dass dieses verbotene Wissen seinen Niederschlag in den Geständnissen der Dominikaner gefunden haben könnte, die eben unter Verschluss gehalten werden mussten, von denen man aber annahm, dass sie Schiner als einem der Richter im Haupt- und Revisionsprozess zugänglich waren. Festzuhalten ist, dass der Berner Chronist Ludwig Schwinkhart um 1520 schon eine recht säkularisierte Version der Jetzerprozesse bietet: die Stadt Bern war federführend, sie war im Gericht angeblich durch je vier Mitglieder des Kleinen und Großen Rats vertreten und ließ die Akten durch ihren eigenen Schreiber führen; der Bischof von Lausanne konnte weder im Sommer 1507 noch in Jetzers erstem Prozess in Lausanne und Bern etwas ausrichten, der Provinzial entzog sich dem Hauptprozess, und der Revisionsprozess und der Bischof von Città di Castello werden schon gar nicht erwähnt. Das weltliche Urteil und die Hinrichtung der Dominikaner waren wichtiger als deren Degradierung, und unter den Anklagepunkten standen die Absage an Gott und der Pakt mit dem Teufel an erster und zweiter Stelle, gefolgt erst an dritter bis fünfter Stelle von den theologischen Verbrechen des Hostienfrevels, der Stigmata und der blutweinenden Marienstatue. Es ist kein Zufall, wenn man erst bei der Lektüre von Schwinkhart deutlich sieht, dass es zwei Urteile gegeben hat, eines des geistlichen und eines des weltlichen Gerichts.

---

192) Akten II/2 S. 304 Nr. 16 (1508, Aug 23; Subprior, Folterverhör); III S. 485 f. Nr. 24 (1509, Mai 15; Subprior), S. 507 (1509, Mai 18; Lesemeister).

4. Die Anklagepunkte gegen die Dominikaner

Seit Nikolaus Paulus die vier Vorsteher des Berner Dominikanerkonvents im Jahr 1897 für unschuldig erklärt und der Großteil der folgenden Forschung ihm darin gefolgt ist (siehe Einl. 1c), war es nicht mehr nötig, sich mit den Verbrechen – oder vorsichtiger: mit den Anklagepunkten –, die diesen zur Last gelegt wurden, zu befassen. Der einzige, der dies überhaupt noch getan hat, war Rudolf Steck in seinem Aufsatz „Der Berner Jetzerprozess (1507–1509) in neuer Beleuchtung" (1902), auch wenn er die Väter im Gefolge von Paulus in den wesentlichen Punkten für unschuldig hielt:

„[...] lässt sich nun wohl mit großer Wahrscheinlichkeit aussprechen, dass die vier Väter im Wesentlichen der ihnen zur Last gelegten Verbrechen unschuldig waren. Es gilt das natürlich in erster Linie von den greulichen Dingen, die man ihnen auferlegte: Giftmischerei, Götzendienst, Ketzerei, Verleugnung Gottes und Bund mit dem Teufel. Diese Beschuldigungen, die zum Apparat eines mittelalterlichen Ketzer- und Hexenprozesses gehören, fallen natürlich für den Historiker ohnehin in Nichts zusammen. Gerade sie aber haben das Schicksal der Unglücklichen entschieden. Auch von dem, was übrig bleibt, von der Vorgaukelung von Erscheinungen und Wundern müssen wir sie nach allem bisherigen freisprechen. Nur die Geschichte mit Jetzers Passionsspiel lässt Bedenken zurück. Von den Angeklagten hat namentlich der Subprior den Erklärer [des Passionsspiels] gemacht. Sollte er die wirkliche Natur der Wunden Jetzers nie durchschaut haben?"[1]

Steck macht es sich zu leicht, wenn er meint, dass „Giftmischerei, Götzendienst, Ketzerei, Verleugnung Gottes und Bund mit dem Teufel" einfach „zum Apparat eines mittelalterlichen Ketzer- und Hexenprozesses gehören" und deshalb „für den Historiker ohnehin in Nichts zusammenfallen". Gerade die „Giftmischerei" gehörte nicht unbedingt dazu – auch wenn es durchaus Überschneidungen zwischen Vergiftung und Verzauberung gibt[2] –, aber auch zwischen „Ketzerei" sowie „Verleugnung Gottes und Bund mit dem Teufel" sind doch erhebliche Unterscheidungen festzustellen, von der „Vorgaukelung von Erscheinungen und Wundern" ganz zu schweigen. Es

---

1) STECK. Der Berner Jetzerprozess S. 81, vgl. auch Akten, Einleitung S. XLVIII, L. Hans von Greyerz, der Herausgeber von Ludwig Schwinkharts Chronik, hält die von diesem wiedergegebenen fünf „großen" Artikel für „haarsträubend" und völlig unglaubwürdig, vgl. Schwinkhart S. 400.
2) COLLARD, Veneficiis vel maleficiis. Vgl. auch DERS., Le crime de poison S. 9–48 (Un crime insaisissable?), und OSTORERO, Le diable au sabbat S. 379.

ist für die Autorin dieses Buches, die sich in ihren bisherigen Forschungen zu Ketzer- und Hexenprozessen meistens auf die Seite der Angeklagten (und Opfer!) gestellt hat[3], nicht leicht, diese Position aufzugeben und sich auf die Anklagepunkte einzulassen, denn diese sind eben, anders als Steck gemeint hat, nicht einfach nur prozesstypisch, sondern doch recht spezifisch. Das eigentliche Opfer, das es zu verteidigen gilt, ist Jetzer, und nach ihm wohl auch die Stadt Bern.

Wenn wir im Folgenden versuchen, eine Übersicht über die Anklagepunkte nach den Akten des Revisionsprozesses und den chronikalischen Berichten zu gewinnen, lassen wir Werner Schodoler beiseite; denn die Anklagepunkte, die er gibt („unkeusche Werke" bzw. Homosexualität, Messelesen ohne Konsekrieren, Ehebruch und Tragen von weltlichen Kleidern) weichen zu sehr von den übrigen Quellen ab, um in Betracht gezogen zu werden (siehe Kap. II/3e, Der Jetzerhandel in der Chronik des Werner Schodoler). Dagegen nehmen wir – für einmal – Thomas Murners *De quattuor heresiarchis* dazu, auch wenn wir sonst die sog. Jetzerliteratur ausschließen müssen (siehe Einl. 2c); denn Steck meint, dass „er [Murner] die Form, in der das Urteil publizirt(!) wurde, wie es scheint, am treuesten erhalten hat". Laut Murner waren die Dominikaner zum Tod auf dem Scheiterhaufen verurteilt worden, „weil sie erstens Gott abgesagt hatten; zweitens: das ehrwürdige Sakrament des Leibes und Blutes unseres Herrn Jesu Christi rot angefärbt hatten; drittens: weil sie so getan hatten, als ob die Statue der glorreichen Jungfrau Maria weinen würde; viertens: weil sie mit den Wunden unserer Erlösung gespielt und den Bruder [Jetzer] mit den fünf Wunden bezeichnet hatten"[4]. Eine Liste der Anklagepunkte findet sich auch im Defensorium, und zwar in Teil IV, der von dem den Dominikanern feindlich gesinnten anonymen Herausgeber stammt (siehe Kap. I/1 u. 4). Hier wird an erster Stelle das *veneficium* genannt, das in der deutschen

---

3) Vgl. nur UTZ TREMP, Von der Häresie, *passim*. Zum Ketzer- und Hexenprozess siehe Einl. 2, Einleitung.

4) STECK, Der Berner Jetzerprozess S. 9 u. 51, vgl. auch Akten, Einleitung S. XLII f.: *primo: quia Deum abnegaverunt; secundo: venerabile sacramentum corporis et sanguinis Domini nostri Iesu Christi rubricarunt et depinxerunt; tertio: quod imaginem Virginis gloriose plorantem finxerunt; quarto: quod vulneribus redemptionis nostrae illudentes fratrem quinque vulneribus insignaverunt.* Vgl. weiter Murner, Von den fier ketzeren S. 145 Verse 4084–4097: *Zům ersten laß man offenklich, / Gotts hettent sye verlaugnet sich / und mer das heilig sacrament / Geferbet mit ir eigen hendt / Ein vesper bild Marie schon / Mit fürniß auch bestrichen lon, / Als ob es weint und hette trehen [Tränen]. / Das hat auch mancher man gesehen. / Zům letsten het man das erkant, / das sye ein brůder geetzet hant / Die fünff Christ des herren wunden, / In gifft und ketzerey erfunden. / Des solt man in schnell thůn den todt / Mit rechts usspruch und feüresnot.*

Übersetzung der *Falschen History* mit „vergiftung gegen dem(!) brůder" (Jetzer) übersetzt wird, an zweiter Stelle *idololotria*(!) = „abgötterey", an dritter Stelle *haeresis* = „ketzerey" und an vierter Stelle *abnegatio Dei* = „Verleugnung Gottes". Der vierte Punkt wird in einer ganzen Geschichte erläutert, möglicherweise weil von der Absage an Gott im Defensorium bisher noch nicht die Rede war, nicht die Rede sein konnte, denn die ersten drei Teile dieser Schrift waren von den Dominikanern selber geschrieben worden (siehe Kap. I/2–3). Demnach hatten die Klostervorsteher angeblich gestanden, sich der teuflischen Gewalt unterstellt sowie dem Schöpfergott und seiner Mutter mit allen Heiligen abgeleugnet zu haben. Zum Zeugnis dafür hätten sie Satan ein Chirograph (einen handschriftlichen Pakt) gegeben, der mit dem Blut eines jeden von ihnen geschrieben gewesen sei und den der Teufel in der Gestalt eines Äthiopiers bzw. eines Mohren in Empfang genommen habe[5], ein Motiv, das beim Chronisten Ludwig Schwinkhart wieder auftaucht (siehe Kap. II/3e, Der Jetzerhandel in der Chronik des Ludwig Schwinkhart). Dagegen hatte laut den Akten nur der Subprior einen geschriebenen Pakt mit dem Teufel (siehe Kap. II/2e, Die außerordentlichen Geständnisse des Subpriors …).

---

5) Def. S. 606 f. Kap. IV/6: *[…]; et ipsa ultima Maii, quae erat quinta post Pentecostes anni eiusdem, productis quattuor pseudopatribus in publicum, post multa, tandem in genere contra eosdem sententia prolata, igni adiucati sunt, principaliter ob quattuor eorundem enormes excessus. Primus, veneficium. Secundus, idololatria*(!). *Tertius, haeresis. Quartus abnegatio Dei. Dictuntur quippe fassi, sese diabolicae potestati subiecisse, abnegato Deo, creatore omnium optimo maximo, eiusque claementissime matre virgine Maria, advocata humani generis potentissima, cum omnibus sanctis. Cuius subiectionis ac servitii fidem atque cautionem praestiterint eidem mendaciorum auctori Sathanae, communi chirographo uniuscuiusque sanguine proprio conscripto, quem et idem humanae salutis hostis sub specie Aethiopis ab eisdem receperit. […]* Vgl. auch GÜNTHART, Von den vier Ketzern S. 171: *[…] bitz uf den letsten tag des Meyens / am dornstag nach Pfingsten / uf den sye für recht offentlich gestellt / und zům feür erkennt sind / in einer gemein von wegen vier schwörer artickel / als harnoch volgen. Zům ersten das sye gebrucht haben vergiftung gegen dem brůder. Zům andern abgötterey. Zům dritten ketzerey wider ufsatz christlicher kirchen. Zům vierden sich gotts verlaughnet: Wann sie sich dem teüffel pflichtig gemacht / gotts und seiner würdigen můter verlaugnet haben. Auch des dem teüfel ein handtgeschrifft geben gemeinklich verschriben mit irem eignen blůt: welchen brief auch der böß geist von jnen entpfangen hat in gestalt eins mören. […]*

Akten III S. 527 (1509, Mai 23)	Anshelm 3 S. 160	Defensorium S. 606f. Kap. IV/6 (1509, Mai 31)	Luzerner Schilling S. 499 Kap. 429	Schwinkhart S. 42 Kap. 10	Murner, De quattuor heresiarchis (nach Akten, Einleitung S. XLIIf.)
Häresie (?) de et super certis variis et diversis ac scandalosis illusionibus, a fide catholica deviantibus et abominabilibus, necnon	Häresie (?) uber und von wegen mancherlei sundrer und vast árgerlicher betrúgnússen, von kristlichem glowen abwichenden und vast grúwlichen, und ouch	ob quattuor eorundem enormes excessus. 1) Primus, veneficium.	[...] sunderlich wie sy Gotz, siner múter und aller helgen hattend verlougnet,	1) Zů dem ersten handt sy bekenndt und veriáchen, das sy Gottes, siner wirdigen můtter und aller Gottes helgen verlougnet handt.	1) primo, quia Deum abnegaverunt;
				2) Zů dem anderen, daß sy sich dem tüfel handt vereynet und ganz mit lyb und seel übergeben.	2) secundo: venerabile sacramentum corporis et sanguinis Domini nostri Iesu Christi rubricarunt et depinxerunt;
sacrilegio,	der heilikeit verletzung,	2) Secundus, idolatria.	die můter Gotz gesmácht		
veneficio,	vergiftung,	3) Tertius, haeresis.	und dem brůder [Jetzer] sin vernunfft genomen,	3) Zů dem drytten, das sy das heilig sacrament hatten rot gemacht und	3) tertio: quod imaginem Virginis gloriosae plorantem finxerunt;

Die Anklagepunkte gegen die Dominikaner

				das darnach wolten verbrönnt haben.	
ydolatria,	abgótterî,		abgótterig brucht [...]		
				4) Zů dem vierten, das sy dem brůder [Jetzer] hatten sine hend, füeß und sydten durchgraben und jm sölliche zeychen angeton und gemacht.	4) quarto: quod vulneribus redemptionis nostrae illudentes fratrem quinque vulneribus insigniverunt.
Dei abnegacione ac demonum invocacione	gottsverlöugnung und der tüflen anrůfung,	4) Quartus, abnegatio Dei. [...]		5) Zů dem fünften, das sy das bild Marie zů weinen hatten gemacht.	
et quampluribus aliis excessibus et delictis, [...]	und vil andrer ubertretungen und sünden, [...]				

Übersicht über die Anklagepunkte gegen die Dominikaner nach den Akten, dem Defensorium, den Chronisten (Anshelm, Luzerner Schilling, Schwinkhart) sowie Murner, De quattuor heresiarchis

Aus der Tabelle geht hervor, dass die Anklagepunkte gegen die Dominikaner in zwei verschiedenen Versionen überliefert sind, die wahrscheinlich dem Urteil des geistlichen Gerichts vom 23. Mai und demjenigen des weltlichen Gerichts vom 31. Mai 1509 entsprechen. Das Urteil des geistlichen Gerichts ist in den Prozessakten und bei Anshelm – der sich bekanntlich auf die Akten stützt – überliefert, das Urteil des weltlichen Gerichts, das am 31. Mai 1509 vor der Hinrichtung der Dominikaner auf der Schwellenmatte wahrscheinlich wiederum an der Kreuzgasse (wo am 23. Mai schon ihre Degradierung stattgefunden hatte) verkündet wurde, beim Luzerner Schilling(?) und bei Schwinkhart sowie bei Murner – die Überlieferung im Defensorium nimmt eine Zwischenstellung ein (siehe unten). Bei diesen zwei Traditionen, entsprechend dem Urteil des geistlichen und jenem des weltlichen Gerichts, folgen sich die Anklagepunkte nicht in der gleichen Reihenfolge: in den Akten und bei Anshelm stehen an erster Stelle die falschen Erscheinungen (lat. *illusiones*), die von diesem mit „Betrügnissen" übersetzt werden und die wahrscheinlich als häretisch gewertet wurden; denn er übersetzt mit „vom christlichen Glauben abweichend". An zweiter Stelle folgt *sacrilegium*, an dritter Stelle *veneficium* = Vergiftung (wohl die verschiedenen Vergiftungsversuche an Jetzer), an vierter Stelle *ydolatria* = Abgötterei (wohl die Verehrung der roten Hostie) und schließlich an letzter Stelle: *Dei abnegacione ac demonum invocatione* = Gottesverleugnung und Teufelsanrufung. Dabei übersetzt Anshelm „Sakrileg" mit „Verletzung der Heiligkeit", aber Sakrileg lässt sich auch konkreter mit „Kirchendiebstahl, Kirchenraub" übersetzen, und gemeint wäre dann der Diebstahl der Kleinodien aus der Marienkapelle (siehe Kap. II/4b). In den Akten wird diese Liste mit „vielen anderen Exzessen und Delikten" geschlossen, von Anshelm mit „vielen anderen Übertretungen und Sünden" übersetzt, womit unter Umständen die „Exzesse und Delikte" gemeint sein könnten, die nur ausgewählten Mitgliedern des Kleinen und Großen Rats von Bern bekanntgegeben wurden (siehe Kap. II/3d, Die Skandalisierung des Skandals).

Dagegen rücken im Urteil des weltlichen Gerichts, überliefert beim Luzerner Schilling, bei Schwinkhart und bei Murner, die Gottesverleugnung und Teufelsanbetung an die erste Stelle, wahrscheinlich weil dieser Artikel geneigt war, die Sache besonders schlimm zu machen, und dies obwohl es sich im Fall der Berner Dominikaner nicht um einen gewöhnlichen Pakt mit dem Teufel handelte, wie er in den Westschweizer Hexenprozessen des 15. Jahrhunderts ausfindig gemacht und bestraft wurde, sondern um einen Pakt im Rahmen der schwarzen oder gelehrten Magie (siehe Kap. II/4e). Beim Luzerner Schilling und bei Schwinkhart wird die knappe *abnegatio Dei* Murners durch die Verleugnung Gottes, seiner Mutter und aller Heiligen ergänzt: es ist nicht allein Gott, dem abgesagt wurde, sondern der ganze himmlische Hof, bestehend aus Maria und allen Heiligen[6]. Bei Schwinkhart

---

6) Vgl. nur einen Prozess, der 1438 im waadtländischen Dommartin gegen einen angeblichen Hexer geführt wurde, der u. a. Gott, der Heiligen Dreifaltigkeit und dem gan-

werden aus der Verleugnung Gottes und der Anbetung des Teufels sogar zwei Artikel gemacht. Darauf verschieben sich die Rotfärbung der Hostie, die weinende Marienstatue und Jetzers Stigmata, die bei Murner an zweiter bis vierter Stelle stehen, um je einen Platz. Diese Anklagepunkte waren wesentlich konkreter als diejenigen des Urteils des geistlichen Gerichts und mussten jedermann und jedefrau, die sie hörten, an Dinge erinnern, die sie selber gesehen hatten: bei den Reliquienschauen in der Dominikanerkirche, bei den Ereignissen am 25. Juni 1507 und bei Jetzers Passionsspiel. Seltsam ist, dass Jetzers Stigmatisierung im Urteil des geistlichen Gerichts überhaupt nicht genannt wird; allenfalls könnte sie unter Idolatrie subsumiert (und tabuisiert) sein.

Der Luzerner Schilling scheint die schlechteste Überlieferung zu haben, denn er setzt zwar die „Verleugnung Gottes usw." an die erste Stelle, endet aber mit „Abgötterei", ähnlich wie das Urteil des geistlichen Gerichtshofes. Dazwischen aber setzt er, als Punkt 2 und 3, „Schmähung der Muttergottes" und „Vernunftberaubung Jetzers", die schwierig einzuordnen sind. Die „Schmähung der Muttergottes" lässt sich allenfalls als „Blasphemie" begreifen, die sonst in den Anklagepunkten nirgends vorkommt, wohl aber einmal im Defensorium, wo Prior Werner von Basel sich darüber beklagt, dass den Dominikanern ihre Haltung in der Frage der Empfängnis als „Blasphemie" ausgelegt werde, und dann auch in den Anklageartikeln gegen die Dominikaner im Hauptprozess, denen vorgeworfen wurde, dass das, was sie durch Jetzer gesagt und getan hatten, Gott und der immerwährenden Jungfrau Maria zur Blasphemie gereiche[7]. Die „Vernunftberaubung Jetzers" lässt sich allenfalls auf den Trank beziehen, der ihm gereicht wurde und der ihn schlafen machte, so dass die Klostervorsteher ihm die Stigmata verabreichen und ihn die Passion Christi darstellen lassen konnten. Dagegen fehlt beim Luzerner Schilling die (blut-)weinende Marienstatue, die bei Schwinkhart an fünfter und bei Murner an dritter Stelle kommt, und dies obwohl er sie ins Bild gesetzt hat (siehe Tafel 2). Die inkonsequente Überlieferung beim Luzerner Schilling könnte unter Umständen damit zusammenhängen, dass dieser sowohl der Degradierung der Dominikaner am 23. Mai als auch ihrer Hinrichtung am 31. Mai 1509 beigewohnt hatte (siehe Kap. II/3e, Der Jetzerhandel und die Degradierung der Dominikaner in der Chronik des Diebold Schilling von Luzern).

Eine Zwischenstellung zwischen den Urteilen des geistlichen und des weltlichen Gerichtshofes scheint auch der Version des Herausgebers des

---

zen himmlischen Hof abgesagt haben sollte: ANDENMATTEN/UTZ TREMP, De l'hérésie S. 112 Nr. 3 (1438, Juli 23).
7) Def. S. 600 Kap. III/11; Akten II/2 S. 160 Nr. 5 (undat.; 1508, Aug 7).

Defensoriums zuzukommen. Die Anklagepunkte, die hier aufgezählt werden, datieren zwar auch vom 31. Mai 1509, sollten also dem Urteil des weltlichen Gerichts entsprechen, unterscheiden sich aber in vielem von diesem, unter anderem auch dadurch, dass die *abnegatio Dei*, wie beim Urteil des geistlichen Gerichts, am Schluss steht, ausgeschmückt mit der Geschichte vom schriftlichen und mit dem eigenen Blut geschriebenen Pakt und dessen Übergabe an einen Äthiopier bzw. Mohren. Dagegen sind die „enormen Exzesse", die im Urteil des geistlichen Gerichts am Schluss stehen, im Defensorium an den Anfang genommen. Hier steht an erster Stelle der Giftmord an Jetzer, den wir im Urteil des geistlichen Gerichts an dritter Stelle finden, in demjenigen des weltlichen Gerichts aber überhaupt nicht! Dies bedeutet, dass der Herausgeber des Defensoriums wie schon das geistliche Gericht – es sei hier an die eindringliche Ermahnungsrede des Bischofs von Sitten an den Prior bei dessen Folterverhör erinnert (siehe Kap. II/2e, Die ... Ermahnungsrede des Bischofs von Sitten) – die wiederholten Vergiftungsversuche an Jetzer durchaus ernst genommen hat. Das weltliche Gericht hingegen vernachlässigte diese ganz und betrachtete sie vielleicht als eine innerklösterliche Angelegenheit (siehe Kap. II/4c), womit es Jetzer und seinem Leiden keineswegs gerecht wurde. Schließlich hat das Defensorium, als einziges, an dritter Stelle den Begriff der Häresie, der wohl die „skandalösen Illusionen" meint, die im Urteil des geistlichen Gerichts an erster Stelle aufgeführt sind und in demjenigen des weltlichen Gerichts überhaupt nicht erscheinen oder aber in der roten Hostie, der blutweinenden Marienstatue und den Stigmata konkretisiert sind.

Festzuhalten ist, dass beim Urteil des weltlichen Gerichts die Verleugnung Gottes – und die Übereignung an den Teufel – tatsächlich an erster Stelle zu stehen scheinen und damit die Jetzerprozesse doch sehr stark zu Hexenprozessen machen, auch wenn die Hexerei darin die Form von gelehrter Magie angenommen hatte, die vorwiegend von Männern ausgeübt wurde (siehe Kap. II/4e). Dagegen erscheint das eigentliche Motiv der Dominikaner, die befleckte Empfängnis Marias, in den Anklagepunkten nirgends: das geistliche Gericht musste sie wohl verschweigen, weil die Frage vom Papst noch nicht abschließend entschieden war (siehe Einl. 3a), und für das weltliche Gericht war sie wohl nicht wichtig genug, um überhaupt erwähnt zu werden. Aber auch die Dominikaner selber hatten mit ihrem eigentlichen Motiv immer hinter dem Berg gehalten und eine Werbekampagne für ein Produkt gemacht, das gar nicht genannt werden durfte – weil sonst sofort klar gewesen wäre, was sie zu dem von ihnen in Szene gesetzten Jetzerhandel motiviert hatte[8]. Die Frauengeschichten scheinen bei der Ver-

---

8) UTZ TREMP, Eine Werbekampagne, insbes. S. 330 ff.

urteilung der Dominikaner ebenfalls keine Rolle gespielt zu haben, bei den Bischöfen wohl nicht, weil diese den ohnehin bestehenden Antiklerikalismus nicht noch schüren wollten, und bei den Räten nicht, weil diese laut der Aussage des Schmieds Anton Noll, der selber im Großen Rat saß, diesen Geschichten nie großen Glauben geschenkt hätten (siehe Kap. II/2d, Der Schmied Anton Noll). Die Chronisten dagegen ließen sich diese saftigen Geschichten nicht entgehen (siehe Kap. II/3e und Anselm 3 S. 114 u. 133). Die Anklagepunkte sollen hier in der Reihenfolge behandelt werden, wie sie im Urteil des geistlichen Gerichts figurieren, nicht zuletzt, weil damit die Verleugnung Gottes und die Anrufung von Dämonen, mit denen wir uns länger werden auseinandersetzen müssen, an letzter Stelle kommen. Die Dominikaner sind nicht wegen der Erscheinungen, die sie Jetzer vorgespielt hatten, zum Tod verurteilt worden, sondern wegen Dingen (Sakrileg, Idolatrie, Absage an Gott und Anrufung von Dämonen), mit denen dieser herzlich wenig zu tun hatte – wenn man nicht annehmen will, dass er sich die Stigmata selber zugefügt hat[9].

a) Häresie und Erscheinungen

Auf der Suche nach der Häresie im Jetzerhandel

An erster Stelle der Anklagepunkte gegen die Dominikaner stehen sowohl in den Akten als auch bei Anselm die Erscheinungen (des Geists, der Jungfrau Maria, verschiedener Heiliger), welche die Dominikaner Jetzer vorgespielt hatten und die hier als „vom katholischen Glauben abweichend" bezeichnet werden, was man vielleicht mit „häretisch" übersetzen kann, obwohl, wie wir eben gesehen haben, das Wort „Häresie" als Anklagepunkt nur gerade beim Herausgeber des Defensoriums genannt wird. Dabei muss man indessen berücksichtigen, dass in den Prozessakten an dieser Stelle nicht von *apparitiones* oder *visiones* die Rede ist, sondern von *illusiones*, und dass Anselm überdies, wohl nicht sehr korrekt, mit „Betrügnis" übersetzt. Die „Illusionen" sind im Grund dasselbe wie die „Erscheinungen" und „Visionen" – Begriffe, die in den Akten auch gebraucht werden –, aber eben *falsche* Erscheinungen und Visionen, wobei bei den letzteren bereits ein Medium vorausgesetzt wird. Wenn wir in den Quellen nach dem Begriff der „Häresie" suchen, treffen wir jedenfalls nicht auf die Erscheinungen, son-

---

9) Vgl. STECK, Der Berner Jetzerprozess S. 81 Anm. 1: „Dass Jetzer die erste Passionswunde in der rechten Hand empfing, spricht auch eher dafür, dass sie ihm von einer andern Person beigebracht wurde. [...]"

dern auf die Verwandlung der Hostie, so im Brief Berns an den Bischof von Lausanne vom 2. Oktober 1507. In diesem schreibt der Rat, dass der Fall Jetzer wegen der Verwandlung der Hostie den Glauben betreffe und nach Häresie „rieche" (*hereticam pravitatem sapere videtur*). Als der Bischof Jetzer nicht sogleich foltern ließ, hakte Bern am 3. November 1507 mit einem weiteren Brief nach, in welchem erklärt wurde, dass Jetzers Taten und Worte Irrtümer enthielten und dem christlichen Glauben in vielem widersprächen (*falsa, erronea et fidei cristiane multum contraria*)[10]. In der Folge wurden in Lausanne Anklageartikel gegen Jetzer formuliert, die dem Zweck dienten, Irrtümer (*errores*) auszurotten, die zu einem Schisma in der Kirche und im Volk führen könnten (*ad scisma generandum in ecclesia et populum*). Es sei Aufgabe der Prälaten der Kirche, diese Irrtümer auszumerzen, insbesondere dort, wo wie im Fall Jetzer ein Skandal für Körper und Seelen (*scandalum corporum et animarum*) drohe. „Irrtum" und „Irrtümer" sind aber nur andere Wörter für Häresie, wie die vielen Listen mit „Irrtümern", die im Spätmittelalter zusammengestellt wurden, beweisen[11].

Jetzers „Irrtümer" wurden aus den Bekenntnissen, die er damals in Lausanne bereits abgelegt hatte, „herausgefiltert" und in Anklageartikel umformuliert, die wiederum seiner Befragung dienten. Was uns wie ein Zirkelschluss erscheint, ist das normale Vorgehen im Häresieprozess. In Lausanne sah es noch so aus, wie wenn der Konverse diese Irrtümer „erfunden" (*adinvenit*) hätte und wie wenn die Klostervorsteher nur seine „Komplizen" gewesen wären, die sich seine Irrtümer zu eigen gemacht hätten (Art. 10–11). Diese werden als „untolerierbar und im Volk skandalös und verdächtig" bezeichnet; sie hätten im bernischen Volk fast einen Skandal und einen Aufstand ausgelöst, weil die einen sie für gut und die anderen sie für „falsche Erfindungen" und „simulierte Taten" hielten (Art. 12). Jetzers Irrtümer bestanden darin, dass er die Geister verstorbener Seelen, die für das bischöfliche Gericht offenbar bösartige Geister waren, gesehen und mit ihnen gesprochen haben wollte (Art. 15), was wohl auf den Geist des verstorbenen Priors Heinrich Kalpurg zu beziehen ist. Dann aber auch darin, dass er angeblich göttliche Visionen, insbesondere diejenigen der hl. Barbara und der unbefleckten(!) Jungfrau Maria gesehen und gehört sowie familiär mit ihnen verkehrt und gebetet und sie sichtbar berührt und betastet sowie sie zur Überprüfung der Wahrheit beschworen haben wollte (Art. 16). Demnach sind die Erscheinungen (hier: Visionen!) ebenfalls als Häresie zu wer-

---

10) Beilagen S. 608 f. Nr. 2, S. 610 Nr. 4 (1507, Okt 2, Nov 3; Bern an den Bischof von Lausanne).

11) Akten I S. 19: *Articuli et interrogatoria contra predictum Iohannem Iecher*(!) (undat; 1507, Nov 17). Zu den Listen mit „Irrtümern" vgl. auch UTZ TREMP, Von der Häresie, insbes. S. 451 ff.

ten; doch ist der Begriff wohl auch als Oberbegriff für all das zu gebrauchen, was Jetzer angeblich angestellt hatte bzw. was mit ihm angestellt worden war (Verwandlung der Hostie, Stigmata und Passionsspiel, Reliquien, blutweinende und sprechende Marienstatue, Art. 17–20). Dies alles sei nicht nur unglaublich, eitel und falsch und eher unmöglich als natürlich. Deshalb habe der im Juli 1507 nach Bern gerufene Bischof befürchtet, „dass aus diesen Irrtümern größere entstehen könnten" (*quod ex hiis erroribus maiores oriri possent*), und sowohl Jetzer als auch den Klostervorstehern verboten, dessen Passionsspiel weiter zu zeigen (Art. 20). Die Klostervorsteher hätten versprochen, dies künftig zu unterlassen (Art. 21), und trotzdem seien Jetzer und sie nur wenige Tagen später zur Veröffentlichung all dieser „Irrtümer" und anderer nicht geringerer geschritten, so dass die Anhäufung von Irrtümern fast zu einem Aufstand des Volks geführt hätte, das man nur mit Mühe von einem Sturm auf das Kloster habe abhalten können (Art. 22). Deshalb hätten Schultheiß und Rat von Bern den Konversen (im Herbst 1507) zum Bischof von Lausanne geschickt, um die Wahrheit herauszufinden und „die erwähnten Irrtümer wenn nötig mit der Folter auszurotten" (Art. 23)[12].

Im Hauptprozess waren die Klostervorsteher zu den „Erfindern der Irrtümer gegen den Glauben und die Kirche" (*errorum in fide et sancta matre ecclesia inventores*) geworden, und Jetzer zu ihrem Medium. Dies geht aus den Anklageartikeln hervor, die am 7. August 1508 gegen sie formuliert wurden. Seit eineinhalb Jahren hätten sie im Dominikanerkonvent in Bern „verabscheuungswürdige Verbrechen, Falschheiten, Missbräuche und neue Erfindungen" begangen, zum großen Skandal und Schisma nicht nur der Gemeinde von Bern, sondern der gesamten Kirche (Art. 2). Dem „Erfinden" bzw. den „Erfindern" von „Irrtümern" entspricht in etwa Murners Begriff der „Häresiarchen" (*De quattuor heresiarchis*); denn die Dominikaner waren nicht einfach Anhänger einer alten, bekannten Häresie (wie derjenigen der Katharer oder der Waldenser), sondern „Erfinder" von ganz neuen Häresien, die es erst zu fassen und zu definieren galt und die allem Anschein nach ein seltsames und noch nie gesehenes Konglomerat von verschiedensten Häresien darstellten. Sie hatten sich als besonders einfallsreich erwiesen und hielten zudem noch hartnäckig an ihren „Erfindungen" fest (*pertinaces in assertione dictorum errorum*). Indem die Dominikaner zu Häresiarchen wurden, wechselte auch Jetzer die Rolle: er war jetzt nicht mehr der Führer einer Sekte und sie waren nicht mehr seine Komplizen, sondern er war ihr Medium (Art. 2)[13]. Als Häresiarchen werden in der Geschichte

---

12) Akten I S. 19–23 Art. 1–25 (undat.; 1507, Nov 17).
13) Akten II/2 S. 158 f. (undat.; 1508, Aug 7).

der Häresien etwa Mani (216–276), Arius (um 260–327) und Pelagius († 418) bezeichnet, die Begründer der spätantiken Häresien des Manichäismus, des Arianismus und des Pelagianismus. Zu erinnern ist in diesem Zusammenhang auch an die Verurteilung von Jan Hus als „Häresiarch" auf dem Konzil von Konstanz 1415. Zeitlich und räumlich noch näher am Jetzerhandel situieren sich die Prozesse, die 1439 in Neuenburg von der dominikanischen Inquisition der Westschweiz geführt wurden. Dabei wurde einer der beiden als Hexer zum Tod verurteilten Männer als „Häretiker sowie verstockter und reueloser Häresiarch" (*hereticus et heresiarca obstinatus et impenitens*) bezeichnet, wahrscheinlich um die Schwere des damals neu erfundenen Verbrechens der Hexerei zu unterstreichen und wohl auch, weil die ganze Affäre einen politischen Hintergrund – den Kampf der Stadt Neuenburg gegen den Grafen von Neuenburg – hatte[14]. Es hat also durchaus einen historischen Sinn, wenn Murner die vier Klostervorsteher als „Häresiarchen" bezeichnet, auch wenn der Begriff sonst in den Quellen nirgends fällt.

Immer laut den Anklageartikeln gegen die Dominikaner hätten diese „erfunden und publiziert" (*adinvenerunt, finxerunt, fabricarunt ac publicaverunt*), dass Jetzer – hier wiederum als Medium bezeichnet – verschiedene Visionen, sowohl menschliche als auch teuflische, gehabt habe (Art. 5), und zwar zunächst den Geist des Heinrich Kalpurg (Art. 6 und 7). Indem sie verbreiteten, dass dieser Geist von Teufeln in der Form von Hunden begleitet war, hätten sie „Irrtümer auf Irrtümer gehäuft" (*errores erroribus cumulando*); denn die Teufel könnten Seelen im Fegefeuer, aber in Hoffnung auf die Gnade (*in spe gratie*), nicht quälen und hätten keine Macht über sie (Art. 8). Hier wird für einmal eine Erklärung geboten, warum eine „Erfindung" der Dominikaner nicht orthodox sei. Die Erscheinungen der Maria, der hl. Barbara und anderer Heiligen werden sowohl als „Visionen" als auch als „Erscheinungen" (*apparitiones*) bezeichnet (Art. 10, 12). Weiter hätten die Dominikaner verbreitet, dass Maria Jetzer befohlen habe, den Papst wissen zu lassen, dass sie in der Erbsünde empfangen sei (Art. 13), doch konnte diese Lehre nicht als häretisch bezeichnet werden, da die Entscheidung darüber noch nicht gefallen war. Sie hätten auch behauptet, dass die konsekrierte Hostie, die sie zu Jetzers Schutz in dessen Zelle getragen hätten, sich auf wunderbare Weise (*miraculose*) in eine blutige verwandelt hätte. Insbesondere aber hätten sie diese durch das Volk anbeten (*adorare*) lassen, was eindeutig als „Idolatrie" (Abgötterei) bezeichnet wird (Art. 15). Ebenso hätten

---

14) ANDENMATTEN/UTZ TREMP, De l'hérésie S. 95–98 und 114–118 Nr. 4a und b. Vgl. auch Olivier SILBERSTEIN, L'inquisiteur Ulric de Torrenté en terres neuchâteloises, procès de sorcellerie à la lumière des comptes seigneuriaux (1439–1443). Mémoire de licence en histoire médiévale, Université de Neuchâtel 2012 (masch.).

sie verbreitet, dass Jetzer seine Stigmata auf wunderbare Weise bekommen habe, wo sie ihm diese doch – und hier werden die Anklageartikel für einmal deutlich – selber verabreicht hatten (Art. 16). Das Passionsspiel, das Jetzer alle Tage zwischen elf und zwölf Uhr zum Besten gab, diente der Täuschung des Volkes (*ad decipiendum populum*) (Art. 17). Als dieser nicht mehr mitmachen und die Wahrheit offenbaren wollte, damit das Volk nicht weiterhin im Irrtum verharre, hätten sie ihn auf verschiedene Arten zu töten versucht: indem sie seine Nahrung und schließlich sogar die rote Hostie vergifteten, die er erbrochen habe (Art. 21–23). Weiter hätten sie in der ganzen Stadt Bern verbreitet, dass die hölzerne Marienstatue in der Kapelle ihrer Kirche blutige Tränen vergossen habe, weil sie den Erscheinungen der Maria nicht gehorcht und dem Papst nicht enthüllt hätten, dass diese in der Erbsünde empfangen worden sei (Art. 25 u. 26)[15].

Wir wissen nicht, ob der Verteidiger der Klostervorsteher die Anklageartikel gekannt hat, aber jedenfalls wandte er sich im Fragenkatalog, den er am 12. August 1508 vorlegte und nach dem die Zeugen des Hauptprozesses zu befragen waren (siehe Kap. II/2d), dagegen, dass diese einfach unbesehen als Häretiker abqualifiziert werden sollten. Jeder Zeuge sollte befragt werden, ob er die Klostervorsteher jemals für Betrüger, Häretiker und Fälscher (*pro deceptoribus, hereticis vel falsariis*) gehalten habe, bevor Jetzer sie dessen unrechtmäßig angeklagt habe, und ob er selber diese für Häretiker halte, und wenn Ja, warum (Art. 9 und 14)[16]. Es war nicht zuletzt dank diesem Fragenkatalog, dass das Gericht des Hauptprozesses herausfand, dass der Schmied Anton Noll vom Glaubensprokurator Ludwig Löubli selber inspiriert worden war, wenn er die Geschehnisse im Dominikanerkloster als „Betrügereien, falsche Fiktionen und erfundene Häresien" (*truffe, falsa figmenta et adinvente hereses*) abqualifizierte. Diese entschiedene Meinung scheint Löubli bereits kurz nach der Episode mit der blutweinenden Marienstatue (25. Juni 1507) geäußert zu haben, worauf er von den Klostervorstehern (am 23. August) vor den Rat gezogen worden war, aber dort seine Ansicht (*daß der handel [...] ein erdachte lotterî und ketzerî sîe*) nicht hatte widerrufen müssen, eine Tatsache, die nicht nur Noll, sondern auch Johann Schindler zum Kritiker der Dominikaner hatte werden lassen (siehe Kap. II/2d, Der Schmied Anton Noll, und Johann Schindler, Mitglied des Rats der Sechzig). Als nach dem offenen Ausgang des Hauptprozesses (7. September 1508) die Berner am 24. September 1508 wiederum an den Papst gelangten, um eine Wiederaufnahme des Verfahrens zu erreichen, sprachen sie nicht mehr, wie seinerzeit im Oktober und November 1507 in den Briefen

---

15) Akten II/2 S. 160–163 (undat.; 1508, Aug 7).
16) Akten II/2 S. 206 (undat.; 1508, Aug 12).

an den Bischof von Lausanne, nur von „Häresie" (die rote Hostie), sondern, von „Häresie und Idolatrie", wahrscheinlich um der Sache den nötigen Nachdruck zu verleihen; denn auf reiner Häresie (ohne Reuelosigkeit und Rückfälligkeit) stand nicht die Feuerstrafe, wohl aber auf „Häresie und Idolatrie", der Tatbestand des Hexenprozesses (im Unterschied zum Ketzerprozess) (siehe Einl. 2, Einleitung). Die Häresie könnte möglicherweise in den Begriff der Idolatrie eingegangen und darin aufgegangen – und deshalb hier so schwer zu fassen sein[17].

Festzuhalten ist, dass wir auf der Suche nach dem Begriff der „Häresie" (oder „Ketzerei") im Jetzerhandel auf ganz bestimmte Arten von Quellen stoßen, nämlich Briefe Berns an den Bischof von Lausanne und an den Papst sowie die Anklageartikel, zuerst diejenigen gegen Jetzer in seinem ersten Prozess und dann diejenigen gegen die Dominikaner im Hauptprozess, die beide letztlich von Seiten der jeweiligen Glaubensprokuratoren stammten, zu denen auch Löubli gehörte. Mit seiner frühen Aussage gegen die Dominikaner vom 23. August 1507 scheint dieser gewissermaßen die Anklage vorausgenommen zu haben. Die Glaubensprokuratoren aber sind die jeweiligen Ankläger, ebenso wie, wenn auch unbedarfter, der Rat von Bern in seinen Briefen an den Bischof von Lausanne und den Papst. Dagegen scheinen die bischöflichen Richter mit dem Begriff der Häresie wesentlich vorsichtiger umgegangen zu sein, so dass man ihn denn im Schlussurteil gegen die Dominikaner auch nicht auf Anhieb findet, sondern eben suchen muss. In gewisser Weise bleibt „Häresie" – oder eben auch „Ketzerei" – ein Oberbegriff für alles, was die Dominikaner getan hatten.

Marienerscheinungen im Mittelalter

Es ist hier nicht möglich, auf all die Erscheinungen der Jungfrau Maria – und anderer Heiliger – im Jetzerhandel zurückzukommen (siehe Anh. 3), auch wenn es sehr verlockend wäre. Hier nur so viel: Jetzers Marienerscheinungen kennen drei verschiedene Formen: zunächst einmal die „normalen" und häufigsten Erscheinungen der Maria in Jetzers Zelle, die vielleicht nicht zufällig an Mariä Verkündigung (25. März 1507) einsetzten und die – durch die Gucklöcher in den Zellenwänden – nur für die Angehörigen des Konvents zugänglich waren. Die einzige Ausnahme bildet der viel zu frühe Besuch des Goldschmieds Martin Franke und des Glasers Lukas am Vorabend

---

[17] Beilagen S. 630–632 Nr. 33 (1508, Sept. 24), vgl. auch OSTORERO, Crimes et sanctions S. 30–32, sowie Franck MERCIER / Isabelle ROSÉ, Vers une marginalisation de l'hérésie (conclusion), in: DIES. (dir.), Aux marges de l'hérésie. Inventions, formes et usages polémiques de l'accusation de l'hérésie au Moyen Âge (Coll. „Histoire", 2017) S. 353–364, hier S. 363.

von Ostern (4. April) 1507, bei dem die Klostervorsteher improvisieren mussten (siehe Kap. II/3c, Der Goldschmied Martin Franke und der Glaser Lukas). Er war kein Erfolg und wurde deshalb wohl auch nicht wiederholt; es wäre zu riskant gewesen, weitere auswärtige Besucher als Zuschauer zu den nächtlichen Auftritten der Maria in Jetzers Zelle zuzulassen; es war viel besser, nur davon zu erzählen, wenn auch vielleicht weniger wirksam. Auf die Länge reichte es jedenfalls nicht, so dass die Dominikaner im Sommer 1507 zu einer anderen Form der Erscheinung greifen mussten, zur blutweinenden Marienstatue. Damit taten sie einen radikalen Schritt an die Öffentlichkeit; denn diese Statue stand zwar in der gleichnamigen Kapelle im Chor der Dominikanerkirche, wurde aber, wie den Klostervorstehern sehr wohl bewusst war und wie der Lesemeister in seiner Bekenntnisschrift schreibt, „vom Volk verehrt" (*a vulgo veneratur*)[18]. Außerdem hatte diese den Vorteil, dass es sich um eine Pietà handelte, also um Mutter und Sohn, so dass man die beiden einen Dialog führen lassen konnte, der sich um die Ehre der unbefleckten Empfängnis drehte, welche die Mutter ihrem Sohn nicht wegnehmen wollte. Die blutweinenden Tränen ließen sich freilich nicht „live" inszenieren, sondern waren nur gemalt, so dass man sie Jetzer und den herbeiströmenden Leuten suggerieren musste (siehe Kap. II/2b, Die blutweinende Marienstatue). Es ist vielleicht kein Zufall, wenn der Chronist Werner Schodoler meint, die Dominikaner hätten Blut in die Marienstatue gegossen, so dass es dieser zu den Augen herausgelaufen sei (siehe Kap. II/3e, Der Jetzerhandel in der Chronik des Werner Schodoler) – die Suggestion scheint dem Chronisten nicht genügt zu haben. Als Nachteil erwies sich weiter, dass das Gespräch zwischen Mutter und Sohn in der vorhergehenden Nacht stattgefunden haben musste und sich auch nur durch Erzählen reproduzieren ließ, mit dem scheinbar unbeweglichen Jetzer auf dem Marienaltar als Medium und Zeuge.

Nichtsdestoweniger schien die blutweinende Marienstatue zunächst ein voller Erfolg gewesen zu sein und den ersehnten Durchbruch gebracht zu haben. Dies geht nur schon aus der Tatsache hervor, dass sehr viele Zeugen des Hauptprozesses erst bei dieser Gelegenheit, im Sommer 1507, mit dem Jetzerhandel überhaupt in Berührung gekommen waren, der bereits Anfang 1507 mit den Erscheinungen des Geists eingesetzt hatte. Andererseits durfte die eigentliche Botschaft, die befleckte Empfängnis, nicht beim Namen genannt werden, weil sonst jedermann und jedefrau gewusst hätte, was hier gespielt wurde – das eigentliche Handikap des Jetzerhandels – und musste durch Orakel (Vinzenzstift, Pensionen) ersetzt werden, welche die Berner wesentlich mehr beunruhigten als die Empfängnis, befleckt oder unbefleckt.

---

18) Akten II/2 S. 236 (undat., 1508, Aug 31; Lesemeister, Bekenntnisschrift).

Trotzdem drang, gerüchteweise, auch die eigentliche Botschaft durch und brachte die Dominikaner um ihren Erfolg (siehe Kap. II/2d, Die *Fama* des Jetzerhandels). Nach einigen Höhepunkten Ende Juni 1507 ging es im Monat Juli abwärts: mit dem Besuch der Abgesandten des Provinzials (am 9. Juli) und demjenigen des Bischofs von Lausanne (am 21. Juli), so dass die Dominikaner Ende Juli Jetzers Stigmata zum Verschwinden bringen mussten. Am 23. August 1507 hielt Löubli vor dem Rat an seiner Behauptung fest, dass der Jetzerhandel eine „erdachte Ketzerei und Lotterei" sei, und Anfang September unternahmen die Dominikaner einen letzten Anlauf, der sich mit dem Etikett der Verschwörung in der Marienkapelle versehen lässt. Das Ergebnis war die Maria, die in der Nacht vom 12. auf den 13. September 1507 auf dem Lettner der Dominikanerkirche erschien und die noch einmal eine andere Form von Marienerscheinung darstellte: eine gekrönte Maria, die sich mit Mariä Aufnahme in den Himmel (15. August) in Verbindung bringen lässt. Diese Erscheinung war halböffentlich angelegt: nicht im Dormitorium, sondern auf dem Lettner und vor vorsorglich eingeladenen und sorgfältig ausgewählten Zeugen, den Chorherren Johann Dübi und Heinrich Wölfli, die sich denn auch täuschen ließen (siehe Kap. II/1b, Die Chorherren Johann Dübi und Heinrich Wölfli). Dagegen ließ Jetzer, der die Verschwörung in der Marienkapelle belauscht hatte, sich nicht mehr in die Irre führen, und so wurde auch diese Erscheinung, die als Triumph geplant war, zu einem Fiasko (siehe Kap. II/2b, Die Verschwörung der Klostervorsteher in der Marienkapelle und die Erscheinung der gekrönten Maria auf dem Lettner der Dominikanerkirche).

Wenn wir kurz auf die Geschichte der Marienerscheinungen im Mittelalter eingehen, so tun wir dies aufgrund von Arbeiten der französischen Mediävistin Sylvie Barnay, auch wenn diese nicht in jeder Hinsicht zufriedenstellend sind. Das Interesse an Barnays Arbeiten liegt nicht zuletzt darin, dass sie den Jetzerhandel kennt, allerdings nur schlecht: sie erzählt ihn entlang den Holzschnitten, die erstmals der *Falschen History*, der deutschen Übersetzung des Defensoriums, beigegeben sind und die in der Mehrheit von Urs Graf stammen, und zieht die Akten der Jetzerprozesse nur sehr eklektizistisch heran[19]. Die ersten Marienerscheinungen kamen Ende des 4. nachchristlichen Jahrhunderts in der griechischen Ostkirche auf – nachdem das Christentum Staatsreligion geworden war und sich mit den ersten Häresien konfrontiert sah; in der Folge wurden nur Marienerscheinungen geduldet, welche die offizielle Linie unterstützten. Seit dem Jahr 500 nahmen diese in der Ostkirche zu, während sie in der Westkirche noch bis ins

---

[19] BARNAY, Le ciel sur terre S. 179–182, vgl. auch DIES., Les apparitions de la Vierge, und L'affaire de Berne (2012).

8. Jahrhundert spärlich blieben. Im 10. Jahrhundert erschien die Jungfrau Maria vor allem den Bischöfen, die nach dem Zerfall des karolingischen Reichs zu wichtigen Stützen der ottonischen Gesellschaft geworden waren, dann aber, seit der zweiten Hälfte des 11. Jahrhunderts, ebenfalls den Mönchen, zunächst vor allem als Vermittlerin eines guten Todes, dann aber auch – insbesondere den Cluniazensern und den Prälaten der gregorianischen Reform – als Fürbitterin. Seit dem 12. Jahrhundert nahmen die Marienerscheinungen und -wunder fast exponentiell zu, vor allem in England und im Norden Frankreichs, wo sich ausgedehnte Wallfahrten zu Marienheiligtümern (Laon, Tours, Chartres, Soissons) entwickelten, die ihre Wunder in umfangreichen Wundersammlungen aufzeichnen ließen und sich gegenseitig Konkurrenz machten. Auch an der Kathedrale von Lausanne entwickelte sich seit dem 12. Jahrhundert eine regional bedeutsame, bis Bern und darüber hinaus ausstrahlende Marienwallfahrt samt Mirakelsammlung[20].

Im 12. Jahrhundert entfalteten insbesondere die Zisterzienser eine große Marienfrömmigkeit, die ihnen seit dem 13. Jahrhundert von den neugegründeten Bettelorden streitig gemacht wurde. Jeder Orden wollte sein Ordenskleid von der Jungfrau Maria persönlich erhalten haben, so an erster Stelle die Dominikaner. Die Gottesmutter wurde zu einer fast ständigen Erscheinung in den Dormitorien von Zisterzienserklöstern und Dominikanerkonventen und kümmerte sich vor allem um die Novizen[21] – im Grund ist hier schon die ganze Situation des Jetzerhandels vorausgenommen bzw. wird in diesem lediglich nachgestellt. Auch im Berner Dominikanerkonvent gab es eine Darstellung der Übergabe des Ordenskleides an den Dominikanerorden durch Maria, und zwar im Sommerrefektorium, das anlässlich des Provinzialkapitels, das 1498 in Bern stattgefunden hatte, eigens zu diesem Zweck ausgemalt worden war[22].

Im Spätmittelalter verlagerte sich das Gewicht von der „Nachfolge Christi" (*imitatio Christi*) auf dessen Kindheit und Passion. Bei beiden kam der Mutter Gottes eine herausragende Rolle zu, bei der Kindheit noch mehr

---

20) Vgl. TREMP, Wunder und Wallfahrt.
21) BARNAY, Le ciel sur terre S. 16, 23, 25 f., 27, 35 f., 38–42, 46–52, 67 f., 76–84, 87 f., 96–98, 101, 201, 204 f., 212 f. Vgl. auch SIGNORI, Maria zwischen Kathedrale, Kloster und Welt, die sich allerdings mehr mit den Marienwundern allgemein als mit den Marienerscheinungen befasst. Zur Marienverehrung bei den Cluniazensern vgl. Dominique IOGNA-PRAT, Politische Aspekte der Marienverehrung in Cluny um das Jahr 1000, in: OPITZ u. a. (Hg.), Maria in der Welt S. 243–251, und bei den Zisterziensern SIGNORI, „Totius ordinis nostri patrona et advocata": Maria als Haus- und Ordensheilige der Zisterzienser, ebd. S. 253–277.
22) GUTSCHER-SCHMID, Nelken statt Namen S. 106, vgl. auch CÁRDENAS, Genealogie und Charisma S. 318 f. u. 326.

als bei der Passion. Diese Ideale waren nun auch den Laien und insbesondere den Frauen zugänglich. Seit der zweiten Hälfte des 13. Jahrhunderts nahmen die Visionen und Erscheinungen der Jungfrau Maria noch einmal zu, und sie dienten auch einem neuen Heiligenideal, das indessen von der Kirche im Kanonisationsprozess immer stärker kontrolliert wurde. Bei der Nachahmung des Leidens Christi waren die Franziskaner führend, hatte doch ihr Gründer, Franz von Assisi († 1226), als allererster die Stigmata erhalten und damit den hl. Dominikus um einiges hinter sich gelassen[23] – ein Rückstand, den die Dominikaner mit Jetzers Stigmata und seinem Passionsspiel aufzuholen suchten (siehe Kap. II/5b, Jetzers Stigmata und Passionsspiel). Seit Anfang des 15. Jahrhunderts wurden die Erscheinungen und Wunder der Maria zunehmend in Zweifel gezogen, vor allem seit diese (seit etwa 1300) vermehrt auch von Kritikern der Kirche in Dienst genommen wurden. Als Reaktion darauf entwickelte diese ein System zur „Unterscheidung der Geister" (frz. discernement des esprits), das in seinen Grundzügen bereits auf den Kirchenvater Augustin zurückging und im 12. Jahrhundert wieder aufgegriffen wurde. Dabei wurden die Mönche und insbesondere die Novizen sowie die Nonnen zu spiritueller Wachsamkeit angehalten. Als Mittel der Unterscheidung zwischen echten und falschen Marienerscheinungen diente nicht zuletzt das Ave Maria. Um „echt" zu sein, musste eine Erscheinung mindestens drei Mal erscheinen – eine Anforderung, die im Jetzerhandel kein größeres Problem darstellte ... In der Folge wurden immer mehr Traktate über die „Unterscheidung der Geister" geschrieben und wurden die Ansprüche an diese immer höher[24]. Es genügte nicht mehr, dass eine Erscheinung einfach erschien, sie musste auch noch ein Wunder vollbringen. Erscheinungen und „Unterscheidung der Geister" führten zu einer „Inflation des Übernatürlichen" (frz. inflation du surnaturel)[25], wie sie sich auch im Jetzerhandel feststellen lässt (siehe Kap. II/5b). Wie wir bereits gesehen haben, wandten die Dominikaner von Bern im Jetzerhandel das System der „Unterscheidung der Geister" in raffinierter Weise an ihren eigenen Erscheinungen an bzw. ließen es durch Jetzer anwenden, der u. a. der ihm erscheinenden Maria drei Mal ins Gesicht spucken musste; damit versuchten sie, allfällige Zweifel an den Erscheinungen zum Vornherein aus dem Weg zu räumen. Als ihnen die Erscheinung mit dem Schwebezug verunglückte, versuchten sie sich damit herauszureden, dass sie hätten prüfen wollen, ob

---

23) BARNAY, Le ciel sur terre S. 93–114. Vgl. auch RUBIN, Mother of God, insbes. S. 197 ff.

24) BARNAY, Le ciel sur terre S. 93–114, 146–152, vgl. auch CACIOLA, Discerning Spirits. Zum Ave Maria als Mittel zur Unterscheidung der Geister vgl. auch SIGNORI, „Totius ordinis nostri patrona et advocata" S. 262.

25) BARNAY, Le ciel sur terre S. 153.

der Konverse wahre von falschen Erscheinungen unterscheiden könne ... (siehe Kap. II/2b, Die Erscheinungen der hl. Barbara und der Jungfrau Maria, und Die Ent-Larvung Marias und der Engel auf dem Schwebezug). Seit dem Ende des 14. Jahrhunderts kam es zu einer wahren Flut von Erscheinungen. Was sie vor allem auszeichnete, war, dass sie immer mehr einfachen Leuten zuteil wurden, wahrscheinlich weil man den Gebildeten zunehmend misstraute. So einem armen Bauern auf dem Acker, einer Hirtin von zehn oder elf Jahren, einer Dienstmagd, einem Arbeiter auf dem Feld, kurz: einfachen Leuten vom Land, wie letztlich bei der Geburt Jesu den Hirten auf dem Feld (Luc 2,8 ff.). Diesen Armen und Kleinen kam eine Art von „evangelischer Glaubwürdigkeit oder Legitimität" (frz. crédibilité oder légitimité évangélique) zu, welche die Gelehrten längst verspielt hatten. In diese Reihe gehören auch Jeanne d'Arc und ihre Vorgänger- und Nachfolgerinnen[26] und – *last but not least* – Johann Jetzer, ein einfacher Konversenbruder. Wir erinnern uns an die Antwort des Lesemeisters auf den Einwurf, der angeblich von einer Frau wohl aus der Stadt Bern kam, dass man ihm oder einem anderen der Klostervorsteher eher glauben würde als Jetzer: Nein, denn man würde sagen, sie hätten es aus Büchern oder Schriften (siehe Kap. II/2b, Warum gerade Jetzer?). Auch das Defensorium, das ja ursprünglich als Wunderbericht gedacht war, setzte voll auf diese Tendenz, indem es in Entzücken darüber ausbrach, dass Jetzer, der nicht nur ungebildet (*idiota*) und kaum ein halbes Jahr im Orden war, die Unterschiede zwischen Erbsünde sowie lässlicher und Todsünde so rasch begriff, zum Beweis dafür, dass Gott die Weisheit der Klugen durch die Dummen und Schwachen überführen wolle (*quod per stulta et infirma Deus confundere intendat [...] prudentum sapientia*) (siehe Kap. I/2d)[27]. Der Fortsetzer des Defensoriums, Prior Werner von Basel, selber im Besitz des Titels eines Magisters (oder Doktors) in Theologie, inszenierte bei seinem ersten Aufenthalt im Dominikanerkonvent in Bern (11.–19. April 1507) einen regelrechten Rollentausch mit dem Konversen. Er ließ sich von diesem trösten und belehren und den Unterschied zwischen dem „wahren" und „wunderbaren" Blut Christi erklären und wunderte sich, dass ein „bäuerischer und ungebildeter Mann (*homo rusticus et idiota purus*)" diesen Unterschied, den selbst die Gebildeten kaum kannten, so gut erklären konnte, und freute sich über die Gnade Gottes in einem so „kleinen Mann" (*in homine exili*) (siehe Kap. I/3a)[28]. Nachdem die ganze Geschichte aufgeflogen war und Jetzer die Klostervor-

---

26) BARNAY, Le ciel sur terre S. 168–172, vgl. auch VAUCHEZ, Les laïcs au Moyen Age S. 277–281 Chap. XXIV: Jeanne d'Arc et le prophétisme féminin des XIVe et XVe siècles.
27) Def. S. 566 Kap. I/20.
28) Def. S. 576 Kap. II/4.

steher am 14. Januar 1508 vor dem Rat in Bern anklagte, nannte Prior Werner ihn dann freilich dumm, lächerlich, anmaßend und unehrerbietig, ohne indessen zu verschweigen, dass viele in der Stadt ihn weiterhin für „einfach" und „gut" hielten (siehe Kap. I/3e)[29].

Der Jetzerhandel, der in den Jahren 1508 und 1509 an der Kurie hängig war, könnte u. U. auch einen Einfluss darauf gehabt haben, dass das Fünfte Laterankonzil (1512–1517) ein ganzes Gesetzeswerk ausarbeitete, um die Anerkennung von Erscheinungen zu beschränken: diese sollte in Zukunft dem Heiligen Stuhl vorbehalten sein, und bevor dieser entschieden hatte, durften keine solchen bekanntgemacht werden. Ein halbes Jahrhundert später wies das Konzil von Trient (1545–1563) auch noch den Ortsbischöfen ihren Platz in diesem Regelwerk zu. Einen ganz anderen Weg ging die protestantische Reform, die Glauben ohne Sehen verlangte („croire sans voir")[30]. Auf der katholischen Seite gingen die Marienerscheinungen auch in der Neuzeit weiter; sie wurden auch weiterhin vor allem „Einfachen", Hirtinnen und Kindern, zuteil – bis zu Bernadette Soubirous, die im Jahr 1858 – vier Jahre nachdem die unbefleckte Empfängnis zum Dogma erklärt worden war – die Erscheinungen der (unbefleckten!) Maria von Lourdes hatte[31].

b) Sakrileg: der Diebstahl der Kleinodien aus der Marienkapelle in der bernischen Dominikanerkirche

Im Urteil des geistlichen Gerichtshofs, wie es in den Prozessakten wiedergegeben wird, steht an zweiter Stelle das Sakrileg (*necnon sacrilegium*), das von Anshelm wahrscheinlich zu wörtlich mit „der heilikeit verletzung" wiedergegeben wird und das im Urteil des weltlichen Gerichtshofs ganz zu fehlen scheint, und ebenso auch im Defensorium. Dabei ist ein Sakrileg eindeutig ein Kirchendiebstahl und ein *sacrilegus* ein Kirchendieb, und beides bezieht sich auf den Diebstahl der Kleinodien aus der Marienkapelle, den die beiden Seiten sich gegenseitig in die Schuhe zu schieben versuchten. Als Jetzer angeblich als derjenige entlarvt wurde, der die Kleinodien gestohlen

---

29) Def. S. 592 Kap. III/6.
30) BARNAY, Les apparitions S. 72, vgl. auch DIES., Le ciel sur terre S. 183 u. 219. Laut BALZAMO, Les miracles S. 263 ff., scheint die Kontrolle der Erscheinungen und Wunder durch die Bischöfe im Gefolge des Tridentinums bis nach 1600 nicht wirklich gegriffen zu haben.
31) BARNAY, Le ciel sur terre S. 201 ff., vgl. auch DIES., Les apparitions S. 77 ff. Zu Lourdes vgl. auch RUBIN, Mother of God S. 414, 417, und SCHREINER, Maria, Jungfrau S. 112 ff.

hatte, brach der Prior von Basel, Werner von Selden, im Defensorium in Jammern aus: „Welcher Kirchendieb und Strolch, welcher schlechter Lügner (*Ecce sacrilegum ribaldum, mendacem pessimum*)!"[32] In seinem Artikelverhör vom 8. August 1508 (morgens) bezeichnet auch der Lesemeister Jetzer als „Kirchendieb und Räuber" (*sacrilegus et fur*), und man kann sich vorstellen, dass er dieses Argument dem Verteidiger der Dominikaner weitergegeben hat, der Jetzer in seinen am 17. August 1508 vorgelegten Anklageartikeln vorwirft, dass er die Klostervorsteher erst denunziert habe, nachdem er begriffen habe, dass sein Kirchendiebstahl (*furtum et sacrilegium*) entdeckt worden sei, ein Argument, das bereits im Defensorium aufgeführt ist[33]. In seinem Folterverhör vom 1. September 1508 musste der Schaffner zugeben, dass er selber – im Auftrag seiner „Mitverschworenen" – die Kleinodien gestohlen und der Lesemeister einige davon Jetzer in die Hände gespielt habe, damit man ihn des „Diebstahls und des Kirchendiebstahls (*de furto et sacrilegio*)" anklagen könne[34]. Entsprechend figuriert das Verbrechen des Kirchendiebstahls im Urteil des geistlichen Gerichts gegen die Dominikaner und nicht in demjenigen gegen Jetzer; es hatte während der Jetzerprozesse allmählich die Seite gewechselt.

Dabei ist ein „Sakrileg" mehr als ein Diebstahl, nämlich ein Kirchenraub, und deshalb besonders verwerflich. Während des ganzen Mittelalters hatte „Sakrileg" eine doppelte Bedeutung. Im eingeschränkten Sinn handelte es sich um den Diebstahl eines heiligen Objekts und im weiteren Sinn um einen Angriff auf Güter der Kirche. Im übertragenen Sinn bedeutete es eine Verletzung des Heiligen überhaupt (was Anshelms wörtliche Übersetzung rechtfertigt). Am Ende des Mittelalters kam es zu einer gewissen Banalisierung des Sakrilegs, indem auch Flüche gegen Gott oder die Jungfrau – also gewissermaßen Blasphemien – als Sakrilegien beurteilt wurden, allerdings in der Regel nicht von geistlichen, sondern eher von weltlichen Gerichten[35]. Nichtsdestoweniger geht es im Fall des Jetzerhandels eindeutig um ein Sakrileg im ursprünglichen Sinn und also nicht um eine Banalität, und dies umso weniger, als schon ein ganz gewöhnlicher Diebstahl am Ende des Mittelalters (in Freiburg und Lausanne) insbesondere im Wiederholungsfall mit

---

32) Def. S. 586 Kap. III/2, siehe auch Kap. I/3c.
33) Akten II/2 S. 169 Nr. 27 (1508, Aug 8, morgens; Lesemeister, Artikelverhör), S. 216 Nr. 23 (undat., 1508, Aug 17; Anklageartikel des Verteidigers), vgl. auch Def. S. 594 Kap. III/7.
34) Akten II/2 S. 272 Nr. 71 (1508, Sept 1; Schaffner, Folterverhör).
35) Patrick HENRIET, Art. Sacrilège, in: Dictionnaire encyclopédique du Moyen Âge 2 (1997) S. 1357 f., vgl. auch Jacques CHIFFOLEAU, Les justices du pape. Délinquance et criminalité dans la région d'Avignon au quatorzième siècle (Publications de la Sorbonne, Série „Histoire ancienne et médiévale" 14, 1984) S. 203–207.

dem Tod (am Galgen) bestraft werden konnte[36]. Der Vorwurf des Kirchendiebstahls scheint am Anfang der Jetzerprozesse eine recht große Rolle gespielt zu haben. Bei seinem Verhör vom 22. November 1507 in Lausanne hatte Jetzer ihn gegen die Klostervorsteher erhoben, und diese Nachricht hatte ihren Weg rasch nach Bern gefunden, wo Prior Werner von Basel am 9. Dezember 1507 von zwei Mitgliedern des Rats und dem Stadtschreiber Niklaus Schaller damit konfrontiert wurde[37]. In der Folge wurde am 12. Dezember 1507 in Bern der Schuhmacher Johann Koch, der die Kleinodien für Jetzer hatte umarbeiten lassen, als Zeuge verhört, und dieser am 21. Dezember immer noch in Lausanne wiederum mit dessen Aussage konfrontiert, ohne dass klar geworden wäre, wer den Diebstahl begangen hatte[38]. Auch die Gegenüberstellungen von Jetzer und den vier Klostervorstehern vor dem Rat am 7. und am 31. Januar 1508 brachten keine Klärung[39], noch Jetzers Folterverhöre vom 5. und 7. Februar; es stand weiterhin Aussage gegen Aussage[40].

Die Wahrheit kam erst im Hauptprozess ans Licht, als Jetzer am 4. August 1508 ausführlich über den Diebstahl der Kleinodien befragt wurde und dabei aussagte, dass der Lesemeister ihm mehr als eine Handvoll Kleinodien angeboten habe, um sich sein Schweigen über die schiefgelaufenen Erscheinungen zu erkaufen, dass er sich aber nicht habe bestechen lassen, sondern die Kleinodien redlich bezahlt und daraus tatsächlich vier silberne Ringe für seine Brüder habe machen lassen. Als Jetzer mit dem Lesemeister noch am Verhandeln war, hätten sie Schritte gehört und der letztere habe ihm befohlen, wenn jemand käme und ihn fragte, woher er die Kleinodien habe, solle er sagen, er habe sie aus seiner Heimat, und als dann tatsächlich der Chorherr Heinrich Wölfli eingetreten sei, habe er mit der „Einfalt von Tauben" (*columbina simplicitate ductus* – Matth. 10,16) getan, wie ihm geheißen[41]. Was Jetzer nicht wusste, war, dass selbst Wölflis Besuch nicht zufällig, sondern von den Klostervorstehern herbeigeführt worden war. Der Prior musste in seinem Verhör vom 29. August 1508 zugeben, dass Jetzer am Diebstahl der Kleinodien unschuldig war, auch wenn der Lesemeister ihm einige in die Hände gespielt hatte, damit man ihn, wenn er entfliehen sollte, als Kirchen-

---

36) GYGER, L'épée et la corde S. 212 f., 218; DORTHE, Brigands S. 232–235, 240 f., 260–265.
37) Akten I S. 32 Nr. 109 (1507, Nov 22; Jetzer); Def. S. 586 Kap. III/2.
38) Akten I S. 39 f. (1507, Dez 12; Zeugenaussage Koch), S. 41 f. (1507, Dez 21; Jetzer).
39) Beilagen S. 616 (1508, Jan 7; Jetzer), vgl. Def. S. 589 Kap. III/4 und S. 594 (Kap. III/7).
40) Akten I S. 46 Nr. 146 (1508, Feb 5; Jetzer, Folterverhör), vgl. Def. S. 597 Kap. III/9; Akten I S. 49 Nr. 155 (1508, Feb 7; Jetzer, Folterverhör).
41) Akten II/1 S. 124–126 Nr. 314–321 (1508, Aug 4; Jetzer).

dieb verschreien könnte. Der Lesemeister musste in seinem Verhör vom 31. August 1508 bestätigen, dass der erste Diebstahl bereits im Juli 1507 stattgefunden hatte, und zwar durch den Schaffner, und dieser wiederum berichtete am 1. September 1508 von zwei Diebstählen, beide von ihm durchgeführt, einen im Juli 1507 und den anderen anlässlich der Verschwörung in der Marienkapelle, die auf Anfang September 1507 anzusetzen ist[42]. Nichtsdestoweniger ließ man im Revisionsprozess noch einmal den Schuhmacher Johann Koch als Zeugen aussagen und neu auch den Chorherrn Heinrich Wölfli auf diesen Punkt hin befragen (siehe Kap. II/3c). Bei diesem Aufwand ist erstaunlich, dass das weltliche Gericht diesem Anklagepunkt überhaupt nicht Rechnung trug und ihn damit wie eine innerklösterliche Angelegenheit zu behandeln schien, ähnlich wie möglicherweise auch die wiederholten Vergiftungsversuche an Jetzer.

c) Vergiftung: die wiederholten Vergiftungsversuche an Jetzer

Im Urteil des geistlichen Gerichtshofs steht der Anklagepunkt „Vergiftung (*veneficium*)" an dritter Stelle nach den häretischen „Illusionen" und dem Sakrileg, und vor der Idolatrie und der Absage an Gott (und Anrufung von Dämonen), also in der Mitte. Dagegen fehlt dieser Punkt im Urteil des weltlichen Gerichts, vielleicht weil dieses die wiederholten Vergiftungsversuche der Dominikaner an Jetzer gewissermaßen als eine konventsinterne „Familiensache" betrachtete, als eine Auseinandersetzung zwischen Jetzer und den Klostervorstehern. Allerdings sind die Übergänge zwischen Vergiftung und Verzauberung im Spätmittelalter fließend, gerade weil ein Vergiftungsversuch damals noch nicht leicht nachgewiesen werden konnte[43], doch ist auch im Fall der Vergiftung – wie in demjenigen des Sakrilegs – der Tatbestand im Jetzerhandel sehr konkret: die Klostervorsteher haben tatsächlich mehrmals versucht, Jetzer zu vergiften, zuerst mit Gift im Essen und dann auch in der roten Hostie. Entsprechend steht der Anklagepunkt der Vergiftung im vierten Teil des Defensoriums sogar an erster Stelle, vielleicht nicht zuletzt, weil sich an diesem Punkt die Mitschuld der Oberdeutschen Dominikanerprovinz – die für den Herausgeber des Defensoriums Realität war – recht gut zeigen lässt; denn nachdem Jetzer sich (im Mai 1507) über den ersten Vergiftungsversuch beim Provinzial beklagt hatte, beschlossen die Klos-

---

42) Akten II/2 S. 251 f. Nr. 45 (1508, Aug 31; Lesemeister, Folterverhör), S. 272 f. Nr. 70–73 (1508, Sept 1; Schaffner, Folterverhör), S. 291 Nr. 34 (1508, Aug 29; Prior, Folterverhör). Bestätigung durch den Subprior: ebd. S. 317 Nr. 49 (1508, Sept 2; Subprior, Folterverhör).
43) COLLARD, Veneficiis vel maleficiis, *passim*.

tervorsteher zusammen mit dem Provinzial und mit Prior Werner von Basel, dass Jetzer nun erst recht durch Gift aus der Welt geschafft werden müsse.

Die Geschichte der Vergiftungsversuche an Jetzer – zuerst mittels seiner Nahrung und dann mittels der vergifteten Hostie – ist so lang, dass wir hier nur die wichtigsten Punkte herausgreifen können. In Jetzers Prozess von Lausanne und Bern ist davon noch nicht die Rede – dieser kam erst in seinen Verhören von Anfang August 1508 (im Hauptprozess) in großer Ausführlichkeit auf die vergiftete Suppe zu sprechen, die ihm angeblich um Fronleichnam (3. Juni) 1507 herum serviert worden war und an der schließlich fünf junge Wölfe eingegangen seien. Von dieser Suppe habe er (am 9. Juli 1507) auch den Abgesandten des Provinzials (Peter Sieber), Magnus Wetter und Paul Hug, erzählt, doch sei er dafür nur gescholten und vom ersteren mit Schlüsseln ins Gesicht geschlagen worden. Als Jetzer (Anfang September 1507) ein geheimes Gespräch der vier Klostervorsteher in der Marienkapelle belauschte, hörte er zu seinem Erstaunen, dass der Subprior ihm schon fünf Mal Gift ins Essen gemischt habe und dass auch die rote Hostie, die ihm am 25. Juni 1507 auf dem Marienaltar gereicht worden war, vergiftet gewesen sei[44]. Entsprechend steht in den Anklageartikeln gegen die Klostervorsteher, die am 7. August 1508 vom Glaubensprokurator vorgelegt wurden, dass diese Jetzer, als er nicht mehr mitmachen wollte, mehrmals zu vergiften versuchten und dass auch die rote Hostie vergiftet gewesen sei, doch wurden diese Artikel (Art. 21–23) von allen vier Angeklagten in ihren Artikelverhören zurückgewiesen (siehe Kap. II/2c)[45].

Am 29. August 1508 gestand dann aber der Prior, dass der Beschluss, Jetzer zu töten, bereits im Mai 1507 (kurz nachdem Jetzer am 7. Mai die übrigen vier Stigmata bekommen hatte) gefasst worden sei, und zwar von allen vier Klostervorstehern gemeinsam. Diese Aussage wurde wenig später (am 2. September 1508) vom Subprior bestätigt; dieser bekannte, dass die Suppe mit Arsen vergiftet gewesen sei, dass er es aber auch einmal mit Merkur versucht habe, und dass einmal die jungen Wölfe und einmal die Klosterkatze hätten daran glauben müssen, die einmal von Jetzer und das andere Mal von ihm selber als Versuchstiere benutzt worden seien[46]. Darauf wurde am 4. September 1508 wiederum der ehemalige Konverse befragt, und da sahen die Dinge noch einmal anders aus! Dieser berichtete nämlich, dass im Monat Mai 1507 der Provinzial (Peter Sieber), Magnus Wetter, Paul Hug, Prior

---

44) Akten II/1 S. 115–117 Nr. 277–281, S. 135 Nr. 369 (1508, Aug 2, 5; Jetzer).
45) Akten II/2 S. 162 f. Nr. 21–23 (undat.; 1508, Aug 7).
46) Akten II/2 S. 289 Nr. 26 (1508, Aug 29; Prior, Folterverhör), S. 316 f. Nr. 46–48 (1508, Sept 2; Subprior, Folterverhör).

Werner von Basel und andere Dominikaner nach Bern gekommen seien und er sich bei ihnen über die missglückte Erscheinung der Jungfrau Maria auf dem Schwebezug (15. April 1507) beklagt habe. Sie hätten ihn beschwichtigt und seien nach Lyon weitergereist, wo das Generalkapitel stattfinden sollte. Kurz darauf muss der erste Vergiftungsversuch (mit der Suppe) an Jetzer stattgefunden haben, denn als die Dominikaner auf der Rückreise von Lyon (am 16. Mai 1507) wieder in Bern vorbeikamen, habe er sich wiederum bei ihnen beschwert, diesmal über den Vergiftungsversuch, der demnach vor Fronleichnam (3. Juni) stattgefunden haben muss. Der Provinzial habe so getan, wie wenn er Jetzers Klage ernst nähme und eine Untersuchung anstellen wollte, aber dabei – natürlich – nichts herausgefunden; denn laut einer Aussage, die der Prior ebenfalls am 4. September 1508 machen musste, waren die Dominikaner selber, auf dem Weg nach Lyon, am Beschluss, Jetzer, der immer lästiger wurde, zu vergiften, beteiligt gewesen und war der Vorschlag ausgerechnet von Prior Werner, der sich im Defensorium als Vertrauter Jetzers darstellte, gekommen[47]!

Im Revisionsprozess ist vor allem von der vergifteten Hostie die Rede, mit der Jetzer umgebracht werden sollte, nachdem alle anderen Versuche fehlgeschlagen waren. Als dieser am 5. Mai 1509 examiniert wurde, war ihm noch nicht einmal klar, dass die Hostie vergiftet gewesen war. Der Lesemeister musste am gleichen Tag um 14 Uhr zugeben, dass diese tatsächlich vergiftet gewesen war, und zwar durch den Subprior, aber auf den Ratschlag aller vier Klostervorsteher, aber so, dass sie noch angefasst werden konnte. Am 9. Mai antwortete der Lesemeister auf eine entsprechende Frage, dass Jetzer vier Mal Gift bekommen habe. Und der Prior musste schließlich am 12. Mai 1509 gestehen, dass das Gift – ein starkes Gift – vom Apotheker Niklaus Alber stammte, der es dem Schaffner gegeben hatte, um das Horn eines Einhorns zu probieren, allerdings schon einige Zeit, bevor die vier Klostervorsteher beschlossen hatten, die Hostie zu vergiften[48]; das Gift befand sich also bereits im Giftschrank des Klosters.

Schließlich wurde am 17. Mai 1509 auch noch der Apotheker Niklaus Alber einvernommen, Zeuge sowohl im Haupt- als auch im Revisionsprozess, der die Aussage des Priors weitgehend bestätigte. Er habe dem Schaffner das Gift – Arsen – aber nicht einfach gegeben, sondern zuvor mit dem Prior Rücksprache gehalten, der wiederum das Begehren des Schaffners bestätigt

---

47) Akten II/1 S. 142 f. Nr. 399 f. (1508, Sept 4; Jetzer); II/2 S. 296 f. Nr. 41 (1508, Sept 4; Prior).
48) Akten III S. 420 Nr. 37 f. (1509, Mai 5; Jetzer), S. 429 Nr. 17–19, S. 437 Nr. 55 (1509, Mai 5, 14 Uhr, u. Mai 9, 14 Uhr; Lesemeister), S. 472 f. Nr. 59 f. (1509, Mai 12; Prior).

habe[49]. Es gab nämlich schon damals Vorschriften für den Verkauf von Gift, welche die Apotheker einhalten mussten; insbesondere sollten sie sich erkundigen, wofür dieses gebraucht wurde. Wir kennen diese Regeln aus einem Vergiftungsfall, der sich im Jahr 1501 in Sitten zugetragen hatte, als ein junger Ehemann seine noch jüngere Ehefrau zu vergiften versuchte (wahrscheinlich weil er bereute, mit ihr eine nicht standesgemäße Ehe eingegangen zu sein), und zwar ebenfalls mit Arsen, das er angeblich brauchte, um die Nagetiere in seinem Haus zu beseitigen. Die Frau überlebte, der Ehemann ergriff die Flucht, was so gut wie ein Schuldeingeständnis war, und sein Verbrechen wurde als Offizialdelikt von der hohen Gerichtsbarkeit des Wallis, derjenigen des Bischofs von Sitten (damals Matthäus Schiner), mit einer inquisitorischen Untersuchung geahndet. Das Urteil ist allerdings nicht bekannt, und die Sache endete schließlich mit einem Vergleich, der von den Verwandten des verbrecherischen Ehemanns vermittelt wurde; dabei wurde zumindest ein Teil von dessen Gütern zu Gunsten des Bischofs konfisziert – der damit die von ihm gegründete Bruderschaft zu Ehren der unbefleckten Empfängnis Marias in der Theodulskirche in Sitten ausstattete (siehe Einl. 1f)[50].

Der Giftmord – oder auch der versuchte Giftmord – war also ein durchaus ernstzunehmendes Verbrechen, wenn es auch im Verbund mit den übrigen von den Dominikanern im Verlauf des Jetzerhandels begangenen Verbrechen vielleicht nicht den Platz bekam, der ihm eigentlich zugestanden hätte, vielleicht weil es sich „nur" gegen Jetzer richtete, der während der Jetzerprozesse erst allmählich vom Angeklagten zum Kronzeugen aufrückte. Während die Opfer des Giftanschlags im Früh- und Hochmittelalter vor allem mächtige Männer, Weltliche und Geistliche, waren, begann sich dieser im 14. und 15. Jahrhundert auch gegen Bauern, Handwerker und Bürger zu richten. Unter den „Vergiftern" befanden sich nicht selten Geistliche; denn im Prinzip vergoss die Kirche kein Blut und durften ihre Mitglieder keine Waffen tragen, doch kam es vor, dass sie gute Kenner von giftigen Pflanzen waren. Giftmorde ereigneten sich häufig im Rahmen einer Familie – oder eben einer Klosterfamilie –, eines geschlossenen Raums. Dabei diente der Giftmord eher dem Schwachen, sich gegen den Starken durchzusetzen, so dem Diener – oder der Dienerin – gegen den Herrn oder die Herrin[51].

---

49) Akten III S. 505 f. (1509, Mai 17; Zeugenaussage Alber). Zum Arsen vgl. COLLARD, Le crime de poison S. 61.

50) Chantal AMMANN-DOUBLIEZ, Histoires d'empoisonnement en Valais au Moyen Âge: sorcellerie et justice, in: Vallesia 58 (2003) S. 231–281, hier S. 242–258. Zur Reglementierung des Verkaufs von Gift in den Apotheken des Spätmittelalters vgl. auch COLLARD, Le crime de poison S. 53 f., 57 f.

51) COLLARD, Le crime de poison S. 99–133. Vgl. auch DERS., In claustro venenum.

Wenn es im Fall der wiederholten Versuche der Klostervorsteher, Jetzer zu vergiften, umgekehrt war, so zeigt dies eigentlich gut, wie verzweifelt deren Lage wahrscheinlich bereits im Mai 1507 war – nachdem die Jungfrau Maria in der Nacht vom 24. auf den 25. März erstmals erschienen und Mitte April das Experiment mit dem Schwebezug verunglückt war.

Der Giftmord im Mittelalter

Der Giftmord galt im Mittelalter als ausgesprochen schreckliches Verbrechen und als schlimmster Verrat, gerade weil er ohne sichtbare Waffe auskam und sich gegen Familienangehörige – oder auch Ordensbrüder – richten konnte. Außerdem war er ein heimliches und deshalb heimtückisches Verbrechen, gegen welches das anvisierte Opfer sich nicht wehren konnte und welches es um den guten, wohlvorbereiteten Tod brachte, den die Menschen im Mittelalter sich wünschten. Da der Giftmord vorbereitet werden musste, handelte es sich immer um vorsätzlichen Mord; der Unterschied zwischen vorsätzlichem Mord und Mord im Affekt (Totschlag) wurde schon im Frühmittelalter gemacht. Ja, der Giftmord wurde manchmal sogar von mehreren Tätern ausgeführt oder zumindest in Auftrag gegeben, gewissermaßen von einer kriminellen Vereinigung – wie auch in Jetzers Fall. Er setzte Beratungen voraus – wie das, was wir die „Verschwörung in der Marienkapelle" nennen. Deshalb war der Subprior gleichzeitig Auftraggeber und Ausführender. Dagegen war sehr selten, dass der Giftmord mehrmals wiederholt wurde und doch immer misslang. Er galt als besonders verwerflich, weil er soziale Bindungen zerstörte, die auf Vertrauen beruhten und auf denen wiederum die mittelalterliche Gesellschaft aufbaute, nämlich das Paar, die Familie und die Verwandtschaft, aber auch die Klostergemeinschaft und, in vertikaler Richtung, die Feudalität. In diesen Zusammenhängen bedeutete der Einsatz von Gift den schlimmsten Ungehorsam. Im Unterschied zum Ritter, der seinen Gegner zum offenen Kampf herausforderte, war derjenige, der zum Gift griff, ein Feigling, der den offenen Kampf scheute[52].

Es handelte sich also um ein Ausnahmeverbrechen, das entsprechend auch mit der härtesten Strafe geahndet werden musste, ja es gab im Spätmittelalter sogar Bestrebungen, es zu einem Offizialdelikt und zu einem Majestätsverbrechen zu machen, aber nur in damals schon stark zentralisierten Staaten wie den Königreichen Frankreich und England. Zunächst einmal

---

Quelques réflexions sur l'usage du poison dans les communautés religieuses de l'occident médiéval, in: Revue d'histoire de l'église de France 88 (2002) S. 5–19.
52) COLLARD, Le crime de poison S. 137–180.

wurde das Verbrechen aber von den lokalen Instanzen geregelt, welche die hohe Gerichtsbarkeit innehatten. Im kirchlichen Bereich wies es zwei Dimensionen auf: eine spirituelle und eine rein rechtliche. In der ersteren wurde der Giftmord seit dem 13. Jahrhundert an den Bischof gezogen, der allein exkommunizieren oder absolvieren konnte. Im Fall der Ordensleute lag die Gerichtsbarkeit bei den jeweiligen Generalkapiteln. Wenn der Vorwurf des Giftmords gegenüber Prälaten erhoben wurde, dann war der Papst zuständig. Dort, wo der Giftmord von Hexerei und Magie begleitet war, kam seit dem 14. Jahrhundert auch die Inquisition ins Spiel, und damit das inquisitorische Verfahren, die Anwendung der Folter und das Gewicht, das dem Geständnis des Vergifters zukam. Nichtsdestoweniger wurden diese Fälle (mit oder ohne Hexerei) der Kirche immer mehr durch den Staat streitig gemacht, und dies auch wenn die „Vergifter" den Status eines Klerikers besaßen, der, wie wir bereits gesehen haben, ihnen durch Degradation aberkannt werden konnte (siehe Kap. II/3e, Die Degradierung ... der Dominikaner in den Chroniken des Valerius Anshelm und des Diebold Schilling von Luzern). Alles in allem war der Rechtsweg im Fall des Giftmords nicht klar geregelt und hing stark von der Qualität des anvisierten Opfers und der politischen Lage ab – Kriterien, von denen Jetzer nicht eben begünstigt war. Es ist denn vielleicht auch nicht zufällig, wenn das wiederholte Verbrechen an ihm eigentlich nur im Zug von anderen Ermittlungen entdeckt wurde[53]. Auch wenn auf Giftmord am Ende des Mittelalters im Prinzip der Tod auf dem Scheiterhaufen stand, gerade weil das Verbrechen in die Nähe der Hexerei gerückt worden war[54], so lässt sich doch nicht genau abschätzen, wieviel die wiederholten, aber nicht gelungenen Vergiftungsversuche an Jetzer zur Hinrichtung der Dominikaner auf dem Scheiterhaufen beigetragen haben; es ist zu fürchten, dass es nicht eben viel war ... Wenn deren Verbrechen nur darin bestanden hätten, dass sie den ihnen anvertrauten Laienbruder mehrmals zu vergiften versucht hätten, wäre die Sache wohl im Sand verlaufen; denn wie wir gesehen haben, war auch der Provinzial am Beschluss, den lästigen Konversenbruder zu beseitigen, beteiligt und stellte deshalb nur zum Schein eine Untersuchung an ...

---

53) COLLARD, Le crime de poison S. 181–193, vgl. auch ebd. S. 195 ff. (das inquisitorische Verfahren), S. 206 f. (die Folter), S. 214 f. (das Geständnis).
54) COLLARD, Le crime de poison S. 224–230.

d) Idolatrie: Hostienwunder und Hostienfrevel

Im folgenden Kapitel werden wir uns mit der vergifteten Hostie im Jetzerhandel beschäftigen, die nicht nur vergiftet, sondern auch von einem konvertierten Juden bemalt, dem Volk zur Verehrung dargeboten, dann eingeschlossen, dann erbrochen und schließlich verbrannt worden sein soll. Dabei weiß man nicht so genau, seit wann sie geweiht war, was die Sache noch schlimmer machte, und schließlich stellte sich auch heraus, dass es davon ein Doppel gab, von dem auch nicht klar wird, ob es geweiht oder ungeweiht war, eine höchst verworrene Geschichte, die Anlass zu einem der wichtigsten Anklagepunkte gegen die Dominikaner gab, der Idolatrie[55]. Als Schultheiß und Rat von Bern Jetzer Anfang Oktober 1507 an den Bischof von Lausanne überstellten, teilten sie diesem mit, dass die Verwandlung der Hostie ihnen nach Häresie zu riechen scheine; als sie nicht ganz ein Jahr später an Papst Julius II. gelangten, um den Revisionsprozess zu erlangen, schrieben sie diesem, allerdings nicht in konkretem Bezug auf die Hostie, von Idolatrie und Häresie. Der Unterschied zwischen Häresie und Idolatrie aber deckt sich in etwa mit dem Unterschied zwischen Häresie und Hexerei, oder auch – bei der Bestrafung – mit dem Unterschied zwischen Ketzer- und Hexenprozess (siehe Kap. II/4a, Auf der Suche nach der Häresie). Während es sich bei der Häresie „nur" um eine Abweichung (oder mehrere Abweichungen) vom wahren Glauben handelt, bezeichnet die Idolatrie die Anbetung und Verehrung eines falschen Gottes (in der Regel des Teufels) und damit ein Verbrechen an der göttlichen Majestät, und kam dadurch in etwa der Apostasie gleich, d. h. der Ableugnung des christlichen Glaubens. In den Traktaten der französischen Dämonologen der zweiten Hälfte des 15. Jahrhunderts werden die Hexer und Hexen als „moderne Idolatren" definiert, welche die Dämonen anriefen, sie anbeteten, ihnen einen Treueid leisteten und ihnen einen Tribut zahlten bzw. Opfer darbrachten, nicht zuletzt auch Kinder. Auf diese Weise wurde die – imaginäre – Idolatrie zur schlimmsten aller Häresien gemacht, auf welcher bereits nach dem Alten

---

55) Laut ihren dominikanischen Biographen hätte Katharina von Siena zwischen geweihten und ungeweihten Hostien unterscheiden können, vgl. VAUCHEZ, Les laïcs au Moyen Age S. 264. – Der Chronist Johannes von Winterthur (um 1300 – um 1348) berichtet zum Jahr 1338 von einem Hostienfrevel, begangen durch einen Priester, der damit die Juden in einen schlechten Ruf bringen wollte. „Der eigentliche Betrug bestand jedoch für Johannes darin, dass die verehrte Hostie nicht konsekriert war, das Volk daher zum Götzendienst (*superstitio – ydolatria*) verführt wurde. Nicht die Fabrikation einer blutenden Hostie ist für den Chronisten die ‚Fälschung', sondern die Substitution einer ungeweihten Hostie an Stelle einer konsekrierten", vgl. GRAUS, Fälschungen im Gewand der Frömmigkeit S. 268 f.

Testament (etwa Deut. 13) die Todesstrafe stand. Während die reuigen und nicht rückfälligen Häretiker mit dem Leben davonkamen, verlangten die erwähnten französischen Dämonologen für die „Teufelsanbeter" die Todesstrafe gleich bei der ersten Überführung – der alles entscheidende Unterschied zwischen Ketzer- und Hexenprozess[56]. In den Jetzerprozessen bedeutet die Idolatrie jedoch viel eingeschränkter und konkreter die Verehrung – und die Aussetzung zur Verehrung – einer höchst zweifelhaften Hostie.

Der Begriff der Idolatrie, der im Urteil des geistlichen Gerichts an vierter Stelle steht, wird bei Anshelm mit „Abgötterei" übersetzt. Er findet sich auch im vierten Teil des Defensoriums, und zwar unter der ebenfalls existierenden Form *idolotria*. Im Urteil des weltlichen Gerichts, wie es bei Schwinkhart und bei Murner (an dritter bzw. zweiter Stelle) wiedergegeben ist, wird das Verbrechen konkreter mit „Rotfärben und Verbrennen der Hostie" bzw. *(quia) sacramentum rubricarunt et depinxerunt* umschrieben. Die Identifizierung der Idolatrie mit den Manipulationen der roten Hostie ist gesichert, denn sie wird in den Prozessakten selber gemacht. Artikel 15 der Anklageartikel gegen die Dominikaner lautet, dass diese eine geweihte Hostie in Jetzers Zelle getragen hätten, wo sie durch eine Berührung der Jungfrau Maria in eine blutige verwandelt worden sei, welche die Dominikaner allen gezeigt hätten, die sie sehen wollten (*adorari publice a cunctis affluentibus procurarunt*), ja, von allen hätten anbeten lassen (*et de facto adorari fecerunt*), was als Idolatrie zu bewerten sei (*idolatriam committendo*). Artikel 23 kommt auf die vergiftete Hostie zurück, welche die Dominikaner vom Volk hätten anbeten lassen (*idolatrare*) und Jetzer mit Gewalt zu schlucken gegeben hätten, so dass dieser sie erbrochen habe[57]. Aus den Zeugenaussagen im Hauptprozess geht klar hervor, dass der roten Hostie im Sommer 1507 wiederholt „die Ehre der Verehrung" (*honor latrie*) erwiesen worden war (siehe Kap. II/2d, Die *Fama* des Jetzerhandels), was als Idolatrie zu werten war, wenn die Hostie dieser Verehrung nicht würdig war. Im Revisionsprozess wurde der Lesemeister am 5. Mai 1509 gefragt, ob vor der Hostie Kerzen angezündet gewesen und die Glocken geläutet sowie andere feierliche Handlungen vorgenommen worden seien, die bei einer „wahren Hostie" zur Anwendung kämen (*alia solemnia, que vere hostie adhiberi solent*), eine Frage, die er bejahen musste, allerdings dieses Mal ohne die Hymne *Tantum ergo sacramentum*, die fünfte Strophe der Hymne *Pangue lingua*, die Thomas von Aquin für das Fronleichnamsfest gedichtet hatte.

---

56) OSTORERO, Le diable au sabbat S. 228, 251, 267, 296, 418, 421, 460, 463, 466, 480, 486–488, 495 f., 508, 620 f., 712, 730.
57) Akten II/2 S. 161 u. 163 Art. 15 u. 23 (undat.; 1508, Aug 7).

Am 10. Mai 1509 bejahte der Prior seinerseits die Frage, ob er selber die Hostie geweiht habe, und zwar bevor sie gefärbt worden sei. Als er darauf aufmerksam gemacht wurde, dass er früher behauptet habe, dass er diese nicht geweiht habe, wiederholte er, dass er selber die Hostie geweiht habe, „damit nicht eine ungeweihte Hostie verehrt und damit Idolatrie begangen würde (*ne frustra adhiberetur reverencia hostie non consecrate et non committeretur aliqua ydolatria*)"[58]. Wenn man die Hostie zur Verehrung aussetzte, dann musste sie geweiht sein, aber wenn man sie bemalte, vergiftete, erbrach oder gar verbrannte, war die Weihe ein erschwerender Umstand, der das Verbrechen noch größer machte.

Wir erinnern uns: Am 15. April 1507 hatte die Hostie sich in den Händen der Jungfrau Maria von einer weißen in eine rote Hostie verwandelt. Dies wäre nichts weniger als ein Hostienwunder gewesen: der Leib Christi beweist seine reale Präsenz in der Hostie, indem diese blutet – wenn es dabei mit rechten Dingen zugegangen wäre. Dies war aber nicht der Fall, denn die Maria (bzw. der Lesemeister) stand dabei zusammen mit zwei Engeln (Prior und Subprior) auf einem Schwebebalken und wurde von Jetzer ertappt – so dass die Geschichte der verwandelten Hostie von allem Anfang an höchst belastet war und eigentlich immer zwischen Hostienwunder und Hostienfrevel hin- und herschwankte[59]. Dabei spielte eine entscheidende Rolle, ob die Hostie geweiht war oder nicht. Jetzer glaubte zwar, dass diese zuerst vom Prior geweiht und dann vom Illuministen Lazarus, einem konvertierten Juden, mit sakramentalem Blut (von einem getauften Knaben, der noch keine menschliche Speise genossen hatte) bemalt worden sei[60], doch waren der konvertierte Jude und das sakramentale Blut bereits eine große Hypothek, da Hostienfrevel und Ritualmord nicht selten den Juden zugeschrieben wurden. Die Anklageartikel gegen die Dominikaner, die auf Jetzers Aussagen beruhen, gingen davon aus, dass die Hostie bei der trügerischen Verwandlung geweiht gewesen sei, und der Lesemeister und der Prior widersprachen dem in ihren Artikelverhören zunächst nicht, sondern bestätig-

---

58) Akten III S. 429 f. Nr. 20 f. (1509, Mai 5, 14 Uhr; Lesemeister), S. 457 Nr. 16 (1509, Mai 10, 15 Uhr; Prior).

59) Akten I S. 43 f. Nr. 137 (1508, Feb 5; Jetzer vor dem Rat in Bern); II/1 S. 105 f. Nr. 216–218 (1508, Juli 31, 14 Uhr; Jetzer). Vgl. R. BAUERREISS, Art. Bluthostien und Blutwunder, in: LThK 2 (²1958) Sp. 545 f. und 548 f.; W. DÜRIG, Art. Hostie, in: LThK 5 (²1960) Sp. 485 f.; K. KÜPPERS, Art. Hostie, und J. KIRMEIER, Art. Hostienfrevel, -schändung, in: Lex.Ma 5 (1991) Sp. 138 f.; Dominique RIGAUX, Art. Hostie, und Miri RUBIN, Hostie (profanation de l'), in: Dictionnaire encyclopédique du Moyen Âge 1 (1997) S. 747 f. Vgl. auch MERCIER, La vauderie d'Arras S. 114: L'indicible: la profanation de l'hostie.

60) Akten II/1 S. 130 Nr. 339–341 (1508, Aug 4, 14 Uhr; Jetzer).

ten, dass diese geweiht gewesen sei, sonst hätten sie sie nicht selber verehrt (*adorare*). Der Lesemeister wusste weiter, dass die erwähnte Hostie die Form eines Osterlammes gehabt hatte, dass der Prior sie zusammen mit andern aus Basel hatte kommen lassen und dass sie etwas größer gewesen sei als diejenigen, die man in Bern gehabt habe, und zwar weil man die Franziskaner, welche die Hostien offenbar auch für die Dominikaner produzierten, verdächtigte, diese nicht ausschließlich aus Weizen – das dafür vorgeschrieben war – herzustellen[61]. Dass es sich dabei wohl um einen Vorwand handelt, haben wir bereits weiter oben festgehalten.

Das Gericht des Hauptprozesses wusste spätestens seit Jetzers Aussage vom 4. August 1508, dass Lazarus die Hostie bemalt hatte[62], aber da es höchst bedenklich gewesen wäre, einem konvertierten Juden eine geweihte Hostie anzuvertrauen, und sei es auch nur zum Bemalen, behauptete der Prior zunächst, dass die Hostie vom Lesemeister und vom Subprior gefärbt worden sei, und gab erst nach einigem Zögern zu, dass es Lazarus gewesen war. Dafür sagte er am nächsten Tag aus, dass die Hostie *nicht* geweiht gewesen sei[63]. Der Lesemeister behauptete zuerst, er selber habe die Hostie bemalt, die Farbe aber von Lazarus bezogen; die Hostie sei nicht geweiht gewesen. Etwas später gab er zu, dass die Idee zu einer blutigen Hostie von Prior Werner von Basel gekommen und dass diese von Lazarus bemalt und erst später vom Prior von Bern geweiht worden sei. Die Hilfe eines erfahrenen Illuministen beim Bemalen der Hostie war nötig, weil dies bei der fragilen Konsistenz des zu bemalenden Gegenstands tatsächlich nicht einfach war[64]. Deshalb hatten die Klostervorsteher Jetzer ja auch am Nachmittag nach dem verunglückten Auftritt auf dem Schwebezug eingeladen, mit ih-

---

61) Akten II/2 S. 167f. (1508, Aug 8, morgens; Lesemeister), S. 180f. (1508, Aug 9; Prior), vgl. auch ebd. II/1 S. 109 Nr. 238 (1508, Aug 2; Jetzer), und II/3 S. 342 (1508, Aug 12; Zeugenaussage Franke). – Im StABern, F. Mushafen, 1447, Juni 1, findet sich eine Urkunde, wonach Arnold von Ow, Kaplan am St. Georgsaltar in der Leutkirche zu Bern, sich gegenüber dem Niederen Spital von Bern verpflichtete, die Schuld von 80 Pfund für ein Haus der Leutkirche von Bern, das er vom Spital erworben hatte, durch die Übernahme der Hostienlieferung an den Obern und Niedern Spital, an die Barfüßer, Prediger und Deutschordensherren in Bern und an die Kartause Thorberg (jährlicher Wert 15 Pfund) zu begleichen. – Vgl. auch RUBIN, Corpus Christi S. 38, 147 (warum die Hostien aus Weizen sein müssen).
62) Akten II/1 S. 130 Nr. 340f. (1508, Aug 4, 14 Uhr; Jetzer), vgl. auch ebd. I S. 48f. (1508, Feb 7; Jetzer, Folterverhör).
63) Akten II/2 S. 281 Nr. 6 (1508, Aug 28, Nachmittag; Prior, im Folterraum), S. 285 Nr. 13 (1508, Aug 28, Nachmittag; Prior, am normalen Gerichtsort), S. 289 Nr. 29 (1508, Aug 29; Prior).
64) Akten II/2 S. 233 (undat., 1508, Aug 31; Lesemeister, Bekenntnisschrift), S. 240f. Nr. 12f. (1508, Aug 31; Lesemeister, Folterverhör).

nen zusammen Hostien mit Hühnerblut zu bemalen, was sich als unmöglich erwies (siehe Kap. II/2b, Die Ent-Larvung Marias und der Engel ...). Die Hostie musste aber geweiht gewesen sein, als man begann, sie zusammen mit den von Maria mitgebrachten Reliquien dem Volk in eigentlichen Heiltumsweisungen zu zeigen, denn sonst wäre diese Verehrung Idolatrie gewesen. Die Weisungen setzten indessen schon bald nach der Verwandlung der Hostie am 15. April 1507 ein[65]. Der Subprior wollte zuerst dagegen gewesen sein, dass die Hostie öffentlich gezeigt wurde, scheint dann aber doch eifrig mitgemacht zu haben – jedenfalls war er es, der dem Schmied Anton Noll und anderen die verwandelte Hostie zeigte und erklärte, dass der Prior diese vorgängig geweiht habe, so dass sie ohne Weiteres verehrt werden könne[66]. Auch zwei weitere Zeugen, der Goldschmied Martin Franke und der Cluniazenser Peter Müller, zeigten sich überzeugt, dass die Hostie, die ihnen gezeigt worden war, geweiht gewesen sei[67].

Die Hostie war aber nicht nur geweiht, sondern von einem gewissen Zeitpunkt an auch vergiftet, und zwar scheint sie kurz vor dem 25. Juni 1507 vergiftet worden zu sein, als sie Jetzer, der auf dem Marienaltar vor der blutweinenden Marienstatue kniete, zum Kommunizieren dargeboten wurde. Jetzer wusste zwar noch zu Beginn des Revisionsprozesses (Mai 1509) nicht, dass die Hostie vergiftet gewesen war, doch hatte er sich am 25. Juni 1507 hartnäckig geweigert, sie zu nehmen, weil sie schon damals nicht mehr sehr appetitlich aussah[68]. Im Revisionsprozess musste der Lesemeister gestehen, dass die Hostie (am 25. Juni 1507) bereits vergiftet gewesen sei, und zwar vom Subprior, aber nur so, dass man sie weiterhin anfassen konnte, ohne Gefahr zu laufen, sich selber zu vergiften, und der Prior musste zugeben, dass er die Hostie erst kurz vor ihrer Vergiftung geweiht habe; jedenfalls sei sie eher geweiht als vergiftet gewesen (*prius fuit consecrata quam venenata*) – was die Sache wohl auch nicht besser machte. Nur wenige Tage später bestätigte der Subprior die Aussage des Priors, wusste aber nicht sicher, sondern nur von diesem, dass die vergiftete Hostie auch geweiht gewesen sei, wohl aber, dass sie im Hauptaltar (im Sakramentshäuschen) aufbewahrt wurde, was darauf hindeutet, dass sie geweiht gewesen war[69]. Als die

---

65) Akten II/2 S. 245 Nr. 22 (1508, Aug 31, Vesperzeit; Lesemeister, Folterverhör).
66) Akten II/2 S. 193 f. (1508, Aug 11; Subprior, Artikelverhör); II/3 S. 331 (1508, Aug 12; Zeugenaussage Noll).
67) Akten II/3 S. 342 u. 347 (1508, Aug 12 u. 13; Zeugenaussagen Franke und Müller OClun).
68) Akten III S. 420 Nr. 37 (1509, Mai 5; Jetzer).
69) Akten III S. 429 Nr. 17–19 (1509, Mai 5, 14 Uhr; Lesemeister), S. 473 Nr. 61 (1509, Mai 12; Prior), S. 490 Nr. 35 f. (1509, Mai 16; Subprior), vgl. auch S. 472 Nr. 57 (1509, Mai 12; Prior): *ex sacrario, ubi eam [hostiam] conservabant, postquam fuit consecrata*.

Hostie im Sommer 1507 wiederholt zur Verehrung ausgesetzt wurde, war sie also nicht nur bemalt und geweiht, sondern auch vergiftet, was den Tatbestand der Idolatrie hinlänglich erfüllt haben dürfte.

Ein Fest der befleckten Empfängnis nach dem Vorbild des Fronleichnamsfestes

Hinter diesen Feierlichkeiten und insbesondere hinter dem Absingen der Hymne *Tantum ergo sacramentum* bzw. *Pangue lingua* bei der Aussetzung der Hostie zur Verehrung verbarg sich eine Absicht, die nur selten klar geäußert wird, nämlich die Einrichtung eines Festes der befleckten Empfängnis Marias nach dem Vorbild des 1264 neu eingeführten Fronleichnamsfestes (Fronleichnam = Donnerstag nach Trinitatis; Trinitatis = erster Sonntag nach Pfingsten). Prior Werner von Basel schreibt im Defensorium, dass damals von Seiten der Franziskaner Bestrebungen im Gang gewesen seien, ein Fest der *un*befleckten Empfängnis Marias mit der gleichen Feierlichkeit wie Fronleichnam einzuführen, und dass er Jetzer darauf angesprochen habe. Dieser habe ohne Zögern und mit großer Bestimmtheit geantwortet, dieses Fest solle „mit nicht geringerer Feierlichkeit als Fronleichnam" (*sub non minori solennitate quam corporis Christi*) begangen werden und der *be*fleckten Empfängnis gewidmet sein. Im Hauptprozess sagte Jetzer selber aus, die Jungfrau Maria habe ihm aufgetragen, der Papst müsse dieses Fest der befleckten Empfängnis zwischen den Festen Johannes' des Evangelisten und des Täufers (also zwischen dem 27. Dezember und dem 24. Juni) einsetzen und mit einer Prozession wie an Fronleichnam ausstatten[70]. Obwohl man offensichtlich, aus hinlänglich bekannten Gründen (Tabuisierung, Werbekampagne), nicht darüber sprechen konnte, scheint die Absicht den Zeitgenossen doch nicht verborgen geblieben zu sein; denn Anshelm (3 S. 103) schreibt, dass das Patronatsfest (Peter und Paul) am 29. Juni 1507 im Dominikanerkloster Bern wie das Fronleichnamsfest begangen worden sei: *zů glich wie an unser hern fronlichnamstag brůchig*. Wie gewagt das alles war, geht daraus hervor, dass der Lesemeister im Revisionsprozess aussagte, dass er nicht dabei gewesen sei und den Prior nachher deshalb gescholten habe[71]. Die Dominikaner von Bern hatten also nichts weniger im Sinn als die Ein-

---

70) Akten II/1 S. 83 Nr. 93 (1508, Juli 31; Jetzer); Def. S. 579 Kap. II/7. Zum Fronleichnamsfest vgl. W. DÜRIG / J. A. JUNGMANN, Art. Fronleichnam, I. Fest, II. Prozession, in: LThK 4 (²1960) Sp. 405–407; A. HÄUSSLING, Art. Fronleichnam, in: Lex.MA 4 (1989) Sp. 990 f.; Dominique RIGAUX, Art. „Corpus Christi" ou „Corpus Domini", in: Dictionnaire encyclopédique du Moyen Âge 1 (1997) S. 400 f. Vgl. vor allem auch RUBIN, Corpus Christi S. 164 ff. zur Entstehung des Fronleichnamsfests (1264).

71) Akten III S. 437 Nr. 56 (1509, Mai 7, 14 Uhr; Lesemeister).

setzung eines neuen Festes zur Ehren der befleckten Empfängnis nach dem Vorbild von Fronleichnam, einem der höchsten Feste der Christenheit, und zwar nicht am 8. Dezember, der wahrscheinlich bereits zu stark von der unbefleckten Empfängnis geprägt war, sondern in der ersten Jahreshälfte. Dies muss dem Gericht missfallen haben, und dies umso mehr, als die Frage der Empfängnis noch gar nicht entschieden war.

Eine vergiftete, erbrochene und verbrannte Hostie

Der Höhepunkt und das schreckliche Ende der roten Hostie – der eigentliche Hostienfrevel samt Hostienwunder – standen jedoch erst bevor. Bereits in seinem ersten Prozess hatte Jetzer am 22. Februar 1508 vor dem Generalvikar der Diözese Lausanne in Bern, Baptiste de Aycardis, ausgesagt, dass er von den Klostervorstehern eines Tages – es muss im September 1507 gewesen sein – in sein Stübchen gerufen worden sei, wo sie versucht hätten, ihn zunächst mit Worten zu zwingen, die blutige und gefärbte Hostie zu schlucken. Als er dies verweigert habe, hätten sie ihm mit einem kleinen Holz den Mund geöffnet und das rote Sakrament hineingesteckt, so dass es durch seine Kehle hinunterrutschte. Darauf habe ihn der Ekel ergriffen, so dass er das Sakrament zusammen mit reinem Wasser vor sich auf den Boden erbrochen habe. Im Hauptprozess schildert Jetzer die gleichen Ereignisse mit großer Ausführlichkeit und erschreckenden Einzelheiten; er sagte, dass er dabei mehr Schmerzen erlitten habe als selbst bei der Folter am Seil (Anfang Februar 1508 in Bern) und dass er geglaubt habe, sterben zu müssen. Er habe die Hostie aber nicht auf den Boden erbrochen, sondern auf einen Stuhl, der sich an dieser Stelle rot färbte, ein Flecken, der sich mit Wasser nicht habe abwaschen lassen. Als der Prior dieses Wunder(!) gesehen habe, habe er mit weinenden Augen gesagt: „Ach, was machen wir!" Der Lesemeister habe sich gefasst und befohlen, Holz herbeizubringen, und der Schaffner habe im Ofen Feuer angefacht. Als sie den Stuhl hineingeworfen hätten, habe es im Ofen einen schrecklichen Lärm (*strepitus, sonus et rumor terribiliter*) gegeben, so dass die vier Klostervorsteher vor Schrecken geflohen seien. Er, Jetzer, habe vor Schwäche nicht flüchten können, obwohl der Lärm im Ofen so groß gewesen sei, dass er glaubte, das ganze Stübchen gehe in die Luft. Nichtsdestoweniger hatte er nicht wahrgenommen, dass die von ihm erbrochene Hostie dabei verbrannt war, sondern geglaubt, dass diese auf Befehl des Lesemeisters auf derselben Patene herausgetragen worden sei, auf der sie hereingebracht worden war[72]. Aber auch das Erbrechen war schon als Hostienfrevel zu werten; jedenfalls wurde in der mittelalterli-

---

72) Akten I S. 52 f. Nr. 164 (1508, Feb 22; Jetzer); II/1 S. 132 f. Nr. 348–355 (1508, Aug 4, 14 Uhr; Jetzer).

chen theologischen Literatur darüber gesprochen, was zu tun sei, wenn ein Kranker die Eucharistie – das Viatikum – erbrach. Gewisse Statuten, die 1225 in Angers (Westfrankreich) kompiliert wurden und die für mehrere Diözesen galten, sahen vor, dass eine erbrochene Hostie in einen Kelch mit Wein zerkrümelt und vom Priester selber oder einer Person mit gutem Gewissen genossen werden sollte[73]. Der Lesemeister scheint sehr wohl gewusst zu haben, dass die Klostervorsteher selber die Hostie hätten schlucken müssen; denn er schrieb in seiner Bekenntnisschrift, dass dies keiner von ihnen gewagt habe, wahrscheinlich weil sie selber nicht genau wussten, was in der von Lazarus zubereiteten Farbe steckte (*nullus enim nostrum sumere audebat, propter tinctionem picture et coloris*)[74], vor allem aber wohl auch, weil sie vergiftet war, was der Lesemeister damals natürlich – noch – nicht bekannte.

Da man im Gericht noch nicht wusste, dass die Hostie nicht nur erbrochen, sondern auch verbrannt worden war, wurde den Dominikanern in den Anklageartikeln (vom 7. August 1508) „nur" vorgeworfen, dass sie Jetzer die Hostie mit Gewalt eingegeben hätten, so dass er sie erbrochen habe, und dass sie vergiftet, nicht aber, dass sie verbrannt sei[75]. Allmählich kam die Wahrheit aber doch ans Licht. Als der Prior am 29. August 1508 die entsprechende Szene schildern musste, wurde zunächst nicht klar, ob nur der Stuhl oder auch die Hostie verbrannt waren, aber der Lärm im Ofen erschütterte doch das ganze Stübchen, und der Prior gab zu, dass er selber gesagt habe: „Oh Gott, was tun wir!" Auf die Frage, warum die Klostervorsteher versucht hätten, Jetzer zu zwingen, die Hostie zu schlucken, gab er an: damit sie hätten sagen können, dass die Hostie – die ihnen sichtlich lästig geworden war – von der Jungfrau Maria wieder weggenommen und dass diese so auf ehrenvolle Art aus ihrem Kloster weggekommen wäre. Hier hakte der Bischof von Sitten, Matthäus Schiner, in seiner Ermahnungsrede ein und fragte den Prior, ob er nicht im Verbrennen des Stuhls mit dem von Jetzer Erbrochenen die Hand und ein Wunder Gottes verspürt habe, und ebenso in der Tatsache, dass dieser alle Vergiftungsversuche überlebt habe. Diese Ermahnung bewirkte zwar, dass der Prior in sich ging, zu Boden fiel und um Gottes Erbarmen bat, aber trotzdem unmittelbar danach behauptete, die Hostie, die Jetzer erbrochen habe, sei gar nicht geweiht gewesen[76].

---

73) RUBIN, Corpus Christi S. 81 f., 95, 337; BYNUM, Wonderful Blood S. 39, 91.
74) Akten II/2 S. 238 (undat., 1508, Aug 31; Lesemeister, Bekenntnisschrift).
75) Akten II/2 S. 163 Nr. 23 (undat., 1508, Aug 7; Anklageartikel gegen die Dominikaner).
76) Akten II/2 S. 290 f. Nr. 33, S. 292, 294 Nr. 36 (1508, Aug 29; Prior, Folterverhör). Es grenzt tatsächlich an ein Wunder, dass Jetzer vier bis fünf Vergiftungsversuche überlebt hat, denn laut COLLARD, Le crime de poison S. 73, verlief der Giftmord im Mittel-

Der Lesemeister fiel noch weiter zurück, als er am 31. August 1508 in seiner Bekenntnisschrift die Behauptung aufstellte, dass er Jetzer die Hostie angesichts seines heftigen Widerstandes gar nicht gegeben habe und dass diese „bis heute unversehrt" (*immunis usque hodie*) geblieben sei – eine Aussage, die er noch am gleichen Tag zur Vesperzeit im Verhör dahingehend korrigieren musste, dass die Klostervorsteher sowohl das Sakrament als auch den Stuhl dem Feuer übergeben hätten und dass der Ofen ein schreckliches Geräusch (*strepitus et frangor magnus intra fornacem*) gemacht habe, wie wenn sowohl der Ofen als auch das ganze Stübchen zusammenbrechen sollten; Jetzer habe aber gar nicht mitbekommen, dass das Sakrament im Ofen verbrannt sei. Die Klostervorsteher seien alle sehr bestürzt gewesen und hätten begriffen, dass es sich um ein Hostienwunder handelte (*stupefacti et correpti miraculo*). Dabei ging es auch für den Lesemeister darum, die rote Hostie endlich loszuwerden (*ut tale sacramentum de medio tolleretur*), aber damit stellte sich sogleich eine neue Verlegenheit ein: was, wenn jemand nach dem Verbleib der roten Hostie fragte? Aber auch dafür war schon vorgesorgt, indem der Lesemeister gestand – und das ist nun eine unerwartete Wende –, dass Lazarus zwei Hostien bemalt und dass der Prior auch die zweite Hostie geweiht habe[77]! Die Aussagen des Lesemeisters wurden am 1. September 1508 vom Schaffner bestätigt, der ebenfalls von einem Wunder sprach, das alle sehr erschreckt habe (*quo viso miraculo plurimum territi*). Auf Befehl des Lesemeisters habe er das Holz für den Ofen herbeigeschafft, der ein so großes Geräusch von sich gegeben habe, dass er die Flucht ergriffen habe. Der Schaffner bestätigte weiter, dass es eine zweite Hostie gegeben habe, die ebenfalls von Lazarus bemalt und später vom Prior geweiht worden sei, weil die Klostervorsteher fürchteten, dass jener Hostie nachgefragt würde, die man zuerst gezeigt hatte[78]. Dabei muss immer klar sein, dass die Aussagen auch deshalb übereinstimmen, weil das Gericht den einen Angeklagten mit den Aussagen des vorangehenden überführen konnte.

Zu Beginn des Revisionsprozesses wusste Jetzer noch immer nicht, dass die Hostie, die ihm mit Gewalt eingegeben werden sollte, verbrannt, und

---

alter in 90% der Fälle tödlich bzw. „erfolgreich". Bei Jetzer könnten die Vergiftungsversuche auf die Länge gewirkt haben (vgl. ebd. S. 75), denn er hatte kein langes Leben (siehe Epilog 1).

77) Akten II/2 S. 238 (undat., 1508, Aug 31; Lesemeister, Bekenntnisschrift), S. 249f. Nr. 35–37 u. S. 252 Nr. 46 (1508, Aug 31, Vesperzeit; Lesemeister, Folterverhör).

78) Akten II/2 S. 271 Nr. 65f., S. 273 Nr. 75 (1508, Sept 1; Schaffner, Folterverhör). Bestätigung durch den Subprior: Akten II/2 S. 306f. Nr. 24, S. 323f. Nr. 75 (1508, Sept 1 u. 2; Subprior, Folterverhöre).

auch nicht, dass sie vergiftet gewesen war[79]. Der Lesemeister erklärte, dass es sich bei der erbrochenen und verbrannten Hostie um die gleiche Hostie gehandelt habe, mit der der Konverse bereits am 25. Juni 1507 hätte vergiftet werden sollen, und begründete, warum es unmöglich gewesen sei, die durch dessen Speichel völlig aufgelöste Hostie noch weiter aufzubewahren und nicht zu verbrennen[80]. Im hartnäckigen Nachfragen der Richter nach dem Zustand der erbrochenen Hostie, auch gegenüber dem Schaffner und dem Subprior[81], kommt zum Ausdruck, dass man diese wohl unter allen Umständen hätte aufbewahren und nicht verbrennen dürfen. Der Prior behauptete noch immer, dass die von Jetzer erbrochene und in der Folge verbrannte Hostie nicht geweiht gewesen sei, sondern identisch mit dem Doppel, das Lazarus seinerzeit bemalt und das er, der Prior, in der Folge in seinem Stübchen aufbewahrt und (an jenem Septembertag 1507) direkt in Jetzers Stübchen getragen habe. Ja, er ging in einem weiteren Verhör so weit, zu behaupten, dass es drei rot gefärbte Hostien gegeben habe: eine, die auch „heute" noch konsekriert aufbewahrt werde; eine zweite, die Jetzer auf dem Marienaltar gereicht worden und die vergiftet gewesen sei, und schließlich eine dritte, von welcher der Prior allerdings nichts zu sagen wusste. Das Ganze endete einmal mehr mit einem Kniefall des Priors vor den Richtern, wo er zugeben musste, dass es „nur" zwei rot gefärbte Hostien gegeben habe, die er beide konsekriert habe, und dass diejenige, die der Konverse bereits auf dem Marienaltar hätte nehmen sollen, identisch gewesen sei mit derjenigen, die er später erbrochen habe und die anschließend verbrannt worden sei[82]. Der langen Rede kurzer Sinn: die Hostie, welche die Richter am 22. Mai 1509 bei ihrem Augenschein im Kloster antrafen und die der Bischof von Città di Castello berührte und betastete (*tetigit et palpavit*), muss das Doppel gewesen sein. Dieser Befund stimmt mit demjenigen des Herausgebers des Defensoriums überein: „Mit dem gleichen Blut haben sie zwei Hostien bemalt, von denen die eine noch vorhanden und die andere verbrannt ist."[83]

Aus all dem geht hervor, dass für die geistlichen Richter die Idolatrie bzw. der Hostienfrevel – oder die wiederholten Hostienfrevel – wesentlich schwerer wog als der Kirchendiebstahl (Sakrileg), die wiederholten Vergif-

---

79) Akten III S. 420 Nr. 36 f. (1509, Mai 4, 13 Uhr – Mai 5; Jetzer).
80) Akten III S. 431 Nr. 30 u. 32 (1509, Mai 7; Lesemeister).
81) Akten III S. 445 Nr. 21 f. (1509, Mai 8, 15 Uhr; Schaffner), S. 481 Nr. 8 (1509, Mai 14, 16 Uhr; Subprior).
82) Akten III S. 457 f. Nr. 17–19, S. 471 f. Nr. 56 (1509, Mai 10, 15 Uhr – Mai 12; Prior).
83) Akten III S. 521 (1509, Mai 22), vgl. auch Def. S. 603 Kap. IV/3: *Tinxerunt autem duas hostias cum eodem sanguine, quarum una adhuc restat, alia igni consumpta est.*

tungsversuche an Jetzer und wahrscheinlich auch die zahlreichen, von den Dominikanern inszenierten Erscheinungen. Die Profanierung von Hostien spielte im 15. Jahrhundert in den damals einsetzenden spätmittelalterlichen Hexenverfolgungen eine große Rolle, wurde doch den mutmaßlichen Hexern und Hexen häufig vorgeworfen, dass sie die Hostien, die sie alljährlich an Ostern erhielten, nicht geschluckt, sondern ihrem Meister, dem Teufel, auf den Sabbat gebracht hatten; dieser schien auf konsekrierte Hostien geradezu versessen gewesen zu sein[84]. Dabei wird auch klar, dass das Postulat des vierten Laterankonzils (1215), die jährliche Beichte und Kommunion, sich auch in der Westschweiz durchgesetzt hatte. Ein mutmaßlicher Hexer (Jaquet Durier), der 1448 in der savoyischen Kastellanei in Vevey verhört wurde, gestand, dass er jedes Jahr an Ostern den Leib des Herrn empfangen, diesen in seinem Mund behalten und auf die Synagoge (die Versammlung der Hexer und Hexen) gebracht, wo der Teufel die Hostie mit bloßen Händen empfangen habe – was bedeutet, dass man sie eben nicht mit der Hand empfangen durfte, sondern direkt von den Händen des Priesters in den Mund des Gläubigen. Eine andere „Hexe" (Catherine Quicquat), die ebenfalls 1448 in Vevey verhört wurde, berichtete, dass der Teufel verlangt habe, dass sie ihm die Eucharistie jedes Jahr an Ostern auf die Synagoge bringe oder sie zumindest den Hunden zum Fraß vorwerfe, was sie nicht getan habe[85]. Ein „Hexer" (Antoine Vernex), der 1482 im Schloss Oron verhört wurde, gestand, dass er vor einem Jahr an Ostern die Hostie im Mund behalten und außerhalb des Friedhofs ausgespuckt habe. Ein anderer (Jaquet Panissère), der 1477 im bischöflichen Schloss von Ouchy (bei Lausanne) einvernommen wurde, gab zu, dass er dem Teufel die Hostie sechs Mal auf die „Sekte" (Synagoge) gebracht und einmal gesehen habe, wie dieser die Hostie in einen Kessel mit heißem Wasser über dem Feuer geworfen habe. Eine weitere „Hexe" (Jordana de Baulmes) schließlich, die im gleichen Jahr ebenfalls in Ouchy verhört wurde, sagte aus, dass sie die Eucharistie einmal sogar zu sich nach Hause genommen und dort in eine Pfanne gelegt habe, um sie zu braten. Die Pfanne, die vorher leer gewesen sei, sei plötzlich mit Blut gefüllt gewesen. Als sie dies gesehen habe, habe sie die Hostie ins Feuer geworfen, das sogleich erlöscht sei[86]: der Hostienfrevel hatte nicht nur ein, sondern zwei Hostienwunder hervorgerufen!

Laut den französischen Dämonologen der zweiten Hälfte des 15. Jahrhunderts war es unter den mutmaßlichen Hexern und Hexen durchaus üb-

---

84) OSTORERO, Le diable au sabbat S. 55, 90, 104, 436 f., 441 f. Vgl. auch Walter STEPHENS, Demon Lovers. Witchcraft, Sex, and the Crisis of Belief (2002) S. 207–240.

85) OSTORERO, „Folâtrer avec les démons" S. 227, 251, vgl. auch UTZ TREMP, Von der Häresie S. 669.

86) MAIER, Trente ans avec le diable S. 283, 329 f., 351.

lich, die geweihten Hostien, die sie jedes Jahr an Ostern erhielten, auszuspucken, zu erbrechen und in einer Pfanne mit Wasser oder Urin zu kochen und vor allem Kröten damit zu füttern; diese wurden anschließend verbrannt und aus der Asche Pulver gemacht, die für Malefizien verwendet wurden. Im Jahr 1460 sollte ein Priester von Soissons (Nordfrankreich) eine Kröte zuerst getauft, dann mit einer geweihten Hostie gefüttert und die Kröte anschließend einer Hexe gegeben haben, die daraus ein tödliches Gift fabriziert habe. In diesem Zusammenhang gerieten auch die Priester mit ihrem privilegierten Zugang zu geweihten Hostien unter Generalverdacht[87], doch wirkt das, was die Dominikaner in Bern mit der Hostie anstellten, noch fast harmlos im Vergleich zu dem, was die zeitgenössischen Inquisitoren sich alles ausdachten.

Der *Tractatus in elucidationem cuiusdam hostie rubricate in urbe inclita Berna*

Bei der Idolatrie bzw. beim Hostienfrevel werden zum ersten Mal so etwas wie persönliche Stellungnahmen der Bischöfe von Lausanne und von Sitten wahrnehmbar. Der Bischof von Sitten stellt in seiner Ermahnungsrede an den Prior das am Sakrament begangene Unrecht noch vor dasjenige an der unbefleckten Empfängnis der Gottesmutter, und dies obwohl Schiner wahrscheinlich ein überzeugter Immakulist war[88]. Und beim Bischof von Lausanne, Aymo von Montfalcon, ist eine persönliche Stellungnahme außerhalb der Prozessakten zu erkennen, in einem Traktat, den er wohl bereits im Verlauf der Jetzerprozesse beim Franziskaner Jacques de Marchepallu (Jacobus de Marcepallo, † nach 1528), der sich seit 1504 im Franziskanerkonvent in Genf aufhielt, in Auftrag gegeben hat. Der Traktat trägt den Titel: *Tractatus in elucidationem cuiusdam hostie rubricate in urbe inclita Berna*, ohne Ort und Jahr, wurde aber wahrscheinlich 1509 bei Petri in Basel gedruckt[89]. Der

---

87) OSTORERO, Le diable au sabbat S. 536–541.
88) Akten II/2 S. 292 (1508, Aug 29; Prior, Folterverhör), siehe auch Einl. 1f.
89) Marchepallu, Tractatus in elucidationem; dazu: Marius BESSON, L'Église et l'imprimerie dans les anciens diocèses de Lausanne et de Genève jusqu'en 1525, 2 Bde. (1937, 1938), hier 2 S. 318–323 Nr. CXLI mit Tafel CXLIX; HIERONYMUS, Oberrheinische Buchillustration 2 S. 36 Nr. 47. Nikolaus Paulus hat den Traktat auch zur Kenntnis genommen, aber nichts damit anfangen können, da er die Dominikaner für unschuldig hielt, vgl. PAULUS, Justizmord S. 41 Anm. 2: „Die Münchner Staatsbibliothek verwahrt folgende Schrift: *Jacobus de Marcepallo ordinis minorum, Tractatus in elucidationem cuiusdam hostie rubricate in urbe inclita Berna*. 10 Bl. 4°. Sine loco et anno. Für die Geschichte des Jetzerhandels bietet diese Schrift, die auf Ansuchen des Bischofs von Lausanne verfasst wurde, nicht die geringste Ausbeute; sie enthält bloß spitzfindige theolo-

Bischof von Lausanne, der hier auch als Administrator des Bistums Genf bezeichnet wird, ein Amt, das er in den Jahren 1497–1509 innehatte, stellte dem Franziskaner, den er in Genf kennengelernt haben dürfte, die Frage, ob eine geweihte Hostie ihre heilsamen Wirkungen auch behalte, nachdem sie gefärbt worden sei, eine Frage, die wohl zeigt, dass die Hostienfrevel der Berner Dominikaner ihn zutiefst beschäftigt und beunruhigt haben. Marchepallu kam zu einem negativen Schluss, überließ es aber dem Bischof von Lausanne, ob er diesen annehmen oder verwerfen und das Urteil dem Heiligen Stuhl überlassen wolle (siehe Frontispiz)[90].

Der Traktat stellt eine schwierige Lektüre dar, und wir können ihn hier nicht als Ganzes analysieren, sondern lediglich auf einige Punkte hinweisen. Die Bezüge auf den Jetzerhandel sind klar, denn die Ausgangsfrage lautet, „ob der Leib Christi in der Eucharistie unter befleckten Arten enthalten sei" (*utrum sub speciebus in eucharistia maculatis corpus Christi contineatur*), oder auch: „ob eine Hostie, die zum Teil rot gefärbt sei [...] in ihrem unbefleckten Teil den Leib Christi enthalte (*utrum hostia pro aliqua sui parte rubricata aut quovis modo currupta contineatur corpus Christi sub aliqua parte non maculata*) und ob sie für den unbefleckten Teil verehrt werden dürfe (*an illa sit pro parte immaculata adoranda*)", eine Frage, die der Autor verneint (*nulla est adoranda hostia in parte rubricata*). In der Folge ist die Rede von der „Erscheinung" (*apparitio*) der roten Hostie bei den Germanen, Alemannen und Bernern mit ihrem Wappentier, dem Bären, die eher in Schutz genommen werden. Dagegen werden die „Gelehrten", die diese „Verbrechen" (*facinora*) begangen und dieses „frivole Spektakel" (*frivolum spectaculum*) veranstaltet haben, streng verurteilt. Andererseits scheint der Autor auch das Verfahren in Frage zu stellen, wenn er bezweifelt, ob es genüge, wenn einer, der selber am Verbrechen beteiligt sei, befragt werde und dabei seine Komplizen anklage (*utrum etiam particeps criminis interrogatus vel sponte accusando faciat indicium contra socium*), doch erfahren wir nicht, ob mit diesem einen Jetzer oder einer der Klostervorsteher gemeint war. Wenn Jetzer, dann könnte der Traktat möglicherweise bereits nach – oder sogar während – dessen erstem Prozess in Lausanne und Bern (8. Ok-

---

gische Erörterungen." – Der Traktat findet sich auch in der Bibliothek des Freiburger Schultheißen und Humanisten Peter Falck (um 1468–1519), vgl. Adalbert WAGNER O. M. Cap., Peter Falcks Bibliothek und humanistische Bildung, in: FG 28 (1925) S. XXV–221, hier S. 96 Nr. 227.

90) Henri NAEF, Les origines de la Réforme à Genève, 2 Bde. (1936, 1968), hier 1 S. 179–185. Zu Jacques de Marchepallud vgl. auch Mathieu CAESAR, Vertus civiques et cléricalisation des élites à Genève (XVe–début XVIe siècle), in: DERS. / Marco SCHNYDER (dir.), Religion et pouvoir. Citoyenneté, ordre social et discipline morale dans les villes de l'espace suisse (XIVe–XVIIIe siècles) (2014) S. 75–91, hier S. 84 f.

tober 1507 bis 22. Februar 1508) in Auftrag gegeben worden sein, vom Bischof von Lausanne, der damals der einzige Richter war und der auch vor der Frage stand, ob er Jetzer foltern lassen und damit dem Drängen Berns nachgeben sollte. In diese Richtung weist auch, wenn der Autor des Traktats fragt, „warum man denn nicht zur Folter der andern schreite (*Quare ergo ad torturam aliorum non procedetur*)", und den Grund darin vermutet, dass sie (als Geistliche) privilegiert seien (*quia privilegio gaudent*).

Aus einer anderen Stelle geht hervor, dass Jacques de Marchepallu sogar die Prozessakten (oder zumindest ein Stück davon) vorgelegen haben müssen; denn er schreibt, dass „er auf der ersten Seite des Prozesses eines Komplizen des konsekrierenden Priesters (wohl des Priors) gelesen habe, man von der Stadt Bern bis nach Basel geschickt habe, um größere weiße Hostien zu bekommen (*quod a villa Berna usque ad Basileam fuerat missum pro habitione et obtentu earum hostiarum*), und zwar weil diejenigen, die man zur Hand hatte und die von den Franziskanern produziert wurden, fast schwarz waren (*quia ille, quas habebant, erant subnigre*). Dies könnte sich auf eine Stelle im Artikelverhör des Lesemeisters (vom 8. August 1508) beziehen, wo ebenfalls das Wort „fast schwarz" gebraucht wird[91]. Demnach könnte der Autor auch Einblick in die Akten des Hauptprozesses gehabt haben, doch weiter kommen wir nicht mit der Frage, wann der Traktat geschrieben wurde. Jedenfalls klagt der Autor in der Folge die Klostervorsteher gewissermaßen der passiven und der aktiven Idolatrie an: weil sie nicht nur selber die Hostie angebetet hätten, sondern auch das Volk hätten anbeten lassen. Er äußert sich nicht zum Urteil, wohl aber zitiert er Matthäus 18,9: „Und wenn dich dein Auge zum Bösen verführt, dann reiß es aus und wirf es weg!" Für ihn hängt das Ende von der Absicht ab, und die sei schlecht gewesen. Jeder, der eine Hostie weihe, müsse die gleiche – gute – Absicht haben wie Christus, als er das Abendmahl einsetzte. Nachdem er auch noch davon gesprochen hatte, dass jene Hostie vergiftet (*intoxicata*) gewesen sei, kommt Jacques de Marchepallu zum Schluss, dass sie überhaupt nicht gültig geweiht gewesen sein könne (*quod illa hostia nullo modo est consecrata*), unterstellt sein Urteil aber demjenigen des Heiligen Stuhls. Dies ist im Grund ein ähnlicher Schluss, wie er auch am Ende des Augenscheins steht, den die drei Bischöfe am 22. Mai 1509 im Berner Dominika-

---

91) Akten II/2 S. 167f. (1508, Aug 8; Lesemeister, Artikelverhör): *Et magis declarando dicit, quod prior certas hostias pro communicandis conversis laicis et noviciis ipsius monasterii afferri fecerat ex civitate Basiliensi, que paulo maiores sunt illis, que hic in Berna haberentur. – Interrogatus de causa, respondet quod, cum fratres Minores conficiant hostias, que apparebant sub nigro, [et] dictus prior et fratres Predicatores timebant, hostias huiusmodi non esse de adore triticeo, et quod eapropter pro certitudine afferi fecissent de Basilea huiusmodi hostias.*

nerkonvent nahmen: sie ließen sich die rote Hostie, die immer noch im Hauptaltar aufbewahrt wurde, herausholen und zeigen, und trugen dem neuen (alten) Prior, Johann Ottnant, auf, sie sorgfältig aufzubewahren, aber keinem Menschen zu zeigen, bis vom Heiligen Stuhl, den sie konsultieren wollten, über ihr Schicksal entschieden sein würde (siehe Kap. II/3d, Augenschein im Dominikanerkloster).

Es ist übrigens nicht auszuschließen, dass Jacques de Marchepallu die Dominikaner auf ihrem letzten Gang (zum Scheiterhaufen) begleitet hat; denn im Reimgedicht des Franziskaners Thomas Murner *Von den fier ketzeren* ist zu lesen:

Ein doctor was Barfůsser orden,
Der ouch dohjn gesandt was worden
Wol von dem bischoff von Losan /
Der nam sich sye zů trósten an
Und tróst sye wol in solchen nóten,
Bitz sye die hencker wolten tódten.
Er ging selbander mit jn uß
Und blib bitz an ir ende duß /
Des danckten sye jm fleissigklich
Und wunschten jm das himelrich.[92]

Der Herausgeber von Murners Reimgedicht, Eduard Fuchs, meint allerdings, dass es sich bei diesem Franziskaner um Thomas Murner selber gehandelt habe, der damals ebenfalls in Bern gewesen sei; doch ist eher unwahrscheinlich, dass der Bischof von Lausanne ausgerechnet einen Franziskaner aus dem Konvent von Bern mit der letzten geistlichen Betreuung der vier Klostervorsteher beauftragt hat; außerdem scheint Murner selber nicht so genau zu wissen, von wem der Auftrag gekommen war (Vers 4206: *Wol von dem bischoff von Losan*). Wenn dieser an ihn ergangen wäre, hätte er wohl triumphiert. Dies spricht eher für Jacques de Marchepallu, auch wenn es sich kaum endgültig beweisen lässt.

---

92) Murner, Von den fier ketzeren S. 149 Verse 4204–4213, vgl. auch ebd. S. 261 Kommentar zu Vers 4204, mit Verweis auf Thomas Murner und seine Dichtungen, eingeleitet, ausgewählt u. erneuert von Georg SCHUHMANN (1915) S. 90 Anm. 6.

e) Absage an Gott und Anrufung von Dämonen

Noch schwerer als die Idolatrie könnte die Absage an Gott und die Anrufung von Dämonen gewogen haben, die den Dominikanern zur Last gelegt wurden und die von der bisherigen Forschung weitgehend ignoriert worden sind, wahrscheinlich weil sie damit noch weniger anfangen konnte als mit den anderen Anklagepunkten, und dies obwohl dieser Anklagepunkt im Urteil des weltlichen Gerichts (überliefert beim Luzerner Schilling, bei Schwinkhart und bei Murner, *De quattuor heresiarchis*) sogar an erster Stelle kam. Nur Richard Feller und Edgar Bonjour sind ganz kurz auf den Bund der Klostervorsteher mit dem Teufel eingegangen. Diese seien nicht nur wegen „des Betruges" verurteilt worden, „das hätte zur Hinrichtung nicht genügt, sondern wegen ihres Bundes mit dem Teufel", der ihnen u. a. geholfen habe, „dem Jetzer die Wundmale aufzudrücken" – was völlig abwegig ist. Immerhin haben Feller/Bonjour gesehen, dass der „Teufelsbund" der schwerste Anklagepunkt war, doch meinen sie, dass dieser „in sich zusammen fällt"[93]. Damit machen sie es sich zu leicht, denn der Bund mit dem Teufel bzw. die Absage an Gott und die Beschwörung von Dämonen ist in den Prozessakten gut belegt und war für das damalige Gericht Wirklichkeit. Für diese „Wirklichkeit" spricht auch, dass es sich nicht um einen Pakt mit dem Teufel handelte, wie er in den westschweizerischen Hexenprozessen des 15. Jahrhunderts vielfach bezeugt ist, sondern um eine „Absage an Gott und Anrufung von Dämonen", wie sie in der schwarzen oder gelehrten Magie am Ende des Mittelalters vorkam und besser zum Milieu eines städtischen Dominikanerklosters passt als die ländliche Hexerei, die damals in der Westschweiz verfolgt wurde[94]. Auch Jetzer war von der Absage an Gott betroffen, doch war er der einzige, der sie verweigert hat.

Nachdem Jetzer am 5. Februar 1508 im Verlauf seines ersten Prozesses in Bern das erste Mal gefoltert worden war, denunzierte er vor Mitgliedern des Kleinen und Großen Rats an allererster Stelle den Subprior namens Ueltschi, der in der Kunst der Nigromantie (*ars nigromancie*) bewandert sei, mittels derer er den bösen Geist (mit Flammen aus dem Mund), den Jetzer im Kloster gesehen habe, heraufbeschworen habe. Der Subprior habe auch ein Büchlein der Nigromantie (*libellus artis nigromancie*), mit welchem er bewirkt habe, dass der böse Geist in Jetzers Glieder eingetreten sei, so dass er beim Passionsspiel in der Form eines Kruzifixes verharren musste und die Hände und Füße nicht voneinander nehmen konnte. Am 25. Juni 1507

---

93) FELLER/BONJOUR, Geschichtsschreibung der Schweiz 1 S. 174 f.
94) Vgl. Inquisition et sorcellerie en Suisse romande. Le registre Ac 29 des Archives cantonales vaudoises (1438–1528), *passim*; UTZ TREMP, Von der Häresie S. 535 ff.

sei er, Jetzer, in der Marienkapelle eingeschlossen und durch eine Beschwörung des Teufels (*coniuracio diabolica*) so gefesselt worden, dass er nicht vom Marienaltar habe heruntersteigen können, bis er das Sakrament der Eucharistie genommen habe. Der Subprior kenne auch einen Liebeszauber, mit dem er die Frauen zwingen könne, ihn zu lieben, und ebenso wisse er, wie man Dämonen beschwören könne, damit sie kämen und nach den Wünschen des Beschwörenden fragten. Ja, Jetzer vermutete sogar, dass der Schwebezug, auf dem Maria und zwei Engel ihm am 15. April 1507 erschienen waren, etwas mit der schwarzen Magie des Subpriors zu tun gehabt haben könnte[95]. Man mag einwenden, dass Jetzer diese Anschuldigungen gegen den Subprior erst machte, nachdem er zum ersten Mal gefoltert worden war, aber andererseits verraten seine Aussagen doch zu viel Wissen über die schwarze Magie, als dass er sie einfach hätte erfinden können, um dem Subprior zu schaden. Auch ist nicht anzunehmen, dass ihm dieses vom Gericht suggeriert worden war, das damals, am 5. Februar 1508, ein weltliches war. Dabei ist die Nigromantie in etwa identisch mit der Nekromantie, die ursprünglich die Beschwörung von Toten bedeutete (nekroi = Tote, mantia = Beschwörung) – so die Heraufbeschwörung von Samuel durch die Hexe von Endor im Alten Testament (I Sam 28,3–25) oder eben diejenige von Heinrich Kalpurg, einem angeblich ehemaligen Prior des Dominikanerklosters – und später verallgemeinernd zur schwarzen Magie wurde, von der man immer mehr annahm, dass sie einen ausdrücklichen Pakt mit dem Teufel voraussetzte[96].

Im Hauptprozess kam Jetzer auf die schwarze Magie zurück, und zwar zunächst bei der Zusammensetzung des Tranks, den er einnehmen musste,

---

[95] Akten I S. 43 Nr. 136, S. 44 f. Nr. 139 f., S. 46 Nr. 147, S. 47 Nr. 152 (1508, Feb 5; Jetzer, Folterverhör), vgl. auch Def. S. 595–597 Kap. III/9. Vgl. auch Akten I S. 48 Nr. 153, S. 51 Nr. 161 (1508, Feb 7; Jetzer, Folterverhör). Zum Liebeszauber des Subpriors vgl. auch Akten III S. 421 Nr. 41 (1509, Mai 5; Jetzer).

[96] OSTORERO, Le diable au sabbat S. 64, 377 f., 381. Zur Hexe von Endor vgl. ebd. S. 64, 303 f., 625, 696. Vgl. auch Jean-Patrice BOUDET, ‚Nigromantia': brève histoire d'un mot, in: Geomancy and Other Forms of Divination, ed. by Alessandro PALAZZO / Irene ZAVATTERO (Micrologus Library 87, 2017) S. 445–462, und HERZIG, The Demons and the Friars S. 1027 f.: „the most worried the inquisitors of Bologna around the mid-fifteenth century was demonic magic – magical practices that involved the invocation of demons – commonly termed *necromantia* (necromancy). Although *necromantia* technically means summoning the spirits of the dead for divination purposes, by the late Middle Ages ecclesiastical authorities used it to denote attempts to conjure all types of spirits, which they assumed to be demonic entities in disguise. Inquisitors and theologians regarded such practices as heretical because invoking the powers of demons implied demonstrating *latria* (adoration due to God alone) or *dulia* (adoration due to the saints alone)."

um das Passionsspiel zu spielen und der angeblich aus Blut und Haaren (Kopfhaaren und Brauen) eines jüdischen(!) Knaben zusammengesetzt war, wobei die Zahl der Haare (19) der Zahl der Dämonen entsprach, die in denjenigen fuhren, der ihn trank. Diese bewirkten, dass Jetzer beim Passionsspiel die Füße nicht mehr voneinander bringen konnte. Der Subprior habe ihm gesagt, wenn er den Trank wieder nehmen und sich die Stigmata erneuern lasse, müsse man mit dem Dämon einen Pakt schließen (*facturus*[!] *esset cum demone pactum*), damit er Jetzer ohne Mühe dahin trüge, wohin er wolle. Die Klostervorsteher hätten ihm weiter eröffnet, dass sie, als er auf dem Marienaltar festgehalten wurde, einen seiner Schuhe zwischen Chor und Lettner aufgehängt hätten, zum Zeichen für den Dämon, dass er Jetzer sogleich in die Luft hebe und dorthin trage, wo das Zeichen aufgehängt war, nachdem dieser die rote Hostie geschluckt haben würde. Demnach gab es auch in der schwarzen Magie einen Flug durch die Luft, doch vollzog sich dieser nicht auf einem Hexenbesen, wie in der „gewöhnlichen" Hexerei, sondern auf dem Rücken eines Dämons, eine Annahme, die ursprünglich aus der scholastischen Dämonologie stammte und sich zum Hexenflug entwickelte[97]. Laut Jetzer soll der Subprior sich auch gerühmt haben, eine Kunst zu kennen, dass er durch keine Folter zu Geständnissen gezwungen werden könne. Und als Jetzer gefragt wurde, warum er das Kloster nicht verlassen habe, als er im Herbst 1507 derart geplagt worden sei, antwortete er, dass der Subprior ihm gesagt habe, dass er ihm gewisse Dinge ins Essen gemischt habe, so dass er das Kloster nicht habe verlassen können[98].

Nichtsdestoweniger scheinen die Richter Jetzers diesbezüglichen Aussagen zunächst nicht viel Glauben geschenkt zu haben; jedenfalls figuriert die schwarze Magie nicht in den Anklageartikeln gegen die Dominikaner, die am 7. August 1508 vorgelegt wurden. Entsprechend ergaben auch die Artikelverhöre der vier Klostervorsteher nichts Einschlägiges (siehe Kap. II/2c), wohl aber die Folterverhöre, wobei wir uns im Klaren sind, dass die Vorbehalte gegen Verhöre nach angewandter Folter besonders groß sind. Trotzdem ergibt sich auch hier ein recht übereinstimmendes Bild, das zwar in der Absicht der Richter lag, das aber doch nicht zustande gekommen wäre, wenn es kein *fundamentum in re* gehabt hätte, und dazu noch ein so spezielles wie die schwarze Magie. Am 21. August 1508 sagte der Subprior aus, dass er den Geist des Dominikaners Heinrich Kalpurg gespielt und sich dabei von bösen Geistern in der Form von Hunden und anderen Tieren habe

---

[97] Akten II/1 S. 126 f. Nr. 323–325 (1508, Aug 4; Jetzer), vgl. auch ebd. S. 135 Nr. 369 (1508, Aug 5; Jetzer). Vgl. auch OSTORERO, Le diable au sabbat S. 272, 349 ff., 423 f., 567 ff., insbes. S. 606, 670 ff., 674 f., 677 f., 695–700, 711, 713, 719.
[98] Akten II/1 S. 136 Nr. 374, S. 141 Nr. 396 (1508, Aug 5; Jetzer).

Die Anklagepunkte gegen die Dominikaner

begleiten lassen, die er mit Beschwörungen und Exorzismen dazu gezwungen habe. Die Flammen, die dem Geist aus dem Mund schossen, waren aber offenbar nicht mit schwarzer Magie gemacht, denn der Subprior gestand, dass er brennenden Werg in den Mund genommen habe. Zwei Tage später wurde er gefragt, mit welcher Kunst er bewirkt habe, dass Jetzer beim Passionsspiel seine Füße nicht voneinander nehmen konnte, und er antwortete, dass er einmal in Bozen an der Etsch gewesen sei und dort von einem Organisten, einem Laien und Nigromantiker, Verschiedenes gelernt und in einem kleinen Büchlein aufgeschrieben habe – ein Büchlein, das er verbrannt habe, als die Betrügereien und Illusionen, die er und seine „Komplizen" verübt hätten, allmählich ans Licht gekommen seien. In diesem Büchlein habe er eine Beschwörung mit gewissen Namen und Zeichen („Charakteren") gehabt, von denen er selber nicht wusste, ob sie lateinisch, hebräisch, griechisch oder in einer anderen Sprache gewesen seien. Während der Beschwörung habe er die Form eines Mannes mit all seinen Gliedern gezeichnet und das Glied, welches er beschwören, quälen, hindern oder verstärken wollte, mit gewissen „Charakteren" bezeichnet, also eine Art Voodoo-Zauber. Auf diese Art habe er Jetzer beim Passionsspiel gelenkt, wobei er offenbar sogar die Dauer der Unbeweglichkeit programmieren konnte, wie er es auch für Jetzer auf dem Marienaltar gemacht haben wollte[99].

Wie wir gesehen haben, hatte der Subprior im Rahmen der Folterverhöre am 26. und 30. August 1508 zwei außerordentliche Verhöre zu bestehen, die sich in seiner Prozessakte am Schluss und außerdem in der falschen Reihenfolge finden und die beide seiner schwarzen Magie gewidmet waren (siehe Kap. II/2e, Die außerordentlichen Geständnisse des Subpriors). Beim ersten Verhör gestand der Subprior vor den Richtern und nur zwei Besitzern und angeblich freiwillig (*spontanea voluntate*), dass er es in der Zeit, als die Illusionen und Täuschungen mit Jetzer begonnen hätten, besonders gut habe machen wollen und deshalb mit Hilfe einer in seinem Büchlein enthaltenen Formel den Teufel zu Hilfe gerufen und beschworen habe. Dieser sei in der Gestalt eines Mannes von schwarzer Statur erschienen und habe ihn nach seinem Begehren gefragt. Der Subprior habe ihn um Hilfe für die Anferti-

---

99) Akten II/2 S. 298 f. Nr. 2, S. 304 Nr. 16 f. (1508, Aug 21 u. 23; Subprior, Folterverhöre). Bestätigung durch den Schaffner Akten II/2 S. 269 Nr. 57 (1508, Aug 26). Zum Voodoo-Zauber bzw. zur Fabrikation von Figürchen, die man auf einem gewissen Namen taufte und mittels derer man dem Inhaber dieses Namens Schaden zufügen konnte, vgl. OSTORERO, Le diable au sabbat S. 373 f., 434–442, 445, 535. Dieses Verbrechen wurde vor allem Geistlichen zugeschrieben, die das Sakrament der Taufe ausüben konnten, und fand deshalb nur schwer Eingang in die gewöhnliche Hexerei, wo die Profanation von geweihten Hostien gängiger war, zu denen jeder Gläubige zumindest einmal im Jahr – an Ostern – Zugang hatte, vgl. ebd. S. 441 f.

gung eines Trankes gebeten, mit dem er Jetzer in einen todesähnlichen Schlaf versetzen könne, um das Passionsspiel zu spielen. Der Teufel habe ihm gesagt, dass er dies nur tun werde, wenn der Subprior vorher Gott verleugne und sich ihm, dem Teufel, mit einer Schrift von eigener Hand und mit eigenem Blut übergebe und ihm Eid und Tribut leiste. Der Subprior habe dies schließlich nach vielem Widerstreben (*post multas reluctationes*) getan, dem Teufel ein Chirograph von eigener Hand und mit eigenem Blut übergeben, und dem Dämon, der jetzt in Form eines Raben erschienen sei, einen Lehenseid geleistet und ihm seine Verehrung erwiesen, indem er ihn unter den Schwanz geküsst habe. Der Rabe habe ihn in den Zeigefinger der linken Hand gepickt, so dass ein Zeichen, eine „Marke", geblieben sei, das Teufelsmal. Darauf habe er ihn gelehrt, den Trank zu mischen, der in Abweichung zu oben aus Taufwasser mit Chrisma sowie fünf und zehn Haaren von den Brauen eines Knaben oder Mannes, Weihrauchkörnern, Quecksilber, Osterkerze und aus dem Blut eines ungetauften Knaben bestanden habe. Mit Hilfe dieses Trankes habe der Subprior sogar die Zeit festsetzen können, in der Jetzer das Passionsspiel spielen musste (*stabilire horam Iohanni converso ad ludendum passionem*)[100].

Demnach hätte der Subprior einen schriftlichen Pakt mit dem Teufel geschlossen, wahrscheinlich als einziger der vier Klostervorsteher; im Bereich der schwarzen Magie scheint er der unbestrittene Spezialist – und Rädelsführer – gewesen zu sein. Die anderen gestanden nur eine Absage an Gott (*abnegatio Dei*), so als erster der Prior am 29. August 1508. Um auch Jetzer zu einer solchen zu überreden, habe der Prior selber die entsprechende Formel (*Deum abnego*) aus dem Buch des Subpriors gelesen, obwohl es nie in seiner Absicht gelegen habe, dies wirklich zu tun – und ohne Erfolg, denn der Konverse habe sich nicht überzeugen lassen. Bei dieser Gelegenheit habe der Subprior in dessen Stübchen einen Kreis gezeichnet sowie Exorzismen und Beschwörungen gemacht. Die Klostervorsteher hätten sich alle vier in diesen Kreis gesetzt und Jetzer geheißen, sich ebenfalls in den Kreis zu setzen. Dieser habe Gott nicht absagen und die schwarze Magie nicht erlernen wollen und dies als große Sünde bezeichnet. Um ihn trotzdem zu überzeugen, habe der Subprior durch schwarze Magie (*per artem magicam*) böse Geister in der Gestalt von Aposteln kommen lassen. Als Jetzer diese gesehen habe, sei er so erschrocken, dass er dem Subprior das Büchlein mit der Beschwörung aus den Händen geschlagen habe; darauf seien die Geister verschwunden und hätten einen grässlichen Gestank und Lärm im Stübchen

---

100) Akten II/2 S. 321 f. Nr. 71 (1508, Aug 26; Subprior, Folterverhör). Zum handschriftlichen Pakt (Chirograph) mit dem Teufel vgl. OSTORERO, Le diable au sabbat S. 304, 436 f., 468 ff.

zurückgelassen. Diese Erscheinung hatte offenbar auch den Prior so mitgenommen, dass er beim Verhör praktisch keine Auskunft über das Aussehen der bösen Geister geben konnte[101].

Am 30. August 1508 fand das zweite Sonderverhör des Subpriors statt, bei dem wiederum ausdrücklich gesagt wird, dass es freiwillig und ohne Anwendung der Folter (*voluntarie ac sponte, sine tortura*) vor sich ging. Hier machte das Gericht offensichtlich Gebrauch von der Aussage des Priors vom 29. August 1508 und sprach den Subprior auf die Vorkommnisse in Jetzers Stübchen an, die hier fachgerecht als „Experiment der Nigromantie" bezeichnet werden. Der Subprior konnte dieses „Experiment" auch einigermaßen datieren, nämlich auf die Zeit, nachdem der Konverse die Stigmata verloren hatte (*postquam Iohannes Ietzer perdidit stigmata*), also nach Ende Juli 1507. Es ging einmal mehr darum, diesen zu überreden, den Trank wieder zu nehmen und sich die Stigmata erneuern zu lassen. Bevor Jetzer in sein Stübchen geführt wurde, habe der Subprior dort einen großen Kreis gezeichnet, so groß, dass alle vier Klostervorsteher und Jetzer darin Platz gefunden hätten. Dieser habe sich indessen geweigert, Gott abzusagen, und dies obwohl der Subprior ihm versichert habe, dies sei lediglich eine menschliche Sünde, die Gott ihnen bei seiner Barmherzigkeit leicht vergeben werde – in der Tat eine höchst fragwürdige Argumentation. Zum Beweis habe der Subprior einige Apostel erscheinen lassen wollen, und Jetzer habe sich immerhin bereit gezeigt, das „Experiment" abzuwarten. Als der Subprior aber mit seinem „Beschwörungsbüchlein" (*cum libello coniurationum*) fünf Apostel heraufbeschworen habe, habe der Konverse die Fassung verloren und dem Subprior das Büchlein aus der Hand geschlagen, worauf die Geister sich in Rauch aufgelöst und einen schlimmen Gestank hinterlassen hätten, der sich mit keinem andern Gestank habe vergleichen lassen. Auf die Frage, wie das „Experiment" vonstatten gegangen sei, antwortete der Subprior, dass er einige „Charaktere" in den Kreis hineingeschrieben habe, die in seinem Büchlein ständen (*servando instrumenta et formam libelli*). Den Kreis selber habe er mit Kreide gezogen, aber so, dass er nicht sichtbar gewesen sei, denn wenn Jetzer ihn beim Betreten des Stübchens gesehen hätte, dann hätte er sich wohl nicht darin niedergelassen. Auf die Frage, ob die andern drei gegenüber den Geistern eine Geste der Verehrung oder des Gehorsams gemacht oder ihnen einen Tribut gegeben oder ob diese etwas Derartiges verlangt hätten, antwortete der Subprior mit Nein, denn man schulde beschworenen Geistern nichts: diese müssten kraft der Be-

---

101) Akten II/2 S. 291 Nr. 35, S. 294f. Nr. 37f. (1508, Aug 29; Prior; Folterverhör). Zum Gestank vgl. OSTORERO, Le diable au sabbat S. 302, und DIES., L'odeur fétide des démons.

schwörung erscheinen. Er wusste nicht, ob die andern drei jemals ein ähnliches „Experiment" gemacht hätten; wohl aber hätten sie sein Büchlein in seiner Abwesenheit in seiner Zelle finden und benützen können[102].

Mit dieser Aussage des Subpriors hatte das Gericht auch die andern Klostervorsteher in der Hand. Als nächster kam am 1. September 1508 der Schaffner an die Reihe, der aussagte, dass das „Experiment" gemacht worden sei, als die vier erkannt hätten, dass Jetzer mit keinen Mitteln mehr dazu zu bewegen war, weiterhin mitzumachen. Da seien sie zum Schluss gekommen, dass sie ihre Illusionen mit Hilfe der schwarzen Magie des Subpriors und mit Dämonen fortsetzten wollten (*ut mediantibus eadem arte et demonibus exquirerent suas illusiones conflare posse*). Der Subprior habe in Jetzers Stübchen Exorzismen und Kreise und anderes gemacht, was der Schaffner nicht verstanden habe. Er habe ihnen sein Büchlein gezeigt, das in einem Einband aus rotem Leder steckte (*qui erat coreo rubei exterius velatus*), und gesagt, dass man vorgängig Gott absagen und sich in Zukunft nicht mehr bekreuzigen dürfe, eine Vorschrift, die dem Schaffner besonderen Eindruck gemacht zu haben schien, an die er sich aber nicht gehalten habe. Als Jetzer dazu gekommen sei, habe der Subprior ihn zu überzeugen versucht, die schwarze Magie zu erlernen, damit der Teufel ihn überallhin trage, wo er wolle (der Hexenflug!), und damit er viele Wunder vollbringen könne – unter der Voraussetzung, dass er Gott absage. Wie wir bereits wissen, fand Jetzer dies eine große Sünde, während die anderen ihn zu beschwichtigen versuchten, dass die Barmherzigkeit Gottes groß sei und dass sie die schwarze Magie ausschließlich zu guten Zwecken nutzen wollten. Und sogleich seien in Jetzers Stübchen vier oder fünf Geister in der Gestalt von Männern erschienen, einige mit Bart, die andern nicht, „wie wenn sie Heilige oder Apostel wären". Auch er, der Schaffner, sei sehr erschrocken, und Jetzer habe dem Subprior das Büchlein aus der Hand geschlagen, worauf die Geister unter Hinterlassung eines grässlichen Gestanks aus dem Stübchen verschwunden seien. Auf die Frage, ob er dem Teufel jemals einen Lehenseid geleistet, mit ihm einen schriftlichen Pakt (*cyrographum*) gemacht oder ihm ein Pfand (*pignus*) gegeben habe, antwortete der Schaffner mit Nein. Auf die Frage, ob er die Absage an Gott jemals gebeichtet habe, antwortete er Ja, einem Mönch namens Heinrich Hell, einem Mitbruder, der sich von 1506/1507–1508 im Berner Dominikanerkonvent nachweisen lässt (siehe Anh. 2)[103].

---

102) Akten II/2 S. 319 f. Nr. 58–62 (1508, Aug 30; Subprior, Folterverhör). Zu den „Experimenten" der Nekromantie vgl. OSTORERO, Le diable au sabbat S. 243, 440, 698. Zu dem auf die Geister ausgeübten Zwang vgl. ebd. S. 245–247.

103) Akten II/2 S. 273 f. Nr. 78 (1508, Sept 1; Schaffner, Folterverhör). Zum Verbot,

Am 1. September 1508 um die Vesperzeit war die Reihe am Lesemeister, der zuvor – am Morgen – heftig gefoltert worden war, weil er über den Trank, der Jetzer eingeflößt wurde, nicht Auskunft geben wollte oder konnte. Um die Vesperzeit wurde er gefragt, ob er einmal Gott abgesagt habe, eine Frage, die er mit Ja beantworten musste. Anders als der Schaffner erwähnt der Lesemeister nicht, dass dies gewesen sei, nachdem Jetzers Stigmata verschwunden waren, wohl aber: weil alle ihre Fiktionen sich als illusorisch herausgestellt hatten (*eo quod cuncta, que confixerant, apparebant illusoria*) und auf Widerstand gestoßen waren (*fiebant obloquia et obtrectationes*). Da sie in Erfahrung gebracht hatten, dass der Subprior Kenntnisse und Schriften in schwarzer Magie besaß, seien sie sich einig geworden, es jetzt mit dieser Kunst zu versuchen. Damit beschreibt der Lesemeister recht eigentlich den Moment, in dem auch in der gewöhnlichen „Hexerei" eine Begegnung mit dem Teufel stattfand und ein Pakt mit ihm geschlossen wurde, nämlich den Moment der Traurigkeit und der Verzweiflung, mit dem Fachausdruck der „Melancholie". Der Subprior habe ihnen sein Büchlein gezeigt, das in rotes Leder gebunden (*librum rubeo coreo superductum*), drei Finger dick (*forte trium digitorum densitatis*) und von Hand auf leeres Pergament geschrieben gewesen sei (*in membrana virginea manu conscriptum*), und ihnen gesagt, dass sie vorgängig Gott absagen müssten, was sie nach kurzem Widerstand getan hätten, und zwar mit der Formel (im Fall des Lesemeisters): „Ich Stephan, sage dem Glauben und den Sakramenten Gottes und der Kirche ab (*Ego Stephanus abnego fidem Dei et sacramenta Dei et ecclesie*)."[104]

Darauf habe der Subprior einen Kreis gezeichnet, laut dem Lesemeister mit Kohle und nicht mit Kreide (wie der Subprior gesagt hatte), damit sie nicht vom Dämon belästigt werden könnten (*ne isti vel ipse offenderentur a demone; ut ipsi tuti in eodem essent a demone*). Innerhalb dieses Kreises seien sie auf den Boden gesessen; der Subprior sei in der Mitte gestanden und habe mit Exorzismen und Beschwörungen den Kreis sicher gemacht (*conficiendo circulum*). Gleich darauf hätten sie Jetzer zu sich gerufen, ihn geheißen, sich zu ihnen in den Kreis zu setzen, und ihn zu überreden versucht, Gott ebenfalls abzusagen – was ihnen aber, wie wir schon wissen, nicht gelungen sei. Nichtsdestoweniger habe der Subprior fünf Geister heraufbeschworen, die wie Heilige oder Apostel Togen und Bärte trugen. Als Jetzer dem Subprior das Büchlein aus den Händen geschlagen habe, seien die

---

sich zu bekreuzigen (eine Art „Gegenzauber"), vgl. OSTORERO, Le diable au sabbat S. 461, 468, 624, 700, 713 f.
104) Akten II/2 S. 252 f., S. 253 f. Nr. 47 (1508, Sept 1, morgens u. Vesperzeit; Lesemeister, Folterverhöre). Zum Moment der Verzweiflung vgl. OSTORERO, Le diable au sabbat, insbes. S. 469.

„apostolischen Teufel" verschwunden und hätten einen grässlichen Gestank hinterlassen. Als sie Gott abgesagt hätten, sei über der Zelle ein großer Lärm zu hören gewesen. Der Lesemeister habe dem Teufel aber keinen Lehenseid geleistet noch mit ihm einen schriftlichen Pakt (*pignus vel cirographum*) geschlossen. Als er Ende 1507 in Rom gewesen sei, habe er eine umfassende Beichte abgelegt und päpstliche Absolution und volle Vergebung erlangt. Bevor er am 3. September 1508 seinen Prozess abschloss, widerrief er indessen seine Aussage, dass er sowie der Prior und der Schaffner Gott abgesagt hätten, bestätigte indessen das „Experiment" des Subpriors mit dem magischen Kreis[105].

Im Revisionsprozess wurde am 5. Mai 1509 auch Jetzer erstmals zur Absage an Gott und zum „Experiment" des Subpriors einvernommen. Jetzer hätte erstens dem gekreuzigten Gott, zweitens seinen Heiligen und drittens der Jungfrau Maria absagen sollen – wie die Klostervorsteher es selber auch getan hätten. Als er gezweifelt habe, hätten sie ihm gesagt, dass vieles, was mit ihm geschehen sei, mit der Kunst der Nigromantie gemacht worden sei, und hätten ihm zum Beweis ein „Experiment" versprochen. Der Subprior habe mit der Hand gewisse Zeichen in der Art eines Kreises in der Luft gemacht und aus einem viereckigen Büchlein von der Dicke von zwei Fingern und der Breite und Länge von drei bis vier Fingern einige Worte vorgelesen, von denen Jetzer nur begriffen hatte, dass sie nicht Deutsch waren. Darauf sei sogleich die Türe aufgesprungen und seien sechs(!) schwarze Männer erschienen, ohne Bärte, aber von so schrecklichem Aussehen, dass dem Konversen die Haare zu Berg gestanden seien und er dem Subprior das Büchlein aus der Hand geschlagen habe, worauf die schwarzen Männer unter Hinterlassung eines großen Gestanks verschwunden seien[106].

Immer im Revisionsprozess musste der Lesemeister am 7. Mai 1509 seinen Widerruf vom 3. September 1508 zurücknehmen bzw. zugeben, dass er und die übrigen Klostervorsteher Gott dennoch abgesagt hatten. Auf die Fragen – wohl Fangfragen –, ob die Absage und das „Experiment" am Morgen oder am Nachmittag stattgefunden hätten, entschied er sich für den Morgen, und auf die Frage nach der Zahl der erschienenen Teufel für fünf, einige mit Bärten und einige ohne. Auf entsprechende Fragen: seine Absolution in Rom habe „nur" vor dem *forum penitenciale* und nicht vor dem *forum fori* (oder *forum externum*) stattgefunden und die Absolution sei ihm von einem der ordentlichen Pönitentiare (Beichtväter) in der Basilika des Apostelfürsten (im Vatikan) erteilt worden, einem Mitglied des Dominika-

---

105) Akten II/2 S. 254 f. Nr. 48–50 (1508, Sept 1, Vesperzeit – Sept 3; Lesemeister, Folterverhöre).
106) Akten III S. 423 Nr. 44 (1509, Mai 5; Jetzer).

nerordens, der indessen kein Deutscher gewesen sei. Beim gleichen Pönitentiar habe auch der Subprior die Absolution erlangt[107]. Der Schaffner gab am 8. Mai 1509 (15 Uhr) zwar zu, dass er Gott abgesagt habe, und zwar mit der Formel „Ich, XY, sage Gott ab und verspreche, mich nicht zu bekreuzigen (*promitto non facere crucem ante me sive non signare me cruce*)", dass er dies jedoch nicht mit dem Herzen getan und dass es keineswegs in seiner Absicht gelegen habe, Gott wirklich abzusagen. Er wusste auch nicht, ob das „Experiment" am Morgen oder am Nachmittag gemacht worden sei[108].

Der Prior lavierte auch im Revisionsprozess weiter. Zunächst sagte er (am 10. Mai 1509) aus, dass er zwar die Formel im Büchlein des Subpriors gelesen, aber Gott deshalb nicht abgesagt habe. Einen Tag später (am 11. Mai 1509) musste er zugeben, dass alle Klostervorsteher erstens Gott, dem gekreuzigten Heiland (*salvator*) und dem Verdienst seiner Passion, zweitens der Jungfrau Maria und ihren Fürbitten und drittens allen Heiligen, die dem gekreuzigten Christus nachfolgten, abgesagt hätten und dass er dies auch Jetzer mitgeteilt habe. Dieser sei darauf in Entrüstung ausgebrochen: „Oh! was seid ihr für Mönche, wie könnt ihr Messe lesen und eure Beichte ablegen, wo ihr solches tut?" Der Prior habe ihm geantwortet: „Wie machen es die Türken? es genügt, wenn ich in einer Ecke Gott allein eine geheime Beichte ablege; das ist ebenso viel wert, wie wenn ich einen ganzen Tag lang einem Priester beichte und dabei viele Worte mache" – eine nicht sehr orthodoxe Antwort, die er in seinem Verhör vom 11. Mai 1509 wiederum rundweg in Abrede stellte, doch wussten auch der Schaffner und der Subprior von Jetzers Ausbruch der Entrüstung[109]. Am 12. Mai 1509 musste der Prior zugeben, dass der Lesemeister ebenfalls ein Buch mit Beschwörungen besessen habe. Dieses scheint alt gewesen zu sein, von der Breite eines halben Blattes Papier und von der Dicke eines Fingers, das er, der Prior, aber nicht benutzt habe. In der Folge wurde er auch nach dem Büchlein des Subpriors gefragt, und er antwortete, dass dieses zwei Finger dick, ein bisschen mehr als eine Handfläche lang und von der Breite einer Hand gewesen sei, mit einem Prägeeinband aus rotem Leder (*in tabulis ligatis*). Diese Beschrei-

---

107) Akten III S. 432 f. Nr. 35–37 (1509, Mai 7; Lesemeister). Mit *forum poenitentiale* (später *forum internum*) und *forum externum* wird im kanonischen Recht das private und das öffentliche Bußverfahren unterschieden, vgl. W. SCHULZ, Art. Forum, in: Lex. MA 4 (1989) Sp. 668. In beiden Foren wurde aber die gleiche Gerichtsbarkeit ausgeübt, und ihre Entscheidungen waren beide rechtsgültig. Indem das öffentliche Bußverfahren mit der Zeit verschwand, dominiert heute im Corpus Iuris Canonici das *forum internum*, vgl. B. FRIES, Art. Forum, in: LThK 4 ([2]1960) Sp. 224 f.
108) Akten III S. 446 Nr. 24 f. (1509, Mai 8, 15 Uhr; Schaffner).
109) Akten III S. 458 Nr. 20, S. 462 Nr. 31 f. (1509, Mai 10, 11; Prior), vgl. auch ebd. S. 488 Nr. 31 (1508, Mai 16; Subprior), S. 510 f. (1509, Mai 19; Schaffner).

bung ist umso wertvoller, als der Prior ein Fachmann war, der selber kostbare Bucheinbände gestaltete (siehe Kap. I/2a). Zu seiner Entschuldigung gab er an, dass er einen Ablassbrief von Raymund Peraudi besitze, der in den Jahren 1500–1504 als päpstlicher Legat in der Schweiz gewesen war und hier auch einen Ablass gegen die Türken verkündet hatte. Peraudi war zwar 1506 gestorben, doch war sein Ablass offenbar über seinen Tod hinaus gültig[110].

Im Verhör mit dem Subprior kam das Gericht am 15. Mai 1509 auf die schwarze Magie zurück und fragte diesen nach dem Organisten, der ihn die magische Kunst gelehrt habe. Der Subprior antwortete, dass dieser bereits seit ungefähr sechzehn Jahren tot sei und dass er ihn in Bozen kennengelernt habe, wo er sich damals im Dominikanerkloster aufgehalten habe. Er kannte den Familiennamen und die Herkunft des Organisten nicht; dieser sei einfach Meister Martin genannt worden. Auf die Frage, was aus seinem Büchlein geworden sei, antwortete er, dass er es aus Reue(!) verbrannt hatte, nachdem alle Fiktionen aufgedeckt worden waren, und zwar – auf weitere Fragen – bevor er zusammen mit dem Lesemeister nach Rom gegangen sei. Am nächsten Tag musste der Subprior weiter bekennen, dass der Lesemeister ebenfalls ein Buch mit schwarzer Magie besessen habe. Dieses sei aus Papier gewesen, eingebunden in eine Urkunde (*membrana*), von der Größe eines Zeigefingers und in Länge und Breite nicht sehr verschieden von seinem eigenen Büchlein. Das Büchlein des Lesemeisters habe viel weniger schwarze Magie enthalten als das seine, aber mehr medizinische Rezepte und Zaubersprüche (*de aliis medicaminibus et incantamentis*) zum Verführen von Frauen (*ad trahendum mulieres*), zum Flüssigmachen von Glas und Hörnern u. a. (*ad liquefaciendum vitrum et cornua et alia huiusmodi*). Auf die Frage, ob er den schriftlichen Pakt, den er mit dem Dämon geschlossen hatte, jemals zurückbekommen habe, antwortete er mit Ja, wollte aber nicht gerne sagen, auf welche Art und Weise, denn sein Beichtvater habe ihm auferlegt, nicht davon zu sprechen. Er habe die Absage an Gott in Rom gebeichtet, bei einem der Pönitentiare im Petersdom; dieser sei mit einem schwarzen Mantel bekleidet und Angehöriger eines Ordens gewesen, den der Subprior nicht zu nennen wusste. Dieser habe ihm eine Buße auferlegt, die er erfüllt habe. Als er in Erfüllung dieser Buße vor einem Bild (oder einer Statue) der Jungfrau Maria in der Kirche Santa Maria Maggiore gebetet habe, sei er wie in einen Schlaf gesunken und da sei ihm ein schönes Bild (oder eine Statue) einer Frau (*quedam pulchra ymago mulieris*) erschienen, von dem er glaubte, dass es die Jungfrau Maria selber gewesen sei; diese

---

110) Akten III S. 476 f. Nr. 71–75 (1509, Mai 12, 16 Uhr; Prior).

habe lange mit ihm gesprochen und ihm schließlich seinen Pakt zurückgegeben. Als er ihn gelesen habe, habe er erkannt, dass es tatsächlich der Pakt gewesen sei, den er mit dem Dämonen geschlossen hatte, und als er ihn wiederum lesen wollte, seien die Buchstaben verschwunden. Da habe er den Pakt zerrissen[111].

Dies ist eine wunderschöne Geschichte, und wir möchten sie dem Subprior von Herzen gönnen, doch entspricht sie leider der im Mittelalter weitverbreiteten und vielbearbeiteten Legende des Theophilus, der im 6. Jahrhundert in Kilikien (Kleinasien) als Schatzmeister und Archidiakon die Kirchengüter des Bischofs von Adana verwaltete. Nachdem dieser gestorben war, sollte Theophilus sein Nachfolger werden, war aber zu demütig, um die Wahl anzunehmen, und wurde vom Nachfolger des Bischofs auch um seine bisherige Stellung gebracht. In dieser Situation suchte er einen jüdischen Nekromantier auf. Dieser beschwor den Teufel, dem Theophil in einem schriftlichen Pakt seine Seele verschrieb. Darauf wurde er bereits am nächsten Tag wieder in Amt und Würde eingesetzt, litt aber unter Gewissensbissen und bat im Gebet die Jungfrau Maria um Hilfe. Diese erschien ihm schließlich eines Nachts im Schlaf und gab ihm den mit seinem eigenen Blut unterzeichneten Pakt zurück. Es war aber nicht nur ein Traum, denn als Theophil erwachte, fand er diesen neben sich, bekannte öffentlich seine Schuld und starb wenige Tage später in Frieden. Diese Legende wurde im 8. Jahrhundert vom Mönch und Geschichtsschreiber Paulus Diaconus (725/730–vor 800) aus dem Griechischen ins Lateinische übersetzt und gehörte seit dem Hochmittelalter zu den bekanntesten Marienwundern, so dass Theophil auch zu einem Vorläufer von Dr. Faust werden konnte[112]. Die bischöflichen Richter des Revisionsprozesses ließen sich denn auch nicht täuschen, sondern fragten den Subprior, ob er den Pakt wirklich zurückbekommen habe, denn ihnen scheine, seine Geschichte sei eine Fabel (*illam hodiernam [historiam] esse unam fabulam*) – was der Subprior natürlich zugeben musste[113].

Schließlich wurde am 18. Mai 1509 auch noch der Lesemeister nach *seinem* Büchlein mit schwarzer Magie gefragt. Er antwortete, dass darin Ge-

---

111) Akten III S. 485 f. Nr. 23 f., S. 487–489 Nr. 26–33 (1509, Mai 15, 16; Subprior).

112) Maria WARNER, Alone of all her sex. The myth and the cult of the virgin Mary, new edition 2013 ([1]1976) S. 330 f. vgl. auch A. DÖRRER, Art. Theophiloslegende, in: LThK 10 ([2]1965) Sp. 90 f.; Konrad KUNZE / Hansjürgen LINKE, Art. Theophilus, in: Verfasserlexikon 9 (1995) Sp. 775–782; P. CHIESA, Art. Theophilus-Legende, in: Lex.Ma 8 (1997) Sp. 667 f.; BARNAY, Les apparitions S. 52; DIES., Le ciel sur terre S. 35 f.; OSTORERO, Le diable au sabbat S. 304 f., 332; SCHREINER, Maria, Jungfrau S. 506 f.; LEVI D'ANCONA, The Iconography S. 60 f.; BALZAMO, Les miracles S. 70 f.

113) Akten III S. 494 Nr. 52 (1509, Mai 16, 15 Uhr; Subprior).

brauchsanweisungen für das Aufweichen von Glas, Horn und Ähnlichem enthalten gewesen seien, nicht aber schwarze Magie, Rezepte oder Zaubersprüche (*sed non ars magica vel medicamenta aut incantationes*), und auch kein Liebeszauber – wobei der Besitzer des Büchleins natürlich alles Interesse daran hatte, dessen Inhalt so harmlos als möglich darzustellen. Auf die Frage, was aus dem Büchlein geworden sei, antwortete er, dass er es zerrissen und an einem geheimen Ort weggeworfen habe, damit nicht noch weiterer Verdacht gegen ihn erwachse. Am gleichen Tag versuchte er auch noch, seine Absage an Gott zu relativieren, die er weder mit der Seele noch in der Absicht getan habe, Gott wirklich abzusagen (*non id animo et intentione vere Deum abnegandi*), und ebenso der Prior in seinem letzten Verhör vom 19. Mai 1509[114]. Diese Relativierungsversuche zeigen, dass die Absage an Gott – ebenso wie auch die begangenen Hostienfrevel – selbst in den Augen der Angeklagten ein überaus schwerwiegender Anklagepunkt war.

Schwarze Magie im Kloster

Dagegen ist es für uns schwierig, einen Anklagepunkt wie die Absage an Gott und die Anrufung von Dämonen ernst zu nehmen und von der Realität von schwarzer Magie überhaupt auszugehen, und dies umso mehr, als wir gerade bei der „volkstümlichen" Hexerei weitgehend von deren Nichtexistenz ausgehen. Nichtsdestoweniger verhält sich die Sache bei der gelehrten Magie doch etwas anders: diese scheint tatsächlich praktiziert worden zu sein, und zwar auch an den europäischen Königs- und Fürstenhäusern[115] und selbst in den Klöstern, auch wenn man an ihren Wirkungen zu Recht zweifeln kann. Entscheidend sind hier nicht die übereinstimmenden Aussagen Jetzers und der vier Klostervorsteher – obwohl diese getrennt gefangen gehalten wurden –, denn diese Übereinstimmung wurde nicht zuletzt durch das Gericht erzielt, das übereinstimmende Geständnisse haben musste, um verurteilen zu dürfen (siehe Kap. II/2e, Die Folterverhöre der vier Klostervorsteher) –, entscheidend ist hier das Milieu, das beschrieben wird und das doch sehr viel mit dem Milieu der gelehrten Magie gemeinsam hat, wie es vom amerikanischen Mediävisten Richard Kieckhefer in den 1980er-Jahren dargestellt worden ist. Dieser hatte damals zwei Zauberbüchlein aus dem 15. Jahrhundert entdeckt, die unter Umständen mit denen des Lesemeisters und des Subpriors verglichen werden könnten: erstens ein Büchlein in deutscher Sprache mit alltäglicher, natürlicher Magie aus dem Tirol, und zwei-

---

114) Akten III S. 507 u. 508 (1509, Mai 18 – Mai 18, 7 Uhr; Lesemeister), S. 514 (1509, Mai 19; Prior).
115) Vgl. De Frédéric II à Rodolphe II.

tens ein Büchlein mit dämonischer Magie oder eben Nekromantie, in Latein, mit Formeln für die Beschwörung von Dämonen und für magische Kreise (München, Bayerische Staatsbibliothek, Clm 849), das wahrscheinlich einem Kleriker gehört hatte und dem Kieckhefer 1997 eine eigene Publikation gewidmet hat[116]. Mit dem zweiten Büchlein ließen sich die verschiedensten Dinge anstellen: jemanden krank machen, Liebe erwecken, die Illusion eines mächtigen Schlosses oder eines prächtigen Banketts hervorrufen, ein Pferd herstellen, das den Magier überallhin tragen konnte, oder auch die Zukunft und geheime Dinge enthüllen. Neben den magischen Kreisen gebrauchte der Magier auch Wachsbilder von Personen, um ihnen Schaden zuzufügen, vergleichbar mit dem Voodoo-Zauber, den der Subprior während des Passionsspiels an Jetzer ausübte. Solche Büchlein sind sehr selten überliefert, denn sie wurden in der Regel von den Inquisitoren beschlagnahmt und verbrannt[117]. Wie wir gesehen haben, waren der Subprior und der Lesemeister der Konfiskation zuvorgekommen und hatten ihre jeweiligen Büchlein selber vernichtet, aber die Prozessakten liefern doch recht viel Informationen darüber, nicht zuletzt auch über ihr Äußeres – offensichtlich handliche Kleinformate – und ihren Gebrauch, doch müssen wir uns hier auf das für das Verständnis der Nekromantie im Jetzerhandel Nötigste beschränken. Dieser liefert immerhin den Beweis, dass es nicht nur Handbücher gegeben hat, sondern dass schwarze Magie auch tatsächlich ausgeübt wurde, und dies nicht zuletzt im Kloster. Dabei scheint das „Experiment" des Subpriors aus dem Ruder gelaufen zu sein – ähnlich wie viel später dasjenige von Goethes „Zauberlehrling", der ebenso wie Dr. Faust auch ein mittelalterliches Vorbild gehabt zu haben scheint[118].

Richard Kieckhefer unterscheidet zwischen natürlicher und dämonischer Magie, ähnlich wie dies die Intellektuellen im Mittelalter auch taten. Dabei war natürliche Magie ein Zweig der Wissenschaft, der sich für die verborgenen Kräfte in der Natur interessierte, und dämonische Magie eher eine Religion oder vielmehr eine Perversion von Religion; denn sie versuchte dämonische Kräfte für menschliche Dinge einzuspannen. Im 13. Jahrhundert kam es zu zwei entscheidenden Veränderungen: einerseits wurde natürliche Magie von fortschrittlicheren Denkern immer mehr anerkannt, andererseits sahen weniger fortschrittliche Denker dahinter immer mehr dämonische Kräfte. Gerade im späten Mittelalter, als Nekromantie auch tatsächlich ausgeübt wurde und die Hexenverfolgungen begannen, wurde die Furcht im-

---

116) KIECKHEFER, Magic in the Middle Ages, insbes. S. 1–8; vgl. auch DERS., Forbidden Rites.
117) OSTORERO, Le diable au sabbat S. 239, 527.
118) KIECKHEFER, Forbidden Rites S. 8 und 186–189. Zu den Formaten der Handbüchlein für Nekromantier vgl. OSTORERO, Le diable au sabbat S. 290.

mer größer, dass auch hinter der Ausübung von natürlicher Magie die Anrufung von Dämonen und ein Pakt mit dem Teufel stecken könnte[119]. Kieckhefer beschreibt im Folgenden das Milieu, in dem am Ende des Mittelalters dämonische Magie (Nekromantie) praktiziert wurde und das er als „klerikale Unterwelt" (engl. clerical underworld) bezeichnet. Dabei wandelte sich der Begriff der Nigromantie allmählich zu demjenigen der Nekromantie. Da man sich nicht vorstellen konnte, dass bei der Heraufbeschwörung von Toten diese selber erschienen, nahm man an, dass Dämonen deren Gestalt annahmen und die Leute damit täuschten. Entsprechend nahm der Begriff der Nekromantie die allgemeinere Bedeutung von „Beschwörung von Geistern" an und wurde als explizite dämonische Magie verstanden, d. h. Magie, hinter der eine ausdrückliche Anrufung von Dämonen – wenn nicht sogar ein Pakt mit dem Teufel – stand, im Unterschied zur impliziten dämonischen Magie, die keine ausdrückliche Anrufung von Dämonen oder einen Pakt mit dem Teufel voraussetzte[120].

Die Leute, die Nekromantie ausübten und zu der von Kieckhefer so genannten „klerikalen Unterwelt" gehörten, waren in der Regel Kleriker, wobei es hier bis zum Priester mehrere Grade gab. Einer der niederen Grade auf dem Weg zum Priester war der Exorzist, der bei seiner Weihe ein Buch mit Exorzismen erhielt, auch wenn er in der Folge nie als Exorzist tätig war. Auch die Studenten an den mittelalterlichen Universitäten empfingen in der Regel die niederen Weihegrade, ohne deshalb schon für die Laufbahn eines Priesters bestimmt zu sein. Es gab noch keine Priesterseminare, und als zukünftiger Priester machte man in der Regel eine Art Lehre bei einem Stadt- oder Landpfarrer und ging nicht unbedingt zur Universität. Die zukünftigen Priester sollten wenigstens rudimentäre Kenntnisse der lateinischen Sprache, der Rituale und der Doktrin haben, Anforderungen, die bei weitem nicht immer erfüllt waren. Da auch die Inhaber niederer Weihen über die Privilegien der Kleriker verfügten, die darin bestanden, dass man nicht vor ein weltliches Gericht gezogen werden konnte und von den Steuern befreit war, war der Klerikerstand auch bei Leuten begehrt, die überhaupt nicht in der Kirche tätig waren, sondern als Kaufleute oder Handwerker arbeiteten. Aber auch ein Mann, der als Priester geweiht worden war, fand

---

119) KIECKHEFER, Magic in the Middle Ages S. 8–19.
120) KIECKHEFER, Magic in the Middle Ages S. 151 f. Bei der Unterscheidung zwischen natürlicher und dämonischer Magie ist zu berücksichtigen, dass in diesem Zusammenhang auch die erstere etwas sehr Intellektuelles war und es sich dabei nicht um volkstümliche Magie handelte, welche letztere nicht selten von Frauen ausgeübt wurde, vgl. UTZ TREMP, Von der Häresie S. 412 f. Bei der gelehrten Unterscheidung zwischen natürlicher und dämonischer Magie ging es im Grund darum zu erfassen, welche Magie – noch – erlaubt war, vgl. OSTORERO, Le diable au sabbat S. 382–384.

nicht unbedingt eine Stelle als Pfarrer, sondern arbeitete als Kaplan an einer der unzähligen Messpfründen, welche im Spätmittelalter gegründet worden waren, so dass man auch schon von „Klerikerproletariat" (G. P. Marchal) gesprochen hat. Zur „klerikalen Unterwelt" konnten auch die Mönche und Angehörigen der Bettelorden gehören, die in der Regel ebenfalls Priester waren. In einem Kloster, in welchem die Disziplin strikt und die Überwachung sorgfältig war, gerieten die Mönche nicht in Versuchung, das Gebet und die Arbeit zu vernachlässigen, wohl aber in reformbedürftigen Klöstern, wo die Mönche zweifelhaften Vergnügungen nachgingen[121].

Die schwarze Magie, wie sie in spätmittelalterlichen Klöstern gewissermaßen zum Zeitvertreib ausgeübt wurde, lässt sich auf drei wesentliche Elemente reduzieren: magische Kreise, magische Beschwörungen und Opfer an die Dämonen[122]. Von diesen drei finden sich in der schwarzen Magie des Berner Subpriors nur die beiden ersten, nicht aber die Opfer an die Dämonen; denn dieser war der Meinung, dass diese auch ohne Belohnung gehorchen müssten. Die magischen Kreise wurden mit einem Schwert oder einem Messer auf den Boden oder auf ein Stück Pergament gezeichnet – der Subprior benutzte dazu Kreide oder Kohle. Kieckhefer meint, dass die Kreise nicht gezeichnet wurden, um die darin Sitzenden vor den Dämonen zu schützen[123], aber in Bern war dies wohl anders; denn der Lesemeister sagt ausdrücklich, dass der Subprior mit Kohle einen Kreis gezeichnet habe, damit er und seine Komplizen „vom Dämon nicht belästigt würden".

Während der Kreis das wichtigste visuelle Element aus den Techniken des Nekromantiers darstellt, ist die Beschwörung das wichtigste gesprochene Element. Die Beschwörungsformeln, die im Münchner Handbuch Clm 849 enthalten sind, ersuchen die Geister nicht selten, in gefälliger und nicht Angst machender Gestalt zu erscheinen[124]– was offenbar im „Experiment",

---

121) KIECKHEFER, Magic in the Middle Ages S. 153–155, vgl. auch Guy P. MARCHAL, Eine Quelle zum spätmittelalterlichen Klerikerproletariat, in: Freiburger Diözesanarchiv 91 (1971) S. 65–80. Es gab aber auch Klöster, bei denen die Bücher mit schwarzer Magie mehr oder weniger offiziell in der Bibliothek standen, vgl. Sophie PAGE, Magic in the Cloister. Pious Motives, Illicit Interests, and Occult Approaches to the Medieval Universe (Magic in History, 2013).
122) KIECKHEFER, Magic in the Middle Ages S. 159 ff. Vgl. auch DERS., Forbidden Rites S. 126–151: Formulas for Commanding Spiritus: Conjurations and Exorcisms; S. 154–169: Demon and Daimons: The Spiritus Conjured; S. 170–185: The Magic of Circles and Spheres. Zu den Opfern an die Dämonen (u. a. auch Hostienfrevel und Kindsmord) vgl. OSTORERO, Le diable au sabbat S. 90, 419 f., 463–467, 475 f., 620, 626.
123) KIECKHEFER, Magic in the Middle Ages S. 161, vgl. allerdings DERS., Forbidden Rites S. 175 f.
124) KIECKHEFER, Magic in the Middle Ages S. 161 f.; DERS., Forbidden Rites S. 159 f.

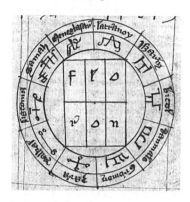

Abb. 16: Magischer Kreis mit „Charakteren" in der Mitte. *Liber incantationum, exorcismorum et fascinationum variarum* (15. Jh.). (München, Bayerische Staatsbibliothek, Clm 849, p. 73; http://daten.digitale-sammlungen.de/bsb00037155/image_73)

das im Berner Dominikanerkloster mit den Aposteln (mit oder ohne Bart) gemacht wurde, nicht der Fall war; denn dieses jagte allen Anwesenden – vielleicht mit Ausnahme des Subpriors selber – einen gehörigen Schrecken ein. Eine wichtige Voraussetzung für die Ausübung von schwarzer Magie war weiter, dass die Bücher mit den entsprechenden Formeln geheim aufbewahrt wurden, so dass sie nicht in die Hände von „Narren" fielen[125] – was offenbar im bernischen Dominikanerkloster auch nicht gewährleistet war, indem der Subprior sein Büchlein einfach in seiner Zelle aufbewahrte, wo jeder es finden konnte. Laut Kieckhefer beginnt man beim Lesen der Formulare der Nekromantier die Inquisitoren, die diese Werke verdammten und verbrannten, besser zu verstehen; denn die Formulare seien von einer gewissen Megalomanie getragen gewesen, auch wenn sowohl die Nekromantiker als auch die Inquisitoren letztlich an das Gleiche glaubten, nämlich an die Macht der Rituale. Indem man gewisse komplizierte Rituale gewissenhaft ausführte, erzielte man automatisch bestimmte Wirkungen, auch ohne das Herz dabei zu haben – ganz ähnlich wie der Priester, der die Wandlung der Hostie vornehmen konnte, ohne dabei ein gutes Leben zu führen. Die Nekromantier glaubten, dass man Gottes Macht auch für üble Zwecke einsetzen konnte, wenn nur das Ritual korrekt ausgeführt wurde. Im Grund war die Nekromantie eine Parodie auf das spätmittelalterliche Verständnis der Rituale. Sie beruhte einerseits auf Astralmagie und andere-

---

125) KIECKHEFER, Magic in the Middle Ages S. 153; DERS., Forbidden Rites S. 45.

seits auf Exorzismus. Während der Exorzist versuchte, die Dämonen oder von ihnen verursachte Krankheiten zu vertreiben und ihnen zu beweisen, dass Gottes Kraft stärker sei, bediente sich der Nekromantier ganz ähnlicher Formeln, um die Dämonen herbeizuzwingen und sie für seine Zwecke einzuspannen. Dagegen war den Exorzisten und den Nekromantiern gemeinsam, dass sie sich mit Askese und Reinigungsritualen darauf vorbereiteten, die Dämonen herbeizurufen, nicht zuletzt, um sich selber vor ihnen zu schützen. Diese waren nicht selten mit ihren Gestalten, ihrer Macht und ihren Attributen in Katalogen aufgeführt, so dass man eine Auswahl treffen konnte[126]. Im Unterschied zur Welt der Hexer und Hexen (frz. sorcellerie démoniaque), bei denen die Dämonen – gefallene Engel – hierarchisch klar dem Teufel unterstellt waren, war die Welt der Magier und Nekromantier noch von ganzen Scharen von Dämonen bevölkert, bei denen die Hierarchie viel weniger klar war, auch wenn in beiden Fällen ein ausdrücklicher oder zumindest schweigender Pakt mit ihnen vorausgesetzt wurde[127].

Die schwarze Magie erscheint nicht selten auch in den *Exempla*, d. h. in kurzen Erzählungen, die in den Predigten beispielhaft benutzt wurden, um die Zuhörer davor zu warnen, sich mit den Dämonen einzulassen. Das bekannteste Exempel war die oben erwähnte Legende von Theophilus, der einen geschriebenen Pakt mit dem Teufel geschlossen hatte, um seine früheren Ämter wiederzuerlangen, und der diesen Pakt schließlich nur dank der Fürbitte der Jungfrau Maria zurück bekam – wie ihn auch der Subprior gerne zurückbekommen hätte. Sowohl die weltlichen als auch die kirchlichen Autoritäten hielten schwarze Magie für strafbar, die ersteren, weil sie willentlich Schaden anrichtete, und die letzteren, weil sie Gott beleidigte. Auf der weltlichen Seite reichten die Strafen bis zur Hinrichtung, auf der geistlichen bis zur Exkommunikation, doch ließen die Dinge sich nicht klar trennen; denn die weltlichen Autoritäten wurden auch durch geistliche Gesichtspunkte beeinflusst und umgekehrt – wie dies auch in den Urteilen sichtbar wird, die am Ende der Jetzerprozesse gesprochen wurden. Je mehr man gegen Ende des Mittelalters natürliche für dämonische Magie nahm, desto schärfer wurden die Strafen, wobei der Glauben an beide Arten von Magie ungebrochen blieb. Die Warnungen vor der Beschwörung von Dämonen und die Furcht vor dämonischer Magie nahmen zu, und man verdächtigte nun auch Frauen, die lediglich volkstümliche Magie betrieben, eines Pakts mit dem Teufel, auch wenn dieser ihnen selber unbewusst – implizit – sein sollte. Man vergoss viel Tinte beim Diskutieren darüber, ob die Dämonen –

---

126) KIECKHEFER, Magic in the Middle Ages S. 164–169. Zur Astralmagie vgl. DERS., Forbidden Rites S. 176–180.
127) OSTORERO, Le diable au sabbat S. 247, 289.

oder eben die Magier – die Dinge, die man ihnen zuschrieb, wirklich tun konnten. Dabei wollte man ihnen weder zu viel noch zu wenig Macht zubilligen. Wenn man ihnen zu viel Macht zuschrieb, dann verletzte man die Vorrechte Gottes; wenn man ihnen zu wenig zuschrieb, dann lief man Gefahr, sie zu unterschätzen. Das Resultat war, dass einerseits viele Typen von Magie natürlich und dass andererseits theoretisch alle Typen auch dämonisch sein konnten, wobei der zweite Schluss den ersten praktisch aufhob[128].

Die Annäherung der natürlichen Magie an die dämonische wurde dadurch gefördert, dass die letztere im Spätmittelalter immer mehr als Häresie betrachtet und damit der Inquisition als Institution und dem inquisitorischen Verfahren unterstellt wurde. Damit hatten die Inquisitoren alles Interesse daran, auch natürliche Magie als dämonische – und dämonische Magie als Häresie – zu betrachten und zu behandeln. In den Jahren 1258 und 1260 hatte Papst Alexander IV. die Inquisitoren noch davor gewarnt, Leute wegen Magie zu verfolgen, es sei denn, diese „rieche nach Häresie". Dieser Damm wurde jedoch bereits unter Papst Johannes XXII. (1316–1334) gebrochen und der Dammbruch vom spanischen Inquisitoren Nikolaus Eymerich (vor 1320–1399) in seinem Inquisitorenhandbuch (*Directorium inquisitorum*) auch theoretisch begründet. Auch wenn Eymerichs Überlegungen noch vor allem die gelehrte Magie betrafen, die insbesondere von Männern ausgeübt wurde, so schlossen seine Schlussfolgerungen doch auch die volkstümliche Magie ein, die eher von Frauen betrieben wurde, und öffneten so den Weg zu den allgemeinen Hexenverfolgungen, die im 15. Jahrhundert einsetzten. Daran vermochte auch die Gegenbewegung der Renaissance zu Gunsten der natürlichen Magie zumindest nördlich der Alpen nicht viel auszurichten[129]. Parallel zur Dämonisierung der Magie veränderte sich auch der Ketzerprozess und wurde zum Hexenprozess (siehe Kap. II/4a, Auf der Suche nach der Häresie im Jetzerhandel). Die Hexer und Hexen, die im 15. Jahrhundert in der Westschweiz zum Tod auf dem Scheiterhaufen verurteilt wurden, wurden nicht nur der Häresie beschuldigt, sondern auch der Apostasie und Idolatrie und zudem noch der Verstocktheit, d. h. der Reuelosigkeit, während die Reue frühere Häretiker noch vor dem Scheiterhaufen gerettet hatte. Nicht selten wurden ihnen auch noch weltliche Verbrechen wie Mord, Kindsmord und Kannibalismus vorgeworfen, für die sowohl das geistliche als auch das weltliche Gericht zuständig waren. Die Inquisitoren häuften Verbrechen auf Verbrechen, so dass Martine Ostorero von „surqua-

---

[128] KIECKHEFER, Magic in the Middle Ages S. 172–177, 181–184.
[129] KIECKHEFER, Magic in the Middle Ages S. 191 ff.; UTZ TREMP, Von der Häresie S. 406–422; OSTORERO, Le diable au sabbat S. 248.

lification du crime" gesprochen hat, einer „Überqualifizierung", die auch von den Westschweizer Inquisitoren, in der Regel Dominikanern, ihren Opfern gegenüber voll ausgenützt und ausgespielt wurde[130].

Nicht so in den Jetzerprozessen! Der letzte Anklagepunkt, derjenige der Absage an Gott und Anrufung von Dämonen, hat die anderen Anklagepunkte nicht infiltriert und infiziert, weder im Urteil des geistlichen Gerichts, wo er am Schluss steht, noch in demjenigen des weltlichen Gerichts, wo er an den Anfang gerückt ist. Es hätte nahe gelegen, gerade die Vergiftungsversuche an Jetzer und die Idolatrie (mit den damit verbundenen Hostienfreveln und Hostienwundern), aber auch die Häresie (und die Erscheinungen) sowie das Sakrileg (den Diebstahl der Kleinodien aus der Marienkapelle) der Absage an Gott und der Anrufung von Dämonen unterzuordnen und alles mit einem höchst verwerflichen Pakt mit dem Teufel und daraus resultierenden Malefizien, die mit Hilfe des Teufels ausgeführt worden wären, zu erklären[131]; aber die bischöflichen Richter haben es nicht getan – vielleicht weil die Absage an Gott in den aufeinanderfolgenden Prozessen erst spät zum Vorschein gekomken war, vielleicht aber auch, weil sie keine Inquisitoren und Dämonologen und somit auch keine Theoretiker des Hexereiverbrechens waren. Dies alles bewirkt, dass die Anklagepunkte gegen die Dominikaner in relativ unverstellter Form überliefert sind und gerade deshalb einen Blick auf die Ausübung von schwarzer Magie in einem (observanten!) Kloster am Ende des Mittelalters gewähren[132].

Deshalb bleiben die Erscheinungen im Jetzerhandel „menschengemacht"; es handelte sich nicht um Dämonen mit angenommenen Körpern oder auch nur Vorspiegelungen des Teufels[133] – vielleicht mit Ausnahme der Hunde, die den Geist des Heinrich Kalpurg begleiteten, der seinerseits auch nicht durch Nigromantie heraufbeschworen worden war, sondern ganz einfach vom Subprior – oder vom Prior – gespielt wurde; deshalb ist es auch möglich, ein „Who's who der Erscheinungen" anzufertigen (siehe Anh. 3). Das

---

130) OSTORERO, Crimes et sanctions S. 29–33, vgl. auch DIES., Le diable au sabbat S. 658 f.

131) Zu den Malefizien als unabdingbarem Bestandteil des Hexenverbrechens (neben dem Pakt mit dem Teufel und der Teilnahme am Hexensabbat) vgl. ORTEGA, Maleficare.

132) Vgl. OSTORERO, Le diable au sabbat S. 555: „Il est rare d'avoir de tels témoignages pour la fin du Moyen Age, en dehors d'un contexte répressif [wobei die Jetzerprozesse durchaus auch einen „contexte répressif" darstellen]. Or les procès contre les sorciers ou contre les magiciens [...] posent toujours le problème du filtrage et de la déformation des aveux en raison de la procédure judiciaire. Comme eux, les ouvrages de démonologie ont tendance à orienter systématiquement les arts magiques vers le diable."

133) OSTORERO, Le diable au sabbat S. 307 ff.; ORTEGA, Maleficare S. 105.

Sakrileg blieb ein reiner Diebstahl, allerdings von Kirchengütern; Jetzer sollte mit Arsen (oder Merkur) vergiftet werden, das man in der Apotheke kaufen konnte, und die Hostie – oder vielmehr die Hostien – waren von einem Illuministen – freilich zugleich bekehrter Jude – mit einer von ihm selber hergestellten Farbe bemalt worden, deren Ingredienzien allerdings einige Fragen aufwerfen. Mit der gleichen Farbe war auch die blutweinende Marienstatue versehen worden, und auch Jetzers Stigmata waren offensichtlich „handgemacht" (siehe Kap. II/5b, Jetzers Stigmata und Passionsspiel). Ebenso wie die Farbe bleibt auch die Zusammensetzung des Tranks, der dem Konversenbruder vor dem Passionsspiel und vor der Erneuerung der Stigmata eingegeben wurde, rätselhaft, und dies umso mehr, als der Subprior eigens einen Pakt mit dem Teufel geschlossen haben wollte, um das Rezept dafür zu bekommen, und der Lesemeister sich lieber foltern ließ, als darüber Auskunft zu geben, doch kann man sich auch hier eine natürliche Grundsubstanz vorstellen, die Jetzer schlafen machte, wie die Chronisten Diebold Schilling von Luzern und Werner Schodoler von Bremgarten vermuten (siehe Kap. II/3e). Beim Passionsspiel scheint außerdem eine Art Voodoo-Zauber zur Anwendung gelangt zu sein, dessen Wirkungen sich von heute aus nicht mehr kontrollieren lassen; hier scheinen die Grenzen zur schwarzen Magie und damit zum Unkontrollierbaren tatsächlich überschritten worden zu sein[134].

Dagegen war Jetzers angeblicher Flug vom Chor in die Marienkapelle auf den Altar vor die blutweinende Marienstatue wiederum voll und ganz „menschengemacht": es sollte nur so aussehen, wie wenn er stattgefunden hätte. Dabei handelte es sich wiederum nur um einen Flug, wie er seit der klassischen scholastischen Dämonologie denkbar geworden war, keineswegs aber um einen Flug auf einem Besen oder einem Tier, wie er in den theoretischen Texten immer mehr als Realität herausgestellt und in den beginnenden Hexenverfolgungen geahndet wurde[135]. Im Jetzerhandel war er weder Illusion noch Realität, sondern mit einigen wenigen Requisiten (Schuhe, Verbandstücke) in Szene gesetzt. Die Dominikaner waren keine Hexer, sondern allenfalls Nekromantier oder Schwarzkünstler, aber wohl auch nur der Subprior, der in einer prekären Situation und bei einem schwachen Prior gewissermaßen die Führung übernahm, ähnlich wie der Lesemeister im Defensorium (siehe Kap. I/2b). Wichtig ist auch, dass Jetzer mit den meisten Anklagepunkten gar nichts zu tun hatte, allenfalls mit den (hä-

---

134) In den theoretischen Texten zu den Hexenverbrechen spielen die verschiedensten Tränke in den verschiedensten Zusammensetzungen tatsächlich eine ganz wichtige Rolle, vgl. OSTORERO, Le diable au sabbat S. 54, 536 ff., 555; ORTEGA, Maleficare S. 98, 143.
135) OSTORERO, Le diable au sabbat S. 565 ff.: Cinquième partie: Le sabbat, illusion démoniaque ou réalité? Le débat autour du canon *Episcopi*.

retischen) Erscheinungen und mit dem Diebstahl der Kleinodien aus der Marienkapelle, den er indessen nicht begangen hatte, nicht aber mit den wiederholten Vergiftungsversuchen, deren Opfer er vielmehr war, und noch weniger mit den Verbrechen, die bei der Verurteilung der vier Klostervorsteher am schwersten wogen: mit den Hostienfreveln und der Absage an Gott, die er als einziger verweigert hatte. Paradox ist, dass das weltliche Gericht im Fall der Klostervorsteher mehr auf geistliche Verbrechen wie die Absage an Gott, die Färbung der Eucharistie, die blutweinende Marienstatue und die Stigmata setzte, während das geistliche Gericht auch vom Kirchendiebstahl und den wiederholten Vergiftungsversuchen an Jetzer spricht und die geistlichen Verbrechen eher hinter Begriffen wie Idolatrie versteckt und tabuisiert, vielleicht weil es Geistliche zu beurteilen hatte. Das Urteil des weltlichen Gerichts war insofern „konkreter", als die Berner sich nach dem Jetzerhandel unter Färbung der Eucharistie, blutweinender Marienstatue und Stigmata etwas vorstellen konnten und den Dominikanern dann wohl auch die Absage an Gott zutrauten. Zudem war gerade dieses Verbrechen – allerdings eher in der populäreren Form der „dämonischen Hexerei" – an der Wende vom 15. zum 16. Jahrhundert daran, die Seite zu wechseln und von einem beliebten Anklagepunkt der geistlichen zu einem noch beliebteren Anklagepunkt der weltlichen Gerichte zu werden, was auch erklären könnte, warum es im Urteil des weltlichen Gerichts gegen die vier Dominikaner an die erste Stelle gerückt wurde.

5. Hintergründe und Abgründe

In diesem letzten Kapitel soll den inoffiziellen Anklagepunkten nachgegangen werden, die – mit Ausnahme von Jetzers Stigmata – weder im Urteil des geistlichen noch des weltlichen Gerichts genannt werden, oder, anders ausgedrückt, den Umständen des Jetzerhandels, die sich nicht mildernd, sondern im Gegenteil erschwerend auf das Urteil ausgewirkt haben. Dabei ist an erster Stelle die Stadt Bern zu nennen, der in den Jetzerprozessen die Rolle des weltlichen Arms zukam, der schließlich auch ein eigenes Urteil fällte und dieses vollzog. Im Folgenden soll gefragt werden, wie die Stadt sich in den drei verschiedenen Prozessen einbrachte und wie sie selber vom Jetzerhandel betroffen war. Abschließend soll untersucht werden, warum dieser wahrscheinlich von Vornherein zum Scheitern verurteilt war, auch abgesehen von den Kunstfehlern, die den Dominikanern in seinem Verlauf – viel zu früh – unterliefen: weil sie viel zu viel gewollt und damit eine „Inflation des Übernatürlichen" verursacht hatten, ein Begriff, den wir dem Buch entlehnen, das die französische Mediävistin Sylvie Barnay den Marienerscheinungen des Mittelalters gewidmet hat (siehe Kap. II/4a, Marienerscheinungen im Mittelalter). Diese „Inflation des Übernatürlichen" war letztlich eine Antwort auf das *Mariale* des Bernardin de Bustis, der mit seinen Wundern zu Gunsten des unbefleckten Empfängnis auch maßlos war (siehe Kap. I/3a), doch haben die Dominikaner von Bern ihn insofern noch übertroffen, als sie ihre Erscheinungen in Szene gesetzt und sich an so gefährliche Wunder wie ein Hostienwunder gewagt haben.

a) Die Stadt Bern als weltlicher Arm

Man ist schon längst davon abgekommen, die Schuld für die Ketzer- und Hexenverfolgungen allein den Inquisitoren zu geben, nach dem Motto: eine Schwalbe macht noch keinen Frühling und ein Inquisitor noch keine Inquisition. Im Inquisitionsgericht der Westschweizer Diözesen Lausanne, Genf und Sitten, das den Dominikanern von Lausanne anvertraut war, saß fast immer auch ein Vertreter des jeweiligen Bischofs[1], und der Auftrag zur Inquisition hatte über ihn zu laufen. Die Anfrage kam in der Regel von einer weltlichen Macht, die über Vorgänge in ihrer Stadt oder ihrem Territorium beunruhigt war, so im Fall der Waldenserprozesse von Freiburg von 1399 und 1430 von der Stadt Freiburg. Hier zeichnet sich sogar ein genauer „Dienstweg" ab: die Stadt, die in der Diözese Lausanne lag (und liegt) hatte

---

1) MODESTIN, L'inquisition romande S. 323 f., 332–334.

Hintergründe und Abgründe 721

sich an den Bischof von Lausanne zu wenden, der seinerseits den dominikanischen Inquisitor von Lausanne nach Freiburg schickte, 1399 Humbert Franconis und 1430 Ulric de Torrenté. Sowohl 1399 wie auch 1430 war die Stadt im Gericht gut vertreten. Der gleiche „Dienstweg" hätte eigentlich auch für die Stadt Bern gegolten, die ebenfalls in der Diözese Lausanne lag und 1399 ebenfalls einen Waldenserprozess zu bewältigen hatte, doch hatte diese sich damals nicht an den „Dienstweg" gehalten, sondern einen Dominikanerinquisitor aus Basel in den Berner Dominikanerkonvent versetzen lassen, was sich indessen möglicherweise darauf zurückführen lässt, dass die Stadt damals, im Großen abendländischen Schisma (1378–1417), den Bischof von Lausanne, der zur avignonesischen Obödienz gehörte, nicht anerkannte und sich einen urbanistischen Gegenbischof hielt[2].

Im Jetzerhandel hatte die Stadt Bern den Bischof von Lausanne, Aymo von Montfalcon, bereits im Sommer 1507 – nachdem die Marienstatue in der Dominikanerkirche angeblich blutige Tränen geweint hatte – kommen lassen und ihm Anfang Oktober (1507) auch Jetzer zugeschickt, diesen dann aber schon seit Anfang November zurückverlangt, weil der Bischof ihrer Meinung nach nicht energisch genug gegen ihn vorging und ihn vor allem nicht gleich foltern ließ (siehe Kap. II/1a, Jetzers drittes Verhör). Ende Dezember 1507 war Jetzer nach Bern zurückgeholt worden, doch scheint der Bischof etwa gleichzeitig einen Boten zum Papst geschickt zu haben, um ihn um Rat zu fragen, wie in seinem Fall weiter vorzugehen sei. Dieser Bote war indessen Ende Januar noch nicht zurückgekehrt, so dass der Bischof von Lausanne nach Bern schrieb, dass die Berner sich selber die nötigen Vollmachten an der Kurie beschaffen sollten, um gegen die Dominikaner vorzugehen, die im Verlauf der Gegenüberstellungen mit Jetzer im Rat (im Januar 1508) zunehmend selber in Verdacht geraten waren. Der bernische Rat hatte den Gang nach Rom zunächst noch vermeiden wollen und deshalb Jetzer Anfang Februar 1508 zwei oder sogar drei Mal heftig foltern lassen, indessen ohne eindeutige Ergebnisse, so dass er sich Ende Februar doch dazu durchringen musste, den Chorherrn – und späteren Glaubensprokurator – Ludwig Löubli nach Rom zu schicken. Dabei hatte der Bischof bereits Ende Januar 1508 seine weitere Mitarbeit zugesichert, unter der Voraussetzung, dass er einen entsprechenden päpstlichen Auftrag bekomme (siehe Kap. II/1c, Gegenüberstellungen ...). Er hatte also die Berner selber machen lassen, vielleicht weil der Auftrag vom weltlichen Arm kommen musste. Diesen konnte er aber nicht an die dominikanische Inquisition

---

2) UTZ TREMP, Freiburger Waldenserprozess, vgl. auch DIES., Von der Häresie S. 449 ff., 465 ff.

in Lausanne weitergeben, weil die Dominikaner selber betroffen waren[3], so dass eine päpstliche Vollmacht für ein außerordentliches Verfahren nötig war, eine Einsicht, die dem Bischof von Lausanne zwei Monate vor dem bernischen Rat aufgegangen war.

Nachdem der Hauptprozess, in dem sowohl Jetzer als auch die vier Klostervorsteher angeklagt wurden, mit einer Pattsituation geendet hatte, musste der Rat sich erneut eine päpstliche Vollmacht für den Revisionsprozess beschaffen, ebenfalls wieder ein außerordentlicher Prozess mit einem außerordentlichen geistlichen Gericht. Sowohl im Gericht des Hauptprozesses, bestehend aus den Bischöfen von Lausanne und Sitten sowie dem Provinzial der Oberdeutschen Dominikanerprovinz, als auch in demjenigen des Revisionsprozesses, bestehend aus den Bischöfen von Città di Castello sowie wiederum denjenigen von Lausanne und Sitten, war eigentlich kein Platz für eine Vertretung der Stadt Bern vorgesehen, doch wusste sich diese auf andere Weise Zugang zu verschaffen, nicht zuletzt über die Dolmetscher, die in den verschiedenen Gerichten benötigt wurden, weil Jetzer und gewisse Zeugen nicht Latein verstanden und sprachen.

Wir haben uns schon früher mit den Dolmetschern befasst, aber damals war uns noch weniger klar, dass Bern sich ihrer auch bediente, um sich auf dem Laufenden zu halten, vor allem auch in demjenigen Teil von Jetzers erstem Prozess, der in Lausanne und nicht in Bern stattfand. Unter den Dolmetschern scheinen auch die Chorherren des Vinzenzstifts eine nicht geringe Rolle gespielt zu haben, so Propst Johann Armbruster in Jetzers Prozess in Lausanne; der Chorherr Ludwig Löubli bei Jetzers letztem Verhör in Bern (22. Februar 1508) und, nach Armbrusters Tod Ende Juli 1508, Propst Johann Murer als offizieller Dolmetscher im Revisionsprozess, kurzfristig vertreten durch den Kustos Johann Dübi und den Chorherrn Martin Lädrach[4]. Auch unter den rund vierzig Zeugen, die in den drei Prozessen befragt wurden, befanden sich nicht weniger als vier Chorherren: Kustos Johann Dübi, der in allen drei Prozessen einvernommen wurde, Propst Johann Murer und Kantor Thomas vom Stein im Hauptprozess und der Chorherr Heinrich Wölfli in Jetzers erstem Prozess und im Revisionsprozess (siehe Anh. 4). Eine Schlüsselfigur ist der Chorherr Ludwig Löubli, der im Herbst 1507 als einer der ersten die „Wunder", die im Dominikanerkonvent in Bern geschahen, als „ausgedachte Ketzerei und Lotterei" bezeichnet hatte und der im Folgenden zum Glaubensprokurator – und das

---

3) Die dominikanische Inquisition in Lausanne war ohnehin am Ende des 15. Jahrhunderts nicht mehr in einem guten Zustand, vgl. MODESTIN, L'inquisition romande S. 338 ff.

4) TREMP-UTZ, Welche Sprache, insbes. S. 230–240, vgl. auch DIES., Kollegiatstift S. 140–142.

heißt: zum Ankläger – im Haupt- und Revisionsprozess aufrückte und zwischen den beiden Prozessen ohne Zweifel wegen seiner diesbezüglichen „Verdienste" zum Dekan des Vinzenzstifts ernannt wurde. Er war außerdem ein Neffe von Wilhelm von Diesbach, dem Vogt des bernischen Dominikanerkonvents, und er könnte ein wichtiger Informant des Berner Rats gewesen sein, ja, es könnte auch Verbindungen zu Matthäus Schiner, Bischof von Sitten, gegeben haben (siehe Kap. II/3e, Die Jetzerhandel ... in der Chronik des Diebold Schilling von Luzern).

Die Vertretung der Stadt in den Gerichten der Jetzerprozesse

Bei Jetzers ersten drei Verhören in Lausanne (am 8., 15. und 31. Oktober 1507) wirkten als Übersetzer Johann Armbruster und Petermann Asperlin (siehe Kap. II/1a, Jetzers erstes bis drittes Verhör). Von ihnen kann Johann Armbruster, Sohn der Stadt Bern und Gründungspropst des Vinzenzstifts (1484/85–1528), getrost als Vertreter Berns im bischöflichen Gericht in Lausanne betrachtet werden. Nichtsdestoweniger scheint die Stadt mit seinen Diensten nicht zufrieden gewesen zu sein, denn am 3. November 1507 schrieb sie an den Bischof von Lausanne, dass ihr scheine, dass er nicht mit jener „Reife" (= Folter!) gegen Jetzer vorgehe, welche die Sache erfordere, und am 15. November an Armbruster selber, dass der Bischof sich damit entschuldigt habe, *wie er niemand by im hab, der tütscher und welscher oder lattinischer sprach bericht sye, den bruder zu fragen und hinwider sin antwurten zu vernämen* – wo Armbruster doch bei den Verhören dabei gewesen sei! Deshalb schicke der Rat jetzt seinen „Ratsfreund" Hans Frisching nach Lausanne, um mit dem Bischof zu reden, und befahl Armbruster, bei diesen Gesprächen dabei zu sein *und zu verhelfen, damit der bruder an der marter und nach notturfft werde erkundet*[5]. Frisching war wohl noch nicht in Lausanne angekommen, als Jetzer am 17. November dem Artikelverhör unterzogen wurde, doch war zu Armbruster und Asperlin ein neuer Übersetzer hinzugekommen, Nycod Symoteti, Elemosinar des Priorats Lutry, wahrscheinlich weil der Bischof von Lausanne beweisen wollte, dass seine Entschuldigung (kein kompetenter Dolmetscher) gegenüber Bern mehr als nur ein Vorwand gewesen war. Bei Jetzers viertem Verhör am 20. November waren's dann schon vier Übersetzer: Armbruster, Synoteti, Asperlin und Frisching. Bei diesem Verhör bat Jetzer den Bischof von Lausanne paradoxerweise, alle hinauszuschicken, welche die deutsche Sprache verstanden, mit Ausnahme von Armbruster und Frisching, und dann, das

---

5) Beilagen S. 610f. Nr. 4 u. 5 (1507, Nov 3 u. 15; Bern an den Bischof von Lausanne und an Propst Armbruster).

Ordenskleid ablegen zu dürfen – was ihm umso eher gewährt wurde, als es vielleicht der Botschaft entsprach, die Bern durch Frisching hatte übermitteln lassen. Auch bei Jetzers fünftem Verhör in Lausanne, am 22. November, waren alle vier Dolmetscher anwesend (siehe Kap. II/1a, Jetzers viertes und fünftes Verhör), was wohl der beste Beweis dafür ist, dass das Übersetzen nicht ihre wichtigste Aufgabe war. Trotz der vier Dolmetscher, die Jetzers Verhören am 20. und 22. November in Lausanne beigewohnt hatten, nahm der bernische Rat am 15. Dezember die Verständigungsschwierigkeiten in Lausanne zum Vorwand, um Jetzer zurückzuverlangen. Dazu schickte er zwei Weibel, die bei Jetzers letztem Verhör in Lausanne, am 21. Dezember, angeblich ebenfalls als Dolmetscher wirkten. Vielleicht ist es kein Zufall, wenn der Bischof sich dabei durch seinen Generalvikar, Baptiste de Aycardis, vertreten ließ und auch Armbruster nicht mehr anwesend war (Kap. II/1b, Jetzers Reaktion auf die Zeugenaussagen)[6].

Wie wir gesehen haben, versuchte der Rat es im Januar 1508 mit direkten Gegenüberstellungen von Jetzer und den Dominikanern: am 1. Januar wohl nur vor dem Kleinen Rat und am 14. und 31. Januar auch vor den Sechzigern. Bei all diesen Sitzungen brauchte es keine Dolmetscher, auch nicht als Vorwand, denn hier war eine große Öffentlichkeit gegeben; am 14. Januar scheinen auch noch vier Chorherren von St. Vinzenz dazu gekommen zu sein: Propst Armbruster, Dekan Murer, Kustos Dübi und ein weiterer Chorherr, der nicht genannt wird. Auch bei Jetzers Folterverhören am 5., 8. und 10.(?) Februar 1508 scheinen mehrere Mitglieder des Kleinen und Großen Rats dabei gewesen zu sein (siehe Kap. II/1c, Gegenüberstellungen ..., und Jetzers erstes und zweites Folterverhör). Schließlich waren auch bei Jetzers letztem Verhör in seinem ersten Prozess, das am 22. Februar 1508 in Bern im Haus des Großweibels Lienhard Schaller stattfand und wiederum vom Generalvikar Baptiste de Aycardis geleitet wurde, zwei Mitglieder des bernischen Großen Rats anwesend, Wilhelm Wysshan und Benedikt Schwandener, und wiederum nicht weniger als drei Dolmetscher: Ludwig Löubli, Niklaus Schaller, der Stadtschreiber, und Peter Esslinger, der Gerichtsschreiber, wobei laut dem Chronisten Anshelm offenbar Löubli die Fragen stellte (siehe Kap. II/1c, Jetzers letztes Verhör ...).

Beim Hauptprozess in Bern (26. Juli bis 7. September 1508) scheint die Stadt zunächst im Gericht überhaupt nicht vertreten gewesen zu sein. Und trotzdem hatte sie wahrscheinlich ihre Informanten; jedenfalls bat sie am 17. Juli ihren ehemaligen Stadtschreiber, Thüring Fricker, der immer noch zum Kleinen Rat gehörte, aber nicht mehr immer in Bern weilte, *har zu minen herren zu kommen, von der Brediger sach wägen*. Leider ist nur dieser

---

6) Akten I S. 41 (1507, Dez 21), vgl. auch Beilagen, S. 612 f. Nr. 8 (1507, Dez 15).

Hintergründe und Abgründe 725

Eintrag ins Ratsmanual überliefert, und nicht der Brief selber, aber man darf doch vermuten, dass Thüring Fricker in den folgenden Jetzerprozessen (Haupt- und Revisionsprozess) eine ähnliche Rolle gespielt hat wie Petermann Cudrefin, ehemaliger Stadtschreiber von Freiburg (1410–1427), beim Freiburger Waldenserprozess von 1430, nämlich diejenige eines Beobachters, der Zeit hatte, das Geschehen aufmerksam zu verfolgen[7]. Entsprechend wurde Ludwig Löubli, hier noch als „Bote" (*nuncius*) der Herren und der Republik von Bern betitelt, bei der Konstituierung des Gerichtshofes am 26. Juli 1508 von Thüring Fricker und Bartholomäus May begleitet, beide Mitglieder des Kleinen Rats von Bern. Das Gericht bezog seinen Sitz in der Propstei und verdrängte damit den Stiftspropst Johann Armbruster, der sich auf sein Gut Hohliebe außerhalb der Tore der Stadt zurückzog und dort in der Nacht vom 29. auf den 30. Juli starb und so als Dolmetscher nicht mehr zur Verfügung stand (siehe Kap. II/2a, Der Beginn des Hauptprozesses). In der Folge scheint Fricker jedoch von seinem Recht, den Verhören beizuwohnen, nur relativ geringen Gebrauch gemacht zu haben: seine Anwesenheit wird lediglich am 31. Juli sowie am 4. und 5. August 1508 notiert, am 4. und 5. August zusammen mit derjenigen von Dekan Murer, wobei beide am 5. August zu spät kamen[8]. Seltsamerweise stellte sich während Jetzers Verhören (26. Juli bis 5. August 1508) die Frage, wie das Gericht sich mit ihm verständigt hat, überhaupt nicht, und es ist anzunehmen, dass der Bischof von Sitten, Matthäus Schiner, übersetzt und wohl auch die Fragen gestellt hat, und ebenso auch bei den lateinunkundigen Zeugen des Hauptprozesses. Das Problem stellte sich erst, als Schiner am 13. August 1508 nicht anwesend war und Fricker einspringen musste, und zwar diesmal wirklich als Übersetzer; dabei machte auch Bartholomäus May bei der Zeugenaussage des Cluniazensers Peter Müller am 13. August 1508 einen kleinen „acte de présence"[9]. Am Schluss des Hauptprozesses versuchte der Notar François des Vernets, Sekretär des Bischofs von Lausanne, in der Beglaubigung aufzufangen, was in der Übersetzungsfrage während des Prozesses unklar geblieben war, indem er festhielt, dass der Bischof von Sitten praktisch während des ganzen Prozesses übersetzt hatte, mit Ausnahme der Zeugenaussagen am 13. August, bei denen Thüring Fricker als Dolmetscher gewirkt hatte[10].

---

7) Beilagen S. 627 Nr. 29 (1508, Juli 17), vgl. auch Quellen zur Geschichte der Waldenser von Freiburg im Üchtland S. 114 f.
8) Akten II/1 S. 81, 121, 139 (1508, Juli 31, Aug 4 u. 5; Jetzer).
9) Akten II/3 S. 347 (1508, Aug 13; Zeugenaussage Müller OClun), S. 352, 354, 355 (1508, Aug 13, 14 Uhr; Zeugenaussagen Alber, Darm und von Schüpfen).
10) Akten II/3 S. 401 f.

Bei den Folterverhören der vier Klostervorsteher, die vom 19. August bis zum 5. September 1508 dauerten, stellte sich die Frage neu, und zwar nicht die Frage nach der Übersetzung, sondern nach der Vertretung der Stadt im Gericht. Der Rat scheint sich wiederum an Fricker gewandt zu haben, der mit einem Brief antwortete, der sich auf den 19. August 1508 datieren lässt; denn Fricker wusste, dass die Dominikaner am gleichen Tag um 13 Uhr zum ersten Mal gefoltert werden sollten, und war offenbar dazu abgeordnet; denn er schließt seinen Brief mit dem Satz: *Ich gan ietz, aber allein, zu dem kumberhaften handel und wil den dannenthin andern minen herren zůkommen lassen.* Ja, mehr noch: der Rat scheint Fricker auch die Frage gestellt zu haben, wie vorzugehen sei, angesichts der Tatsache, dass die beiden bischöflichen Richter verlangten, dass die vier Klostervorsteher als Priester nicht vom Henker oder dessen Knecht (wie Jetzer Anfang Februar 1508) gefoltert würden. Fricker riet zu einem „schlichten Gesellen", laut Anshelm einem Abdecker für Hunde (*hundschlaher*), welcher der priesterlichen Würde der zu Folternden wohl auch nicht gerecht wurde[11]. Man kann auch vermuten, dass Fricker sich schließlich um die erste Foltersitzung herum gedrückt hat, denn in der Liste der Anwesenden ist er nicht aufgeführt[12], und auch in der Folge scheint er nur gerade an zwei Verhören teilgenommen zu haben, bei denen die Folter zwar hätte angewandt werden können, aber nicht angewandt wurde, nämlich bei je einem Verhör des Schaffners und des Subpriors am 1. September 1508, beim zweiten zusammen mit Johann Murer[13]. Der letztere ist zusätzlich am 23. und am 26. August bei zwei Folterverhören des Schaffners belegt, hier noch als Dekan, am 28. August am Nachmittag dann bei einem Folterverhör des Priors als „erwählter Propst" des Vinzenzstifts[14].

Möglicherweise war der Rat nicht mehr auf Fricker und Murer als Informanten angewiesen; denn als der Lesemeister am 1. September 1508 hart gefoltert wurde, waren mehrere Mitglieder des Großen und Kleinen Rats der Stadt Bern anwesend: *et pluribus aliis tam prefatorum dominorum iudicum assessoribus quam civibus et consulibus urbis Bernensis, testibus ad premissa astantibus et vocatis.* Dazu könnte auch ein Eintrag in die Rechnungen passen, wonach 15 Pfund 1 Schilling für die Verköstigung von Mitgliedern des Kleinen und Großen Rats ausgegeben wurden, *als man sy [die Dominika-*

---

11) Beilagen S. 627 f. Nr. 29 (undat.; 1508, Aug 19), vgl. auch Anshelm 3 S. 142.
12) Akten II/2 S. 224 f., 258 f., 275 f. (1508, Aug 19; Lesemeister, Schaffner, Prior, Folterverhöre).
13) Akten II/2 S. 270 u. 306 Nr. 24 (1508, Sept 1; Schaffner, Subprior, Folterverhöre).
14) Akten II/2 S. 260, 270 (1508, Aug 23 u. 26; Schaffner, Folterverhör), S. 286 (1508, Aug 28, Nachmittag; Prior, Folterverhör).

ner] gefragt hat[15]. Wir erinnern uns, dass auch bei Jetzers Folterverhören (am 5., 7. und 10.[?] Februar 1508) Mitglieder des Kleinen und Großen Rats dabei gewesen waren, so dass man sich fragen könnte, ob auch in Bern ein Recht der Bürger bestanden hat, den Folterungen beizuwohnen, ähnlich wie in Lausanne und Sitten[16]. Jedenfalls scheint der Rat sich massiv an dem Urteil beteiligt zu haben, das am Ende des Hauptprozesses hätte stehen sollen, aber aus verschiedenen Gründen nicht zustande kam (siehe Kap. II/2e, Ein offenes Ende). Am Montag, dem 4. September 1508, wurden diejenigen Mitglieder des Rats, die sich nicht in der Stadt befanden, aufgefordert, *der Brediger halb* bis Mittwoch hierher zurückzukehren, und am 6. und 7. September scheint man im Rat mit den beiden Bischöfen (von Lausanne und von Sitten) um das Endurteil gerungen zu haben, das sowohl von der geistlichen als auch von der weltlichen Instanz zu fällen gewesen wäre. Dabei scheint der Bischof von Lausanne für lebenslängliches Gefängnis plädiert zu haben, der Bischof von Sitten und die Stadt Bern aber für ein Todesurteil. Man einigte sich schließlich darauf, wiederum an den Papst zu gelangen, doch willigte der Rat nur ungern und unter Bedingungen in diesen Kompromiss ein und wollte vom Papst sogar die Entfernung des Ordens aus der Stadt verlangen[17]. Angesichts dieser Konstellation kann man auch nicht ausschließen, dass die Häupter der Stadt Bern während des Hauptprozesses auch regelmäßig von Schiner und möglicherweise auch vom Glaubensprokurator Löubli unterrichtet wurden.

Nachdem am 1. März 1509 der päpstliche Auftrag zum Revisionsprozess ergangen und am 7. April 1509 der Bischof von Città di Castello in Bern eingetroffen war, rief der Rat von Bern am 9. April 1509 nicht nur die Bischöfe von Lausanne und Sitten, sondern auch Thüring Fricker wieder nach Bern, den letzteren ausdrücklich mit der Begründung: *so ir vormals bi der sach gesessen und dero für ander bericht sind*[18]. Anders als im Hauptprozess erhielt Fricker im Revisionsprozess auch eine offizielle Stellung, nämlich als Übersetzer, zusammen mit Propst Johann Murer und Peter Magni, Domherr von Sitten. Diese Funktion war im Hauptprozess vernachlässigt wor-

---

15) Akten II/2 S. 252 f. (1508, Sept 1; Lesemeister, Folterverhör), vgl. auch Rechnungen S. 659 (Rechnung 2): *Item so bringt das, so mine herren ret und burger verzert hand, als man sy gefragt [gefoltert] hat, 15 lb 8 ß.*

16) Georg MODESTIN, Controverses autour des procès de sorcellerie en ville de Lausanne pendant l'épiscopat de Benoît de Montferrand (1476–1491), in: Antoine FOLLAIN / Maryse SIMON (dir.), La sorcellerie et la ville. Witchcraft and the city (2018) S. 51–61, und AMMANN-DOUBLIEZ, Les chasses.

17) Beilagen S. 628 Nr. 30 (1508, Sept 4 u. 7), vgl. auch Luzerner Schilling S. 452 Kap. 388.

18) Urkunden S. 282 (1509, Apr 9), vgl. auch Beilagen S. 641 f. Nr. 39 (1509, Apr 9).

den, weil hier in der Regel der Bischof von Sitten, Matthäus Schiner, die Funktion des Übersetzers wahrgenommen hatte. Dies wurde beim Revisionsprozess wohl als Mangel empfunden, und deshalb wurden die drei bei der Konstituierung des Gerichtshofes feierlich in Dienst genommen: zwei von ihnen sollten bei den Verhören immer dabei sein. Damit scheint man es anfänglich auch sehr genau genommen zu haben; bei Jetzers zweitem Verhör (am 4. Mai 1509) waren zunächst alle drei anwesend, doch entfernte sich Fricker bereits nach der ersten Frage und kam erst nach der zehnten zurück, aber nur um Propst Murer abzulösen, der sich seinerseits absentierte. Am Nachmittag des gleichen Tags ließen sowohl Fricker als auch Murer sich bereits durch die Chorherren Dübi (Kustos) und Lädrach vertreten[19], und später ist von den Dolmetschern nie mehr die Rede. Dabei muss man gerechterweise zugeben, dass Jetzers Verhöre nur bis zum 5. Mai dauerten und dass bei den darauffolgenden Verhören der vier Klostervorsteher keine Dolmetscher mehr nötig waren, weil man sich mit ihnen wohl in Latein verständigen konnte. Die Frage stellte sich erst bei den Zeugen wieder, und hier scheint man wieder in die alte pragmatische Lösung des Hauptprozesses zurückgefallen zu sein, indem Schiner die nur deutschsprachigen Zeugen befragte[20]. Dabei ist nicht auszuschließen, dass die Stadt Bern auf ihre Dolmetscher-Vertreter verzichten konnte, weil sie sich darauf verlassen konnte, dass die Bischöfe von Città di Castello und Sitten sowie der Glaubensprokurator ihre harte Haltung teilten. Bei der Verkündigung des Urteils des geistlichen Gerichts über die vier Dominikaner am 23. Mai 1509 (um 6 Uhr morgens) waren die Berner durch Bartholomäus May, Thüring Fricker und Propst Johann Murer vertreten, bei der Verkündigung von Jetzers Urteil am 24. Mai (um 8 Uhr) nur mehr durch den letzteren[21].

Das bedeutet aber wohl nicht, dass man in Bern bei allem auf dem Laufenden gewesen wäre; denn sonst wären nicht am 22. Mai 1509 um 19 Uhr neun Zeugen aus dem Kleinen Rat (darunter auch wieder Thüring Fricker) und vier Zeugen aus dem Großen Rat zugelassen worden, um zu bestätigen, dass es in Bern zu einem großen Skandal gekommen wäre, wenn die „Fiktionen" und „Simulationen" der Dominikaner nicht rechtzeitig aufgedeckt worden wären (siehe Kap. II/3d, Die Skandalisierung des Skandals). Damit brachten die Räte von Bern sich wieder ein, gewissermaßen als Zeugen „verkleidet". Laut dem Luzerner Schilling hätten die Berner die Dominikaner,

---

19) Akten III S. 413 (1509, Mai 2), S. 416 Nr. 16, S. 417 Nr. 25 (1509, Mai 4; Jetzer), S. 417f. Nr. 27 (1509, Mai 4, 13 Uhr; Jetzer).

20) Akten III S. 503 u. 505 (1509, Mai 17; Zeugenaussage Glaser Lukas und Alber), S. 513 (1509, Mai 18; Zeugenaussage Wyler), S. 519 (1509, Mai 21; Zeugenaussage Haller).

21) Akten III S. 530, 534f. (1509, Mai 23, 6 Uhr; Mai 24, 8 Uhr).

die sich nach der Degradierung in ihrer Gewalt befanden, erneut foltern wollen, um zu erfahren, was sie gestanden hätten. Deshalb hätten die päpstlichen Richter eingewilligt, acht oder zwölf Personen vom Rat einzuweihen, unter der Bedingung, dass sie einen Schwur leisteten, *ir låptag das nieman ze offenbaren, dann allein dem bapst*[22]. Es könnte allerdings auch sein, dass die bernischen Räte die Inhalte der Geständnisse der Dominikaner im Hinblick auf das durch sie noch zu fällende Urteil des weltlichen Gerichtes kennen mussten. Bemerkenswert ist weiter, dass beim bernischen Chronisten Valerius Anshelm (3 S. 161) bei der Degradierung und Übergabe der Klostervorsteher an den weltlichen Arm nicht nur die drei bischöflichen Richter auf dem an der Kreuzgasse aufgeschlagenen Gerüst saßen, sondern auch der Schultheiß, der Säckelmeister, die vier Venner und weitere Ratsmitglieder, während beim Luzerner Schilling das Gerüst den drei bischöflichen Richtern vorbehalten und der weltliche Arm nur durch einen Weibel vertreten war, der unten an einer Treppe, die vom Gerüst auf die Gasse herunterführte, die degradierten Dominikaner in Empfang nahm (Tafel 5).

Bei den Chronisten lässt sich feststellen, dass das geistliche Gericht und sein Urteil im Verlauf der Zeit langsam in den Hintergrund rückten, zu Gunsten des weltlichen Gerichts und seines Urteils, so dass man beim Berner Chronisten Ludwig Schwinkhart (um 1520) lesen kann, „die H(erren) von Bern" hätten, um informiert zu sein, je vier Mitglieder des Kleinen und Großen Rats in das geistliche Gericht (des Hauptprozesses) gesetzt, und ebenso ihren eigenen Schreiber[23]. Dies war natürlich nicht der Fall, und trotzdem scheinen die Berner Räte schließlich doch genug in Erfahrung gebracht zu haben, um sich ein eigenes Urteil – im ganz wörtlichen Sinn – bilden zu können, das sich von demjenigen des geistlichen Gerichtshofs nicht unerheblich unterschied (siehe Kap. II/4). Dagegen wissen wir nicht, seit wann man in Bern über eine eigene Kopie der Akten aller drei Jetzerprozesse verfügt hat, aber es könnte doch recht bald nach dem Abschluss des Revisionsprozesses gewesen sein; denn die Abschrift, die in St. Gallen angefertigt wurde, scheint von Salvator de Melegottis, Notar des Bischofs von Città di Castello, wohl noch in Bern eigenhändig überprüft, ergänzt und beglaubigt worden zu sein, ja, der letzte Eintrag (vom 30. Mai 1509) stammt von dessen eigener Hand[24]. Aber selbst wenn die Abschrift noch vor der Hinrichtung der Dominikaner vorgelegen haben sollte, so hätte die

---

22) Luzerner Schilling S. 499 Kap. 429.
23) Schwinkhart, Chronik S. 41 Kap. 10: *Aber damit die H. von Bernn die sach gar eygentlichen vernåmen möchten, gaben sy dar vier von råten und vier von den burgeren mit jrem eygnen schriber.*
24) Beglaubigungen: Akten I S. 54; II/3 S. 403; III S. 536. Vgl. auch ebd. S. 525 f. (1509, Mai 22) mit Anm. c auf S. 525; S. 535 (1509, Mai 30) mit Anm. a.

Woche zwischen der Degradierung und der Hinrichtung der Dominikaner wohl nicht ausgereicht, um sie eingehend zu studieren, so dass am 22. Mai 1509 (19 Uhr) tatsächlich ein Informationsbedürfnis bestanden haben könnte. Nichtsdestoweniger müssen die Berner bereits im Herbst 1508 schlimme Dinge gewusst haben, sonst kann man sich nicht erklären, warum sie schon damals kein anderes als das Todesurteil für die Dominikaner akzeptieren wollten (siehe Kap. II/3a, Die Vorbereitungen). Dazu gehörte wohl die Vorgeschichte des Jetzerhandels, die Tatsache, dass die Stadt Bern bereits Anfang Mai 1506 auf dem Provinzialkapitel von Wimpfen aufgrund ihrer Dummheit dafür ausgewählt worden war, eine Geschichte, die der Lesemeister Ende August 1508 hatte preisgeben müssen (siehe Kap. II/2e, Die Folterverhöre des Lesemeisters vom 30. August bis zum 1./3. September 1508), und andererseits die schlimmen Orakel der blutweinenden Marienstatue von Ende Juni 1507, wonach eine große Plage über die Stadt Bern kommen sollte, und zwar insbesondere aufgrund ihrer inkonsequenten Haltung in der Pensionenfrage, eine Botschaft, die ihr Ziel – die bernische Obrigkeit – direkt erreicht hatte, auch wenn damals noch nicht klar war, dass es zwei Orakel gegeben hatte, wovon der Vorwurf wegen der Pensionen erst im zweiten gemacht wurde (siehe unten, Die Prophezeiungen der blutweinenden Marienstatue).

Die Stadt Bern: von der negativen Auswahl zum höchsten Lob

Es ist nicht leicht herauszufinden, wann man in Bern erfahren hat, dass der Plan zur Propagierung der Lehre von der befleckten Empfängnis Marias durch Wundererscheinungen Anfang Mai 1506 auf einem Kapitel der Oberdeutschen Dominikanerprovinz in Wimpfen bei einem Essen gefasst worden war. Dabei sei die Wahl auf Bern gefallen, „weil die hiesige Bevölkerung gut und einfältig sei, weil es hier nicht so viele Gelehrte gebe und weil die bernische Regierung, wenn man sie einmal für diese Lehre gewonnen hätte, kräftig an ihrer Durchsetzung mitarbeiten würde"[25]. Bern war in seiner Ehre tief gekränkt und schrieb deshalb am 13. März 1508 an Niklaus von Diesbach in Rom, dass es *von allen umbsäßen und ußländigen mit allerlei schmächworten [...] beladen* würde, *als ob wir ein andren Got und gelouben halten wellen.* Und Anshelm, der das Provinzialkapitel an den Anfang seines Berichts über den Jetzerhandel stellt, formulierte es noch schärfer: *es wår einer loblichen stat Bern unlidlich zehören, dass man iezt umendum, ouch in verren landen sagte, sie båtete einen schniderknecht, ja einen erdach-*

---

25) Akten II/2 S. 226 Nr. 1 (1508, Aug 30; Lesemeister, Folterverhör). Das Provinzialkapitel von Wimpfen spielt auch in der Schuldfrage eine große Rolle, siehe Einl. 1–3.

ten roten hergot [die rote Hostie] an[26]. Dabei wird der eigentlich Grund, warum die Stadt zutiefst gekränkt war, nämlich ihre Auswahl auf dem Provinzialkapitel von Wimpfen, natürlich nicht genannt; denn diesen wollte man sicher nicht zu Papier bringen.

Laut einer Aussage, die Jetzer am 22. Februar 1508 in Bern machte (also am Ende seines ersten Prozesses in Lausanne und Bern), war ein erster Versuch, den Plan von Wimpfen umzusetzen, ebenfalls mit einem Konversenbruder im Dominikanerkonvent von Colmar gemacht worden. Dieser misslang indessen, weil der auserkorene Konverse sich in den nicht observanten Konvent von Straßburg flüchtete. Dabei wusste Jetzer allerdings noch nicht, dass der Plan auf dem Provinzialkapitel von Wimpfen ausgeheckt worden war; er sprach lediglich von dem, „was man auch mit ihm gemacht habe" (*iam cum eo inchoata et perpetrata*). Der Ortsname „Wimpfen" fällt erst im Hauptprozess, als Jetzer am 14. August 1508 gefragt wurde, ob er sich jemals bei seinen Vorgesetzten erkundigt habe, warum sie für ihr Spiel gerade auf ihn verfallen seien, und nicht etwa auf Bruder Georg. Jetzer antwortete, dass sie ihm gesagt hätten, dass dieser zu dumm (*nimis fatuus*) sei, und außerdem, dass die Ordensväter vor fünf Jahren auf einer Zusammenkunft in Wimpfen überlegt und beschlossen hätten, dass die Meinung von der (befleckten) Empfängnis im Konvent von Colmar ausprobiert werden sollte[27]. Mit dieser Aussage Jetzers hatte das Gericht die Klostervorsteher in der Hand und sprach zuerst, am 28. August 1508, den Prior darauf an. Diesem gelang es zunächst noch, das Provinzialkapitel von Wimpfen zu unterschlagen; er sprach stattdessen von einer Zusammenkunft der Klostervorsteher in der Väterstube während der Fastenzeit 1507, bei der über das Büchlein von Wigand Wirt gesprochen worden sei und man überlegt habe, wie man in der Frage der Empfängnis Marias endlich eine Entscheidung herbeiführen könnte. Dieses war auf dem Provinzialkapitel von Wimpfen zum Verkauf angeboten worden, doch fällt der Namen Wimpfen nicht, auch nicht, nachdem der Prior am 28. August 1508 am Nachmittag zunächst gefoltert worden war. Daraufhin verlegte er die Zusammenkunft der Klostervorsteher in die Zeit um Weihnachten 1506 und gab zu, dass er dabei eine aktivere Rolle gespielt hatte, als zunächst zugegeben. Für das Vorhaben gab er drei Gründe an: Erstens wollten sie die dominikanische Ansicht von der befleckten Empfängnis Marias mit Erscheinungen und Orakeln als wahr erweisen. Zweitens wollten sie damit ihrem eigenen Konvent großes Ansehen ver-

---

26) Beilagen S. 623 Nr. 21 (1508, Mrz 13); Anshelm 3 S. 129 (1507, Okt), vgl. auch ebd. S. 51 (Wimpfen).
27) Akten I S. 53 Nr. 166 (1508, Feb 22; Jetzer); II/1 S. 140 f. Nr. 394 (1508, Aug 14; Jetzer).

schaffen (*ut ita conventum suum magnificare possent*). Und drittens hofften sie, sich die Herren von Bern geneigt zu machen (*sperabant habere magnificos dominos Bernenses sibi affectos, devotos et benigvolos*) und sie zur Billigung der Ereignisse zu bringen (*ut facile ad comprobationem gestorum ipsos inducerent*)[28].

Das war noch milde ausgedrückt; der Lesemeister formulierte es zwei Tage später wesentlich ungeschminkter. Dabei tagte das Gericht zwar in der Folterkammer und verlangte der Glaubensprokurator die Anwendung der Folter gegen den Lesemeister; dieser aber entzog sich der drohenden Tortur, indem er versprach, die ganze Wahrheit zu sagen. In der Folge sprach er scheinbar frei vom Provinzialkapitel, das vor drei (eigentlich zwei) Jahren in Wimpfen stattgefunden hatte, und von dem Essen, zu dem der Prior von Basel, Werner von Selden, in seine Kammer eingeladen hatte, nämlich den Prior von Ulm, Ulrich Kölli; den Prior von Wimpfen, Peter Balmer (eigentlich Palmer); den Prior von Stuttgart, Wigand Wirt, sowie den Prior und den Lesemeister von Bern. Dabei habe Prior Werner von Basel das Thema der Empfängnis angeschnitten und sich über die Franziskaner beklagt, welche die Dominikaner beschimpften und das Volk an sich zögen, und dass es gut wäre, wenn letztere auch etwas unternähmen, um ihre Meinung zu beweisen und damit das Volk zu gewinnen. Folgt der entscheidende Satz: „es schien ihnen gut, dass dies in der Stadt Bern gemacht würde *(bonum eis videbatur, quod in hac urbe Bernensi fieret)*, weil die Bevölkerung hier einfach und gut sei *(eo quod hic esset bonus et simplex populus)* und es nicht viele Gelehrte gebe *(neque essent hic multi docti)* und die Herren von Bern, falls sie von dieser Meinung überzeugt werden könnten, nach Kräften mitarbeiten würden *(et casu, quo ipsi domini Bernenses possent induci ad talem opinionem, quod extunc ipsi etiam de potentia cooperaturi essent etc.).*"[29] Aus der Wahl Berns für den Jetzerhandel sprach eine tiefe Missachtung dieser Stadt nicht nur von Seiten der Dominikaner von Bern, sondern der ganzen Oberdeutschen Dominikanerprovinz, die sich Anfang Mai 1506 in Wimpfen zu ihrem jährlichen Provinzialkapitel versammelt hatte. Dass dem Prior und dem Lesemeister die Tragweite dieser Geschichte bewusst war, geht daraus hervor, dass man den ersten foltern und dem zweiten zumindest mit der Folter drohen musste, bis sie diese schwierige Aussage machten, und dies auch erst, nachdem der Provinzial aus dem Gericht ausgeschieden war; er wird denn auch vom Lesemeister nicht als Teilnehmer an der inoffiziellen Zusammenkunft in Wimpfen genannt. Dabei war die Botschaft, dass es in

---

28) Akten II/2 S. 278–280 Nr. 1 f. (1508, Aug 28 und Aug 28, Nachmittag; Prior, Folterverhöre).

29) Akten II/2 S. 226 Nr. 1 u. 2 (1508, Aug 30; Lesemeister, Folterverhör).

Hintergründe und Abgründe 733

Bern nicht viele Gelehrte gebe, nicht ganz aus der Luft gegriffen; denn Urs Martin Zahnd, der sich ausgiebig mit den „Bildungsverhältnissen in den bernischen Ratsgeschlechtern im ausgehenden Mittelalter" befasst hat, kommt in einer sozialgeschichtlichen Untersuchung des Totentanzes, den der bernische Künstler Niklaus Manuel Ende der 1510er-Jahre an die Friedhofsmauer des Dominikanerkloster malte (siehe Epilog 3b), zum Schluss, dass „jene höher gebildeten Laien – meist Universitätsabsolventen, deren Amtsführung und Sozialstatus innerhalb der städtischen Gesellschaft wesentlich von ihrer schulischen Spezialausbildung bestimmt worden sind – im spätmittelalterlichen Bern nur eine verschwindend kleine Gruppe gebildet haben"[30].

In der Bekenntnisschrift, die der Lesemeister am 31. August 1508 vorlegte bzw. vorlas, kam er auf Wimpfen zurück, und insbesondere auf Wigand Wirts Traktat, den man dort kaufen konnte und der in der Folge in den Diözesen Mainz und Basel verboten wurde. Prior Werner von Basel scheint diese für den Dominikanerorden ärgerliche Nachricht schriftlich nach Bern weitergegeben zu haben, wo man auf Gegenmaßnahmen sann. Der Lesemeister habe vorgeschlagen, einen Geist zu fingieren, der Einschlägiges enthüllen würde; der Subprior sei gerne bereit gewesen, für die „Ehre des Ordens" etwas zu unternehmen, aber der Prior habe eingewandt, dass man ihnen nicht glauben würde – wenn nicht auch andere etwas hörten, und insbesondere ein „einfacher Bruder" (*frater simplex*). Da Jetzer bereits im Kloster weilte und in der Kammer der Gäste auch schon einen Geist gehört haben wollte, lag der Schluss nahe: der Subprior sollte den Geist spielen, für den der Lesemeister sich die abenteuerliche Biographie eines angeblich ehemaligen Priors des Konvent, Heinrich Kalpurg aus Solothurn, ausdachte. Die Wahl Jetzers entsprach also im Grund derjenigen der Stadt Bern, und man sollte sich in beiden getäuscht haben[31].

Dies der Stand der Kenntnisse am Ende des Hauptprozesses, der bekanntlich in einer Patt-Situation endete, indem der Bischof von Sitten die Dominikaner hinrichten und derjenige von Lausanne sie lebenslänglich einsperren wollte. Was die Stadt Bern betraf, so teilte sie voll und ganz die Meinung des Bischofs von Sitten (oder umgekehrt?!) und willigte nur ungern in den Aufschub ein – und nur unter den Bedingung, dass die Dominikaner in Bern blieben und hier auch die Strafe, die sie für ihren „Misshandel" verdient hatten, erleiden sollten[32]. Die Bedingung, dass die Dominika-

---

30) ZAHND, „...aller Wällt Figur..." S. 128. Vgl. auch DERS., Bildungsverhältnisse.
31) Akten II/2 S. 228 f. (1508, Aug 31; Lesemeister, Bekenntnisschrift), vgl. auch ebd. S. 238 f. Nr. 4 (1508, Aug 31; Lesemeister, Folterverhör), und TREMP-UTZ, Welche Sprache S. 245: Die Wahl Berns und Jetzers.
32) Beilagen S. 628 Nr. 30 (1508, Sept 7).

ner in Bern bleiben und hier hingerichtet würden, wurde auch in die Instruktion für Konrad Wymann gesetzt, den zweiten Glaubensprokurator, der sich im Herbst 1508 nach Rom begab, um die päpstliche Erlaubnis zum Revisionsprozess zu erwirken, und ebenso in Briefe an Niklaus von Diesbach, Propst von Solothurn, der sich in Rom aufhielt, und an Kaspar von Silenen, den Hauptmann der päpstlichen Schweizergarde. Hier ist die Rede vom „schweren und großen Misshandel", den die Dominikaner „zu Schmach und Verachtung des christlichen Glaubens und der Mutter Gottes" in Szene gesetzt hätten, aber auch, und praktisch auf der gleichen Stufe, zur Schmach „unserer gemeinen Stadt und Landschaft". Die Stadt Bern fühlte sich „nicht wenig geschmäht" und versprach sich von einem entschiedenen Vorgehen „Ruhm und Lob". Gegenüber von Papst Julius II. sprach sie von schlimmster Häresie und Idolatrie, die selbst den Türken, Barbaren und Juden missfallen würden, und verlangte, dass der Orden aus der Stadt entfernt würde; denn seine Gegenwart sei lästig und unerträglich geworden[33]. Es scheint auch einen Plan gegeben zu haben, die Dominikanerinnen, denen der Jetzerhandel nicht geschadet hatte, in das Männerkloster zu verlegen, doch scheint Wymann nicht gewagt zu haben, dieses Anliegen in Rom auch nur anzubringen[34].

Wie man den Briefen, die Wymann aus Rom nach Bern schrieb, entnehmen kann, begann sich der Wind langsam zu Gunsten der geschmähten Berner zu drehen, wobei man nicht vergessen darf, dass der Schreiber Partei war und seine Auftraggeber immer wieder zur Geduld ermahnen und sich selber Mut machen musste. Im dritten Brief (vom 14. Dezember 1508) schreibt er, dass der Kardinal von Senegallen (Markus Vigeri OFM, Bischof von Senigallia, Kardinal von Santa Maria in Trastevere) den Bernern raten lasse, nur ja nicht die Geduld zu verlieren und sich zu keinerlei Übergriffen auf die gefangenen Dominikaner hinreißen zu lassen, *damit ir uwer gut lob, das ir in aller welt hand, nit verschüttend*. Auch im vierten Brief (datiert vom 21. Dezember) rät Wymann zur Geduld und belohnt seine „gnädigen Herren" mit der *wisheit, billikeit und vernunft, so uwern gnaden in disem handel von allen nation wirt zugelegt*. Im fünften Brief (datiert vom 10. Januar 1509) ist Wymann weniger zuversichtlich, hält sich aber am guten Ruf der Berner fest: *es gang oder end, wie es wöll, so redt man doch so vil gůts diser sachen halb von uwern gnaden, daß ich's ouch nit gnůgsamlich weiß zu schriben.*[35] Der vom Papst bewilligte Revisionsprozess brachte in Sachen

---

33) Beilagen S. 629 Nr. 31 (undat.; 1508, Sept 20), S. 629–632 Nr. 32 u. 33 (1508, Sept 24).
34) Beilagen S. 634 Nr. 35/1 (1508, Nov 5; Wymanns erster Brief aus Rom), vgl. auch ENGLER, Bern, St. Michael in der Insel, in: HS IV/5 S. 610–630, hier S. 617.
35) Beilagen S. 636 (1508, Dez 14), S. 637 (Dez 21), S. 638 (1509, Jan 10).

Vorgeschichte des Jetzerhandels nichts Neues, so dass wir uns hier nicht mehr aufzuhalten brauchen[36]. Es war die Demütigung Berns als Stadt der Dummheit, gewissermaßen das Schilda des Spätmittelalters, die bewirkte, dass die Stadt bereits im Herbst 1508 für die Dominikaner nur das Todesurteil akzeptieren wollte, und zwar vollzogen in Bern! Die Tatsache, dass man zwischen der Degradierung und der Hinrichtung der Dominikaner (am Ende des Revisionsprozesses) eine ganze Woche verstreichen ließ, erklärt sich denn vielleicht auch – mit dem Luzerner Schilling – damit, dass viele Leute der Hinrichtung beiwohnen wollten und Bern dazu nur allzu gern Hand bot: *Doch mŭstend sy demnach ligen bitz nach den Pfingstvirtagen, wann es was allenthalben vil lüten, so da begårtend zůzehören, deshalben die von Bern sollichs witer verkündend und den lüten verkünden woltend.*[37] Die Hinrichtung wurde fast wie ein Fest vorbereitet und gefeiert, und die Stadt hielt sich für die erlittene Schmach schadlos, ja, war fast unersättlich in ihrer Gier nach Lob (siehe Kap. II/3e, Die Degradierung und Hinrichtung der Dominikaner in der Chronik des Valerius Anshelm).

In der Folge wurde, was sich erst im Lauf der Prozesse (insbesondere des Hauptprozesses und der Folterverhöre) herausgestellt hatte, von den Polemisten und Chronisten zur Vorgeschichte gemacht und an den Anfang ihrer jeweiligen Darstellungen gestellt. Bereits der „Herausgeber" des Defensoriums beginnt den vierten Teil dieser Schrift mit den *Auctores et origo falsae machinationis*, in der deutschen Übersetzung *Von den ursåcheren dißer falschen sachen / und wohår der anfang entsprungen ist*. Unter den *auctores* wird an erster Stelle Wigand Wirt genannt, gefolgt von den Teilnehmern am Provinzialkapitel von Wimpfen, an erster Stelle der Provinzial (Peter Sieber), der das Kapitel zwar geleitet, aber nicht unbedingt auch an der inoffiziellen Zusammenkunft bei Prior Werner von Basel teilgenommen hatte. Folgen der Lesemeister und der Prior von Bern sowie Prior Werner von Basel, und schließlich Paul Hug, von dem aus den Prozessakten ebenfalls nicht hervorgeht, dass er am Provinzialkapitel teilgenommen hatte, und der im vierten Teil des Defensoriums zusätzlich als *der falschen sach ein grosszer gleißner (perfectissimus rerum simulator atque hypocrita pessimus)* qualifiziert wird. Die Wahl sei auf Bern gefallen, doch scheint man vorher auch noch an andere Orte gedacht zu haben (*Delectus [Electus?] itaque locus est fictioni aptior in Berna post plures aliorum perlustrationes*)[38], ein Motiv, das später auch bei anderen Autoren (Murner, Schwinkhart) auftaucht – nicht

---

36) Vgl. Akten III S. 426 f. Nr. 2 (1509, Mai 14; Lesemeister), S. 458 f. Nr. 21–22 (1509, Mai 11; Prior). Dagegen hatten der Subprior und der Schaffner, die nicht am Provinzialkapitel von Wimpfen teilgenommen hatten, zu diesem Thema nichts beizutragen.
37) Luzerner Schilling S. 496 Kap. 427.
38) Def. S. 602 f. Kap. IV/2, vgl. auch GÜNTHART, Von den vier Ketzern S. 163 f.

aber in den Akten und bei Anshelm; es könnte sich letztlich um ein Missverständnis aufgrund des Defensoriums und der Akten handeln[39]. Das Defensorium endet mit einem großen Lob auf den Papst, auf die Jungfrau Maria, auf das Konzil von Basel (das die unbefleckte Empfängnis Marias zum Dogma erhoben hatte) und insbesondere auf die Berner, die im vorangegangenen Kapitel als *iustitiae cultores strenuissimi* (*loblich und ernstliche volstrecker des rechtens*) bezeichnet werden und die triumphieren sollten, weil sie „unbeschadet aus der ununterbrochenen Vollstreckung der Gerechtigkeit hervorgegangen" seien (*qui in tam non umquam intermorituram iusticiae executionem praevisi praeservatique estis*)[40].

Auch bei Murner wird die Vorgeschichte des Jetzerhandels an den Anfang gestellt. Sein Reimgedicht *Von den fier ketzeren Prediger ordens der observantz zů Bern* beginnt mit einer *vorred zů einnem ersammen, weißen Rat der loblichen statt Bern* und hebt insbesondere hervor, dass die Berner nichts überstürzt und gewissermaßen die Dienstwege eingehalten hätten, indem sie sich zuerst an den zuständigen Bischof und dann an den Papst gewandt hätten, obwohl das Ganze fast zwei Jahre lang gedauert und nicht wenig gekostet habe – Murner spricht von mehr als 20 000 Gulden: *[...] Auch schribt mans eüch zů sunder witz, / Das ir nit gåich in der hitz / In diser sach geeylet hant, / Sonder thetten ordenklich bkant / Eüwerem Bischoff eüwer bitt / Und auch dem Bapst zů Rom domit. / Umbgangen sind domit*

---

39) In Def. S. 554 Kap. I/11 sprach der Geist von vier (observanten) Dominikanerkonventen, die Gott besonders angenehm seien, jedoch ohne Namen zu nennen (außer Bern). Wenig später ordnete die Jungfrau Maria an, dass ein Brief dem Provinzial und/ oder dem Papst von je einem Vertreter der Konvente von Basel, Nürnberg und Bern überbracht werden solle (Def. S. 560 Kap. I/16). Am 31. Juli 1508 sagte Jetzer vor dem Gericht des Hauptprozesses aus, dass die Jungfrau Maria angeordnet habe, dass die Enthüllung von ihrer befleckten Empfängnis durch den Provinzial sowie die Prioren von Bern, Basel, Ulm und Nürnberg dem Papst übermittelt werden solle (Akten II/1 S. 82 Nr. 89). Der Subprior sprach am 21. August 1508 davon, dass das größere der Blutkreuze vom Provinzial sowie einem Vertreter des Konvents von Bern zum Papst gebracht werden solle, zusammen mit *littere testimoniales* mit den Siegeln der Konvente von Nürnberg, Köln, Basel und Bern (Ebd. S. 300 Nr. 6). Laut dem Prior sollte das Kreuz dem Papst von je einem Vertreter der Konvente von Ulm, Nürnberg, Basel und Bern überbracht werden (Ebd. S. 281 Nr. 2; 1508, Aug 28, Nachmittag), und laut dem Lesemeister vom Provinzial sowie den Prioren von Basel, Nürnberg und Bern (Ebd. S. 231; undat., 1508, Aug 31; Bekenntnisschrift). Anshelm 3 S. 66 nennt Nürnberg, Köln, Basel und Bern. Was schon im Defensorium und den Akten ziemlich variabel erscheint, ist dann bei Murner und Schwinkhart endgültig missverstanden und zu einem Wandermotiv geworden.

40) Def. S. 606f. Kap. IV/6 und *Ad Lectorem conclusio*, vgl. auch GÜNTHART, Von den vier Ketzern S. 170f. (Kap. IV/6).

fürwor, / Nit vil fålt es, zwey gantze ior. Murner hebt weiter hervor, dass Bern keine Gewalt angewendet habe, in schönem Unterschied zu dem, was man sonst von den Schweizern sage[41], nicht aber, wie häufig Bern selber mit Gewalt und einem Volksaufstand gedroht hatte ... Er fährt fort mit dem Streit zwischen den Dominikanern und Franziskanern um die Empfängnis Marias (Kap. 2: *Der Prediger und Barfůsser zweytracht von der entpfengknůß Marie, der můter gottes*) und mit den Wirt-Händeln (Kap. 3: *Wie doctor Wygand mit dem pfarrer zů Franckpfurt uneins ward*; Kap. 4: *Wie doctor wygand und brůder Hans Spengler von der entfengknůß Marie uneins wurden / und ein ander gen Rom citierten*; Kap. 5: *Wie doctor Wygandus ein libell drucken liesß / das durch den bischoff von Mentz verbotten ward*) und schließlich mit dem Provinzialkapitel von Wimpfen (*Wie sye in irem capitel zů Wimpen*(!) *etlich rotschlagten / das fest der entpfengknůß Marie abzůthůn mit erdichten und falschen wunderzeichen*). Hier fiel die Wahl bekanntlich auf die Stadt Bern, doch lässt Murner ihr (wie im Defensorium nur angedeutet), zwei andere Städte vorausgehen, nämlich Nürnberg und Frankfurt. Nürnberg wird verworfen, weil die Kaufleute zu weitgereist und zu erfahren seien (*Sye wissen, was die růben gelten*), und ebenso Frankfurt, von wo aus die Sache sich wegen der zwei jährlichen Handelsmessen leicht hätte verbreiten lassen, das aber zum Erzbistum Mainz gehöre, dessen Erzbischof soeben energisch gegen die Verbreitung von Wigand Wirts Schrift eingeschritten war. Die Wahl fiel also auf Bern, wo die Leute einerseits „einfältig" und „leicht zu betrügen" seien, andererseits für eine gute Sache auch mit dem Spieß dreinschlagen würden. Der Jetzerhandel zeige, dass jedermann und selbst den Papst den Bernern ihren Willen tue (*Ir sehens wol: was sye wend han, / Des volgt jn bapst und yederman*). Letztlich will Murner sein Gedicht aber zu Ehren von Maria geschrieben haben: *Der dises bůchlin hat trucken lon, / Der hats Marie zů eeren gthon / Er hofft von ir den ewigen lon*.[42]

Von Murner könnte eine Linie zum Berner Chronisten Schwinkhart führen, der um 1520 schrieb und sein Kapitel über den Jetzerhandel (Kap. 10) sowohl mit einem Lob auf Bern beginnt als auch beendet. Am Anfang schreibt er, dass der Rat von Bern sich sowohl mit dem geistlichen als auch mit dem weltlichen Recht auseinandergesetzt und deshalb auch bei Geistlichen und Weltlichen großes Lob errungen habe. Schwinkhart weiß weiter um den Streit zwischen Dominikanern und Franziskanern um die Empfängnis Marias und auch, dass der Jetzerhandel an höchster Stelle geplant worden war, nennt aber das Provinzialkapitel von Wimpfen nicht. Aus

---

41) Murner, Von den fier ketzeren S. 3 f., vgl. auch ebd. S. 158.
42) Murner, Von den fier ketzeren S. 6, 10, 12, 13, 16 f., 20 f., 160.

Murners Reihe Nürnberg – Frankfurt – Bern macht er eine Reihe Ulm – Basel – Bern. Ulm sei wegen der vielen *gewandelten*, d. h. welterfahrenen Leuten verworfen worden, und Basel wegen der „Hohen Schule", d. h. der Universität. Bern wurde aus ähnlichen Gründen gewählt wie bei Murner: *Aber zů Bernn jn Üchttlandt werendt gůt schlåcht und gmein einvaltig lüt, und ob yemandt wer, der sy überfallen wölt, so wurden sy die von Bernn beschirmen und wurde jr sach ein fürgan werden haben.* Als die Berner schließlich – nach Jetzers erstem Prozess in Lausanne und Bern – an den Papst gelangten, sollte dieser alle Prälaten und Bischöfe, die in Rom waren, um sich versammelt und mit ihnen zusammen Bern für sein Vorgehen gelobt haben: *Nun der bapst hort der H(erren) von Bernn begeren, do versamlet er alle prelaten und bischofen, die jn Rhomm waren, und nam sich mit jnen zů bedenken. Und nachdem er sich bedacht hatt, gab er denen H(erren) von Bernn groß lob, und gab ein såmliche urteil, wie hårnach volget.* Mit diesem „Urteil" ist der päpstliche Auftrag zum Hauptprozess gemeint, in dem tatsächlich vom „löblichen Eifer von Schultheiß und Rat" (von Bern) die Rede ist (*Licet autem zelus potestatis sculteti et consulum predictorum sit hoc summopere laudandus*), doch kann natürlich von einer Versammlung aller Prälaten und Bischöfe in Rom keine Rede sein. Schwinkhart endet sein Kapitel über den Jetzerhandel wiederum mit einem großen Schlusslob auf Bern: *Es sye ouch ze wüssen, daß diser handel und geschichte jn allen tütschen und welschen landen offenbar jst worden, und den herren von Bernn groß lob und er zůgesprochen jst von allen menglichen, beden, geystlich und wåltlichen.*[43]

Bei Valerius Anshelm ist, obwohl er (seit 1529) der offizielle Chronist der Stadt Bern war, das Lob Berns weniger ausgeprägt als bei Schwinkhart. Laut ihm gebührt das Lob für den „glücklichen" Ausgang des großen „Misshandels", der seit Beginn der Welt weder bei Juden noch Heiden, Christen noch Türken seinesgleichen kenne (*desse glichen von welt an weder bi Juden noch Heiden, Kristen noch Tůrken, in keiner kronik noch gedåchtnůss ie gehört noch gefunden*), zunächst einmal Gott, der sich des weltlichen(!) Gerichts bedient habe, um „diesen frechen Teufel" zu bändigen: *wo der gwaltig her Got disem frechen tůfel den verhångten zorn mit zitlichem gericht nit wider an sich gezogen håtte.* Anshelm führt den Jetzerhandel letztlich auf die Unentschiedenheit Papst Sixtus' IV. zurück, der die Frage der Empfängnis Marias zwar offengelassen (*friglóubig gebullet*), aber nichtsdestoweniger als Franziskaner doch die unbefleckte Empfängnis bevorzugt habe, weshalb die Dominikaner trotz Rosenkranzbruderschaft ins Hintertreffen geraten seien. Der Chronist kennt auch die verschiedenen Wirt-Händel und stellt es sogar

---

43) Schwinkhart, Chronik S. 30 f., 41, 44, vgl. auch Akten II S. 60 (1508, Mai 21).

so dar, als ob Wirt nach dem Verbot seines Büchleins seinen Orden um Hilfe angerufen und der Provinzial Peter Sieber das Provinzialkapitel von Wimpfen deshalb einberufen hätte – wo Wirts Büchlein doch wahrscheinlich erst nachher in den Diözesen Mainz und Basel verboten wurde. Dagegen weiß Anshelm nichts davon, dass man zuerst über verschiedene Städte gesprochen habe, bevor die Wahl auf Bern fiel, sondern lässt die Wahl gleich auf dieses fallen, *da wenig gelerter und ein schlecht (schlicht) volk wår, aber, so das beredt wurd, måchtig und hantvest, die sach zeschirmen und zů erhalten*. Der Prior und der Lesemeister von Bern glaubten, *in einer loblichen stat Bern ein gůnstig, milt volk und gnådige schirmherren zehaben*, doch hatten sie sich darin getäuscht; denn Gott – wiederum Gott – kehrte ihr Vorhaben gegen sie selber *(kart ir fůrnemen gerad und ganz um)*, so dass ihr Orden, dem vorher kein König noch Fürst etwas anhaben konnte, wie nie zuvor „in aller Welt geschändet" und ihr Konvent „verachtet und arm" worden sei. Und auf der anderen Seite: dass die wenigen Gelehrten der von Gott behüteten Stadt Bern diese „Falschheit" aufgedeckt hätten und diese „von ihrem schlichten Volk" zur „verdienten Strafe gebracht worden" sei. Die Berner, von denen die Dominikaner glaubten, dass sie „ihre gnädigen Beschirmer" sein würden, seien zu „ihren strengen Richtern" geworden. Für Anshelm (3 S. 48–52) ist die Stadt also nur das Instrument Gottes und dieser schon fast ein reformatorischer Gott.

„Kuhliebhaber und Verräter": Die Beleidigung Berns und der Eidgenossen

Es waren aber nicht nur die Berner, die durch den Jetzerhandel beleidigt worden waren, sondern auch ihre Miteidgenossen. Bei (oder nach) seinem zweiten Folterverhör in Bern (am 7. Februar 1508) sagte Jetzer vor dem Rat aus, dass er den Klostervorstehern, die ihm so übel mitgespielt hätten, gesagt habe: „Wenn der Provinzial dies wüsste, würde es ihm gar nicht gefallen." Darauf hätten sie ihm erwidert: „Wenn er es wüsste, würde er nicht widersprechen", was eine gewisse Berechtigung hatte, da der Provinzial ja eingeweiht war. Als er ihnen das Gleiche von den „Herren" von Bern gesagt habe, hätte der Lesemeister gesagt: „Was willst du mit denen von Bern! Das sind Verräter und Kuhliebhaber *(proditores et vaccarum amatores)*, und nicht nur sie, sondern alle Eidgenossen"; sie hätten den Herzog von Mailand verraten, was sich darauf bezog, dass dieser, Ludovico Sforza, 1500 beim Abzug von Novara von einem Eidgenossen an die Franzosen verraten worden war. Der Lesemeister fuhr fort, dass auch Jetzer ein Kuhliebhaber sei, und als dieser antwortete, dass er aus den Gemeinen Herrschaften stamme, erklärte ihn der Lesemeister ebenfalls zum Verräter. Und: weder die Berner noch die andern Eidgenossen hätten ihnen etwas zu befehlen, was sie in ihrem Kloster täten (*nec Bernenses nec alii confederati haberent eos corrigere de hiis, que in suo monasterio fecerunt*) (siehe Kap. II/1c, Jetzers zweites Folterverhör).

Es ist wohl kein Zufall, wenn bereits am folgenden Tag (8. Februar 1508) ein Gerücht zu den Häuptern der Stadt und vielen anderen kam (vom Prior von Basel im Defensorium geschildert), wonach ein Laie sich im Konvent der Dominikaner herumgetrieben und, als er gefragt wurde, was er da mache, geantwortet habe, er schaue sich nach einem Ort um, wo er etwas finden würde, wenn der Konvent geplündert würde. Darauf habe ein Bruder ihm erwidert: „Ihr Kuhliebhaber (*bestiales vaccarum*), ihr werdet uns nie haben!" Als die Dominikaner dies hörten, waren sie konsterniert, aber seltsamerweise nicht, weil von der Plünderung ihres Klosters gesprochen worden war, sondern weil ein Mitbruder es gewagt hatte, den vorausschauenden Plünderer als „Kuhliebhaber" zu beschimpfen! Sie riefen den ganzen Konvent zusammen und stellten sowohl am 8. als auch am 9. Februar eine strenge Untersuchung nach dem Bruder an, der das Wort „Kuhliebhaber" gebraucht hatte, allerdings vergeblich; denn das Gerücht könnte ein Reflex auf Jetzers Aussage vom 7. Februar gewesen sein, wonach der Lesemeister die Berner und Eidgenossen (und auch die Angehörigen der Gemeinen Herrschaften) als Verräter und „Kuhliebhaber" beschimpft hatte. Am 9. Februar wurden die Dominikaner vor den Rat und die Sechziger gerufen, wo Paul Hug sich sehr für die „Kuhliebhaber" entschuldigte und sich anerbot, denjenigen Dominikaner, der dieses „hässliche Wort" (*verbum turpe*) gebraucht hatte, einzusperren und noch mit anderen Strafen zu belegen. Vor allem aber musste er die Dominikaner jetzt auch gegen die übrigen Anschuldigungen Jetzers verteidigen, so dass der Zwischenfall im Kloster scheinbar rasch vergessen ging (siehe Kap. I/3f) – nicht aber das Thema, das auch im Hauptprozess wieder auftaucht.

Am 4. August 1508 berichtete Jetzer, dass er den Prior, den Subprior und den Lesemeister einmal überrascht habe, als sie zusammen mit drei hübschen Mädchen zu nächtlicher Stunde in den Gemächern, die erst kürzlich für den Prior neu errichtet worden waren, gespeist hätten. Er habe die Väter angefahren und ihnen gesagt, „wenn die Herren von Bern dies wüssten, würden sie etwas aus ihnen machen (*aliquid facerent de vos*)". Darauf habe der Prior erwidert: „Was willst du mit den Herren von Bern? wir können in unserem Kloster jederzeit machen, was uns gefällt!" Drei Wochen später habe Jetzer den Prior und den Lesemeister nach der Matutin (d. h. nach Mitternacht!) wiederum mit zwei Frauen im „Haus der Väter" überrascht. Er habe wiederum mit dem Provinzial und mit den „Herren" von Bern gedroht, und darauf hätten der Prior und später auch der Lesemeister ihn und die Berner als „Verräter" tituliert und ihm erklärt, dass die Eidgenossen den

Herzog von Mailand, Ludwig Sforza, verraten hätten[44]. Es handelt sich zweifellos um die gleiche(n) Szene(n), von denen bereits am 7. Februar 1508 die Rede war, angereichert durch die Frauengeschichten, die auch nicht gerade zu Gunsten der Klostervorsteher sprachen. Was den „Herren von Bern" missfallen haben muss, war die völlige Missachtung ihres Kirchenregiments, die Haltung: wir können in unserem Kloster machen, was wir wollen – und dies umso mehr, als diese Haltung nicht neu war.

Bereits in den 1480er-Jahren, als die Stadt Bern sich immer mehr in die Personalpolitik des Ordens einzumischen und auf mehr Kontinuität bei der Besetzung der Ämter des Priors und insbesondere des Lesemeisters zu dringen begann, war es zu einem Zwischenfall gekommen, der im Deutschen Missivenbuch festgehalten ist. Der Stellvertreter des Provinzials Jakob von Stubach scheint zwar zu Verhandlungen nach Bern gekommen zu sein, er habe den bernischen Gesandten aber geantwortet, *er sy herr und meister und nit schuldig, uns deshalb zů antwurden,* und zwar *mit vil stoltzer unzimlicher worten, die ein(!) geistlichen man nit zieren.* Damit nicht genug, habe er auch noch *uf der strassen allerhand worten, die unsern stat berůren, usgossen,* wahrscheinlich etwas ähnlich Schmeichelhaftes wie die „Verräter und Kuhliebhaber". Nichtsdestoweniger führte der Rat seinen Kampf für mehr Kontinuität bei der Besetzung des Lesemeisteramtes fort und schrieb deshalb 1501, als wieder ein Wechsel bevorstand, an den Provinzial, dass man den Lesemeister (wahrscheinlich den Vorgänger von Stephan Boltzhurst) behalten wolle. Dagegen forderte er 1503 die Abberufung des Priors (wahrscheinlich des Vorgängers von Johann Vatter) und kündigte dem in Stuttgart versammelten Provinzialkapitel die Bevogtung des Dominikanerkonvents – ebenso wie diejenige der Kartause Thorberg sowie des Franziskaner- und Heiliggeistkonvents – mit einem Mitglied des (Kleinen) Rats an, *damit in sòlichem irem gotzhus hie by uns nit anders dann zimlichen werde gehandlet und desselben nutzung und zůgehörd ordenlichen angelegt und verwåndt* werden[45].

Damit sind die Frontstellungen, welche den Jetzerhandel prägen sollten, im Grund bereits bezogen: einer Stadt, die mehr als andere auf ihr Kirchenregiment bedacht war, stand ein nicht sehr kollaborativer Orden gegenüber, der sich damit für das ihm seit mehr als zweihundert Jahren (seit 1269) gewährte Gastrecht schlecht bedankte. Die Einführung der Observanz (1419) mag diesen Konflikt insofern noch verstärkt haben, als sie den Konvent in stärkere Abhängigkeit von der Stadtregierung brachte, eine Abhängigkeit,

---

44) Akten II/1 S. 122–124 Nr. 307–313 (1508, Aug 4; Jetzer).
45) UTZ TREMP, Geschichte S. 135 f., vgl. auch DIES., Art. Bern S. 295 f.

gegen welche die Dominikaner sich wiederum zur Wehr setzten[46]. Der Graben zwischen Stadt und Orden wurde durch die Schwabenkriegsproblematik noch verschärft; denn sowohl der Prior des Berner Dominikanerkonvents, Johann Vatter, als auch der Lesemeister, Stephan Boltzhurst, stammten von jenseits des Rheins, Vatter von Marbach am Neckar und Boltzhurst von Offenburg am Rhein (siehe Kap. I/1a und c). Der Schwaben- oder Schweizerkrieg, der im Jahr 1499 stattgefunden hatte, lag noch nicht weit zurück, und vor allem hatte er eine lange Inkubationszeit gehabt, die von Helmut Maurer anhand des Bodenseeraums und der Stadt Konstanz geschildert worden ist. Spätestens seit der zweiten Hälfte des 15. Jahrhunderts und seit der Eroberung des Thurgaus (1460) hatten sich in diesem Raum die Eidgenossen, die nun zunehmend als „Schweizer" bezeichnet wurden, und die Schwaben auseinanderentwickelt. Die Leute aus der Innerschweiz brachten zwar weiterhin Milchprodukte und Vieh auf die Konstanzer Märkte, aber man begann sich vor ihnen zu fürchten, weil sie in Konstanz nicht selten Streit anfingen und, wenn ihnen etwas nicht passte, mit Freischarenzügen ins Land einfielen. So im Plappartkrieg 1458, in einer Belagerung von Weinfelden durch 4000 Luzerner, der dadurch ausgelöst wurde, dass ein Konstanzer einen luzernischen Plappart (Silbermünze, nach dem frz. Wort ‚blafard' für ‚bleich') als „Kuhplappart" zurückgewiesen hatte. In dieser Lage wurden die Eidgenossen zunehmend als „Kuhschweizer" und *Kuhghyer* beschimpft; mit dem letzteren unterstellte man ihnen sogar sexuellen Umgang mit Kühen, was zu allem Überfluss auch noch einen häretischen Beigeschmack hatte. Die Situation eskalierte in den 1480er- und 1490er-Jahren, als sich bei den Eidgenossen – Stadt und Land – infolge der gewonnenen Burgunderkriege ein eidgenössisches Selbstbewusstsein ausbildete und auf der anderen Seite der Schwäbische Bund (1488) gegründet wurde[47]. Es kristallisierte sich allmählich eine feste Grenze heraus, und der Schwabenkrieg diente eigentlich dazu, unbereinigte Herrschaftsverhältnisse entlang der ganzen Grenze (von Calven GR bis Dornach) zu bereinigen,

---

46) Vgl. SPRINGER, Der Orden S. 116 f.: Observanz und obrigkeitliches Kirchenregiment; vgl. auch BARTHELMÉ, La réforme dominicaine S. 132 f.; ENGLER, Regelbuch S. 218 f.

47) MAURER, Schweizer und Schwaben; vgl. auch Helmut MAURER, Formen der Auseinandersetzung zwischen Eidgenossen und Schwaben: Der „Plappartkrieg" von 1458, in: Die Eidgenossen und ihre Nachbarn im Deutschen Reich des Mittelalters, hg. von Peter RÜCK (1991) S. 193–214. Zur Ausbildung eines eidgenössischen Bewusstseins nach den Burgunderkriegen vgl. Claudius SIEBER-LEHMANN, Art. Burgunderkriege, in: HLS online (Zugriff 13. Mai 2019), und DERS., Spätmittelalterlicher Nationalismus.

auch wenn der Krieg den Eidgenossen letztlich nur die hohe Gerichtsbarkeit über den Thurgau eintrug[48].

Das Zusammenwachsen der Eidgenossenschaft im letzten Viertel des 15. Jahrhunderts brachte mit sich, dass zunehmend auch die Städter – wie hier die Berner – in den Vorwurf der Kuhschweizer und *Kuhghyer* einbezogen wurden, was ihrem Ehrgefühl zutiefst zuwiderlief[49], und dies umso mehr, als die Vorwürfe von zwei Deutschen kamen, die als Dominikaner in Bern gewissermaßen Gastrecht genossen, aber nur unter der Bedingung, dass sie sich anständig verhielten; mit der Beschimpfung der Berner und aller Eidgenossen als Verräter und Kuhliebhaber hatten sie die ihnen auferlegten Grenzen wahrscheinlich bereits überschritten, und vielleicht mehr noch mit der wiederholten Aussage, dass die „Herren" von Bern ihnen nichts zu befehlen hätten. Dazu kamen noch kleinere Nadelstiche wie die Aussage des Priors gegenüber dem Klostervogt, Wilhelm von Diesbach, dass man ihm und dem Lesemeister auf dem Provinzialkapitel von Pforzheim (Anfang Mai 1507) die Wundergeschichten um Jetzer nicht geglaubt habe, weil sie „Helvetier" seien[50]; auch wenn der Prior sich damit scheinbar mit den nicht glaubwürdigen „Helvetiern" identifizierte, so blieb doch der Hieb, dass die Eidgenossen an sich nicht glaubwürdig seien. Oder die Tatsache, dass der Prior von Basel (im April 1507) durch Jetzer bei der Jungfrau Maria anfragen ließ, ob die Stadt Basel schlecht(!) daran getan habe, sich mit den Eidgenossen zu verbünden, oder nicht (*si respublica Basiliensis adherendo et se confederando dominis Helvetiis male fecisset vel non*). Der Beitritt der Stadt Basel zur Eidgenossenschaft war 1501 in der Tat sehr unerwartet erfolgt und „keineswegs auf uneingeschränkte Zustimmung innerhalb der Bevölkerung" gestoßen. Der Frieden nach dem Schwabenkrieg, der im September 1499 in Basel geschlossen worden war, hatte der Stadt selber keinen Frieden gebracht, und der Durchgangshandel, von dem sie lebte, war bedroht geblieben. Deshalb hatte sich eine kleine Gruppe innerhalb des Kleinen Rats im Stillen an die Eidgenossen gewandt und innerhalb von kurzer Zeit ein Bündnis zustande gebracht, das der Stadt auch den nötigen Schutz für ihre Verkehrswege sicherte – und ihren Bewohnern in der Folge auch die Bezeichnung als „Kuhschweizer" (Kuhsodomiten) einbrachte[51]. Leider

---

48) Andre GUTMANN, Art. Schwabenkrieg, in: HLS online (Zugriff 13. Mai 2019).
49) MAURER, Schweizer und Schwaben S. 146 (Nachwort zur 2. Aufl.).
50) Akten II/3 S. 344 (1508, Aug 12; Zeugenaussage von Diesbach).
51) Akten III S. 422 Nr. 43 (1509, Mai 5; Jetzer), vgl. auch Claudius SIEBER-LEHMANN, Die Verschweizerung Basels. Der 13. Juli 1501 und seine Folgen, in: Basler Stadtbuch 2001 S. 6–9, und Peter OCHSENBEIN, Sebastian Brants literarische Polemik gegen den Beitritt Basels in die Eidgenossenschaft, in: Daphnis. Zeitschrift für Mittlere Deutsche Literatur 9,3 (1980) S. 427–443.

ist nicht überliefert, wie die Jungfrau Maria den Beitritt Basels zur Eidgenossenschaft einschätzte, aber man darf doch vermuten, dass Prior Werner von Basel ein „Eidgenossenskeptiker" war[52]. Die Klostervorsteher von Bern, insbesondere der Prior und der Lesemeister, waren jedoch mit ihrer Einmischung in die inneren (innersten) Angelegenheiten der Stadt Bern noch viel weiter gegangen, als man am Ende des Hauptprozesses zwar noch nicht wusste, aber vielleicht doch ahnte, und zwar indem sie der blutweinenden Marienstatue Prophezeiungen in den Mund gelegt hatten, welche die Stadt zutiefst verletzen und aufwühlen mussten und für sie wahrscheinlich noch schwerer zu ertragen war als die Bezeichnung als „Kuhliebhaber" und „Verräter".

Die Prophezeiungen der blutweinenden Marienstatue

Bei seinem zweiten Verhör in Lausanne am 15. Oktober 1507 sagte Jetzer aus, dass die Marienstatue in der Dominikanerkirche ihre blutigen Tränen nicht nur geweint habe, weil man über ihre Empfängnis falsch denke (unbefleckt statt befleckt), sondern auch, weil die Berner (1484/1485) das Kollegiatstift St. Vinzenz errichtet und dazu mehrere alte Klöster (das Stift Amsoldingen, die Frauenklöster Interlaken und Frauenkappelen, die Priorate Münchenwiler, St. Petersinsel und Rüeggisberg sowie die Propstei Därstetten) aufgehoben hatten. Die Sache lag aber noch wesentlich komplizierter, indem die Marienstatue laut Jetzer die Errichtung des Vinzenzstifts und die Aufhebung der alten Klöster angeblich gerechtfertigt hatte: die alten Klöster seien erst durch die Errichtung des Stifts wieder dem Gottesdienst zugeführt worden – also eine Art Apologie der Stiftsgründung und ganz ähnlich derjenigen, die seinerzeit in Bern für die Aufhebung der alten Klöster ins Feld geführt worden war. Es ist erstaunlich, dass die damalige Apologie nun der Marienstatue in den Mund gelegt wurde; denn Jetzer hat sie wohl nicht gekannt – es sei denn, sie wäre ihm in Bern entgegengehalten worden, nachdem er verkündet hatte, die Marienstatue hätte über die Aufhebung der alten Klöster und die Errichtung des Vinzenzstifts geweint. Aus der Umgebung des Bischofs von Lausanne kann diese Apologie auch nicht gekommen sein; denn am Bischofssitz war man in den 1480er-Jahren alles andere

---

52) Es ist deshalb nicht ganz auszuschließen, dass Prior Werner von Basel die Stadt Bern für den Jetzerhandel vorgeschlagen hat; jedenfalls sagte der Prior von Bern im Revisionsprozess aus, dass die Wahl Berns nicht bereits in Wimpfen, sondern erst (auf dem Rückweg von Wimpfen) in Basel erfolgt sei, in einem Gespräch zwischen ihm und dem Prior von Basel, vgl. Akten III S. 459 Nr. 22 (1509, Mai 11; Prior). In diesem Fall hätte Georg Rettig, der im Jetzerhandel auch einen Betrug an Bern und in Prior Werner den Rädelsführer gesehen hat (siehe Einl. 1b), sich doch nicht ganz geirrt.

als begeistert über die Errichtung des Vinzenzstifts gewesen, die Bern hinter dem Rücken des Bischofs – damals Benedikt von Montferrand (1476–1491) – ins Werk gesetzt hatte[53].
Auch die zweite Stelle, bei der von den Orakeln der blutweinenden Maria die Rede ist, ist wenig klar. Laut dem Defensorium hätte Jetzer am 14. Januar 1508 vor dem Rat und den Sechzigern sowie in Gegenwart der Dominikaner ausgesagt, dass die Marienstatue wegen der Empfängnis Marias geweint habe, und auch weil eine große Plage über den Dominikanerorden(!) kommen sollte, weil dieser eine falsche Meinung (befleckt statt unbefleckt) vertrete. Die Klostervorsteher aber hätten ihm befohlen zu sagen, dass die Plage wegen der empfangenen Pensionen (*propter pensiones inceptas*) kommen werde, wo Maria sich doch – und dies scheint nun Jetzers Zusatz gewesen zu sein – nicht um solche Dinge (wie Pensionen) kümmere, denn sie sei keine Kriegerin. Als Jetzer am 5. Februar 1508 – nachdem er gefoltert worden war – wiederum vor dem Rat nach dem Empfang der Pensionen gefragt wurde und warum Gott gegen die Stadt Bern erzürnt sei, sagte er ganz klar, dass er von den vier Klostervorstehern dazu instruiert worden sei[54]. Noch klarer wird die Sache bei Jetzers Verhör am 2. August 1508 im Rahmen des Hauptprozesses. Auf die direkte Frage, warum die Marienstatue geweint habe, antwortete er: weil eine große Plage über die Stadt Bern kommen würde. Am gleichen Tag noch sei der Schultheiß von Bern, damals noch Rudolf von Erlach (im November 1507 im Amt gestorben), in den Dominikanerkonvent gekommen und habe nach dem Konversen gefragt. Der Prior habe ihn jedoch nicht zugelassen, sondern auf den nächsten Tag vertröstet. In der nächsten Nacht, nach der Matutin (d. h. nach Mitternacht) hätten der Prior und der Subprior Jetzer wiederum in die Marienkapelle geführt und ihn wiederum auf den Altar hinaufsteigen heißen, wo er von der Marienstatue wiederum gehört habe, sie weine, weil das Volk nicht glaube, dass sie in der Erbsünde empfangen worden sei. Er habe die Jungfrau gefragt, warum eine Plage über die Stadt Bern kommen solle, und sie habe geantwortet: weil die Berner früher den Pensionen abgeschworen hätten und sie doch immer wieder von den Fürsten annähmen. Auf die Frage, ob er jemanden gesehen habe, der diese Prophezeiung gemacht habe, antwortete Jetzer, dass links neben der Marienstatue eine Tafel mit einer Darstellung der Heiligen Dreifaltigkeit stehe. Als er vor der Marienstatue gekniet sei, habe er gesehen, wie diese Tafel sich bewegte, und als er sie entfernt habe,

---

53) Akten I S. 16f. Nr. 72–74 (1507, Okt 15; Jetzer), vgl. TREMP-UTZ, Kollegiatstift S. 20 u. 38–40.
54) Def. S. 592 Kap. III/5 (1508, Jan 14); Akten I S. 46 Nr. 146 (1508, Feb 5; Jetzer, Folterverhör), vgl. auch Def. S. 597 Kap. III/9.

habe er dahinter den Lesemeister sitzen sehen, den er an seinem Skapulier so heftig gegen sich gezogen habe, dass dieser auf den Altar gefallen sei[55].

In den Zeugenaussagen, die im Rahmen des Hauptprozesses gemacht wurden (12. bis 30. August 1508), spielt die blutweinende Maria natürlich eine große Rolle, denn damit wollten die Dominikaner ja an die Öffentlichkeit treten; doch scheint man mit der eigentlichen Botschaft, der befleckten Empfängnis, eher hinter dem Berg gehalten und stattdessen die Pensionen in den Vordergrund gerückt zu haben (siehe Kap. II/2d, Die *Fama* des Jetzerhandels). Die Orakel waren ja auch nie „live" für jedermann zu hören, sondern immer auf das Medium Jetzer angewiesen. Nachdem die Herren von Bern von diesem vernommen hatten, dass die Jungfrau Maria bei ihrem Sohn dafür eintreten wolle, dass die göttliche Rache von der Stadt abgewendet würde, schickten sie den Stadtschreiber Niklaus Schaller und dessen Vorgänger Thüring Fricker zu den Dominikanern, um sich beim Konversen nach den Gründen für den göttlichen Zorn zu erkundigen. Sie erfuhren, dass Gott erzürnt sei wegen des „ungeordneten Auszugs der bernischen Untertanen im Sold der Fürsten (*inordinatum excursum subdictorum Bernensium ad stipendia principum*)", und überdies wegen der „Wiederannahme der jährlichen Pensionen (*annualium pensionum reassumptionem*)", und dies trotz der Annahme und der Beschwörung des Pensionenbriefs (*quod a statuto et ordinatione generali in contrarium facto et iuramento firmato discessum foret*)[56]. In der Folge wurden die vier Klostervorsteher in ihren Folterverhören auf das angesprochen, was das Gericht bereits wusste; zunächst der Subprior und der Schaffner. Der Subprior sagte am 23. August 1508 aus, dass die Marienstatue weinen sollte, weil die Menschen nicht an ihre Empfängnis in der Erbsünde glaubten und weil die Berner den Pensionen abgeschworen hätten und sie doch immer wieder annähmen. Jetzer sollte außerdem sagen, dass die Stadt Bern wegen der Vertreibung des Deutschen Ordens aus der Vinzenzkirche untergehen werde, es sei denn, sie gäbe diese zurück. Von den vier „Komplizen" sei auch geplant worden, dass vier Herren aus dem Kleinen Rat gerufen werden sollten, sobald Jetzer auf dem Altar vor der Marienstatue knien würde, damit sie diese Wunder sähen. Entsprechend habe der Subprior den Klostervogt von Diesbach und den Schultheißen von Erlach geholt, und der Schaffner die Herren Hübschi und Huber. Zwei Tage später sagte der Schaffner aus, dass einige Tage vor dem Erscheinen der hl. Katharina von Siena (von ihm selber dargestellt) von den vier Klostervorstehern beschlossen worden sei, dass die Marienstatue angemalt werden und dass der Lesemeister sich auf der rechten Seite des Altars

---

55) Akten II/2 S. 114 Nr. 270–272 (1508, Aug 2; Jetzer).
56) Akten II/3 S. 395 (1508, Aug 12; Zeugenaussage Schaller).

hinter einem Vorhang aus himmelblauer Farbe verbergen und zwei Stimmen machen solle, wie wenn der Sohn mit der Mutter sprechen würde[57].
Der Prior wollte zunächst (am 28. und 29. August 1508) nicht so richtig mit der Sprache hinaus, und erst der Subprior schaffte (am 30. August) 1508 scheinbar Klarheit, indem er auf eine entsprechende Frage sagte, dass derjenige, der die zwei Stimmen gemacht habe, der Novize Johann Meyer – und also nicht der Lesemeister – gewesen sei[58]. Damit wurde erstmals der Novize Johann Meyer genannt, den die Klostervorsteher offenbar bisher hatten heraushalten und schützen wollen – wenn sie nicht auch noch etwas anderes zu verbergen hatten ... Jedenfalls erwähnte der Lesemeister am 31. August 1508 den Novizen Meyerli mit keinem Wort – er wusste ja nicht, dass der Subprior ihn bereits genannt hatte –, sondern sprach in seiner Bekenntnisschrift ausführlich davon, wie er die Marienstatue am dritten Tag vor *Johannis baptiste* nach der Komplet bemalt und wie er sich am Tag nach *Johannis baptiste* um drei Uhr morgens hinter der Marienstatue und der Tafel versteckt und die Stimmen der Maria und des in ihrem Schoß liegenden Sohnes nachgeahmt habe. Das Thema, das zwischen den beiden verhandelt wurde, beschränkte sich natürlich auf die Empfängnis Marias, aber auch die eingehende Schilderung der Konversation nützte dem Lesemeister nichts: er musste noch am gleichen Tag um die Vesperzeit zugeben, dass nicht er, sondern der Novize Meyerli die Stimmen von Mutter und Sohn nachgemacht habe. Und der Schaffner musste am 1. September 1508 nachziehen und ebenfalls gestehen, dass es nicht der Lesemeister, sondern Johann Meyerli gewesen sei[59].

Dies der Stand der Dinge am Ende des Hauptprozesses, aber eben noch nicht die ganze Wahrheit, denn laut Jetzers Aussage vom 2. August 1508 war er ja mindestens zwei Mal in die Marienkapelle geführt worden, um sich die Botschaften der blutweinenden Marienstatue anzuhören. Dies scheint den Richtern nicht entgangen zu sein, und sie bemühten sich, dem päpstlichen Auftrag vom 1. März 1509 nachzuleben und die Revision des Prozesses gründlich durchzuführen. Am 7. Mai 1509 wurde der Lesemeister gefragt, ob er sich jemals auf dem Altar in der Marienkapelle hinter der Marienstatue versteckt und so getan habe, als ob diese spreche, und er musste zugeben, dass er dies tatsächlich getan habe, und zwar zwei Tage nachdem

---

57) Akten II/2 S. 263 Nr. 19 (1508, Aug 25; Schaffner, Folterverhör), S. 305 Nr. 18–20 (1508, Aug 23; Subprior, Folterverhör).
58) Akten II/2 S. 285 Nr. 14 f., S. 286 Nr. 18 f. (1508, Aug 28 u. 29; Prior, Folterverhöre), S. 321 Nr. 67 (1508, Aug 30; Subprior, Folterverhör).
59) Akten II/2 S. 236 (undat., 1508, Aug 31; Lesemeister, Bekenntnisschrift), S. 246 Nr. 26 (1508, Aug 31, Vesperzeit; Lesemeister, Folterverhör), S. 270 Nr. 63 (1508, Sept 1; Schaffner, Folterverhör).

Johann Meyerli das Gleiche getan hatte. Auf die Frage, was er dabei gesagt habe, musste er eingestehen, dass er den Grund angegeben habe, warum die Herren von Bern dem Untergang geweiht seien (*quare domini Bernenses deberent pati ruinam*): wegen der Kriege und weil sie dafür Geld nähmen (*propter bella et quod hinc inde acciperent pecunias*)[60]. Entsprechend musste auch der Schaffner am 8. Mai 1509 einräumen, dass die Marienstatue zwei Mal gesprochen habe, doch zögerte er lange, bis er zugab, dass es das erste Mal Meyerli und das zweite Mal der Lesemeister selber gewesen sei. Beim ersten Mal sei es nur um die Empfängnis Marias gegangen, und beim zweiten Mal auch um das Kollegiatstift St. Vinzenz und die Pensionen. Er stellte auch richtig, dass er die Herren Hübschi und Huber beim ersten Orakel, demjenigen des Johann Meyerli, gerufen habe[61]. In der Folge scheint das Gericht nach dem Novizen Meyerli gesucht zu haben; denn am folgenden Tag (9. Mai 1509) berichteten seine Abgesandten, dass sie zum Dominikanerkonvent gegangen seien, um ihn zu zitieren, und dass der neue Lesemeister (Georg Sellatoris) ihnen gesagt habe, dass dieser im vergangenen Jahr an das Provinzialkapitel von Basel (14. Mai 1508) gegangen und von dort in den Konvent Nürnberg versetzt worden sei, wo er noch immer weile[62]. Dies könnte insofern seine Richtigkeit haben, als Johann Meyer am 19. Februar 1508 noch im Berner Konvent belegt ist, anlässlich von dessen Anleihe beim Basler Konvent (siehe Anh. 2). Die Dominikaner hatten es also geschafft, ihn rechtzeitig aus der Schusslinie zu nehmen. Sie haben ihn auch sonst geschützt, indem sie lange zögerten, zuzugeben, dass er das erste Orakel gemacht hatte, aber damit vor allem die Tatsache verborgen, dass es zwei Orakel der blutweinenden Marienstatue gegeben hatte, von denen das zweite wesentlich schlimmer und gezielter war als das erste.

Nur der Prior glaubte immer noch, leugnen zu können. Als er am 10. Mai 1509 gefragt wurde, was die Marienstatue bzw. Meyerli beim ersten Orakel gesagt habe, wollte er sich nicht erinnern können – bis ihm die entsprechende Stelle aus dem Defensorium vorgelesen wurde[63]. Als er am gleichen Tag um 15 Uhr wiederum gefragt wurde, ob der Novize noch etwas anderes gesagt habe, wollte er sich wiederum nicht erinnern. Am 11. Mai 1509 (um 15 Uhr) musste er zugeben, dass er sich bei der von Jetzer belauschten Verschwörung in der Marienkapelle gerühmt habe, wie geschickt sie die Berner mit der blutweinenden Marienstatue getäuscht hätten und

---

60) Akten III S. 434 Nr. 40 f. (1509, Mai 7; Lesemeister), vgl. auch ebd. S. 428 Nr. 12 (1509, Mai 5, 14 Uhr; Lesemeister).

61) Akten III S. 440 f. Nr. 3–8 (1509, Mai 8; Schaffner).

62) Akten III S. 451 f. (1509, Mai 9). Zum Provinzialkapitel von Basel vgl. v. LOË, Statistisches S. 43.

63) Akten III S. 455 Nr. 9 f. (1509, Mai 10; Prior), vgl. auch Def. S. 580 f. Kap. II/9.

dass er für alle Kleinodien des Klosters nicht wollte, dass dies nicht geschehen sei. Der Lesemeister sei realistischer gewesen und habe gemeint, es sei nicht geschickt genug gewesen, denn es habe Widerspruch und Murren ausgelöst[64]. Am 12. Mai 1509 musste der Prior schließlich gestehen, dass nach dem ersten Orakel noch ein zweites – aber nur ein zweites – gemacht worden sei, und zwar durch den Lesemeister, der sich hinter der Marienstatue verborgen und sie sagen gemacht habe, dass eine große Plage über die Herren von Bern kommen würde, weil sie die Wunder nicht glaubten, die durch Jetzer bewirkt wurden; weil sie den Pensionen der Fürsten abgeschworen hatten und sie doch wieder annahmen, und drittens weil sie die Vinzenzkirche dem Deutschen Orden weggenommen und zu einem Chorherrenstift erhoben hatten. Dabei sei der Lesemeister von Jetzer ertappt worden. Nichtsdestoweniger hätten die Klostervorsteher gegenüber diesem darauf bestanden, dass er die Herren von Bern die Gründe für die Plage, die über die Stadt Bern kommen sollte, wissen ließe, und als er sich geweigert habe, hätten sie ihm gesagt, dass sowohl ihnen als auch ihm große Gefahr drohe. Schließlich hätten sie selber die Herren der Stadt informiert und Jetzer habe ihre Aussagen bestätigt[65].

Und letztlich musste auch der Subprior (am 14. und 15. Mai 1509) zugeben, dass es zwei Orakel gegeben habe, das erste vom Novizen Johann Meyerli nach Anweisung der vier Klostervorsteher, und das zweite durch den Lesemeister selber. Auf das erste Orakel hin sei der Schultheiß der Stadt Bern, Rudolf von Erlach, der damals noch am Leben war, persönlich ins Kloster gekommen, um vom Jetzer die Gründe für den bevorstehenden Untergang der Stadt Bern zu erfahren. Der Prior habe ihm jedoch den Zugang zu diesem verwehrt und ihn auf später vertröstet – wohl nachdem der Lesemeister das zweite Orakel gemacht haben würde, das viel stärker auf Bern gemünzt war als das erste. Nach dem zweiten Orakel seien der ehemalige und der aktuelle Stadtschreiber, Thüring Fricker und Niklaus Schaller, gekommen; der Prior und der Lesemeister hätten sie in Gegenwart des Subpriors und Jetzers über die Gründe für die Plage informiert, in der Reihenfolge: Empfängnis, Pensionen und Kollegiatstift; die beiden Stadtschreiber hätten darauf bestanden, dass Jetzer ihnen dies bestätige, und dieser habe es getan, wenn auch nicht mit der nötigen Klarheit[66].

Es ist nicht auszuschließen, dass es dieses zweite Orakel war, welches das Fass bereits Ende Juli 1507 zum Überlaufen gebracht hatte, zusammen mit

---

64) Akten III S. 455 Nr. 11 (1509, Mai 10, 15 Uhr; Prior), S. 466 f. Nr. 41 (1509, Mai 11, 15 Uhr; Prior).
65) Akten III S. 471 Nr. 55 (1509, Mai 12; Prior).
66) Akten III S. 480 Nr. 6, S. 486 f. Nr. 24 f. (1509, Mai 14 u. 15; Subprior).

der Tatsache, dass damals auch Jetzers Stigmata verschwanden; jedenfalls sagte Venner Kaspar Wyler am 18. Mai 1509 als Zeuge im Revisionsprozess aus, dass diese beiden Dinge bei der bernischen Bevölkerung große Verwunderung ausgelöst hätten; und da die einen sie für wahr hielten und die andern nicht, wäre ohne Zweifel ein großer Skandal entstanden, wenn die Herren nicht zu ihrem Ordinarius, dem Bischof von Lausanne, geschickt hätten, der im Verein mit der göttlichen Vorsehung die Dinge aufgedeckt habe[67]. Es könnte auch in jener Zeit gewesen sein, als der Chorherr Ludwig Löubli lästerte, dass die Dinge, die bei den Dominikanern vor sich gingen, eine erdachte Ketzerei und Lotterei seien, eine Aussage, die er am 23. August 1507 vor dem städtischen Rat nicht zurücknahm[68]. Wylers Zeugenaussage wurde am 22. Mai (um 18 Uhr) von neun Mitgliedern des Kleinen und vier Mitgliedern des Großen Rats bestätigt, und dabei wurden ausdrücklich auch die Gründe genannt, warum eine große Plage über die Stadt Bern kommen sollte, und zwar in der wohl nicht zufällig umgekehrten Reihenfolge Abschwörung und Wiederannahme der Pensionen, Vertreibung der Deutschordensbrüder und Errichtung des Vinzenzstifts und schließlich mangelnder Glaube an die Wunder, die um Jetzer herum geschahen[69]. Dies beweist klar, dass es diese Prophezeiungen waren, die den Dominikanern recht eigentlich den Hals gebrochen haben. Den Vorwurf wegen des mangelnden Glaubens an die Wunder hätte man in Bern wahrscheinlich verschmerzen können, den Vorwurf wegen der Errichtung des Vinzenzstifts auch, denn diese lag mehr als zwanzig Jahre zurück und das Stift war in der Stadt eine Tatsache geworden, an die man sich längst gewöhnt hatte (der Haupt- und der Revisionsprozess fanden in der Propstei des Stifts statt, die Chorherren waren stadtbekannte Persönlichkeiten, die auch im Jetzerhandel und in den Jetzerprozessen belegt sind), nicht aber den Vorwurf wegen der Pensionen; denn dabei handelte es sich um eine Wunde, die zur Zeit des Jetzerhandels noch ganz offen war. Es trifft zwar zu, dass das Todesurteil für die Dominikaner für Bern schon im Herbst 1508 feststand, als man noch nicht klar wusste, dass es zwei Orakel gegeben hatte – dies kam erst im Revisionsprozess zum Vorschein –, aber man hat in den entscheidenden Ratskreisen wohl bereits im Herbst 1508 so etwas geahnt und das Orakel betreffend die Pensionen jedenfalls zur Kenntnis genommen. Dieses könnte den „Herren" von Bern tatsächlich Angst gemacht haben – gerade weil es seine Berechtigung in sich trug –, zumindest solange man nicht wusste, woher es

---

67) Akten III S. 513 (1509, Mai 18; Zeugenaussage Wyler).
68) Beilagen S. 608 Nr. 1 (1507, Aug 23), vgl. auch Akten II/3 S. 337 (1508, Aug 12; Zeugenaussage Noll).
69) Akten III S. 524–526 (1509, Mai 22), siehe auch Kap. II/3d, Die Skandalisierung des Skandals.

Der eidgenössische Pensionenbrief (1503) und seine Folgen

Bereits am 11. Februar 1474, acht Monat vor dem Abschluss der ersten Soldallianz mit Frankreich – im Hinblick auf die bevorstehenden Burgunderkriege –, hatte die Tagsatzung eine Diskussion um ein gemeineidgenössisches Pensionenverbot eröffnet; die Geschichte der Pensionenverbote ist also praktisch ebenso alt wie diejenige der Pensionen selbst. Dieses erste Verbot richtete sich allerdings nicht gegen Frankreich, sondern gegen Österreich, denn während der Verhandlung um die Ewige Richtung mit Österreich (abgeschlossen am 30. März 1474) hatte es Bestechungsversuche an eidgenössischen Politikern gegeben. Bereits im April 1474 lag ein Entwurf zu einem gemeineidgenössischen Pensionenverbot vor, und im Oktober – unmittelbar vor Ausbruch der Burgunderkriege – wurde ein entsprechendes Verkommnis angenommen, doch sah dieses – im Unterschied zum Entwurf – keine Sanktionen vor. Das Verhältnis zu Frankreich gestaltete sich dagegen vorläufig problemlos; die im Rahmen des Soldvertrags gesprochenen Gelder sollten in die Staatskassen der einzelnen Orte fließen. Am 27. Februar 1475 untersagte die Tagsatzung jedoch generell die Annahme von Jahrgeld, Miet und Gabe, eine Bestimmung, die sich auch gegen die französischen Pensionen richtete, die laut den überlieferten Pensionenlisten von 1475 in der Tat reichlich flossen. Diese Maßnahme war wohl vor allem gegen die aggressive Expansionspolitik Berns und vor allem des Niklaus von Diesbach (1430–1475) gerichtet, denn der Krieg gegen Burgund lag durchaus nicht im Interesse aller eidgenössischen Orte. Angesichts der Erfolge in den Burgunderkriegen wurde das Projekt eines gemeineidgenössischen Pensionenverbots zunächst aufgegeben und erst 1489 im Zusammenhang mit dem Waldmannhandel wieder aufgegriffen. Dabei richtete sich die Kritik erstmals nicht nur gegen die heimlichen Zuwendungen, sondern auch gegen das unkontrollierte Reislaufen und die eidgenössische Bündnispolitik überhaupt, doch kam man über einen Entwurf nicht hinaus[70].

Erst die einsetzenden Kriege um das Herzogtum Mailand (1494) erhöhten den Reformdruck in der Pensionenfrage wieder. Während die Tagsatzung in den Jahren 1474–1494 insgesamt zwanzig Mal über das Pensionenwesen diskutiert hatte, waren es in den Jahren 1494–1503 bereits 43 Mal,

---

70) ROGGER, Geld, Krieg und Macht S. 171–176. Aus reformatorischer Sicht waren für den Chronisten Valerius Anshelm die Pensionen das größte Übel der Zeit an der Wende vom 15. zum 16. Jahrhundert, insbesondere in Bern, vgl. Anshelm 1 S. 87–95 (1474–1476).

und in der Zeit der Mailänderkriege (1494–1516) insgesamt 97 Mal. Nach der Wende vom 15. zum 16. Jahrhundert rückte die Pensionenfrage sogar in den Mittelpunkt der eidgenössischen Politik und wurde zum ersten Traktandum der Tagsatzung. Die große Nachfrage nach eidgenössischen Söldnern im Umfeld des Zuges des französischen Königs Karl VIII. (1483–1498) nach Neapel (1494) führte dazu, dass die Eidgenossen sich von allen Seiten als Reisläufer anwerben ließen, und verschärfte das Problem der Privatpensionen. Der innere Zusammenhalt der Orte wurde durch den Ausbruch des Schwabenkriegs (1499) und den Streit um Mailand vor eine große Belastungsprobe gestellt. Der französische König Ludwig XII. (1498–1515) nutzte die seit den Wormser Beschlüssen (1495) zunehmend reichsfeindliche Stimmung in der Eidgenossenschaft geschickt aus, um im März 1499 mit allen zehn damaligen Orten einen Soldvertrag abzuschließen, der eine existentielle Gefahr für das Herzogtum Mailand darstellte. Selbst Bern, das traditionell eng mit Mailand verbunden war, wandte sich von Herzog Ludovico Sforza (1480/1494–1508) ab. Zwischen der Schlacht von Dornach (22. Juli 1499) und dem Frieden von Basel (29. Sept. 1499) fiel der französische König mit der Unterstützung eidgenössischer Reisläufer ins Herzogtum Mailand ein. In der Eidgenossenschaft existierte aber nach wie vor eine aktive Mailänderpartei, und die Reisläufer liefen auch dem Herzog von Mailand zu, so dass schließlich im April 1500 bei der Belagerung von Novara Eidgenossen gegen Eidgenossen im Feld standen. Nur durch die Auslieferung des Herzogs an die Franzosen – den sog. Verrat von Novara – konnte verhindert werden, dass Eidgenossen gegeneinander kämpften. In Zürich wurden diejenigen Räte, die beim König oder beim Herzog als Hauptleute gedient hatten, bestraft und abgesetzt, und ähnlich auch in Bern, wo der Riss mitten durch die führenden Kreise ging, indem etwa der spätere Vogt des Dominikanerkonvents, Wilhelm von Diesbach, auf der Seite des Herzogs von Mailand stand[71].

Trotzdem wurde auf der Tagsatzung erst 1503 wieder ernsthaft über ein Pensionenverbot nachgedacht, nachdem der französische König Ludwig XII. in den Jahren 1501–1503 mit nicht bewilligten eidgenössischen Söldnern in Süditalien Krieg gegen Spanien geführt und verloren und dabei zahlreiche eidgenössische Söldner ihr Leben gelassen hatten. Wegen des Verrats von Novara und der Verluste in Neapel herrschte in der Eidgenossenschaft zumindest teilweise eine antifranzösische Stimmung. Diese wurde von den Gegnern Frankreichs ausgenützt, so auch vom Bischof von Sitten, Matthäus Schiner, der das Projekt eines gemeineidgenössischen Pensionen-

---

71) ROGGER, Geld, Krieg und Macht S. 177–182/3, vgl. auch MOSER, Ritter Wilhelm von Diesbach S. 74 ff.

verbots unterstützte. Am 21. Juli 1503 wurde der sog. Pensionenbrief auf der Tagsatzung in Baden von allen zwölf Orten angenommen. Er „verbot den Pensionenbezug durch Einzelpersonen, untersagte den freien Reislauf und verlangte für Kriegszüge im Dienst fremder Kriegsherren einen Mehrheitsbeschluss der Tagsatzung". Dagegen blieben die öffentlichen Pensionen weiterhin erlaubt. Auf dem unerlaubten Pensionenbezug, d. h. dem Bezug von heimlichen Pensionen, stand ein lebenslänglicher Entzug aller Ämter; die Todesstrafe war lediglich für den Tatbestand des unerlaubten Anwerbens vorgesehen. Der Pensionenbrief sollte jedes Jahr gelesen und beschworen werden, wobei es strengstens untersagt war, irgendetwas an seinem Wortlaut zu ändern. Er wurde von allen Orten besiegelt und beschworen, doch erfolgte die Beschwörung in Bern, Luzern, Solothurn und Zürich erst im Jahr 1504, und mancherorts unter dem zusätzlichen Druck der Tagsatzung, die mit Ausschluss aus der Eidgenossenschaft drohte[72].

Dem Pensionenbrief war jedoch nur eine kurze Dauer beschieden, indem er von Anfang an durch einen „Beibrief" belastet war, der am 30. August 1503 von Luzern angestoßen worden war und mit welchem die Bündnisse mit fremden Fürsten ganz allgemein der Tagsatzung unterstellt werden sollten. Der „Beibrief" gab denjenigen Orten (Zürich, Uri, Solothurn), die ohnehin gegen den Pensionenbrief waren, zusätzlichen Auftrieb. Die Diskussionen wurden vom Ausland aufmerksam verfolgt, und am 20. Mai 1505 erkundigte sich der französische König Ludwig XII. bei der Tagsatzung in Luzern, ob sein Land, das mit den Eidgenossen 1499 eine (zehnjährige) Soldallianz abgeschlossen hatte, von den Bestimmungen des Pensionenbriefs ausgenommen sei. Seine Gesandten verlangten außerdem 4000–5000 Reisläufer und versprachen, dass man sie nicht in Süditalien einsetzen werde. Im März 1504 erklärten mehrere Orte, dass die französische Soldallianz aus dem Pensionenbrief ausgenommen werden solle, wenn keine Einigung über den „Beibrief" zustande komme. Wilhelm von Diesbach, der inzwischen auf die französische Seite gewechselt hatte, verhandelte bereits wieder mit Frankreich über eine Erhöhung der privaten Pensionen an Bern. Am 9. September 1505 war noch immer keine Einigung erreicht. Zürich und Solothurn weigerten sich kategorisch, den „Beibrief" zu unterzeichnen, und selbst Luzern wandte sich nun gegen das eigene Projekt. Am 24. November 1505 trat auch der bernische Große Rat vom Pensionenbrief zurück, bestätigte das französische Soldbündnis von 1499 und nahm französische Pensionen in Empfang, dazu überredet vom Bischof von Lausanne, Aymo von Montfalcon, der im November und Dezember 1505 im Auftrag des französischen Königs in Bern weilte. Dabei soll der Bischof sogar gewisse Räte

---

72) ROGGER, Geld, Krieg und Macht S. 183–187.

vom Eid, den sie geschworen hatten, keine Pensionen vom französischen König mehr zu empfangen, entbunden haben; denn ein solcher Eid konnte, nachdem er gebrochen worden war, durchaus als Meineid aufgefasst werden. Dass diese Diskussionen den Dominikanern nicht unbekannt waren, geht daraus hervor, dass der Subprior am 23. August 1508 aussagte, dass die Abschwörung der Pensionen und ihre Wiederannahme einem Meineid (*periurium*) gleichkämen[73].

Wie auch immer: im Frühling 1507 war der Pensionenbrief so gut wie erledigt und ging der Run auf die eidgenössischen Söldner wieder los. König Maximilian suchte in der Eidgenossenschaft die Unterstützung für seinen Romzug, und König Ludwig XII. von Frankreich plante, einen Aufstand in Genua mit der Hilfe von eidgenössischen Söldnern niederzuschlagen. In diesen Zusammenhängen sollen rund 100 000 französische Kronen sowie Immobilien im Wert von 300 000 Gulden und 10 000 Gulden in bar aus Maximilians Vermögen in die Eidgenossenschaft geflossen sein, und entsprechend musste laut Anshelm (3 S. 26) auch der französische König Geld „wie Spreuer" ausgeben. Im Gegensatz zu diesem wurde dem deutschen König die Rekrutierung eidgenössischer Söldner jedoch verweigert, und sein Romzug blieb deshalb in Trient stecken, wo Maximilian im Februar 1508 mit der Zustimmung des Papstes den Titel eines erwählten römischen Kaisers annahm. Der Pensionenbrief wurde nicht mehr beschworen und am 4. Juli 1508 auch aus der Traktandenliste der Tagsatzung gestrichen[74]. Und ausgerechnet in dieser schwierigen Situation des Scheiterns des Pensionenbriefs produzierten die Dominikaner Ende Juni 1507 das Orakel, wonach eine große Plage über die Stadt Bern kommen sollte, weil diese den Pensionen abgeschworen hätte und sie doch immer wieder annähme, ein Widerspruch – oder gar ein Meineid –, der die Berner umso schwerer treffen musste, als er der Wahrheit entsprach. Das war weit mehr als eine diplomatische Entgleisung, das war eine offene Provokation, ein Herumstochern in einer offenen Wunde, und außerdem von Seiten von zwei deutschen Dominikanern, von denen dies in Bern als Einmischung in die innerste – und schmerzlichste – Angelegenheit der Stadt und der Eidgenossenschaft empfunden werden musste.

Wie wir gesehen haben, waren die Pensionen an der Wende vom 15. zum 16. Jahrhundert das häufigste Thema der Tagsatzung, außerdem war der Stand Bern mit 80 000 Einwohnern zu Beginn der Mailänderkriege (zwei oder drei Mal so groß wie Luzern oder Zürich) der weitaus attraktivste

---

73) ROGGER, Geld, Krieg und Macht S. 166 u. 188–192, vgl. auch PIBIRI, Aymon de Montfalcon S. 99 f., und Akten II/2 S. 305 Nr. 18 (1508, Aug 23; Subprior, Folterverhör).
74) ROGGER, Geld, Krieg und Macht S. 192 f.

Söldnermarkt in der Eidgenossenschaft. Bei offiziellen Auszügen war der Stadtstaat in der Lage, einen Sechstel der eidgenössischen Truppen zu stellen und notfalls 10 000 Söldner aufzutreiben (Solothurn: 1500); im Hinblick auf die Einschätzung der militärischen Stärke Berns hatte man sich also auf dem Provinzialkapitel in Wimpfen nicht getäuscht. Entsprechend bezogen die Politiker aus den größeren Städteorten Bern, Luzern und Zürich denn auch am meisten Pensionengelder, manchmal sogar von mehreren teilweise miteinander verfeindeten Mächten, nach dem bei Anshelm (2 S. 25) festgehaltenen Motto, *es wäre besser, zwo oder me melkküe ze hon, dan nur eine*. Gerade Wilhelm von Diesbach scheint Pensionen von überall genommen zu haben, so dass er 1488 in einem Zug zusammen mit Hans Waldmann (hingerichtet 1489) und 1498 als *primus [...] inter omnes Elvetios* genannt wurde. Dies führte zur paradoxen Situation, dass er nach dem Könizer Aufstand (1513) als Altschultheiß den Münzmeister und Löwenwirt Michel Glaser zum Tod verurteilen musste, von dem er selber Pensionengelder empfangen hatte[75]. Die Stadt Bern erließ am meisten Verbote gegen heimliche Pensionen und hielt nur sehr wenige ein. Dass die Stadt wegen ihrer Sold- und Pensionenpolitik sehr verunsichert war, zeigt sich darin, dass sie zwischen 1500 und 1516 deswegen nicht weniger als neun Ämteranfragen machte. Die Ämter sprachen sich zwar in der Regel gegen die privaten Pensionen aus, doch wurden die entsprechenden Verbote jeweils rasch wieder gelockert. Hart bestraft wurden hingegen die Reisläufer; allerdings scheinen im Staatsarchiv Bern Urfehden wegen Reisläuferei nur aus den Jahren 1479–1501 erhalten zu sein, was vielleicht bedeutet, dass man den Kampf gegen das unkontrollierte Reislaufen bald einmal aufgegeben hatte[76].

Ein Hauptwiderspruch beim Zustandekommen und beim Scheitern des Pensionenbriefes ist vielleicht, dass er ein Projekt der gleichen gesellschaftlichen Kreise war, die von diesen Einkünften am meisten profitierten. Dies bedeutete, dass „die eidgenössischen Eliten gleichzeitig auf unterschiedlichen Ebenen agierten". Philippe Rogger, aus dessen bemerkenswertem Buch über das eidgenössische Pensionenwesen während der Mailänderkriege (1494–1516) und insbesondere auch über die Pensionenunruhen in den Orten Bern, Luzern, Solothurn und Zürich wir hier schöpfen, stellt sich das politische Handlungsfeld in der damaligen Eidgenossenschaft wie „ein Haus vor, das über mehrere Stockwerke verfügte", so „dass die politischen Akteure je nach Stockwerk, in dem sie sich befanden, verschiedene Rollen ein-

---

75) ROGGER, Geld, Krieg und Macht S. 139, 145 f., vgl. auch ebd. S. 72, 150 u. 298–300 und Register (zu Wilhelm von Diesbach).
76) ROGGER, Geld, Krieg und Macht S. 158–163, vgl. auch ebd. S. 16–170; vgl. weiter SPECKER, Urfehden S. 140.

nahmen und unterschiedlichen (zuweilen widersprüchlichen) Logiken folgten. Als Klienten mächtiger Patrons verfolgten die Machteliten persönliche Machtstrategien. [...] Als Vertreter der Obrigkeit hingegen hatten sie für eine gute Politik zu sorgen und als Tagherren (Gesandte) die Weisungen der heimischen Räte an der Tagsatzung politisch zu vertreten und umzusetzen." Deshalb habe es nicht zwingend einen Widerspruch dargestellt, „dass das gemeineidgenössische Pensionenverbot 1503 an der Tagsatzung von denjenigen gesellschaftlichen Kreisen vorangetrieben wurde, die von den Pensionen am meisten profitierten". Im Nachhinein lässt sich dies gut vertreten, und ebenso auch Roggers Schlussthese, dass die Pensionen letztlich „die Verdichtung der Politik in den vier Untersuchungsräumen Bern, Luzern, Solothurn und Zürich befördert" hätten[77], doch war der Widerspruch im Jahr 1507, als das Scheitern des Pensionenbriefs feststand, noch nicht aufgelöst und saß tief, und im Grund war es genau dieser Widerspruch, den die Dominikaner mit ihrem (zweiten!) Orakel (dass die Berner den Pensionen abgeschworen hätten und sie doch immer wieder annähmen) hervorhoben. Für Philippe Rogger ist leichter zu erklären, warum der Pensionenbrief scheiterte, als warum er zustande kam: „Sämtliche Regulierungsanstrengungen, die politische Kontrolle des Pensionenwesens an der Tagsatzung durchzusetzen, versagten angesichts der ökonomischen Interessen der mit fremden Mächten multipel vernetzten politisch-militärischen Eliten." Die 2100 Kronen (7000 Pfund) die der Berner Wirt Michel Glaser an die politisch-militärischen Berner Eliten austeilen sollte, machten ungefähr den halben bernischen Staatshaushalt des Jahres 1500 aus, und deshalb konnte auf diese Gelder einfach nicht verzichtet werden. Deshalb „stand der Pensionenbrief in krassem Widerspruch zu den ökonomischen Interessen der politisch-militärischen Eliten"[78].

Aus heutiger Sicht müsste man wohl sagen, dass die Obrigkeit des Stadtstaats Bern in der Zeit des Jetzerhandels höchst korrupt war, und genau das haben die Dominikaner gesagt bzw. die Marienstatue sagen lassen. Dies wurde indessen als Verbrechen an der Majestät der Stadt aufgefasst, auch wenn es in der republikanischen Tradition der Schweiz zunächst Mühe macht, sich die Stadt als „Majestät" vorzustellen. Dennoch entspricht der Begriff der Majestätsbeleidigung (*crimen laesae majestatis*) in etwa dem, was der Stadt Bern durch den Jetzerhandel und insbesondere durch ihre Auswahl und die Prophezeiungen der blutweinenden Marienstatue zugefügt

---

77) ROGGER, Geld, Krieg und Macht S. 203–207, vgl. auch ebd. S. 318.
78) ROGGER, Geld, Krieg und Macht S. 206 f., vgl. auch ebd. S. 295, 321 u. 327.

worden war[79]. Hans von Greyerz hat in diesem Zusammenhang vom „politischen Trieb" der Stadt Bern gesprochen: „Wir glauben, nach Ueberprüfung aller Briefe, die Bern in der Sache des Jetzer-Handels schrieb, dem politischen Trieb eine viel stärkere Anteilnahme am Prozessverfahren zuschreiben zu dürfen, als es bisher etwa geschah." Insbesondere hätten die Prophezeiungen der blutweinenden Marienstatue (nicht des Geistes, wie von Greyerz irrtümlicherweise meint) „das politische Empfinden des Berners außerordentlich stark" getroffen. Man habe tatsächlich „in tiefster Angst vor dem Untergang" gesteckt und die Pensionen „nur mit schlechtem Gewissen" genommen. Entsprechend kehrte sich denn auch, nachdem die Wunder „als Erfindungen aufgedeckt" worden waren, „die bernische Angst in Wut". Von Greyerz diagnostiziert bei den damaligen Eidgenossen allgemein eine „Empfindlichkeit [...] in Dingen des öffentlichen Ansehens", und dies insbesondere seit dem Schwabenkrieg und dem Verrat von Novara. In den Augen der Humanisten „nahm die Eidgenossenschaft tatsächlich eine sehr tiefe Stelle ein. Man hielt das Land, aus dem die entsetzlichen Krieger kamen, für aller Bildung bar." Aus den Jetzerprozessen ging hervor, „dass Bern als Wunderstätte bestimmt worden sei, um seiner Leichtgläubigkeit und simplen Geistigkeit willen. Sollte Bern ein neues Schilda werden?" Und dieser „politische Trieb" oder auch „Staatsraison" seien es gewesen, die Bern gewissermaßen in Schiners Arme getrieben hätten, den von Greyerz, neben dem Glaubensprokurator Löubli, als „die treibende Kraft des Gerichtshofes" bezeichnet[80].

Damit ist bereits gesagt, dass insbesondere eine in Frage gestellte oder angegriffene Majestät besonders empfindlich reagierte, wie dies die französischen Mediävisten Jean-Patrice Boudet und Jacques Chiffoleau für den französischen König Karl VI. den Wahnsinnigen (1380–1422) herausgearbeitet haben, und der letztere auch für Herzog Amadeus VIII. von Savoyen (1391–1434/1439)[81]. Daraus hätte sich auch ein politischer Prozess entwi-

---

79) R. LIEBERWIRTH, Art. Crimen laesae maiestatis (mit Verweis auch auf Hochverrat), in: Handwörterbuch zur deutschen Rechtsgeschichte 1 (1971) Sp. 648–465; A. CAVANNA, Art. Majestätsverbrechen, in: Lex.MA 6 (1993) Sp. 148–150. Vgl. auch Jacques CHIFFOLEAU, Sur le crime de majesté médiéval, in: Genèse de l'Etat moderne en Méditerranée. Approches historique et anthropologique des pratiques et des représentations (Collection de l'Ecole française de Rome 168, 1993) S. 183–213.

80) GREYERZ, Der Jetzerprozess und die Humanisten S. 255–259.

81) Jacques CHIFFOLEAU, Amédée VIII ou la Majesté impossible?, in: Amédée VIII – Félix V. Premier duc de Savoie et pape (1383–1451). Études publiées par Bernard ANDENMATTEN et Agostino PARAVICINI BAGLIANI avec la coll. de Nadia POLLINI (Fondation Humbert II et Marie José de Savoie / Bibliothèque historique vaudoise 103, 1992) S. 19–49, hier S. 41 f.; Jean-Patrice BOUDET / Jacques CHIFFOLEAU, Magie et

ckeln können, hat sich aber im Fall des Jetzerhandels nicht, auch wenn ich es selber im 1999 erschienen Helvetia-Sacra-Artikel so dargestellt habe: „Andererseits war es für die Stadt (Bern) bei der damaligen politischen Großwetterlage – Papst Julius II. bemühte sich um ein Bündnis mit den Eidgenossen und insbesondere mit Bern, und sein Mittelsmann war ausgerechnet Bischof Matthäus Schiner – ein Leichtes, zu erreichen, was sie wollte. Der Jetzerprozess war daher auch ein politischer Prozess."[82] Dabei habe ich zu wenig zwischen den Zielen der Stadt Bern und den Mitteln, diese zu erreichen, unterschieden. Es verhielt sich nicht so, dass die Häupter der Stadt Bern die Vorsteher des Dominikanerklosters schon vor Beginn des Jetzerhandels hätten umbringen wollen und dafür alle möglichen – und unmöglichen – Vorwände gesucht und gebraucht hätten[83]. Der bernische Rat hatte die Jetzerprozesse nicht gesucht und nur ungern führen lassen; es dauerte lange, bis man sich im Winter 1507/1508 dazu durchringen konnte, von der Kurie in Rom einen außerordentlichen Gerichtshof bewilligen zu lassen; denn dies bedeutete immer auch Abhängigkeit und Delegation von Macht. Als man dann aber im Verlauf der Prozesse, wohl spätestens im Herbst 1508, erfuhr, dass die Stadt Bern wegen ihrer intellektuellen Unbedarftheit für den Jetzerhandel auserwählt worden war und dass die Prophezeiungen der blutweinenden Marienstatue insbesondere in Bezug auf die Nichteinhaltung des Pensionenbrief aus dem Mund des Lesemeisters stammten, da konnte es für die vier Klostervorsteher kein Mitleid und keine

---

construction de la souveraineté sous le règne de Charles VI, in: De Frédéric II à Rodolphe II S. 157–239, hier insbes. S. 170 u. 203.

82) UTZ TREMP, Art. Bern S. 299, vgl. auch DIES., Art. Jetzerhandel S. 792: „Andererseits erreichte die Stadt Bern das gewünschte Todesurteil für die Klostervorsteher umso leichter, als Matthäus Schiner, Bischof von Sitten und Mitglied des außerordentlichen Gerichtshofs, im Mai 1509 als Mittelsmann des Papstes auch für ein Bündnis von Papst Julius II. mit den Eidgenossen geworben hatte."

83) Zu den politischen Prozessen, die insbesondere in Frankreich vom 14. bis zum 17. Jahrhundert geführt wurden, vgl. Les procès politiques (XIVe–XVIIe siècle). Etudes réunies par Yves-Marie BERCÉ (Collection de l'Ecole française de Rome 375, 2007), insbesondere die Beiträge von Philippe CONTAMINE, Inobédience, rebellion, trahison, lèse-majesté: observations sur les procès politiques à la fin du Moyen Âge (S. 63–82); Alain PROVOST, La procédure, la norme et l'institution: le cas de Guichard, évêque de Troyes (1308–1314) (S. 83–103); Claude GAUVARD / Philippe HAMON, Les sujets du roi de France face aux procès politiques (XIVe–XVIe siècle) (S. 479–511), und Jacques CHIFFOLEAU, Le crime de lèse-majesté, la politique et l'extraordinaire: note sur les collections érudites de procès de lèse-majesté du XVIIe siècle français et sur leurs exemples médiévaux (S. 577–666). Zu den politischen Prozessen im mittelalterlichen Römisch-deutschen Reich vgl. Friedrich BATTENBERG, Herrschaft und Verfahren. Politische Prozesse im mittelalterlichen Römisch-deutschen Reich (1995).

Gnade mehr geben. Diese waren indessen keine unschuldigen Sündenböcke für etwas anderes, sondern wohl tatsächlich schuldig im Sinn der Anklage, die höchst komplexe theologische Tatbestände (Häresie und Idolatrie sowie Absage an Gott und Anrufung von Dämonen) beinhaltete. Die Stadt Bern handelte aus der Defensive heraus, sie war angegriffen worden, wenn auch „nur" verbal, so doch massiv und gezielt ins Zentrum ihres Selbstwertgefühls. Aus dem ganzen Komplott spricht eine tiefe Missachtung der Stadt, die für ihr den Dominikanern seit mehr als zweihundert Jahren gewährtes Gastrecht mit bösen (wenn auch zugegebenermaßen treffenden) Orakelsprüchen belohnt wurde. Die Dominikaner hatten damit das labile Gleichgewicht zwischen den Interessen ihres Ordens (der befleckten Empfängnis) und denjenigen der Stadt, das zu halten ihnen und allen Bettelordensangehörigen im Spätmittelalter aufgegeben war, zerstört[84].

Ich muss auch meine Aussage von 1999 bzw. 2007, dass „es für die Stadt (Bern) bei der damaligen politischen Großwetterlage [...] ein Leichtes" gewesen sei, „zu erreichen, was sie wollte", zurücknehmen bzw. revidieren; denn es war alles andere als „leicht", die päpstliche Einwilligungen zum Haupt- und zum Revisionsprozess zu erlangen; es sei nur an den langen und bangen Winter erinnert, den der zweite Glaubensprokurator Konrad Wymann 1508/1509 in Rom verbrachte (siehe Kap. II/3a, Briefe aus Rom). Aber auch das von Papst Julius II. angestrebte Bündnis mit den Eidgenos-

---

84) UTZ TREMP, Geschichte S. 160, mit Verweis auf NEIDIGER, Mendikanten, insbes. S. 211 f. Im Defensorium bezeichnet Prior Werner von Basel die Dominikaner selber als „Gäste" (der Stadt), doch in dem Sinn, dass Gäste vermehrte Aufmerksamkeit beanspruchen dürften, vgl. Def. S. 600 Kap. III/11: *estimabat stultus populus obsequium se praestare Deo et beatae Virgini, si eos, quos hostes eius aestimabat, incineraret* [gemeint war damals erst das Kloster, noch nicht die Klostervorsteher]. – Die sog. Jetzerliteratur (siehe Einl. 2c) hieb denn auch sehr bewusst in diese Kerbe, vgl. WEGENER, „Wider alle beflecker" S. 41 und Anm. 31: „In den Jetzerschriften wird diese schichtenübergreifende antidominikanische Tendenz durch die Kontamination mit einem Betrugs- und Verkleidungsszenario, das auch voyeuristische Interessen befriedigt, populistisch aufbereitet. Die durch die Schriften evozierte Genugtuung über die Verteidigung der ‚wahren' christlichen Lehre und die physische Vernichtung ihrer Gegner geht dabei durchaus eine Synthese mit stadtbürgerlichen Wertvorstellungen ein: Denn die ‚buechlin' gewähren Einblick in den monastischen Sonderraum des Berner Dominikanerkonvents, der als Hort gemeinschaftlicher Verschwörungen imaginiert wird. Dass es sich dabei um ein observantes Kloster handelt, verleiht dem inhärenten Vorwurf einer ungerechtfertigten, da zum Missbrauch geradezu herausfordernden Exklusivität dabei noch zusätzlich Nahrung. Damit dokumentieren die Schriften nachdrücklich eine urbane Skepsis gegenüber Lebensformen, die der Sozialkontrolle entzogen sind und sich deshalb nicht vollständig in den ideellen städtischen Wertehorizont mit seinem Ziel- und Leitwert des ‚Gemeinen Nutzens' integrieren lassen."

sen stand nicht so unmittelbar vor der Tür, wie oft dargestellt; es kam erst im März 1510 zustande – im Jahr 1509 ging es lediglich um einen Zuzug von 3000 eidgenössischen Söldnern zu einem Unternehmen der Ende 1508 vom französischen König und dem deutschen Kaiser gegründeten Liga von Cambrai gegen Venedig. Das Jahr 1509 fiel vielmehr in eine Lücke zwischen zwei Bündnisse, dasjenige mit dem französischen König (1499–1509) und dasjenige mit dem Papst (1510 ff.) und war in der Eidgenossenschaft ein Jahr der Bündnismüdigkeit und des Bündnisüberdrusses.

Der bündnispolitische Hintergrund

Man ist lange Zeit davon ausgegangen, dass der Stadt Bern in ihrem bedingungslosen Willen zur Rache an den Dominikanern die bündnispolitische Lage zu Hilfe gekommen sei, die Lage nämlich, dass im März 1509 das zehnjährige Soldbündnis mit Frankreich auslief und ein Jahr später durch ein solches mit dem Papst ersetzt wurde, mit der Folge, dass der französische König, der im Jahr 1500 bei Novara mit Hilfe von eidgenössischen Söldnern das Herzogtum Mailand gewonnen hatte, im Jahr 1512 mit der gleichen Hilfe wieder daraus vertrieben wurde. Leider hat Philippe Rogger nicht untersucht, welche Folgen das „renversement des alliances" von 1509/1510 auf die französischen Netzwerke in der Eidgenossenschaft hatte; doch geht aus seinem Buch hervor, dass man 1509 vom Bündnis mit Frankreich genug hatte und deshalb auch zögerte, es zu erneuern; beim Durchblättern der Eidgenössischen Abschiede hat man den Eindruck, die Orte hätten die Tage bis zum Auslaufen des französischen Soldbündnisses einzeln gezählt ...[85] Eine Alternative war rasch zur Hand, denn der Papst wollte eidgenössische Söldner haben, um die Franzosen wieder aus Italien zu vertreiben. Zu fragen ist hier, inwieweit diese Situation den Ausgang der Jetzerprozesse beeinflusst hat, denn diejenigen Forscher, die – im Gefolge von Nikolaus Paulus – behaupteten, bei der Hinrichtung der Dominikaner habe es sich um einen Justizmord gehandelt, haben zugleich unterstellt, dass der Papst (Julius II.) seine Hand dazu geboten habe, um Bern und die Eidgenossen für ein Bündnis mit ihm zu gewinnen. Dies begann bereits mit Georg Rettig, der 1884 in Jetzers Biographie schrieb, dass Konrad Wymann, der im Herbst 1508 nach Rom geschickt wurde, um die Einwilligung des Papstes zu einer Revision des Prozesses zu erlangen, dieses Ziel möglicherweise nur erreicht habe, weil Julius II. „schweizerischer Hülfstruppen zu seinem Krieg mit Venedig" bedurfte. Für diese Vermutung stützte Rettig

---

85) EA III/2 S. 427 Nr. 304 (1508, Mai 10, Zürich), S. 430 Nr. 307 (1508, Juli 4, Baden), vgl. auch ROGGER, Geld, Krieg und Macht S. 57.

sich „auf eine Stelle in einem Briefe an die Bischöfe von Lausanne und Sitten", die sich nicht hat identifizieren lassen. Gemeint ist vielleicht ein Brief Berns an Papst Julius II. vom 8. Juni 1509 – also nach dem Abschluss der Jetzerprozesse –, der bei den von Rettig herausgegebenen „Urkunden des Jetzerprozesses" mit der Bemerkung versehen ist: „Die Hülfstruppen waren wohl der Preis für Julius II. Nachgiebigkeit(!) im Jetzerhandel."[86] Nikolaus Paulus nimmt Rettigs Faden auf und schreibt, dass es „nicht bloß die geleisteten Dienste" gewesen seien, „die den Papst für den Berner Magistrat günstig stimmten. Gerade zur Zeit, wo der Jetzerhandel erörtert wurde, in den ersten Monaten des Jahres 1509, ließ Julius II., der damals Vorbereitungen zu einem Krieg mit Venedig traf, in Bern und in anderen Schweizerkantonen neue Hilfstruppen werben." Insbesondere unterstreicht Paulus, dass der Bischof von Città di Castello, Achilles de Grassis, zugleich Richter im Revisionsprozess und päpstlicher Werber um bernische und eidgenössische Truppen war, und zwar gestützt auf Anshelm (3 S. 183): *Villicht dass eben in der wochen haruss von Rom was gon Bern kommen der bäbstlich commissari, her Archilles de Grassis, bischof zů Castel, ein fürnemer im bäbstlichen rad verhörer [auditor Rote], daselbs uszefůeren der Prediermůnchen handel, ouch die bäbstliche werbung bi gmeinen Eidgnossen zů volenden.* Paulus zweifelt deshalb die Unparteilichkeit des Bischofs von Città di Castello im Revisionsprozess an, ebenso wie auch diejenige des Bischofs von Sitten, Matthäus Schiner, „der ebenfalls einen Bund der Eidgenossen mit Rom eifrig betrieb"[87].

Dagegen fällt positiv auf, wie vorsichtig Rudolf Steck – auch nach Paulus – mit allfälligen politischen Motiven von Papst Julius II. umgeht. Er räumt zwar ein, dass „die politischen Pläne, mit denen er [Julius II.] sich trug – Krieg gegen Venedig – ihm alles Entgegenkommen rätlich machten, aber er fand doch die Sache so groß und schwer, dass er es vorzog, eine neue Verhandlung einzuleiten". Steck schreibt weiter, dass sich die „politischen Rücksichten, die schon Rettig und nach ihm Paulus zur Erklärung der Einwilligung des Papstes zur Verbrennung der Dominikaner [vielmehr: zum Revisionsprozess!] herbeigezogen haben", „ebenso schwer abweisen als genauer feststellen lassen. Die ganze politische Lage machte es ja natürlich dem Papste wünschenswert, sich die Berner zu verpflichten, und Bischof Schinner(!) war der rechte Mann, um diese Tendenz zur Geltung zu bringen." Nichtsdestoweniger glaubt Steck doch, dass „die Zustimmung des Papstes zu dem Verfahren ebenso sehr seiner Überzeugung von der Richtig-

---

86) RETTIG, Art. Hans Jetzer, in: Sammlung Bernischer Biographien 1 (1884) S. 330–339, hier S. 338. Vgl. auch Urkunden S. 287 Anm. 1.
87) PAULUS, Justizmord S. 34 f.

keit des Urteilsspruches zuzuschreiben" sei[88]. Vor allem aber hat sich Albert Büchi mit den „politischen Rücksichten" des Papstes auseinandergesetzt, weniger um Jetzer, als um Bischof Matthäus Schiner reinzuwaschen. Was das Gericht des Hauptprozesses betrifft, so hält Büchi den Provinzial für parteiisch, nicht aber die beiden Bischöfe von Lausanne und Sitten, und er meint, dass Papst Julius II. die beiden in seinem Auftrag zum Revisionsprozess (vom 1. März 1509) zu Recht „wegen ihrer Rechtlichkeit, Unantastbarkeit und Sorgfalt in der Führung dieses Prozesses [des Hauptprozesses]" gelobt habe. Die politischen Motive, die bei beiden mitgespielt haben könnten, verdrängt Büchi ganz wörtlich in eine Fußnote, wo er argumentiert, dass „vom päpstlichen Bündnisse erst wieder ganz kurz vor Abschluss des langwierigen Prozesses (16. April 1509) die Rede" sei. Auch spreche „die Einigkeit der Richter, die in der äußern Politik scharfe Gegensätze vertraten (Schiner die päpstliche, Montfalcon die französische Partei) direkt gegen eine solche Annahme [...]. Weder Julius II. noch dem Auditoren an der Rota (Achilles de Grassis)" sei „eine so schwere Mitschuld an einem ungeheuerlichen Justizmord zuzutrauen!" Büchi spricht aber auch die Berner von politischen Motiven frei, obwohl er sehr wohl weiß, dass der Lesemeister diese gegenüber Jetzer als Verräter und „Kühgieher" bezeichnet hatte und deshalb auch „einigermaßen begreift, dass die Berner den Dominikanern nicht hold waren". Was Schiner selber betreffe, so gewinne „man aus den Akten den Eindruck, dass er nicht im Dienste irgend welcher politischer Interessen, sondern lediglich nach bestem Wissen und Gewissen geurteilt" habe, und nicht, um den Bernern einen Gefallen zu erweisen. Und Büchi macht sogar ein Junktim zwischen der Schuld der Dominikaner und der Rechtschaffenheit Schiners: „Sind die Dominikaner wirklich die Schuldigen, dann steht Schiner einwandfrei da; sind sie aber unschuldig, dann fällt auf ihn vor allem die ganze schwere Verantwortung für den verdammenden Richterspruch"; denn Büchi weiß sehr wohl, dass die Bischöfe von Lausanne und Sitten sich im Hauptprozess nicht so einig waren, wie er eben noch behauptet hatte. Büchi wischt aber auch dieses wieder weg mit der Begründung, die Bischöfe hätten nur „über die Schuld, nicht aber über die Strafe" zu befinden gehabt, was insofern zutrifft, als es ein Urteil sowohl des geistlichen als auch eines weltlichen Gerichts gegeben hat, die aber im Todesurteil übereinstimmten (siehe Kap. II/4). Nichtsdestoweniger brauchte es laut Büchi „den vollen Mut und die ganze Rücksichtslosigkeit(!) des Bischofs von Sitten, um die wahren Schuldigen, die von mächtigen Armen beschützt wurden, der Verurteilung nicht zu entziehen", und der Papst habe nicht der Zwangslage der Berner im Jetzerhandel bedurft, „um die Berner für sein Bündnis zu ge-

---

[88] STECK, Der Berner Jetzerprozess S. 49, 83.

Hintergründe und Abgründe 763

winnen"; dies habe „die Beredsamkeit und diplomatische Kunst seines gewandten Agenten, Schiner, allein" fertiggebracht[89] – wie wenn der päpstliche Agent und der päpstliche Richter sich voneinander trennen ließen.

Schließlich kann Büchi die Situation im Mai 1509 doch nicht unterschlagen, und insbesondere die Tagsatzung, die am 14. Mai 1509 in Bern stattfand und auf welcher „der Bischof von Lausanne erschien, um die Erneuerung des französischen Bündnisses, das im März 1509 abgelaufen war, zu betreiben, während die beiden andern Richter, Achilles(!) und Schiner, daselbst eine päpstliche Werbung vorbrachten". Büchi weigert sich jedoch, „nur aus diesem zeitlichen Zusammentreffen einen ursächlichen Zusammenhang abzuleiten"; denn es sei „um einen Bund mit allen Orten, nicht bloß mit Bern" gegangen. Wenn „die Bündnisfrage beim Prozesse eine Rolle gespielt hätte, so wäre der Gegensatz unter den drei geistlichen Richtern in einer ganz andern Weise zum Ausdruck gelangt und ein ferneres Zusammenwirken überhaupt unmöglich geworden". Der Dominikanerprozess sei „vielmehr zu einem Prüfstein geworden für die staatsmännische und politische Tüchtigkeit des Bischofs von Sitten, aber auch ein Denkmal seiner unbeugsamen Energie und seines rücksichtslosen Rechtsgefühles": „Man würde ihm [...] ein großes Unrecht zufügen, wenn man ihn der Mitwirkung zu(!) einem Justizmord fähig hielte." Dabei übersieht Büchi großzügig die Rolle des Bischofs von Lausanne, aber auch diejenige des Bischofs von Città di Castello. Was den ersteren betrifft, so stand er, wie wir andernorts gezeigt haben, zunehmend auf verlorenem Posten: zunächst im Hauptprozess gegen den Bischof von Sitten mit der Stadt Bern im Hintergrund, und dann noch mehr im Revisionsprozess gegen die Bischöfe von Città di Castello und von Sitten sowie die Stadt Bern – und auch als Vertreter eines Bündnisses mit Frankreich, das 1509 fast allen lästig geworden war[90].

Gerade weil es Albert Büchi vor allem darum geht, seinen „Helden", Matthäus Schiner, vor dem Vorwurf des Justizmordes zu retten, ist seine Argumentation alles andere als frei von Widersprüchen, und seither hat sich niemand mehr ernsthaft mit der Frage beschäftigt. Diejenigen Autoren, die im Gefolge von Nikolaus Paulus zur Ansicht neigten, den Dominikanern sei Unrecht geschehen (Feller, Jost), haben den bündnispolitischen Hintergrund stärker betont als diejenigen, die das Gegenteil vertraten – die es aber ohnehin im 20. Jahrhundert kaum mehr gab. Etwas Ähnliches gilt übrigens auch für die Rechtmäßigkeit der Jetzerprozesse: die ersteren fanden, diese seien höchst oberflächlich, die letzteren, sie seien durchaus nach den Regeln des Inquisitionsprozesses geführt worden. Heute gilt es, aus diesen Sche-

---

89) BÜCHI, Schiner 1 S. 129 f., 140 Anm. 1, S. 142–145.
90) BÜCHI, Schiner 1 S. 145, vgl. auch UTZ TREMP, La défense.

men auszubrechen: die Dominikaner für schuldig und die Jetzerprozesse (im Rahmen des Inquisitionsprozesses) für rechtmäßig zu halten – und trotzdem die bündnispolitische Lage zu berücksichtigen[91].

Das Ganze ist umso schwieriger zu beurteilen, als zunächst mit verteilten Rollen gespielt wurde. Der Papst beauftragte nämlich nicht einfach den Bischof von Città di Castello, Achilles de Grassis, noch denjenigen von Sitten, Matthäus Schiner, mit der Werbung von eidgenössischen Söldnern für den Zug gegen Venedig, sondern schickte noch einen weiteren Boten in die Eidgenossenschaft, nämlich Alexander de Gablonetis (de Gabioneta), in Bern kein Unbekannter. Er war bereits ein Jahr zuvor als päpstlicher Gesandter in Bern erschienen und hatte versucht, im Furnohandel zwischen Savoyen einer- und Bern und Freiburg andererseits zu vermitteln; als Gesandter für Savoyen hatte einmal mehr Aymo von Montfalcon gewirkt. Als am 9. Juni 1508 ein erster Vergleich zustande gekommen war – womit der Streit freilich noch lange nicht aus der Welt geschaffen war –, hatte der Rat Alexander de Gablonetis am gleichen Tag zum Burger und Ehrenchorherrn von St. Vinzenz ernannt. Gleichzeitig hatte er ihm Aufträge an den Herzog von Savoyen und den Papst mitgegeben; von diesem wünschte man sich einen Ablass, den de Gablonetis umgehend im nächsten Frühjahr mitbrachte. In der Zwischenzeit hatte man sich weiter wegen der päpstlichen Bestätigung für Propst Johann Murer, wegen der Revision des Jetzerhandels und zu Gunsten von Lukas Conrater, einem weiteren Ehrenchorherrn des Vinzenzstifts (1488–1527?), an ihn gewandt. Anfang März 1509 kam de Gablonetis, wie bereits gesagt, wieder nach Bern, um im Auftrag des Papstes ein Aufgebot von 3000 Söldnern zu holen, wofür der bernische Rat ihn an die Eidgenossen verwies[92]. Bei de Gablonetis' Auftrag ging es eindeutig nicht um ein längerfristiges Bündnis der Eidgenossen mit dem Papst, sondern um den Zuzug von 3000 eidgenössischen Söldnern für einen Krieg gegen Venedig, den die Liga von Cambrai führen wollte. Diese war am 10. Dezember 1508

---

91) Leider – oder bezeichnenderweise – findet sich in den Briefen, die der Glaubensprokurator Konrad Wymann im Winter 1508/1509 von Rom nach Bern schrieb, nicht die leiseste Andeutung, warum der Papst sich schließlich für Bern bzw. für einen Revisionsprozess entschied, siehe Kap. II/3a, Briefe aus Rom.

92) TREMP-UTZ, Chorherren S. 106 f., vgl. auch EA III/2 S. 428 f. Nr. 305 (1508, Juni 9), und Beilagen S. 632 Nr. 33 (1508, Sept 24). Zum Furnohandel vgl. Katharina SIMON-MUSCHEID, Jean Furno: Frommer Stifter, politischer Intrigant und „Freund der Eidgenossen", in: DIES. / Stephan GASSER (Hg.), Die spätgotische Skulptur Freiburgs i. Ue. im europäischen Kontext (Archives de la Société d'histoire du canton de Fribourg, Neue Reihe 4, o. J.) S. 281–307, hier S. 286; Thalia BRERO, Rituel dynastiques et mises en scène de pouvoir. Le cérémonial princier à la cour de Savoie (1450–1550) (Micrologus Library 84, 2017) S. 24 f.

von Vertretern des französischen Königs Ludwig XII. und des deutschen Kaisers Maximilian I. gegründet worden, und ihr hatten sich in der Folge Papst Julius II., der aragonesische König Ferdinand der Katholische, der ungarische König Vladislav II. und der englische König Heinrich VIII. angeschlossen. Das offizielle Ziel der Liga war ein Feldzug gegen die Türken, das tatsächliche Ziel ein Vernichtungsfeldzug gegen Venedig. Die Ziele der Bündnispartner waren so gegensätzlich, dass die Liga bereits 1510 wieder zerbrach[93]. Bei der Liga von Cambrai handelte es sich also nur um eine kurzfristige Konstellation, was schon daraus hervorgeht, dass der französische König und der Papst Bündnispartner waren.

Während de Gablonetis bereits am 7. März 1509 in Bern nachweisbar ist, traf der zweite päpstliche Gesandte, der Bischof von Città di Castello, Achilles de Grassis, erst einen ganzen Monat später, am 7. April 1509, hier ein. Anders als Büchi meint, scheinen die beiden nicht zusammen gereist zu sein[94]. De Gablonetis scheint es sehr eilig gehabt zu haben und in vier Tagen von Rom ins Wallis und von da über Bern, Freiburg und Solothurn nach Luzern geritten zu sein, wo er am 10. März 1509 ankam. Am folgenden Sonntag trat er vor den Rat von Luzern und bat um die Einberufung einer Tagsatzung, *wann er håtte gårn viertusend(!) knåcht etc.*[95]. Am 13. März 1509 schrieb er von Luzern aus an den Bischof von Sitten, dass er vor vier Tagen in Luzern angekommen und hier ehrenvoll empfangen worden sei, insbesondere vom Schultheißen Jakob Bramberg, der ihn wohlwollend angehört habe und gerne bereit sei, dem Papst zu dienen, insbesondere in Hinsicht auf Schiner, „der die Geschäfte des Heiligen Stuhles mit Auszeichnung besorge". Die Einladung zur Tagsatzung auf den 20. März sei ergangen und er habe seinen Antrag in deutscher Sprache allen Orten zugestellt, damit die Boten mit voller Instruktion erscheinen könnten. Die päpstliche Partei im Land nehme täglich zu, und er habe erfahren, dass der Papst sogar leichter 10 000 Mann bekommen könnte als nur 3000. De Gablonetis scheint von Bern aus drei Mal vergeblich an Schiner geschrieben und ihn gebeten zu haben, an der Tagsatzung vom 20. März 1509 teilzunehmen. Es ist nicht auszuschließen, dass dieser auf de Gablonetis' drei Briefe nicht geantwortet hat, weil er beleidigt war, weil der Bischof von Città di Castello ihm im Revisionsprozess vor die Nase gesetzt worden war und ihm nicht einmal die Ehre erwiesen hatte, ihn nach seiner Überquerung des Großen St. Bernhard in

---

93) Zur Liga von Cambrai vgl. Reinhard STEYBOTH, Politik und religiöse Propaganda. Die Erhebung des Heiligen Rockes durch Kaiser Maximilian I. im Rahmen des Trierer Reichstags 1512, in: „Nit wenig verwunderns" S. 87–108, hier S. 93.
94) Anshelm 3 S. 182 mit Anm. 2; Beilagen S. 642 Nr. 39 (1509, Apr 5; Brief Berns an den Bischof von Sitten), vgl. auch BÜCHI, Schiner 1 S. 135.
95) Luzerner Schilling S. 478 Kap. 418.

Sitten aufzusuchen, sondern direkt nach Bern weitergereist war (siehe Kap. II/3a, Der päpstliche Auftrag zum Revisionsprozess)[96].
An der Tagsatzung vom 20. März 1509 in Luzern, die offenbar tatsächlich „auf Ansinnen und Erfordern" der Botschaft „unsers heiligen Vaters, des Papsts" einberufen worden war, wurde dieser „Botschaft" (der Name de Gablonetis fällt nicht) das Wort erteilt. De Gablonetis scheint – wie oben im Brief an Schiner – mit Lob nicht gespart, aber auch zur Eile gemahnt zu haben, weil der Papst bereits zum Kriegszug aufgebrochen sei (*die wil unser heiliger vatter jetz vor Rom heruß gerukt*). Obwohl de Gablonetis gebeten hatte, dass die Abgeordneten der eidgenössischen Orte mit Vollmacht nach Luzern kommen sollten, war doch niemand mit einer solchen ausgestattet und wurde das Traktandum auf eine weitere Tagsatzung verschoben, die am 16. April ebenfalls wieder in Luzern stattfinden sollte. De Gablonetis musste sich also bis zum 16. April gedulden, eine Zeit, die er offenbar mit der Werbung der 3000 Söldner, die der Papst nötig hatte, verbrachte; jedenfalls legte er am 16. April nur kurz sein „Begehren" wieder dar und ritt am folgenden Tag ab, ohne eine Antwort abzuwarten und begleitet von etlichen „Hauptleuten und Knechten" (*und Im etlich houptlütt und knecht nachzogen*). Diesen „leichtfertigen Abschied" nahmen ihm die Eidgenossen sehr übel, aber für den Fall, dass er sie beim Papst verklagen würde, wollten sie doch ein Entschuldigungsschreiben bereithalten ...[97] Damit war die Mission de Gablonetis' einerseits erfüllt und andererseits wohl gescheitert; jedenfalls erhielt er Anfang November 1509 die letzten Briefe von Bern, wobei zuerst die Anrede mit *nostre ecclesie collegiate sancti Vincentii canonico* gestrichen und dann auch *comburgensis* weggelassen wurde[98].
Damit oblag es dem Bischof von Città di Castello, die Scherben, die de Gablonetis hinterlassen hatte, aufzuräumen. Es ist nicht auszuschließen, dass man den Schaden miteinkalkuliert und tatsächlich mit verteilten Rollen gespielt hat: dass de Gablonetis einen kurzfristigeren Auftrag (3000 Söldner für den Krieg der Liga von Cambrai gegen Venedig) hatte, der rasch erledigt werden musste, und de Grassis einen langfristigeren (ein Soldbündnis des Papsts mit den Eidgenossen). Laut Anshelm (3 S. 183) hatte der letztere den Auftrag, in Bern *der Prediermünchen handel uszefüeren, ouch die bäbstliche werbung bi gmeinen Eidgnossen zů volenden*. Jedenfalls lag auf der Tagsat-

---

96) Zu Jakob Bramberg (um 1445–1511), Schultheiß von Luzern 1501–1511 (in den ungeraden Jahren), vgl. Markus LISCHER, Art. Bramberg, Jakob, in: HLS online (Zugriff 16. Mai 2019).
97) EA III/2 S. 448 f. Nr. 324 (1509, Mrz 20, Luzern), S. 451 Nr. 328 (1509, Apr 16, Luzern), vgl. auch Anshelm 3 S. 182 f.
98) TREMP-UTZ, Chorherren S. 106, vgl. auch Urkunden S. 297 f., 303 f. (1509, Nov 3, 10).

zung vom 16. April 1509 in Luzern auch ein Schreiben von Achilles de Grassis aus Bern vor, in dem dieser recht verschleiert von seiner Mission im Jetzerhandel spricht (*pro quibusdam Sanctissimum dominum nostrum sedemque apostolicam tangentes expediendis*). Daneben habe er aber auch noch „andere wichtige Aufträge und Mandate, welche die Eidgenossenschaft beträfen" (*nonnulla inter alias commissiones et mandata satis gravia ad ligam et confederationem Magnitudinarum vestrarum spectantia*). Da er sich nur schlecht von Bern entfernen könne, bat er um eine Tagsatzung in Bern, eine Bitte, die ihm auch gewährt wurde (14. Mai), was wohl bedeutet, dass die Eidgenossen an seinem Anliegen interessiert waren. Damit aber nicht genug der diplomatischen Verwicklungen: auf der Tagsatzung vom 16. April 1509 in Luzern war auch der Bischof von Lausanne, Aymo von Montfalcon, erschienen, der vorbrachte, dass er als „Nachbar der Eidgenossen" vernommen habe, *dass die Vereinung zwischen ihnen und dem König von Frankreich ausgelaufen und von keiner Seite erneuert worden* sei. Da diese *doch in frühern Zeiten beiden Theilen sehr zu Statten gekommen sei*, habe er dem König von Frankreich geschrieben, *um seinen dießfälligen Willen zu vernehmen*. Dieser habe ihm geantwortet, er habe auf seine diesbezüglichen Vorstöße noch keine Antwort bekommen. Da er aber weiterhin an einer Verlängerung des Soldbündnisses interessiert sei, habe er Aymo von Montfalcon, der als Nachbar vielleicht mehr von den Eidgenossen erlangen könne als andere, Vollmacht zu Verhandlungen erteilt[99]. Damit standen sich, nachdem de Gablonetis die Szene verlassen hatte, zwei Gesuche gegenüber: dasjenige des französischen Königs, vertreten durch den Bischof von Lausanne, um eine Verlängerung des Soldbündnisses von 1499, das im März 1509 ausgelaufen war, und dasjenige des Papstes, vertreten durch den Bischof von Città di Castello, um etwas, was der Vermittler offenbar vorläufig noch unter dem Deckel halten wollte.

Was die Sache noch komplizierter machte, war, dass auf der nächsten Tagsatzung, die am 7. Mai 1509 in Zürich stattfand, auch ein Gesandter von Venedig, Hieronimo Savorgnano, erschien, der den Eidgenossen ein fünfjähriges Bündnis vorschlug. Den Venezianern war nicht entgangen, *wohin die Bündnisse, welche in letztvergangenen Monaten zwischen dem Kaiser*

---

[99] EA III/2 S. 451–455 Nr. 328 (1509, Apr 16, Luzern), insbes. S. 452 Buchst. k: Auftritt des Bischofs von Lausanne; ebd. S. 455: Brief des Bischofs von Città di Castello an die Tagsatzung. Vgl. auch ebd. S. 453: die Stellungnahme der eidgenössischen Orte, die sich eindeutig auf das Gesuch um 3000 Söldner und nicht auf ein weitergehendes Bündnis mit dem Papst beziehen. Zum Auftritt des Bischofs von Lausanne auf der Tagsatzung vom 16. April 1509 in Luzern vgl. auch Anshelm 3 S. 186 f. Zur gespannten Atmosphäre, in welcher die Verhandlungen um eine Erneuerung des französischen Bündnisses stattfanden, vgl. PIBIRI, Aymon de Montfalcon S. 95.

und dem König von Frankreich geschlossen wurden, zielen wollten, und sie boten den Eidgenossen ihrerseits eine jährliche Pension von 12 000 rheinischen Gulden an, wenn diese sich verpflichteten, umgehend ins französische Herzogtum Mailand einzufallen; alle Eroberungen, die sie dabei machten, sollten sie behalten dürfen! Als Kriegsgrund für die Eidgenossen wurden die *Verachtung und Verletzung, die ihnen kürzlich durch den König von Frankreich zugefügt worden* waren, erwähnt, und ihnen für den Kriegszug über die jährliche Pension hinaus noch *eine beträchtliche Summe Geldes* versprochen. Das großzügige Angebot machte die Tagsatzungsgesandten misstrauisch; sie stellten dem Gesandten kritische Fragen und kamen endlich zum Schluss, dass man sich auf einer Tagsatzung in Zürich vom 31. Mai weiter beraten wolle[100].

In der Zwischenzeit fand eine weitere Tagsatzung statt, nämlich eben am 14. Mai 1509 in Bern, wie vom Bischof von Città di Castello, Achilles de Grassis, der mitten im Revisionsprozess des Jetzerhandels steckte, gewünscht. Dieser ließ sich vom Bischof von Sitten, Matthäus Schiner, begleiten und warb offen für ein *Bündniß, Freundschaft und Vereinigung* der Eidgenossen mit dem Papst. Der letztere wolle die Hilfe der Eidgenossen *zu Beschirmung der Rechte der heiligen Kirche, zur Eroberung ihr entzogener Städte, Schlösser und Plätze, nicht aber um sonst Jemanden zu überziehen oder zu befeinden, oder um alte Händel zu erneuern.* Die Gesandten der Eidgenossen hatten indessen – wie meist – keine Vollmacht, auf dieses Angebot einzutreten, und deshalb wurde ein nächster Tag auf den 13. (eigentlich 12.) Juni nach Luzern angesetzt. Angehört wurde aber auch der Bischof von Lausanne, Aymo von Montfalcon, der für eine Erneuerung des Bündnisses mit dem französischen König warb, und zwar wiederum um zehn Jahre. Dieses sollte nicht nur das Königreich Frankreich, sondern auch das Herzogtum Mailand umfassen, was bedeutete, dass die Eidgenossen dem König von Frankreich auch bei der Verteidigung des Herzogtums gegen alle Angriffe beistehen mussten. Pensionen und Besoldungen sollten die gleichen sein wie beim auslaufenden Bündnis. Weitere Bestimmungen, die uns hier nicht zu interessieren brauchen, betrafen die Hauptleute und die Söldner. Auch hier hatten die Gesandten keine Vollmacht, und so wurde das Traktandum auf die Tagsatzung vom 13. Juni 1509 in Luzern weitergeschoben[101].

---

100) EA III/2 S. 455–457 Nr. 329 (1509, Mai 7, Zürich), vgl. auch Anshelm 3 S. 188–191. Zu Hieronimo Savorgnano vgl. Martin BUNDI, Art. Savorgnano, Hieronimo, in: HLS online (Zugriff 16. Mai 2019).

101) EA III/2 S. 457–460 Nr. 330 (1509, Mai 14, Bern), vgl. auch Anshelm 3 S. 183 u. 187.

Am 14. Mai 1509, einem Montag, befanden sich alle drei genannten Bischöfe mitten im Revisionsprozess, der vom 2. bis zum 24. Mai 1509 dauerte; am 14. Mai hatten das erste und um 15 Uhr das zweite Verhör des Subpriors stattgefunden, der sich zunächst nicht sehr kollaborativ zeigte und deshalb von den Offizialen von Lausanne und Sitten, Baptiste de Aycardis und Jean Grand, beiseite genommen wurde, so dass man sich fragen kann, ob die bischöflichen Richter sich in dieser Zeit an die Tagsatzung begeben hatten, die wegen ihren diplomatischen Anliegen in Bern stattfand, doch wurde das Verhör vor den Richtern auch noch am Vormittag und dann am Nachmittag um 15 Uhr fortgesetzt (siehe Kap. II/3b, Der Subprior). Nachdem die Dominikaner am 23. Mai degradiert und am 31. Mai 1509 hingerichtet worden waren, hatten die Richter wieder mehr Zeit für ihre diplomatischen Tätigkeiten. Sie konnten sich aber nicht auf die Tagsatzung in Zürich begeben, weil am gleichen Tag im Bern die Hinrichtung der Dominikaner stattfand, sondern erst auf diejenige von 13. Juni in Luzern. Die Tagsatzung vom 31. Mai in Zürich war ohnehin den Verhandlungen mit den venezianischen Gesandten vorbehalten, doch kam es auch hier zu keinem Abschluss und wurde das Geschäft auf den Tag in Luzern verschoben[102].

Am 8. Juni 1509 schrieben Schultheiß und Rat von Bern einen Brief an Papst Julius II. Darin lobten sie den Bischof von Città di Castello, der zusammen mit den Bischöfen von Lausanne und Sitten gegen einige Angehörige des Dominikanerordens, die des Verbrechens der Idolatrie und Häresie verdächtigt gewesen seien, vorgegangen sei, und zwar mit jener Reife und jenem Recht, wie der Papst und der Rat sich dies gewünscht hätten. Der Rat dankte dem Papst herzlich, nicht aber ohne gleich eine neue Bitte anzuschließen. Bei der Verfolgung des Falles seien große Kosten aufgelaufen: für die päpstlichen Legaten, für die Gesandtschaften nach Rom, unter anderem für die Bewachung der Gefangenen, die Bern nicht allein tragen könne (*ut eedem humeris nostris vix sint tollerabiles*). Da diese Sache aber nicht nur Bern, sondern auch die Römische Kirche sowie die Verteidigung des christlichen Glaubens und der christlichen Religion betreffe, beschworen die Berner den Papst, dass er sie, die in der Hauptsache nicht ohne seinen Rat vorgegangen seien, jetzt auch bei der Eintreibung der Kosten gegenüber dem Dominikanerorden unterstütze. Und der Rat drohte einmal mehr mit einem Sturm seiner Gemeinde auf den Dominikanerkonvent ... Dass man den Jetzerhandel und die Bündnisfrage weiterhin sorgfältig trennte, geht daraus hervor, dass Schultheiß und Rat am gleichen Tag einen zweiten Brief an den Papst schrieben, des Inhalts, dass sie von Achilles de Grassis erfahren hätten, welchen Auftrag ihm der Papst betreffend die gewünschten Ablässe

---

102) EA III/2 S. 462 f. Nr. 332 (1509, Mai 31, Zürich), vgl. auch Anshelm 3 S. 191.

und Bündnisse erteilt habe (*que sibi a Sanctitate vestra super pettitis*[!] *indulgentiis et federibus data fuit comissio*). Sie hätten den päpstlichen Legaten nun zu den übrigen Gesandten der Eidgenossenschaft geschickt, die sich demnächst in Luzern versammelten, und ihm seinerseits mitgegeben, was ihm dabei nützlich sein könne (*adiunctis sibi nonnullis ex nostris cum mandato et comissione[!] eam in partem oportuna*). Was an ihnen liege, würden sie dafür sorgen, dass die Wünsche des Papstes erfüllt würden (*Quantum enim in nobis est, non deficiemus, quin Sanctitatis vestre petita effectum sortiantur optatum*). Ausserdem hätten sie mit Freude vernommen, dass der Papst einige Städte und Städtchen, welche von den Venezianern erobert worden seien, zurückerobert habe, und sie wünschten ihm weiterhin viel Glück bei der Rückeroberung[103].

Zu diesem zweiten Brief hat Rettig seinerzeit bemerkt: „Die Hülfstruppen waren wohl der Preis für Julius' II. Nachgiebigkeit im Jetzerhandel", eine Bemerkung, die von Steck *tel quel* übernommen wurde[104]. Wie wir bereits gesehen haben, hat diese Anmerkung auch Paulus beflügelt. Dabei ist festzuhalten, dass es hier zunächst nur um Hilfstruppen in einem Krieg ging, den die Liga von Cambrai gegen Venedig führte – deshalb auch die peinlich berührenden Glückwünsche zur Rückeroberung –, und nicht um eine länger dauerndes Bündnis der Eidgenossen mit dem Papst. Damit soll nicht ausgeschlossen werden, dass ein solches im Hintergrund stand; denn am 13. Juni 1509 warb Achilles de Grassis in Luzern für ein *Verständniß, Vereinung und Bündniß mit dem heiligen Vater [...], wie das auf dem Tag zu Bern [14. Mai 1509] angebracht worden sei*. Der päpstliche Bote meldete außerdem, dass der Papst mit Hilfe *der Unsrigen*, die in seinem Dienst stünden, Ravenna und Faenza zurückerobert habe und hoffe, *alle andern Landschaften, die der Kirche gehören, auch wieder zurückzugewinnen*, und dass er über die Dienste der Eidgenossen sehr erfreut sei. Andererseits war ihm nicht entgangen, dass sich eine *Botschaft von Venedig* in der Eidgenossenschaft aufhalte, ohne dass er wisse, *um was diese werbe*. Er warnte die Eidgenossen aber davor, sich mit dieser einzulassen, denn der Papst habe die Venezianer exkommuniziert; wer sie unterstütze, falle unter dasselbe Verdikt. Die Gesandten der eidgenössischen Orte eröffneten ihre Instruktionen und fanden heraus – was uns nicht erstaunt –, dass diese *ungleich lauteten*.

---

103) Beilagen S. 645 f. Nr. 43 u. 44 (beide 1509, Juni 8). In einem weiteren Brief vom 10. Juni 1509 gelangte Bern an den Bruder des Bischof von Città di Castello, Paris de Grassis, apostolischer Protonotar und Zeremonienmeister, und baten ihn ebenfalls um seine Verwendung für die Rückerstattung der Kosten des Jetzerhandels, vgl. Urkunden S. 288, und Beilagen S. 646 Anm. 2. Zu Paris de Grassis (1470–1528/1530) vgl. F. WASNER, Art. Grassi, Paris, in: LThK 4 ([2]1960) Sp. 1167.

104) Urkunden S. 287, vgl. auch Beilagen S. 646 Anm. 1.

Die Mehrheit der Orte war der Meinung, die Eidgenossen hätten als *fromm cristenlütte* den Heiligen Stuhl jeweils in allen ihren Bündnissen vorbehalten, und deshalb sei es nicht nötig, ein besonderes Bündnis zu schließen: *wölle nit not sin, wytter und ander eynung zu machen*. Die Eidgenossen wollten vielmehr weiterhin wie bisher gehorsame Söhne der heiligen Kirche sein und fertigten deshalb den päpstlichen Boten *mit mer und andern früntlichen worten* ab[105].

Auch der Bischof von Lausanne, Aymo von Montfalcon, der *wegen der französischen Vereinung* auf der gleichen Tagsatzung erschienen war, hatte nicht viel mehr Glück, obwohl er verkündete, dass er dem französischen König geschrieben habe, dass *die Eidgenossen an einigen der auf dem Tag zu Bern eröffneten Artikel Mißfallen* hätten und dass dieser neue Gesandte mit neuen Instruktionen schicken wolle; diese seien indessen noch nicht eingetroffen, so dass er bat, *man möchte die Unterhandlung auf ihre Ankunft verschieben und nicht abbrechen*. Da die Tagsatzungsabgeordneten fürchteten, *ein plötzlicher Abbruch der Verhandlungen* könnte üble Folgen haben, wurde eine weitere Tagsatzung auf den 27. (eigentlich 26.) Juni 1509 in Luzern angesetzt. Ganz zuletzt erschien auch noch die Gesandtschaft von Venedig und dankte den Eidgenossen für den guten Empfang, den man ihr bereitet habe. Sie hatte ihr Vorhaben, ein Bündnis mit den Eidgenossen, offensichtlich aufgegeben und bedauerte, dass *das Glück ihrer Herrschaft dießmal nicht günstig, sondern vielleicht Gott sie habe strafen wollen, woran die Eidgenossen keine Schuld* trügen. Diese Gesandtschaft wurde *mit freundlichen Worten abgefertigt* und *ihr gestattet, noch einige Zeit in der Eidgenossenschaft zu bleiben, bis sich die Dinge für sie besser* gestalteten. Schließlich erlangten die Berner von der Tagsatzung *eine Empfehlung an den heiligen Vater [...] wegen der Kosten, die sie mit den Predigern gehabt haben*[106]. Man hat keineswegs den Eindruck, dass diese sich wegen des von ihnen gewünschten Ausganges der Jetzerprozesse gegenüber dem Papst zu einem Bündnis verpflichtet gefühlt hätten.

Das Bündnis mit dem Papst scheint also nicht mehr aktuell gewesen zu sein, und die Verhandlungen um die Verlängerung des Bündnisses mit dem französischen König wurden wohl nur noch *pro forma* fortgesetzt. Am 27. Juni 1509 erschienen der Bischof von Lausanne und der Bailli von Troyes vor der Tagsatzung in Luzern und verteidigten den französischen König zunächst gegen ein Gerücht, das in der Eidgenossenschaft umging, *als ob beide Könige [wohl der französische König und der Kaiser] den Plan hätten, die*

---

105) EA III/2 S. 464 Nr. 333 (1509, Juni 13, Luzern), vgl. auch Anshelm 3 S. 183 f., und Luzerner Schilling S. 504 ff. Kap. 434.
106) EA III/2 S. 464 f. Nr. 333 (1509, Juni 13, Luzern), vgl. auch Anshelm 3 S. 184.

Eidgenossen gehorsam zu machen wie die Venediger: solches sei ganz unwahr und nie in des Königs Sinn gekommen, vielmehr habe er stets den Willen, unser Freund zu bleiben, sofern wir es ihm nicht unmöglich machen. Die Gesandten legten den Entwurf zu einem neuen Bündnis vor und hatten auch Vollmacht, für die Eidgenossen unannehmbare Artikel abzuändern, und baten um raschen Abschluss. Da die eidgenössischen Gesandten ihrerseits – einmal mehr – nur Vollmacht hatten, *anzuhören und zu berichten*, wurde lediglich beschlossen, *jedem Boten eine deutsche Abschrift der alten und der neuen Artikel* zu geben und entsprechende Kopien auch an Zürich, Schwyz, Glarus und St. Gallen zu schicken, die auf der Tagsatzung nicht vertreten waren – und wurde ein neuer Tag auf den 24. (eigentlich 22.) Juli 1509 wiederum nach Luzern angesetzt[107]. Der Bischof von Sitten, Matthäus Schiner, scheint die Tagsatzung vom 27. Juni 1509 in Luzern ebenfalls besucht zu haben; jedenfalls schrieb er Anfang Juli einen Brief an Kaiser Maximilian und erwies sich als relativ gut informiert. Der Bischof von Lausanne sei mit dem Bailli von Troyes und einem anderen Franzosen erschienen, die sich im Gegensatz zur Tagsatzung in Bern vom 14. Mai 1509 sehr verhandlungsbereit gezeigt hätten, was den *deutschen Franzosen* sehr gefallen habe. Schiner wusste auch um das in der Eidgenossenschaft umgehende Gerücht, der Kaiser *wolle mit sambt dem könig von Frankreich eine Eidtgnosschaft zerstören*, und warnte ernstlich vor einer Verständigung zwischen dem Kaiser und dem französischen König. Er riet dem Kaiser seinerseits zu einem Bündnis mit den Eidgenossen, um die Franzosen aus Italien zu vertreiben. Schließlich bat er den Kaiser, sich in Rom auch dafür einzusetzen, dass er den Kardinalshut bekäme, laut dem Herausgeber des Briefes, Albert Büchi, das erste Mal, wo von Schiners Erhebung zum Kardinal die Rede war[108].

Vom 30. Juni 1509 datiert ein Brief Papst Julius' II. an Bern, in dem er sich für die beiden Briefe vom 8. Juni (er schreibt 10. Juni) bedankt, in denen die Berner ihn einerseits zur Wiedereroberung der Städte, welche die Venezianer dem Kirchenstaat weggenommen hatten, beglückwünschten und andererseits Achilles de Grassis für seine Haltung im Revisionsprozess lobten. Der Papst hielt es auch für gerecht, dass die Stadt Bern für die gehabten Kosten durch den Dominikanerorden entschädigt würde; doch da

---

107) EA III/2 S. 466 Nr. 335 (1509, Juni 27, Luzern), vgl. auch Anshelm 3 S. 186 f.; Luzerner Schilling S. 511 f. Beim *bailli von Troyes* handelt es sich um Gaucher de Dinteville (1475–1539), Herr von Polisy, vgl. Korrespondenzen Schiner 1 S. 85 Anm. 4.

108) Korrespondenzen Schiner 1 S. 84–89 Nr. 113 (1509, [Anfang Juli]). Schiners Brief an den Kaiser scheint durch Constans Keller, Chorherr von St. Vinzenz 1498–1519 (siehe Epilog 2b), übermittelt worden zu sein, vgl. Korrespondenzen Schiner 1 S. 86 Anm. 1 und S. 88. Zu Schiners Kardinalhut vgl. auch Luzerner Schilling S. 504 Kap. 434: *Es stackt aber ein cardinal in im, der wår gern haruß gewåsen.*

diese auf die einzelnen Konvente zu verteilen seien, bat er um die Entsendung eines eigenen Gesandten, mit dem er über dies und anderes verhandeln könne. In der Zwischenzeit sollten die Berner nicht zulassen, dass der Dominikanerniederlassung in ihrer Stadt Gewalt angetan würde. Dann sprach er von einer Expedition gegen die Feinde des katholischen Glaubens, an der er selber – ungeachtet seines Alters – teilnehmen wolle, zusammen mit Ferdinand (dem Katholischen), König von Aragon und Sizilien (1466/1468–1516), und den Truppen von Johanna (der Wahnsinnigen), Königin von Kastilien und Leon (1504–1506/1555) – womit wahrscheinlich die Liga von Cambrai gemeint war. Er legte die Abschrift eines Briefs von Ferdinand an ihn bei und schrieb den Bernern, dass man auch ihre Kräfte gebrauchen werde, und zwar lieber als diejenige der übrigen Katholiken (*Vestrae etiam vires necessariae erunt, quibus libentius et fidentius quam ceterorum catholicorum usuri sumus*)[109]. Dies ist die einzige Anspielung auf ein allfälliges Bündnis, und dabei handelte es sich ganz offensichtlich nur um eine Unterstützung der Ziele der Liga von Cambrai, aber nicht ein eigenes Bündnis mit dem Papst. Auf die Kosten des Jetzerhandels werden wir später zurückkommen (siehe Epilog 2).

Auf der Tagsatzung vom 24. Juli 1509 in Luzern wurde schließlich auch der Verlängerung des Bündnisses mit dem französischen König eine Absage erteilt bzw. dieses auf die lange Bank geschoben. Die Tagsatzung war wiederum nicht von allen Orten beschickt worden, und von den Abwesenden hatten einige geschrieben, *sie wollen zu dieser Zeit mit Niemandem etwas zu schaffen haben und es auch denen wehren, denen sie es zu wehren haben.* Angesichts dieser Uneinigkeit wurde *die französische Botschaft mit guten, freundlichen Worten abgefertigt, die Vereinung nicht zugesagt und nicht abgeschlagen, sondern die Sache vor der Hand angestellt.* Das Gerücht, dass der Kaiser und der französische König sich auf Kosten der Eidgenossen geeinigt hatten, scheint immer noch die Runde gemacht zu haben; jedenfalls wurde den Kaufleuten von Basel und St. Gallen empfohlen, sich durch ihre *Legerherren heimlich zu erkundigen, was an diesen Gerüchten wahres sein mag*, und das Gleiche wurde auch dem Bischof von Sitten nahegelegt. Auch der päpstliche Bote scheint sich noch zu Wort gemeldet zu haben, aber nicht mehr, um für ein Bündnis zu werben, sondern nur mehr, um den Eidgenossen zu danken und sie zu bitten, dass sie *den heiligen Vater, den Papst, die heilige Kirche und den römischen Stuhl in allen Bündnissen und Vereinungen, die [sie] etwa abschliessen möchten, bedenken wollen, mit Versicherung, der Papst sei allzeit geneigt, [den] Eidgenossen insgemein oder insbesondere*

---

109) Beilagen S. 646 f. Nr. 45 (1509, Juni 30).

Gnaden zu erweisen[110]. Dabei werden in den Eidgenössischen Abschieden die Gesandten nicht mit Namen genannt, aber es scheint sich immer noch um Achilles de Grassis (für den Papst) und Aymo von Montfalcon (für den französischen König) gehandelt zu haben; dies geht jedenfalls aus dem Luzerner Schilling hervor, wo zu lesen ist, dass der Bischof von Lausanne und der Bailli von Troyes von der Tagsatzung vom 13. Juni bis zu derjenigen vom 24. Juli 1509 in Luzern geblieben seien, aber ihre Pferde in Willisau *in ein weid verdinget hattend*, um die Kosten für den französischen König so niedrig wie möglich zu halten. Dagegen hatte Achilles de Grassis einen Abstecher nach St. Gallen gemacht, um zwischen Abtei und Stadt zu vermitteln, und war dann wieder nach Luzern zurückgekehrt. Er scheint den auf der Tagsatzung versammelten Eidgenossen auch von einem Zug des spanischen Königs auf dem Meer gegen die Venezianer erzählt zu haben, und von Schiffen, die sich verfahren und aus Hungersnot in der Türkei hätten landen müssen und dort von den Türken fast umgebracht worden seien[111] – also etwas Ähnliches, wie der Papst am 30. Juni nach Bern geschrieben hatte.

Wir stellen also im Sommer 1509 bei den Eidgenossen eine große Bündnismüdigkeit fest, vielleicht nicht zuletzt in Folge der Wirren um den Pensionenbrief in den Jahren 1503–1507. Dabei mag auch das Gerücht, dass die Liga von Cambrai nicht nur gegen die Venezianer, sondern auch gegen die Eidgenossen gerichtet gewesen sei, eine Rolle gespielt haben, ja, man scheint sogar wieder an eine Erneuerung des Pensionenbriefs gedacht zu haben, jedenfalls schreibt Anshelm:

Von wegen der zit sorglichen loufen und der grossen herren grossen anschlägen, sunderlich wider al frie stät verlümdet – wie wol d'Eidgnossen ouch uss sundren warnungen und tröwungen, als die, denen der mächtigen herren vereinung [die Liga von Cambrai] sunderlich argwönig und nit on sorg sol sin, in sorgen stünden, und ire praktikanten und pensioner, ir geschlachte milchkü, den richen ätte küng [den König von Frankreich], ze behalten vil erdachten, – so was doch aller êrbarkeit wil und meinung, so die Franzesisch püntnüss ietz uss wäre, dem alten Got zü vertrüwen

---

110) EA III/2 S. 469f. Nr. 338 (1509, Juli 24, Luzern), vgl. auch Anshelm 3 S. 183–185, 187f. Dabei kommentiert Anshelm (3 S. 185) das Scheitern des Bischofs von Città di Castello auf der Tagsatzung in Luzern (24. Juli 1509) mit einem rätselhaften Satz: *Zü diser zit, als der bischof von Sitten fürnam sin glük zü uberstigen, bracht er züwegen, dass die bäbstlich botschaft bloss abgevertiget und im bäbstliche werbung bevolhen ward*: wenn Matthäus Schiner Achilles de Grassis das Zustandekommen eines Bündnisses zwischen dem Papst und den Eidgenossen nicht hätte gönnen mögen und dieses an sich gerissen hätte.

111) Luzerner Schilling S. 516 Kap. 439.

und der frömden herren und ires gelts müessig zegon, fri Eidgnossen, wie ir vordren, zesin und die iren nit in d'mez [Metzgerei?] verkoufen, sunder, zů erbuwung und schirm irer landen, anheimsch ze behalten; harzů, so die veist ků ein andren stal hat gsůcht, stimpten ire pensioner, in hofnung, mit der wis einen fund zefinden, dass dem kůng wider heiss, und die gschlacht ků wider in alten stal gebracht wurde. Und also so rieten etliche ort, die zerbrochne ordnung, unlang vor zů Baden gemacht und von ort zů ort versiglet und geschworn, wider zemachen und in d'ewikeit ze bestäten.[112]

Das Bündnis mit dem Papst, vermittelt durch den Bischof von Sitten, Matthäus Schiner, erscheint erst wieder am 4. Februar 1510 auf der Traktandenliste der Tagsatzung (in Schwyz) und wurde am 13./14. März 1510 auf einer Tagsatzung in Luzern auf fünf Jahre abgeschlossen[113]. Selbst wenn der Papst bereits im Winter 1508/1509, als er den Revisionsprozess im Jetzerhandel bewilligte, an ein längerfristiges Bündnis mit den Eidgenossen gedacht haben sollte – in der Meinung, die Franzosen ließen sich nur mit Hilfe der Eidgenossen wieder aus Oberitalien vertreiben –, so ging es zunächst lediglich um einen Zuzug von 3000 Söldnern für die Liga von Cambrai, die ein anderes Ziel verfolgte, und nicht um ein Exklusivbündnis mit dem Papst. Dies ist Georg Rettig nicht entgangen, aber in der Folge hat man immer mehr verallgemeinert – im Hinblick auf das fünfjährige Soldbündnis der Eidgenossen mit dem Papst, das erst am 13./14. März 1510 abgeschlossen wurde. Dabei hat man zu wenig – oder gar nicht – beachtet, dass der Revisionsprozess (bewilligt am 1. März 1509) in gewisser Weise eine Folge aus dem Hauptprozess war, der bereits am 21. Mai 1508 bewilligt worden war: die Sache musste, so oder so, zu Ende gebracht werden. Wenn man die bündnispolitische Lage genauer unter die Lupe nimmt, so hat Albert Büchi wahrscheinlich Recht, wenn er feststellt, dass die Hinrichtung der Dominikaner nicht eine Konzession des Papstes an die Eidgenossen und insbesondere an Bern war, um diese für ein Bündnis mit ihm zu gewinnen. Im Frühjahr und Sommer 1509 lief alles viel weniger gradlinig auf ein Bündnis mit dem Papst hinaus, als es im Nachhinein, vom Resultat aus gesehen, erscheint. Der Revisionsprozess entsprang vielmehr einem zähen Ringen zwischen den Forderungen der Stadt Bern und der Hinhaltetaktik des Domini-

---

112) Anshelm 3 S. 192, vgl. EA III/2 S. 469 Nr. 338 (1509, Juli 24, Luzern).
113) EA III/2 S. 476f. Nr. 348 (1509, Feb 4, Schwyz), S. 478–484 Nr. 351f. (1510, Feb 27 u. Mrz 13, Luzern), vgl. auch Korrespondenzen Schiner 1 S. 90f. Nr. 115f. (1510, Mrz 4 u. 10).

kanerordens, das im Winter 1508/1509 in Rom ausgetragen wurde, war aber auch schon eine Folge des im Frühjahr 1508 bewilligten Hauptprozesses.

b) Eine Inflation des Übernatürlichen

In seiner These, die den Wundern in Frankreich im 16. Jahrhundert gewidmet ist, betont der französische Neuzeithistoriker Nicolas Balzamo immer wieder, dass das Wunder Teil eines ganzen Systems war, nämlich der Verehrung der Heiligen und der Jungfrau Maria, des Glaubens an die Kraft der Bilder und der Reliquien sowie der Gelübde und der Wallfahrten, ein System, bei dem ein Element das andere stützte und dem die Reformatoren nur beikommen konnten, indem sie das ganze System verwarfen, und zwar mit dem Vorwurf der Abgötterei, der Idolatrie, die im Jetzerhandel vor allem mit dem Vorwurf des mehrfachen Hostienfrevels verknüpft ist (siehe Kap. II/4d)[114]. Dagegen sprengten die eucharistischen Wunder und vor allem auch die Stigmata, die sich gegen Ende des Mittelalters häuften, diesen Rahmen und gaben schwierigere theologische Fragen auf als einfache Wunder; die Eucharistie wurde denn auch, neben dem Wunder, zum eigentlichen Zankapfel zwischen Katholiken und Reformierten (und selbst unter den Reformierten)[115]. Wenn man sich die Situation des Wunders um 1500 anschaut, dann stellt man fest, dass die einschlägige Literatur zwar von Wundern wimmelte, dass der einzelne aber kaum je ein Wunder erlebte. Das Wunder – bzw. die Erzählung davon – folgte einer klaren Struktur und seine Bedeutung war in der Regel klar; es handelte sich um den Einbruch einer Gefahr in eine Ordnung, die durch die Intervention eines oder einer Heiligen wiederhergestellt wurde. Das Wunder war nicht umstritten; es galt die Definition von Thomas von Aquin, wonach dieses gegen die Naturgesetze verstieß und das Werk Gottes war, der diese außer Kraft setzen konnte – auch wenn die Menschen die Wunder häufig auf die heiligen Intervenienten und nicht auf Gott zurückführten. Während die Heiligkeit immer stärker von Rom aus kontrolliert wurde (siehe unten, Echte und falsche Heiligkeit), waren laut den einschlägigen Verlautbarungen der Laterankonzilien von 1215 und 1516 die einzelnen Wunder dem Gutdünken der Ortsbischöfe überlassen, die sich aber nicht heftig darum gekümmert hätten[116]; hier könnte die Rolle, die der Bischof von Lausanne, Aymo von Montfalcon, im

---

114) BALZAMO, Les miracles S. 15 f., vgl. auch ebd. S. 57, 109 (Erasmus), 119 (Luther), 127 (Calvin), 138, 146, 186 f., 277, 299, 318.
115) BALZAMO, Les miracles S. 84, 138, 143.
116) BALZAMO, Les miracles S. 45–48, 52 ff., 83 f., 96–106.

Jetzerhandel nicht zuletzt auf Betreiben der Stadt Bern spielte, sogar eine außergewöhnliche gewesen sein.

Vor diesem Hintergrund wird deutlich, dass der Jetzerhandel mit seiner Anhäufung von Wundern doch aus dem Rahmen dessen fiel, was an der Wende vom 15. zum 16. Jahrhundert gängig war, selbst wenn Glauben sich damals allgemein eher durch Quantität als durch Qualität auszeichnete[117]. Hier könnte man die Schuld natürlich auf Bernardin de Bustis schieben, dessen *Mariale* die Dominikaner von Bern zu ihrem Tun angeregt hatte und der ebenfalls Wunder auf Wunder häufte, allerdings nur auf dem Papier (siehe Kap. I/3a); doch genügt das wohl nicht, um die Urheber der Berner Wunder zu entschuldigen. Diese wiesen außerdem keine einfache Struktur auf, sondern waren sehr kompliziert; sie bestanden in der Mehrheit aus Erscheinungen insbesondere der Jungfrau Maria, die eine theologische Botschaft (die befleckte Empfängnis) übermitteln sollten, was ohnehin eher ungewöhnlich und nicht sehr attraktiv war[118]. Zu diesem Zweck brachte Maria gleich bei ihrem ersten Erscheinen (in der Nacht vom 24. auf den 25. März 1507) Reliquien (Kreuze und Tropfen aus dem Blut Christi auf dessen Windeln) mit, die helfen sollten, diese Botschaft zu verstehen (drei Tropfen Blut für die drei Stunden, die Maria nach ihrer Empfängnis in der Erbsünde verblieben sein sollte). Damit aber nicht genug: bereits bei diesem ersten Erscheinen verabreichte die Jungfrau Jetzer das erste Stigma und entwertete damit bereits die Reliquien. Die übrigen vier Stigmata sollte dieser nach einer Frist von sechs Wochen erhalten, doch warteten die Dominikaner diese Frist selber nicht ab, sondern veranstalteten bereits Mitte April eine aufwändige Erscheinung von Maria und zwei Engeln auf einem Schwebezug, bei der sich eine Hostie in der Hand der Maria in eine blutige ver-

---

117) Jacques CHIFFOLEAU, La comptabilité de l'au-delà. Les hommes, la mort et la religion dans la région d'Avignon à la fin du Moyen Age (vers 1320–vers 1480) (Collection de l'Ecole française de Rome 47. 1980), vgl. auch TREMP-UTZ, Gottesdienst, insbes. S. 90: „Eine Masse von Messen".

118) GRAUS, Fälschungen im Gewand der Frömmigkeit S. 271 mit Anm. 43, hat im Hinblick auf den Jetzerhandel festgestellt, dass dieser insofern ein Ausnahmefall war, als „im Bereich des Kultes dogmatische Auseinandersetzungen kaum eine Rolle spielten; sie waren überwiegend Angelegenheiten der Gelehrten – bloß in Ausnahmefällen konnten sie ‚gewöhnliche Menschen' interessieren". Vgl. auch DÜRMÜLLER, Der Jetzerhandel S. 69: „Religiöser Betrug war das ganze Mittelalter hindurch ein weit verbreitetes Phänomen; dass aus Gewinnsucht und anderen persönlichen Motiven Reliquien gefälscht und Hagiographien verfertigt wurden, etwa um Pilger anzuziehen, war ein häufig beklagter Missstand, auf den die Zeitgenossen besonders empfindlich reagierten. Doch der Aufwand, den die Väter betrieben und der scheinbare Zynismus, dass sie sich eines theologischen Diskurses bedienten, um in erster Linie eine religiöse Lehre zu dogmatisieren, scheint doch eine ganz eigene Dimension zu haben."

wandelte, die einmal mehr die Reliquien entwertete. Unmittelbar nach dem Empfang der übrigen Stigmata Anfang Mai 1507 begann man, Jetzer ein seltsames Passionsspiel spielen zu lassen, aber auch damit gelang, trotz allen Aufhebens, das man davon machte, der endgültige Durchbruch nicht, so dass man Ende Juni 1507 die Statue in der Marienkapelle der Dominikanerkirche blutige Tränen weinen und düstere Prophezeiungen ausstoßen lassen musste. Es folgten eigentliche Höhepunkte: die wiederholten Aussetzungen der roten Hostie zur öffentlichen Verehrung Ende Juni 1507, die indessen wohl auch den Besuch des Bischofs von Lausanne am 21. Juli nach sich zogen, der die Absicht äußerte, Jetzers Stigmata ärztlich untersuchen lassen zu wollen, so dass die Dominikaner diese Ende Juli zum Verschwinden bringen mussten und nur mehr die rote Hostie und die Reliquien in scheinbare Sicherheit bringen konnten. In der Nacht vom 12. auf den 13. September 1507 versuchten sie es noch mit einer halböffentlichen Erscheinung einer gekrönten Maria auf dem Lettner der Dominikanerkirche, von der geplant war, dass man sie, wenn sie missglückte, auch Jetzer selber in die Schuhe schieben konnte – und damit auch alle vorhergegangenen Marienerscheinungen.

Zur Inflation gehörte auch, dass man glaubte, Wunder beliebig wiederholen zu können, so die Beschwörung der Jungfrau Maria mit der Eucharistie vor und nach der Ankunft von Prior Werner (am 11. April 1507) und die Orakel der blutweinenden Marienstatue – und dabei verhängnisvolle Kunstfehler beging. Vor allem aber wirkte sich erschwerend aus, dass man die eigentliche Botschaft – die befleckte Empfängnis Marias – nicht nennen durfte, so dass man im entscheidenden Moment (Ende Juni 1507) auf andere Prophezeiungen (Vinzenzstift, Pensionen) ausweichen musste, welche die Berner wesentlich mehr aufregten als die Empfängnis Marias (siehe Kap. II/5a, Die Prophezeiungen der blutweinenden Marienstatue). Schließlich hatte Jetzer bereits Mitte April, bei der Erscheinung der Maria mit zwei Engeln und der Verwandlung der Hostie, gemerkt, dass er getäuscht wurde, so dass die weiteren Erscheinungen (Maria mit Cäcilia und mit Katharina von Siena sowie Bernhard von Clairvaux) immer auch dazu dienen mussten, ihn selber wieder zu überzeugen, letztlich vergeblich. Es ist nicht ganz auszuschließen, dass die Dominikaner selber spürten, dass es nicht einfach sein würde, mit Wundern durchzudringen, und dass sie das Fuder deshalb überluden und Fehler und Widersprüche riskierten. Als Maria bei ihrem ersten Erscheinen die Reliquien brachte, sagte sie laut dem Defensorium zu Jetzer, dass die Welt so verstockt sei, dass diese kaum mehr glaube, dass ihr Sohn im Himmel sei[119]. Und Jetzer sollte zu Prior Werner von Basel gesagt ha-

---

119) Def. S. 558 Kap. I/15: *Item quod mundus adeo obstinatus esset, quod non crederet quia Christus Iesus meus filius in coelo sit.*

ben, dass die Bosheit der Welt so groß sei, dass man den Wundern nur glaube, wenn sie unerhört und groß seien[120]. Einer der Anklageartikel gegen die Dominikaner im Hauptprozess lautete, dass diese „Irrtümer auf Irrtümer gehäuft" hätten (*errores erroribus cumulando*), indem sie den fingierten Geist des verstorbenen Dominikanerpriors Heinrich Kalpurg von Teufeln in Form von Hunden begleiten ließen. Laut weiteren Anklageartikeln hätten sie die Leute nicht nur falsche Reliquien und eine falsche blutige Hostie anbeten lassen, sondern Jetzer zu allem Überfluss (*ad cumulum malorum malitiam ipsorum*) auch noch falsche Stigmata verabreicht[121].

Aber auch in die Geständnisse der Angeklagten flossen solche Bemerkungen ein. So gestand der Schaffner im Hauptprozess, dass der Schwebezug eingerichtet worden sei, um den zu fingierenden Erscheinungen mehr Farbe und Realität zu verleihen (*ad maiorem colorem, abilitatem et aptitudinem apparitionum confingendarum*) und um Jetzer umso besser zu täuschen (*ad decipiendum ipsum Iohannem Ietzer*), und dass die Marienstatue blutige Tränen weinen sollte, um die früheren Offenbarungen, Erscheinungen und Orakel zu bekräftigen (*ad corroborandas pristinas res, puta revelationes, apparitiones et oracula*)[122]. Und der Subprior gab zu, dass die Dominikaner die Marienstatue deshalb mit blutigen Tränen bemalt und damit Wunder auf Wunder gehäuft hätten (*miraculum miraculo cumulatum*), damit die Herren von Bern ihren Prophezeiungen Glauben schenkten[123]. Im Revisionsprozess sagte der Schaffner aus, dass er – oder der Lesemeister – dem auf dem Marienaltar knienden Jetzer ein Tüchlein, das als Votivgabe an der Statue hing, um die Hände geschlungen habe, um die Zuschauer glauben zu machen, dass Maria dies selber getan habe, und um damit dem Wunder noch ein weiteres hinzuzufügen (*ut adderetur miraculum miraculo*). Der Herausgeber des Defensoriums fügte dem allerdings noch einen weiteren Grund hinzu: damit Jetzers Stigmata besser sichtbar würden[124].

Auf die Erscheinungen sind wir, soweit möglich, bereits unter dem Anklagepunkt der Häresie (Kap. II/4a) eingegangen. Hier wollen wir uns mit den Reliquien befassen, die Maria – wie gesagt – gleich zu Beginn mitgebracht hatte und die dem Volk in der Folge zusammen mit der roten Hostie gezeigt wurden, in Veranstaltungen, die zu regelrechten Heiltumsweisungen hätten werden können, wenn die Dominikaner die Reliquien nicht Ende

---

120) Def. S. 576 Kap. II/4: *Tanta est malitia mundi, quod nisi fiant miracula inaudita, non crederent, idcirco necesse est fieri miracula maxima in hac re*.
121) Akten II/2 S. 160 Nr. 8, S. 161 f. Nr. 14–16 (undat.; 1508, Aug 7).
122) Akten II/2 S. 263 f. Nr. 19, S. 266 Nr. 31 (1508, Aug 25 u. 26; Schaffner, Foltererhöre).
123) Akten II/2 S. 314 Nr. 41 (1508, Sept 2; Subprior, Folterverhör).
124) Akten III S. 441 Nr. 4 (1509, Mai 8; Schaffner), vgl. auch Def. S. 604 Kap. IV/4.

Juli 1507 hätten verschwinden lassen müssen[125]. Damit sollte es jedoch nicht sein Bewenden haben: angedacht war vielmehr nichts weniger, als dass die Marienkapelle in der bernischen Dominikanerkirche zum Ziel einer neuen Wallfahrt hätte werden sollen. Schließlich müssen Jetzers Stigmata und sein Passionsspiel thematisiert werden, die sogar Rudolf Steck, dem Herausgeber der Akten der Jetzerprozesse, der alles ins Werk setzte, um die Dominikaner reinzuwaschen, Kopfschmerzen bereitet haben (siehe Kap. II/4, Einleitung). Dabei ging es um nichts weniger als darum, aus Jetzer einen Heiligen zu machen – ein höchst zweifelhaftes Unternehmen, das denn auch gründlich gescheitert ist. In einem Schlusskapitel werden wir uns deshalb fragen müssen, welche Heiligkeit in Jetzers Fall – nicht von ihm! – angestrebt wurde und ob solche Heiligkeit am Ende des Mittelalters überhaupt noch eine Chance hatte.

Die Reliquien und ihre Verehrung

Als die Jungfrau Maria Jetzer – in der Nacht vom 24. auf den 25. März 1507 – zum ersten Mal erschien, redete sie nicht lange um den heißen Brei herum, sondern stellte sich gleich selber vor und erläuterte auch die Bedeutung der mitgebrachten Reliquien. Dabei handelte es sich um zwei wohl sehr kleine Stücke von Windeln, in die sie ihren Sohn nach seiner Geburt gewickelt hatte, mit je einem Kreuz vom Blut aus dessen Seitenwunde, das eine Kreuz von drei Blutstropfen umgeben, das andere von fünf. Die drei Blutstropfen bedeuteten die drei Tränen, die Christus über die Stadt Jerusalem geweint hatte (wohl bei seinem Einzug in die Stadt am Palmsonntag, Luc. 19,41–44)

---

125) Zu den Heiltumsweisungen vgl. ANGENENDT, Heilige und Reliquien S. 160 f., und insbesondere KÜHNE, Ostensio reliquiarum S. 6: „Heiltumsweisungen waren Veranstaltungen, zu denen sich ein zahlreiches, nach Stand und Herkunft unterschiedliches Publikum, Geistliche und Weltliche, städtische Gruppen, die Landbevölkerung der Umgebung, aber auch von weiter her kommende ‚Wallfahrer' und unter diesen auch weltliche und geistliche ‚Herren', vom Kaiser bis zum Grafen, vom Erzbischof bis zum Prälaten, versammelten, um die Heiltümer einer Kirche zu sehen, die in einem liturgisch geregelten Prozedere und einer von der öffentlichen Gewalt überwachten Weise auf einem öffentlichen Platz gezeigt und ausgerufen wurden." Eine Vorstufe zur Heiltumsweisung war die „Aussetzung" von Reliquien zur Verehrung, „also die ebenfalls liturgische geordnete Aufstellung von Reliquien und Reliquiaren auf Altären oder anderen Aufbauten im Kirchenraum an bestimmten Festtagen", vgl. ebd. S. 22. Im Fall der Berner Dominikaner ist es wohl richtiger, von Aussetzung von Reliquien zur Verehrung zu sprechen als bereits von Heiltumsweisungen, die doch noch einen anderen Umfang und Anspruch hatten. Dabei trifft der Begriff „Heiltumsweisung" eher zu als derjenige der „Heiltumsschau", denn das Gewicht lag mehr auf dem Zeigen („Weisen") als auf dem Schauen, vgl ebd. S. 755 u. 777.

– und gleichzeitig die drei Stunden, die Maria nach ihrer Empfängnis in der Erbsünde verbracht hatte (denn sie war in der Erbsünde empfangen worden). Das Kreuz mit den drei Blutstropfen sollte dem Papst gebracht werden, der dafür viele Ablässe geben werde. Dazu kam das andere Kreuz mit fünf noch frischen Blutstropfen; diese bedeuteten die fünf Schmerzen, die Maria um ihren Sohn erlitten habe, bzw. die (fünf blutigen) Tränen, die sie unter dem Kreuz um ihren Sohn geweint hatte. Dieses Kreuz sollte im Berner Dominikanerkonvent verbleiben, zum Zeichen, dass die Dominikaner Marias Lob über die ganze Welt verbreiten sollten[126]. Die Jungfrau betonte noch einmal, dass es sich bei dem Blut der Kreuze und Tropfen um das wahre Blut Christi (*verus sanguis Iesu Christi*) handelte. Der Prior und der Lesemeister wollten mehr darüber wissen und ließen Maria deshalb durch Jetzer fragen, ob wahr sei, was Thomas von Aquin schreibe, dass Christus all sein Blut mit in den Himmel genommen habe, mit Ausnahme des Blutes, das sie unter dem Kreuz gesammelt habe; das übrige sei wunderbares (Blut) (*reliquus miraculosus*)[127]. Was mit dem wunderbaren Blut Christi gemeint sein könnte, geht vielleicht aus einer Geschichte hervor, welche die Jungfrau Maria Jetzer in der Karwoche auf Fragen des Priors erzählt haben soll. Sie habe Jesus lediglich bis nach Jerusalem begleitet und ihn dann erst wieder auf dem Kreuzweg und unter dem Kreuz wiedergesehen, wo sie sein Blut aufgefangen habe, das sie hierher gebracht habe (*quem huc attuli*), ebenso wie Maria Magdalena das Blut gesammelt habe, das heute in Köln sei[128].

Zu den Reliquien, die offenbar zusammen mit der Eucharistie im Sakramentshäuschen im Chor aufbewahrt wurden, waren inzwischen schon Verbandstücke von Jetzers Stigma hinzugekommen. Denn als der Prior am Karfreitag (2. April) 1507 gewissen Herren die Kreuze zeigen wollte, fand er hier Verbandstücke, die der Lesemeister und er selber Jetzer gegeben hatten und über deren Verschwinden der letztere sich beklagt hatte[129]. Dies bedeutet nichts anderes, als dass der Prior schon sehr früh angefangen hatte, die Reliquien zu zeigen, wenn auch vielleicht noch nicht allzu öffentlich.

---

126) Def. S. 558 f. Kap. I/15. Zu den fünf – statt sieben – Schmerzen Marias siehe Kap. I/2c, Anm. 51.
127) Def. S. 561 Kap. I/16, S. 565 Kap. I/20, vgl. auch Anshelm 3 S. 70.
128) Def. S. 568 Kap. I/23, vgl. auch Anshelm 3 S. 73: *Und also durch die Karwochen vertrat der husvater priol Unser Frowen, arznet den Jätzer und ofnet im etliche wunderfitzikeiten, [...], namlich: dass Kristus plutnacken am krüz hanget, durch die rechten siten gestochen, um die einlife gestorben; dass Maria nit, aber Magdalena ståts bim krüz gestanden, ouch plüt mit herd ufgehaben hätte; [...] und andre der glichen unnütze wunderfitzikeiten. Dan das einfältig evangelium was ganz bi disen helgen Prediern verrostet und unbekant, machtend eigne gedicht züm gfallen und gwin.*
129) Def. S. 567 Kap. I/23, vgl. auch ebd. S. 565 Kap. I/19.

Die Reliquien wurden auch Prior Werner von Basel gezeigt, der am 11. April 1507 – gerufen oder ungerufen – nach Bern kam. Sein Besuch diente zum Vorwand, die Jungfrau Maria ein zweites Mal mit der Eucharistie zu beschwören, die sich in ihrer Hand in eine blutige verwandelte. Von nun an gehörte auch die gewandelte Hostie zu den Reliquien, ja, sie scheint diese an Bedeutung rasch überflügelt zu haben. Laut den Erläuterungen, die Prior Werner sich von Jetzer geben ließ, bestanden die Kreuze und Tropfen auf den Windelstücken offenbar aus „wahrem", das Blut in der verwandelten Hostie aber aus „wunderbarem Blut Christi"[130].

Nachdem Maria – angeblich – Jetzer Ende Juli 1507 die Stigmata weggenommen hatte, weil die Dominikaner ihr Kreuz mit den drei Blutstropfen samt dessen Botschaft nicht nach Rom gebracht hatten, blieb den bernischen Klostervorstehern nur mehr das verwandelte Sakrament, das tatsächlich zusammen mit den Reliquien – die hier auch als solche bezeichnet werden – aufbewahrt wurde (*sacamentum vero, ut erat, mansit cum caeteris reliquiis*). Die Klostervorsteher schlossen es in einen festen Behälter mit drei Schlüsseln ein, die sie dem Prior der Kartause Thorberg, dem Stadtschreiber Niklaus Schaller und dem Venner Kaspar Wyler gaben, damit man es nicht den Dominikanern zuschreiben könne (*ne dolus aliquis ascriberetur fratris*), wenn auch die Hostie und die Reliquien sich veränderten (*si etiam illa alterarentur aut mutarentur*)[131]. Davon, wie die Reliquien vorgängig immer wieder öffentlich gezeigt worden waren (siehe Kap. II/2d, Die *Fama* des Jetzerhandels), kann im Defensorium natürlich nicht die Rede sein; denn damit hätten die Klostervorsteher sich selber verraten, ganz abgesehen davon, dass der Wunderbericht in dieser Zeit von Prior Werner von Basel aus der Ferne geführt wurde (siehe Kap. I/3b). Erst der den Klostervorstehern feindlich gesinnte Herausgeber des Defensoriums verrät, dass am 27. Juni 1507 im Dominikanerkloster viele wichtige Männer der „Republik" Bern zusammen gekommen seien, denen der Prior, angetan mit der Stola und bei angezündeten Kerzen, die rote Hostie, die Kreuze und die blutigen Tropfen gezeigt habe, die aus einer Mischung von Hühnerblut und roter Farbe gemalt gewesen seien. Der Prior habe verkündet, dass dies alles dem Konversenbruder von der Jungfrau Maria gebracht worden sei, verbunden mit ge-

---

130) Def. S. 576 Kap. II/4, vgl. auch W. BRÜCKNER, Art. Blutwunder (Blut, Heiliges; Bluthostien), in: Lex.MA 2 (1983) Sp. 292 f., und André VAUCHEZ, Du culte des reliques à celui du Précieux Sang, in: Les „Précieux Sangs": reliques et dévotions, Tabularia. Etudes 8 (2008) S. 81–88 (https://journals.openedition.org/tabularia/432, Zugriff 31. Aug. 2020).

131) Def. S. 583 f. Kap. II/12. Zur Angst vor der Veränderung der Hostie, die ihrer Heiligkeit abträglich wäre, vgl. BYNUM, Wonderful Blood S. 137 ff., 147 f.

wissen Offenbarungen (sicher über die Empfängnis Marias), die indessen noch verschwiegen werden müssten, bis die Zeit gekommen sei[132].

In seinem ersten Prozess sprach Jetzer bereits beim ersten Verhör (am 8. Oktober 1507 in Lausanne) von den Kreuzen, allerdings zunächst nur von dem einen Kreuz mit drei Blutstropfen, das Maria ihm gebracht habe. Dabei habe diese ihn über gewisse, in der Kirche herrschende Irrtümer aufgeklärt: nach seiner Auferstehung sei Christus zuerst ihr erschienen, und dann erst den Aposteln. Auch sei sie, Maria, nicht immer unter dem Kreuz gestanden, als ihr Sohn gekreuzigt wurde, wohl aber Maria Magdalena. Vor allem aber habe Maria Jetzer gesagt, dass das Blut, das sich in einem Fläschchen (*ampulla*) in der Kirche der Maria Magdalena in Marseille befinde, das wahre Blut unseres Herrn Jesu Christi sei, ebenso wie auch dasjenige in Köln – und nun auch das Blut in Bern. Schließlich sprach Jetzer – immer bei seinem ersten Verhör in Lausanne – auch vom zweiten Kreuz mit den fünf Blutstropfen, das nach Rom gebracht werden sollte, einen Befehl, den seine Vorgesetzten missachtet hätten. Und der Vorgesetzte der Vorgesetzten – der Provinzial oder der Ordensgeneral? – habe ihnen sogar verboten, dem Papst oder sonst irgendjemandem etwas zu enthüllen[133]. Die Vorbilder für die Berner Heiligblutreliquien waren offenbar ähnliche Reliquien in Marseille und Köln, doch liegt im letzteren Fall wohl eine Verwechslung vor; denn in der Dominikanerkirche von Köln gab es keine Heiligblutreliquie, wohl aber eine Heiligkreuzreliquie, die Albert der Große (um 1200–1280) im Jahr 1248 in Paris vom französischen König Ludwig IX. dem Heiligen (1226–1270) bekommen und nach Köln gebracht haben soll[134].

Auch in Marseille scheint es zunächst keine Heiligblutreliquie gegeben zu haben; jedenfalls weiß Victor Saxer in seinem Buch über die Verehrung der Maria Magdalena im Abendland nichts von einer solchen, wohl aber,

---

132) Def. S. 605 Kap. IV/4, vgl. auch Anshelm 3 S. 103.
133) Akten I S. 9–11 Nr. 30–41 (1508, Okt 8; Jetzer), vgl. auch Anshelm 3 S. 67.
134) Sabine VON HEUSINGER, Ketzerverfolgung, Predigt und Seelsorge – Die Dominikaner in der Stadt, in: Die deutschen Dominikaner und Dominikanerinnen S. 5–20, hier S. 14 f. Nach übereinstimmenden Auskünften von Prof. Sabine von Heusinger, Köln, sowie der Patres Walter Senner OP und Elias Füllenbach OP gab es in Köln keine Heiligblutreliquie, vgl. E-Mails vom 16. und 24. Juli 2018. Vgl. auch Anton LEGNER, Kölner Heilige und Heiligtümer. Ein Jahrtausend europäischer Reliquienkultur (2003) S. 252 f., und DERS., Kölner Reliquienkultur. Stimmen von Pilgern, Reisenden und Einheimischen (2017) S. 68–71, 87. Möglicherweise liegt eine Verwechslung mit der von Albert dem Großen nach Köln gebrachten Heiligkreuzreliquie vor. Auch im Berner Dominikanerkonvent scheint man eine Heiligkreuzreliquie besessen zu haben, die man besser zu Ehren ziehen wollte, vgl. Def. S. 544 Kap. I/4, S. 550 Kap. I/8. – Zu den Heiligblut- und den Heiligkreuzreliquien vgl. ANGENENDT, Heilige und Reliquien S. 214 f.

dass deren Gebeine 1279 in der Kirche Saint-Maximin in Marseille aufgefunden worden waren und darauf ihr Kult in der Provence einsetzte. Im Jahr 1295 kam Saint-Maximin außerdem aus den Händen der Benediktiner von Saint-Victor (ebenfalls in Marseille) in diejenigen der Dominikaner, welche bei Papst Bonifaz VIII. (1294–1303) Ablässe für ihre Kirche erwarben und die Pilgerströme vom Heiligtum der Maria Magdalena in Vézelay nach Marseille umzulenken versuchten[135]. Schon ergiebiger ist ein Bericht über eine spätmittelalterliche Pilgerreise, die der Patrizier Hans von Waltheym (1422–1479) aus Halle an der Saale im Jahr 1474 unternahm. Dieser berichtet, dass auf dem Hauptaltar in der Kirche Saint-Maximin *ein großer kristallener Becher wie ein Glas stand, der war voller Erde, und die Erde war etwas braun, und sie berichteten uns, es wäre die Erde, die unter dem Kreuz unseres Herrn Jesus Christus gelegen hätte.* Jedes Jahr, wenn an Karfreitag die Stelle aus der Passionsgeschichte vorgelesen würde, wonach einer der Soldaten mit der Lanze in Christi Seite stieß und sogleich Blut und Wasser daraus floss (Ioh. 19,33), *dann verwandelt sich die Erde und das Glas oder der Kristallbecher, und alles wird voll von rotem Blut. Das geschieht jedes Jahr zur Zeit der Passion und bleibt so rotes Blut bis zum Moment der fröhlichen Auferstehung unseres Herrn in der Osternacht. Dann verwandelt sich das Blut wieder in Erde.* In der Folge schildert Hans von Waltheym auch, wie diese Heiligblutreliquie nach Marseille gekommen sei:

Dieses Glas mit der Erde ist so nach Saint-Maximin gekommen: Zur Zeit der Passion unseres Herrn wollte St. Maria Magdalena, die ihn über alles herzlich liebte, von ihm auch in seinem bitteren Leid nicht getrennt sein. Und so blieb sie getreu und beständig bis zu seinem Tod bei ihm. Und als sie unter dem Kreuz stand und sah, dass der Ritter Longinus unserem Herrn Jesus Christus die Seite aufstach, aus der damals Blut und Wasser auf die Erde flossen, da grub sie die Erde unter dem Kreuz aus und sammelte die mit großem Eifer in einem Gefäß und behielt diese Erde bei sich als ein großes Heiltum, was es ja auch wirklich war, und wollte sie keinesfalls zurücklassen. Und als die Juden St. Maria Magdalena und St. Lazarus, ihren Bruder, St. Martha, ihre Schwester, St. Maria Jacobi, St. Maria Salome, die Schwester unserer lieben Frau, St. Maximin, St. Cedonius, St. Marcilla, St. Susanna und die anderen lieben Heiligen in ein Schiff ohne Mastbaum setzten und ins Meer abstießen und ihnen auch weder Speise noch Trank mitgaben, im Glauben, sie würden an Hunger und Durst sterben und so auf dem Meer verderben [...], da wollte sie die heilige Erde

---

135) Victor SAXER, Le culte de Marie Madeleine en occident des origines à la fin du moyen âge, 2 Bde. (1959) S. 230 ff.

nicht zurücklassen. Sondern sie nahm sie mit an Bord. Und durch einen seligen, süßen und günstigen Wind bewirkte Gott gnädig, dass sie über das Meer und bei der Stadt Marseille glücklich an Land kamen. Und als sie dorthin kamen, da predigte die heilige Apostelin der Apostel St. Maria Magdalena den heiligen Christenglauben und bekehrte das Land [...]. So behielt St. Maria Magdalena die würdige Erde bis an ihr Ende.[136]

Verglichen mit der Marseiller Heiligblutreliquie und ihrer Geschichte wirken die Berner Blutkreuze und -tropfen eher bescheiden, um nicht zu sagen erbärmlich. Diese „Erbärmlichkeit" stand in einem großen Gegensatz zu all dem, was sie angeblich bedeuteten. Im Grund handelt es sich bei den Windeln Christi um Sekundärreliquien, d. h. Reliquien, die nicht direkt vom Leib Christi stammten, sondern mit ihm lediglich in Berührung gekommen waren, die indessen durch das Blut Christi gewissermaßen zu Primärreliquien aufgewertet werden sollten[137]. Nichtsdestoweniger wurden diese Reliquien Jetzer in den Anklageartikeln, denen er am 17. November 1507 in Lausanne unterzogen wurde, als Irrtümer angerechnet, doch erfährt man leider nicht, was er darauf geantwortet hat. Im letzten Verhör des Prozesses von Lausanne und Bern, das am 22. Februar 1508 vor dem Generalvikar der Diözese Lausanne, Baptiste de Aycardis, in Bern stattfand, verriet Jetzer außerdem, dass die vier Klostervorsteher geplant hätten, ihr Kloster „Ort zum heiligen Blut" (*locus ad sanctum sanguinem*) zu nennen, wenn sie mit ihrem Unternehmen Erfolg haben würden[138]; dies zeigt doch recht gut, welcher Ehrgeiz hinter diesen Reliquien steckte.

Im Hauptprozess kam die Rede am 29. Juli 1508 wieder auf die Reliquien und wurde Jetzer nach deren Bedeutung gefragt. Dabei wich er nicht wesentlich von der Interpretation des Defensoriums ab, doch kam bei ihm der eigentliche Zweck, die Empfängnis Marias, viel stärker zum Vorschein als im Defensorium, wo man ihn geheim gehalten hatte, um sich nicht selber zu verraten. Die drei Blutstropfen versinnbildlichten die Tränen, die Christus bei seinem Einzug in Jerusalem geweint hatte, und zwar – sehr vorausschau-

---

136) KRÜGER, Ich, Hans von Waltheym S. 115 f. Vgl. auch Walter HAAS, Hans von Waltheyms Pilgerreise und sein Besuch in Freiburg (1474), in: FG 69 (1992) S. 7–39. – Ein anderer Bericht über die Heiligblutreliquie in Marseille stammt von Hieronymus Münzer (1437/1447–1508), einem Arzt aus Nürnberg, der 1494/1495 eine Reise durch die Schweiz und Südfrankreich nach Spanien und Portugal unternahm, vgl. BALZAMO, Les miracles S. 31, und Klaus HERBERS (Hg.), Hieronymus Münzer, Itinerarium (MGH Reiseberichte des Mittelalters 1, 2020) S. 22.
137) Zu Primär- und Sekundärreliquien vgl. ANGENENDT, Heilige und Reliquien S. 156.
138) Akten I S. 22 Nr. 19 (undat.; 1507, Nov 17), S. 53 Nr. 165 (1508, Feb 22; Jetzer).

end – über die vielen Sünden, die begangen werden würden, weil die Leute glaubten, Maria sei ohne Erbsünde empfangen worden; gleichzeitig bedeuteten sie auch die Anzahl der Stunden, die diese nach ihrer Empfängnis in der Erbsünde verbracht hatte. Und die fünf Blutstropfen waren u. a. als die fünf Herzschmerzen zu lesen, die Maria erlitten hatte, weil die Christen es vorzogen zu glauben, sie sei ohne Erbsünde empfangen worden. Laut Jetzers nächstem Verhör (vom 31. Juli 1508) sollte die Reliquie mit den drei Blutstropfen, welche die Klostervorsteher bereits in ein vergoldetes Büchslein (*in quadam pixide sive archula deaurata*) gesteckt hatten, zum Papst gebracht werden, und zwar bis Fronleichnam, der im Jahr 1507 auf den 3. Juni fiel (*presertim et precise illo die et non alio*): die Dominikaner hatten sich ein sehr ehrgeiziges Ziel gesetzt! Auch der Papst sollte rasch handeln: er sollte die Lehre von der unbefleckten Empfängnis verdammen, und ebenso Duns Scotus, den ersten Vertreter dieser Lehre, und ein Fest zu Ehren der befleckten Empfängnis einsetzen, und zwar zwischen den Festen Johannes' des Evangelisten (27. Dezember) und Johannes' des Täufers (24. Juni)[139].

In einem weiteren Verhör erzählte Jetzer, wie die Klostervorsteher die Reliquien in seiner Zelle entdeckt und verehrt hätten. Nachdem der Subprior Jetzers erstes Stigma – das dieser gleichzeitig mit den Reliquien von der Jungfrau Maria erhalten hatte – entdeckt und geküsst hatte, habe er plötzlich zum Tisch geschaut, auf welchen Maria die Windelstücke mit den Kreuzen gelegt hatte, und Jetzer gefragt, was das sei. Dieser habe geantwortet, woraufhin der Subprior einige bewundernde Schreie ausgestoßen und sich mehrmals bekreuzigt habe, wie wenn er habe sagen wollen, wie wunderbar dies alles sei, doch wird hier einmal mehr sichtbar, wie selbst die Dominikaner von den gleichzeitigen Wundern überfordert waren. Darauf habe der Subprior die übrigen drei Klostervorsteher geholt, die in Überwürfen mit weiten fallenden Ärmeln gekommen seien, der Lesemeister mit einer Stola um den Hals und der Schaffner mit einer großen brennenden Kerze in der Hand. Sie hätten sich alle vor den Kreuzen und dem Blut auf die Knie niedergelassen und diese und die Blutstropfen verehrt, und die Reliquien dann voll Ehrfurcht und Frömmigkeit aus Jetzers Zelle getragen. Der Subprior habe mit ihnen die Zelle verlassen, sei aber rasch mit sauberem Linen zurückgekehrt und habe damit das Blut, das aus Jetzers Stigma floss, aufgefangen – wie wenn Jetzers Blut fast gleich wertvoll gewesen wäre wie Christi Blut ... Im gleichen Verhör kam man später auf das heilige Blut zurück, das es nur in den Dominikanerklöstern von Bern und Köln sowie in der „Ampel der heiligen Maria Magdalena" (in Marseille) gebe. Jetzer hatte von sei-

---

139) Akten II/1 S. 81 Nr. 86 (1508, Juli 29, Vesperzeit; Jetzer), S. 82 f. Nr. 89–93 (1508, Juli 31; Jetzer).

nem Beichtvater, dem Lesemeister, den Auftrag erhalten, Maria zu fragen, wo sie denn das Blut seit Christi Tod aufbewahrt habe, und diese habe geantwortet, dass sie es während der ganzen Zeit, in der sie noch lebte, bei sich behalten und bei ihrer Himmelfahrt mit in den Himmel genommen habe; denn ihr Sohn habe ihr geoffenbart, es werde eine Zeit kommen, in dem man ihm seine Ehre (die unbefleckte Empfängnis) wegnehmen und ihr zuschreiben würde – um diesen Irrtum zu widerlegen, habe sie jetzt das Blut ihres Sohnes herausgerückt. Maria Magdalena aber habe die Erde unter dem Kreuz, die von Christi Blut feucht gewesen sei, mit ihren Händen gesammelt und Zeit ihres Lebens bei sich aufbewahrt; als sie gestorben sei (*exuta corpore*), habe man es bei ihr gefunden[140]. Diese Angaben deuten darauf hin, dass die Berner Dominikaner doch Näheres von der Heiligblutreliquie in Marseille wussten, nicht aber unbedingt von derjenigen in Köln, obwohl auch diese im Besitz ihres Ordens gewesen sein soll.

Nachdem Jetzers Stigmata (Ende Juli 1507) verschwunden waren, versuchten die Klostervorsteher, zumindest die rote Hostie zu retten und sie deshalb in den Hauptalter einzuschließen und die Schlüssel drei Familiaren anzuvertrauen, nämlich dem Prior der Kartause Thorberg, dem Stadtschreiber Niklaus Schaller und Venner Kaspar Wyler. Dabei ist von den Reliquien nicht mehr die Rede, sie scheinen gegenüber dem höheren eucharistischen Wunder jegliche Bedeutung verloren zu haben. Im Frühmittelalter stand die Eucharistie etwa auf der gleichen Stufe wie die Reliquien und entwickelte sich im Hochmittelalter davon weg, zunächst in die Reihe der Sakramente, dann aber auch, gerade mit der Einführung des Fronleichnamsfestes (1264), wieder davon weg, gewissermaßen zu einem Erzsakrament. Nichtsdestoweniger wurde sie, auch gegen den Widerstand der Theologen, wie die Reliquien zur Verehrung ausgestellt, in einer Monstranz, und die Gläubigen hielten daran fest, die Eucharistie wie eine Reliquie zu verehren[141]. Deshalb

---

140) Akten II/1 S. 88 Nr. 122 f., S. 98 f. Nr. 172 (1508, Juli 31, 14 Uhr; Jetzer), vgl. auch Anshelm 3 S. 68 f., 71 f. – Es scheint auch eine Art Beschwörung oder Fluch „beim Blut Christi" gegeben zu haben, jedenfalls wurde Jetzer angewiesen, den Geist „beim Blut Christi (*per sanguinem Christi*)" oder dann „beim rosenfarbigen Blut unseres Herrn Jesus Christus (*per roseum sanguinem Domini nostri Ihesu Christi*)" zu beschwören, vgl. Def. S. 548 Kap. I/6; Akten II/1 S. 71 Nr. 14 (1508, Juli 28; Jetzer). Als Fluch: Als Jetzer entgegen dem Verbot beim Schwebezug aus seinem Bett aufsprang, rief einer der Zuschauer aus: „Beim Blute Gottes, der Bruder steht auf!" Vgl. Akten II/1 S. 106 Nr. 218 (1508, Juli 31, 14 Uhr; Jetzer); II/2 S. 243 Nr. 16 (1508, Aug 31; Lesemeister, Folterverhör), S. 284 Nr. 9 (1508, Aug 28, Nachmittag; Prior, Folterverhör), S. 309 Nr. 26 (1508, Sept 2; Subprior, Folterverhör); III S. 430 Nr. 25 (1509, Mai 7; Lesemeister).
141) Akten II/1 S. 131 f. Nr. 344–347 (1508, Aug 4, 14 Uhr; Jetzer), vgl. auch RUBIN, Corpus Christi S. 35–37, 290–291 u. 341, und BYNUM, Wonderful Blood S. 78, 91. Vgl.

wurde die rote Hostie wohl auch zuerst zusammen mit den Reliquien aufbewahrt, später aber doch – als kostbarer – davon abgesondert. Die Blutreliquien spielten aber insofern weiter eine Rolle, als die Klostervorsteher, wie Jetzer am Ende eines langen Verhörs am 4. August 1508 (14 Uhr) aussagte, ihrem Kloster nach getaner Arbeit den Namen „zum heiligen Blut" (*locus religionis ad sanctum sanguinem*) geben wollten[142]. Von hier ging der Vorwurf in die Anklageartikel gegen die Dominikaner über, die diesen seit dem 7. August 1508 vorgelegt wurden. Hier wurde präzisiert, dass es die Marienkapelle (mit der blutweinenden Marienstatue) gewesen sei, welche den Namen *locus ad beatam Mariam de sanguine* tragen sollte, und dass alles dazu gedient habe, viel Geld einzutreiben (*ut questum magnum facerent*). In zwei weiteren Anklageartikeln (Art. 14 und 15) wurden den Klostervorstehern auch die Reliquien und die Verwandlung der Hostie, die sie zur Verehrung ausgesetzt und damit Idolatrie betrieben hatten, zum Vorwurf gemacht[143].

Wie wir bereits wissen, waren die Artikelverhöre der Klostervorsteher nicht sehr ergiebig (siehe Kap. II/2c); der Lesemeister vermutete, dass Jetzer selber die rote Hostie gefärbt habe. Er gab zwar zu, dass er diese auch verehrt habe, im Glauben, sie sei vom Prior geweiht worden, und weiter, dass diese am 29. Juni (Peter und Paul) 1507 zur Verehrung ausgesetzt worden sei, wollte aber nicht dabei gewesen sein. Dagegen bestritt er rundweg, dass die Marienkapelle *locus ad beatam Mariam de sanguine* genannt werden sollte[144]. Ebenso der Prior, der weiter behauptete, dass er die Reliquien nur gewissen Freunden und die verwandelte Hostie nur einigen Herren vom Rat gezeigt habe, das letztere allerdings bereits am Tag nach der Verwandlung. Danach habe er sie bis zum 24. Juni (*Johannis baptiste*) 1507 nur sehr wenigen gezeigt[145], was wenig glaubwürdig ist. Was die Reliquien betraf, so wollte der Subprior alles nur von Jetzer gehört und auch nicht wirklich geglaubt, doch die Entscheidung darüber seinen Oberen, d. h. dem Prior und dem Lesemeister, überlassen haben. Er gab aber zu, dass der Zulauf zu den Reliquien groß gewesen sei und der Prior ihn deshalb beauftragt habe, den Neugierigen die Windelstücke und das Blut zu zeigen. Bei seiner Tätigkeit als Propagandaminister – oder Verantwortlicher für die Kommunikation – habe er sich aber immer auf Jetzer berufen (*Iohannem Ietzer taliter accepis-*

---

auch Anshelm 3 S. 76, der vom „heiligen Sakrament des Leibs und Bluts Christi" als von dem *bim volk in êr und glowen das höchst und geförchtest* spricht.

142) Akten II/1 S. 134 Nr. 358 (1508, Aug 4, 14 Uhr; Jetzer).
143) Akten II/2 S. 161 Nr. 14 u. 15, S. 163 Nr. 24 (undat.; 1508, Aug 7).
144) Akten II/2 S. 166f. ad Art. 14 u 15, S. 168f. ad Art. 15 u. 24 (1508, Aug 7 – Aug 8, morgens; Lesemeister, Artikelverhöre).
145) Akten II/2 S. 180f. ad Art. 14 u. 15, S. 182 ad Art. 24 (1508, Aug 9; Prior, Artikelverhör).

se, audivisse et habuisse ista asseruit). Bei der Verwandlung der Hostie wollte er nicht im Konvent gewesen sein, was nachweisbar falsch ist, stand er doch als Engel auf dem Schwebezug, und es habe ihm auch nie gefallen, dass die Hostie zur Verehrung ausgesetzt wurde, und er habe niemandem davon erzählt oder sich dann wiederum auf Jetzer berufen. Und natürlich wollte auch er nichts von einem *locus ad beatam Mariam de sanguine* wissen[146], ebenso wenig wie der Schaffner, dessen Artikelverhör auch in den anderen Punkten (Reliquien und Hostien) nicht viel hergibt[147]. In gewisser Hinsicht dienten die Blutreliquien wohl dazu, das eigentliche Ziel des Jetzerhandels, nämlich die Lehre von der befleckten Empfängnis, zu verstecken, und es ist denn auch bezeichnend, dass für das Kloster – oder nur die Marienkapelle – der Name „Zur seligen Maria vom Blut" vorgesehen war, und nicht etwa „Zur seligen Maria von der befleckten Empfängnis", ein Name, der völlig kontraproduktiv gewesen wäre.

Wesentlich ergiebiger sind in diesen Punkten die Zeugenaussagen; denn bei den Reliquien und der gewandelten Hostie handelte es sich ja, neben der blutweinenden Marienstatue sowie Jetzers Stigmata und Passionsspiel, um die nach außen sichtbaren und auch reichlich zur Darstellung gebrachten Aspekte des Jetzerhandels. Der Schmied Anton Noll scheint zunächst zusammen mit einer Gruppe, in der sich auch zwei Franziskaner befanden, Jetzers Passionsspiel beigewohnt zu haben, das vom Subprior kommentiert wurde. Anschließend wurde die Gruppe in Jetzers Zelle geführt, und der Subprior zeigte die Gucklöcher in der Wand, durch die er und andere gesehen und gehört hätten, wie Maria Jetzer erschienen sei und wie sie mit ihm gesprochen habe. Dann führte er seine Gäste in den Chor, wo er ihnen hinter dem Hauptaltar die verwandelte Hostie zeigte und von der Verwandlung erzählte, worauf Noll und andere diese verehrten. Im gleichen Korporale wie die Hostie lag auch eine kleine Kerze, die Maria angeblich in der Hand getragen und die wie eine Fackel gebrannt habe – sich aber jetzt nicht mehr entzünden ließ; als es trotzdem gelang, seien Noll die ersten Zweifel gekommen (siehe Kap. II/2d, Zeugenaussage Noll). Laut dem Chronisten Valerius Anshelm (3 S. 103f.) gab es zwei Anlässe, an denen die Reliquien einer größeren Ansammlung von Leuten gezeigt wurden, einen am 27. und einen am 29. Juni 1507 (siehe Kap. II/2d, Die *Fama* des Jetzerhandels). Kurz nachdem die Marienstatue blutige Tränen vergossen hatte, waren die Klostervorsteher – wohl noch am Freitag, dem 25. Juni – vor dem Rat erschienen und hatten verlangt, dass dieser *in corpore* in ihr Kloster kommen oder doch Abgeord-

---

146) Akten II/2 S. 193 f. ad Art. 14 u. 15, S. 197 ad Art. 24 (1508, Aug 11; Subprior, Artikelverhör).
147) Akten II/2 S. 175 f. ad Art. 14, 15 u. 24 (1508, Aug 8; Schaffner, Artikelverhör).

nete schicken solle, *zehóren und zesehen die wunderbaren ding, so da Got, wie sie warlich glowtid, bi inen getan und tåte*. Der Rat schickte die Dignitäten (Propst, Dekan, Kustos und Kantor) und andere des Vinzenzstifts und eine Anzahl aus dem Rat, die sich alle am nächsten Sonntag (27. Juni 1507) um elf Uhr im Chor der Predigerkirche einfinden sollten. Im Kloster wurden den Abgeordneten zunächst in Jetzers Stübchen der neue Heilige(!) und sein Passionsspiel gezeigt, und dann in der Sakristei die Reliquien: das rote Sakrament in einem Korporale, die Wunderkerze *und ouch die silberne lådle, darin die helgen plůtkrůzle, tropfen, schlůss und lůmple* (Wundbinden). Der Prior nahm sie aus dem Fronaltar und trug sie in die Sakristei, die er wegen des Andrangs zuschloss. Hier erzählte er von Jetzer und den Reliquien, nicht aber von ihrer Ursache, denn diese müsse auf allerhöchsten Befehl der Jungfrau Maria dem Papst vorbehalten bleiben.

Zwei Tage später, am 29. Juni 1507 (Dienstag), war das Patronatsfest der Dominikanerkirche, die den heiligen Peter und Paul geweiht war. Im Unterschied zur Veranstaltung am vorhergehenden Sonntag scheint die Dominikanerkirche an diesem Festtag für alle offen gestanden zu haben, und dieser wurde – immer laut Anshelm – wie das Fronleichnamsfest begangen. Der Prior trug das rote Sakrament herum, hob es in die Höhe und setzte es dann den ganzen Tag zur Verehrung aus, neben den *lådle* und der Wunderkerze, die angeblich nur von Unserer Lieben Frau angezündet werden konnte, und die Zuschauer kamen nicht nur aus der Stadt, sondern auch vom Land, denn der Festtag war am vorangegangen Sonntag (27. Juni 1507) angekündigt worden. An der Veranstaltung vom 29. Juni scheint auch der Sechziger Johann Schindler teilgenommen zu haben, dem wir den ausführlichsten Bericht über die Reliquienweisungen verdanken, und zwar in einer Gruppe von zwanzig Männern. Als diese den Chor betreten hätten, hätten der Prior, der Subprior und der Schaffner sie hinter den Hauptaltar geführt, wo vier Kerzen brannten. Nachdem diese den Altar bzw. den Schrein im hinteren Teil des Altars geöffnet hätten – offenbar das Sakramentshäuschen –, habe der Subprior eine vergoldete Kapsel geöffnet und daraus die beiden Windelstücke mit je einem Kreuz genommen. Der Subprior scheint sehr farbig geschildert zu haben, wie Maria ihr Kind bald nach der Geburt in diese Windeln gewickelt und in die Krippe gelegt habe und wie die Kreuze und Tropfen nicht nur vom wahren Blut Christi stammten, das er am Kreuz vergossen, sondern auch aus dem (Angst-)Schweiß, den er im Gebet am Ölberg geschwitzt hatte (Luc. 22,44). Ja, der Subprior habe noch ein drittes Stück Tuch aus der Kapsel genommen, mit dem das Blut aus Jetzers Stigmata aufgefangen worden war, und einmal habe Maria das Stück, das vor Eiter und Feuchtigkeit ganz verhärtet und unfaltbar geworden war, mitgenommen, gewaschen und weichgespült! Der Prior habe die Geschichte von der Verwandlung der Hostie erzählt, und der Subprior habe die Wunderkerze gezeigt, die sich entgegen seiner Voraussage schließlich doch anzünden ließ. Zuletzt habe er seinem Publikum im Chor auch noch die Schuhe und die Verbandstücke vorgewiesen, die immer noch herumlagen und von Jetzers angeblichem Flug auf den Marienaltar zeugten[148].

Dagegen scheinen die Pfarrer des Simmentals, außerordentlich wichtige Zeugen im Hauptprozess (siehe Kap. II/2d), an keinen Heiltumsweisungen teilgenommen zu haben. So der Pfarrer von Wimmis, Benedikt Dick, bei dem die Dominikaner (Bernhard Karrer und Paul Süberlich sowie der Kaplan des Inselklosters) im September 1507 vorgesprochen hatten. Paul Süberlich habe erzählt, dass die Jungfrau Maria Jetzer erschienen sei, ihm die Stigmata verliehen und ihm ein Kreuz mit drei Blutstropfen mitgebracht habe, das dem Papst weitergegeben werden sollte. Paul habe auch vom verwandelten Sakrament gesprochen und sich mit starken Worten für dessen Echtheit verbürgt. Der Pfarrer von Oberwil, Peter Lector(is), erzählte, dass er und der Pfarrer von Boltigen im September 1507 zusammen mit Paul Süberlich an einem Jahrzeitessen in seinem Pfarrhaus teilgenommen und dabei über die Wunder gesprochen hätten, die im Dominikanerkonvent in Bern geschähen. Bruder Paul habe erzählt, dass die Jungfrau Maria Jetzer ein verschlossenes Büchslein gebracht habe, das nur der Papst öffnen dürfe. Der Zeuge habe gefragt, was wohl in dem Büchslein stecken könne, und Paul habe unvorsichtig geantwortet: ein Zettel – wohl eine Art Authentik –, ein Kreuz und drei Tropfen Blut[149]!

Aus den Folterverhören der Klostervorsteher geht hervor, wie die Reliquien hergestellt worden waren. Als erster gestand der Subprior am 21. August 1508, dass der Lesemeister ihm kurze Zeit nach dem letzten Auftreten des (erlösten) Geists Windelstücke und Hühnerblut gebracht habe und dass er mit dem letzteren die Kreuze und die Tropfen gemalt und die Windelstücke darauf in eine Form gepresst habe, so dass sie wie Siegel aussahen. Das größere Kreuz – wohl dasjenige mit den drei Blutstropfen – sollte durch den Provinzial und einen Vertreter des Konvents von Bern zusammen mit Zeugnisbriefen, versehen mit den Siegeln der Konvente von Nürnberg, Köln, Basel und Bern, zum Papst gebracht werden, der seinerseits bestätigen sollte, dass die Jungfrau Maria in der Erbsünde empfangen und drei Stunden darin geblieben sei. Das andere Kreuz sollte im Konvent von Bern bleiben, zur Erinnerung an die großen Wunder (*grandia miracula*), die hier geschehen

---

148) Akten II/3 S. 366–369 (1508, Aug 14, morgens; Zeugenaussage Schindler).
149) Akten II/3 S. 282 f., 385 f. (1508, Aug 19 u. 30; Zeugenaussagen Pfarrer Wimmis u. Oberwil).

seien, und zum Zeichen, dass man an keinem anderen Ort vom wahren Blut Christi finde außer in den Dominikanerkonventen von Köln und Bern[150]. Zwei Tage später, am 23. August 1508, wurde der Schaffner gefragt, wie die Kreuze hergestellt worden seien, doch hatte dieser für einmal ein richtiges Alibi: er war nämlich seit Mittfasten (14. März 1507) in Lützelflüh (im Emmental) gewesen, um die Passion zu predigen, und bis und mit Ostern (3. April) dort geblieben, also genau in der Zeit, als die Reliquien angefertigt wurden und Jetzer auch das erste Stigma bekam. Nach seiner Rückkehr habe er sich erkundigt, wie die Reliquien gemacht worden seien, aber die übrigen drei Klostervorsteher hätten ihn angewiesen, nicht weiter zu fragen und die Dinge und ihre Bedeutung stehen zu lassen, wie sie diese festgelegt hätten (*prout ipsi talia designarent*). Am 26. August 1508 musste der Schaffner aber doch mit der Sprache herausrücken und zugeben, dass die Kreuze nicht aus Hühnerblut gewesen seien, sondern aus demselben Blut (eines christlichen Knaben), das der Illuminist Lazarus den Klostervorstehern gegeben hatte[151]. Der Prior berichtete am 28. August 1508, wie der Lesemeister das „Siegel", d. h. das Kreuz mit den fünf Blutstropfen, im Chor aufgefunden und dabei zwei oder drei Tropfen von dem noch frischen Blut beschädigt habe. Am Nachmittag des gleichen Tages gestand er, dass er die Anfertigung der Reliquien dem Lesemeister und dem Subprior anvertraut habe, blieb aber dabei, dass die Kreuze und Blutstropfen aus Hühnerblut gewesen seien[152].

In seiner Bekenntnisschrift präzisierte der Lesemeister, dass der Subprior die Kreuze und Tropfen unter seiner Anleitung aus dem Blut eines schwarzen Huhnes, gemischt mit roter Farbe, gemalt habe. Er erzählte auch, wie er in der Nacht vom Palmsonntag auf den Montag (28./29. März 1507) die Maria gespielt und dabei Jetzer einen Verband von seinem Stigma weggenommen und im Chor zur Eucharistie gelegt und damit die Reliquien vermehrt habe. Im Verhör, das auf die Bekenntnisschrift folgte, musste der Lesemeister jedoch zugeben, dass der Illuminist Lazarus, der in der Fastenzeit 1507 im Berner Dominikanerkonvent Bücher illuminiert habe, bei der Mischung aus Hühnerblut und Farbe seine Hände im Spiel gehabt habe, „damit es wie richtiges Blut aussähe" (*ac si verus sanguis esset*). Das Ganze war heikel, weil der Lesemeister bei der gleichen Gelegenheit zugeben musste, dass Lazarus – ein konvertierter Jude! – auch die rote Hostie gemalt hatte, und zwar mit einer explosiveren Mischung als Hühnerblut und Farbe. In ei-

---

150) Akten II/2 S. 299f. Nr. 5–7 (1508, Aug 21; Subprior, Folterverhör).
151) Akten II/2 S. 262 Nr. 11–13, S. 268 Nr. 52 (1508, Aug 23 u. 26; Schaffner, Folterverhöre).
152) Akten II/2 S. 279 Nr. 1, S. 280f. Nr. 2 (1508, Aug 28 u. Aug 28, Nachmittag; Prior, Folterverhöre).

nem weiteren Verhör gestand der Lesemeister, dass bereits am Tag nach der Verwandlung der Hostie (am 15. April 1507) einige Mitglieder des Rats in das Kloster gerufen worden seien und der Prior ihnen in der Sakristei die verwandelte Hostie sowie die Kreuze mit den Blutstropfen gezeigt habe, also eine sehr frühe und noch nicht allzu öffentliche Zurschaustellung, an der vielleicht auch der Stadtschreiber Niklaus Schaller und der Gerichtsschreiber Peter Esslinger teilgenommen hatten[153]. Der Subprior schließlich berichtete am 2. September 1508, wie die Klostervorsteher Jetzers Stigmata „gepflegt" hatten: indem sie diese mit reinen Verbänden verbanden und diese dann wegrissen, damit die Wunden nicht heilen konnten, und damit zugleich „Reliquien" – der Ausdruck wird hier wieder gebraucht – produzierten, indem jeder sich glücklich schätzte, wenn er einen Verband oder auch nur ein Stück davon ergattern konnte (*ut beatum se quisquis censeret, qui ex lintheis integrum vel partem habere poterat, putans se habere reliquias*)[154]. Auch diese Stelle ist Anshelm (3 S. 89) nicht entgangen: *Da wurden ouch marterlümple unvergebens [nicht umsonst] ussteilt, davon, wie Uelsche [der Subprior] bekent, wem nur ein fezle mocht werden, der meint, er hätte gross heltûm uberkommen. Wie blind, blind ist doch der mensch on Gots wort!*

Im Revisionsprozess spielten die Reliquien keine große Rolle mehr, im Unterschied zur roten Hostie, der weiterhin recht viel Aufmerksamkeit zuteil wurde (siehe Kap. II/4d). Gegen Ende des Prozesses wurden die vier Klostervorsteher noch alle nach der Wunderkerze und dem Verbleib der angeblich „heiligen" Kreuze gefragt: der Lesemeister wusste nicht, was aus den Kreuzen geworden war, der Schaffner wusste nur, dass eines von ihnen lange im Stübchen der Priors aufbewahrt worden sei, und ebenso der Subprior. Der Prior wusste zusätzlich, dass das Kreuz in seinem Stübchen in einem silbernen Kästchen (*arcula*) aufbewahrt worden sei, das vom Lesemeister und vom Subprior hierher getragen worden sei[155]. Beim Augenschein, den das Gericht am 22. Mai 1509 im Kloster nahm, fand es nur mehr die rote Hostie vor, die immer noch im Hauptaltar aufbewahrt wurde und die der Hauptrichter, der Bischof von Città di Castello, berührte und betastete, und ebenso die Wunderkerze, die er anzünden ließ und die schließlich doch brannte. Darauf gingen die Richter ins Kloster zurück, beriefen den neuen Prior (Johann Ottnant) und einige andere Brüder zu sich und trugen ihnen

---

153) Akten II/2 S. 230, 232 (undat., 1508, Aug 31; Lesemeister, Bekenntnisschrift), S. 240 f. Nr. 11–13, S. 245 Nr. 22 (1508, Aug 31 – Aug 31, Vesperzeit; Lesemeister, Folterverhöre), vgl. auch Akten II/3 S. 378 (1508, Aug 16; Zeugenaussage Esslinger), S. 393 f. (1508, Aug 12; Zeugenaussage Schaller)
154) Akten II/2 S. 312 Nr. 34 (1508, Sept 2; Subprior).
155) Akten III S. 507 f., 510 (1509, Mai 18; Lesemeister u. Schaffner), S. 514 f., 516 (1509, Mai 19; Prior u. Subprior).

auf, die rote Hostie sorgfältig aufzubewahren, aber keinem Menschen zu zeigen, bis der Papst über ihr Schicksal entschieden haben würde. Darauf fragten sie den Prior nach den Kreuzen, und dieser antwortete, dass Bruder Paul Hug sie verbrannt habe, wahrscheinlich irgendwo im Konvent[156]. Dies war alles, was von dem geplanten Wallfahrtsort *ad beatam Mariam de sanguine* geblieben bzw. eben nicht geblieben war, und entsprechend höhnt der Chronist Valerius Anshelm (3 S. 165) bei der Hinrichtung der Klostervorsteher am 31. Mai 1509:

Uf disen tag ward diser arbetseligen våteren und meistren wissagen erfůlt, dass si gerůmt hatten, es wurde darzů kommen, dass die pfister [Bäcker] zů Bern nit brots gnůg möchtid bachen dem grossen zůlouf des volks, zů irem heltum und helgen wurde wallen.

Die Geschichte um die Reliquien krankt vor allem daran, dass die Klostervorsteher zwar zunächst sehr hoch griffen, indem sie Heiligblutreliquien fabrizierten, diese dann aber gleich wieder entwerteten, indem Jetzer bei der gleichen Erscheinung der Jungfrau Maria auch sein erstes Stigma erhielt. Eine weitere Konkurrenz erwuchs den Heilig-Blut-Reliquien aus der verwandelten Hostie, und dieser dann wiederum durch Jetzers fünf Stigmata und das Passionsspiel. Auch wenn die Klostervorsteher immer wieder versuchten, die verschiedenen Dinge in großen Veranstaltungen, zu denen vorher oder nachher auch Jetzers Passionsspiel gehörte, unter einen Hut zu bringen, machten die einzelnen Elemente einander Konkurrenz und überboten sich gegenseitig. Am Schluss blieb von der ganzen Herrlichkeit nur mehr eine Reliquie in einem silbernen Kästchen, allerdings nicht mehr im Chor oder in der Sakristei, sondern auf dem Rückzug in das Stübchen des Priors, und auch da nicht lange. Die rote Hostie blieb nur übrig und im Hauptaltar, weil niemand sie zu zerstören wagte, aus Angst, sie wäre geweiht gewesen; aber auch sie scheint mit der Zeit verloren gegangen zu sein ... Welche Probleme eine solche zweifelhafte Hostie aufgeben konnte, soll ein Blick auf die zeitgenössische Wallfahrt nach Wilsnack (siehe nachfolgend) verdeutlichen. Wilsnack gilt als Hochburg der Heiligblutverehrung – und trotzdem wurden auch hier drei angeblich rote – oder gerötete – Hostien verehrt; die Übergänge zwischen „wahrem" (reliquiarem) und „wunderbarem" (sakramentalem) Blut Christi waren fließend, und es ist vielleicht kein Zufall, wenn die Berner Dominikaner letztlich die rote Hostie den ebenfalls von ihnen selber fabrizierten Heiligblutreliquien vorgezogen haben: es war wohl die theologisch unverfänglichere Lösung.

---

156) Akten III S. 521 f. (1509, Mai 22; Augenschein im Kloster).

Eine neue Wallfahrt

Wesentlich mehr Erfolg als die rote Hostie in Bern hatten drei gerötete Hostien, die seit Ende des 14. Jahrhunderts in Wilsnack (in der westlichen Mark Brandenburg) verehrt wurden, und dies, obwohl sie bis Mitte des 15. Jahrhunderts heftiger Kritik ausgesetzt gewesen waren[157]. Im Jahr 1383 hatte der Pfarrer von Wilsnack in den Ruinen seiner während einer Fehde eingeäscherten Kirche drei rötlich gefärbte Hostien gefunden und dafür – und zum Wiederaufbau der Kirche – sogleich einen päpstlichen Ablass erworben. Auch der Bischof von Havelberg, zu dessen Diözese Wilsnack gehörte, begriff sofort, worum es ging, brachte alle Rechte an Dorf und Kirche Wilsnack an sich und förderte den Aufschwung der Wallfahrt nach Kräften. Im 15. Jahrhundert wurden die drei Hostien das Ziel von Tausenden von Wallfahrern, und Wilsnack wurde zu einem der großen Wallfahrtsorte gleich hinter Jerusalem, Rom, Santiago de Compostela und Aachen. Anfänglich scheinen auch die Bewohner des Erzbistums Prag den Weg in die Mark Brandenburg unter die Füße genommen zu haben, doch stand der Erzbischof von Prag den Wundern in Wilsnack kritisch gegenüber und ließ sie durch eine Kommission, bestehend aus drei Magistern – darunter auch Jan Hus –, untersuchen. Diese kam zu einem negativen Schluss, und der Erzbischof verbot bereits 1405 die Wallfahrt nach Wilsnack für seine ganze Erzdiözese. Hus verfasste einen Traktat *De sanguine Christi glorificato*, worin er ausführte, „dass Christus all sein Blut, ja sogar seine Haare in der Stunde der Auferstehung glorifiziert, d. h. mit sich in den Himmel genommen habe, und auf Erden daher nichts zurückblieb, was als Blut oder Haar Christi verehrt werden könnte. [...] Man findet das wirkliche Blut des Herrn im Altarsakrament und sollte nicht abergläubisch nach einem sichtbaren Blut Christi suchen."[158]

Widerstand kam auch vom Erzbischof von Magdeburg, Günther II. von Schwarzburg (1403–1445), dem die drei brandenburgischen Bistümer Brandenburg, Havelberg und Lebus unterstellt waren. „Eine Provinzialsynode

---

157) Hier und im Folgenden nach KÜHNE/ZIESAK, Wunder, Wallfahrt, Widersacher, insbesondere den Beitrag von Anne-Katrin ZIESAK, Wilsnacks Widersacher (S. 133–162). Vgl. auch Hartmut BOOCKMANN, Der Streit um das Wilsnacker Blut. Zur Situation des deutschen Klerus in der Mitte des 15. Jahrhunderts, in: Zeitschrift für Historische Forschung 9 (1982) S. 385–408, wiederabgedruckt in DERS., Historische Aufsätze, hg. von Dietrich NEITZERT u. a. (2000) S. 17–36. BYNUM, Wonderful Blood, bettet die Wallfahrt nach Wilsnack und die Debatte darum in einen viel weiteren geographischen und theologischen Zusammenhang ein, doch ist sie im Faktischen nicht immer zuverlässig.

158) KÜHNE/ZIESAK, Wunder, Wallfahrt, Widersacher S. 166 f., vgl. auch S. 133 f. und 186 f.

im Jahre 1412 verwarf die mirakulösen Vorkommnisse im Bistum Havelberg." Die Wallfahrt zum Heiligen Blut gründe nicht auf einem Wunder, sondern auf Betrug: „Auch die späteren Mirakel seien erlogen. In Wilsnack würden falsche Reliquien ausgestellt und fragwürdige Ablässe verkündet; die örtliche Geistlichkeit handle verantwortungslos, der Wallfahrtsbetrieb sei reine Geschäftemacherei und diene lediglich der Ausbeutung der Pilger. Zudem errichte man in Wilsnack eine kostspielige neue Kirche, ohne jemals den Ursprung der Wallfahrt geprüft zu haben." Ein großer Gegner erwuchs der Wallfahrt nach Wilsnack in der Person von Heinrich Tocke (um 1390–1454), der 1426 an der noch jungen Universität Erfurt in Theologie promoviert und im gleichen Jahr Domherr in Magdeburg wurde. Er hatte der Wallfahrt schon lange kritisch zugeschaut und Material gesammelt und 1429 in Wartenberg (bei Wittenberg) einen ähnlichen Betrug aufgedeckt: hier hatte eine Hostie während der Messe „von Blut getrieft" und sieben weitere Wunder bewirkt, doch stellte sich schließlich heraus, dass der Pfarrer von Wartenberg sich in den Finger geschnitten und die wundertätige Hostie mit seinem Blut gefärbt hatte. Tocke erhielt aber erst 1443 Gelegenheit, auf die Wallfahrt nach Wilsnack Einfluss zu nehmen, als der Bischof von Havelberg, Konrad von Lintorff (1427–1460), kurz in Magdeburg weilte. Dieser versprach zwar alles, tat aber nichts; immerhin besuchte Tocke in der Folge persönlich den Wallfahrtsort, wo er seine schlimmsten Erwartungen bestätigt fand. Als er die roten Bluthostien untersuchte, musste er feststellen: „[...] aber da war überhaupt nichts Rotes, die Hostien waren vielmehr sehr verzehrt und sahen aus wie Spinnweben, so dass man mit Recht zweifeln konnte, ob der Brotstoff zurückgeblieben war. [...] Ich hatte schon viel Schlimmes über den Ort gehört, aber solche Bosheit hätte ich nicht erwartet, dass man da der ganzen Christenheit vorlügt, es seien dort Blutstropfen, wo absolut nichts ist."[159]

Der Bischof von Havelberg rührte sich weiterhin nicht. Hingegen bat Kurfürst Friedrich II. von Brandenburg (reg. 1440–1471) um eine Unterredung mit Heinrich Tocke, die im Sommer 1444 im Dom von Magdeburg stattfand; doch hatte der Domherr den – nicht falschen – Eindruck, dass der Kurfürst als Landesherr hinter der Wallfahrt nach Wilsnack stand. In den Jahren 1446 und 1447 veranstaltete der Erzbischof von Magdeburg, Friedrich von Beichlingen (1445–1464), fünf Treffen, an denen der Bischof von Havelberg zur Kritik an Wilsnack Stellung nehmen sollte, zu denen er aber nie erschien. Die Wallfahrt wurde vielmehr durch den Franziskaner Matthias Döring († 1469) verteidigt, der dazu einen Auftrag des Kurfürsten Friedrich II. von Brandenburg hatte. Dabei spielte nicht nur eine Rolle, dass

---

159) KÜHNE / ZIESAK, Wunder, Wallfahrt, Widersacher S. 134–136.

die Franziskaner im Allgemeinen die Existenz von „wunderbarem" Blut Christi anerkannten, sondern auch, dass Döring ein Franziskaner-Konventuale war und der Erzbischof von Magdeburg im Verein mit Tocke plante, das Magdeburger Franziskanerkloster der Observanz zuzuführen. „Wie so oft war es wohl auch hier der gemeinsame Gegner, nämlich der Erzbischof von Magdeburg, der die Verteidiger Wilsnacks einte" und Döring zu einem Parteigänger des Heiligen Blutes werden ließ. Dieser argumentierte jedenfalls, dass in Wilsnack kein Götzendienst betrieben – d. h. keine zweifelhafte Hostie angebetet – werde, sondern „allein der Leib des Herrn, wie er in jeder geweihten Hostie präsent ist, verehrt wird. Nur könnten die unwissenden Pilger nicht zwischen dem Sakrament und dem Heiligen Blut unterscheiden." Als Antwort erarbeitete Tocke vierzehn Fragen, die er im August 1446 der theologischen Fakultät der Universität Erfurt vorlegte. Dabei ging es insbesondere um die Frage, „ob man verwandelte alte Hostien der Verwesung preisgeben dürfe, wie es in Wilsnack geschehe". Die Erfurter Theologen waren der Meinung, „dass das Sakrament konsumiert werden müsse, denn es zeuge von mangelnder Ehrerbietigkeit gegenüber dem Leib Christi, ihn bis zum Verderben aufzubewahren. Auch so genannte Bluthostien dürften nicht vorgezeigt werden"; denn niemand vermöge zu sagen, ob sie durch menschlichen oder teuflischen Betrug oder durch ein Wunder gerötet seien. Um Blut Christi könne es sich dabei jedoch nicht handeln, denn dieser habe bei der Auferstehung wieder alles Blut in seinem verklärten Leib aufgenommen[160].

Aus der Kontroverse zwischen Tocke und Döring entstand in der Folge „ein lebhafter Flugschriftenstreit, der bis in die fünfziger Jahre des 15. Jahrhunderts weite Kreise zog und eine Reihe namhafter Theologen Mitteldeutschlands sowie die Universitäten Erfurt und Leipzig in die Wilsnacker Angelegenheit involvierte". Das letzte Treffen zwischen den beiden Parteien fand am 25. Mai 1447 in der Nähe von Tangermünde statt; der Bischof von Havelberg erschien wiederum nicht, wohl aber der Kurfürst selber mit seinem Kanzler und weiterem Gefolge. „Schon zuvor hatte er versucht, die Stimmen gegen Wilsnack zu unterdrücken." In einem im Herbst 1446 an den Erzbischof von Magdeburg gerichteten Brief hatte er sich „über Tockes permanente Einmischung" in die Angelegenheiten seines Herrschaftsgebiets und desjenigen der Havelberger Kirche beklagt. Letztlich „war es die Parteinahme des Kurfürsten für Wilsnack, die im Streit um das Heilige Blut den Ausschlag gab". Auf seine Anweisung wurde dieser im September 1446 an

---

160) KÜHNE / ZIESAK, Wunder, Wallfahrt, Widersacher S. 137–139. Zum Antagonismus zwischen Dominikanern und Franziskanern auch in der Blutfrage siehe Kap. I/2d, Anm. 62.

die Kurie getragen. Dort war das Papsttum daran, den Sieg über die Konzilsbewegung davonzutragen. „In der Mitte des Jahres 1446 begannen die deutschen Kurfürsten, ihre bisherige, neutrale Haltung, die sie zwischen dem Baseler Konzil und Papst Eugen IV. gewahrt hatten, aufzugeben und an die Seite des Papsttums zu treten", um die Jahreswende 1446/1447 auch die Hohenzollern, die den Kurfürsten von Brandenburg stellten. „Unter den Privilegien, die Friedrich II. für seine Anerkennung Papst Eugens IV. erhielt, fand sich denn auch die päpstliche Bestätigung für Wilsnack." Noch wichtiger aber war wahrscheinlich eine päpstliche Bulle (vom 5. Februar 1447), „die festlegte, dass künftig eine neue, konsekrierte Hostie über die alten Bluthostien zu legen und von Zeit zu Zeit zu ersetzen sei, um der ‚Abnutzung' der wundertätigen Hostien durch häufiges Zeigen zu begegnen". Damit sollte verhindert werden, dass zweifelhafte Hostien verehrt und damit Götzendienst betrieben wurde. Unter den vielen päpstlichen Privilegien, die der Kurfürst damals erwarb, war auch eines, das ihm das Vorschlagsrecht bei der Besetzung der drei brandenburgischen Landesbistümer sicherte – gegen seinen einzigen Konkurrenten, den Erzbischof von Magdeburg[161].

Eine letzte Chance erhielten die Gegner des Wilsnacker Bluts im Jahr 1451, als der päpstliche Legat Nikolaus von Kues die Erzdiözese Magdeburg besuchte (zu ihm Kap. II/2d, Zeugenaussage Anshelm). Er weilte vom 13. bis 28. Juni 1451 in Magdeburg und hielt dort eine Provinzialsynode ab. Hier „schlug Tockes große Stunde. Vor dem versammelten Klerus der Erzdiözese referierte er über den fragwürdigen Ursprung der Wilsnacker Wallfahrt und breitete sein umfangreiches Material über den Entdecker der Bluthostien aus, entlarvte falsche Wundergeschichten und unterstrich die langjährigen Bemühungen Magdeburgs, dem unheiligen Treiben ein Ende zu setzen. Herzstück seiner Rede war der Bericht über seinen Wilsnack-Besuch im Jahre 1443." Mit Erfolg: am 5. Juli 1451 erließ der päpstliche Legat von Halberstadt aus ein „Verbot, Bluthostien zu zeigen, von ihnen ausgehende Wunder zu verkünden und Bleizeichen (Pilgerzeichen) in Hostienform zu verkaufen". Auf den Synoden von Mainz 1451 und Köln 1452 ergänzte Nikolaus von Kues, dass „diese Hostien, wenn möglich konsumiert, jedenfalls aber zurückgehalten und verborgen werden" müssten. Der Bischof von Havelberg „ignorierte jedoch sowohl das Urteil des Kardinallegaten als auch die sich daran anschließenden Ermahnungen und Vorladungen seines Metropoliten", so dass dieser ihn am 8. Januar 1452 exkommunizierte und über Wilsnack das Interdikt verhängte. Der Bischof von Havelberg antwortete mit gleicher Münze, und es kam zu „offenen Feindseligkeiten –

---

161) KÜHNE/ZIESAK, Wunder, Wallfahrt, Widersacher S. 139–142.

Brandschatzungen und Plünderungen auf Magdeburger Gebiet". Beide Parteien wandten sich wiederum an Rom, wo Papst Nikolaus V. (1447–1455) am 6. März 1453 seinen eigenen Legaten, Nikolaus von Kues, desavouierte, dessen Spruch kassierte und die Bulle von 1447 „über das Hinzufügen einer neuen konsekrierten Hostie zu den drei Bluthostien" bestätigte. Es ist anzunehmen, dass der Kurfürst von Brandenburg, der sich im März 1453 ebenfalls in Rom aufhielt, wiederum seinen Einfluss geltend gemacht hatte. Der lang andauernde Streit um das Wilsnacker Blut scheint jedoch keine negativen Auswirkungen auf den Wallfahrtsbetrieb selber gehabt zu haben. „Neueste bauhistorische Untersuchungen belegen, dass Chor und Querschiff der zweiten Wilsnacker Wallfahrtskirche innerhalb weniger Jahren entstanden, und zwar um 1450, also genau in der ‚heißen Phase' der Auseinandersetzungen. Der Streit um das Heilige Blut wurde ausschließlich in Theologenkreisen und selbstverständlich in der Sprache der Gebildeten – dem Lateinischen – ausgefochten; die Wallfahrer wurden davon kaum berührt. Im Gegenteil – die Widersacher des Heiligen Blutes versuchten gar nicht erst, die Pilger zu informieren, sie aufzuklären und gegen die Wallfahrt einzunehmen." Dies erklärt denn auch, warum diese munter weiterging und erst hundert Jahre später ein abruptes Ende nahm: als ein lutherischer Prediger am 22. Mai 1552 die Überreste der 1383 auf wunderbare Weise vom Brand verschonten Bluthostien verbrannte[162].

Zwischen der 170 Jahre andauernden Wallfahrt nach Wilsnack und der in Bern angedachten Wallfahrt ergeben sich einige Berührungspunkte, nicht zuletzt im Gegenstand der (geplanten) Verehrung, nämlich der roten Hostie, die den eigentlichen Blutreliquien, den Kreuzen und Tropfen aus dem wahren Blut Christi, längst den Rang abgelaufen hatte, aber auch in der bangen Frage, ob die zur Verehrung ausgesetzte Hostie geweiht gewesen sei (siehe Kap. II/4d). In Wilsnack soll es auch Wunderkerzen gegeben haben, die sich auf wunderbare Weise entzündeten oder sich im Gegenteil nicht anzünden und nicht auslöschen ließen, oder aber brannten, ohne Wachs zu verzehren. Der Wallfahrtsort wurde auch „zum Heiligen Blut" (*ad sacrum sanguinem*) genannt, und das Fronleichnamsfest wurde in Wilsnack – und in der ganzen Mark Brandenburg – als „Tag des Heiligen Bluts" begangen[163]. Die Wallfahrt könnte auch in Bern bekannt gewesen sein, denn am 14. Oktober 1458 hatte Ritter Konrad von Scharnachtal die Wallfahrtskirche zum

---

162) KÜHNE/ZIESAK, Wunder, Wallfahrt, Widersacher S. 142–161, vgl. auch Anne-Katrin ZISAK, Das Ende der Wallfahrten zum Heiligen Blut, ebd. S. 197–212, hier S. 201 f.
163) BYNUM, Wonderful Blood S. 26, 31 f., 54, 137, vgl. auch KÜHNE/ZIESAK, Wunder, Wallfahrt, Widersacher S. 17 f.

Hl. Blut in Wilsnack besucht, also nur fünf Jahre nachdem der Papst 1453 das Verbot seines eigenen Legaten, Nikolaus von Kues, rückgängig gemacht hatte. Konrad von Scharnachtal († 1472) war freilich nicht nur in Wilsnack gewesen, sondern hatte alle drei wichtigen Wallfahrten der Christenheit (Jerusalem, Rom und Santiago de Compostela) absolviert, und zwar im Rahmen von insgesamt vier oder fünf großen Reisen zwischen 1433(?) und 1459; davon führte ihn die erste (1433?) ins Heilige Land, die zweite (1437/1438) nach Frankreich, die dritte (1447/1448) nach Spanien und Irland, die vierte (1449) nach Rom und die fünfte (1458/1459) nach Erfurt, Merseburg, Frankfurt an der Oder und vielleicht noch weiter nach Osten – und eben nach Wilsnack. Da er alle seine Reisen sorgfältig dokumentierte, brachte er auch von dort eine Attestation des Pfarrers mit, die sich heute in der Burgerbibliothek in Bern (Kopie im Staatsarchiv Bern) findet[164].

Damit soll nicht unterstellt werden, dass die Wallfahrt nach Wilsnack das direkte Vorbild für den in Bern geplanten Wallfahrtsort war; es waren ja auch nicht die Berner, die diesen geplant haben, sondern die Berner Dominikaner, aber zumindest den „Deutschen" unter ihnen, dem Prior und dem Lesemeister, dürfte Wilsnack ein Begriff gewesen sein, auch wenn sie nur von Marseille und Köln sprachen – und von Köln zudem zu Unrecht. Wir wissen, dass mitten im Alten Zürichkrieg (1436–1450) bzw. während eines Waffenstillstands, des sog. Friedens von Rapperswil bzw. Elenden Friedens (Aug 1443–April 1444), eine Marienstatue (Maria mit Kind) in der Kirche des Zisterzienserinnenklosters Wurmsbach anfing zu schwitzen, und dies während fünf Tagen. Daraus hätte unter Umständen eine neue und vielleicht sogar eidgenössische Marienwallfahrt entstehen können – wenn die betreffende Maria nicht auf der „falschen" Seite, nämlich derjenigen der Zürcher, gestanden hätte und damit der Maria von Einsiedeln, die daran war, eine eidgenössische Heilige zu werden, Konkurrenz gemacht hätte. Mit ihrem „Schwitzen" rächte sich die Maria für vielfache Sakrilegien an Marienstatuen und Hostienfrevel, welche die Schwyzer vor und nach dem Waffenstillstand in zürcherischem Gebiet begangen hatten. Das heißt aber nicht, dass diese Ungläubige gewesen wären; sie wollten vielmehr ihre Übeltaten jeweils nach begangener Tat beim betroffenen Pfarrer beichten, und dann vor allem auch nach ihrer Rückkehr in Einsiedeln. Dass das Schwitzen der Maria von Wurmsbach sie aber doch zutiefst verunsichert hatte, geht daraus hervor, dass sie gleich nach dem Ablauf des Waffenstillstandes dorthin zo-

---

164) Werner PARAVICINI, Seigneur par l'itinérance? Le cas du patricien bernois Conrad de Scharnachthal, in: L'itinérance des seigneurs (XIVe–XVIe siècles). Etudes publ. par Agostino PARAVICINI BAGLIANI e. a. (CLHM 34, 2003) S. 27–71, hier S. 63 Dokument Nr. 27 (1458, Okt 14).

gen und das Kloster samt der Marienstatue zerstörten, so dass keine Wallfahrt entstehen konnte[165].

Anders nur wenige Jahre später in Ettiswil (LU), wo eine Frau am 23. Mai 1447 auf Eingebung des Teufels eine Hostie aus der Pfarrkirche stahl und sie später wegwarf. Hier wurde die Hostie von einem Mädchen, das Schweine hütete, in Gestalt einer weißen Blume wieder aufgefunden und dafür in den Jahren 1450–1452 mit Hilfe der Stadt Luzern eine Sakramentskapelle mit Legendenzyklus gebaut, die das Ziel einer eidgenössischen Wallfahrt wurde. Die Übeltäterin, die mit der entwendeten Hostie vielerlei Malefizien verübt haben soll, wurde gefasst und verbrannt, nicht ohne dass sie große Reue gezeigt hätte. Die Wallfahrt dauerte zur Zeit des Diebold Schilling von Luzern, aus dessen Chronik wir hier schöpfen, noch an[166]. So gelang in Ettiswil mit Unterstützung der Landesherrschaft bzw. der Stadt Luzern noch in der Mitte des 15. Jahrhunderts eine Wallfahrt.

Noch etwa zwanzig Jahre später gelang dies auch in der bernischen Herrschaft, nämlich in Oberbüren (bei Büren a. A.), wohin totgeborene Kinder aus großem Umkreis getragen wurden, um sie bei einer Marienstatue wiederum zum Leben zu erwecken – und zwar nur solange, bis sie getauft werden konnten[167]. Diese sog. Aufschubswunder (frz. répits) waren zwar theologisch auch sehr umstritten; doch förderte Bern „sein" Heiligtum gegen den Widerstand selbst des Bischofs von Konstanz, Otto von Sonnenberg (Electus 1474–1480, Bischof 1480–1491), der sich 1486 sogar beim Papst über den Aberglauben beklagte, dem in Oberbüren gehuldigt werde. Jedenfalls wurde in Oberbüren seit 1470 gebaut, zunächst noch unter der Bauherrschaft des Städtchens Büren, dann aber seit 1482 unter derjenigen der Stadt Bern, die 1482 bzw. 1495 für die große Summe von 1000 Pfund auch das Patronatsrecht erwarb, das bisher der Benediktinerabtei St. Johannsen bei Erlach gehört hatte. Seit 1482 hatte Oberbüren Vögte, die mit den jeweiligen Schultheißen von Bern identisch waren, und wurde damit noch „regierungsnäher" verwaltet als das Vinzenzstift, das von den jeweiligen Altschultheißen überwacht wurde. Seit 1480 war Oberbüren offizielles Wallfahrtsziel der Stadt Bern (wie Habstetten und Beatenberg), und die Einnahmen begannen reichlich zu fließen: 1482 betrugen sie 534 Pfund, zehn Jahre später 1432 Pfund und 1504 2344 Pfund; diese wurden in Boden- und Geld-

---

165) Guy P. MARCHAL, Die „Metz zuo Neisidlen": Marien im politischen Kampf, in: OPITZ u. a., Maria in der Welt S. 309–321; vgl. auch SCHREINER, Maria, Jungfrau S. 379–381.

166) Luzerner Schilling S. 96 f. Kap. 71–73, vgl. auch HANSEN, Quellen und Untersuchungen S. 548–551 Nr. 62 (1447, Juni 16), und Josef BÜTLER, Die Wallfahrt zur Sakramentskapelle in Ettiswil, in: Der Geschichtsfreund 100 (1947) S. 169–178.

167) Hier und im Folgenden nach UTZ TREMP, Marienheiligtum von Oberbüren.

zinsen angelegt. 1485 sind erste Pilgerzeichen bezeugt. Die Pilger kamen aus einem Kreis, der die Städte Basel, Straßburg, Colmar, Schlettstadt, Biberach, Ulm, Nördlingen und Nürnberg umfasste. Als der Bischof von Konstanz, Otto von Sonnenberg, Ende 1485/Anfang 1486 eine Untersuchung gegen Oberbüren einzuleiten suchte, schlug Bern diese mit allen ihm zur Verfügung stehenden Mitteln nieder. In den Jahren 1487–1507 scheint der Kirchenbau fertiggestellt worden zu sein, 1495 ist von einer „neu gebauten Kirche" die Rede. Im Jahr 1505 wurde der Chor eingewölbt, die Orgel bemalt und ein Chorgestühl eingerichtet. Am 1. April 1507 wurden der Turmhelm und das Dachwerk verdingt, und im Jahr 1508 (oder 1509) wurden beim Berner Glockengießer Johann Zehnder (Zeuge im Jetzer-Hauptprozess) zwei Glocken in Auftrag gegeben.

Der Bau der Wallfahrtskapelle scheint also mehr als dreißig Jahre in Anspruch genommen zu haben und genau in der Zeit zum Abschluss gekommen zu sein, als in Bern der Jetzerhandel stattfand. Dabei weiß man allerdings nicht, ob 1507 bereits die großartige Wallfahrtsanlage mit Terrasse in der Art der Plattform des Münsters von Bern oder der Stadtkirche von Biel fertiggestellt worden ist, die man von den Ausgrabungen (1992–1998) her kennt, oder ob diese erst das Ergebnis von weiteren Bauten waren, die zwischen 1507 und 1518 durchgeführt wurden; jedenfalls wurden 1518 in Oberbüren zu zwei bestehenden noch zwei weitere Kaplaneien gestiftet und für die Kapläne stattliche Häuser gebaut, eine Entwicklung, die man beim Chronisten Valerius Anshelm (4 S. 263) nachlesen kann:

Hiehar gehört ouch der gros gwin Unser Frowen zů Oberbůrren, alein mit dotner kinden und mispurten touf abgötisch gewunnen, also dass si uber nůw gebuwne kilchen, kilchturn, gros gelůt, zwen pfaffen mit hůser und pfrůnden, diss jars under irem vogt, junkher Hansen von Erlach, noch zwen kaplonen mit hůser und pfrůnden hat gestiftet und nůw ufgerichtet.

Dabei sei nicht vergessen, dass in Oberbüren auch eine Marienstatue stand, die ganz ähnlich wie diejenige im Dominikanerkloster in Bern über und über mit Kleinodien behängt war. Im Jahr 1497 wurde in Zürich ein Mann verhaftet und zum Tod am Galgen verurteilt, weil er nachts mit einer Leiter in die Kirche von Oberbüren eingestiegen war und Unserer Lieben Frau eine vergoldete Krone, ein Paternoster mit einem Agnus Dei, zwei goldene und zwei silberne Ringe, eine silberne Schale, mehrere silberne Herzen, *ein schiltly mit einem mänly* und schließlich ein Halsband gestohlen hatte, das Unsere Frau um den Hals trug, also einen ähnlichen Kirchenraub begangen hatte, wie er in den Jetzerprozessen wesentlich weniger streng geahndet wurde (siehe Kap. II/4b). Diese ganze Herrlichkeit, die im Urteil als *Unser frowen blunder* (Besitz, Kleinodien) bezeichnet wurde, hatte er bei Goldschmieden in Basel, Straßburg und Freiburg i. Br. versetzt[168]. Diese Marienstatue könnte von den Berner Dominikanern als direkte Konkurrentin zu ihrer blutweinenden Marienstatue aufgefasst worden sein; jedenfalls bildet Oberbüren ebenfalls ein Thema im Defensorium, allerdings eher bei Prior Werner von Basel als bei den Berner Klostervorstehern. Prior Werner ließ durch Jetzer bei der Jungfrau Maria anfragen, was sie von den Wundern in Oberbüren halte, musste aber offenbar zwei Mal nachfragen, vielleicht weil derjenige der Klostervorsteher, der die Maria spielte, sich nicht zu klar ausdrücken wollte. Jedenfalls sagte Maria das erste Mal, dass die Sache nicht integer, sondern verdächtig sei (*Res illa non est integra, sed suspecta*). Als Werner eine klarere Antwort verlangte, was in dieser Sache zu unternehmen sei, und seine guten Dienste anbot, antwortete Maria, dass es gut wäre, wenn die Sache ohne Tumult und Skandal abgesetzt würde (*Bonum est quod res deponatur sine tumultu et scandalo*)[169]. Etwas klarer wird die Sache in einem Verhör, dem Jetzer im Revisionsprozess (am 5. Mai 1509) unterzogen wurde. Unter anderen Fragen habe Prior Werner ihm aufgegeben, Maria zu fragen, ob wahr oder phantastisch sei, was in Oberbüren geschehe, wo dorthin getragene Frühgeburten angeblich wieder belebt wurden (*allati abortivii certis signis apparentibus reviviscere videntur*); Prior Werner selber sei der Meinung gewesen, dass es sich dabei um „Märchen und Täuschungen" (*deliramenta et deceptus*) handle[170]. Man stelle sich vor: im Wunderbericht über die zukünftige Wallfahrt *ad beatam Mariam de sanguine* in Bern wurde gegen eine andere, bestehende, blühende Wallfahrt polemisiert! Leider wurde Jetzer bei seinem Verhör im Revisionsprozess nicht nach Marias Antwort gefragt, so dass wir nicht erfahren, wie die Klostervorsteher sich aus dieser Schlinge gezogen haben.

Schließlich war der Gerichtsschreiber Peter Esslinger, der am 16. August 1508 als Zeuge im Hauptprozess aussagte, wenige Tage zuvor, am 10. August, in Oberbüren gewesen, wahrscheinlich nicht, um ein totgeborenes Kind dahin zu tragen, sondern angeblich aus „Frömmigkeit". Hier habe er von einem Bürger von Solothurn, Gerhard Löwenstein, vernommen, dass dieser im vergangenen Jahr (1507) an der Fastenmesse in Frankfurt von einem Dominikaner habe predigen hören, dass seinem Orden große Wunder

---

168) UTZ TREMP, Marienheiligtum von Oberbüren S. 42.
169) Def. S. 574, 578 Kap. II/1 u. II/6.
170) Akten III S. 422 Nr. 43 (1509, Mai 5; Jetzer). Es war an sich nicht ungewöhnlich, dass in Wunderberichten gegen Wunder polemisiert wurde, die an anderen Wallfahrtsorten geschahen, vgl. TREMP, Wunder und Wallfahrt S. 101 f.

bevorständen, die in der Stadt Bern geschehen würden[171]. Diese Aussage zeigt sehr schön nicht nur, dass die „Wunder" im Dominikanerkloster in Bern von langer Hand vorausgeplant waren, sondern auch, dass Oberbüren tatsächlich zu einem internationalen Treffpunkt geworden war, auf welchem ein Berner von einem Solothurner erfahren konnte, was in Frankfurt gepredigt wurde. Neben der blühenden Wallfahrt nach Oberbüren, die der Berner Rat als „Chefsache" betrieb, gab es keinen Platz für eine weitere Wallfahrt, und schon gar nicht für eine dominikanische in der Hauptstadt selber. Wie die Beispiele Wilsnack, Ettiswil und Oberbüren zeigen, konnten zwar am Ende des Mittelalters – und auch später – durchaus neue Wallfahrten entstehen, aber wohl nur, wenn eine starke Landesherrschaft (der Kurfürst von Brandenburg oder die Stände Luzern und Bern) dahinter standen[172]; etwas Derartiges hatten die Dominikaner ja auch geahnt, als sie die mächtige Stadt Bern für ihre Wunder auswählten, aber da sie diese gleichzeitig als einfältig hinstellten und mit gewagten Prophezeiungen beleidigten (siehe Kap. II/5a), konnte ihr Vorhaben auch nicht ansatzweise gelingen.

Jetzers Stigmata und Passionsspiel

Wenn die Kapitel über die Reliquien und ihre Verehrung sowie die angestrebte Wallfahrt vielleicht noch amüsant waren, so vergeht einem das Lachen bei Jetzers Stigmata und Passionsspiel. Denn hier versuchten die Klostervorsteher nichts weniger, als aus diesem einen Heiligen zu machen, und zwar nicht einfach einen „gewöhnlichen" Heiligen oder auch nur Seligen, sondern einen, der den Vergleich mit dem heiligen Franziskus von Assisi aushalten sollte. Denn der Dominikanerorden hatte – noch – keinen stigmatisierten Heiligen; man hatte es zwar schon mit zwei Frauen versucht, Katharina von Siena, deren Stigmata indessen unsichtbar geblieben waren, und Lucia Brocadelli von Narni, bei der die Sache eben gerade im Sand verlaufen war (siehe Kap. I/2d u. 3a). Im Defensorium wird beschrieben, wie Jetzer das erste Stigma in die rechte Hand erhielt, zum Zeichen, dass alles, was die Jungfrau Maria betreffend ihre Empfängnis gesagt habe, wahr sei. Diese versicherte Jetzer auch, dass der Papst ihm besonderen Ablass für alle diejenigen geben werde, die seine Wunde sehen würden (*pro inspicientibus hoc vulnus*), was vielleicht bereits auf das Passionsspiel vorausdeutete. Nachdem der Konverse das erste Stigma an Mariä Verkündigung (25. März 1507) erhalten hatte, einigten sich der Prior und der Lesemeister an Palmsonntag

---

171) Akten II/3 S. 379 (1508, Aug 16; Zeugenaussage Esslinger).
172) ANGENENDT, Heilige und Reliquien S. 136 f., 230 ff., 237 f. , 249, vgl. auch BALZAMO, Les miracles S. 33 f., 121, 217, 225, 316.

(28. März) auf die Fragen, die sie Maria durch Jetzer stellen wollten, unter anderem auch nach Lucia von Ferrara, d. h. nach Lucia Brocadelli von Narni, welche die Stigmata erhalten habe zum Zeichen, dass Papst Alexander VI. die Diskussion um die Empfängnis Marias beenden solle, natürlich im Sinn der Dominikaner[173].

Nachdem Prior Werner von Basel am 11. April 1507 nach Bern gekommen war, wurden ihm Jetzers Stigmata (irrtümlicherweise bereits im Plural!) und die Heiligblutreliquien gezeigt. In der Folge beklagte Jetzer sich bei Prior Werner über die Schmerzen, die das Stigma ihm verursachte, und dieser versuchte ihn zu trösten. Das Gespräch kam auf Katharina von Siena, welche die Stigmata nicht offen und sichtbar, sondern verborgen, und auf Lucia von Ferrara, welche sie zwar offen trug, bei der sie aber durch „die Bosheit der Menschen und die Größe (der Sünden?) zum Teil zerstört" worden seien[174] – was wie eine schlechte Prognose für das Vorhaben der Dominikaner klingt. Als Jetzer am 7. Mai 1507 die übrigen vier Stigmata erhielt, war Prior Werner bereits nicht mehr in Bern, wohl aber kam er am 12. Mai 1507 im Gefolge des Provinzials und auf dem Weg ans Generalkapitel in Lyon wieder hierhin und sah, dass der Konverse nun täglich zwischen Mittag und zwei Uhr nachmittags die Passion Christi darstellte. An erster Stelle kam die Ölbergszene, bei der er betete, seufzte und weinte, gefolgt von der Krönung (mit der Dornenkrone), der Geißelung, der Kreuzigung und dem Tod. Dabei verfiel er täglich in Ekstase: er breitete die Arme aus, zitterte, lag in den letzten Zügen (*agoniçat*) und legte einen Fuß so stark über den andern, dass man die Füße mit keiner Gewalt auseinander bringen konnte, und ähnlich die Hände. Prior Werner beteuerte, dass er das Spiel mehrmals mit eigenen Augen gesehen habe und dass Jetzer am 16. Mai 1507 sieben Stunden in Ekstase lag, und am darauffolgenden Freitag (21. Mai) neun Stunden. Wenn er aus diesem Zustand zurückkam, glaubte er, er sei ganz allein in der Welt (siehe Kap. I/3b)[175].

Am 23. Juli 1507 ließ der Bischof von Lausanne Jetzer in der Ekstase von einem Benediktinermönch beschwören, in einer Prozedur, die nicht weniger als zwei Stunden dauerte und „schreckliche Sakramente und Beschwörungen" umfasste und bei der auch wieder die Eucharistie zum Einsatz kam, um alles, was mit „schlechten Künsten" oder „teuflischer Macht" zu tun hatte, zu vertreiben. Diese Beschwörung wird nur gerade im Defensorium beschrieben, und Prior Werner triumphiert denn auch, dass sie nichts habe ausrichten können: Jetzer sei in gewohnter Weise in seiner Ekstase geblie-

---

173) Def. S. 561 f., 565 Kap. I/17 u. 20.
174) Def. S. 572, 576, 578 f. Kap. II/1, 3 u. 7.
175) Def. S. 579 f. Kap. II/8 u. 9.

ben und habe sich unter dem Einfluss der Beschwörungen in keiner Weise verändert. Der Benediktinermönch und der Generalvikar der Diözese Lausanne (Baptiste de Aycardis) hätten unverrichteter Dinge abziehen müssen, „voll Bewunderung für die Neuheit der Sache, die sie nicht in den Schmutz ziehen konnten". Es gibt einen einzigen Zeugen für diese Geschichte, nämlich wiederum Johann Schindler, der allerdings bei der Beschwörung nicht dabei war, wohl aber zufällig vor der Tür stand, zusammen mit einigen Novizen, die sagten, es sei nicht nötig, Jetzer zu beschwören, denn dieser sei nicht von einem Dämonen besessen[176]. Aber auch das Generalkapitel des Dominikanerordens, das am 11. Juni 1508 in Rom tagte – als in Bern bereits der Hauptprozess vorbereitet wurde –, machte sich die Erklärung der Ekstase zu eigen, als es unter strenger Strafe verordnete, dass nicht veröffentlicht werden dürfe, wenn eine Person, die in irgendeiner Art zum Orden gehörte, in Ekstase verfiel[177].

Das Verschwinden der Stigmata wird im Defensorium so dargestellt, dass in der Nacht vom 29. auf den 30. Juli 1507 die Jungfrau Maria „wie gewohnt" bei Jetzer erschien und ihm unter anderem mitteilte, dass sie von ihrem Sohn geschickt worden sei, um ihm die „Gnade", die ihm mit den Zeichen der Passion gegeben worden sei, wieder wegzunehmen, und zwar wegen der Nachlässigkeit der Ordensobern und dem Gelächter anderer, über das ihr Sohn erzürnt sei. Denn schon drei Mal sei dies dem Dominikanerorden verkündet und jedes Mal verachtet worden; deshalb komme sie nun, um ihm die Wunden und die Passion wegzunehmen. Und auf der Stelle seien die Stigmata geheilt gewesen, so dass keine Spur von ihnen blieb. Als der Lesemeister am folgenden Morgen (30. Juli) zu Jetzer kam, fand er ihn ganz geheilt und unversehrt an allen Gliedern. Bemerkenswert ist, dass die Schuld am Verschwinden der Stigmata nicht Jetzer gegeben wurde, sondern den Dominikanern, wobei die Klostervorsteher wohl den Provinzial meinten, der sie wahrscheinlich nur unterstützt hätte, wenn ihnen der Durchbruch gelungen wäre, und das Generalkapitel von Pavia (vom 6. Juni 1507), das zum Schluss gekommen war, dass die Geschehnisse um Jetzer von einem Menschen oder einem Dämonen herrührten, niemals aber von der Jungfrau Maria selber, und dass sie unter dem Deckel gehalten werden sollten[178].

---

176) Def. S. 583 Kap. II/11, vgl. auch Akten II/3 S. 369 (1508, Aug 14; Zeugenaussage Schindler).
177) Beilagen S. 625 Nr. 25 (1508, Juni 11).
178) Def. S. 583 Kap. II/12, vgl. auch Akten II/2 S. 235 (undat., 1508, Aug 31; Lesemeister, Bekenntnisschrift). Die diesbezüglichen Beschlüsse des Generalkapitels von Pavia sind nur in den Akten der Jetzerprozesse und bei Anshelm (3 S. 94) überliefert, nicht

Wir verlassen hier das Defensorium und wechseln zu den Akten, und zwar zu jenen von Jetzers erstem Prozess in Lausanne und Bern. Bei seinem ersten Verhör, das am 8. Oktober 1507 in Lausanne stattfand, hielt er noch daran fest, dass die Stigmata ihm (am 25. März und am 7. Mai 1507) von der Jungfrau Maria beigebracht worden seien, zum Zeichen, dass ihre Botschaft, die befleckte Empfängnis, wahr sei. Die Stigmata hätten ihm große Schmerzen verursacht, und während vierzehn Wochen habe er in Form eines Kruzifixes(!) gelitten, womit wohl das Passionsspiel gemeint war. Maria habe ihm gesagt, dass er die Stigmata nur vierzehn Wochen tragen müsse – bis die Dominikaner ihre Schuldigkeit gegenüber dem Papst getan und diesem ihre Botschaft weitergegeben haben würden; am Freitag seien die Schmerzen jeweils stärker gewesen als an den anderen Tagen. Nach vierzehn Wochen habe Maria ihn von den Stigmata befreit, so dass an seinen Händen und Füßen und an der Seite keine Spur mehr geblieben sei, obwohl in der vorangehenden Nacht die Wunden stärker geblutet hätten als zuvor[179]. In den Anklageartikeln, denen Jetzer am 17. November 1507 in Lausanne unterzogen wurde, wurden ihm die Stigmata zum Vorwurf gemacht, die er (angeblich) von der Jungfrau Maria erhalten hatte, und das Passionsspiel, das er täglich zwischen 11 und 12 Uhr unter großen Schmerzen in Form eines Kruzifixes durchlitt. „Da dies alles nicht nur unglaubwürdig", sondern auch „eher unmöglich als natürlich scheine", habe der Bischof von Lausanne (im Juli 1507) Jetzer, dem Prior und dem Subprior sowie den übrigen Angehörigen des Konvents unter strengen Strafen verboten, das Passionsspiel öffentlich zu zeigen. Diese hätten es versprochen, aber ihr Versprechen nur wenige Tage danach gebrochen, so dass unerträgliche Gerüchte und Irrtümer auferstanden seien und man das Volk kaum von einem Sturm auf das Kloster habe abhalten können[180]. Während seines Artikelverhörs (am 17. Nov 1507) wurde Jetzer gefragt, ob er sich für einen Heiligen halte, und er antwortete, dass er sich für einen armen Sünder halte[181].

Wie wir wissen, wurde Jetzer Ende Dezember 1507 von Lausanne nach Bern zurückgeholt, weil der Bischof von Lausanne ihn nach Meinung der Stadt Bern nicht hart genug anfasste (siehe Kap. II/1a u. b). Am 7. Januar 1508 kam es zu einer Gegenüberstellung von Jetzer und den Dominikanern vor dem Rat, bei der – wie die Dominikaner erleichtert feststellten – der erstere noch an der Echtheit der gewandelten Hostie, der blutweinenden Mari-

---

aber in den Akten des Generalkapitels selber, vgl. auch Akten III S. 467f. Nr. 44 (1509, Mai 12; Prior).
179) Akten I S. 11–13 Nr. 42–48 (1507, Okt 8; Jetzer).
180) Akten I S. 21–23 Nr. 18 u. 20–22 (undat.).
181) Akten I S. 25 Nr. 99 (1507, Nov 17; Jetzer, Artikelverhör), vgl. auch Anshelm 3 S. 131.

enstatue und der Stigmata festhielt[182]. Diese Meinung ließ er indessen fallen, nachdem er am 5. Februar 1508 das erste Mal gefoltert worden war. Hier sagte er nun aus, dass der Subprior(!) ihm das erste Stigma mit einem schwarzen Pulver verabreicht habe und dass er die übrigen Stigmata später unter dem Einfluss eines Trankes empfangen habe; jedes Mal, wenn diese zu heilen begannen, habe der Subprior sie ihm mit einem Wasser erneuert. Dieses habe ihm solche Schmerzen verursacht, dass er manchmal fast durch seine Hand habe hindurchschauen können. Vor dem Passionsspiel hätten ihm die vier Klostervorsteher einen Trank zu trinken gegeben, der bewirkt habe, dass er den Verstand verloren habe und gezwungen wurde, wie ein Kruzifix zu liegen und den Bauch hinauf- und hinunter zu bewegen. Wenn das Passionsspiel zu Ende gewesen sei und die Zuschauer den Ort verlassen hätten, hätten die Klostervorsteher ihm einen süßen Trank gereicht, der ihm – trotz der Bitterkeit des vorangegangenen Trankes – alle Schmerzen weggenommen habe, mit Ausnahme des Schmerzes der Stigmata, der wegen des darauf gestreuten Pulvers nie aufgehört habe. Als er schließlich wegen der Schwäche seines Körpers den bitteren Trank nicht mehr trinken und die Erneuerung der Stigmata nicht mehr ertragen konnte, seien diese verschwunden und die Klostervorsteher hätten ihm gedroht, dass er, wenn er dies alles verrate, im Feuer verbrannt werden würde[183].

Zwei Tage später, am 7. Februar 1508, wurde Jetzer einem zweiten Folterverhör unterzogen, und nachher sagte er aus, dass die Klostervorsteher ihm öfters einzureden versucht hätten, er sei ein heiliger Mann. Wenn die Leute zu ihm gekommen seien und ihm Gold und Silber gebracht hätten, habe er es zurückgewiesen; die Klostervorsteher aber hätten es genommen und ihm befohlen, es in Zukunft auch anzunehmen. Der Lesemeister, der immer sein „nächster Instruktor" (*propinior [propinquior?] instructor*) gewesen sei, habe wegen dieser „fingierten Heiligkeit" (*ficte sanctitatis*) Briefe an den Römischen König und andere Adressaten in Deutschland und Frankreich geschrieben. Die Klostervorsteher hätten ihn auch zu wöchentlicher Kommunion gezwungen, und je mehr er kommuniziert habe, desto mehr „Illusionen" habe er gehabt und desto unruhiger sei er geworden[184]. Hier zeichnet sich ab, dass die Klostervorsteher Jetzer zu einem Heiligen machen wollten, allerdings mit sehr zweifelhaften Mitteln, mit Stigmata, Passionsspiel, harter Disziplin und häufiger Kommunion. Jetzers Heiligkeit gab den Klostervorstehern insofern ein Problem auf, als sie diese zwar

---

182) Beilagen S. 614–616 (1508, Jan 7), vgl. auch Parallelüberlieferung Def. S. 589 f. Kap. III/4.

183) Akten I S. 44 f. Nr. 138–141 (1508, Feb 5; Jetzer, Folterverhör), vgl. auch Parallelüberlieferung Def. S. 596 Kap. III/9.

184) Akten I S. 49 f. Nr. 156 f. (1508, Feb 7; Jetzer, Folterverhör).

brauchten, um ihre Botschaft von der befleckten Empfängnis zu stützen, aber gleichzeitig vermeiden mussten, den Konversen zu „heilig" und zu unabhängig zu machen, und deshalb versuchen mussten, den Ruhm auf ihr Kloster zu lenken. Am 31. Juli 1508 sagte Jetzer aus, dass Maria ihm gesagt habe, dass das erste Stigma nicht sein Verdienst sei, sondern dasjenige der Mönche, die vor hundert Jahren in diesem Kloster gelebt hätten. Der Konverse vermutete, dass das erste Stigma, das dreieckig und von der Breite einer Bohne oder Erbse gewesen sei, mit einem Eisen gemacht worden sei. Die Wunde sei durch die ganze Hand gegangen, so dass er, wenn er sie gegen das Licht hob, dieses durchscheinen sah, vor allem nachts. Als sie ihm das erste Stigma verabreichte, habe Maria seine Hand schief gegen die Bettlade gedrückt und ihm dann die Wunde von außen nach innen eingedrückt; dabei sei auf der Lade Blut zurückgeblieben[185].

Nachdem Jetzer das erste Stigma bekommen habe, sei der Subprior zu ihm gekommen und habe ihn scheinheilig gefragt, warum er geschrien habe. Dieser habe geantwortet, er habe Schmerzen an der Hand und fürchte, er habe darin ein großes Loch. Als der Subprior das Stigma in seiner Hand gesehen habe, sei er auf die Knie gefallen und habe diese geküsst und gesagt: „Gesegnet ist diese Hand." Darauf habe er die von Maria beim gleichen ersten Besuch mitgebrachten Reliquien auf Jetzers Tisch entdeckt, eine Entdeckung, über die diejenige des Stigma fast in Vergessenheit geraten sei. Schließlich sei der Subprior aber doch zurückgekehrt und habe Jetzers blutige Hand mit reinem Leinen verbunden. Unter anderen Offenbarungen habe die Jungfrau Maria auch befohlen, dass umgehend bei Anbruch des Tages ihre Erscheinung einigen Mitgliedern des Rats von Bern kundgetan und ihnen die Wunde gezeigt werden solle. Seit ihrer zweiten Erscheinung habe sie selber Jetzers Wunde gepflegt und jeweils die blutigen Verbände mitgenommen und offenbar ins Sakramentshäuschen zur Eucharistie (und den Reliquien) gelegt. Auf eine entsprechende Frage antwortete Jetzer, dass er aus dem Geruch und aus dem Glanz, den er um die Wunde hatte, geschlossen habe, dass Maria ihm eine Salbe aufgetragen habe, aber der Lesemeister habe nichts davon wissen wollen. Dagegen habe dieser Maria durch ihn nach Lucia von Ferrara und Katharina von Siena fragen lassen, die beide auch die Stigmata gehabt hätten und beide ebenfalls zum Zeichen, dass Maria in der Erbsünde empfangen worden sei. Der Lesemeister habe weiter nachfragen lassen, was es bedeute, dass Lucias Stigmata verschwunden seien, und Maria habe geantwortet, dass dies nichts Schlechtes bedeute; denn Christi Stigmata wären ebenfalls geheilt worden, wenn er die Kreuzigung

---

185) Akten II/1 S. 84 f. Nr. 97–103 (1508, Juli 31; Jetzer), vgl. auch Akten III S. 416 Nr. 17 (1509, Mai 4; Jetzer).

überlebt hätte! Was Katharina von Siena betraf, so habe Maria geantwortet, dass diese selber die Stigmata nur innerlich haben wollte[186].

Beim nächsten Verhör, am 2. August 1508, berichtete Jetzer, wie er am 7. Mai 1507 auch die übrigen Stigmata bekommen habe, zuerst in beide Füße, dann in die Seite und schließlich in die linke Hand, und zwar mit einem Schlüssel oder einem Instrument aus Eisen und nachdem ihm der Subprior am vorhergehenden Tag um die Vesperzeit befohlen hatte, sich die Füße zu waschen! Dieser habe ihm am Abend vorher auch eine Art Gewürzwein (*claretum*) gegeben, von dem er wie betrunken gewesen sei. Auch dieses Mal habe der Subprior die Stigmata geküsst und ihm am folgenden Abend einen Trank verabreicht, der bewirkte, dass er in Schweiß ausbrach, und der ihm das Gefühl gab, er sei von Ameisen gebissen worden (Anshelm 3 S. 87: *als ob in d'ambeissen bissint*). Seine Eingeweide hätten sich auf und ab bewegt und im rechten Arm habe er einen starken Schmerz empfunden, so dass er in Ekstase gefallen sei und nicht mehr wahrgenommen habe, was um ihn herum geschah. In diesem Zustand blieb er für die Dauer einer Stunde ohne Fühlen, Sehen oder Hören. In der Folge hätten ihm der Subprior, der Prior, der Lesemeister oder der Schaffner diesen Trank immer um 11 Uhr (vormittags) verabreicht und darauf sei er immer in Ekstase gefallen. Vom Passionsspiel, das er in diesem Zustand spielte, scheint Jetzer kaum etwas mitbekommen zu haben. Der Subprior habe ihm gesagt, dass es sich bei dem Trank um Taufwasser handle, das sie ihm gäben, um unterscheiden zu können, ob seine Erscheinungen gut oder schlecht seien, und um die schlechten Geister von ihm abzuhalten. Wenn er den Trank, der ihm solche Schmerzen bereitet habe, nicht mehr nehmen wollte, hätten sie ihn dazu gezwungen. Als der Provinzial mit seinem Gefolge (Mitte Mai 1507) nach Bern gekommen sei, hätten dessen Begleiter seine Stigmata ebenfalls geküsst, nicht aber der Provinzial (damals noch im Gericht des Hauptprozesses) noch Magnus Wetter[187], was vielleicht dahingehend auszulegen ist, dass die beiden wussten, welche Bewandtnis es mit Jetzers Stigmata hatte.

Auf die Frage, wann seine Stigmata verschwunden seien, antwortete Jetzer: um das Fest der Maria Magdalena (22. Juli 1507) herum oder acht Tage später. Damals sei ihm wieder die Jungfrau Maria erschienen, diesmal begleitet von der hl. Cäcilia. Als die Maria nach seiner Hand gegriffen und seine Wunden berührt habe, habe er die Hand des Subpriors erkannt, mit ei-

---

186) Akten II/1 S. 87–89 Nr. 120–124, S. 90 Nr. 134, S. 95–97 Nr. 162–168 (1508, Juli 31, 14 Uhr; Jetzer). Vgl. auch David GANZ, Gemalte Geheimnisse. Die Stigmatisierung Katharinas von Siena und ihre (Rück-)Übertragung ins Bild, in: Carla DAUVEN-VAN KNIPPENBERG u. a. (Hg.), Medialität des Heils im späten Mittelalter (Medienwandel – Medienwechsel – Medienwissen 10, 2009) S. 83–110.

187) Akten II/1 S. 110–112 Nr. 246–255 (1508, Aug 2; Jetzer).

nem kleinen Büchslein mit Salbe. Nach dieser Entdeckung habe er den Trank nicht mehr nehmen wollen, und er glaubte, dass die Stigmata deswegen geheilt seien; denn er hegte – wohl nicht zu Unrecht – den Verdacht, dass diese jeweils erneuert wurden, wenn er den Trank genommen und in Ekstase gefallen sei. Auch habe er sich von den vier Klostervorstehern nicht mehr berühren noch die Wunden verbinden lassen wollen, so dass diese innerhalb von drei Tagen verschwunden seien. Der Lesemeister habe ihn unter Androhung von Kerker oder andern Foltern zwingen wollen, den Trank wieder zu nehmen; als er ihm die Beichte abgelegt habe, habe er ihm aufgetragen, sich als Buße für seinen Ungehorsam mit der Rute zu schlagen, und habe ihm selber die ersten sieben Schläge versetzt[188]. In der Folge hätten die vier Klostervorsteher mit allen Mitteln versucht, ihn dazu zu bewegen, sich die Stigmata wieder erneuern zu lassen; denn ihr Verschwinden hatte in der Stadt Bern den Verdacht aufkommen lassen, dass sie nicht echt gewesen seien. Jetzer habe zuerst tapfer widerstanden, den Trank wieder zu nehmen, mit der Begründung, dass ihm schon übel genug mitgespielt worden sei. Schließlich habe er eingewilligt unter der Bedingung, dass sie ihm verrieten, wie sie die früheren Stigmata und die Ekstase gemacht hätten. Darauf hätten sie ihm die Zusammensetzung des Tranks verraten, der vom Illuministen Lazarus (unter anderem) aus dem Nabelblut eines jüdischen Knaben gemischt worden sei und der bewirkt habe, dass er beim Passionsspiel die Füße nicht voneinander bringen konnte. Die Salbe, mit der seine Stigmata gepflegt wurden, habe der Lesemeister in einer großen Schüssel aus Zinn mit trockener Salbe und flüssigem Wachs zubereitet. Die Stigmata seien ihm mit einem „starken Wasser" (*aqua forti*) und korrosiven Pulvern beigebracht und mit der beschriebenen Salbe gepflegt worden, die jegliche Entzündung verhinderte, so dass kein Chirurg oder Arzt ihren Ursprung hätte erkennen können. Die Salbe sei rot gewesen, so dass die Stigmata rot erschienen und die rote Farbe sich nicht leicht abwaschen ließ[189].

Nachdem er dies alles erfahren hatte, wollte Jetzer den Trank begreiflicherweise noch weniger nehmen und sich die Stigmata noch weniger erneuern lassen. Darauf hätten die Väter ihn während dreier Tage mit seiner eigenen Kette gefesselt, mit der Begründung, auch wenn ihm übel mitgespielt worden sei, dürfe er sich trotzdem nicht gegen sie auflehnen und sich damit gegen Gott versündigen. Sie hätten ihn außerdem gezwungen, das Verschwinden der Stigmata damit zu erklären, dass Maria ihm diese weggenommen habe, weil die Welt nicht an diese Erscheinungen, Offenbarungen

---

188) Akten II/1 S. 114 f. Nr. 273–276 (1508, Aug 2; Jetzer).
189) Akten II/1 S. 126–128 Nr. 323–328 (1508, Aug 4; Jetzer).

und Stigmata glauben wolle[190]. In einem letzten Verhör berichtete Jetzer am 5. August 1508 außerdem noch, dass die Klostervorsteher ihm erzählt hätten, dass der Papst ihrem Orden angeblich zwei Bullen verliehen habe, die eine betreffend die Empfängnis Marias und die andere betreffend Heiligsprechung von Ordensangehörigen. Bei der ersten handelte es sich um die Bulle *Grave nimis*, von der im Revisionsprozess ausführlich die Rede war (siehe Kap. II/3b), und bei der zweiten um eine Bulle, die noch mehr Rätsel aufgibt als die sehr freizügige Auslegung der ersten durch die Berner Dominikaner. Der Lesemeister habe Jetzer nämlich ziemlich unvermittelt gefragt, ob er glaube, dass der hl. Franziskus von Assisi wirklich die fünf Stigmata gehabt habe. Als Jetzer dies bejaht habe, habe der Lesemeister gesagt, dass dies nicht wahr sei und dass die Franziskaner Franziskus lediglich aufgrund einer päpstlichen Bulle kanonisiert hätten. Und dass die Dominikaner eine ähnliche Bulle hätten, um irgendwelche Heilige aus ihrem Orden heiligzusprechen, und dass die vier Klostervorsteher mit dieser Bulle Jetzer kanonisieren wollten! Leider lässt sich diese zweite Bulle nicht identifizieren, obwohl die Klostervorsteher sie ebenfalls aus dem Dominikanerkonvent von Ulm hatten kommen lassen, um sie Jetzer vorzuweisen. Im Revisionsprozess wurden zwar alle vier Klostervorsteher darauf angesprochen, aber ohne dass dabei etwas Wesentliches herausgekommen wäre[191].

Zweifel an den Stigmata des hl. Franziskus von Assisi

Mit seiner kritischen Haltung gegenüber den Stigmata des hl. Franziskus war der Lesemeister nicht allein. Der französische Mittelalter- und Kirchenhistoriker André Vauchez hat in einem aufschlussreichen Aufsatz gezeigt, dass es im Spätmittelalter immer wieder Kritiker an den Stigmata des Franziskus von Assisi (1182–1226, kan. 1228) gegeben hat[192]. Gemäß den besten

---

190) Akten II/1 S. 128 ff. Nr. 329 ff., S. 131 Nr. 344 (1508, Aug 4, 14 Uhr; Jetzer).
191) Akten II/1 S. 139 f. Nr. 390 f. (1508, Aug 5; Jetzer), vgl. auch ebd. III S. 435 Nr. 48 (1509, Mai 7, 14 Uhr; Lesemeister), S. 449 Nr. 33 (1509, Mai 9; Schaffner), S. 465 f. Nr. 39 (1509, Mai 11, 15 Uhr; Prior), S. 492 Nr. 44 (1509, Mai 16; Subprior).
192) VAUCHEZ, Les stigmates. Vgl. auch Klaus SCHREINER, „Discrimen veri et falsi". Ansätze und Formen der Kritik in der Heiligen- und Reliquienverehrung des Mittelalters, in: Archiv für Kulturgeschichte 48 (1966) S. 1–53, hier S. 40, und Ramona SICKERT, Wenn Klosterbrüder zu Jahrmarktsbrüdern werden. Studien zur Wahrnehmung der Franziskaner und Dominikaner im 13. Jahrhundert (Vita regularis. Ordnungen und Deutungen religiosen Lebens im Mittelalter, Abhandlungen 28, 2006) S. 247–258: Der Streit um die Stigmata, S. 258–263: Konkurrenz von Ordensheiligen. – Zu Franziskus von Assisi vgl. André VAUCHEZ, in: Histoire des saints 6 (1986) S. 143–158, und DERS., François d'Assise. Entre histoire et mémoire (2009 u. 2018).

franziskanischen Quellen soll Franziskus die Stigmata im September 1224 auf dem Berg La Verna bekommen haben. Während der restlichen zwei Jahre seines Lebens versuchte er, sie zu verstecken, aber seinen Gefährten blieben sie wohl nicht verborgen und bei seinem Tod (Anfang Oktober 1226) wurden sie bekannt. Franziskus war der erste stigmatisierte Heilige überhaupt, und die meisten Zeitgenossen schenkten diesem Wunder Glauben und waren davon tief beeindruckt; doch gab es während des 13. und 14. Jahrhunderts auch gegenteilige Stimmen. Da die Päpste sich sehr rasch für die Echtheit von Franziskus' Stigmata aussprachen, blieben die Gegner immer in der Minderheit. Die Stigmata gehören in den Kontext der Verehrung von Christus als Mensch, als Kind und als Leidender am Kreuz, die dem Frühmittelalter noch fremd war und die sich seit dem Ende des 12. Jahrhunderts ausbreitete, zunächst bei den Zisterziensern und dann vor allem bei den neuen Bettelorden. Die feindlichen Stimmen kamen zunächst von Seiten der Weltgeistlichkeit und später auch von den Dominikanern, die den Franziskanern ihren stigmatisierten Heiligen nicht gönnen mochten. Zwischen 1237 und 1291 wurden nicht weniger als neun päpstliche Bullen erlassen, die gegen Zweifler an Franziskus' Stigmata gerichtet waren. Die Dominikaner versuchten, auch einen stigmatisierten Heiligen bzw. eine stigmatisierte Heilige aufzubauen und stießen dabei auf die erbitterte Gegnerschaft der Franziskaner, die dieses außerordentliche Privileg für sich behalten wollten. Nach mehreren vergeblichen Anläufen versuchten die Dominikaner es mit Katharina von Siena (1347–1380, kan. 1461), doch blieben deren Stigmata während des ganzen 15. Jahrhunderts umstritten, nicht zuletzt, weil sie von außen nicht sichtbar waren. Ebenso wie auch die Auseinandersetzung um die Empfängnis Marias erreichte diejenige um die Stigmata der hl. Katharina von Siena einen Höhepunkt unter Papst Sixtus IV. (1471–1484), der ein Franziskaner war und der mit einer Reihe von zwischen 1472 und 1478 publizierten Bullen verbot, Katharinas Stigmata bildlich darzustellen oder den Gläubigen davon zu sprechen. Die Dominikaner gaben aber nicht auf, und in diesem Zusammenhang erwähnt Vauchez auch den Versuch der Dominikaner von Bern, den Konversenbruder Jetzer zu einem stigmatisierten Heiligen zu machen[193].

---

193) VAUCHEZ, Les stigmates S. 611 f.: „Mais les Dominicains ne renoncèrent pas pour autant à leur objectif puisqu'en 1507(!) encore, les pères du couvent de Berne furent condamnés par le tribunal d'Inquisition pour avoir tenté de faire croire que le frère convers Jean Jetzer avait reçu les stigmates de la main de Marie ..." Der Dominikaner Daniel Antonin Mortier (siehe Einl. 1e) meint denn auch, Jetzers Stigmata seien die Antwort auf eine Bulle des Franziskanerpapsts Sixtus IV. gewesen, der das Monopol der Stigmata dem hl. Franziskus – und damit den Franziskanern – gesichert habe, und zwar

André Vauchez meint, dass es nicht nur der Neid gewesen sei, der die Dominikaner zu solchen letztlich verzweifelten Versuchen angetrieben habe, sondern sucht das Motiv auch in der radikalen Neuheit der Heiligkeit des Franziskus von Assisi, der im 13. Jahrhundert einer der ersten Vertreter einer damals „modernen" Heiligkeit war, die unter anderem auszeichnete, dass ihre Vertreter nach ihrem Tod rasch heiliggesprochen wurden. Hier stießen zwei verschiedene Auffassungen von Heiligkeit aufeinander, die eine traditionell, die andere modern. Die traditionelle knüpfte die Heiligkeit an Stand (wenn möglich adelig) und Funktion (Bischof, Märtyrer), die moderne an das Leben, das ein Heiliger geführt hatte („une sainteté de vie, non d'état ou de fonction"). Die Weltgeistlichkeit konnte keinen Gefallen an der extremen Armut und Askese finden, wie Franziskus sie gelebt hatte, und das traditionelle Mönchtum konnte sich nicht vorstellen, dass ein Mitglied der neuen Bettelorden die heiligen Augustin (354–430) oder Benedikt († 547) an Heiligkeit übertreffen könnte. Dazu kam ein grundsätzliches Misstrauen gegen Heiligkeit. Um 1270 hielt ein Weltgeistlicher (Nicolas von Lisieux) einem Franziskaner (John Peckham) entgegen, dass die modernen Zeiten, die man für die letzten hielt, nicht mehr diejenigen der Heiligen und Propheten seien, sondern diejenigen der Betrüger und Verführer (*illusores et seductores*). Ganz anders sah dies der Franziskaner Bonaventura (1221–1274): für ihn brachte jede Epoche ihre eigenen Heiligen hervor, die den Bedürfnissen der Zeit entsprachen: zunächst die Apostel und Jünger Christi mit vielen Wundern, dann die Gelehrten mit ihren Schriften und Lehren, schließlich die „Helden der freiwilligen Armut", angeführt von den Begründern des Franziskaner- und des Dominikanerordens, Franziskus und Dominikus. Wenn bei Bonaventura der Dominikanerorden auch einbezogen wurde, so störte doch die Tatsache, dass die Franziskaner mit den Stigmata gewissermaßen Anspruch auf „Christus-Ähnlichkeit" ihres Gründers erhoben und daraus auch einen Vorrang ihres Ordens in der Welt ableiteten. Franziskus wurde von den Franziskanern immer mehr mit Christus verglichen und ihm angenähert – was der Heilige selber durchaus abgelehnt und verabscheut hätte. Die Stigmata galten mehr als ein Martyrium. Laut einem franziskanischen Werk der zweiten Hälfte des 14. Jahrhunderts, den *Miracula Sancti Francisci*, sollte Christus bei einem Wunder im Kleid der Franziskaner erschienen sein ... Für den Bischof von Olmütz, Robert von England (1201–1240), einen Zisterzienser, der 1237 die bildliche Darstellung von Franziskus' Stigmata in seiner Diözese verboten hatte, war es ganz einfach

---

gegen die Stigmata der hl. Katharina von Siena, vgl. MORTIER, Histoire des maîtres généraux 4 S. 186 f.

eine Häresie, einen Menschen, und sei es einen Heiligen, mit den fünf Wunden des Heilands darzustellen. Unter den vielen päpstlichen Bullen, die zu Gunsten von Franziskus' Stigmata erlassen wurden, würde sich vielleicht auch diejenige finden, auf die der Lesemeister anspielte, wenn er sagte, dass der Franziskanerorden seinen Gründer aufgrund einer päpstlichen Bulle kanonisiert habe und dass die Dominikaner eine ähnliche Bulle hätten. Dies alles tönt reichlich obskur, doch hat André Vauchez in seinem großen Buch mit dem Titel „La sainteté en Occident aux derniers siècles du Moyen Age" (erschienen nach dem oben referierten Aufsatz) darauf hingewiesen, dass die Bettelorden im 15. Jahrhundert tatsächlich ein Quasi-Monopol auf die Heiligsprechungen hatten, zum großen Ärger der Weltgeistlichen. Als im Jahr 1452 der Vertreter des Bischofs von Salisbury (England) sich beim Kardinal von Valence, Alphonse Borgia, dem zukünftigen Papst Kalixt III. (1455–1459), beklagte, dass die Heiligsprechung von Osmund, Bischof von Salisbury in den Jahren 1078–1099, seit 1228 hängig sei, antwortete der Kardinal, dass dieser längst kanonisiert wäre (*canonizatus fuisset diu ante haec tempora*), wenn er ein Angehöriger der Bettelorden wäre (*si iste Osmundus fuisset de ordine Mendicantium*). In der Tat wurden nach 1430 nur mehr Angehörige dieser Orden heiliggesprochen: 1446 Nikolaus von Tolentino, ein Augustinereremit, 1450 Bernardin von Siena, 1481 die Märtyrer von Marokko und 1482 Bonaventura, alle Franziskaner, sowie 1458 Vinzenz Ferrer und 1461 Katharina von Siena, der erstere ein Dominikaner und die letztere eine Angehörige des dominikanischen Dritten Ordens, schließlich 1457 ein Karmeliter, Albert von Trapani. Entsprechend scheinen die Bettelorden ihr Quasi-Monopol auch missbraucht zu haben, allerdings erst seit dem 14. Jahrhundert, als die Position der römischen Kirche – zuerst in Avignon und dann zwischen Avignon und Rom – schwach war[194]. Es ist also nicht ganz auszuschließen, dass der Lesemeister wirklich glaubte, den Franziskanern und Dominikanern sei in Sachen Heiligkeit praktisch alles möglich.

Doch kehren wir zum Jetzer-Hauptprozess in Bern zurück. In den Anklageartikeln wurde den Dominikanern vorgeworfen, dass sie „fälschlicherweise verbreitet" hätten, „dass Jetzer aus der Hand der Jungfrau Maria oder anderswie die Stigmata unseres Herrn Jesu Christi in die Hände, die Füße und die Seite empfangen habe", und dass sie behauptet hätten, „es sei auf wunderbare Weise geschehen, was durch ihre eigene Bosheit ins Werk gesetzt worden" sei, die sie kleine Wunden in Jetzers Hände, Füße und Seite eingedrückt hätten (Art. 16). Weiter hätten sie fingiert, dass Jetzer alle Tage um

---

[194] VAUCHEZ, La sainteté en Occident S. 88 f. mit Anm. 44 (S. 89), S. 103–105.

11 Uhr in Form eines Kruzifixes die Passion Christi durchleide, und verkündet, dass aus den Wunden der Stigmata Blut fließe, „was alles falsch und gegen jede Wahrheit und zur Täuschung des Volkes durch sie selber geschehen sei" (Art. 17). Dass diese Vorwürfe schwer wogen, geht daraus hervor, dass sie mit dem ersten „ihre Bosheit auf die Spitze getrieben hätten" (*ut ad cumulum malorum malitiam ipsorum deducerent*) und dass sie mit dem zweiten „ihrer Bosheit und ihren Falschheiten noch mehr Farbe gegeben" hätten (*ut magis eorum malicie et falsitates colorarentur*). Und obwohl der Bischof von Lausanne ihnen verboten habe, diese „Falschheiten" zu publizieren und Jetzer jemandem zu zeigen, und obwohl sie versprochen hätten, dies zu tun, „hätten sie hartnäckig in ihrer Bosheit beharrt" und das Ganze publiziert und verbreitet (Art. 19)[195].

Der Lesemeister antwortete am 8. August 1508 auf den ersten (bzw. 16.) Artikel, dass es Jetzer gewesen sei, der gesagt habe, dass er die Stigmata auf wunderbare Weise erhalten habe, und ähnlich vage auf den zweiten (bzw. 17.): dass er einigen, die dazugekommen seien, gesagt habe, dass Jetzer die Passion nach dem Vorbild Christi spiele und erleide, einmal auf dem Gang zum Ölberg, um zu beten, und so weiter, wie es eben aus dessen Gesten hervorgegangen sei. Immerhin gab er zu, dass er die Wunden berührt und das Blut und die Flüssigkeit, die daraus flossen, gespürt habe, und dass die Wunden am Freitag immer stärker geblutet hätten als an den anderen Tagen. Die „Löcher" (in den Händen und Füßen) seien von der Breite eines Hellers (halben Pfennigs) gewesen, und die Wunde in der rechten Seite von der Länge eines Fingerglieds. Den letzten (bzw. 19.) Artikel lehnte der Lesemeister ab, zumindest was ihn betreffe (*quoad ipsum*)[196]. Der Schaffner, der wahrscheinlich doch am unschuldigsten war, gab nur zu, dass er Jetzers Stigmata gesehen und von diesem gehört habe, dass er sie auf wunderbare Weise von der Jungfrau Maria bekommen habe, und dass er dies nur weitererzählt habe, wenn er in den Klöstern, in die er kam, von den Brüdern danach gefragt wurde. Auch das Passionsspiel hatte er zwar gesehen, aber er kannte dessen Ursprung nicht und hatte weder mit Rat noch mit Tat dazu beigetragen, und vom Verbot des Bischofs wollte er nichts gewusst haben[197], was immerhin nicht unmöglich ist. Der Prior wollte Jetzers erstes Stigma erst am nächsten Morgen gesehen haben und nicht im Konvent gewesen sein, als dieser die übrigen vier Stigmata erhielt – das letztere ein Alibi, das für einmal stimmt und das vielleicht auch für das erste Passionsspiel

---

195) Akten II/2 S. 162 Nr. 16, 17 u. 19 (undat., 1508, Aug 7; Anklageartikel gegen die Dominikaner).
196) Akten II/2 S. 168 f. ad Art.16, 17 u. 19 (1508, Aug 8; Lesemeister, Artikelverhör).
197) Akten II/2 S. 176 ad Art. 16, 17 u. 19 (1508, Aug 8, morgens; Schaffner, Artikelverhör).

zutrifft. Jedenfalls erzählte der Prior, dass das erste Mal, als er Jetzer die Passion erleiden sah, er den Goldschmied Martin Franke und den Glasermeister Lukas zum Mittagessen hatte und dass diese Jetzer in seinem Stübchen sehen wollten. Als sie dieses betraten, hätten sie den Konversen auf der Schwelle liegend gefunden, mit ausgestreckten Händen und Füßen, wie sie ihn vorher nie gesehen hätten. Der Prior gab zwar zu, dass der Bischof von Lausanne verboten habe, Jetzers Stigmata und sein Passionsspiel weiterhin zu zeigen, nicht aber, dass er gegen dieses Verbot verstoßen habe, denn nur vier Tage, nachdem der Bischof abgereist sei, seien auch die Stigmata verschwunden[198] – was doch auf einen Zusammenhang zwischen diesen beiden Ereignissen schließen lässt.

Am ergiebigsten war das Artikelverhör des Subpriors, wohl nicht zuletzt, weil die Stigmata und das Passionsspiel tatsächlich vor allem sein Betätigungsfeld gewesen waren, ebenso wie auch die schwarze Magie (siehe Kap. II/4e). Er gab schon zum dritten Anklageartikel, in dem noch gar nicht vom Passionsspiel die Rede war, zu, dass er Jetzers Besuchern dessen Passionsspiel (am Ölberg, bei der Dornenkrönung) erklärt habe, doch berief er sich dafür auf Jetzer (*tamen nonnisi ex precurrente revelatione ipsius Ietzer*). Er sei bereits in der Nachbarzelle gewesen, als der Konverse in der Nacht vom 24. auf den 25. März 1507 nach der Matutin das erste Stigma erhielt, und von diesem zu Hilfe gerufen worden. Er habe seinerseits den Lesemeister gerufen und mit ihm zusammen die Reliquien aufgefunden und sich erst später um Jetzers Stigma gekümmert: er habe dieses geküsst und verbunden und sei dann schlafen gegangen ... Das erste Stigma stammte zwar nicht vom Subprior – sondern vom Lesemeister –, wohl aber die übrigen vier Stigmata (siehe Anh. 3); doch der Subprior tat so, wie wenn er, zusammen mit dem Schaffner, das Ganze nur von außen erlebt hätte. Auf die (nicht unbegründete) Frage, ob er Jetzer am Vortag um die Vesperzeit die Füße gewaschen habe, vermochte er sich nicht zu erinnern, ob es an diesem oder an einem der vorhergehenden Tage geschehen sei, aber dessen Füße seien tatsächlich schmutzig gewesen, und weil er nicht in den Waschraum (*estuarium*) habe gehen wollen, habe er ihn gezwungen, Wasser herbeitragen zu lassen und sich die Füße zu waschen. Er leugnete jede Teilnahme an Jetzers Passionsspiel und ebenso einen Ungehorsam gegenüber dem Bischof von Lausanne. Auch im Revisionsprozess blieb er dabei, dass nicht er Jetzer die Füße gewaschen habe, bevor dieser die übrigen vier Stigmata bekommen habe, wusste aber auch nicht, wer es denn sonst gewesen sei[199].

---

198) Akten II/2 S. 181 f. ad Art. 16, 17 u. 19 (1508, Aug 9; Prior, Artikelverhör).
199) Akten II/2 S. 191 ad Art. 3, S. 194–197 ad Art. 16, 17 u. 19 (1508, Aug 11; Subprior, Artikelverhör), vgl. auch ebd. III S. 485 Nr. 22 (1509, Mai 15; Subprior).

Sehr viel ergiebiger als die Artikelverhöre der Klostervorsteher sind einmal mehr die Zeugenaussagen, und hier wiederum an erster Stelle (im wörtlichen und im übertragenen Sinn) diejenige des Schmieds Anton Noll. Dieser erzählte, dass er eines Tages zu einer Mahlzeit im Dominikanerkonvent eingeladen worden sei. Da sei unter gewissen Laien die Rede auf Jetzer gekommen, der „ein guter und heiliger Mann" sei, worauf er sich bei den Dienern nach diesem erkundigt habe. Ein Bruder habe den Essenden gesagt, sie sollten es nicht glauben; es handle sich um einen Mann wie alle andern auch, und was herumgeboten werde, entspringe der Phantasie. Nichtsdestoweniger sei er, nachdem die Marienstatue angeblich blutige Tränen geweint habe, mit einigen Genossen, darunter zwei Franziskanern (Willenegger und Müller), auch in Jetzers Stübchen gegangen, um den „heiligen Mann" und seine Passion zu sehen, die wie die Passion Christi sein sollte. Ja, Noll hatte das Passionsspiel nicht weniger als drei Mal gesehen, und jedes Mal sei der Subprior dabei gewesen. Dieser habe ihn auch einmal aufgefordert, näher zu treten und Jetzers Füße voneinander zu ziehen, doch habe er sich für unwürdig gehalten, den heiligen Mann zu berühren, von dem er „wegen der grausamen Bewegungen des Körpers (*crudeles agitationes et motus corporis*)" geglaubt habe, dass er dem Tod nahe sei. Darauf habe der Subprior ihm und den anderen Zuschauern erklärt, dass Jetzer die Passion Christi erleide: wenn er am Anfang vor dem Altar knie, bete er wie Christus im Ölberg, was er unter Weinen und Beten drei Mal getan habe. Dann sei er aufgestanden und habe den rechten Arm ausgestreckt, was bedeutete, dass die Zeit für die übrige Passion gekommen sei, und man habe ihn auf sein Bett gelegt, wo er „gekreuzigt" wurde. Der Subprior habe die Verbände von den Stigmata entfernt und den Zuschauern erklärt, wie Jetzer diese bekommen habe. Am Schluss seiner Zeugenaussage wurde Noll nach seinem Verhältnis zu den Franziskanern gefragt, bei denen er ebenfalls verkehrte. Er habe sie einmal auf die Dominikaner angesprochen, die jetzt auch einen mit den Stigmata ausgezeichneten Bruder hätten, ebenso wie sie, und sie hätten geantwortet, dass man am Ende schon sehen werde, welchen Franziskus die Dominikaner hätten (*In fine bene reperietur, qualem habeant Franciscum*)[200].

Der Goldschmied Martin Franke hatte ebenfalls gesehen, wie Jetzers Verbände gewechselt wurden. Dabei scheint man nicht eben sorgfältig vorgegangen zu sein, sondern die Verbände, die auf den Stigmata klebten, weggerissen zu haben, so dass die Wunden wieder zu bluten anfingen und Jetzer vor Schmerzen weinte. Franke hatte auch das Passionsspiel gesehen, aber offenbar ohne dass jemand die einzelnen Gesten kommentiert hätte[201]. Der

---

200) Akten II/3 S. 329, 330 f., 332 f., 338 (1508, Aug 12; Zeugenaussage Noll).
201) Akten II/3 S. 341 (1508, Aug 12; Zeugenaussage Franke).

Stadtschreiber Niklaus Schaller war bereits ins Kloster gerufen worden, nachdem Jetzer das erste Stigma (*vulnus seu cicatrix*) erhalten hatte, und zwar zusammen mit dem Säckelmeister (Jakob von Wattenwyl). Später hatte er auch das Passionsspiel gesehen[202], ebenso wie der Schaffner der Franziskaner, Johann Müller, der Kantor Thomas vom Stein und Venner Benedikt Weingarter[203]. Dagegen sah der Apotheker Niklaus Alber, der im Dominikanerkonvent gewissermaßen die Rolle eines Hausarztes spielte, wohl, dass Jetzers Hände verbunden waren; er habe aber nicht danach gefragt und auch die Stigmata nicht sehen wollen, denn er habe nicht daran geglaubt (*non haberet fidem in eisdem*)[204]. Niklaus Darm begleitete den Kantor Thomas vom Stein ins Kloster und zu Jetzers Passionsspiel und sei vom Lesemeister aufgefordert worden, auszuprobieren, ob er Jetzers Füße auseinander bringen könne. Anders als der Schmied Anton Noll scheint er es auch versucht zu haben, sogar zwei Mal, aber es sei ihm nicht gelungen und er habe gespürt, dass Jetzers Füße ganz kalt waren, so dass ihm schien, er liege im Sterben[205].

Laut dem Scherer Ludwig von Schüpfen, der im Konvent den Dienst eines Barbiers versah, scheinen Jetzers Stigmata bei den Leuten außerhalb des Klosters sehr umstritten gewesen zu sein; die einen hätten gesagt, sie seien ihm beigebracht worden, und die anderen, er habe sie auf wunderbare Weise bekommen. Im Konvent selber hätten nur wenige Brüder geglaubt, dass dies auf wunderbare Weise geschehen sei. Der Scherer selber war niemals herangezogen worden, um die Stigmata zu pflegen und Jetzers Schmerzen zu lindern, und hatte deshalb auch nicht geglaubt, dass sie von Gott seien, doch verdächtigte er den Konversen, dass er sie sich mit Hilfe des bösen Geistes selber beigebracht habe[206]. Der Bauherr Rudolf Huber war bereits für das erste Stigma ins Kloster gerufen worden (wie der Stadtschreiber Niklaus Schaller), dann wieder für die blutweinende Marienstatue und schließlich unmittelbar nach dem Verschwinden der Stigmata. Beim ersten Stigma habe er Jetzers Hand wie die eines heiligen Mannes geküsst; bei der blutweinenden Maria habe er Jetzers Passionsspiel gesehen, das dieser auf dem Marienaltar aufführte, und beim Verschwinden der Stigmata habe der Prior sich sehr beklagt, dass Jetzers fünf Stigmata über Nacht verschwunden seien. Beim Passionsspiel auf dem Marienaltar seien diese gut sichtbar gewesen, und darauf sei die Diskussion um ihre Echtheit und ebenso diejenige um die

---

202) Akten II/3 S. 394, 395 (1508, Aug 12; Zeugenaussage Schaller).
203) Akten II/3 S. 348, 349, 351 (1508, Aug 13; Zeugenaussagen Müller OFM, vom Stein, Weingarter).
204) Akten II/3 S. 352 f. (1508, Aug 13; Zeugenaussage Alber).
205) Akten II/3 S. 354 (1508, Aug 13, 14 Uhr; Zeugenaussage Darm).
206) Akten II/3 S. 356 (1508, Aug 13, 14 Uhr; Zeugenaussage von Schüpfen).

blutigen Tränen ausgebrochen – und die Räte hätten die Dominikaner ins Rathaus gerufen und gewarnt[207].

Der Vergleich mit Niklaus von Flüe

Besonders interessant sind die Zeugenaussagen des Weibels Konrad Brun und des Kustos Johann Dübi, weil sie beide Jetzer mit Niklaus von Flüe (1417–1487) verglichen, dessen Tod 1507 zwanzig Jahre zurücklag und dessen Verehrung längst eingesetzt hatte, und zwar nicht nur in Obwalden, sondern in der ganzen Eidgenossenschaft, vor allem seit Bruder Klaus 1481 erfolgreich zwischen den zerstrittenen Stadt- und Landkantonen vermittelt hatte (Stanser Verkommnis). In den Jahren 1488 bzw. 1501 waren erste Biographien erschienen, die erste verfasst von Heinrich von Gundelfingen (1440/1450–1490) und die zweite von Heinrich Wölfli, der, wie wir nun schon oft gesehen haben, sich im Jetzerhandel als sehr naiv-gläubig erwies (siehe auch Epilog 4b). Der Weibel Konrad Brun hatte den Schultheißen Rudolf von Erlach bis zu dessen Tod im November 1507 fast ständig begleitet, so auch am 25. Juni 1507, als dieser frühmorgens zu der blutweinenden Marienstatue in die Dominikanerkirche gerufen wurde. Hier seien sie von den vier Klostervorstehern auf den Lettner geführt worden und hätten von dort aus auf dem Altar vor der Marienstatue Jetzer knien sehen, dessen Hände mit einem feinen Tüchlein, mit welchem die Marienstatue geschmückt war, umwunden waren und dessen Kopf fast im Schoß der Pietà lag – da habe Brun sich unwillkürlich an Bruder Niklaus (von Flüe) erinnert und gedacht, jener habe nie so in aller Öffentlichkeit gebetet wie dieser hier. Nichtsdestoweniger ließ sich der Weibel am gleichen Tag nach dem Mittagessen vom Subprior und vom Prior in der Sakristei die Reliquien zeigen und schaute sich später zusammen mit Gesandten der Eidgenossen auch Jetzers Passionsspiel an und notierte, wie der Schaffner(!) Jetzer dabei anfeuerte (*iam, iam*). Es muss den Weibel auch unangenehm berührt haben, dass der Lesemeister seine Hand an sich riss und in Jetzers Hand mit dem Stigma legte, von der die Verbände vorübergehend entfernt worden waren. Entsprechend hielt Brun die vier Klostervorsteher für die Verursacher; denn es schien ihm, dass sie Dinge, die er für Betrügereien hielt, lobten und bestätigten[208].

Für den Berner Weibel Konrad Brun war offenbar vor allem wichtig, dass Bruder Klaus nicht in der Öffentlichkeit gebetet habe; von seiner Passi-

---

207) Akten II/3 S. 358, 361 f. (1508, Aug 14, morgens; Zeugenaussage Huber).
208) Akten II/3 S. 362–366 (1508, Aug 14, morgens; Zeugenaussagen Brun), vgl. auch Bruder Klaus, Die ältesten Quellen 2 S. 1225

onsfrömmigkeit und Askese – er soll sich seit seiner Konversion 1467 nur mehr von der Eucharistie ernährt haben – ist hier nicht die Rede, und noch weniger von seiner unpolitisch-politischen Rolle, die gerade in Bern außerordentlich geschätzt wurde, selbst über die Reformation hinaus[209]. Die Argumentation von Johann Dübi, Kustos des Vinzenzstifts, war noch eine andere. Dieser wollte als Familiare des Dominikanerkonvents den Prior gewarnt haben, vorsichtig zu sein und bei der Verbreitung von Jetzers Taten nichts zu überstürzen, bevor sie ihn richtig kannten, denn er sei doch ein Neuling im Kloster. Dabei erwähnte der Kustos wieder Bruder Klaus – von ihm Niklaus Brotekel genannt –, der während langer Zeit einen guten Ruf gehabt und ein gutes Leben geführt habe und während ungefähr dreißig – hier irrt Dübi: es waren zwanzig – Jahren weder gegessen noch getrunken habe und dessen Leben trotzdem vor seinem Tod nicht approbiert worden sei. Die Klostervorsteher sollten Jetzer also nicht zu früh loben, sondern sein Ende abwarten; wenn er ungefähr dreißig Jahre mit guten Sitten und Taten verbracht haben würde und ebenso sterbe, dann erst solle er gelobt und seine Taten verbreitet werden. Der Prior antwortete ihm das Gleiche, wie er am Vorabend des 25. Juni 1507 auch dem Klostervogt Wilhelm von Diesbach geantwortet hatte: dass Maria nicht mehr warten wolle[210].

Auch Dübi argumentierte also – wie Brun vor ihm – mit Bruder Klaus, aber diesmal weniger mit dessen nicht öffentlichem Beten als mit dessen Askese und vor allem auch mit der Dauer seines heiligmäßigen Lebens und mit seinem heiligmäßigen Sterben – und in gewisser Weise auch mit der Dauer seiner Heiligsprechung, wobei Dübi wohl auch nicht erwartet hätte, dass die Seligsprechung bis 1649/1669 und die Heiligsprechung bis 1947 auf sich warten lassen würde[211]! Dübi plädierte im Grund für das Gegenteil eines „santo subito" und lag damit am Ende des Mittelalters völlig richtig; die Zeit der schnellen Heiligsprechungen (13. Jahrhundert) war längst vorbei, und man war in Bezug auf Heiligkeit sehr vorsichtig und misstrauisch geworden. Anders der deutsche Pilger Hans von Waltheym, der auf dem Rückweg von seiner Pilgerfahrt nach Südfrankreich (siehe Kap. II/5b, Die

---

209) Ernst WALDER u. a., Art. Flüe, Niklaus von, in: HLS online (Zugriff 1. Okt. 2019); Catherine SANTSCHI, Nicolas de Flue, in: Histoire des saints 7 (1986) S. 184–189. Vgl. auch Ernst WALDER, Das Stanser Verkommnis. Ein Kapitel eidgenössischer Geschichte neu untersucht: Die Entstehung des Verkommnisses von Stans in den Jahren 1477 bis 1481 (Beiträge zur Geschichte Nidwaldens 44, 1994).

210) Akten II/3 S. 370f. (1508, Aug 16; Zeugenaussage Dübi), vgl. auch Bruder Klaus, Die ältesten Quellen 2 S. 1225f.; vgl. auch Akten II/3 S. 345 (1508, Aug 12; Zeugenaussage von Diesbach).

211) Zu den Daten der Selig- und Heiligsprechung von Niklaus von Flüe vgl. SIDLER, Heiligkeit aushandeln S. 449–456.

Reliquien und ihre Verehrung) Bruder Klaus im Ranft aufgesucht und ihn mehrmals als „lebenden Heiligen" bezeichnet hatte[212] – ohne sich bewusst zu sein, dass dies in den Augen der kirchlichen Hierarchie damals kein Gütezeichen mehr war, ganz im Gegenteil. Von den Eidgenossen erwartete man ohnehin keine Seligen oder gar Heiligen. Bereits 1471 musste in Bern ein Schreiber namens Heinrich Morgenstern aus Horb am Neckar (Baden-Württemberg) Urfehde schwören, weil er Bruder Klaus und seine Vorfahren als „Kuhliebhaber" beschimpft und außerdem gesagt hatte, *man hette selten noch nie vernomen, das an semlichen enden und sunders in den Eidgenossen kein heilig noch sellig man wer worden*[213].

Dagegen bleibt ein Rätsel, warum der Chorherr Heinrich Wölfli, der 1501 im Auftrag der Regierung von Obwalden eine zweite Biographie über Bruder Klaus geschrieben und dabei recht nüchtern geblieben war, sich während des ganzen Jetzerhandels durch ausgesprochene Leichtgläubigkeit hervortat. Die Biographie war dem Bischof von Sitten, Matthäus Schiner gewidmet[214], von dem man noch nicht wissen konnte, dass er in den Jetzerprozessen zu den größten Gegnern der Dominikaner gehören würde. Einleitend meint Wölfli, „diese Geschichte ist ja auch nicht so ungewöhnlich, dass sie jedem Gläubigen verwerflich scheinen muss, da es in den Urzeiten

---

212) KRÜGER, Ich, Hans von Waltheym S. 195, 199, 205, 213, vgl. auch SIDLER, Heiligkeit aushandeln S. 70 Anm. 97. Zu einer weiteren Begegnung mit einem noch lebenden Heiligen vgl. auch BALZAMO, Les miracles S. 32 u. 39.

213) SPECKER, Urfehden S. 139, vgl. auch Bruder Klaus, Die ältesten Quellen 1 S. 45 f.

214) Hier und im Folgenden nach Heinrich Wölflins genannt Lupulus Leben des Seligen, in: Bruder Klaus, Die ältesten Quellen 1 S. 522–555 Nr. 83. Wir zitieren nach der beigegebenen deutschen Übersetzung. Vgl. auch David J. COLLINS, Reforming Saints. Saints' Lives and Their Authors in Germany, 1470–1530 (Oxford Studies in Historical Theology, 2008), der sich mit der Frage befasst, wie die Humanisten Hagiographie betrieben, darunter auch Heinrich Wölfli, vgl. ebd. S. 106–122. Collins kommt zum bedenkenswerten Schluss, dass es nicht zuletzt die humanistische Fassung von Niklaus von Flües Heiligenbiographie war, die es diesem erlaubt habe, die Reformation einigermaßen unbeschadet zu überstehen und sowohl bei den Katholiken als auch den Reformierten in Verehrung und Ansehen zu bleiben, vgl. ebd. S. 122. Vgl. auch Thomas MAISSEN, Glaubensvorbild, Mahner, überkonfessioneller Nationalheld. Zum Nachleben von Niklaus von Flüe in der Frühen Neuzeit, in: Schweizerische Zeitschrift für Religions- und Kulturgeschichte 113 (2019) S. 209–234. – Zur Widmung der Biographie an Matthäus Schiner muss man wissen, dass dieser zu den frühesten Verehrern des Niklaus von Flüe gehörte und im September 1501 eine Wallfahrt zu dessen Grab in Sachseln unternahm und einen namhaften Beitrag an die untere Ranftkapelle leistete, die sich damals in Bau befand, vgl. BÜCHI, Schiner 1, S. 83, 147. Es ist auch nicht auszuschließen, dass Schiner am 21. März 1518 an der feierlichen Erhebung der Gebeine von Bruder Klaus und deren Überführung in ein neues Grab mitwirkte, vgl. ebd., S. 147.

der Kirche, wie jeder Christ weiß, sehr viele männlichen wie auch weiblichen Geschlechts gab, die solche Frömmigkeit und Enthaltung übten". Er räumt freilich ein, dass „solches in unsern Tagen vielleicht seltener vorkommt", doch sei dies nicht „der Zurückhaltung des gütigsten und besten Schöpfers" zuzuschreiben, sondern vielmehr „unserer eingewurzelten Bosheit". Wölfli beginnt – eher als Humanist denn als Hagiograph – mit einer landeskundlichen Beschreibung der Schweiz und Unterwaldens und erwähnt dabei auch die Landsgemeinde. Dann kommt er auf das Geschlecht der Flüher oder von Flüe zu sprechen, das während über vierhundert Jahren mehr „durch seine Sitten als durch Reichtum" geglänzt habe und „dem Gebete und dem Gottesdienste (*orationi et ecclesiastico ritui*)" sehr ergeben gewesen sei. In dieses Geschlecht sei Niklaus im Jahr 1417 hineingeboren worden und er habe sich sowohl an die Schwangerschaft seiner Mutter als auch an seine eigene Taufe zu erinnern vermocht. Bereits als Knabe – ein furchtbar braver Knabe, aber auch das ist ein hagiographischer Topos – habe er mit dem Fasten begonnen, zunächst nur am Freitag, dann aber an vier Tagen der Woche, und zwar im Geheimen. Nichtsdestoweniger verheiratete er sich und hatte mit Dorothea fünf Söhne und Töchter, die sie in Gottesfurcht erzogen. Niklaus nahm nur auf obrigkeitlichen Befehl an Kriegen teil (d. h. kein unerlaubter Reislauf), er war „der größte Freund des Friedens" und lehnte es auch ab, Landammann zu werden. Er verbrachte seine Nächte in Gebet und Betrachtung, die Tage mit Fasten und Almosengeben, und hatte auch Begegnungen mit dem Teufel. Vor allem aber hatte er ungewöhnliche Visionen, die sehr kompliziert anmuten und schwer zu deuten sind.

Schließlich entschloss Niklaus von Flüe sich, Eremit zu werden, zunächst im Ausland und dann, nach einer Vision in Liestal, zu Hause im Ranft, wo man ihm eine Kapelle (Marienpatrozinium) und eine Klause baute. Hier begann er, gar nichts mehr zu essen und zu trinken, vertraute sich aber einem Priester an, der „zur Einsicht kam, dass dies nicht aus irgend einem eitlen Aberglauben, sondern eher auf göttlichen Antrieb (*non vana quadam superstitione, sed divino potius instinctu*) geschehen" sei, und „ihm riet, sich mit Gottes Hilfe noch länger in solchem Fasten zu versuchen". Nichtsdestoweniger rief dieses bei seinen Landsleuten große Diskussionen hervor: „Die einen beteuerten Gottes bewunderungswürdige Anordnung und glaubten sofort, andere aber, die Leichtgläubigkeit (*facilem fidem*) hassten, schwankten, ob ihm nicht etwa heimlich Speise besorgt werde, während ihn die dritten direkt als Betrüger (*pseudologus*) verdächtigten." Nachdem sie aber die Ranftschlucht einen ganzen Monat lang vergeblich strengstens überwacht hatten, „fanden sie gar nichts, was religiöse Heuchelei aus eitler Prahlerei (*simulatam inanis iactantiae religionem*)" verraten hätte. Niklaus von Flüe überstand auch einen Besuch des Weihbischofs von Konstanz, Thomas Weldner (1461–1470), und des Bischofs selber, Otto von Sonnenberg (1480–1491). Seinem Beichtvater gestand er nach langem Widerstreben, dass er allein durch das Anschauen des Messopfers (unter beiderlei Gestalt) satt werde (eucharistische Frömmigkeit). Niklaus beichtete und kommunizierte alle Monate. Er kleidete sich lediglich in eine bis zu den Knöcheln reichende graue Tunika und trug weder Schuhe noch Hut; er schlief auf dem bloßen Holzboden, den Kopf auf einem Stein, und „hüllte sich zuweilen der Kälte wegen in eine schlechte Decke". Er ließ keineswegs alle Pilger zu sich, sondern nur jene, die wirklich kamen, um Erbauung zu suchen. Während seiner Lebenszeit hatte Niklaus – immer laut Heinrich Wölfli – nur zwei Wunder vollbracht, dagegen geschahen nach seinem Tod (1487) an seinem Grab in Sachseln recht viele Heilungen, die medizinisch recht genau beschrieben werden; Wölfli hatte sie offenbar dem Kirchenbuch von Sachseln entnommen, das auch sonst seine Quelle ist. Wenn man Wölflis Biographie von Bruder Klaus liest, dann hat man den Eindruck, dieser hätte angesichts der Wunder, die um Jetzer herum geschahen, ebenso reagieren müssen wie der Weibel Konrad Brun oder der Kustos Johann Dübi; denn Niklaus von Flüe, wie Wölfli ihn schildert, stellte seine Heiligkeit (sein Fasten) in keiner Art und Weise zur Schau, sondern versuchte, diese zu verstecken, und floh die Pilger, die zu ihm kamen – alles ganz anders, als es die Berner Dominikaner mit Jetzer taten. Vielleicht wollte Wölfli nicht zu jenen gehören, „die Leichtgläubigkeit hassten", und schlug sich deshalb zu rasch auf die „falsche" Seite – oder hatte sich bereits zu früh zu stark mit der „falschen" Seite identifiziert, als dass es noch ein Zurück gegeben hätte ... Jedenfalls überschattete die „falsche" Stellungnahme sein ganzes restliches Leben – auch nachdem er in den 1520er-Jahren unter den Neugläubigen eine neue geistige Heimat gefunden hatte (siehe Epilog 4b).

Doch zunächst müssen wir zu Jetzers Stigmata und Passionsspiel und zu den Zeugenaussagen zurückkehren. Niklaus Grafenried, Mitglied des Kleinen Rats, war durch die blutweinende Marienstatue auf die Geschehnisse im Dominikanerkloster aufmerksam geworden und hatte gehört, dass ein Mönch im Kloster sei, der Wunder wirke und wunderbare Stigmata und Schmerzen habe, und hatte sich deshalb ins Kloster begeben und in Jetzers Stübchen das Passionsspiel verfolgt. Er hatte auch die blutigen Verbände gesehen und einen davon unter großer Schwierigkeit durch die Vermittlung von Heinrich Wölfli bekommen. Der Glockengießer Johann Zehnder hatte Jetzers Passionsspiel zusammen mit anderen Räten verfolgt, kommentiert durch den Prior und die anderen Klostervorsteher. Als Jetzer von ihnen auf das Bett gelegt worden war, habe der Zeuge auch die fünf Stigmata gesehen und habe, von Mitleid ergriffen, das Stigma in der rechten Hand küssen wollen, war aber zurückgewiesen worden. Er wusste auch, dass der Scherer Johann Haller im Besitz einer Reliquie, d. h. eines Verbandstückes, war[215]. Im Simmental hatten die Dominikaner von Bern von einem seligen oder heiligen Bruder in ihrem Kloster gepredigt, der die Stigmata hatte, und mit Exkommunikation gegen alle diejenigen gedroht, die nicht daran glauben wollten, und damit das Misstrauen der Landpfarrer auf sich gezogen[216]. Auch der Dekan des Vinzenzstifts, Johann Murer, wollte misstrauisch gewesen sein und stellte deshalb Jetzers Passionsspiel im Nachhinein als trauriges, ruheloses Spektakel dar, bei dem dieser in einer düsteren Ecke (neben dem Fenster zur Rechten) saß und den Kopf mit dem Gesicht auf die Schultern hangen ließ; darauf sei er auf einen Stuhl gekniet und habe so getan, als ob er bete (*orare simulantem*). Dann sei er zu seinem Sitz zurückgekehrt, dann wieder auf den Betschemel; dann sei er in Ohnmacht gefallen und hätten ihn zwei Brüder aufs Bett gelegt, wo, für alle Anwesenden hörbar, sein Bauch gerumpelt und er großen Schmerz simuliert habe. Darauf habe er seinen rechten Arm ausgestreckt, dann den linken, und schließlich den rechten Fuß über den linken gelegt – wie ein Kruzifix (*instar imaginis crucifixi*). Nach einem kleinen Intervall sei er wie aus einem Schlaf erwacht und hätten die Brüder seine Stigmata gezeigt[217].

Schließlich die Zeugenaussage des Valerius Anshelm, Schulmeister und Stadtarzt. Dieser berichtet von einem Essen mit dem Prior, Lesemeister und Subprior, an dem auch die Chorherren Johann Dübi, Ludwig Löubli und Heinrich Wölfli teilgenommen hätten. Dabei habe er den Prior nach Jetzer gefragt, und dieser habe nur zu gerne geantwortet, weil er in den Besuchern künftige Zeugen für die Wunder im Kloster gesehen habe. Jetzer sei ihnen, den Dominikanern, völlig unbekannt gewesen und sie hätten ihm das Ordenskleid nur wegen des frommen Verlangens gegeben, das er zu ihrem Orden hatte; denn eigentlich sei er kindlich und einfach, wenn auch nicht einzigartig (*non tamen singularem*). Die Klostervorsteher hätten auch von seinem vertraulichen Umgang mit Maria (*maxima Marie cum fratre familiaritate*) gesprochen und wie hingebungsvoll er, trotz großer Schmerzen, die Stigmata empfangen habe und die Passion Christi erleide, fast noch hingebungsvoller als Katharina von Siena. Als die Erzählung soweit gediehen war, sei die Stunde von Jetzers Qualen gekommen, und Anshelm berichtet in einem Wortspiel, wie die Gäste von der Tafel zur Tortur (*a tabula ad tor-*

---

215) Akten II/3 S. 373, 374–376 (1508, Aug 16; Zeugenaussagen Grafenried, Zehnder).
216) Akten II/3 S. 382 f., 384–386 (1508, Aug 19 u. 30; Zeugenaussagen Pfarrer Wimmis u. Oberwil sowie Frühmesser St. Stephan).
217) Akten II/3 S. 392 (undat.; Zeugenaussage Murer).

menta) geschritten seien; doch hielt er sich dann überhaupt nicht beim Passionsspiel auf, sondern kam gleich zur Reliquienschau im Chor[218]. Dagegen hat er in seiner Chronik eine Beschreibung des Passionsspiels hinterlassen, aus dem klar hervorgeht, dass es ihm aufs Höchste missfiel (Anshelm 3 S. 87 f.):

> *Von dem wunderlichen passionspiel des Jåtzers.*
> *[...] Nun im angang des spils so verbunden im die meister d'ougen mit sidiner binden und zugend sinen gugel [Kapuze] daruber, entplôstend im sine wunden, mit ussrissen der schliss [Leinwandlappen, Charpie] und diechlin erfristet, liessend niemand in, biss das spil angehaben was, das also zůgieng: von ersten an so knůwt er dristen [drei Mal] nider uf ein schåmel fůr sin altårle, darzů gerůst mit einem tåfelin unser hernn lidens und mit S. Dominicus und Franciscus bildlin, betet, zerwarf d'hånd und schlůg an sin brust; das hiess, wie's der spilmeister [der Subprior?] namt, der ôlberg. Darnach stůnd er uf und erzitret; das hiess die gfångnůs. Darnach liess er sich nider und trukt sin hopt an schåmel, gross we důtend; das hiess die krônung [Dornenkrönung]. Darnach strakt er einen arm uss, und denn so hůbend in die spilmeister uf und legten in an ruggen uf ein strosack in ein betstat; da zerspant er sine arm und hånd mit krůpften [zusammengekrallten] fingeren, strakt ouch die bein uss und d'fůess uberenandren, so hart, dass nůt daran zebiegen noch zebewegen, als mit stricken zertrent und gestabet, wie der spilmeister hiess versůchen; aller lib erbidmet und erzitret, die zån knůrseten, so brůelet und rumplet der buch; das hiess die krůzgung. Fůrwar ein so grůwlich anschowen, dass zů gedånken, Kristus wår nie mit so grůlicher ungeperd [Ungebärde] verscheiden. Mich bedůcht, sagt's ouch, die sach wår uberricht. Neben mir viel nider in onmacht vom grusen meister Marx Eschler, ein korher, dass man in můst hinweg tragen. Wenn nun dis unperd fůr was, so zoch er die arm wider zů im, legt die hånd uf dem nabel uberenander und d'fůess abenander, růert sich nůt me, wie ein tot; das hiess die gråpt. Zům letzten hůb er sich an růeren und ufrichten; das hiess die widerufstånd. Da was das spil uss, und den so half im der spilmeister uss der bestat, gab im ussem båcher ein trank, der im alles we und unwesen stillet, fůrt in dannen in sine zel an sine růw; darzů allem schweig er und redt mit niemand kein wort. [...]*

Aufgrund dieser Schilderung darf man wohl vermuten, dass Anshelm – wie man ja auch nach seiner Zeugenaussage im Hauptprozess weiß – Augenzeuge von Jetzers Passionsspiel war; und was er hier liefert, ist die vollständigs-

---

218) Akten II/3 S. 397, 400 (undat.; Zeugenaussage Anshelm).

te Schilderung dieses Spiels, bei dem auch die Auferstehung nicht fehlt. Bemerkenswert ist, dass er erwähnt, dass in Jetzers Stübchen ein Bild mit der Darstellung der Passion Christi hing, denn dies geht auch aus dem Defensorium hervor. Laut diesem war es allerdings ein Bild mit einer Darstellung Christi am Ölberg (*quandam tabulam, Montem Oliveti depictum continens, non parvam, cum Christo in oratione posito et discipulis*), das der Geist von der Wand gerissen und auf den Boden geworfen hatte. Ein ähnliches Bild (*imago Christi in Monte Oliveti orantis*) hing auch in der Johanneskapelle, die für die Konversen bestimmt war, und – laut dem Artikelverhör des Priors – eine Darstellung der Kreuzigung (*imago crucifixi*) im Dormitorium[219]. An Inspirationsquellen für das Passionsspiel dürfte es also nicht gefehlt haben, und der Verteidiger der Dominikaner suggeriert denn auch einen Zusammenhang zwischen den wundersamen Geschehnissen im Kloster und den dort aufgehängten Bildern, allerdings nur in Bezug auf Jetzer und ein Bild von messefeiernden Toten[220]. Dagegen werden Bilder von Dominikus und Franziskus weder im Defensorium noch in den Prozessakten erwähnt, und wir wüssten gerne, ob auf dem Bild von Franziskus auch dessen Stigmata dargestellt waren. Auf alle Fälle fand Anshelm Jetzers Passionsspiel völlig übertrieben (*uberricht*), viel schlimmer als die Kreuzigung Christi selbst, und er will es auch ausgesprochen haben (*sagt's ouch*). Er berichtet weiter vom Chorherrn Marx Aeschler (Chorherr 1506–1519), der in den Akten sonst nirgends erwähnt wird, der vom bloßen Zuschauen in Ohnmacht fiel und weggetragen werden musste[221]. Jetzer war im Spätmittelalter nicht der einzige, der ein solches Passionsspiel spielte, er hatte einige Vorgängerinnen vor allem im 13. Jahrhundert (Margareta von Cortona und Elisabeth von Spalbeek)[222]; doch war die Zeit solcher spektakulärer Passions-

---

219) Def. S. 548 Kap. I/6, S. 569 Kap. I/24; Akten II/2 S. 181 (1508, Aug 9; Prior, Artikelverhör), vgl. auch Akten III S. 454 Nr. 5 (1509, Mai 10; Prior).
220) Akten II/2 S. 213 f. Art. 10 (undat.; 1508, Aug 18).
221) TREMP-UTZ, Chorherren S. 56 f.
222) CACIOLA, Discerning Spirits S. 98–113: Margareta von Cortona (1247–1297) und Elisabeth von Spalbeek (1248–1316). Zeitlich näher bei Jetzer: die Magd und Dominikanerterziarin Stefana Quinzani, eine Anhängerin von Lucia Brocadelli von Narni, die am 17. Februar 1497 im Haus ihres Dienstherrn in Crema (It) in einer vierstündigen Ekstase die Passion nacherlebte, ein Erlebnis, über das sogar ein Notariatsinstrument aufgenommen wurde, vgl. HERZIG, Christ transformed S. 94 f. und 309–312. – Bei diesen Passionsspielen ist auch ein Einfluss der geistlichen Spiele des Spätmittelalters anzunehmen, doch können wir hier nicht darauf eingehen. Vgl. Ursula SCHULZE, Geistliche Spiele im Mittelalter und in der Frühen Neuzeit. Von der liturgischen Feier zum Schauspiel. Eine Einführung (2012). Eine Sodalität von Passionsspielern an der Dominikanerkirche von Straßburg ist 1517 nachweisbar, vgl. RÜTHER, Bettelorden S. 158. – Vgl. auch die ausführliche Darstellung der Erscheinungen des Jetzerhandels bei Edmund STADLER, Ber-

frömmigkeit am Ende des 15. und zu Beginn des 16. Jahrhunderts längst abgelaufen, und man ließ allenfalls eine ruhige, meditative Passionsfrömmigkeit wie diejenige des Niklaus von Flüe zu. Es ist vielleicht bezeichnend, dass Anshelm Jetzers Passionsspiel während seiner Zeugenaussage im Hauptprozess gewissermaßen schaudernd übergeht und erst in seiner Chronik breit ausmalt – wobei wir weiterhin nicht wissen, ob sein Bericht über den Jetzerhandel in der Chronik erst nach der Reformation oder bereits kurz nach dem Jetzerhandel verfasst worden ist (siehe Einl. 2b).

Noch ein Wort zu Jetzers vertraulichem Umgang mit Maria bzw. umgekehrt (*maxima Marie cum fratre familiaritas*), von der Anshelm in seiner Zeugenaussage spricht. Wie wir gesehen haben, ist diese „Vertrautheit" in dessen Übersetzung der Ermahnungsrede des Bischofs von Sitten an den Prior vom 29. August 1508 eingegangen, wo der Chronist sich einen Einschub erlaubt, der sich in der ursprünglichen Rede nicht findet: danach sei Maria im Dominikanerkonvent in Bern so „gemein" geworden, „dass sie bald nach Freiburg hätte gehen und dort am Rad spinnen müssen"[223]. Die Bemerkung mit dem „Spinnen am Rad" bleibt rätselhaft – der Herausgeber von Anshelms Chronik vermutet „eine Art Zwangsarbeit für Frauen"; viel wichtiger ist jedoch der Vorwurf der Vertrautheit mit der Jungfrau Maria, der auch in spätmittelalterlichen Traktaten zur Unterscheidung der Geister vielfach auftaucht; in diesen wird immer wieder vor „beständiger Intimität mit dem Übernatürlichen (engl. continual intimacy with the supernatural)" und vor der „Allgegenwart von übernatürlichen Interventionen (the very ubiquity of supernatural interventions)" gewarnt[224]. Bei Anshelm ist dieser Vorwurf freilich ins Hausbackene – und damit ins Lächerliche – gedreht, aber er sitzt trotzdem und richtet sich nicht gegen Jetzer, sondern gegen die Klostervorsteher, die damit prahlten.

---

nische Theatergeschichte. Materialien zur Forschung, hg. von Andreas KOTTE und Beate SCHAPPACH, Institut für Theaterwissenschaft der Universität Bern, Open-Access-Version 2018 (https://www.theaterwissenschaft.unibe.ch/e266992/e266993/e266995/e789597/e788935/StadlerBernischeTheatergeschichte20192.6MB_ger.pdf) S. 177–336, die uns erst nach Abschluss der vorliegenden Arbeit zu Gesicht gekommen ist. Stadler hält (S. 336) die vier Dominikaner für schuldig, Jetzer aber für einen aktiven Mitspieler. Vgl. auch Regula GÄMITZ-BRUNNER, Von der Stadtgründung bis zum Ende des 17. Jahrhunderts, in: Stadtnarren, Festspiele, Kellerbühnen. Einblicke in die Berner Theatergeschichte vom Mittelalter bis zur Gegenwart, hg. von Heidy GRECO-KAUFMANN (Theatrum Helveticum 17, 2017) S. 17–140, hier S. 45–54.

223) Anshelm 3 S. 146, siehe auch Kap. II/2e, Die Folterverhöre des Priors ... und die Ermahnungsrede des Bischofs von Sitten, Anm. 303.

224) CACIOLA, Discerning Spirits S. 292, vgl. auch BALZAMO, Les miracles, *passim*.

Jetzers Stigmata: „Nicht große Löcher, sondern nur ein bisschen weggeschürfte Haut"

Wie wir wissen, kam zwischen den Artikel- und den Folterverhören der Dominikaner auch der Verteidiger der Dominikaner, Johann Heinzmann aus Basel, zu Wort und legte Artikel gegen Jetzer vor, die jedoch nicht mehr berücksichtigt wurden, so dass der Verteidiger sie auch nicht beweisen musste (siehe Kap. II/2e, Anklageartikel des Verteidigers gegen Jetzer ...). Bemerkenswert ist, dass Jetzers Passionsspiel darin kaum je beim Namen genannt und auch nicht beschrieben wird; der Verteidiger sprach vielmehr – ebenso wie auch das Generalkapitel der Dominikaner vom 11. Juni 1508 in Rom – von Ekstase bzw. simulierter Ekstase, zu der Jetzer eine gewissermaßen angeborenen Neigung gehabt habe, und auch ohne dass ihm ein Trank verabreicht worden wäre. Er wies weiter darauf hin, dass dieser selber das Verschwinden der Stigmata damit erklärt habe, dass die Jungfrau Maria sie ihm weggenommen habe, weil die Ordensprälaten ihm keinen Glauben schenken und das, was sie von ihrer Empfängnis gesagt habe, nicht an den Papst bringen wollten, und weil die Leute über seine Darstellung der Passion Christi gelacht hätten[225]. Dass zumindest die Klostervorsteher nicht so unschuldig waren, wie von ihrem Verteidiger behauptet, geht indessen aus ihren Folterverhören hervor, aus denen recht viel „Handfestes" und Schockierendes über die Stigmata hervorgeht.

Am 21. August 1508 gab der Subprior zu, dass der Lesemeister Jetzer (am 25. März 1507) als Maria das erste Stigma in die rechte Hand beigebracht und ihm die übrigen vier für später versprochen habe. Auf die Frage, warum man diesem nicht alle Stigmata auf einmal verabreicht habe, antwortete der Subprior, dass dies zu gefährlich gewesen wäre und dass man zuerst mit einem Stigma habe probieren wollen. Dieses sei tatsächlich mit einem eisernen Instrument von außen nach innen eingedrückt worden, doch wusste der Subprior nicht, welches Instrument der Lesemeister dafür gebraucht hatte. Am 6. (bzw. 7.) Mai 1507 habe er sich in Abwesenheit des Priors und des Lesemeisters (auf dem Provinzialkapitel in Pforzheim) selber als Maria verkleidet und Jetzer die übrigen vier Stigmata beigebracht, und zwar mit einem kleinen Eisen in die linke Hand, die Füße und die Seite, das Stigma in die linke Hand von innen und von außen, die Stigmata in die Füße aber nur von oben und nicht auch von unten, aus Ehrfurcht vor den Stigmata, weil er nicht wollte, dass sie gewissermaßen mit Füßen getreten würden. In den folgenden Tagen habe der Lesemeister Jetzer gelehrt, wie er die Gesten der Passion machen solle, und der Subprior habe ihm jeweils vor dem Spiel einen Trank gereicht, der seine Sinne abstumpfte und seinen Bauch auf wun-

---

225) Akten II/2 S. 215 Art. 18, 20, 22 (undat.; 1508, Aug 17).

derbare Weise in Bewegung versetzte. Wenn Jetzer diesen Trank genommen habe, habe er zunächst gebetet und dabei seinen Kopf über einen Stuhl geneigt als Zeichen für die Krönung unseres Herrn Jesus Christus; dabei habe er, wie er selber sagte, starke Kopfschmerzen gehabt. Dann habe er sich gesetzt und auf den Knien vor einem Altar in seinem Stübchen gebetet, was das Gebet unseres Herrn am Ölberg bedeutete. Dann sei er aufgestanden und habe ein bisschen gezittert, was die Gefangennahme bedeutete, schließlich habe er einen Arm ausgestreckt, worauf ihn der Subprior oder der Lesemeister oder beide zusammen auf sein Bett legten[226].

Beim nächsten Verhör (am 23. Aug 1508) wurde der Subprior gefragt, wie sie es angestellt hätten, dass Jetzers Stigmata frisch blieben und nicht eiterten und die Zuschauer ihren Ursprung nicht erkennen konnten. Er antwortete, dass er die Wunden mit einer grünen Salbe gepflegt habe, die er vom Scherer Johann Haller (Zeuge im Revisionsprozess) in einem Büchslein für eine Wunde an seinem eigenen Zeigefinger bekommen habe; diese habe die Wunde gemildert und vor Eiter und Geschwulst geschützt. Dazu habe er den sog. Besenschmalz zubereitet (*adipem scope*; *adeps* = Schmalz, *scopa* = dünner Zweig, Reis, Rute; pl. Besen), den er zusammen mit der Salbe auf die Wunden aufgetragen habe, und zwar wie von Jetzer in seinem Verhör vom 4. August 1508 beschrieben: hier verweisen die Prozessakten auf sich selber bzw. wurde die Aussage des Subpriors mit derjenigen Jetzers verglichen – oder vielmehr durch diese hervorgerufen. Dieser Schmalz sei mit dem roten Saft einer Pflanze vermischt gewesen, welcher die Fliegen von den Wunden ferngehalten habe. Auf die Frage, wie er bewirkt habe, dass Jetzer beim Passionsspiel die Füße und die Hände nicht habe auseinanderbringen können, antwortete der Subprior, dass er zu diesem Zweck Beschwörungsformeln aus seinem Büchlein mit der schwarzen Magie verwendet habe (ein Voodoo-Zauber)[227]. Wie aus einer Aussage des Schaffners vom 26. August 1508 hervorgeht, scheint beim Passionsspiel auch ein vom Subprior zubereiteter Trank eine Rolle gespielt zu haben, und so musste dieser am gleichen Tag in einem Sonderverhör auch zugeben, dass er, um den Trank herzustellen, einen schriftlichen Pakt mit dem Teufel geschlossen habe. Mit Hilfe dieses Tranks konnte der Subprior sogar die Zeit, in welcher Jetzer die Passion spielen sollte, festlegen[228].

Bei einem Verhör des Priors vom 29. August 1508 stellte sich heraus, dass Jetzer vor seinem Passionsspiel auf dem Marienaltar (am 25. Juni 1507) auch

---

226) Akten II/2 S. 301–303 Nr. 11–13 (1508, Aug 21; Subprior, Folterverhör).
227) Akten II/2 S. 303 f. Nr. 14–16 (1508, Aug 23; Subprior, Folterverhör), vgl. auch ebd. II/1 S. 127 Nr. 326 (1508, Aug 4; Jetzer).
228) Akten II/2 S. 322 Nr. 71 (1508, Aug 26; Subprior, Sonderverhör), vgl. auch ebd. S. 268 f. Nr. 54–57 (1508, Aug 26; Schaffner, Folterverhör).

diesen Trank bekommen hatte, und zwar an Stelle des Spülweins, den er sonst nach der Kommunion erhalten hätte. Nachdem seine Stigmata (Ende Juli 1507) verschwunden waren, sei Jetzer klar geworden, dass ihm diese jeweils während der vom Trank verursachten Ekstase vom Subprior oder vom Lesemeister erneuert worden seien, und er habe diesen nicht mehr nehmen wollen. Die Klostervorsteher hätten mit Zuckerbrot und Peitsche versucht, ihn dazu zu überreden, den Trank wieder zu nehmen und sich die Stigmata wieder erneuern zu lassen – allerdings ohne Erfolg. Deshalb hätten sie beschlossen, ihn umzubringen, damit die Welt glaube, dass seine Stigmata und die anderen Offenbarungen wirklich von Gott stammten (*stigmata et alias revelationes miraculose a Deo fuisse*). Bei diesem Verhör kam auch ans Tageslicht, dass der Trank weniger vom Teufel inspiriert gewesen war als vom Illuministen Lazarus, und unter anderem aus dem Blut eines Knaben bestand, der noch nicht entwöhnt gewesen war, und aus Quecksilber, das bewirkte, dass Jetzers Gedärme sich bewegten[229]. Offenbar war es viel schlimmer, wenn der Trank von Lazarus, einem getauften Juden, herrührte als vom Teufel selber.

Es gehörte zur Strategie der Folterverhöre, dass der Lesemeister erst sehr spät verhört wurde und dann auch zuerst eine Bekenntnisschrift verlesen durfte, die er in seiner Haft geschrieben hatte (siehe Kap. II/2e, Die Folterverhöre des Lesemeisters ...). Darin beschrieb er, wie er Jetzer das erste Stigma verabreicht hatte, nämlich mit einem eisernen Schlüssel, ein bisschen gebogen und zugespitzt (*ferreum clavum, recurvum aliquantulum et acuatum*), mit dem er Jetzer an beiden Seiten der rechten Hand die Haut abgezogen und kleine Löcher gelassen habe, aber doch immerhin so, dass dieser vor Schmerz laut aufgeschrien habe. Während der Prior und der Lesemeister auf dem Provinzialkapitel von Pforzheim (2. Mai 1507) weilten, habe der Subprior, wie vorher mit dem Lesemeister abgemacht, Jetzer die übrigen vier Stigmata mit einem Eisen verabreicht, in die linke Hand von beiden Seiten, in die beiden Füße nur von oben, und in die rechte Seite. Der Lesemeister gab auch eine deutsche Übersetzung der Salbe, mit welcher der Subprior die Wunden vor Gestank, Eiter und Geschwulst geschützt habe, nämlich „Besenschmalz" (in der Folge auch bei Anselm 3 S. 85, 87, 120 gebraucht). Anders als der Subprior, der ausgesagt hatte, dass er die Salbe vom Scherer Johann Haller für eine eigene Wunde bekommen habe, sagte der Lesemeister, dieser habe sie von einem vagierenden Bettler bekommen, der vor der Türe des Konvents gebettelt habe und der selber voller Wunden gewesen sei ... Während der Subprior berichtet hatte, dass der Lesemeister Jetzer das Passionsspiel gelehrt habe, sagte dieser, dass der Subprior mit einem Exor-

---

[229] Akten II/2 S. 287–289 Nr. 23–27 (1508, Aug 29; Prior, Folterverhör).

zismus und einem Trank bewirkt habe, dass dieser jeden Tag um 11 Uhr die Passion spielen musste, und zwar vom 7. Mai (als er die übrigen Stigmata bekommen hatte) bis zum 30. Juli 1507 (als die Stigmata verschwunden waren). Für das Verschwinden der Stigmata aber gab es einen ganz konkreten Grund. Als nämlich der Bischof von Lausanne (am 21. Juli 1507) Jetzer besucht habe, habe der Lesemeister vom Generalvikar erfahren, dass der Bischof bewährte Ärzte hinzuziehen wollte, um die Wunden zu heilen – und um den Betrug aufzudecken. Da die Klostervorsteher gefürchtet hätten, überführt zu werden, hätten sie beschlossen, dass der Subprior Jetzers Wunden heilen sollte, was innerhalb von kurzer Zeit möglich gewesen sei, denn es seien nicht große Löcher gewesen, sondern nur ein bisschen weggeschürfte Haut (*non essent grandia foramina, sed dumtaxat detracta cutis*)[230] – eine Bemerkung, mit welcher der Lesemeister wohl die Verantwortlichkeit und Schuld der Klostervorsteher herunterzuspielen versuchte.

In einem der folgenden Verhöre kam man auf die Stigmata zurück und wurde der Lesemeister nach dem Trank gefragt, unter dessen Einfluss Jetzer das Passionsspiel gespielt habe. Dieser behauptete, dass er dessen Zusammensetzung nicht kenne, und berief sich dafür auf den Subprior. Dagegen gab er zu, dass der Prior und der Subprior dem Konversen abwechslungsweise in der Gestalt der Maria erschienen seien und ihm die Stigmata an Händen und Füßen gepflegt hätten, damit sie nicht anschwollen oder faulten oder bluteten. Damit diese echter aussähen, habe der Subprior, während Jetzer in Ekstase lag, um die Wunden an den Händen und Füßen herum mit dem „Besenschmalz", vermischt mit etwas roter Farbe, je drei Strahlen gemalt. Da der „Besenschmalz" von großer Zähigkeit und Kohärenz sei, habe er sich rasch eingeprägt, wie wenn in der Haut selber ein Flecken von roter Farbe wachsen würde. An den Händen habe der Subprior innen und außen je drei solche Strahlen gemalt, an den Füßen nur oben, und an der Seite nur einen Strahl. Beim Passionsspiel auf dem Marienaltar scheint es wirklich darum gegangen zu sein, Jetzers Offenbarungen sowie Passion und Stigmata endgültig unters Volk zu bringen, und deshalb habe dieser anstelle des Spülweins den gewohnten Trank bekommen, diesmal mit stärkeren Exorzismen, damit er schneller in Ekstase und Gefühllosigkeit verfiel. Hier musste der Lesemeister auch zugeben – und in diesem Punkt seine Bekenntnisschrift korrigieren –, dass nicht der Subprior Jetzers Stigmata geheilt habe, sondern dass diese geheilt seien, weil dieser den Trank nicht mehr nehmen und sich die Stigmata in der Ekstase nicht mehr erneuern bzw. neu malen lassen wollte, und dass sie ihn nach wiederholter Weigerung auf stärkste gequält

---

[230] Akten II/2 S. 231 f., 234 f., 237 (undat., 1508, Aug 31; Lesemeister, Bekenntnisschrift).

hätten: mit der Kette, die er auf seine Bitte vom Chorherrn Heinrich Wölfli bekommen hatte, und mit einem eisernen Pfannenstiel, den sie erhitzt hatten, bis er den verlangten Eid geleistet habe, sie nicht zu verraten[231].
Am 1. September 1508 wurde der Lesemeister sogar heftig gefoltert, damit er über die Zusammensetzungen des Trankes Auskunft gebe, aber ohne Resultat[232]; denn er scheint diese Sache wirklich dem Subprior überlassen zu haben. Dieser berichtete am 2. September 1508 seinerseits, wie er Jetzer die übrigen vier Stigmata beigebracht und wie er jeweils dessen Stigmata bemalt habe, doch wurde er hier offensichtlich nach dem entsprechenden Geständnis des Lesemeisters abgefragt, so dass nur wenig Neues zu erfahren ist. Er gestand weiter, dass die Klostervorsteher bei der Pflege der Stigmata jeweils die Verbände mutwillig von den Wunden abgerissen und damit deren Heilung verhindert hätten. Dadurch habe die Gläubigkeit bei den Leuten nur noch zugenommen, und jeder habe sich glücklich geschätzt, wenn er ein Stück Verbandzeug ergattern konnte, im Glauben, er habe eine echte Reliquie (*putans se habere reliquias*). Schließlich musste der Subprior auch zugeben, dass man bereits von Anfang an, als Jetzer gerade erst die übrigen vier Stigmata bekommen hatte und man bereits fürchtete, dass dieser Betrug ans Licht kommen könnte, daran gedacht habe, ihn mit Gift aus der Welt zu schaffen: damit diese glaube, dass er in großer Heiligkeit und beim Erleiden der Passion des Herrn dahingerafft worden sei (*ut mundus crederet eum mortuum in magna sanctitate et sustinentia passionis Dominice*)[233]. Dies bedeutet wohl nichts anderes, als dass die Klostervorsteher mit den insgesamt fünf Vergiftungsversuchen an Jetzer (siehe Kap. II/4c) das von Kustos Dübi in seiner Zeugenaussage vom 16. August 1508 geforderte selige Ende eines Heiligen im Fall von Jetzer künstlich herbeiführen wollten.

Ekstase oder Epilepsie

Aus dem Revisionsprozess sei nur mehr ein einziger Aspekt herausgegriffen, nämlich derjenige, ob Jetzers Ekstasen auf eine Epilepsie zurückgeführt werden könnten, eine Überlegung, die sich möglicherweise schon die Zeitgenossen gemacht haben. Im Hauptprozess hatte Jetzer einmal ausgesagt, dass der Provinzial Mitte Mai 1507 auf dem Weg nach und vom Generalkapitel in Lyon in Bern vorbeigekommen sei und dass sich auf dem Rückweg auch ein Dominikaner aus Straßburg namens Meister Stephan in seinem

---

231) Akten II/2 S. 245 f. Nr. 21, 23, 25, S. 246 f. Nr. 28, S. 248 f. Nr. 34 (1508, Aug 31, Vesperzeit; Lesemeister, Folterverhör).
232) Akten II/2 S. 252 f. (1508, Sept 1, morgens; Lesemeister, Folterverhör).
233) Akten II/2 S. 311 Nr. 32 f., S. 312 Nr. 34, S. 316 Nr. 46 (1508, Sept 2; Subprior, Folterverhör).

Gefolge befunden habe, der im Dominikanerkonvent von Straßburg eine hohe Stellung eingenommen habe, doch hatte dieser Konvent zum Leidwesen des Berner Lesemeisters Stephan Boltzhurst die Observanz nicht angenommen (siehe Kap. I/2c). Dieser Meister Stephan habe einen goldenen Ring (*anulum aureum*) mit Edelsteinen gehabt, die offenbar innen angebracht waren (*in quo ab interiori parte erant alique gemme posite*), und habe diesen Jetzer nacheinander an alle Finger gesteckt, mit den Worten, dass er, Meister Stephan, den Ring immer bewahren wolle (*Volo mihi semper servare*), weil er mit Jetzers geheiligten Fingern in Berührung gekommen sei (*eo quod contigerit digitos vestros*)[234].

Weiter ist von dieser Geschichte während des ganzen Hauptprozesses nicht die Rede, nicht zuletzt, weil Jetzers Aussage fast von dessen Ende – vom 4. September 1508 – stammt, aber im Revisionsprozess kam man darauf zurück. Als Jetzer am 5. Mai 1509 nach dieser Episode gefragt wurde, ergänzte er lediglich, dass er damals, als der Straßburger Dominikaner ihm den Ring an seine Finger steckte, bereits alle fünf Stigmata hatte, was zeitlich auch zutrifft. Im Folgenden wurden alle vier Klostervorsteher auf die gleiche Geschichte angesprochen, zunächst, am 7. Mai (14 Uhr) der Lesemeister, der wusste, dass der vermeintliche Meister Stephan Johann Ammann von Straßburg hieß und ein Angehöriger der nicht observanten Oberdeutschen Provinz (*provincia Almanie*) war: dieser habe doch tatsächlich geglaubt, dass Jetzer ein Heiliger und dass alles, was man von ihm sage, wahr sei; der Provinzial habe ihn davon überzeugt und man habe ihm nicht reinen Wein eingeschenkt, weil er eben nicht der Observanz angehört habe. Der Schaffner scheint zwar auch der Meinung gewesen zu sein, dass der Straßburger wirklich geglaubt habe, dass Jetzer ein Heiliger gewesen sei, weil er nicht eingeweiht war, aber er lieferte zugleich eine andere Erklärung für dessen Tun: dieser – Vikar oder Provinzial der nicht observanten Dominikaner – habe gesagt, dass in jenem Ring ein Edelstein eingelassen sei, der die Kraft habe, Jetzer zu heilen, wenn er an der Fallsucht oder einer anderen Krankheit leiden sollte (*si Ietzer habuisset morbum caducum vel alii [alium]*). Der Prior sagte, dass er selber Jetzer einmal einen Ring an seine Finger gesteckt habe, um ihn zu überzeugen, dass diese geheiligt seien. Er wusste aber auch um den Ring des nicht observanten und nichteingeweihten Dominikaners mit dem Stein gegen die Fallsucht und dass dieser Jetzer den Ring an den Finger gesteckt habe, als er das Passionsspiel gespielt habe (*quia tunc Ietzer iacebat cum suis passionibus*)[235].

---

234) Akten II/1 S. 142 f. Nr. 399 f. (1508, Sept 4; Jetzer).
235) Akten III S. 421 f. Nr. 42 (1509, Mai 5; Jetzer), S. 436 Nr. 51 (1509, Mai 7, 14 Uhr;

Laut dem Subprior hatte der Vikar tatsächlich geglaubt, dass Jetzer in Ekstase liege, weil er ein Heiliger sei, und er habe ihm den Ring aus Frömmigkeit an die Finger gesteckt, und doch zugleich auch, um ihn von der Fallsucht zu heilen, wenn es denn Fallsucht sein sollte[236]. Die Geste des Vikars könnte also differenzierter – und intelligenter – gewesen sein, als der Lesemeister gemeint hatte, der das Ganze einmal mehr auf den Unterschied zwischen Observanz und Nicht-Observanz zurückführte, und dies umso besser tun konnte, als er ja wusste, dass Jetzer *nicht* an Epilepsie litt ... Ähnlich wie der Prior von den Franziskanern (siehe Kap. II/2c, Der Prior) war der Lesemeister von den Nicht-Observanten besessen, gerade weil er sich aus seinem Heimatkonvent Straßburg, der die Observanz nicht angenommen hatte, hatte entfernen müssen (siehe Kap. I/2c). Nachdem die observanten Konvente um 1475 in der Oberdeutschen Provinz die Mehrheit gewonnen hatten und fortan den Provinzial aus ihren Reihen wählen konnten, war es zu einer Spaltung der Provinz gekommen, in der sich die Konventualen schließlich gewisse Rechte zu sichern wussten, die ihnen 1495 von Papst Alexander VI. bestätigt wurden. Insbesondere konnten sie einen Vikar wählen, der meistens aus dem Konvent Straßburg stammte, der damit zum Hauptsitz der Konventualen wurde. Annette Barthelmé hat einige dieser Vikare ausmachen können, so für die Jahre 1507 bis 1509 einen gewissen Johann Hartmann[237], der u. U. mit dem vom Lesemeister – und von Anshelm 3 S. 92) – genannten Johann Ammann identisch gewesen sein könnte und dessen Familienname „Hartmann" die romanischen Schreiber der Jetzerprozesse als „Ammann" missverstanden hätten. Dieser muss schon nur aufgrund seiner Position ein Hauptfeind des Berner Lesemeisters gewesen sein, der selbst Ekstase oder Epilepsie nur in den Kategorien Observanz und Nicht-Observanz sehen konnte. Entsprechend war es wohl auch kein Zufall, wenn ein Vorgänger Jetzers, ein erster Konversenbruder, mit dem man Ähnliches versucht hatte, von einem observanten Konvent (Colmar) in einen nicht observanten (Straßburg) geflohen sein soll[238]. Nach dem Jetzerhandel könnten es auch die Gegner der Berner Dominikaner gewesen sein, die den Finger darauf legten, dass es sich bei den fehlbaren Dominikanern um Observante handelte, so der Franziskaner Thomas Murner mit seiner Schrift *De quattuor heresiarchis ordinis Predicatorum, de observantia nuncupatorum* oder mit dem Reimgedicht *Von den fier ketzeren Prediger or-*

Lesemeister), S. 449 f. Nr. 34 (1509, Mai 9; Schaffner), S. 470 Nr. 51 f. (1509, Mai 12; Prior).
236) Akten III S. 492 Nr. 45 (1509, Mai 16; Subprior).
237) BARTHELMÉ, La réforme dominicaine S. 118–121, vgl. auch HÜBSCHER, Deutsche Predigerkongregation.
238) Akten I S. 53 Nr. 166 (1508, Feb 22; Jetzer).

dens der observantz. Aber auch Anshelm betont immer dann die Observanz der Klostervorsteher, wenn er besonders Schlimmes zu berichten hat, so bei der Zusammenkunft der *vier obristen reformierten våter ires reformierten klosters zů Bern*, bei welcher Einzelheiten des Jetzerhandels ausgeheckt wurden (Anshelm 3 S. 54), oder auch, als diese im Herbst 1507 beschlossen, ihren „missratenen" Handel nach Rom zu tragen, was dem Chronisten Gelegenheit zu einer Romschelte gibt (Anshelm 3 S. 127):

Wer wôlte hie in diser grůlichen misshandlung nit erkennen und fôrchten das wunderlich gericht Gots, so dis reformierten, gelerten meister und våter verstôkt, ouch so verblent [verblendet], dass, nachdem inen so vil frefner spil und taten sind missraten, [...], dass si dennocht semlichen falsch und betrug zůletst [...] dorftend underston an das(!) ort zebringen, da sie glowtend der Kristenheit algemein hopt und kilchen zesin: da ouch ires ordens obriste våter und meister wonten, namlich zů Rom!

Als der Ordensgenerals Thomas Cajetan und der Vorsteher der Oberdeutschen Dominikanerprovinz Eberhard von Kleve (1515–1529) seit 1515 versuchten, die Rechte der nicht observanten Dominikaner in Oberdeutschland abzuschaffen und insbesondere den Konvent Zürich der Observanz zuzuführen, wehrte die Stadt Zürich sich mit Vehemenz gegen diese Versuche und schrieb am 25. Februar 1518 an den Hauptmann der päpstlichen Garde in Rom, jetzt ein Zürcher, Kaspar Röist (1518–1527), er solle dem Papst „die drei bösen Anstände der Observanten vorhalten: den Jetzerhandel, den Reuchlinstreit und den Wigandzank" (d. h. die beiden Wirt-Händel): *mit fürhaltung der böβen sach, so die observanntzer zuo Bern habent gehandelt – darum sy den lon habennt empfanngen mit dem für [Feuer] –; deβglichen des fürnemens, so sy mit doctor Johanβen Röichlin, unnd den Winganndten hannd gethon*[239]. Und am 16. Oktober 1518 gelangte Zürich an Kaiser Maximilian I. und führte ihm vor Augen, *daz die personen des mittlen lebens [die Konventualen] biβhar noch wol als geistlich und cristenlich gelebt unnd minnder irtungen gemacht habent dann die observantzer, die mer, als uns bedunnckt, under einem schyn der geistlichkeit, yttelkeit understond zuowegenbringen, dann das sy der menschen heyl suochint*[240]. Demnach schrieben bereits die Zeitgenossen praktisch alle großen „Händel"

---

239) HÜBSCHER, Deutsche Predigerkongregation S. 35 und 96 Beilage 3 (1508, Feb 25). Vgl. auch ebd. S. 87f. Beilage 4 (1518, Feb 27; Zürich an Konstanz). Zu den „Wirt-Händeln" siehe Einl. 3b und c, zum Reuchlin-Handel siehe Epilog, Einleitung: Der Jetzerhandel in den „Dunkelmännerbriefen" (1515 und 1517).

240) HÜBSCHER, Deutsche Predigerkongregation S. 103f. Beilage 9 (1518, Okt 16; Zürich an Kaiser Maximilian I.). Es gelang den Observanten indessen nie, die „Bastion"

– oder Skandale – vom Beginn des 16. Jahrhunderts dem Fanatismus der observanten Dominikaner zu, und dies nicht ganz zu Unrecht.

Man wird nicht darum herumkommen festzuhalten, dass die Berner Dominikaner doch tatsächlich versucht hatten, Jetzer zu einem stigmatisierten Heiligen zu machen und ihn damit neben den Ordensgründer der Franziskaner zu stellen. Der Luzerner Schilling schreibt denn auch, die Klostervorsteher hätten Jetzer einen Trank zubereitet, *das er hart ward schlaffen.* In diesem Schlaf hätten *sy heimlich mit etzwasser [Ätzwasser] zewågen gebracht, das am dritten tag an hånden und fůssen, ouch in der rechten sitten glich wie man sant Frantzischken malen, die fünff mynnzeichen Cristi gesåhen wurdend,* und er hat ja auch die entsprechende Abbildung (Tafel 1) beigegeben[241]. Bevor wir Bilanz ziehen können, müssen wir uns fragen, welche Heiligkeit denn am Ende des Mittelalters überhaupt noch möglich war und welche Chancen die Dominikaner gehabt hätten, für Jetzer eine Heiligsprechung zu erlangen – wenn es denn je soweit gekommen wäre. Um die Antwort vorwegzunehmen: gar keine – selbst wenn ihr Orden eine solche Bulle gehabt hätte, wie sie behaupteten. Wie hätte Jetzer eine Chance haben können, wo doch Niklaus von Flüe erst 1649/1669 selig- und erst 1947 heiliggesprochen wurde? In seinem Fall dauerte das „Aushandeln der Heiligkeit" besonders lange, weil die Kurie in der Zeit von 1523 bis 1588 überhaupt niemanden mehr kanonisierte und sich danach, insbesondere unter Papst Urban VIII. (1623–1644), ganz neue und viel strengere Regeln gab, so unter anderem die Einführung eines zweistufigen Verfahrens: Heiliger konnte nur werden, wer zuvor selig gesprochen worden war. Auf diese Weise blieben recht viele „Heilige" – oder auch nur „Selige" –, die zwar schon lange als heilig verehrt wurden, aber nicht offiziell heilig- oder seliggesprochen worden waren, auf der Strecke; so eben auch Niklaus von Flüe. Dazu kam, dass das Heiligenideal, das dieser vertrat – das Eremitentum – schon längst veraltet und überholt war; die frühe Neuzeit bevorzugte kämpferische Geistliche aus den Reformorden der Jesuiten und in geringerem Maße der Kapuziner. Aber selbst Petrus Canisius (1521–1597), der Begründer der Freiburger Jesuitenniederlassung (1580), schaffte es nicht, innerhalb nützlicher Frist – d. h. der Frühen Neuzeit – heiliggesprochen zu werden; er wurde erst 1864 selig- und 1925 heiliggesprochen. Und Niklaus von Flüe wandelte sich innerhalb von kurzer Zeit (an der Wende vom 16. zum 17. Jahrhundert) von

---

Zürich zu nehmen, vgl. ebd. S. 65 ff., und WEHRLI-JOHNS, Geschichte des Zürcher Predigerkonvents S. 179–185.
241) Luzerner Schilling S. 364 f. Kap. 321. Auch Schodoler S. 275 Kap. 466 nennt als Vorbild für Jetzer Franziskus von Assisi, nicht aber Schwinkhart, Chronik S. 37 Kap. 10.

einem „hoffnungsvollen Kanonisationskandidaten" zu einem „Ausnahmefall" (*casus exceptus*), der nur als solcher 1649/1669 eine Approbation bekommen konnte, die später mit einer Seligsprechung gleichgesetzt wurde[242].

Echte und falsche Heiligkeit am Ende des Mittelalters

Um herauszufinden, welche Heiligkeit am Ende des Mittelalters überhaupt noch möglich war, stützen wir uns wiederum auf Arbeiten von André Vauchez, einerseits seine Einleitung in Band 7 der „Histoire des saints et de la sainteté chrétienne", welcher der Periode von 1275 bis 1545 gewidmet ist, und andererseits einen Aufsatz mit dem vielversprechenden Titel „La naissance du soupçon: vraie et fausse sainteté aux dernières siècles du Moyen Âge"[243]. Die Zeit von 1275 bis 1545 war eine stürmische Zeit für die Kirche mit dem Papsttum in Avignon, dem darauffolgenden Schisma und den Konzilien von Konstanz und Basel. Von den Männern, die in dieser Zeit heiliggesprochen wurden, gehörten nur wenige der kirchlichen Hierarchie an oder hatten ihr Leben als Mönche verbracht. Es war vielmehr die Zeit der volkstümlichen Prediger und der Eremiten – wie eben Niklaus von Flüe. In einer Situation, wo die kirchlichen Institutionen von einer Reihe von Krisen erschüttert wurden und letztlich keine Reformen möglich waren, war das Charisma wichtiger als das Amt. Entsprechend hatten auch die Laien und insbesondere die Frauen ihre Chancen, und unter den Frauen insbesondere die Mystikerinnen. Es war das letzte Mal in der Geschichte des westlichen Christentums, dass das Volk selber Heilige „machen" konnte – weil die kirchlichen Kontrollmechanismen geschwächt waren. Die Gläubigen stellten der sichtbaren Kirche, die sich als sündig und nicht korrigierbar erwies, eine rein spirituelle Kirche von Heiligen entgegen, die sich bemühten, nach dem Willen Gottes zu leben. Auf diese Weise kamen kirchliche Würdenträger kaum mehr zum Zug: nur ein einziger Papst, Cölestin V. (1209/10–1296, kan. 1313), eigentlich ein Eremit aus den Abruzzen, der 1294 nur wenige Monate im Amt und damit in jeder Beziehung überfordert war. Während die Bischöfe im 12. und 13. Jahrhundert noch einen großen Teil der zukünftigen Heiligen gestellt hatten, waren es im 14. Jahrhundert nur mehr gescheiterte Bischöfe wie Ludwig von Anjou (1274–1297), ein Franziskaner, der 1297 nur für wenige Wochen Bischof von Toulouse war, oder Peter von Luxemburg († 1387), der mit vierzehn Jahren zum Bischof von Metz er-

---

242) SIDLER, Heiligkeit aushandeln S. 361 ff., vgl. auch S. 449–456.
243) Hier und im Folgenden nach André VAUCHEZ, Une église éclatée, in: Histoire des saints 7 (1986) S. 6–57, und nach DERS., La naissance du soupçon.

nannt worden war, einer Diözese, die der römischen Obödienz angehörte und die den Anhänger des avignonesischen Papstes nie akzeptierte.

Dagegen gewannen seit dem Ende des 13. Jahrhunderts die Propheten und Visionäre an Einfluss, und vor allem die Prophetinnen und Visionärinnen, als erste Angela von Foligno († 1309, seliggespr. 1693, kan. 2013) und Klara von Montefalcone († 1308, kan. 1881), obwohl beide im Mittelalter nicht heiliggesprochen wurden, im Unterschied zu Brigitta von Schweden (1303–1373, kan. 1391), welche die Päpste seit 1343 zur Rückkehr nach Rom drängte, und Katharina von Siena (1347–1380, kan. 1461), Angehörige des Dritten Ordens der Dominikaner, die dies seit 1370 ebenfalls tat. Wie wir gesehen haben, spielten sowohl Brigitta als auch Katharina im Jetzerhandel eine gewisse Rolle, Katharina aber viel die größere als Brigitta, weil sie eine Angehörige des Dritten Ordens der Dominikaner war und die Stigmata hatte, auch wenn diese unsichtbar und umstritten waren. Brigitta und Katharina waren nicht eigentlich volkstümliche Heilige, sie wandten sich nicht an das Volk, sondern direkt an die Päpste. Sie stellten die bestehenden Strukturen nicht in Frage, sondern versuchten im Gegenteil, aus ihnen herauszuholen, was noch herauszuholen war.

Die Heiligen des Spätmittelalters kamen auch nicht mehr aus den Klöstern, nicht nur, weil die Disziplin dort abgenommen hatte, sondern auch weil die Suche nach der Vereinigung mit Gott eine individuelle geworden war. In den Kanonisationsprozessen des 14. und 15. Jahrhunderts kommt eine Rückkehr zu harter Askese zum Ausdruck. Die Frauen nahmen große Leiden auf sich, als eine Art stummer Protest gegen den Trend zur Säkularisation, der sich in der kirchlichen Hierarchie breit machte. Bei dieser Nachfolge Christi lag die Betonung aber nicht mehr, wie bei den Heiligen des 13. Jahrhunderts, Franziskus von Assisi und Elisabeth von Thüringen, auf der Nächstenliebe, sondern auf dem passiven Leiden. Neben den MystikerInnen gelangten im 14. und 15. Jahrhundert auch große Wanderprediger wie Vinzenz Ferrer (1350–1419, kan. 1458) oder Bernardin von Siena (1380–1444, kan. 1450) zur Ehre der Altäre, und sie kamen alle aus den Bettelorden (Vinzenz Ferrer aus dem Dominikaner-, Bernardin von Siena aus dem observanten Franziskanerorden). Sie hielten zwar am Armutsgedanken fest, übertrieben ihn aber – anders als die franziskanischen Fraticellen vom Beginn des 14. Jahrhunderts – nicht, sondern vertraten auch humanistische Bestrebungen. Sie predigten im Freien, begleitet von Beichtvätern und Flagellanten, und ihre Botschaft war eher moralischer als dogmatischer Art. Sie versuchten, das Evangelium im täglichen Leben wieder zur Geltung zu bringen, und wetterten gegen Luxus und Wucher[244].

---

244) Vgl. auch BALZAMO, Les miracles S. 40, und Kathrin UTZ TREMP, Ein Domini-

Vor allem aber tat sich im Spätmittelalter eine große Kluft in der Wahrnehmung von Heiligkeit zwischen der kirchlichen Hierarchie und den Gläubigen auf. Während auf der Seite der kirchlichen Hierarchie die Heiligsprechungen immer seltener wurden und sich auf eine kleine Zahl von Persönlichkeiten aus den Eliten beschränkten, deren Kult kaum je zu einem großen Erfolg wurde, vermehrten sich auf der andern Seite die lokalen Kulte, die allenfalls vom zuständigen Bischof approbiert wurden. Entsprechend blieb der Titel „Heiliger" seit der ersten Hälfte des 14. Jahrhunderts den richtig kanonisierten Heiligen vorbehalten, während die übrigen sich mit dem Titel „Selige" begnügen mussten. Dabei war die „Seligkeit" noch nicht, anders als später, eine Vorstufe zur „Heiligkeit", sondern bezeichnete den Unterschied zwischen einer offiziellen, durch das Papsttum kontrollierten Heiligkeit, und einer lokalen und volkstümlichen Heiligkeit, die sich noch recht frei entwickelte. Der Unterschied äußerte sich auch in der Ikonographie: die Heiligen wurden mit einem Nimbus dargestellt, die Seligen nur mit Strahlen. Für eine volkstümliche Heiligkeit reichte manchmal sogar nur ein unverschuldeter gewaltsamer Tod, wie im Fall von Werner von Bacharach (1270/1272–1287), der 1287 von Juden in Oberwesel (am Mittelrhein) ermordet worden sein soll und dessen antisemitischer Kult im 14. und 15. Jahrhundert durch die Erzbischöfe von Trier und Besançon approbiert wurde[245]. Auch Bern kannte einen solchen obskuren Heiligen, den Knaben Ruf (Rudolf), der angeblich in den 1280er-Jahren von den Juden ermordet worden war, eine Legende, die in der Berner-Chronik des Konrad Justinger († 1438) überliefert ist. Nachdem man das ermordete Kind gefunden hatte, wurde es – immer laut Justinger – im Kreuzaltar in der Pfarrkirche (dem späteren Münster) begraben, wo man es beim Bildersturm 1528 in einem bleiernen Sarg fand (Anshelm 5 S. 245). Es hatte in den 1280er-Jahren in Bern zwar durchaus Judenverfolgungen gegeben, aber von einem Ritualmord ist in den zeitgenössischen Quellen nicht die Rede; die Legende könnte vielmehr aus der Zeit Justingers stammen, als die Juden (1427) endgültig aus Bern vertrieben wurden[246].

---

kaner im Franziskanerkloster. Der Wanderprediger Vinzenz Ferrer und die Freiburger Waldenser (1404). Zu Codex 62 der Franziskanerbibliothek, in: Zur geistigen Welt der Franziskaner im 14. und 15. Jahrhundert. Die Bibliothek des Franziskanerklosters in Freiburg/Schweiz, hg. von Ruedi IMBACH / Ernst TREMP (Scrinium Friburgense 6, 1995) S. 81–109.

245) André VAUCHEZ, Werner, in: Histoire des saints 7 (1986) S. 257–261, vgl. auch DERS., Antisémitisme et canonisation populaire: Saint Werner ou Vernier († 1287), enfant martyr et patron des vignerons, in: Les laïcs au Moyen Age S. 157–168.

246) Die Berner-Chronik des Conrad Justinger, hg. von Gottlieb STUDER (1871) S. 29 Kap. 49, und Olivier LANDOLT, Die jüdische Bevölkerung, in: Berns mutige Zeit. Das

Ganz allgemein stand die römische Kirche am Ende des Mittelalters allen Bemühungen, „Selige", die „nur" ihr Blut für eine gerechte Sache vergossen hatten, zu „Heiligen" machen zu lassen, abweisend gegenüber. Die Päpste Urban V. (1362–1370) und Gregor XI. (1370–1378) gingen sogar brutal gegen die Verehrung vor, die diesen „falschen Märtyrern" zuteil wurde. Diese verhärtete Haltung geht klar aus einem Traktat hervor, den ein dominikanischer(!) Bischof, welcher der römischen Kurie nahe stand, Jean-Baptiste de' Guidici, im Jahr 1480 aus Anlass der Heiligsprechung von Bonaventura, dem berühmten franziskanischen Gelehrten, verfasste. Der Autor beklagte, dass der Klerus an gewissen Orten Kulte duldete, die ermordeten Kindern gewidmet waren, und dachte dabei gewiss an Simon von Trient, der 1475 angeblich von Juden ermordet worden war, ein Kult der sich unter der alpinen Bevölkerung rasch ausbreitete und vom Bischof von Trient und den Franziskanern der Region unterstützt wurde. Für de' Guidici hatten diese Kinder, wenn sie denn wirklich von Juden ermordet worden waren, keine eigenen Verdienste; denn „es war nicht ihr Wille, sondern das Schicksal, das aus ihnen Märtyrer gemacht hatte". Für ihn waren die Heiligen, die man mit gutem Gewissen kanonisieren konnte, diejenigen, die sich durch eine „hervorragende Heiligkeit" (frz. sainteté éminente) ausgezeichnet hatten, vor allem auch durch „Vorzüglichkeit ihrer Lehre" (frz. excellence de leur doctrine). Damit sind die Kriterien für Heiligkeit, die am Ende des Mittelalters in den hohen Sphären der kirchlichen Hierarchie vorherrschten, klar genannt: gelehrte Kultur und Orthodoxie der Doktrin[247].

---

13. und 14. Jahrhundert neu entdeckt, hg. von Rainer C. SCHWINGES, Redaktion Charlotte GUTSCHER (2003) S. 270–273. Vgl. auch GERBER, Gott ist Burger S. 162 u. 171.

247) Zu den letzten fünf Heiligen, die in der Zeit zwischen 1482 und 1523 noch heiliggesprochen wurden, vor der langen Kanonisationspause bis 1588, alles Männer und die meisten bei der Heiligsprechung längst verstorben, vgl. FINUCANE, Contested Canonizations. Es handelte sich um den Franziskanergelehrten Bonaventura (um 1220–1274, kan. 1482), Markgraf Leopold von Österreich (um 1073–1136, kan. 1485), der als Gründer des Erzherzogtums Österreich galt; Franziskus von Paula (um 1416–1507, kan. 1519), ein Italiener aus Kalabrien und Gründer des Eremitenordens der Minimen, dessen Heiligsprechung vom französischen König Franz I. und dessen Mutter, Louise von Savoyen, betrieben wurde; Antonius von Florenz (1389–1459, kan. 1523), zunächst observanter Dominikaner und dann Erzbischof von Florenz (1446–1459), und schließlich Benno von Meißen (um 1040–1106, kan. 1523), Bischof von Meißen 1066–1085 und Parteigänger von Papst Gregor VII. im Investiturstreit und deshalb 1085 von König Heinrich IV. abgesetzt; seine Heiligsprechung wurde von Herzog Georg dem Bärtigen von Sachsen betrieben und seine Translation rief 1524 den Zorn Luthers hervor (dazu auch ANGENENDT, Heilige und Reliquien S. 238 u. 244). – Zu den rechtlichen Aspekten der Heiligsprechungsprozesse vgl. Thomas WETZSTEIN, Heilige vor Gericht. Das Kanonisa-

Diesen neuen Anforderungen an Heiligkeit (hervorragende Heiligkeit und Vorzüglichkeit der Lehre), definiert am Ende des Mittelalters paradoxerweise von einem Dominikaner, hätte Jetzer niemals genügen können, selbst wenn der Jetzerhandel gelungen wäre. Bei ihrer Konstruktion von Jetzers Heiligkeit huldigten die Berner Dominikaner im Grund einem überholten und außerdem widersprüchlichen Heiligenideal, möglicherweise einem mystischen von der Wende des 13. zum 14. Jahrhundert, gelebt von einem ungelehrten Laien bzw. Konversenbruder, und befrachtet bzw. überfrachtet von vielen – viel zu vielen – Zeichen der Heiligkeit, die sich unglücklicherweise untereinander auch noch Konkurrenz machten: Erscheinungen, Reliquien, Stigmata, ein furchterregendes Passionsspiel und ein angestrebter heiligmäßiger Tod durch Entrückung (bzw. durch Vergiftung). Das Heiligenideal, das die Dominikaner für Jetzer anstrebten, war widersprüchlich: einerseits unterstrichen sie immer wieder seine intellektuelle Unbedarftheit, andererseits wollten sie die angestrebte Heiligkeit mit der Lehre von der befleckten Empfängnis verbinden, die im Grund längst überholt und wahrscheinlich gar nicht mehr zu vermitteln war. Dies führte dazu, dass die Klostervorsteher immer wieder eingreifen mussten, was ihnen die berechtigte Frage sowohl von Jetzer als auch von Besuchern des Passionsspiels eintrug, warum die Jungfrau Maria denn nicht direkt dem Lesemeister erscheine[248] – der als Jetzers Beichtvater offensichtlich ein Doppelspiel spielte (siehe Kap. II/2b, Jetzers Geist und seine Beichtväter). Die Dominikaner waren im ganzen Jetzerhandel zu präsent, als dass glaubhaft gewesen wäre, wenn sie sich in den Prozessen zumindest anfänglich immer auf Jetzer beriefen. Ein volkstümlicher Kult hätte sich zu dieser Zeit in der Eidgenossenschaft allenfalls um einen überzeugenden und glaubwürdigen Mann wie Niklaus von Flüe entwickeln können, der in der eremitischen Tradition der Innerschweiz stand, aber niemals um einen „hergelaufenen" Konversenbruder, der zu offensichtlich das Instrument in den Händen von skrupellosen Dominikanern war.

---

tionsverfahren im europäischen Spätmittelalter (Forschungen zur kirchlichen Rechtsgeschichte und zum Kirchenrecht 28, 2004).

248) Def. S. 569f. Kap. I/25: *[der Lesemeister trägt Jetzer eine Menge Fragen an Maria auf] Et in tantum animum pulsavit fratris, ut pene impatiens existeret ac, quando Virgo veniret, ut ipse intraret et eam interrogaret, quicquid vellet dicere;* Akten II/3 S. 368 (1508, Aug 14; Zeugenaussage Schindler): *[der Lesemeister ist noch bei Jetzer, um ihn zu unterrichten] Qui tunc testis cum sociis dicebat: „Si doctor est tam sanctus, ut audiat Mariam et conscribat ab ore eius, melius esset, ut sibi appareret, quia est satis doctus, ut scribere et correspondere (posset)"; addendo quod satis erat Marie colloquium et magisterium ad docendum Iohannem Ietzer, et quod non expediebat doctorem cum doctore.*

Es ist wohl kein Zufall, wenn der Chronist Valerius Anshelm (aus reformatorischer Sicht) viel mehr als die anderen Chronisten auf diesen Aspekt des Jetzerhandels abhebt: dass die Berner Dominikaner aus dem Konversenbruder Johann Jetzer einen (falschen) Heiligen hatten machen wollen, und zwar bereits bei der Inszenierung des Geists: *Rat und beschlus der vier våteren, dass der suppriol den Jåtzer zů falscher heilikeit und propheci̇̂ in geists wis sólte inleiten.* Noch bevor am 24. März 1507 die hl. Barbara erschienen war, unterstellte der Chronist den Dominikanern bereits die Absicht, dass sie aus ihrem Jetzer einen hl. Franziskus oder womöglich noch mehr(!) machen wollten: *berietend und beschlussend daruf, iren wolgeschikten Jåtzer zů einem helgen, Sant Francisco glich oder me, zemachen.* Schon bei ihrem ersten Erscheinen sprach die Jungfrau Maria von Jetzer als „dem seligen Bruder Hansen Jetzer". Als sie ihm – gleich darauf – das erste Stigma verpasste, bezeichnete sie dieses als *ein semlich warsigel und zeichen, desse glichen kein helg nie so schinbar hat gehåpt,* und schien dabei den hl. Franziskus ganz vergessen zu haben. In der Folge sprach Anshelm vom „heiligen Jetzer" der Dominikaner oder auch von „ihrem heiligen Bruder", von dessen „heiliger Wunde", von „ihrem neuen Heiligen" und dem *jetzan geheiligten Jåtzer,* der ein *heimlich stůble* bekam, damit die Väter seine Besucher besser kontrollieren konnten. Der Höhepunkt dieser Entwicklung war schließlich der *Sant Jåtzer,* der in der Folge bei Anshelm noch drei Mal auftaucht[249].

Nachdem Jetzer die übrigen vier Stigmata bekommen und damit „Franziskus-gleich" geworden war, fehlte noch eines, um diesen zu übertreffen, nämlich das Passionsspiel, das ihn „Christus-ähnlich" machen sollte: *Wie nun der Jåtzer ieztan durch siner spilmeistren menschlich gedicht [Erfindung] was S. Franciscus glich worden, da gebrast noch eins, damit er uber in wurde, namlich dass er nit allein Kristi wundzeichen trůge, sunder ouch darzů sine marterstuk abbildete und ůebte.* Wie wir bereits gesehen haben, war das Passionsspiel wahrscheinlich dasjenige Element, welches dem Chronisten am ganzen Jetzerhandel am meisten missfiel, auch wenn er es erst in der Chronik beschreibt und in seiner Zeugenaussage im Hauptprozess (aus Ekel?) nur andeutet (*a tabula ad tormenta*). Als der Prior und der Lesemeister vom Provinzialkapitel von Pforzheim (2. Mai 1507) zurückgekehrt seien, hätten sie (dank dem Subprior) eine für ihre Zwecke gute Situation vorgefunden, nämlich alle fünf Stigmata und das Passionsspiel, so dass der hl. Franziskus bereits ins Hintertreffen geraten sei: *Als der prior und lesmeister, von Pfortzen heim kommen, ires spil meisterlich gereiset fanden, also dass S. Franciscus hinderhaben můst.* Anlässlich der Besuche des Pro-

---

249) Anshelm 3 S. 53, 62 f., 66 f., 68 f., 70, 114, 121, 126.

vinzials in Bern (im Mai 1507) wurde beschlossen, dass der „selige Jetzer" während „seiner heiligen Marter" umgebracht bzw. von Unserer Frau *hingenommen und ze himmel gefůert* werden sollte, damit die Dominikaner *und ir fůrnemen der begerten revelation und gnůgsamen zeichen halb sicher* würden. Anshelm ist auch die Geschichte mit dem Ring nicht entgangen, doch deutet er diese eher im Sinn der Berner Dominikaner: dass der nicht observante Dominikaner aus Straßburg sich habe täuschen lassen[250].

Anshelm erweist sich auch als gut informiert über das Generalkapitel von Pavia (6. Juni 1507) und das von diesem ausgegangene Verbot, die Sache weiterzuverfolgen, ein Verbot, an das die Dominikaner von Bern sich nur kurze Zeit hielten, bis zum 25. Juni nämlich, als die Marienstatue in der Dominikanerkirche blutige Tränen zu weinen begann. Für den Chronisten war damit auch schon der Beschluss verbunden, Jetzer als Heiligen nach dem Passionsspiel auf dem Marienaltar mit Hilfe des vergifteten roten Sakraments direkt in den Himmel fahren zu lassen: *Und also so kåme die sach mit grossem wunder uss, und wurde inen der Jåtzer, als ein sunder grosser helg, zůsampt dem roten sacrament, mit grossen êren ab.* Wie wir wissen, wurde aus der Himmelfahrt nichts, weil Jetzer sich weigerte, die vergiftete Hostie zu nehmen, und Anshelm schaudert beim Gedanken, dass der Plan gelungen wäre: *Was wår doch druss worden, wenn im Got ouch die fůrgenomne mort-himmelfart verhånget håtte? Ja, es håtte gewaltig aller tůfelscher falsch und betrug můessen war und heilig sin.* In der Folge spricht er abwechslungsweise vom „Heiligen" der Dominikaner oder vom „seligen Bruder" oder auch vom „gekreuzigten Bruder". Ihm ist auch nicht entgangen, dass diese behaupteten, dass der hl. Franziskus die Stigmata gar nicht gehabt habe, sondern nur aufgrund einer päpstlichen Bulle im Besitz des Franziskanerordens heiliggesprochen worden sei, und dass die Dominikaner eine gleiche Bulle hätten: *Darzů so habids, in kraft båbstlicher bull, eben so wol friheit und gwalt, ires helgen ordens from, ghorsam brůeder zeheiligen, wie dan si im zetůnd fůrgenommen, als die Barfůsser mit irem Sant Francissen getan habid, der nit warlich, sunder allein uss båbstlicher bull gab, die fůnf wundzeichen gehåpt habe.* Sie bedrängten Jetzer, die „erdichtete Heiligkeit" wieder anzunehmen, und als er widerstand, versuchten sie, ihm die vergiftete rote Hostie gewaltsam einzugeben, um beides – Jetzer und das Sakrament – auf einmal los zu werden: *wurden eins, im nochmalen das rot vergift sacrament inzegeben, damit beider fůglich abzekommen; namlich das zesagen wår, Unser Frow håtte S. Jåtzern und das wunderbar sacrament mittenandren hingenommen.* Für Anshelm bestand – wie schon für Bischof Schiner in seiner Ermahnungsrede an den Prior (siehe Kap. II/2e) – das Wunderbare an

---

250) Anshelm 3 S. 86, 90 f., 92, 93.

der ganzen Sache darin, dass Jetzer den Jetzerhandel überlebt hatte: *Noch so was der Jåtzer vorhanden, an dem noch Gots wunder mûst erkent werden, on zwifel disem ungehörten misshandel zůr zůgnůss; dan nachdem in Got vor oftermalen gift hat behůet, ist wol zů verston, dass durch in dis uberschwenklich bosheit solt ans liecht kommen, ouch demnach zů lebendiger kuntschaft der selbigen lebendig bliben.*[251]

Den Klostervorstehern blieb nur der Trost der Identifikation mit dem observanten Dominikaner Hieronymus Savonarola, der am 23. Mai 1498 in Florenz, wo er eine Art Gottesstaat hatte errichten wollen, hingerichtet worden war. Es ist wohl kein Zufall, wenn der Lesemeister recht früh im Defensorium die Jungfrau Maria durch Jetzer nach dem Befinden des verbrannten Hieronymus von Ferrara fragen ließ und die Antwort bekam, dass dieser unschuldig gelitten habe und dass Papst Alexander VI., dem die Dominikaner offensichtlich die Schuld an dessen Tod gaben, wegen ihm im Jenseits die schlimmsten Strafen erleide; und so wie er einst als Papst mit der Tiara gekrönt worden sei, so sei Savonarola gleich nach seinem Tod im Himmel mit der dreifachen Krone gekrönt worden[252]: wenn der Jetzerhandel gelungen wäre, so hätte der Wunderbericht bzw. das Defensorium wohl auch Savonarolas Rehabilitation dienen sollen. Im Revisionsprozess sagte der Prior jedenfalls aus, dass Jetzer ihnen in der letzten Phase des Jetzerhandels oft vorausgesagt und gedroht hätte, dass sie wegen ihrer „großen Schandtaten" (*enormia flagicia*) vor Gericht landen und zu Tod verurteilt werden würden, und dass er ihm dann geantwortet habe: dass sie dann wie Savonarola als Märtyrer geschätzt würden[253]. Anshelm hat auch diesen Gedanken aufgenommen, nämlich dort, wo er das Urteil derjenigen wiedergibt, welche die Väter für unschuldig hielten, und ihnen gleichzeitig widerspricht: *dan vil geredt ward, der schelm Jåtzer håt's alles – das doch unmuglich – getan, und den fromen våtern beschehe, wie unlang hiervor dem hochgelerten, helgen Jeronimo Savonarola, Predierordens, propheten, zů Florentz verprent, beschehen, namlich gross unrecht und gwalt.*[254] Dieses abschlie-

---

251) Anshelm 3 S. 95, 99, 103, 107, 116, 121, 165.
252) Def. S. 556 Kap. I/13, S. 565 Kap. I/20, vgl. auch ebd. S. 603 Kap. IV/3. Vgl. auch WEINSTEIN, Savonarola.
253) Akten III S. 464 Nr. 34 (1509, Mai 11, 15 Uhr; Prior), vgl. auch ebd. S. 484 f. Nr. 20 (1509, Mai 15; Subprior). Der Ordensgeneral der Dominikaner, Vinzenz Bandello (1501–1507), hatte den Brüdern von San Marco in Florenz bereits 1502 jeglichen Kult um Savonarola verboten, vgl. Michael TAVUZZI OP, Savonarola and Vincenzo Bandello, in: Archivum Fratrum Praedicatorum 69 (1999) S. 199–224.
254) Anshelm 3 S. 165. Anshelms Aussage, dass Jetzer dies alles unmöglich allein getan haben könne, hat Parallelen zum einen im Def. S. 593 Kap. III/6, *Communis enim omnium opinio fuit, quod frater ille haec omnia solus non perpetrasset vel perfecisset, sed ha-*

ßende Kapitel soll – einmal mehr – gezeigt haben, dass Jetzer dies alles, nämlich Erscheinungen, Reliquien, Stigmata und Passionsspiel, tatsächlich unmöglich alles selber ins Werk gesetzt haben konnte und dass die Klostervorsteher die Urheber dieser Inflation des Übernatürlichen gewesen sein müssen.

Zu dieser Inflation mag auch beigetragen haben, dass die Klostervorsteher zu viert waren und sich im Lauf der Geschichte jeder – vielleicht mit Ausnahme des Schaffners – hervortun wollte, wenigstens solange die Sache erfolgversprechend war; deshalb ist es auch schwierig, einen eindeutigen Rädelsführer auszumachen. Bereits aus dem Defensorium ist ein Kampf um die Vormacht zwischen dem Prior und dem Lesemeister herauszuspüren, der zu Gunsten des Lesemeisters ausging, dem als dem theologisch Gebildetsten auch die Stelle von Jetzers Beichtvater zufiel (siehe Kap. I/2a–c sowie Kap. II/2b, Jetzers Geist und seine Beichtväter). Er war es auch, der im entscheidenden Augenblick den Novizen Johann Meyerli hinter der blutweinenden Marienstatue ablöste und das Orakel von sich gab, das die Berner so gegen die Dominikaner aufbrachte. Dem Prior blieb die Rolle desjenigen, der in großen Veranstaltungen in der Kirche die Reliquien und die rote Hostie zur Verehrung aussetzte, so am 27. und am 29. Juni 1507. Der Subprior tat sich als Kommentator des Passionsspiels hervor, das Jetzer täglich aufführen musste, seit er am 7. Mai 1507 die übrigen vier Stigmata erhalten hatte. Schließlich war der Subprior auch der Verwalter der schwarzen Magie, die zum Einsatz kam, seit es mit dem Jetzerhandel – seit Juli 1507 – abwärts ging. Der Jetzerhandel war zwar geplant, konnte aber nicht von Anfang bis Ende durchgeplant sein und hat entsprechend durchaus seine Eigendynamik mit wechselnden Akteuren entfaltet, zu denen auch Prior Werner von Basel zu rechnen ist, der mit dem Prior und dem Lesemeister von Bern die Abneigung gegen das *Mariale* des italienischen Franziskanerobservanten Bernardin de Bustis teilte, der höhnisch auf das Fehlen von Wundern zu Gunsten der befleckten Empfängnis hingewiesen und damit die Dominikaner recht eigentlich zum Jetzerhandel herausgefordert hatte (siehe Kap. I/3a).

Der Jetzerhandel war im Grund bereits Mitte April 1507 gescheitert, als Jetzer den Prior sowie den Lesemeister und Subprior als Maria und Engel auf dem Schwebebalken erkannt hatte; wenn die Klostervorsteher ihr Vorhaben daraufhin beendet hätten, so wären sie sicher mit dem Leben davon-

---

buisset auxilium ex patribus (geschrieben ausgerechnet von Prior Werner von Basel), und zum andern in der Zeugenaussage des Niklaus Darm im Hauptprozess, Akten II/3 S. 355 (1508, Aug 13): *[...] nisi quod ex communi clamore populi habuerit, quod ipsi patres paterentur esse in culpa et instructores huius rei.*

gekommen bzw. gar nicht angeklagt worden. Stattdessen produzierten sie immer neue Erscheinungen und Wunder, die nicht nur dazu dienten, die Welt zu überzeugen, sondern auch Jetzer – ihr Medium – wieder zu überreden, was nie mehr so richtig gelang, so dass die Klostervorsteher Ende Juli 1507 sogar dessen Stigmata verschwinden lassen mussten, weil der Bischof von Lausanne gedroht hatte, Ärzte zu deren Untersuchung heranzuziehen. In dieser Situation könnten sie denn auch zur schwarzen Magie gegriffen haben, aus Verzweiflung, wie der Lesemeister selber sagt, „weil alle ihre Fiktionen sich als illusorisch herausgestellt hatten und auf Widerstand gestoßen waren"[255]. In diesem Zusammenhang erlangte der Subprior eine Stellung, die ihm wohl nicht zukam. Schließlich hatten die Klostervorsteher auch ihr Medium falsch gewählt bzw. sich in ihm getäuscht: Jetzer war weniger dumm, als sie gemeint – und sich gewünscht – hatten, und außerdem hätte er sich ohne Zögern für die unbefleckte Empfängnis Marias entschieden, wenn ihm überhaupt klar gewesen wäre, dass diese Frage noch nicht entschieden war.

Schluss: Vom Jetzerhandel zum Predigerhandel

Der Jetzerhandel ist nicht immer als „Jetzerhandel" bezeichnet worden. Ganz am Anfang freilich schon, und natürlich im Defensorium, das die Tendenz hatte, die Sache, als sie schief gelaufen war, dem Konversenbruder in die Schuhe zu schieben (siehe Kap. I/1–4). So schrieb Prior Werner von Basel am 5. Dezember 1507, dass er nach Bern gerufen worden sei, um „im Fall jenes Bruder" (*in causa illius fratris*) angehört zu werden und zu handeln, und Ende Dezember, dass er zusammen mit Paul Hug, dem Vertreter des Provinzials, nach Bern gehen musste, „um den Fall des Berner Bruders abzuschließen" (*ad concludendum causam fratris Bernensis praefatam*). Und am 11. Januar 1508 berichtete er von der Rückkehr des Lesemeisters und Subpriors, die „im Fall jenes ärmsten Bruders" (*in causa fratris illius pauperrimi*) nach Rom gereist seien, „dessen Geschichte dies" sei (*cuius est haec historia*). Wenn man weiß, warum das Defensorium ursprünglich geschrieben wurde, nämlich als Wunderbericht, dann sieht man deutlich, wie die Gewichte sich verlagert hatten. Der Herausgeber des Defensoriums schrieb dann freilich vom „Fall der Pseudoväter (*causa pseudopatrum*)"[256] und folg-

---

255) Akten II/2 S. 253 Nr. 47 (1508, Sept 1, Vesperzeit; Lesemeister, Folterverhör), siehe auch Kap. II/4e.
256) Def. S. 585, 587 Kap. III/2 u. 3 (1507, Dez 5, 27), S. 590 f. Kap. III/5 (1508, Jan 11), S. 602 Kap. IV/1.

te damit einer Entwicklung, die der Begriff des „Jetzerhandels" im Verlauf der drei Jetzerprozesse durchgemacht hatte und die eindeutig von einer Verlagerung der Schuld zeugt.

Der Begriff des „Handels" begegnet bereits in jener Aussage des späteren Glaubensprokurators Ludwig Löubli, die er am 23. August 1507 vor dem Rat bestätigen, aber nicht zurücknehmen musste, *daß der handel, so zu den Predigern mit dem bruder fürgeloffen, ein erdachte lotterî und ketzerî sîe*; hier ist Jetzer freilich eher das Opfer als der Urheber des „Handels", aber mit dieser Meinung hatte Löubli im Grund bereits das Ende der Jetzerprozesse vorausgenommen. Der erste Jetzerprozess, derjenige von Lausanne und Bern, galt denn auch nur Jetzer (siehe Kap. II/1), und entsprechend war der Fall auch derjenige des Johann Jetzer, Konverse des Dominikanerkonvents Bern (*causa contra Iohannem Yetzer, conversum conventus fratrum Predicatorum Bernensis*)[257]. Als der Rat von Bern Jetzer Mitte Dezember vom Bischof von Lausanne zurückverlangte, sprach er vom „Fall des Novizenbruders" (*causam fratris novicii*) und stimmte damit noch mit dem Vorsteher der Oberdeutschen Dominikanerprovinz, Peter Sieber, überein, der nur wenig später schrieb, dass er nie viel von der *sach des novitzenbruders* gehalten habe. Nachdem Jetzer Ende 1507 nach Bern zurückgebracht worden war, wurde sein Fall, *der handel des brůders*, Anfang Januar 1508 vor dem Rat verhandelt[258]. In der Folge gelangte dieser mehrmals an den Bischof von Lausanne, einmal „im Fall des Konversenbruders" (*in causa fratris conversi*), einmal *von des brůders handels wägen* und einmal auch „wegen des Falls des ehemaligen Konversenbruder (*ob causam fratris quondam conversi*)". Als der Rat dem Bischof am 12. Februar 1508 mitteilte, dass der Bruder „nicht nur sich selber, sondern auch mehrere Mönche desselben Ordens anklage (*nedum se, sed et nonnullos religiosos prefati ordinis accusat*)"[259], bahnte sich ein Wechsel an: am 4. März 1508 notierte der Stadtschreiber ins Ratsmanual, dass er *von der Bredger und desselben handels halb* an den Bischof – oder den Generalvikar – von Lausanne schreiben sollte; im Brief selber behielt er allerdings noch den alten Sprachgebrauch bei und schrieb vom „Fall des Konversenbruders des Dominikanerordens (*in causa fratris conversi ordinis Predicatorum*)"[260].

---

257) Beilagen S. 608 Nr. 1 (1507, Aug 23); Akten I S. 19 (undat., 1507, Nov 17; Jetzer, Anklageartikel).
258) Beilagen S. 612 Nr. 8 (1507, Dez 15; Bern an den Bischof von Lausanne), S. 613 Nr. 9 (1507, Dez 20?; Provinzial an Bern), S. 614 Nr. 11 (1508, Jan 7).
259) Beilagen S. 616 f. Nr. 12 u. 13 (1508, Jan 14, Feb 9. u. 12; Bern an den Bischof von Lausanne).
260) Beilagen S. 620 Nr. 17 (1508, Mrz 4; Bern an den Bischof von Lausanne).

Nachdem der erste Gang nach Rom unumgänglich geworden war, schrieb der Rat von Bern am 13. März 1508 an Papst Julius II. von „einem schweren und unerhörten Fall, der in seiner Stadt Bern von einem Konversen und Novizen des Dominikanerordens zusammen mit einigen desselben Ordens (*associatis sibi nonnullis eiusdem ordinis*) [...] ausgedacht worden sei", oder in deutscher Sprache an Niklaus von Diesbach, Propst von Solothurn, der sich in Rom aufhielt, von einem *seltsamen, schweren handel [...], der sich hie in unser statt mit einem brůder und novitzen Brediger ordens, ouch etlichen des convents und klosters desselben ordens alhie by uns begeben hat*; hier fällt auch zum ersten Mal das Wort „Misshandel"[261]. Nachdem der Bote, der zukünftige Glaubensprokurator Ludwig Löubli, Mitte Juni 1508 von Rom zurückgekehrt war, schrieb der Rat von der Rückkehr des Boten, den man „zur Erledigung des Geschäfts des Konversen und der übrigen Dominikaner (*pro expeditione negotii conversi ceterorumque ordinis Predicatorum*)" nach Rom geschickt habe, und wenig später unverblümter an den Bischof von Sitten: *von der Brediger handels wägen*[262]. Etwas Ähnliches lässt sich am 5. Juli 1508 beobachten, als Bern dem Bischof von Lausanne vom „Fall" schrieb, „der den Konversen und die übrigen festgehaltenen Dominikaner betreffe (*causam conversum et ceteros de ordine Predicatorum detentos concernentem*)", und an den Bischof von Sitten von *dem päpstlichen Breve in dem handel der brediger*[263]. Auch gegenüber dem ehemaligen Stadtschreiber Thüring Fricker nahm man kein Blatt vor den Mund und forderte ihn auf, *von der Brediger sach wägen* nach Bern zu kommen. Fricker dagegen hielt sich mit seinem Urteil zunächst noch zurück und sprach von dem *kumberhaften handel*[264].

Wie wir wissen, richtete der Hauptprozess sich gegen Jetzer und die vier Dominikaner (*contra supradictos Iohannem Ietzer conversum et quatuor fratres dictorum conventus et ordinis*), doch verengte sich der Fokus im Verlauf des Prozesses auf die Dominikaner, so wenn der Glaubensprokurator am 14. August 1508 weitere Zeugen „im Fall und in den Fällen gegen die vier angeklagten Brüder (*in causa et causis huiusmodi contra dictos quatuor fratres inquisitos*)" beibrachte. Nur Johann Murer, auf dem Weg vom Dekan zum Propst des Vinzenzstifts, blieb vorsichtig und sprach vom „Geschäft

---

261) Beilagen S. 622 Nr. 20 (1508, Mrz 13; Bern an Julius II.), S. 623 Nr. 21 (1508, Mrz 13; Bern an Propst Niklaus von Diesbach).

262) Beilagen S. 625 Nr. 26 (1508, Juni 21; Bern an den Bischof von Lausanne), S. 626 Nr. 27 (1508, Juni 24; Bern an den Bischof von Sitten).

263) Beilagen S. 626 Nr. 28 (1508, Juli 5; Bern an den Bischof von Lausanne); Urkunden S. 227.

264) Beilagen S. 627 Nr. 29 (1508, Juli 17; Bern an Fricker); ebd. (undat., 1508, Aug 19; Fricker an Bern).

der Dominikaner und des Johann Jetzer (*Predicatorum et Iohannis Ietzer negotium*)"[265]. Nach dem Ende des Hauptprozesses war dann allerdings praktisch nur mehr vom „Predigerhandel" die Rede, und dies obwohl diese noch nicht verurteilt waren. Am 4. September 1508 wurden die Ratsmitglieder, die sich außerhalb der Stadt befanden, aufgefordert, *der Brediger halb* in die Stadt zurückzukehren, und am 7. September verhandelte man im Rat mit den Bischöfen von Lausanne und Sitten, die um einen Aufschub *in dem handel der Prediger* baten, hier von Seiten der Stadt wieder als „Misshandel" bezeichnet[266]. In der Folge galt es wiederum eine Menge Anweisungen zu erteilen, die hier ausnahmslos *in der Prediger [...] sach* oder im *handel der Brediger* erfolgten[267]. Am 14. Dezember 1508 schrieb der Bote, Konrad Wymann von Rom, *wie es umb den handel der Prediger hie zu Rom stand*, und am 3. Januar meldete der Rat dem Bischof von Lausanne, dass man aufgrund von Briefen von Wymann befürchte, dass der Handel gegen die Dominikaner (*causam, quam contra Predicatores movet*), sich in die Länge ziehen könnte[268]. Anfang April 1509 konnte man dem Bischof von Sitten kundtun, dass *die bäpstliche botschaft [Achilles de Grassis, Bischof von Città di Castello], so von der Prediger handels wegen abgefertiget ist*, auf dem Weg nach Bern sei, und in seiner Antwort sprach der Bischof von Sitten auch von der *usrichtung des Bredigerhandels*[269]. Die Bischöfe von Lausanne und Sitten wurden einmal mehr aufgefordert, *der Brediger handels halb* rasch nach Bern zu kommen, und man begann bereits über den *cost* zu jammern, *so täglichs in dem handel der Prediger erwachst*[270].

Im Revisionsprozess wurde Jetzer als erstes gefragt, ob er wisse, warum er in Haft gehalten werde, und er antwortete, „dass er nichts anderes wisse, als dass es wegen des Falls der angeklagten und festgehaltenen Dominikaner sei (*pro causa fratrum ordinis Predicatorum inquisitorum et detentorum*)". Dies braucht nicht der genauen Antwort Jetzers zu entsprechen, aber es ist doch bemerkenswert, dass diese Wendung auch in den offiziellen Prozessakten verwendet wurde. Noch erstaunlicher ist, dass selbst Wölfli, einer der treuesten Anhänger der Dominikaner, in seiner Zeugenaussage vom „Fall

---

265) Akten II/2 S. 149 (1508, Juli 26), S. 208, und II/3 S. 391 (undat., 1508, Aug 30; Zeugenaussage Murer).
266) Beilagen S. 628 Nr. 30 (1508, Sept 4, 7).
267) Beilagen S. 628 Nr. 30 (1508, Sept 20), S. 629 Nr. 31 (undat. 1508, Sept 20; Instruktion Wymann).
268) Beilagen S. 635 Nr. 35/3 (1508, Dez 14; Wymann an Bern); Urkunden S. 275 f. (1509, Jan 3; Bern an den Bischof von Lausanne).
269) Beilagen S. 640 Nr. 37 (1509, Apr 5; Bern an den Bischof von Sitten), S. 640 Nr. 38 (1509, Apr 9; Bischof von Sitten an Bern).
270) Beilagen S. 641 f. Nr. 39 u. 40 (1509, Apr 9 u. 18; Bern an Bischof von Sitten).

der Prediger (*causa Predicatorum*)" schreibt und diese Wendung von ihm selber stammen muss, denn er hatte seine Aussage selber vorgängig schriftlich formuliert[271]! Kaum war Ende Mai 1509 der Revisionsprozess zu Ende gegangen, begann der Kampf um die Erstattung der Kosten der Jetzerprozesse (siehe Epilog 2b), und da der Rat von Bern diese vom gesamten Dominikanerorden oder zumindest von der (mitschuldigen) Oberdeutschen Dominikanerprovinz eintreiben wollte, war natürlich immer wieder von den „Kosten im Fall der Predigerbrüder (*causam expensarum factarum in causa fratrum Predicatorum*)", *in der Predger sach erwachsen*, oder von den *Predger costen* die Rede[272]. Dabei wird der „Handel" auch immer wieder als „Misshandel" abqualifiziert, und Anfang 1512 schrieb sogar Thüring Fricker vom *predyerschen unhandel*[273].

Angesichts dieser klar nachweisbaren Entwicklung vom „Jetzerhandel" zum „Predigerhandel" erstaunt umso mehr, wenn der „Predigerhandel" trotzdem als „Jetzerhandel" in die Geschichte eingegangen ist, auch wenn wir uns im Klaren sein müssen, dass wir diese Entwicklung während der ganzen frühen Neuzeit nicht kennen, weil wir die Jetzerliteratur aus unserer Untersuchung haben ausschließen müssen (siehe Einl. 2c). Hier ist wohl noch einiges zu entdecken; so ist der Jetzerhandel in Zedlers „Universal-Lexicon", der „umfassendsten deutschsprachigen Enzyklopädie des 18. Jahrhunderts", nicht unter dem Stichwort „Jetzer", sondern unter dem Stichwort „Vetter, (Johann)" aufgeführt, also unter dem Namen des Priors des Berner Dominikanerklosters, der gewissen Autoren als Hauptverantwortli-

---

271) Akten III S. 414 Nr. 1 (1509, Mai 2; Jetzer), S. 498 f. (1509, Mai 17; Zeugenaussage Wölfli).
272) Urkunden S. 296 (1509, Okt 26; Bischof von Città di Castello an Bern), S. 298 (1509, Nov 10; Bern an Bischof von Sitten), S. 299 (1509, Nov 10; Bern an den Chorherrn Constans Keller). Vgl. auch Urkunden S. 302 (1509, Nov 10; Bern an Papst Julius II.), S. 304 (1509, Dez 23; Keller an Bern), S. 310 (1510, Mrz 10; Bern an Peter Groß / Magni, Domherr von Sitten), S. 313 (1510, Juni 10; Bern an den Bischof von Sitten), S. 315 (1510, Nov 9; Bern an den Propst von Solothurn und den Hauptmann der päpstlichen Garde).
273) Urkunden S. 301 (undat., 1509, Nov 10; Instruktion Constans Keller), S. 314 (1510, Juni 10; Bern an den Bischof von Sitten), S. 318 (1511, Dez 15; Bern an Fricker), S. 320 (1512, Feb 2; Fricker an Bern); Korrespondenzen Schiner 1 S. 173 Nr. 219 (1512, Juli 10; Instruktion Keller); Beilagen S. 650 Nr. 49 (undat.; 1512, Juli 7–15/22). – Auch in den Rechnungen (siehe Epilog 2a) ist zumeist vom „Predigerhandel" die Rede, vgl. Rechnungen S. 660 Anm. 1 (Rechnung 4): *Die schrifft min hern statschribers in der Predigers sach*; S. 660 (Rechnung 7): Rechnung Löubli *von der Prediger wegen*; S. 663 (Rechnung 10; 1509, Juli 6): *in der Prediger sach*; ebd. (Rechnung 11; 1509, Okt 21): *in der Brediger handel*.

cher galt[274]. Wenn der Jetzerhandel trotzdem Ende des 19. Jahrhunderts – noch vor der radikalen Umverteilung der Schuld durch Nikolaus Paulus (1897) – in der Allgemeinen Deutschen Biographie und in der Sammlung bernischer Biographien unter dem Stichwort „Jetzer" abgehandelt wird (siehe Einl. 1a und b), so ist dies wohl auf die Chronik von Valerius Anshelm zurückzuführen, in welcher der Begriff des „Jetzerhandels" geprägt wurde, und dies obwohl gerade Anshelm Jetzer sehr entlastet! Dies erklärt sich wohl daraus, dass bis zur Edition der Prozessakten durch Rudolf Steck 1904 – und weit darüber hinaus – Anshelms Chronik als Hauptquelle benutzt wurde, selbst von Leuten wie Nikolaus Paulus, die bereits Zugang zu zumindest einem Teil der Prozessakten gehabt hätten und die mit Anshelms Einschätzung der Schuldfrage keineswegs übereinstimmten und ihn deshalb gegen den Strich zu lesen versuchten (siehe Einl. 1c). Anshelm braucht zunächst einmal das Wort „Misshandel", das wir bereits aus der Korrespondenz um den Jetzerhandel herum kennen, so schon in seiner Einleitung zum Jetzerhandel, der bei ihm außerhalb der normalen chronologischen Ordnung über die Jahre 1507–1509 läuft (siehe Einl. 2b): *Von der grossen tat und straf des ungehörten, grüselichen misshandels, so zů diser zit hie zů Bern im Predierkloster ist ergangen [...]*. Für den Chronisten ist die Schuldfrage von Anfang an klar (Anshelm 3 S. 48):

Diss jars Cristi Jhesu im 1507 ist hie zů Bern im Predierkloster durch die vier die obristen våter erdacht und volbracht worden ein semlicher misshandel, falsch und betrug, desse glichen von welt an weder bi Juden noch Heiden, Kristen noch Türken, in keiner kronik noch gedåchtnüss ie gehört noch gefunden.

Der Ursprung des „Misshandels" liegt für Anshelm darin, dass Papst Sixtus IV. sich in der Frage der Empfängnis Marias nicht zu einem endgültigen Entscheid habe durchringen können, aber trotzdem die unbefleckte Empfängnis privilegiert und so der Konkurrenz zwischen Franziskanern und Dominikanern neue Nahrung gegeben habe, und konkreter im Kapitel der Oberdeutschen Dominikanerprovinz, das Anfang Mai 1506 in Wimpfen abgehalten wurde: *Wie der misshandel zů Wimpfen, Basel und Bern [...] angeschlagen*. Der Begriff des „Jetzerhandels" fällt das erste Mal anlässlich des

---

274) Art. Vetter, (Johann) Doctor der Gottesgelahrtheit und Prior der Dominicaner zu Bern, im 16. Jahrhundert, in: Johann Heinrich Zedlers Grosses vollständiges Universal-Lexicon aller Wissenschaften und Künste (1731–1754), Bd. 48 Sp. 377f., online: https://www.zedler-lexikon.de/ (Zugriff 1. Sept. 2020); vgl. GÜNTHART, Von den vier Ketzern S. 21.

Provinzialkapitels von Pforzheim, das Anfang Mai 1507 stattfand und auf dem der Prior und der Lesemeister von Bern ausgewählte Väter über „Jetzers Handel" ins Vertrauen zogen: *als si dahin sind kommen, habends etlich der våtern irs gefallens [...] des Jåtzers handel underricht, und dise hat gůt beducht, wo muglich und sicher, fůrzefaren; oder, wo nit sicher, abzestellen und zů vertůschen.* Dann wurde beschlossen, *dass die våter, die ins generalcapitel gon Lyon wurdid riten, den handel sôltid wol erkunnen, und demnach dem generalcapitel daruber zeraten anbringen*, und entsprechend trägt eines der nächsten Kapitel den Titel: *Was die våter, von der provinz verordnet, ins Jåtzers sach zů Bern gehandlet haben.* Als die Abgeordneten Mitte Mai auf dem Weg nach Lyon nach Bern gekommen waren, *honds angends des Jåtzers handel erkunnet; da ir etlich vermeinten, er wår nit wol usszefůeren, die andren aber ja, wen nur dem Jåtzer der beschehen betrug [die Erscheinung auf dem Schwebezug] môchte ussgeredet werden*[275].

Man kann festhalten, dass sich Anshelms Sprachgebrauch zunächst nicht deutlich von demjenigen des Defensoriums und der Dominikaner unterscheidet, indem „Jetzers Handel" eben „nur" dessen Handel ist und damit gewissermaßen auch sprachlich von den Klostervorstehern ferngehalten wurde, zumindest solange dieser noch keinen durchschlagenden Erfolg verbuchen konnte. Anshelm bleibt vorerst auch weiterhin bei diesem Sprachgebrauch, wenn er den Prior und den Lesemeister am 24. Juni 1507 – am Abend vor der blutweinenden Marienstatue – beim Klostervogt Wilhelm von Diesbach vorsprechen lässt, um ihn um Rat zu fragen, *ob si morn des Jåtzers handel, wie von Unsrer Frow bevolhen, sôltid einem êrsamen rat fůrtragen und ofnen.* Die blutweinende Marienstatue wiederum scheint den Rat bewogen zu haben, den Bischof von Lausanne zu Hilfe zu rufen, und dieser kam (am 21. Juli 1507), um *den Jåtzer und sinen handel ze besichtigen.* Entsprechend lautet der Titel über dem einschlägigen Kapitel *Wie der bischof von Losan den Jåtzer und sinen handel hat besůcht und verhôrt*, aber in der Einleitung dazu spricht Anshelm doch zum ersten Mal vom *predierisch handel (Nachdem und der predierisch handel ussbrochen [...])*, und von da an unterscheidet er zwischen dem Handel der Prediger und demjenigen Jetzers und stellt dar, wie die Klostervorsteher versucht hätten, ihre Sache auch zu derjenigen Jetzers zu machen: *al ires misshandels wissent und teilhaftig [zu] machen.* Er schildert, *wie die våter iren handel gon Rom trůgend* und diesen dort *unverschåmt hond fůrgebracht*, allerdings ohne Erfolg, indem Cajetan ihnen strikte verbot, „ihren Handel" weiterhin zu verfolgen. Am 1. Oktober 1507 wurde der Prior zusammen mit Jetzer ins Rathaus bestellt und ihm *zů verston geben, dass ein fůrsichtiger rat, in ansehen*

---

275) Anshelm 3 S. 51, 83, 89, 90.

ires schweren, sunderlichen handels, den Konversenbruder an den Bischof von Lausanne überstellen wolle. Der Bischof aber wurde gebeten, *flissig um sinen handel zů erkonnen [...], wan der merteil den brůder und sinen handel fůr bős und falsch hielte*. So hatte bei Anshelm jede Seite ihren Handel, ähnlich wie auch in den Akten des Haupt- und des Revisionsprozesses, aber letztlich scheint sich in der Überlieferung doch der „Jetzerhandel" als der eindeutigere und konzisere durchgesetzt zu haben, und dies umso mehr, als der Chronist den Begriff „Predigerhandel" kaum je braucht, ebenso wenig wie der Luzerner Schilling und der Berner Schwinkhart[276]! So ist der „Handel" trotzdem am Namen und an der Person Jetzers hängengeblieben und hat sich mit diesem noch fester verbunden, seit – seit dem Ende des 19. Jahrhunderts – die ganze Schuld auf diesen geschoben worden war.

Was die Schuldfrage betrifft, so hat sich der Ansatz, den ich seit 1993 verfolge, nämlich das intellektuelle theologische Niveau des Jetzerhandels, das nicht dasjenige des Konversenbruders Jetzer gewesen sein kann, sondern dasjenige der Klostervorsteher und insbesondere des Lesemeisters gewesen sein muss (siehe Einl. 1h), bewährt und noch beträchtlich ausbauen lassen, bis zum Auffinden der eigentlichen Inspirationsquelle der Dominikaner, des *Mariale*, das der observante italienische Franziskaner Bernardin de Bustis zu Beginn der 1490er-Jahre veröffentlicht hatte (siehe Kap. I/3a). Eine ganze Reihe von Elementen lassen sich als „geistiges Eigentum" (nach Rettig, siehe Einl. 1b) der Dominikaner nachweisen, so an erster Stelle die Lehre von der befleckten Empfängnis, an der die Dominikaner um 1500 fast als einzige noch festhielten. Als Jetzer eine Erscheinung der Maria zunächst falsch verstanden und gemeint hatte, diese plädiere für die unbefleckte Empfängnis (Kap. I/2b–c), hielten die Klostervorsteher ihm entgegen, dass Bernhard von Clairvaux (OCist), Thomas von Aquin (OP) und Bonaventura (OFM) das Gegenteil glaubten und dass „die ganze Religion des hl. Dominikus (*tota religio sancti Dominici*)" darin bestehe, dass Maria in der Erbsünde empfangen sei[277]. Die befleckte Empfängnis war so sehr das geistige Eigentum des Dominikanerordens, dass man sie gar nicht mehr nennen durfte, weil sonst jedermann gewusst hätte, worum es den Berner Dominikanern mit ihren

---

276) Anshelm 3 S. 95, 107f., 113, 127–129. Ausnahme: ebd. S. 183: *der Prediermůnchen handel*. Der Luzerner Schilling spricht zwei Mal umständlich *von dem handel zů Bárn der bredigermünchen* und von *dissem handel allem, wie vorstat, von den Bredigermünchen und ira mißtat zů Bárn* (Luzerner Schilling S. 450 Kap. 386, und S. 452 Kap. 388). Ähnlich Schwinkhart, Chronik S. 41: *Es ward ouch dem bapst verschriben aller handel, der dann dazemalen von den Predigeren münchen offenbar war.*

277) Akten I S. 28 Nr. 102 (1507, Nov 20; Jetzer).

Erscheinungen und Wundern wirklich ging[278]. Dagegen wäre Jetzer, wenn man ihn richtig gefragt hätte, mit Sicherheit ein Immakulist gewesen und hatte vielleicht auch deshalb seine Einflüsterer im Defensorium zunächst falsch verstanden. Aber auch die Vorgeschichte des Jetzerhandels war eine dominikanische, die Wirt-Händel (Einl. 3b und c) und insbesondere das Provinzialkapitel von Wimpfen, auf dem Anfang Mai 1506 der Plan zum Jetzerhandel ausgeheckt wurde; Nikolaus Paulus hat sehr wohl gewusst, warum er die schiere Existenz dieses Kapitels so heftig in Abrede stellte (siehe Einl. 1c), auch wenn er sich bei weitem nicht im Klaren war, was alles mit Wimpfen zusammenhing, nämlich die beiden Inspirationsquellen zum Jetzerhandel, der *Dialogus apologeticus* des Dominikaners Wigand Wirt, der in Wimpfen zum Verkauf angeboten worden war, und das *Mariale* des Franziskaners Bernardin de Bustis, das Wirt in seinem *Dialogus* einer heftigen Kritik unterzog. In seinem *Mariale* prahlte Bernardin mit der Menge der zumeist zeitgenössischen Wunder zu Gunsten der unbefleckten Empfängnis und hielt fest, dass es für die gegenteilige Meinung keine Wunder gebe (*pro opinione vero opposita nullam adhuc miraculum reperitur factum*) – was die Dominikaner von Bern und auch Prior Werner von Basel als Aufforderung verstanden haben, auch etwas zu unternehmen (siehe Kap. I/3a). Es ist nicht zuletzt das Defensorium, das Nikolaus Paulus als Quelle für die Unschuld bzw. Leichtgläubigkeit und Naivität der Dominikaner ins Feld geführt hat, das uns auf die Fährte von Wigand Wirt und Bernardin de Bustis gebracht hat!

Im Defensorium kann natürlich vom Provinzialkapitel von Wimpfen nicht die Rede sein, wohl aber in der Bekenntnisschrift, die der Lesemeister Stephan Boltzhurst Ende August 1508 vorlegte, um seine Geständnisse zunächst noch unter Kontrolle halten zu können (siehe Kap. II/2e, Die Folterverhöre des Lesemeisters ... und seine Bekenntnisschrift). Im Zusammenhang mit Wimpfen spricht der Lesemeister auch vom *Dialogus* des Wigand Wirt, der dort zu kaufen war und der bald darauf von den Bischöfen von Mainz und Basel verboten wurde, eine Nachricht, die ihm in einem Brief des Priors von Basel, Werner von Selden, zugetragen wurde und die ihn seltsamerweise zu einer Tirade gegen Bernardin de Bustis verleitete – und zur Idee, zu Gunsten der befleckten Empfängnis einen Geist auftreten zu lassen. Wie wir wissen, wurde diese Idee umgesetzt, der Geist erlöst und schließlich Ende März 1507 von der Jungfrau Maria abgelöst, was aber alles nicht zum erhofften Erfolg führte, so dass – immer laut der Bekenntnisschrift des Lesemeisters – dieser und der Prior von Bern beschlossen, den

---

278) Vgl. UTZ TREMP, Werbekampagne, und siehe Einl. 1e (Daniel E. Mortier).

Prior von Basel herbeizurufen[279], um aus der Sackgasse herauszukommen. Hier setzt nun der zweite Teil des Defensoriums ein, der von Prior Werner geführt wurde und bei dem man sich zunächst mit dem *Mariale* des Bernardin von Bustis auseinandersetzte, zu welchem Werner – vielleicht im Auftrag des Provinzialkapitels von Wimpfen – Ergänzungen bzw. Berichtigungen schreiben sollte[280]. Diese wurden einer nächtlichen Erscheinung der Jungfrau Maria vorgelegt, zusammen mit einem Heft aus dem *Mariale* des Bernardin de Bustis, das im Berner Dominikanerkonvent offensichtlich vorhanden war, und Maria – laut Anshelm damals der Lesemeister – wurde durch Jetzer aufgefordert, diejenigen Seiten zu zerreißen, die ihr missfielen, wobei sie natürlich das gedruckte *Mariale* wählte, und nicht die von Hand geschriebenen Berichtigungen[281]. Im Revisionsprozess musste der Prior diese Aussage Jetzers aus dem Hauptprozess bestätigen und außerdem weitere Autoritäten nennen, die über die Empfängnis geschrieben und die sie bemüht hatten, nämlich Duns Scotus (OFM), der in der Hölle schmore, weil er – übrigens als erster – die Meinung vertreten hatte, dass Maria ohne Erbsünde empfangen worden sei, sowie Alexander von Hales (OFM), Bernhard von Clairvaux (OCist) und Thomas von Aquin (OP), die alle die richtige Meinung vertreten hätten. Am nächsten Tag musste der Prior weiter bekräftigen, dass er selber dem Jetzer als hl. Bernard von Clairvaux erschienen sei und dabei eine gemalte Rose auf einem weißen Skapulier getragen hatte, die bedeutete, dass dieser in der Frage der Empfängnis richtig geurteilt hatte. Dagegen habe Bernardin de Bustis geschrieben, dass Bernhard einem Heiligen erschienen sei und dabei einen hässlichen Flecken auf dem Körper getragen habe, weil er für die befleckte Empfängnis votiert habe, und der Prior habe mit seinem Auftritt beweisen wollen, dass Bernhard von Clairvaux wegen seiner Meinung keinen Flecken gehabt habe, sondern vielmehr eine Blume bzw. ein Verdienst[282].

Hier lässt sich nun einmal eine ganze Entwicklung verfolgen: Bernhard von Clairvaux (1090–1153) hatte sich um 1139 in einem Brief an die Domherren von Lyon gegen die Einführung des Festes der Empfängnis (8. Dezember) gewehrt (Einl. 3a) und konnte also in der späteren Diskussion als erster Gegner der unbefleckten Empfängnis interpretiert werden. Dies gefiel vor allem den Befürwortern der unbefleckten Empfängnis nicht, denn Bernhard war eine große Autorität, und so suchten sie ihn denn zu einem negati-

---

279) Akten II/2 S. 228, 232 f. (undat., 1508, Aug 31; Lesemeister, Bekenntnisschrift).
280) Def. S. 573, 577 Kap. II/1 u. 6.
281) Akten II/1 S. 99 f. Nr. 173 f. (1508, Juli 31; Jetzer), vgl. auch Anshelm 3 S. 74, und Akten II/2 S. 233 (undat., 1508, Aug 31; Lesemeister, Bekenntnisschrift): *Habebamus Mariale Bernardine [eig. Bernardini] de Bustis.*
282) Akten III S. 465 Nr. 37 f., S. 470 Nr. 50 (1509, Mai 11, 15 Uhr – Mai 12; Prior).

ven Zeugen für die unbefleckte Empfängnis umzupolen. Nachdem Bernhard im Jahr 1172 heiliggesprochen worden war, tauchte ein Brief auf, in dem ein englischer Benediktiner und Befürworter der Einführung des Fests der Empfängnis in England schrieb, dass Bernhard einem Konversen des Zisterzienserordens in einer nächtlichen Vision zwar in einem weißen Kleid, aber mit einem dunklen Flecken in der Nähe der Brustwarze erschienen sei und diesem erklärt habe, dass er diesen Flecken zur Buße dafür trage, dass er über die Empfängnis Dinge geschrieben habe, die er nicht hätte schreiben sollen (Kap. I/2d). Diese Geschichte scheint ihren Weg auch ins *Mariale* des Bernardin von Bustis gefunden und so ebenfalls den Ärger von Wigand Wirt auf sich gezogen zu haben (siehe Kap. I/3a). Sonst würde man gar nicht verstehen, warum – laut dem Defensorium – der Lesemeister den Jetzer die Maria nach dem Flecken des hl. Bernhard fragen ließ und von dieser die beruhigende Antwort erhielt, dass dieser zwar mit einem Flecken erschienen sei, zum Zeichen dafür, dass sie in der Erbsünde empfangen worden sei, aber die „Perversen" hätten auch dieses Zeichen der Wahrheit in ein Zeichen der Strafe „pervertiert" (*sed perversi perverterunt et id, quod in signum veritatis datum fuit, poenae ascripserunt*)[283]. Gegenüber Jetzer scheinen die Dominikaner deutlicher geworden zu sein, denn dieser berichtete im Hauptprozess, dass Maria ihm eröffnet habe, dass Bernhard von Clairvaux laut den Franziskanern in einem Pluviale erschienen sei, das mit verschiedenen Edelsteinen und wunderbaren Blumen geschmückt gewesen sei, unter diesen aber ein hässlicher Flecken, der angeblich bedeutete, dass er von der unbefleckten Empfängnis schlecht geschrieben habe. Dieser Flecken aber sei in Wirklichkeit eine schöne Rose gewesen, mit der Bedeutung, dass Bernhard richtig gedacht habe[284].

Wie wir bereits wissen, wurde diese Geschichte im Jetzerhandel in Szene gesetzt, mit dem Prior als hl. Bernhard von Clairvaux (siehe Kap. II/2b, Die Erscheinungen der heiligen Cäcilia, Bernhard von Clairvaux und Katharina von Siena). Wir haben darüber die Aussagen von Jetzer sowie dem Prior, dem Lesemeister und dem Subprior aus dem Haupt- und diejenige des Schaffners aus dem Revisionsprozess[285]. Dabei ist nur bei Jetzer – und dann bei Anshelm (3 S. 106) – zu lesen, dass Jetzer den Prior daran erkannt habe, dass er die Hosen des Dominikanerordens trug. Seltsam bleibt, dass Bernhard von Clairvaux sowohl vom Prior als auch vom Subprior als Regularka-

---

283) Def. S. 556, 565 Kap. I/13 u. 20.
284) Akten II/1 S. 95 Nr. 161 (1508, Juli 31; Jetzer).
285) Akten II/1 S. 118 Nr. 284–287 (1508, Aug 2; Jetzer); II/2 S. 247 f. Nr. 31 (1508, Aug 31; Lesemeister, Folterverhör), S. 281 f. Nr. 7 (1508, Aug 28, Nachmittag; Prior, Folterverhör), S. 312 f. Nr. 37 f. (1508, Sept 2; Subprior, Folterverhör); III S. 448 Nr. 29 f. (1509, Mai 9; Schaffner), vgl. auch ebd. S. 454 Nr. 6 f. (1509, Mai 10; Prior).

noniker bezeichnet wird, so dass man vermuten darf, dass die Klostervorsteher von diesem nicht eben viel wussten, oder dann nur aus zweiter Hand, von Bernardin de Bustis. Aus allen Aussagen aber geht hervor, dass der Prior durch das Fenster von Jetzers Zelle zu entfliehen versuchte und dabei, statt in die Nachbarzelle zu gelangen, einen recht hohen Sturz tat, was einige Schlüsse auf den Einbau eines hölzernen Dormitoriums in einen größeren Raum zulässt, auf das wir gleich zurückkommen werden. Es gibt im Jetzerhandel noch weitere solche mehrfach uminterpretierte Geschichten um mittelalterliche Theologen und prominente Vertreter in der Frage der Empfängnis, so um Alexander von Hales und Bonaventura, beide Franziskaner und beide eigentlich Makulisten, die aber zum großen Ärger von Wigand Wirt von Bernardin de Bustis zu Immakulisten gemacht worden waren (siehe Kap. I/3a); doch wurden diese Geschichten, anders als diejenige von Bernhard von Clairvaux, nicht auch noch in Szene gesetzt. Das Ganze war so kompliziert, dass es Jetzer hochgradig überfordert hätte, wenn nicht der Lesemeister die Rolle des Vermittlers übernommen hätte, und zwar als Beichtvater; es ist alles andere als zufällig, dass das Amt von Jetzers Beichtvater vom Subprior zum Lesemeister überging, als die Dinge immer verwickelter wurden (siehe Kap. II/2b, Jetzers Geist und seine Beichtväter). Als Beichtvater stellte der Lesemeister die Fragen, die er als Maria beantwortete – und notfalls auch ergänzte. Als Jetzer die Jungfrau Maria nach Alexander von Hales fragen sollte, von dem er vorher – verständlicherweise – nie etwas gehört hatte, wusste er ihn nicht zu nennen; da sei ihm Maria zuvorgekommen und habe gesagt: „Ich weiß, wen du nennen willst; er heißt Alexander von Hales."[286] Trotzdem war Jetzer nicht dumm, sondern im Gegenteil ein guter Beobachter und mit dem ausgestattet, was man heute vielleicht emotionale Intelligenz nennen würde; die Berner Dominikaner hatten sich in der Wahl ihres Mediums gründlich geirrt und mussten dafür büßen (siehe Kap. II/2b, Warum gerade Jetzer?).

Ein weiteres gewichtiges Argument gegen die Dominikaner ergibt sich aus den baulichen Veränderungen, die sie während des Jetzerhandels an ihrem Kloster vornahmen (siehe Einl. 1h). Insbesondere ließen sie im Sommer 1508 Jetzers Zelle, die nur aus Holz in einen größeren Raum – das ehemalige Dormitorium? – eingebaut worden war, „zerstören", doch lässt sich diese „Zerstörung" nicht genau datieren, ebenso wenig wie die Erscheinung des hl. Bernhard. Jetzer datiert diese Erscheinung auf „nur kurze Zeit, nachdem

---

286) Akten I S. 95 Nr. 160 (1508, Juli 31; Jetzer). Zu Alexander von Hales vgl. auch Def. S. 570f., 571f. Kap. I/25 u. 26; Akten I S. 29 Nr. 106 (1507, Nov 20; Jetzer); II/1 S. 94f. Nr. 158–160 (1508, Juli 31; Jetzer); III S. 465 Nr. 38 (1509, Mai 11, 15 Uhr; Prior); zu Bonaventura Def. S. 556, 565 Kap. I/13 u. 20.

die Marienstatue geweint habe (*statim, postquam ymago virginis Marie flevisse debuerat*)", d. h. kurz nach dem 25. Juni 1507. Weiter kommt man mit der Datierung nicht; aber jedenfalls fand die Erscheinung des hl. Bernhard zwischen denjenigen der heiligen Cäcilia und Katharina statt, und die letztere nicht mehr in Jetzers Zelle, sondern in dessen Stübchen, in dem dieser nun nicht mehr nur die Tage, sondern auch die Nächte zubrachte. Jetzer erklärte dies selber so, dass die Klostervorsteher seine Zelle hätten zerstören lassen (*ipsi fratres destruere fecerant cellam, in qua presens ipse Iohannes dormiebat*), weil er drohte, ihre Betrügereien auszubringen, und diese wohl in seiner Zelle Spuren hinterlassen hatten, vielleicht nicht zuletzt der Schwebezug, auf dem Mitte April 1507 der Lesemeister als Maria sowie der Prior und der Subprior als Engel erschienen waren[287]. Nichtsdestoweniger scheinen der Prior, der Subprior und der Schaffner Jetzers teilweise zerstörte Zelle (*cellam sepedicti Iohannis Ietzer partim diruptam*) den Besuchern auch weiterhin gezeigt zu haben; insbesondere scheinen auch die Gucklöcher, durch welche der Prior und der Lesemeister Jetzers Marienerscheinungen beobachtet hatten, auch weiterhin sichtbar gewesen zu sein. Besonders ergiebig ist in dieser Beziehung die Zeugenaussage des Zimmermanns Heinrich Stiffels, welcher regelmäßig im Konvent arbeitete und auch Jetzers Zelle und Stübchen gezimmert haben wollte (*nam et ipse cellam et stubellam suam fabricaverit*). Demnach kann auch nicht ausgeschlossen werden, dass Jetzers Zelle eigens dafür eingerichtet worden war, damit er die Gästekammer, wo er von einem Geist heimgesucht worden war, verlassen und ins Dormitorium wechseln konnte (wohin ihm der Geist freilich auch folgte ...). Der Zimmermann wusste auch Bescheid über die Gucklöcher, die zuerst klein gewesen und dann mit Messern erweitert worden seien[288]. Mit diesen Informationen versehen, konnte das Gericht Ende August 1508 auch den Lesemeister zum Geständnis bringen, dass die Erscheinung der Maria und Katharina von Siena in Jetzers Stübchen stattfinden musste, „weil seine gewohnte Schlafstelle schon seit einiger Zeit zerstört worden" sei (*quia dudum celle sue dormitionis solita destructa fuit*)[289]. Der Chronist Anshelm (3 S. 108) meint, dass dies vor der Ankunft des Bischofs von Lausanne (21. Juli 1508) geschehen sei, angeblich um Platz für den Novizenmeister zu schaffen: *Nun hatten die våter vor ankunft des bischofs des Jåtzers zel und siner nachpuren lassen abschlissen, einen novizenmeister da ze behusen.* Als die Richter des Revisionsprozesses sich am 22. Mai 1509 zur Besichtigung des Tatorts – oder vielmehr der Tatorte – ins Kloster begaben, fanden sie zwar

---

287) Akten II/1 S. 120 Nr. 296 (1508, Aug 2; Jetzer).
288) Akten II/3 S. 368, 377 (1508, Aug 14 u. 16; Zeugenaussage Schindler und Stiffels).
289) Akten II/2 S. 248 Nr. 33 (1508, Aug 31, Vesperzeit; Lesemeister, Folterverhör).

noch die Gucklöcher in der Wand zwischen Jetzers Zelle und derjenigen seines Nachbarn, des Schaffners, vor, sonst aber „alles verändert oder ‚renoviert'", und zwar durch die Brüder des Konvents selber (*omnia mutata seu renovata invenerunt intellexeruntque, a fratribus conventus huiusmodi mutationem et renovationem esse factam*), was man eigentlich nur als Verwischen von Spuren und damit Eingeständnis von Schuld interpretieren kann[290].

In der Diskussion um die Schuldfrage ist seit Ende des 19. Jahrhunderts immer auch die Rechtmäßigkeit des Jetzerprozesses bzw. der Jetzerprozesse in Frage gestellt worden, insbesondere von den Verteidigern der Dominikaner, angefangen mit dem Verteidiger, den sie selber im Hauptprozess hatten (siehe Kap. II/2a, Der Beginn des Hauptprozesses), und fortgesetzt durch Georg Rettig und Nikolaus Paulus (Einl. 1b und c) sowie in minderem Maße durch Rudolf Steck, der immerhin gesehen hat, dass es sich um einen Inquisitionsprozess – bzw. um drei Inquisitionsprozesse – handelte. Bei einem Inquisitionsprozess aber galt das Geständnis, das seit der Mitte des 13. Jahrhunderts auch durch die Folter erzwungen werden durfte, als Beweis, und das Gerücht oder insbesondere der schlechte Ruf (*fama* und *infamia*) als halber Beweis, der durch das Geständnis zu bestätigen war (siehe Einl. 2 und Kap. II/2c). Als erster hat Albert Büchi versucht, die Dinge etwas zurechtzurücken und das Verfahren zu rehabilitieren, doch ist es ihm dabei entschieden mehr um den Bischof von Sitten, Matthäus Schiner, einen der drei Richter sowohl im Haupt- als auch im Revisionsprozess, gegangen, als um Jetzer, der in der ganzen Diskussion nie eine Lobby hatte (siehe Einl. 1f). Für die Beurteilung ganz entscheidend ist, dass es sich um drei verschiedene Prozesse handelte, obwohl sowohl Rettig als auch Paulus und selbst Steck, der die Akten herausgegeben hat, immer nur von einem Prozess – dem Jetzerprozess – sprechen. Dabei ist jeder Prozess für sich selber zu beurteilen, und die Beurteilung fällt entsprechend unterschiedlich aus: der einzige Prozess, der nicht rechtmäßig war, war derjenige, der im Winter 1507/1508 in Lausanne und in Bern gegen Jetzer – und nur gegen Jetzer – geführt wurde und bei dem die Stadt Bern diesen im Dezember 1507 zurückholen ließ, weil der Bischof von Lausanne ihn nicht sogleich der Folter unterziehen wollte. Damit wurde ein rechtmäßiges Verfahren unterbrochen und durch ein unrechtmäßiges fortgesetzt: mit Gegenüberstellungen von Jetzer und den Dominikanern vor dem Rat und mit Folterungen an Jetzer – und nur an Jetzer –, die außerdem die meisten nicht anständig protokolliert

---

290) Akten III S. 521 (1509, Mai 22), vgl. auch UTZ TREMP, Geschichte S. 147.

wurden, so dass man zusätzliche Informationen ausgerechnet aus dem Defensorium beziehen muss (siehe Kap. II/1c).

Im Unterschied zur Stadt Bern wusste der Bischof von Lausanne, was ein Inquisitionsverfahren war, und entsprechend versuchte er, Jetzers ersten Prozess noch einigermaßen rechtmäßig zu Ende zu führen, mit einem letzten Verhör, das er durch seinen Generalvikar am 22. Februar 1508 in Bern durchführen ließ, aber er war es wohl auch, der als erster begriff, dass die komplizierte Ausgangslage – Jetzer war offensichtlich nicht der alleinige Schuldige, und seine Mitschuldigen waren von der bischöflichen Gerichtsbarkeit ausgenommene (exempte) Ordensleute – nach einem außerordentlichen Verfahren und einem außerordentlichen Gerichtshof verlangte, der nur durch den Papst eingesetzt werden konnte. Dieser Gerichtshof – derjenige des Hauptprozesses – bestand aus den Bischöfen von Lausanne und Sitten sowie dem Vorsteher der Oberdeutschen Dominikanerprovinz, die sich von namhaften juristischen Experten aus Basel und Genf beraten ließen (siehe Kap. II/2c). Dabei war der Provinzial insofern nicht gleichberechtigt, als für das Urteil nur die Einigkeit der beiden Bischöfe verlangt wurde, wahrscheinlich weil vorauszusehen war, dass der Provinzial nicht in eine Verurteilung seiner Mitbrüder einwilligen würde (siehe Kap. II/2a, Der päpstliche Auftrag zum Hauptprozess), doch war der Orden zumindest anfänglich im Gericht vertreten. Die beiden Bischöfe waren gleichberechtigt, doch ist nicht auszuschließen, dass derjenige von Sitten im Verlauf des Hauptprozesses an Gewicht zunahm, zunächst einmal als Übersetzer für Jetzer und die deutschsprachigen Zeugen, dann aber auch mit seiner Ermahnungsrede an den Prior von Bern während der Folterverhöre (siehe Kap. II/2e, Die Folterverhöre des Priors vom 28. und 29. August 1508 und die Ermahnungsrede des Bischofs von Sitten). Dagegen opponierte der Provinzial am 18. August 1508 gegen ein Zwischenurteil, das die Anwendung der Folter an den Klostervorstehern vorsah, und schied in der Folge unter nicht ganz geklärten Umständen auch aus dem Gericht aus (siehe Kap. II/2e, Vorbereitungen zur Anwendung der Folter; Die Folterverhöre des Schaffners, Priors und Subpriors vom 21. und 23. August 1508 und das Ausscheiden des Provinzials aus dem Gericht). Nach seinem Ausscheiden konnte man dann in einer eigenen Verhörrunde (am 4. und 5. September) auch feststellen, dass er selber schon sehr früh vom Jetzerhandel gewusst und nur wenig dagegen unternommen hatte (siehe Kap. II/2e, Die Mitschuld der Oberdeutschen Dominikanerprovinz). Nichtsdestoweniger stand am Ende des Hauptprozesses kein Urteil, weil die beiden Bischöfe sich nicht einig waren; während der Bischof von Lausanne für eine lebenslängliche Haftstrafe für die Dominikaner plädierte, war derjenige von Sitten für die Todesstrafe und wurde dabei vom Glaubensprokurator Ludwig Löubli und von der Stadt Bern unterstützt; alles was der Bischof von Lausanne erreichen konnte, war ein Aufschub, um wieder an den Papst zu gelangen. Dabei geht die Uneinigkeit der Bischöfe nur aus der Chronik des Diebold Schilling von Luzern hervor; in den Prozessakten wurde sie versteckt, weil die Einigkeit der beiden bischöflichen Richter Voraussetzung für ein gültiges Urteil war (siehe Kap. II/2e, Ein offenes Ende).

Wichtige Akteure im Hauptprozess waren der Glaubensprokurator und der Verteidiger der Klostervorsteher, wobei der letztere gegenüber dem ersteren immer wieder den Kürzeren zog. Nichtsdestoweniger war es ein Privileg, dass die Klostervorsteher im Hauptprozess überhaupt einen Verteidiger hatten; denn der Inquisitionsprozess kannte seit der Mitte des 13. Jahrhundert keine Verteidigung mehr, und nur sehr privilegierte Angeklagte konnten sich eine solche beschaffen (oder ihre Umgebung für sie). Andererseits war auch die Anklage im Hauptprozess sehr gut vertreten, nämlich mit zwei Glaubensprokuratoren, dem Chorherrn Ludwig Löubli und dem Pfarrer Konrad Wymann, die nicht erst im Lauf des Prozesses (in der Regel bei der Forderung nach der Anwendung der Folter) erscheinen, sondern ganz zu Beginn eingesetzt wurden; dabei tat sich vor allem Ludwig Löubli hervor, der zu den frühesten Gegnern der Dominikaner und ihres „Handels" gehört hatte und eindeutig parteiisch war, so dass sich von heute aus nicht mehr nachvollziehen lässt, wie man ihn zum Glaubensprokurator ernennen konnte (siehe Kap. II/2a, Der Beginn des Hauptprozesses). Die Glaubensprokuratoren legten am 7. August 1508 die Anklageartikel gegen die Klostervorsteher vor, die auf Jetzers Aussagen in seinem ersten Prozess (von Lausanne und Bern) beruhten und die sich mehr an der *fama* als am Faktischen orientierten, d. h. an der Tatsache, dass die Klostervorsteher die Wunder, die in ihrem Konvent geschahen, schon sehr früh weiterum bekannt gemacht hatten. Dies lässt sich bereits als geschickter Schachzug der Glaubensprokuratoren – und wohl vor allem Löublis – interpretieren, denn der Nachweis der *fama* war viel leichter zu führen als derjenige des Faktischen. Nachdem die Artikelverhöre (Verhöre aufgrund der Anklageartikel) der Klostervorsteher unergiebig verlaufen waren, verlangte Löubli am 11. August die Anwendung der Folter gegen diese, vollzog dann aber einen Strategiewechsel und schaltete die Anhörung von rund dreißig Zeugen ein, mit dem gleichen Ziel wie die Anklageartikel, nämlich um den Klostervorstehern nachzuweisen, dass sie Jetzers Geschichten weiterum verbreitet hatten (siehe Kap. II/2c, Anklageartikel und Artikelverhöre der vier Klostervorsteher). Entsprechend kommt den Zeugenverhören im Hauptprozess ein besserer Platz zu als sonst in den Inquisitionsprozessen, und sie erfüllten denn auch ihren Zweck, insbesondere mit den Aussagen der Pfarrer aus dem Simmental, wonach die Dominikaner in ihrem Terminierbezirk von ihren Wundern erzählt hatten, fast bevor diese noch geschehen waren (siehe Kap. II/2d).

Lange bevor die letzten Zeugen ausgesagt hatten, verlangte der Glaubensprokurator am 17. August 1508 erneut die Anwendung der Folter gegenüber den Angeklagten, und zwar diesmal aufgrund der Zeugenaussagen (siehe Kap. II/2d, unter Zeugenaussage Esslinger), und drang damit am 18. August gegen den Willen des Provinzials durch (siehe Kap. II/2e, Vorbereitungen zur Anwendung der Folter). Im Unterschied zu den Folterungen, die Jetzer Anfang Februar 1508 in Bern zu erleiden hatte, sind diejenigen der Klostervorsteher genau protokolliert, so dass man von jedem einzelnen weiß, wie oft er ohne und wie oft er mit Gewichten an den Füßen aufgezogen wurde. Die Folterungen scheinen aber allein noch nicht genügt zu haben, um die Zungen zu lösen; vielmehr wurden zuerst die „Schwächeren" und hierarchisch weiter unten Stehenden, der Schaffner und der Subprior, gefoltert, und dann mit ihren Geständnissen auch diejenigen der „Stärkeren" und hierarchisch höher Stehenden, des Priors und des Lesemeister, erpresst. Auf diese Weise wurde eine große – manchmal fast wörtliche – Übereinstimmung der Geständnisse erreicht, die aber Faktisches zu Tage förderte, das nicht einfach nur – wie ein Hexensabbat – imaginär gewesen sein kann, sondern vielmehr sehr komplizierte Zusammenhänge freilegte (siehe Kap. II/2e, Die Folterverhöre der vier Klostervorsteher).

Der eigentliche Gegenspieler des Glaubensprokurators war der Verteidiger der Klostervorsteher, der indessen häufig nicht mehr als reagieren konnte. Es handelte sich um Dr. Johann Heinzmann, Prokurator am bischöflichen Hofgericht in Basel, von dem man nicht erfährt, ob er von Seiten der Angeklagten oder von Seiten des Gerichts ausgewählt worden war. Er erscheint erstmals am 4. August 1508, als die Prozesse der Klostervorsteher eröffnet werden sollten, doch wurde ihm bereits am nächsten Tag sowohl der Zugang zu den Anklageartikeln als auch die Anwesenheit bei den bevorstehenden Artikelverhören verwehrt. Am 7. August wurde er durch einen Fürsprecher, Dr. Jakob aus Straßburg, vertreten, von dem man noch weniger weiß als vom Verteidiger selbst (siehe Kap. II/2c). Nachdem der Glaubensprokurator am 11. August die Einvernahme von Zeugen verlangt hatte, legte der Verteidiger, wieder Heinzmann, am nächsten Tag einen Fragenkatalog für die Zeugen vor und erreichte immerhin, dass dieser in der Folge auch angewandt wurde, obwohl er sehr kompliziert war (siehe Kap. II/2d). Als der Glaubensprokurator bereits am 17. August wiederum die Anwendung der Folter gegen die Klostervorsteher forderte, verlangte der Verteidiger am gleichen Tag eine Liste der Zeugen, die er auch erhielt, ebenso wie am gleichen Tag erstmals die Gelegenheit, mit seinen Mandanten zu sprechen (siehe Kap. II/2d, unter Zeugenaussage Esslinger). Das Resultat waren wohl die Anklageartikel gegen Jetzer, die der Verteidiger und der Fürsprecher am 17. August vorlegten und die man als Versuch interpretieren kann, auch Jetzer mit einer üblen Vorgeschichte zu belasten. Diese Artikel gelangten jedoch nie zur Anwendung, weil sie von den bischöflichen Richtern (ohne Provinzial) am 18. August in einem Zwischenurteil abgelehnt wurden, so dass sie auch nie bewiesen werden mussten und Jetzer damit wesentlich mehr geschadet haben, als wenn sie angewandt worden wären (siehe Kap. II/2e, Anklageartikel des Verteidigers gegen Jetzer …). Dem Verteidiger blieb nur, am Abend des gleichen Tags eine Liste mit acht Gründen gegen die Anwendung der Folter an den Dominikanern (mit Belegen aus dem kanonischen Recht) vorzulegen, der jedoch auch keine Wirkung beschieden war (siehe Kap. II/2e, Vorbereitungen zur Anwendung der Folter). Was man vielleicht sagen kann: der Verteidiger, der auch nur ein reiner Pflichtverteidiger hätte sein können, hat seinen begrenzten Spielraum immerhin bis ins Letzte ausgenützt, um die drohende Folter von seinen Mandanten abzuhalten, jedoch vergeblich. Es war nicht der Verteidiger, der verhindert hat, dass die Klostervorsteher bereits am Ende des Hauptprozesses zum Tod verurteilt wurden; dies war vielmehr der Uneinigkeit der bischöflichen Richter bzw. der Standhaftigkeit des Bischofs von Lausanne zu verdanken, der sich entgegen dem offensichtlichen Willen des Bischofs von Sitten, des Glaubensprokurators und der Stadt Bern für einen „Aufschub" bzw. für einen erneuten Gang an die päpstliche Kurie einsetzte (siehe Kap. II/2e, Ein offenes Ende).

Im Revisionsprozess präsentierten sich die Dinge noch einmal anders. Das Gericht bestand wiederum aus den Bischöfen von Lausanne und Sitten, denen indessen der Bischof von Città di Castello, päpstlicher Referendar und Vertreter eines Auditors der Rota, als Vorsitzender beigegeben wurde. Dieser erhielt weiter die Kompetenz, ungeachtet der Privilegien des Dominikanerordens gegen andere Mitglieder des Ordens vorzugehen, die sich in der gleichen Sache ebenfalls verdächtig und schuldig gemacht hätten (siehe Kap. II/3a, Der päpstliche Auftrag zum Revisionsprozess), eine Kompetenz, die eigentlich jede Verteidigung zumindest durch ein Mitglied des Dominikanerordens zum Vornherein verunmöglichte. Als der neue Gerichtshof sich am 2. Mai 1509 in Bern konstituierte, erschienen der neue Propst und der neue Lesemeister des Berner Dominikanerkonvents, Johann Ottnant und Georg Sellatoris, und baten um freies Geleit für den Dominikaner Paul Hug, der im Winter 1507/1508 den Provinzial in Bern vertreten und sich im Winter 1508/1509 an der Kurie in Rom aufgehalten und alles unternommen hatte, um einen weiteren Prozess gegen seine Mitbrüder zu verhindern. Nachdem man den neuen Prior und Lesemeister darauf aufmerksam gemacht hatte, dass man zwar bereit sei, einen Verteidiger zuzulassen und anzuhören, dass dieser indessen ins Verfahren miteinbezogen werden würde, wenn sich herausstellen sollte, dass er an den Delikten der Klostervorsteher mitschuldig sei, scheint sich kein Dominikaner mehr nach Bern gewagt zu haben, so dass es im Revisionsprozess keine Verteidigung mehr gab (siehe Kap. II/3a, Der Beginn des Revisionsprozesses). Der Prior und der Schaffner nannten zwar zu Beginn ihrer Prozesse am 5. Mai 1509 noch Paul Hug sowie Johann Heinzmann und Dr. Jakob von Straßburg, den Verteidiger und dessen Fürsprecher aus dem Hauptprozess, als ihre Verteidiger, doch scheinen auch die beiden letzteren sich nicht mehr nach Bern bemüht zu haben (siehe Kap. II/3b, Der Lesemeister). Vor dem Abschluss des Revisionsprozesses wurden am 19. Mai 1509 fünf Zeugen angehört, die bezeugen konnten, dass die vom Prior und vom Schaffner genannten Verteidiger nicht nach Bern gekommen seien (siehe Kap. II/3c). Dabei ging es wohl darum, in den Prozessakten festzuhalten, dass trotz des (unter Vorbehalt) gewährten freien Geleits – das von Paul Hug mit Brief vom 17. Mai 1509 als ungenügend eingestuft worden war – keine Verteidiger erschienen waren. Andererseits wurde im Revisionsprozess auch die Folter nicht mehr angewandt, doch ist es vielleicht zynisch, das eine gegen das andere aufzurechnen.

Die Glaubensprokuratoren waren die gleichen wie im Hauptprozess, Ludwig Löubli und Konrad Wymann; doch trat der letztere hinter den ersteren völlig zurück und hatte der erstere weniger große Auftritte als im Hauptprozess, wo er gegen den Widerstand des Verteidigers nicht weniger als fünf Zwischenurteile (*sententia interlocutoria*) zum Nachteil der Dominikaner durchgesetzt hatte; im Revisionsprozess waren keine Zwischenurteile mehr durchzusetzen. Dagegen wurden hier offizielle Dolmetscher eingesetzt, so dass man beim Verhören von Jetzer und den lateinunkundigen Zeugen nicht mehr auf die Dienste des Bischofs von Sitten, Matthäus Schiner, angewiesen war. Und zwar wurden gerade drei Dolmetscher eingesetzt, von denen immer zwei anwesend sein sollten, nämlich Johann Murer, Propst des Vinzenzstifts; Thüring Fricker, der ehemalige Stadtschreiber, und Peter Magni, Domherr von Sitten und Beisitzer im Haupt- und im Revisionsprozess (siehe Kap. II/3a, Der Beginn des Revisionsprozesses). Nachdem deren Anwesenheiten bzw. vor allem Abwesenheiten bei Jetzers Verhören am 4. Mai 1509 noch treulich notiert worden waren, scheint man jedoch schon bald auf die pragmatische Lösung mit Schiner zurückgekommen zu sein, wahrscheinlich schon für Jetzer und dann vor allem auch für die Zeugenaussagen (siehe Kap. II/3b, Jetzer, und II/3c, Zeugenaussagen Glaser Lukas, Alber, Wyler). Dies könnte insofern weniger Auswirkungen auf das Prozessgeschehen gehabt haben, als Schiners Stellung im Revisionsprozess, wo ihm der Bischof von Città di Castello vor die Nase gesetzt worden war, weniger stark war als im Hauptprozess.

Der Revisionsprozess schien sich zunächst auf eine reine Abfragerei nach den Akten des Hauptprozesses zu beschränken, doch kamen dabei noch weitere erschwerende Tatbestände zum Vorschein, so der zweifelhafte Umgang der Klostervorsteher mit der Bulle *Grave nimis* oder mit der roten Hostie, oder das Breve, das der Lesemeister und der Subprior von ihrer Romreise im Herbst 1507 zurückgebracht hatten, oder vor allem auch die Wiederholung des Orakels der blutweinenden Marienstatue (siehe Kap. II/3b). Die Richter ließen sich alle noch so unwichtigen Einzelheiten aus dem Hauptprozess wenn möglich von allen vier Klostervorstehern bestätigen, so auch eine Erscheinung von Maria mit zwei hölzernen Engeln aus der Sakristei der Dominikanerkirche (siehe Anh. 3). Dagegen wurden die Zeugenaussagen aus dem Hauptprozess nicht revidiert, wohl aber teilweise die gleichen Zeugen wieder herangezogen, die bereits im Hauptprozess oder auch in Jetzers erstem Prozess ausgesagt hatten (der Apotheker Niklaus Alber, Kustos Johann Dübi, der Goldschmied Martin Franke, der Schuhmacher Johann Koch, der Stadtschreiber Niklaus Schaller und der Chorherr Heinrich Wölfli). Neu herangezogen wurden der Kaufmann Johann Graswyl, der Sporer Friedrich Hirz, der Glaser Lukas, Venner Kaspar Wyler und der Priester Johann Zwygart (siehe Anh 4). Sie alle wurden jedoch nicht mehr so umfassend befragt wie im Hauptprozess, sondern nur auf bestimmte Sachverhalte oder Personen hin, ähnlich wie die Zeugen in Jetzers erstem Prozess in Bern (siehe Kap. II/3c). Um eine ganz besondere Art von Zeugen handelte es sich bei denjenigen, die der Glaubensprokurator Ludwig Löubli am 22. Mai 1509 (18 Uhr) akkreditieren ließ, nämlich um neun Mitglieder aus dem Kleinen und vier aus dem Großen Rat, die alle bestätigten, dass das Verschwinden von Jetzers Stigmata (Ende Juli 1507) und die Orakel der Statue in der Marienkapelle (Annahme der Pensionen, Vertreibung der Deutschordensbrüder und Zweifel an den Wundern, die um Jetzer herum geschahen) einen großen Skandal ausgelöst hätten, wenn die „Herren von Bern" nicht nach dem Bischof von Lausanne geschickt hätten, durch dessen Umsicht die „Erdichtungen und Erfindungen" der Angeklagten aufgedeckt worden seien (siehe Kap. II/3d, Die Skandalisierung des Skandals). Diese kollektive „Zeugenaussage" ist sehr schwierig zu interpretieren, aber man darf doch vermuten, dass sie auch der Information des Kleinen und Großen Rates diente, der ebenfalls ein Urteil zu fällen hatte.

Am Ende des Revisionsprozesses – und der Jetzerprozesse überhaupt – stand nämlich nicht nur ein Urteil des geistlichen, sondern auch des weltlichen Gerichts. Das geistliche Gericht fällte das seinige am 23. Mai (um 6 Uhr morgens) und verurteilte die vier Klostervorsteher auf Antrag des

Glaubensprokurators zur Degradierung von ihren priesterlichen Würden und zur Übergabe an den weltlichen Arm, und zwar wegen verschiedener skandalöser und vom katholischen Glauben abweichender „Täuschungen" (*illusiones*), Sakrileg (Kirchendiebstahl), Giftmord, Idolatrie sowie Absage an Gott und Anrufung von Dämonen. Diese Degradierung wurde noch am gleichen Tag und nur zwei Stunden später auf einer Tribüne an der Kreuzgasse vollzogen – laut Berichten in den Akten des Revisionsprozesses (ganz am Schluss) und in den Chroniken des Berners Valerius Anshelm und des Luzerners Diebold Schilling (mit einem Bild). Jetzer dagegen wurde am 24. Mai (8 Uhr morgens) zur lebenslänglichen Verbannung aus ganz Deutschland und zur öffentlichen Ausstellung in der Stadt Bern mit einer Mitra aus Papier während eines Tages verurteilt (siehe Kap. II/3e); doch konnte dieses Urteil – insbesondere die Verbannung – aus verständlichen Gründen nicht gleich vollzogen werden, sondern war im Grund nur ein Vorschlag an das weltliche Gericht – die Räte von Bern –, die in Jetzers Fall zögerten, so dass dieser schließlich am 25. Juli 1509 aus seiner Haft im Haus des Großweibels entkommen konnte (siehe Epilog 1a). Dagegen scheint der Rat in der Zeit zwischen dem 23. und dem 31. Mai 1509 die Dominikaner zum Tod auf dem Scheiterhaufen verurteilt zu haben; jedenfalls wurde dieses Urteil am 31. Mai auf der Schwellenmatte in aller Öffentlichkeit vollzogen, ein Vollzug, den wir ausschließlich aus den chronikalischen Quellen (Anshelm und Luzerner Schilling) kennen. Vorgängig scheinen wiederum an der Kreuzgasse die Geständnisse der Klostervorsteher bzw. die Gründe zu ihrer Verurteilung verlesen worden zu sein, die sich indessen in der Reihenfolge und Gewichtung von denjenigen des geistlichen Gerichts unterschieden: hier kam die Absage an Gott an erster Stelle, gefolgt von der Rotfärbung des Sakraments, der blutweinenden Marienstatue und Jetzers Stigmatisierung. Diese Anklagepunkte waren wesentlich konkreter als diejenigen des geistlichen Gerichts und mussten die Zuschauer und Zuhörer an Dinge erinnern, die sie selber gesehen hatten, nämlich die rote Hostie bei den Reliquienschauen, die Marienstatue mit den gemalten blutigen Tränen und Jetzers Stigmata bei seinen Passionsspielen (siehe Kap. II/4).

Im Urteil des weltlichen Gerichts fehlen die Anklagepunkte des Sakrilegs (des Kirchenraubs, den Jetzer und die Klostervorsteher sich gegenseitig in die Schuhe schoben, der aber nachweisbar durch die letzteren begangen worden war, in der erklärten Absicht, ihn Jetzer anzulasten) und des Giftmords, d. h. der wiederholten Vergiftungsversuchen an Jetzer, vielleicht weil der Rat von Bern beides als innerklösterliche Angelegenheit betrachtete, auch wenn es sich um ernstzunehmende Verbrechen handelte, die sonst in der weltlichen Gesetzgebung des späten Mittelalters streng geahndet wurden (siehe Kap. II/4b und c). Dagegen scheinen bei den geistlichen Richtern die beiden letzten Anklagepunkte, die Idolatrie sowie die Absage an Gott und die Anrufung von Dämonen schwer gewogen zu haben. Unter der Idolatrie sind wahrscheinlich die wiederholten Hostienfrevel zu verstehen, die den Bischof von Lausanne, Aymo von Montfalcon, sogar dazu veranlassten, während der Jetzerprozesse beim Franziskaner Jacques de Marchepallu ein Gutachten in Auftrag zu geben, den *Tractatus in elucidationem cuiusdam hostie rubricate in urbe inclita Berna*, der wahrscheinlich 1509 im Druck erschien und aus dem hervorgeht, wie sehr die von den Berner Dominikanern begangenen Hostienfrevel den Bischof beschäftigt und beunruhigt haben (siehe Kap. II/4d, Der *Tractatus* ...). Schließlich die Absage an Gott, die im Urteil des geistlichen Gerichts an letzter und in demjenigen des weltlichen Gerichts an erster Stelle steht. Dabei handelt es sich nicht um einen imaginären Pakt mit dem Teufel, wie er in den westschweizerischen Hexenprozessen des 15. Jahrhunderts vielfach bezeugt ist, sondern um eine „Absage an Gott und Anrufung von Dämonen", Bestandteil der schwarzen oder gelehrten Magie, wie sie am Ende des Mittelalters nicht nur an den europäischen Höfen, sondern auch in den Klöstern betrieben wurde. Gerade das vom Subprior während des Jetzerhandels inszenierte – und dann während der Jetzerprozesse auch beschriebene – „Experiment" mit dem Kreis, bei dem fünf Apostel mit oder ohne Bart heraufbeschworen wurden, verrät zu viel Fachwissen, als dass es lediglich auf der Folter aus ihm herausgepresst geschweige denn von Jetzer bei seinem ersten Folterverhör (am 5. Februar 1508 in Bern) erfunden worden sein könnte, um dem Subprior zu schaden. Dieser besaß nachweisbar ein einschlägiges Büchlein, und ebenso der Lesemeister, und laut den Beschreibungen, die von diesen beiden Büchlein gegeben wurden, scheinen sie sich nicht wesentlich von den Büchlein unterschieden zu haben, die der amerikanische Mediävist Richard Kieckhefer aufgespürt und untersucht hat (1989 und 1997). Der einzige, der mit der schwarzen Magie gar nichts zu tun haben wollte, sondern vielmehr einen richtigen Horror davor entwickelte, war nach übereinstimmenden Zeugnissen auch der Klostervorsteher Jetzer selber (siehe Kap. II/4e). So lässt sich denn feststellen und festhalten, dass dieser mit den allermeisten Anklagepunkten nicht das Geringste zu tun hatte, und insbesondere nicht mit den Verbrechen, die bei der Verurteilung der Klostervorsteher am schwersten wogen: den wiederholten Hostienfreveln und der Absage an Gott, die er als einziger verweigert hatte, aber auch nicht mit den Stigmata und dem Passionsspiel, die ihm von den Klostervorstehern aufgezwungen worden waren. Wenn jemand im und am Jetzerhandel unschuldig war, dann war es Jetzer! Jetzer war ein Opfer, das man zum Täter zu machen versucht hat, nachweisbar bereits die Dominikaner während des Defensoriums; es ist kein Zufall,

dass Nikolaus Paulus sich praktisch ausschließlich auf diese Schrift stützt (siehe Einl. 1c).
Bleibt schließlich die Frage nach der Rolle bzw. der Schuld der Stadt Bern in den Jetzerprozessen; denn der Vorwurf des „Justizmords, begangen an vier Dominikanern", den Nikolaus Paulus 1897 erhoben hat, steht nach wie vor im Raum. Paulus hat den Schuldspruch – oder eben Justizmord – der „mangelhaften gerichtlichen Untersuchung" zugeschrieben, und dies obwohl er nur die Akten von Jetzers erstem Prozess in Lausanne und Bern gekannt hat, die in den Jahren 1883–1886 von Georg Rettig herausgegeben worden waren, und nicht diejenigen des Haupt- und des Revisionsprozesses, die erst 1904 von Rudolf Steck herausgegeben worden sind. Nichtsdestoweniger hat Paulus behauptet, die Bischöfe von Lausanne und Sitten hätten im Hauptprozess nur „eine ziemlich untergeordnete Rolle" gespielt und die eigentliche treibende Kraft sei bei der Bürgerschaft gelegen, worunter Paulus sowohl den „Magistrat" als auch das „Volk" versteht. Dabei sei es dem Magistrat insbesondere um die Ehre der Stadt gegangen; denn man habe das weitverbreitete Gerücht, dass man in Bern einen Schneidergesellen und eine rote Hostie anbete, nicht auf sich sitzen lassen wollen. Der Vorwurf des Justizmordes richtet sich also gegen die Stadt Bern und ihre Bewohner, und er soll hier entkräftet werden, auch wenn es wesentlich weniger spektakulär ist, einen solchen Vorwurf zu entkräften, als ihn zu erheben! Als Vollstrecker des Volkswillens sieht Paulus seltsamerweise den Bischof von Sitten, Matthäus Schiner, dem er nur wenige Zeilen zuvor jeden größeren Einfluss abgesprochen hatte, und insbesondere den Glaubensprokurator Ludwig Löubli: die Führung des Prozesses sei eigentlich in seinen Händen gelegen, und nicht in denjenigen der päpstlichen Richter. Löubli sei sehr „rücksichtslos gegen die Angeklagten" vorgegangen und habe, gestützt auf Jetzers Aussagen, die Anwendung der Folter gegen die Mönche verlangt und durchgesetzt. Ja, Paulus unterstellt sogar, dass die bischöflichen Richter im Herbst 1508 kein Urteil zu fällen gewagt hätten, weil sie ihrem eigenen Verfahren – dem Hauptprozess – selber misstraut hätten. Der Papst habe nicht nur aus Wohlwollen in den Revisionsprozess eingewilligt, sondern auch weil er bernische und eidgenössische Söldner für seinen Krieg gegen Venedig gebraucht habe, und der Bischof von Città di Castello sei nicht nur als päpstlicher Kommissär für den Revisionsprozess nach Bern gekommen, sondern auch als päpstlicher Werber; entsprechend sei die Revision des Hauptprozesses „noch viel oberflächlicher und einseitiger abgehalten" worden als der Hauptprozess. Rudolf Steck hat nur schüchtern einzuwenden gewagt, „dass der Prozess von Anfang an durch ein geistliches Tribunal geführt wurde und dass die höchsten Würdenträger und schließlich der Papst selbst den Entscheid" herbeigeführt hätten, und daraus den Schluss gezo-

gen, dass ein allfälliger Justizmord einer der päpstlichen Justiz gewesen sein müsste (siehe Einl 1d).

Dabei war die Stadt Bern zunächst einfach die Auftraggeberin für die Jetzerprozesse und hatte sich als solche bereits im Juli 1507, nachdem die Statue in der Marienkapelle der Dominikanerkirche Ende Juni angeblich blutige Tränen geweint hatte, an den zuständigen Ordinarius, den Bischof von Lausanne, gewandt, und dann wieder Anfang Oktober, als sie Jetzer nach Lausanne überstellte. Dabei ist ihr nicht zu verübeln, wenn sie dazu ihre eigenen Gründe und Motive hatte, die allerdings im Herbst 1507 noch viel weniger klar waren als dann ein Jahr später. Allerdings störte sie dann das eingeleitete bischöfliche Verfahren, indem sie Jetzer frühzeitig heimholen und auf eigene Faust foltern ließ. Dabei stellte sich heraus, dass seine Vorgesetzten nicht unschuldig sein konnten, was nach einem anderen, päpstlich genehmigten Verfahren verlangte, dem Hauptprozess (siehe Kap. II/5a). Am Ende des Hauptprozesses, Anfang September 1508, schien die Stadt bzw. der Rat dann allerdings energisch einzugreifen: sie gewährte den Bischöfen von Lausanne und Sitten nur sehr widerwillig einen „Aufschub", um erneut an den Papst zu gelangen, und machte dabei zur Bedingung, dass die gefangen gehaltenen Klostervorsteher in Bern bleiben und hier auch ihre verdiente Strafe erleiden sollten. Denn inzwischen waren zwei Dinge klar geworden: dass die Stadt Bern auf dem Kapitel der Oberdeutschen Dominikanerprovinz, das Anfang Mai 1506 in Wimpfen stattgefunden hatte, einerseits wegen ihrer intellektuellen Unbedarftheit und andererseits wegen ihrer politischen Stärke für den Jetzerhandel ausgewählt worden war und dass die Orakel der blutweinenden Marienstatue von Ende Juni 1508 von den Klostervorstehern selber stammten und offensichtlich direkt auf die Stadt Bern und insbesondere ihre Haltung in der Pensionenfrage gemünzt gewesen waren.

Von der Intrige, die am Rande des Provinzialkapitels von Wimpfen geschmiedet worden war, ist erstmals klar in einem Verhör des Lesemeisters von Ende August 1508 die Rede, bei dem er zwar nicht gefoltert wurde, aber doch unter der Drohung der Folter stand; nichtsdestoweniger wird er diese Geschichte nicht aus Angst vor der Folter erfunden haben. Aus der Wahl Berns für den Jetzerhandel sprach eine tiefe Missachtung dieser Stadt nicht nur von Seiten der Dominikaner von Bern, sondern der ganzen Oberdeutschen Dominikanerprovinz, die sicher für die unerbittliche Haltung, welche die Stadt bzw. der Rat seit dem Herbst 1508 an den Tag legte, mitverantwortlich war (siehe Kap. II/5a, Die Stadt Bern: von der negativen Auswahl zum höchsten Lob). Dazu kam aber noch einiges mehr. Im Verlauf des Hauptprozesses stellte sich heraus, dass der Lesemeister und der Prior, die beide von jenseits des Rheins stammten, die Berner und die Eidgenossen gegenüber Jetzer – aber vielleicht nicht nur gegenüber ihm – als „Kühliebhaber" (*Kuhghyer*) und „Verräter" (Verräter am Herzog von Mailand, Ludovico Sforza, der am 10. April 1500 beim Abzug von Novara von einem Eidgenossen an die Franzosen verraten worden war) bezeichnet und damit in die Polemik eingestimmt hatten, die seit der Mitte des 15. Jahrhunderts zwischen Schwaben und Schweizern herrschte. Wenn Jetzer seine Vorgesetzten mit der Frage konfrontierte, was die „Herren von Bern" wohl von ihrem Tun hielten, wenn sie davon wüssten, dann erhielt er die Antwort, dass es diese nichts anginge, was sie in ihrem Kloster trieben, eine Haltung, welche nicht neu war, sondern sich bereits seit den 1480er-Jahren nachweisen lässt. Einer Stadt, die mehr als andere auf ihr Kirchenregiment bedacht war, stand somit ein nicht sehr kollaborativer Orden gegenüber, der sich damit für das ihm seit mehr als zweihundert Jahren gewährte Gastrecht schlecht revanchierte (siehe Kap. II/5a, „Kuhliebhaber und Verräter": Die Beleidigung Berns und der Eidgenossen).

Das Fass zum Überlaufen gebracht haben könnten aber die Prophezeiungen der blutweinenden Marienstatue in der Dominikanerkirche, und insbesondere diejenige, dass eine große Strafe über die Stadt Bern kommen sollte, weil diese den Pensionen abgeschworen hatte und diese doch immer wieder annähme. Erst gegen Ende des Hauptprozesses wurde allmählich klar, dass die Marienstatue zwei Mal georakelt hatte und dass es das erste Mal der Novize Johann Meyerli und das zweite Mal der Lesemeister selber gewesen war, der die Prophezeiung wegen der Pensionen wahrscheinlich eigens an die Adresse der Stadt formuliert hatte. Dazu muss man wissen, dass der Pensionenbrief, der 1503 von der Tagsatzung beschlossen worden war, um die Annahme von ausländischen Pensionen in geregelte Bahnen zu lenken, ausgerechnet im Sommer 1507, als die Dominikaner ihr einschlägiges Orakel produzierten, vor dem endgültigen Scheitern stand. Dieses Scheitern beschäftigte die Politiker der Stadt Bern nicht wenig und machte ihnen gewissermaßen ein kollektives schlechtes Gewissen, gerade weil nicht wenige von ihnen selber Pensionenempfänger waren. Die Prophezeiung war also nichts anderes als das Stochern in einer offenen Wunde und außerdem Einmischung in die innersten Angelegenheiten der Stadt Bern, die sich ihrer Sache weit weniger sicher war, als es ihrem politischen und militärischen Potential entsprochen hätte (siehe Kap. II/5a, Die Prophezeiungen der blutweinenden Marienstatue, und Der eidgenössische Pensionenbrief ...). Freilich waren die Wahl Berns für den Jetzerhandel, die Spannungen zwischen der Stadt und dem Kloster sowie die Prophezeiung wegen der Pensionen keine offiziellen Anklagepunkte, aber eben auch keine mildernden Umstände, ganz im Gegenteil. Wie wir gesehen haben, reichten die offiziellen Anklagepunkte, die erst im Verlauf der drei Jetzerprozesse eruiert werden konnten, indessen vollauf zur Verurteilung der Klostervorsteher, aber erst die erschwerenden Umstände können erklären, warum die Stadt ihr Ziel, die Erlangung des Todesurteils, so hartnäckig betrieb und die Hinrichtung schließlich fast wie ein Fest feierte.

Dabei trifft auch nicht zu, dass die Stadt Bern die päpstliche Einwilligung zum Revisionsprozess – und damit zum fast sicheren Todesurteil für die Dominikaner – nur bekommen hätte, weil Papst Julius II. bereits im Winter 1509 ein Bündnis mit den Eidgenossen angestrebt hätte, das erst im März 1510 zustande kam. Es trifft freilich zu, dass der Papst sich im Winter 1508/1509 der Liga von Cambrai angeschlossen hatte, die am 10. Dezember 1508 von Kaiser Maximilian I. und dem französischen König Ludwig XII. gegründet worden und die gegen Venedig gerichtet war, und dass er im Folgenden einen Boten in die Eidgenossenschaft geschickt hatte, Alexander de Gablonetis, um einen Zuzug von 3000 Söldner zu diesem Unternehmen zu organisieren, das bereits im Gang war. Dieser langte bereits einen Monat vor Achilles de Grassis in Bern an und benutzte die Pause zwischen zwei Tagsatzungen (am 10. März und am 20. April 1509 in Luzern) dazu, um die nötigen Söldner zu werben und dann wieder zu verschwinden. Dagegen ist nicht auszuschließen, dass der Bischof von Città di Castello, der Anfang April 1509 nach Bern kam, um den Revisionsprozess durchzuführen, vom Papst zugleich den Auftrag hatte, bereits auf ein Bündnis mit den Eidgenossen hinzuwirken; jedenfalls bat dieser die Tagsatzung, die am 16. April 1509 in Luzern stattfand, brieflich um eine Zusammenkunft in Bern, weil er wegen des Revisionsprozesses die Stadt nicht verlassen könne. Seinem Wunsch entsprechend fand diese Tagsatzung am 14. Mai 1509 in Bern statt und auf ihr warben nicht nur die Bischöfe von Città di Castello und von Sitten für ein Bündnis mit dem Papst, sondern auch der Bischof von Lausanne, Aymo von Montfalcon, für eine Verlängerung des zehnjährigen Bündnisses mit dem französischen Königs, das im März 1509 auslief. Doch gelangte hier und auch in der Folge keiner von allen dreien – alle drei päpstliche Richter im Revisionsprozess – an sein Ziel. Die Eidgenossen wollten im Sommer 1509 weder das Bündnis mit dem französischen König erneuern noch ein neues mit dem Papst eingehen, und man hat auch nicht den geringsten Eindruck, dass die Berner sich wegen des von ihnen gewünschten Ausgangs der Jetzerprozesse gegenüber dem Papst in irgendeiner Weise verpflichtet gefühlt hätten. Im Frühling und im Sommer 1509 lief alles viel weniger gradlinig auf ein Bündnis mit dem Papst hinaus, als es im Nachhinein, vom Ergebnis aus gesehen, den Anschein macht, und die Stadt Bern ist vom Vorwurf freizusprechen, sie hätte die bündnispolitische Lage ausgenützt, um die Dominikaner durch ein willfähriges geistliches Gericht, bestehend mehrheitlich aus päpstlichen Werbern, zum Tode verurteilen zu lassen (siehe Kap. II/5a, Der bündnispolitische Hintergrund). Auch wenn wir alle erschwerenden Umstände in Betracht ziehen und das Resultat bedauern: von einem von Bern begangenen Justizmord an vier Dominikanern kann keine Rede sein.

EPILOG:
VOM JETZERHANDEL ZUR REFORMATION

Einleitung: Der Jetzerhandel in den „Dunkelmännerbriefen" (1515 und 1517)

Der Jetzerhandel war natürlich ein willkommenes Ereignis für alle vorreformatorischen Feinde des Mönchtums, und so erscheint er auch in den „Dunkelmännerbriefen (*Epistolae obscurorum virorum*)", einer Reihe von fingierten Briefen aus den Jahren 1515 und 1517. Der Anlass zu diesen hatte der Reuchlin-Handel gegeben, der in den Jahren 1510–1520 zwischen dem Juristen und Hebraisten Johannes Reuchlin (1454/1455–1522) und einem bekehrten Juden namens Johann Pfefferkorn stattfand, der seinerseits von den Dominikanern von Köln unterstützt wurde. In einem weiteren Sinn gehörte der Reuchlin-Handel in die Judenverfolgungen, die an der Wende vom 15. zum 16. Jahrhundert vor allem im Reich stattfanden und von denen in Bezug auf den bekehrten Juden Lazarus, der den Berner Dominikanern angeblich die rote(n) Hostie(n) gefärbt und die Farbe für die Tränen der blutweinenden Maria geliefert hatte, bereits die Rede war (siehe Kap. II/3c, Der Priester Johann Zwygart). Johann Pfefferkorn hatte sich 1504 zusammen mit Frau und Kindern in Köln taufen lassen und in der Folge, wahrscheinlich auf dominikanische Anregung, seine ehemaligen Glaubensbrüder zu konvertieren versucht, und zwar insbesondere durch Konfiskationen ihrer Bücher, die er mit der Erlaubnis Kaiser Maximilians I. im Herbst 1509 in Frankfurt, Worms und anderen deutschen Städten vornahm. Dabei stieß er auf den Widerstand des Erzbischofs von Mainz, Uriel von Gemmingen (1508–1514), der eine Expertenkommission einberief, zu der auch Johannes Reuchlin gehörte, der als einziger genügend Hebräisch verstand, um ein wirklich fundiertes Urteil abzugeben. Reuchlin reichte am 6. Oktober 1510 ein Gutachten ein (*Ratschlag ob man den Juden alle ire bücher nemmen, abthun und verbrennen soll*), in dem er sich als einziger Experte gegen die Konfiskation der jüdischen Bücher aussprach. Ende Oktober 1510 schickte der Erzbischof von Mainz die Stellungnahmen an den Kaiser, der sich jedoch nicht zu einem Entschluss durchringen konnte, sondern eine weitere Kommission einsetzte und verlangte, dass der nächste Reichstag sich mit der Sache beschäftige, was auf einen Befehl zur Einstellung der Sache hinauslief; denn der Reichstag tat dies nie, die Juden behielten ihre Bücher und die Stellungnahme Reuchlins blieb zunächst geheim[1].

---

1) Ulrich von Hutten, Lettres des hommes obscurs S. 21–33. Vgl. auch DE BOER, Un-

Der Zorn Pfefferkorns und der Dominikaner wandte sich nun gegen Reuchlin, der in einer Schrift Pfefferkorns (*Handt spiegel Johannis Pfefferkorn wider und gegen die Jüden und Judischen Thalmudischen schrifften [...]*), erschienen im April 1511, der Apostasie angeklagt und mit der Eröffnung eines Inquisitionsprozesses bedroht wurde. Reuchlin antwortete auf der Herbstmesse 1511 in Frankfurt mit einem „Augenspiegel", in dem er nicht nur sein Gutachten von 1510 veröffentlichte, sondern auch erweiterte, eine Schrift, die von der theologischen Fakultät der Universität Köln Ende Februar 1512 verurteilt wurde. Am 9. September 1513 wurde Reuchlin auf den 15. September vor die Inquisition in Mainz zitiert, eine Zitation, der er nicht Folge leistete, mit dem für uns einleuchtenden Argument, dass Jakob Hochstraten (1455–1527), Inquisitor in den Kirchenprovinzen Köln, Mainz und Trier und zugleich Prior des Dominikanerkonvents von Köln und Professor für Theologie an der dortigen Universität, in einem solchen Gericht zugleich Ankläger und Richter sei. Nichtsdestoweniger wurde Reuchlin vor diesem Gericht am 12. Oktober 1513 in Abwesenheit verurteilt und appellierte daraufhin an Papst Leo X. (1513–1521). Dieser übertrug den Fall mit Breve vom 21. November 1513 an die Bischöfe von Speyer und Worms, die Reuchlin am 24. April 1514 freisprachen. Noch bevor das Urteil in Speyer gefallen war, verbrannten die Theologen von Köln am 10. Februar 1514 den „Augenspiegel" in aller Öffentlichkeit, mit der Begründung, dass auch große Wissenschaft – diejenige Reuchlins – nicht vor Häresie schütze. Als Antwort ließ dieser auf der Büchermesse in Frankfurt vom März 1514 durch seinen Großneffen Philipp Melanchthon (1497–1560) eine Sammlung von 110 „Briefen von berühmten Männern in Latein, Griechisch und Hebräisch (*Clarorum virorum epistolae latinae, graecae & hebraicae [...]*)" veröffentlichen, die bewiesen, in welcher Wertschätzung er bei den Humanisten stand[2].

Hochstraten appellierte an Rom, und am 8. Juni 1514 wurden sowohl er als auch Reuchlin dorthin zitiert, wobei der erste persönlich zu erscheinen hatte und der zweite sich aus Altersgründen – er war inzwischen schon fast sechzig Jahre alt – vertreten lassen durfte. Im Jahr 1515 war der Prozess zwischen Hochstraten und Reuchlin in Rom hängig. Dies war die Situation,

---

erwartete Absichten. Zu den „Dunkelmännerbriefen" in Bezug auf die darin so geschmähte Universität Köln vgl. Erich MEUTHEN, Die ‚Epistolae obscurorum virorum', in: Ecclesia militans. Studien zur Konzilien- und Reformationsgeschichte (Festschrift Remigius Bäumer zum 70. Geburtstag), hg. von Walter BRANDMÜLLER u. a. (1988) 2 S. 53–80. – Ähnlich war die „Affäre" der Franziskaner von Orléans (1534–1535) ein willkommenes Ereignis für die französischen Protestanten, vgl. BALZAMO, Fausses apparitions, insbes. S. 491–493.
2) Ulrich von Hutten, Lettres des hommes obscurs S. 33–39.

als im Dezember 1515 anonym der erste Band der „Dunkelmännerbriefe (*Epistolae obscurorum virorum*)" erschien, der rund achtzig satirische Briefe enthielt, die insbesondere gegen die Universität Köln gerichtet und in einem fürchterlichen Küchenlatein verfasst waren, das die Humanisten den Mönchen nachredeten. Dabei bedeutete *obscuri viri* nicht unbedingt schon „Dunkelmänner", sondern zunächst einfach „unbekannte Männer", im Gegensatz zu den „berühmten Männern", von denen die von Melanchthon 1514 veröffentlichten und an Reuchlin gerichteten Briefe stammten. Die „Dunkelmännerbriefe" des Ende 1515 erschienenen ersten Bandes waren fast alle an einen einzigen Adressaten gerichtet, einen gewissen Ortwin Gratius, Professor an der Universität Köln, der tatsächlich existierte und sich tatkräftig in den Kampf gegen Reuchlin eingebracht hatte. In Rom lief die Sache zunächst zu Gunsten von Reuchlin, der am 2. Juli 1516 freigesprochen wurde. Pfefferkorn griff erneut zur Feder und verfasste noch im Juli 1516 seine „Verteidigung gegen die beleidigenden und kriminellen Briefe der Dunkelmänner (*Defensio Joannis Pepericorni contra famosas et criminales obscurorum virorum epistolas [...]*)", in der er nachzuweisen versuchte, dass Reuchlin der Autor der anonym erschienen „Dunkelmännerbriefe" sein müsse: dieser müsse ihn persönlich kennen, um zu behaupten, dass er, Pfefferkorn, die lateinische Sprache nicht beherrsche und dass ihm seine Frau Hörner aufsetze ...[3]

Zu Beginn des folgenden Jahres (1517) erschien der zweite Band der „Dunkelmännerbriefe", der sich nun kontraproduktiv auswirkte, indem er nicht nur Ortwin Gratius, Johann Pfefferkorn und ihresgleichen lächerlich machte, sondern auch den päpstlichen Hof, und sich damit das bisherige Wohlwollen des Papstes gegenüber den humanistischen Kreisen verscherzte. Entsprechend wurden die „Dunkelmännerbriefe" bereits im März 1517 in Rom zur Konfiskation und zum Verbrennen verurteilt. Jakob Hochstraten, der immer noch in Rom weilte und versuchte, den Freispruch Reuchlins vom 2. Juli 1516 rückgängig zu machen, witterte Morgenluft, und der Krieg der Pamphlete begann von neuem. Der Reichsritter und Humanist Ulrich von Hutten (1488–1523) veröffentlichte im Frühjahr ein Gedicht mit dem Titel „Triumph des Dr. Reuchlin [...] (*Triumphus Doctoris Reuchlin [...]*)", das er bereits 1514, nach dem für Reuchlin günstigen Urteil von Speyer (24. April), geschrieben hatte und in dem er wiederum Pfefferkorn, Hochstraten und Ortwin Gratius lächerlich machte. Dieses Gedicht könnte ein Indiz dafür sein, dass von Hutten tatsächlich der Autor der „Dunkelmännerbriefe" war, doch ist das Anonymat bis heute nicht gelüftet. Hutten selber tat auf recht überzeugende Weise so, wie wenn er sie nicht verfasst

---

3) Ulrich von Hutten, Lettres des hommes obscurs S. 39–45.

hätte; er ließ sich ein Exemplar schicken und brach darüber in Entzücken aus, doch hielten ihn die Zeitgenossen allgemein für den Autor, und so hat auch der Editor der französischen Übersetzung, Jean-Christophe Saladin, diese Zuschreibung übernommen. Mit Luthers Thesen vom November 1517 verschlechterte sich die Atmosphäre zu Ungunsten der Humanisten, und ebenso mit der Wahl von Karl V. zum König am 28. Juni 1519, der sich immer gegen Reuchlin ausgesprochen hatte. Am 15. Juni 1520 wurde Luther im Rom exkommuniziert und am 23. Juni das für Reuchlin günstige Urteil vom 24. April 1514, das am 2. Juli 1516 bestätigt worden war, kassiert, der „Augenspiegel" verboten und am 8. September Jakob Hochstraten wieder in seine Ämter eingesetzt[4]; der Reuchlin-Handel war für Reuchlin und seine Freunde verloren.

Der erste „Dunkelmännerbrief" (I/22), in dem der Jetzerhandel erwähnt wird, stammt von einem gewissen Gerhard Schirruglius, einem Schüler von Ortwin Gratius, der sich vorübergehend in Mainz aufhielt und sich dort sehr unwohl fühlte; denn im Unterschied zu Köln seien die Gelehrten in Mainz der Kirche gegenüber sehr unehrerbietig. Einer von ihnen habe ihm gesagt, dass er nicht glaube, dass der Rock des Herrn, der sich in Trier befinde, wirklich derjenige des Herrn sei, sondern nur ein alter Rock voller Läuse. Und dass er nicht glaube, dass auch nur ein einziges Haar von der Jungfrau Maria auf Erden geblieben sei. Und ein anderer habe gesagt, dass die heiligen drei Könige von Köln vielleicht nur drei Bauern aus Westfalen gewesen seien. Und dass das Schwert und der Schild des hl. Michael diesem nicht gehörten. Und dass er auf den Ablass der Dominikaner scheiße, denn diese seien Possenreißer, die Frauen und Bauern missbrauchten. Als Schirruglius ihn einen Ketzer gescholten und mit dem Inquisitor Hochstraten gedroht habe, habe dieser gesagt, der letztere sei ein verfluchtes Biest – und Reuchlin ein ehrenwerter Mann. Er habe sich auch über die Universität Paris ausgelassen, die dessen „Augenspiegel" 1514 auf Drängen der Universität Köln ebenfalls verurteilt hatte, und diese als „Mutter aller Dummheit (*mater omnis stultitiae*)" bezeichnet, die von den Dominikanern bestochen worden sei. Schließlich habe er sehr schlecht von den Dominikanern allgemein gesprochen, die in Bern ein Verbrechen (*nequitia*) begangen hätten – etwas, was der Briefschreiber einfach nicht glauben konnte –, und dass diese verbrannt worden seien, weil sie einmal das Sakrament der Eucharistie vergiftet und den Tod eines Kaisers verursacht hätten. Hier verwechselt der Briefschreiber – oder sein Kontrahent – zwei Dinge, nämlich die vergiftete

---

[4] Ulrich von Hutten, Lettres des hommes obscurs S. 45–52, vgl. auch ebd. S. 105–117 (zur Autorenfrage). Vgl. auch Hans Ulrich BÄCHTOLD, Art. Hutten, Ulrich von, in: HLS online (Zugriff vom 17. Juni 2019).

rote Hostie von Bern und ein altes Gerücht, wonach Kaiser Heinrich VII. (1309–1313) im Jahr 1313 während seines Kriegs gegen Florenz von einem Dominikaner mit einer Hostie vergiftet worden sein soll. Der Kontrahent von Gerhard Schirruglius habe damit geschlossen, dass der Dominikanerorden aufgehoben werden sollte, sonst würden noch viele Skandale gegen den Glauben geschehen, denn dieser Orden sei voll von Schlechtigkeit (*malitia*)[5].

Ein zweiter Brief (I/47), von Wendelin Pannitonsoris aus Straßburg und wiederum an Ortwin Gratius in Köln gerichtet, ist ganz den Verbrechen der Dominikaner gewidmet. Wendelin war ebenfalls ein Schüler Ortwins und außerdem sein Patensohn. Er berichtet von einem Bankett, auf dem er jemandem begegnet sei, der einen Katalog mit den Verbrechen der Dominikaner (*Catalogus praevaricatorum, hoc est praedicatorum*) schreiben wollte, der auf der nächsten Frankfurter Messe erscheinen sollte. Darin wollte er alle ihre Verbrechen (*nequitiae*) beschreiben, denn sie bildeten den kriminellsten aller Orden (*nequitiosissimi*). Am Anfang sollte der Jetzerhandel stehen: wie der Prior und die übrigen Klostervorsteher Huren ins Kloster eingelassen, wie sie einen neuen Franziskus fabriziert hätten, wie die Jungfrau Maria und andere weibliche Heilige einem Laienbruder (lat. *Nolhardo*) erschienen seien und wie die Mönche ihn mit einer Hostie hätten vergiften wollen – und wie sie schließlich dafür verbrannt worden seien. Als der Briefschreiber dem Verleumder widersprochen habe, habe dieser ihn aufgefordert, nur einen einzigen Konvent zu nennen, in dem sich anständige Brü-

---

5) Ulrich von Hutten, Lettres des hommes obscurs S. 216–221 Brief I/22. Zum heiligen Rock von Trier, der zwar seit 1100 im Dom von Trier aufbewahrt worden sein soll, der aber erst 1512 von Kaiser Maximilian I. auf einem Reichstag gehoben und gezeigt wurde, vgl. KÜHNE, Ostensio reliquiarum S. 500–511, und Reinhard SEYBOTH, Politik und religiöse Propaganda. Die Erhebung des Heiligen Rockes durch Kaiser Maximilian I. im Rahmen des Trierer Reichstags 1512, in: „Nit wenig verwunderns" S. 87–108; vgl. auch Anshelm 3 S. 298 f. (1512). – Zum Vergiftungsversuch mit einer Hostie an Kaiser Heinrich VII. vgl. Franck COLLARD, L'empereur et le poison: de la rumeur au mythe. A propos du prétendu empoisonnement d'Henri VII en 1313, in: Médiévales 41 (automne 2001) S. 113–132, und DERS., Jacobita secundus Judas. L'honneur perdu des Prêcheurs après la mort d'Henri VII, in: Religion et mentalités au Moyen Âge. Mélanges en l'honneur d'Hervé Martin (2003) S. 221–234. Die Verteidigung der Dominikaner gegen den Vorwurf, einer der ihren hätte Kaiser Heinrich VII. mit einer Hostie vergiftet, nimmt im *Dialogus apologeticus* des Dominikaners Wigand Wirt (entstanden zwischen 1503 und 1506 [1505], fast den ganzen zweiten Teil (fol. 17v–23v) ein. Dies weil der Pfarrer von Frankfurt, Konrad Hensel, in seinen öffentlichen Angriffen gegen die Dominikaner im Allgemeinen und Wigand Wirt im Besonderen (in den Jahren 1500 und 1501) auch diesen Vorwurf gebraucht hatte (siehe Einl. 3c), vgl. STEITZ, Der Streit über die unbefleckte Empfängniss(!) S. 7 und 10.

der aufhielten, und als der Briefschreiber Frankfurt genannt habe, sei ihm der Verleumder über den Mund gefahren und habe vom Prior Wigand Wirt erzählt, der das Hirn aller Verbrechen (*caput omnium nequitiarum*) sei und der die Häresie von Bern begonnen habe (*incepit illam haeresem in Berna*). Ein weiterer Brief (II/38) erreichte Ortwin Gratius von der Universität Basel, wo, wie überall, die Schweizer Dominikaner in einem schlechten Ruf und in Ungnade standen, und zwar wegen der in den Augen des dominikanischen Briefschreibers unschuldigen Brüder, die in Bern verbrannt worden seien. Ihre Konvente seien im Niedergang begriffen, während diejenigen der Franziskaner blühten. Auf eine Person, die den Dominikanern ein Almosen gäbe, kämen zwanzig, die den Franziskanern und Augustinereremiten spendeten. Es gebe sogar eine Prophezeiung, wonach der Orden der Dominikaner ganz zerstört werden solle. Der Briefschreiber erwähnt Erasmus von Rotterdam, der an der Universität Basel in großem Ansehen stehe und Johannes Reuchlin unterstütze, und ebenso Heinrich Glarean, einen mutigen Mann, der sehr schlecht über den Dominikanerorden spreche und ein Buch über die Verbrechen von Bern schreiben wolle. Es habe keinen Sinn, ihn davon abhalten zu wollen, denn er sei ein schrecklich cholerischer Mann ...[6]

In einem weiteren Brief (II/61) wurde über die Herkunft von Ortwin Gratius gerätselt und dabei unterstellt, dass er der Sohn eines Priesters und einer Prostituierten sei, ihrerseits Schwester des Henkers von Halberstadt, des Meisters Gratius, Schreiber des nächsten Briefs (II/62). Dieser goss Hohn und Spott über seinen gelehrten Neffen aus, der nicht nur in Köln bekannt sei, sondern über Elbe und Rhein hinaus und sogar in Italien und Frankreich. Wenn er durch die Straßen von Köln gehe, zeigten die Leute mit den Fingern auf ihn und rühmten ihn wegen seines Vorgehens gegen Reuchlin – ebenso wie die Leute in Halberstadt mit den Fingern auf seinen Onkel, den Henker, zeigten, der sein Handwerk zu ihrer Zufriedenheit ausübe. Zusammen mit dem Inquisitor Jakob Hochstraten, mit Arnold von Tongern und mit dem konvertierten Juden Johann Pfefferkorn bilde sein Neffe ein berühmtes Quartett, und wenn man sie alle vier zusammen mit ihrer Weisheit irgendwo an einem erhöhten Ort und auf trockenem Holz an einen Pfahl binden würde, würde das ein großes Licht geben, das die ganze Welt erhellen würde, noch heller als seinerzeit dasjenige in Bern. Doch habe

---

6) Ulrich von Hutten, Lettres des hommes obscurs S. 326–331 Brief I/47, S. 526–529 Brief II/38. Zu Erasmus von Rotterdam (1466–1536), in Basel 1514–1516, 1521–1529, 1535–1536, vgl. Peter G. BIETENHOLZ, Art. Erasmus von Rotterdam, in: HLS online (Zugriff 19. Juni 2019), zu Glarean bzw. Heinrich Loriti (1488–1563), in Basel 1514–1529, Hans Ulrich BÄCHTOLD, Art. Glarean, in: HLS online (Zugriff 19. Juni 2019).

er, der Henker, dies natürlich nur im Scherz gesagt ...[7] Der folgende Brief (II/63) ist ganz den Kapuzenträgern, d. h. den Mönchen, gewidmet und kommt auch auf den Franziskaner Thomas Murner zu sprechen, der einmal gepredigt habe, dass Christus ein Mönch gewesen sei. Ein Schüler von Wimpfeling habe es nicht glauben wollen und habe Verse gemacht, in denen er sagte, der neue Franziskus von Bern beweise, wieviel Glauben die Mönche verdienten[8]. In einem weiteren Brief (II, 67) wird die Angst ausgedrückt, dass der Prozess, den Hochstraten gegen Reuchlin in Rom angestrengt habe, ebenso schlecht ausgehen könnte wie der Prozess von Bern. Schließlich wird im letzten Brief (II/70) der „Dunkelmännerbriefe" als fiktiver Druckort Bern angegeben, „wo vier Leuchten von Dominikanern / die ganze Schweiz erleuchtet haben, / bevor Hochstraten Johannes Reuchlin verfolgt hat"[9].

Auf diese Weise nimmt der Jetzerhandel in den „Dunkelmännerbriefen" einen recht großen Platz ein, wahrscheinlich im zweiten noch mehr als im ersten Band, und bildet gewissermaßen den besten Beweis gegen die Dominikaner und das spätmittelalterliche Mönchtum, das durch die Reformation aufgehoben wurde; vielleicht ist es kein Zufall, wenn auf dem Gebiet der heutigen Schweiz bei dieser Gelegenheit alle dominikanischen Männerkonvente verschwanden[10]. Nichtsdestoweniger stellt sich die Frage, wie direkt der Weg vom Jetzerhandel zur Reformation war, zumindest in Bern, wo diese 1528 eingeführt wurde. Für Emil Blösch, der 1881 die erste Biographie Jetzers in der Allgemeinen Deutschen Biographie geschrieben hat, war der Jetzerhandel noch „eine Hauptursache, welche die Bevölkerung von Bern zur Annahme der Reformation geneigt machte"[11]. Georg Rettig, der in den Jahren 1883–1886 „Die Urkunden des Jetzerprozesses" herausgab, ging

---

7) Ulrich von Hutten, Lettres des hommes obscurs S. 616–627 Briefe II/61 u. 62. Zu Arnold von Tongern (um 1470–1540), einem der erbittertsten Feinde Reuchlins, vgl. ebd. S. 685.
8) Ulrich von Hutten, Lettres des hommes obscurs S. 626–637 Brief II/63. Zu Jakob Wimpfeling (1450–1528), einem der wichtigsten deutschen Humanisten, der 1505 die Basler vom 1501 mit der Eidgenossenschaft eingegangenen Bund abzubringen versuchte, vgl. Peter OCHSENBEIN, Art. Wimpfeling, Jakob, in: HLS online (Zugriff 19. Juni 2019).
9) Ulrich von Hutten, Lettres des hommes obscurs S. 654–659 Brief II/67, S. 668–671 Brief II/70, hier S. 671: *Hoc opus est Impressum Berne / Ubi quatuor Predicatorum Lucerne: / Illuminaverunt totam Suitensium regionem / Antequam Hochstrat vexavit Ioannem Capnionem* (Capnion = hellenisierter Name von Reuchlin = Räuchlein = kleiner Rauch).
10) Franz MÜLLER, Art. Dominikaner, in: HLS online (Zugriff 19. Juni 2019).
11) Emil BLÖSCH, Art. Jetzer, Johann, in: Allgemeine Deutsche Biographie 14 (1881), siehe auch Einl. 1a.

noch weiter und meinte, dass bereits in den Jetzerprozessen ein starkes „reformatorisches Bewusstsein" vorhanden gewesen sei, das es den Bernern erlaubt habe, „mit solchem Nachdruck, ungeachtet des hartnäckigen Widerstandes der mächtigen Dominikaner, die exemplarische Bestrafung der greifbaren Uebelthäter zu verfolgen und durchzusetzen"[12]. Hier irrt Rettig allerdings gründlich: es war keineswegs reformatorisches Bewusstsein (zehn Jahre vor Luthers Thesen), das Bern antrieb, sondern vielmehr ein wahrscheinlich unsicheres Selbstbewusstsein, das durch die Dominikaner aufs Äußerste beleidigt worden war (siehe Kap. II/5a, „Kuhliebhaber und Verräter": Die Beleidigung Berns und der Eidgenossen).

Rudolf Steck, der 1904 die Akten der Jetzerprozesse (und das Defensorium) vollständig herausgab und 1902 angekündigt hatte, sah wieder einen direkten Weg vom Jetzerhandel zur Reformation, wenn er schreibt, dass dieser „seine Bedeutung für die Geschichte der Reformation behält" – selbst wenn die Klostervorsteher, wie von Nikolaus Paulus postuliert, unschuldig gewesen sein sollten. Steck kann nicht verleugnen, dass er Professor für Neues Testament an der reformierten Fakultät für Theologie der Universität Bern (1881–1921) war, wenn er fortfährt: „Eben der Eifer und Unwille, die sich gegen das Kloster erhoben und so unwiderstehlich auf Sühne hindrängten, sind Zeugen dafür, dass das Mönchtum in der Stadt Bern den Boden unter den Füßen zu verlieren begann und die Bürgerschaft reif war, die Fesseln der mittelalterlichen Kirche abzuschütteln. Es kam das damals freilich noch nicht zum klaren Bewusstsein, aber ,als die Zeit erfüllet war', diente gerade die Jetzergeschichte dazu, die Anhänglichkeit des Volkes an das päpstliche Wesen zu lockern und der Reformation den Boden zu bereiten". Und 1905 schrieb Steck: „Mir haben die Akten den Eindruck gemacht: es war hohe Zeit, dass die Reformation kam. Dieser dicke Aberglaube auch bei den Gebildetsten, dieses scholastische Streiten um Nichtigkeiten, dieses Kämpfen der beiden Orden [Dominikaner und Franziskaner] miteinander und mit der Weltgeistlichkeit um die Volksgunst, dieses Vertrauen auf die unglaublichsten Mirakel zum Beweis des Glaubens kennzeichnet so recht den Ausgang des Mittelalters. Zwanzig Jahre später finden wir ein neues Bern, in dem es ja auch an Streit um den Glauben nicht fehlt, wo aber doch ganz andere Dinge im Vordergrund stehen, als in dieser düstern Klostergeschichte, die weder den Siegern noch dem Besiegten zur Ehre gereichen."[13]

Bemerkenswerterweise ist es Richard Feller, der zwar alle Schuld auf Jetzer geschoben und diesen arg verleumdet hat (siehe Einl. 1g), der aber als erster gesehen hat, dass der Weg vom Jetzerhandel zur Reformation nicht so

---

12) Urkunden S. 196 (Einleitung).
13) STECK, Der Berner Jetzerprozess S. 86; DERS., Kulturgeschichtliches S. 186.

direkt war, wie seine Vorgänger geglaubt hatten: „Bern verdammte 1509 nur die vier Mönche, nicht den Predigerorden und das Mönchstum überhaupt. Als Manuel [der Maler Niklaus Manuel] zehn Jahre später im Predigerkloster den Totentanz malte, wetteiferten die Ersten der Stadt mit Stiftungen. Der Jetzerhandel weckte nicht das reformierte Gewissen in Bern."[14] Fellers Schüler, Hans von Greyerz, ist da allerdings weniger sicher, gerade weil er den Jetzerhandel in Beziehung zu den Humanisten setzt, von denen die „Dunkelmännerbriefe" stammen, in denen der Jetzerhandel weidlich ausgeschlachtet wird. In diesem Zusammenhang reicht für von Greyerz die Wirkung des Jetzerhandels sogar weit über Bern hinaus: „Mit dem Ereignis des Jetzer-Handels ist in Bern die Grundlage geschaffen worden für den Kampf gegen das Mönchstum. Aber nicht nur Bern wurde dadurch infiziert. Die Kunde von der Verbrennung der vier Mönche wurde durch Wort und Schrift in weite Kreise hinausgetragen und da zum Schlagwort der Reformation wider die Verderbnis in der alten Kirche." Voraussetzung war allerdings, dass „fast allgemein an die Schuld der Mönche geglaubt ward". Von Greyerz weist weiter darauf hin, dass selbst das Defensorium „gar nie dazu kam, im angestrebten Sinn zu wirken, da es gerade von den Gegnern der Mönche ans Licht gezogen und als Beweis ihrer ungeheuren Verworfenheit und Lügenhaftigkeit ausgegeben wurde". Für ihn sind die „Dunkelmännerbriefe" eine „gewaltige Satire auf das verstockte, ungebildete Mönchtum" mit einer „unermesslichen Wirkung nicht nur in den Schichten, die sich für den Reuchlin-Prozess interessierten, sondern auch in allen, die auf Reformation oder Erneuerung in irgend einem Sinne dachten. Damit trug aber der Humanismus zugleich einen Kampf aus, der von der Reformation, die wenige Jahre später Luther brachte, als willkommene Vorarbeit entgegengenommen werden konnte." In diesem Sinn gibt es für von Greyerz durchaus eine Verbindung vom Jetzerhandel zur Reformation, auch in dem Sinn, dass die Dominikaner der letzteren sehr viel mehr Widerstand entgegensetzten als etwa die Franziskaner und sich ihre Einsicht auch nach dem Jetzerhandel durchaus in Grenzen hielt (siehe Epilog 2 und 3)[15].

Für den Autor der 1958 erschienenen „Bernischen Kirchengeschichte", Kurt Guggisberg, war „das Ereignis [der Jetzerhandel] ein bedenkliches Wetterzeichen, das man allerdings nicht richtig zu deuten wusste", denn – und das ist nun interessant – dem Dominikanerorden habe „der Jetzerhandel merkwürdig wenig geschadet". Und Guggisberg weist, ebenso wie vor ihm Feller, auf den Totentanz hin, den der Orden „zehn Jahre später ohne weiteres durch Niklaus Manuel, freilich im Auftrage wohlhabender Bürger,

---

14) FELLER, Geschichte Berns 2 S. 106.
15) VON GREYERZ, Der Jetzerprozess und die Humanisten S. 246 f., 249 f., 264, 287.

an die Mauer seines Kreuzganges [vielmehr Friedhofs] malen lassen konnte". „In den Kämpfen der Reformation" sei „aber dann doch gelegentlich die Erinnerung an diese trübe Angelegenheit wieder" aufgewacht[16]. Dagegen stand für den katholischen Kirchenhistoriker Oskar Vasella fest, dass die „Humanisten und die protestantische Publizistik den Vorfall als Paradigma für die Unhaltbarkeit des Mönchtums und der katholischen Marienverehrung" benutzt hätten[17]. Was meine eigenen Arbeiten betrifft, so habe ich mich in dieser Frage lange nicht entscheiden können: in meiner „Geschichte des Berner Dominikanerkonvents" (1993) habe ich geschrieben, der Jetzerhandel habe „seinen Schatten über die ganze restliche Geschichte des Berner Dominikanerkonvents geworfen, und die langwierigen Verhandlungen (bis in die Mitte der zwanziger Jahre des 16. Jahrhunderts) darüber, wer für die Prozesskosten aufzukommen habe, ob allein die Berner Niederlassung oder auch die in den Augen des Rats mitschuldige Ordensprovinz", hätten „dazu beigetragen, dass die Wunde nie vernarbt" sei. Und: „Trotzdem und trotz der vom Chronisten Valerius Anshelm in seinem Bericht über den Jetzerhandel gezogenen Linien und Schlüssen" habe „von hier kein direkter Weg zur Reformation" geführt. Im Artikel, den ich 1999 für den Dominikanerband der Helvetia Sacra verfasst habe, lautete mein Urteil, der Jetzerhandel habe „die ganze restliche Geschichte des Berner Dominikanerkonvents bis zur Reformation" überschattet, und im Artikel für das Historische Lexikon der Schweiz (2007): „Die Erinnerung an den Jetzerhandel dürfte den Entscheid für die Einführung der Reformation in Bern mitbeeinflusst haben."[18] Heute lautet meine Hypothese, dass der Jetzerhandel tatsächlich seinen Schatten über die ganze restliche Geschichte des Berner Dominikanerkonvents geworfen habe (wie 1993, 1999 u. 2007), und zwar nicht nur wegen der langwierigen Verhandlungen um die Kosten, die indessen nicht bis in die 1520er-Jahre reichten, sondern nur bis 1514 (siehe Epilog 2b), sondern auch wegen des immer wieder aufbrechenden Streits zwischen den Chorherren Heinrich Wölfli und Ludwig Löubli (siehe Epilog 4b), der erstere, obwohl anerkannter Humanist, leichtgläubiger Anhänger der Dominikaner, der andere ein erklärter – wahrscheinlich sogar der erste erklärte – Gegner der Dominikaner und überaus engagierter Glaubensprokurator sowohl im Haupt- als auch im Revisionsprozess. Nichts-

---

16) GUGGISBERG, Bernische Kirchengeschichte S. 40. Ähnlich PFISTER, Kirchengeschichte 1 S. 272: „Dennoch kam das Kloster der Dominikaner nochmals in Gunst. 1519(!) malte Niklaus Manuel den Totentanz im Predigerkonvent; zahlreiche Stiftungen der Bürger sorgten für die Ausführung des Werkes."
17) Oskar VASELLA, Art. Jetzer, Johannes, in: LThK 5 (^{2}1960) S. 968 f.
18) UTZ TREMP, Geschichte S. 141 u. 160; DIES., Art. Bern S. 299, und DIES., Art. Jetzerhandel S. 792.

destoweniger soll auch dem von Feller und Guggisberg monierten interessanten Aufschub im Jahrzehnt zwischen 1510 und 1520 der ihm gebührende Platz eingeräumt werden (siehe Epilog 3). Doch zunächst muss noch Jetzers Schicksal geklärt werden (siehe Epilog 1), den wir seit seiner Verurteilung aus den Augen verloren haben.

1. Jetzers Schicksal

a) Jetzers Verurteilung und seine Flucht aus dem Gefängnis (24. Mai und 25. Juli 1509)

Wie wir gesehen haben, war Jetzer am 24. Mai 1509 auf Lebenszeit aus ganz Deutschland verbannt und außerdem dazu verurteilt worden, während eines Tages mit einer Mitra aus Papier durch die Stadt Bern geführt und während einer Stunde vor der Propstei oder dem Rathaus ausgestellt zu werden (siehe Kap. II/3e). Dies war indessen nur das Urteil des geistlichen Gerichtshofs, das demjenigen des weltlichen Gerichts – des Rats der Stadt Bern – lediglich vorausging, aber nicht mit ihm identisch zu sein brauchte. Zwischen den beiden Urteilen lag die Übergabe an den weltlichen Arm, von der aber in Jetzers Urteil, das in den Akten des Revisionsprozesses überliefert ist, nicht die Rede ist; denn dieser war ja seit dem 5. Januar 1508 (bzw. bereits seit dem 20. November 1507) kein Ordensangehöriger mehr (siehe Kap. I/3d und II/1a, Jetzers fünftes Verhör). Im Fall der Dominikaner stimmte das Urteil des weltlichen mit demjenigen des geistlichen Gerichts überein – Tod auf dem Scheiterhaufen –, wenngleich die Anklagepunkte nicht in beiden Fällen die gleichen waren und gleich bewertet wurden (siehe Kap. II/4). Dagegen scheint das weltliche Gericht sich in Jetzers Fall alle Optionen offen behalten zu haben. Dies geht zunächst aus dem vierten Teil des Defensoriums hervor, wo der den Dominikanern feindlich gesinnte Herausgeber schreibt, dass „Bruder Johann Jetzer, ehemaliger Konverse, noch in öffentlichem Gewahrsam gehalten" werde und dass es welche gebe, „die ihn des Todes für würdig hielten. Andere das Gegenteil. Wiederum andere, dass er auf ewig im Gefängnis gehalten werden solle", doch wollte dies der Herausgeber der „Umsicht derer, die es betrifft, überlassen"[19]. Die Tatsache, dass Jetzer bei der Formulierung dieses Schlusses noch im Gefängnis

---

19) Def. S. 607 Kap. IV/6: *Frater Ioannes Ietçer, quondam conversus, adhuc vinculis custodiae publicae servatur. Sunt qui decernant eundem morte dignum. Alii contrarium. Tertii perpetuis carceribus arcendum. Quod prudentiae quorum interest submittimus.*

saß, erlaubt es, die Herausgabe des Defensoriums auf vor den 25. Juli 1509 zu datieren; denn an diesem Tag gelang ihm, wie wir gleich sehen werden, die Flucht aus dem Gefängnis. Auch der Franziskaner Thomas Murner wusste noch nichts von Jetzers Flucht, als er in seinem Reimgedicht *Von den fier ketzeren* schrieb, dass dieser in einen Käfig eingemauert worden sei, in dem er noch jetzt sitze[20].

Es erstaunt nicht, dass bei Jetzer die Meinungen weit auseinandergingen; denn man weiß auch heute noch nicht richtig, wie man ihn beurteilen soll, wobei auch seine Unschuld nicht ausgeschlossen werden sollte. Das geistliche Gericht lautete auf Verbannung aus ganz Deutschland, eine harte Strafe (siehe Kap. II/3e), das weltliche Gericht schwankte zwischen Tod, dem Gegenteil (Freilassung?) und lebenslänglichem Gefängnis. Etwas weiter bringt uns die Chronik des Valerius Anshelm (3 S. 165f.), der wohl auch Zeitzeuge dieser Diskussionen um Jetzers Urteil war. Dieser sei am Tag, nachdem die Klostervorsteher zum Tod auf dem Scheiterhaufen verurteilt worden seien, seinerseits zum Tod durch das Schwert verurteilt worden: *Und also uf obgemelten tag, nachdem die urtel des fürs [Feuers] uber die våter was gangen, ward angends uber in, iren sun, das schwert erkent.* Dies kann sich sowohl auf den Tag des Urteils über die Dominikaner, den 23. Mai 1509, als auch auf den Tag ihrer Hinrichtung, den 31. Mai, beziehen, die in Anshelms Chronik vorangeht. Wie auch immer: die Meinungen im Rat waren geteilt, die einen waren dafür, dass Jetzer geköpft und die beiden Teile (d. h. wohl Kopf und Leib) in die beiden Feuer zu den Klostervorstehern geworfen werden sollten (was eher dafür sprechen würde, dass die Diskussion um Jetzers Bestrafung *vor* der Hinrichtung der Dominikaner stattgefunden hätte), die andern aber warnten vor einem voreiligen Todesurteil und verwiesen auf das mildere Urteil des geistlichen Gerichts:

Als sich aber da der rat zerteilt, also dass etlich wolten, man sôlte die zwei stuk in die zwei für zůn våtern werfen, etlich aber das nit wolten, do sprach einer: „Wir haben bald geraten, lůt zetöten, kunnends aber nit lebendig machen; man sôlte sinen handel bass besehen, so in doch die bischof nit todswirdig geachtet haben."

Immer laut Anshelm wurde Jetzer darauf im Rat mit einer Mehrheit von einer einzigen Stimme zu vorläufigem(?) Gefängnis verurteilt, ein Urteil, durch welches offenbar auch dasjenige des geistlichen Gerichts aufgehoben

---

20) Murner, Von der fier ketzeren S. 152 f. Kap. 62, Verse 4306–4310: *Den brůder liessents mauren jn / In eine keffig mitten jn, / Beschliessen hart und wol bewaren / Das er so bôßlic nimm môcht faren. / Do sitzt er noch [...].*

wurde: *Und also ward er des tags von der bischofen urtel und ouch vom schwert errettet durch einzigen mund und zů miessigem [müssig, provisorisch?] gericht in die kefien behalten [...].*
Im Gefängnis blieb Jetzer bis zum 25. Juli, als ihm die Flucht gelang, und zwar mit Hilfe seiner Mutter, die ihm in alten Hosen ein Beil, einen Bohrer und Frauenkleider zukommen ließ. Dabei ist nicht ganz auszuschließen, dass man ihn hatte entweichen lassen wollen; zumindest wird die Flucht bei Anshelm (3 S. 166) als ziemlich mühelos und die Hilfe der Mutter als geringfügig dargestellt:

[...] und zů miessigem gericht in die kefien behalten, darin er also bleib ligen unss [bis] uf S. Jacobs tag [25. Juli 1509]; do kam er uss und ward ledig durch kleine hilf siner můter, die, im zůgelassen, hat in alten hosen einen piel [Beil] und năper [Bohrer], item und zům letsten ein diechle [Tüchlein], kittel und rot stifel zůgebracht. Und also, do im des grossweibels jungfrow z'abent bracht, stůnd er unden hinder der tůren, in frowenkleider angeton, mit einem kăntle [Kännchen?] in der hand, liess si hinuf gon, und gieng er haruss, neben herab den Predieren, durch die zwerchgăssle [kleine Gässlein oder Gerberngraben?] zůn Barfůssen, da er angends flissig von weiblen gesůcht wurde. Hat sich da dri tag und ussert der stat in einer schůr bi zweien schwestren acht wochen enthalten, biss er uss einer stat Bern gepiet mocht sicher entrinnen.

Aus dieser Textpassage geht auch hervor, dass Jetzer wohl seit dem Ende des Revisionsprozesses – oder bereits des Hauptprozesses? – wieder im Haus des Großweibels Lienhard Schaller gefangen gehalten wurde, das sich an der Kirch- und Kesslergasse (heutige Münstergasse) oder aber neben dem Rathaus befand, nachdem er für den Hauptprozess ins Stiftsgebäude verlegt worden war (siehe Kap. II/1c). Es war jedenfalls die Magd des Großweibels, die Jetzer das Abendbrot brachte und die sich von ihm übertölpeln ließ, so dass er offenbar nicht einmal das Beil und den Bohrer brauchte. Den Weg, den er einschlug, nachdem er aus dem Haus des Großweibels entronnen war, spricht eher dafür, dass dieses neben dem Rathaus stand, denn wenn es an der Kirch- und Kesslergasse gestanden hätte, wäre der Weg zu den Franziskanern kürzer gewesen und hätte nicht neben den Dominikanern (*nebent den Predieren*) durchgeführt. Auf diesem Weg trug Jetzer Frauenkleider, ein Tüchlein, einen Kittel und rote Stiefel, die ihn wohl vor dem Erkanntwerden schützten, und es liegt eine gewisse Ironie des Schicksals darin, dass ihm im Hauptprozess vom Verteidiger der Dominikaner der Vorwurf gemacht worden war, er habe in Luzern Frauenkleider getragen (siehe Kap. II/2e, Anklageartikel des Verteidigers). Doch die Tatsache, dass er bei seiner

Flucht Frauenkleider getragen hat, gibt dem Verteidiger noch lange nicht Recht und bestätigt auch keine einschlägige Neigung bei Jetzer. Man kann ihm auch keinen Strick daraus drehen, dass er zunächst bei den Franziskanern Zuflucht fand, bis es ihm gelang, zuerst aus der Stadt und dann auch aus dem bernischen Herrschaftsgebiet zu entfliehen, wobei man trotz Anshelms gegenteiliger Beteuerung nicht den Eindruck hat, dass die Weibel ihn überaus fleißig gesucht hätten ... Wir werden später sehen, woher Anshelms diesbezügliche Informationen stammten (siehe Epilog 1b), doch wusste er noch mehr: dass Jetzer danach geheiratet und sich von seinem Handwerk, der Schneiderei, ernährt habe, und dass er im dritten Jahr (nach der Flucht) in der Gemeinen Herrschaft Baden von den Eidgenossen verhaftet und es den Bernern freigestellt wurde, ihn in Baden zu richten oder nach Bern überführen zu lassen. Angeblich um Kosten zu sparen (siehe Epilog 2b), hätten die Berner auf beides verzichtet und lediglich verlangt, dass Jetzer Urfehde schwöre, sowohl ihr Herrschaftsgebiet als auch, wenn möglich, das Gebiet der Eidgenossenschaft zu meiden. Immer laut Anshelm soll Jetzer danach nur mehr „wenige Jahre" gelebt habe, doch erfährt man nicht, wann und wo er gestorben ist. Die Tatsache, dass Bern im Jahr 1512 darauf verzichtete, Jetzer wieder vor ein Gericht zu stellen, verstärkt den Verdacht, dass man ihn 1509 willentlich hatte entkommen lassen[21].

Schließlich noch eine Nachricht zu Jetzer, die sowohl bei Anshelm (3 S. 166) als auch in Murners Reimgedicht überliefert ist: laut Anshelm hätte der Bischof von Città di Castello, Achilles de Grassis, Jetzer gerne mit sich nach Rom genommen; doch sei das Ansehen des Ordens noch zu groß gewesen, als dass dies gestattet worden wäre: *Der bischof von Castel hât in gern mit im hinweg gon Rom gefüert; aber des helgen ordens ansehen was noch so genem [genehm], dass man in niender hin wolt lassen, und doch, wie gehört, lassen mûst.* Laut Murner hätte der Bischof von Città di Castello mit dem mitgeführten Jetzer in Rom bezeugen wollen, *das er das recht / Hett lassen gon im schweytzer landt,* und ihn darauf dem Papst schenken wollen, und hätten die Berner dies abgelehnt, weil sie „den Bruder nicht aus ihren Händen lassen" wollten. Laut dem Luzerner Schilling hätten sie ihn lebenslänglich „einmauern" lassen wollen, damit sie ihn als Zeugen zur Hand hätten, wenn der Dominikanerorden sie in Rom vor Gericht hätte ziehen wollen. Doch auch dies ist nicht sehr glaubwürdig, gerade nachdem wir gesehen haben, wie leicht Jetzer die Flucht gelang. Der Chronist Ludwig Schwink-

---

21) Anshelm 3 S. 166, vgl. auch ZAREMSKA, Les bannis S. 89: „Vu la faiblesse de l'appareil judiciaire, les chances de réussir à s'enfuir sont grandes et le risque d'être pris très réduit"; S. 90: „Il est facile de s'enfuir; les difficultés n'apparaissent qu'au moment au le fugitif souhaite revenir."

hart berichtet ebenfalls von Jetzers Flucht, von seiner erneuten Verhaftung in Baden 1512 und schließlich von seiner Verbannung aus der Eidgenossenschaft[22] – ohne dass man erfahren würde, ob er wirklich außerhalb der Eidgenossenschaft gestorben ist.

b) Jetzers Verhaftung und Freilassung in Baden (1512)

Jetzer war also seit dem 25. Juli 1509 verschwunden und geriet erst rund drei Jahre später wieder ins Visier der Behörden. Auf einer Tagsatzung in Zürich vom 7. Juli 1512 meldete der eidgenössische Vogt von Baden, dass er *den Jetzer, so unser getreue liebe Eydgnoßen von Bern in fenknuß gehept haben und inen ußgebrochen und in des Vogts von Baden fänknuß kommen ist*, verhaftet und verhört habe. Jetzers diesbezügliche Geständnisse waren beigelegt und wurden auf der Tagsatzung verlesen, und diese beschloss, *daß dieselben unser Eidgenossen von Bern den [Jetzer] widerumb zu iren handen nemen und mit im handeln, als ir botten wissen*[23]. Darauf scheint jemand in Bern einen Auszug aus den Akten gemacht zu haben, der heute im gleichen Band aufbewahrt wird wie die Prozessakten selber (StABern, A V 1438, Unnütze Papiere, Kirchliche Angelegenheiten 69). Offenbar sollte der in Baden gefangen gehaltene Jetzer auf diese Artikel hin befragt werden: *Artickel den gefangnen Jetzer zu Baden berürend*. Als erstes gehe aus den Akten hervor, dass Jetzer sich *zů meren malen gerümpt, wie die mutter Gots zů im kommen sye und mit im geredt und viel heimlichkeiten gesagt habe*. Zweitens habe er die Stigmata („Zeichen") in Händen und Füßen gehabt und behauptet, dass die Mutter Gottes ihm diese „eingedrückt" und nachher wieder *abgethan* habe – wo sich doch herausgestellt habe, *daß solich wunden und zeichen im durch salben und artzny von menschen handen hingenommen [hinweggenommen?] sind worden*. Drittens soll Jetzer gesagt haben, dass eine große Plage über die Stadt Bern kommen würde, weil diese die Pensionen *abgethan und demnach wider genommen*, doch sei er dazu durch die hingerichteten Dominikaner instruiert worden. Der vierte Punkt betraf den Eid, den Jetzer den Dominikanern geschworen hatte, sie nicht zu verraten, und der fünfte Punkt gewissermaßen seine Mitwisser- und Mittä-

---

22) Murner, Von den fier ketzeren S. 152 Kap. 62; Luzerner Schilling S. 499 Kap. 429; Schwinkhart, Chronik S. 42 f.

23) Beilagen S. 650 Nr. 48 (1512, Juli 7) = EA III/2 S. 629 f. Nr. 450i (1512, Juli 7, Zürich). – „Einen eignen, allerdings wertvollen Bericht über die Verhandlung wegen der Wiederergreifung Jetzers in Baden im Jahre 1512" (der hier nicht berücksichtigt wird) findet man in den „Annalen" des Berner Chronisten Michael Stettler, vgl. Akten, Einleitung S. XXVI, und Einl. 2b.

terschaft: *wiewol er allen falschen mißhandel, so die hingerichten vier Prediger gebrucht, gewüßt, hat er sich nittdesterminder in irem Gottshus enthalten und allzit zů verstan geben, wie die sachen ufrecht sin sölten.* Der sechste Punkt nimmt eine Behauptung des Defensoriums auf, wonach Jetzer „die Bosheit" der Dominikaner erst „offenbart" habe, nachdem diese ihn beschuldigt hatten, sich an den Kleinodien der Marienstatue vergriffen zu haben. Schließlich wollten die „Herren" von Bern vor allem wissen, wer Jetzer bei seiner Flucht aus dem Gefängnis behilflich gewesen sei[24].

Obwohl der Jetzerhandel in diesen „Artikeln" arg verkürzt erscheint, sind doch wichtige Punkte wie die Erscheinungen der Jungfrau Maria, die Stigmata und die Plage wegen der Pensionen aufgenommen – ein Beweis, wie schwer in Bern gerade dieser letztere Punkt ins Gewicht fiel (siehe Kap. II/5a, Der eidgenössische Pensionenbrief ...). Der Landvogt von Baden konfrontierte Jetzer mit diesen Artikeln, und Jetzer antwortete – so scheint uns – recht ehrlich: er stellte nicht in Abrede, dass er anfänglich wirklich geglaubt habe, dass die Jungfrau Maria ihm erschienen sei, und dass die Dominikaner ihm dies eingeredet hätten. Was die Stigmata betraf, so hätten sie ihm jeden Tag einen Trank verabreicht, so dass er jeweils fünf Stunden von Sinnen gewesen sei, und während dieser Zeit hätten sie ihm diese „Löcher" „eingeätzt". Als er sich geweigert habe, den Trank weiter zu nehmen, seien die „Löcher" innerhalb von drei Tagen „zugewachsen". Was die Plage betraf, die wegen der Pensionen über die Stadt Bern kommen sollte, so brachte Jetzer in seiner Anwort die Erscheinung der Maria samt Engeln auf dem Schwebezug und die blutweinende Marienstatue durcheinander. Er gab auch zu, dass er den Dominikanern einen Eid geleistet habe, aber nachdem *sie ihn mit eysernen Ketten an einen Tisch gebunden und ihn mit glüendem Eysen Löcher in den Bauch gebrennet!* Er hätte gerne die Flucht ergriffen, doch hätten sie *ihn aber in der meisterschafft* gehabt, *so daß er nit entrinnen können*. Was den Diebstahl der Kleinodien betraf, so stellte Jetzer richtig, dass letztlich die Dominikaner ihn selber begangen hätten. Vor allem aber berichtete er auf die letzte Frage (wie er aus dem Gefängnis entkommen sei): dass seine Mutter ihm *ein Beil und Näper in zwey alten Hosen geschickt habe*. Damit sei er aus dem Gefängnis entkommen, ohne dass ihm sonst jemand geholfen habe. Die Franziskaner hätten ihn drei Tage lang beherbergt und ihm dann über die Mauer *außgeholffen*. Darauf sei er unweit von Bern bei zwei Schwestern acht Wochen lang in einer Scheune gelegen, bis ihm die endgültige Flucht gelungen sei[25].

---

24) Beilagen S. 650f. Nr. 49 (undat.; 1512, Juli 7–15 [22?]), vgl. auch Def. S. 594 Kap. III/7.
25) Beilagen S. 651f. Nr. 50 (undat.): Bericht des Landvogts zu Baden an die Stadt

Hier wird klar, dass Anshelm seine diesbezüglichen Informationen aus diesem Bericht des Landvogts von Baden an Bern bezogen hat – er gebraucht ebenfalls den Begriff „Näper" für Bohrer –, doch ist hier von der übertölpelten Magd des Großweibels und den Frauenkleidern nicht die Rede und hat man weniger den Eindruck, dass man Jetzer willentlich aus dem Gefängnis in Bern hätte entkommen lassen wollen als bei Anshelm. Der Bericht des Landvogts von Baden enthält darüber hinaus eine Aufzählung der Dominikaner, die Jetzer übel mitgespielt haben sollen (*so solchen falsch mit ihme gebraucht haben*), angefangen mit dem Provinzial (Peter Sieber), dem Prior von Köln (Servatius Fanckel), Prior Werner von Basel, zwei Doktoren von Polen, Paul (Hug) von Ulm und, *last but not least*, Wigand (Wirt) von Stuttgart – mit Ausnahme des letzteren in etwa das Gefolge, das den Provinzial Mitte Mai 1507 nach Lyon begleitet und in Bern Station gemacht hatte (siehe Kap. II/2e, Die Mitschuld der Oberdeutschen Dominikanerprovinz). Jetzer war ferner der Meinung, dass auch die „Obersten im Orden" eingeweiht gewesen seien; denn die vier hingerichteten Klostervorsteher hätten ihm gesagt, die Sache sei vor zwölf(!) Jahren in einem *gantzen Capitel* beschlossen worden, an dem von allen Konventen je zwei Vertreter teilgenommen hätten, insgesamt mehr als zweihundert, offensichtlich eine Verwechslung des Provinzialkapitels von Wimpfen (1506) mit einem Generalkapitel. Ein erster Versuch sei in Colmar unternommen, aber vom „Schweizerkrieg" unterbrochen worden. Etwas Ähnliches hatte Jetzer bereits in seinem ersten Prozess am 22. Februar 1508 in Bern ausgesagt und im Hauptprozess am 14. Aug 1508 wiederholt, doch damals ohne die Zeitangabe des „Schweizerkriegs". Dieser ist wohl mit dem Schwabenkrieg von 1499 zu identifizieren, der aber den Nachteil hat, dass er vor dem Provinzialkapitel von Wimpfen liegt[26].

Schließlich scheint Jetzer vor dem Landvogt in Baden auch ausgesagt zu haben, dass ihm das Ordenskleid im Haus des Großweibels in Bern durch Prior Werner von Basel abgenommen worden sei, und zwar in Gegenwart des Stadtschreibers (Niklaus Schaller) und von Sebastian vom Stein (als Vertreter des Schultheißen Hans Rudolf von Scharnachtal), was laut dem Defensorium effektiv am 5. Januar 1508 geschehen war. Dabei habe Jetzer von den Dominikanern einen „Brief" bekommen, wonach er noch kein Ordensgelübde abgelegt habe, auch dies eine Nachricht, die durch das Defensorium bestätigt wird: bei der Zeremonie scheint auch ein Notar dabei gewesen zu

---

Bern über die Aussage des gefangenen Jetzers (Original im Staatsarchiv Bern nicht mehr aufzufinden, hier nach Stettler, Annalen, gedruckt 1627, 1 S. 439–441).

26) Beilagen S. 652 Nr. 50 (undat.), vgl. auch Akten I S. 53 Nr. 166 (1508, Feb 22; Jetzer), und II/1 S. 140f. Nr. 394 (1508, Aug 14; Jetzer). Von zwölf Jahren ist auch beim Luzerner Schilling (S. 499 Kap. 429) die Rede.

sein, möglicherweise der Stadtschreiber selber (siehe Kap. I/3d)[27]. Mit diesem „Brief" scheint Jetzer, als er sich verheiraten wollte, an der bischöflichen Kurie in Konstanz einen anderen „Brief" erlangt zu haben, wohl des Inhalts, dass kein Ehehindernis vorliege; daher wohl auch die Information bei Anshelm, dass Jetzer verheiratet gewesen sei, als er 1512 in Baden verhaftet wurde. Immer laut dem Bericht des Landvogts von Baden scheint ein *Meister Johann Ebli, Custos zu Münster im Aergäw*, für Jetzer gebürgt zu haben; dieser ist wohl mit Johann Aebli, Chorherr des Stifts Beromünster seit 1493 († 1531 in der zweiten Schlacht bei Kappel), zu identifizieren[28]. Nachdem man in Bern diesen Bericht gelesen hatte, schrieb man am 15. (22.?) Juli 1512 dem Landvogt von Baden, dass man darauf verzichte, sich Jetzer ausliefern zu lassen, obwohl dieser *so vil mißhandlet, dadurch er billiche straf verdient hätte*. Nichtsdestoweniger verzichtete man in Anbetracht der Kosten, die der Jetzerhandel ohnehin gebracht habe und die noch lange nicht beglichen seien (siehe Epilog 2b), auf eine Auslieferung, aus Sorge, *daß er uns mit sinen gevärlichen, listigen ußflüchten fürer ufhalten und in witern kosten möchte füren*. Der Landvogt solle ihn aber, wenn er ihn aus dem Gefängnis entlasse, eine „gute" Urfehde schwören lassen, das bernische Herrschaftsgebiet inskünftig zu meiden, und wenn möglich auch die gemeinen Herrschaften der Eidgenossen – nicht aber die Eidgenossenschaft schlechthin, wie Anshelm gemeint hat. Dies ist wesentlich realistischer als das Urteil des geistlichen Gerichtshofs vom 24. Mai 1509, wonach Jetzer aus ganz Deutschland verbannt werden sollte, und entsprach auch mehr den Gepflogenheiten der damaligen schweizerischen Städte[29]. Man kann die gewünschte Urfehde als Strafmilderung für Jetzer interpretieren, den man aber in Bern 1512 offensichtlich nicht für unschuldig hielt. Dagegen scheint die Nachricht, dass er nicht mehr lange gelebt habe, von den Zeitgenossen nur bei Anshelm (3 S. 166) überliefert zu sein: *hat hienacher wenig jar gelept, wüsst wol von vilen, grossen und seltsamen wundren zesagen, dass der wunderwürkend Got und sine wunderbaren gericht wol darin zů verwundren und zů erkennen.*

---

27) Beilagen S. 652 f. Nr. 50 (undat.).
28) Beilagen S. 653 Nr. 50 (undat.), vgl. Helene BÜCHLER-MATTMANN, Das Stift Beromünster im Spätmittelalter 1313–1500. Beiträge zur Sozial- und Kulturgeschichte, Diss. phil. Universität Freiburg i. Ue. (1976) S. 267.
29) Beilagen S. 653 Nr. 51 (1512, Juli 15 [22?]), vgl. MARCHAL, „Von der Stadt" S. 236–238, 240 f., 244 f., 250–255. Der Brief von Bern an den Vogt von Baden datiert von *Sant Margrethen tag*, und Steck hat dieses Datum wahrscheinlich irrtümlicherweise mit 15. Juli aufgelöst; in der Diözese Lausanne wurde die hl. Margarete am 22. Juli begangen.

2. Die Kosten der Jetzerprozesse

Der Chronist Valerius Anshelm (3 S. 167) schließt seinen Bericht über den Jetzerhandel mit einem Kapitel über die Kosten der Jetzerprozesse, von denen die Stadt Bern wollte, dass sie nicht nur vom Konvent in Bern allein, sondern von der ganzen Ordensprovinz getragen würden, die daran mitschuldig sei: *Nachdem nun dis wunderlicher, ungehörter handel von einer loblichen stat Bern was zů end und an das ort gebracht, dahin nit geglowt, keinem kůng noch fůrsten muglich wår gewesen, namlich eines in aller Kristenheit so besunder fůrnemen, helgen, geistlichen und gelerten ordens unser wirdigen våter und meister in's für zebringen* – da sei es erst richtig losgegangen: *do erhůb sich erst ein grosser span zwischen einer stat Bern und dem orden, um des grossen kostens willen, uf 8000 gulden reichend, da ein stat Bern vermeint, sitmal der provinz våter ouch des handels schuld triegid, so sölte ir convent nit einig, sunder ouch die provinz gmeinlich, den kosten abtragen.* Und obwohl Bern in seinem Begehren von den Päpsten Julius II. und Leo X. unterstützt worden sei, habe es sich letztlich doch am Besitz des Berner Konvents schadlos halten müssen. Der Franziskaner Thomas Murner spricht in seinem Reimgedicht gleich am Anfang von einer Summe von mehr als 20 000 Gulden, und der Berner Chronist Ludwig Schwinkhart von 18 000 Pfund. Vom letzteren ist auch zu erfahren, dass die Meinungen über das Schicksal des Dominikanerkonvents in Bern weit auseinander gegangen seien: die einen wollten aus diesem ein Spital machen (was dann nach der Reformation auch geschah), die anderen, man solle die Dominikaner vertreiben und einen andern Orden in die Stadt aufnehmen. Oder aber *man sölte jnen monstranzen, kelch, rente und gült nemen.* Die Stadt Bern aber habe sich an die Dominikaner der Berner Niederlassung selber gewandt, und diese seien durchaus willig gewesen und hätten sich wiederum an den ganzen Orden gewandt, der ihnen indessen den Ball zurückgeworfen habe: *hätten sy das angefangen, so solten sy das usmachen.* Der Orden habe auch nicht bezahlen wollen, weil man das als Eingeständnis von Mitschuld hätte verstehen können. Mit dieser „kurzen Antwort" seien die Berner Dominikaner wieder vor den Kleinen und Großen Rat gekommen und hätten mit „weinenden Augen" um Aufschub gebeten, so dass man schließlich übereinkam, dass der Konvent der Stadt jedes Jahr 100 Pfund abbezahlen sollte. Laut Schwinkhart währte der Streit ganze vier Jahre[30], was insofern mit den Fakten übereinstimmt, als er bis 1514 dauerte (siehe Epilog 2b). Doch bevor wir auf die Auseinandersetzung um die Kosten eingehen, wollen wir noch

---

30) Anshelm 3 S. 167; Murner, Von den fier ketzeren S. 3 Verse 12 f.; Schwinkhart, Chronik S. 43 f. Kap. 10.

einen Blick auf die Rechnungen werfen, die zwar überliefert sind, aber noch nicht die ihnen gebührende Aufmerksamkeit gefunden haben. Immerhin hat Steck nachgerechnet und ist auf 15 365 Pfund gekommen, was sich mit den 8000 Gulden (bzw. 16 000 Pfund), von denen Anshelm spricht, in Übereinstimmung bringen lässt[31].

a) Die Rechnungen

Interessanterweise wurde in Bern praktisch von Beginn der Jetzerprozesse an Rechnung geführt – wie wenn man geahnt hätte, dass die Geschichte sich in die Länge ziehen und teuer werden würde. Man begann auch schon früh immer wieder über die auflaufenden Kosten zu jammern, so insbesondere in den Briefen an die Bischöfe von Lausanne und Sitten[32], und wohl auch ein Junktim zwischen den Kosten und der Mitschuld der Oberdeutschen Ordensprovinz zu machen (siehe Kap. II/2e, Die Mitschuld ...). Man jammerte aber nicht nur, sondern man führte auch Rechnung! Die Rechnungen sind sowohl bei Georg Rettig als auch bei Rudolf Steck in ihren Quellensammlungen wiedergegeben[33], allerdings nicht kritisch und auch ohne, dass klar würde, wo diese liegen, nämlich im gleichen Band wie die Abschrift der Prozessakten: StABern, A V 1438, Unnütze Papiere, Kirchliche Angelegenheiten 69, und zwar zwischen den eingegangenen Briefen und den Prozessakten. Sowohl bei Rettig als auch bei Steck werden die Rechnungen nicht im Einzelnen analysiert, wohl aber sind sie mit Nummern versehen:

1) *Des ersten Ludi Belmund und Güder von dem bruder gan Losen zu füren [...]* (Rodel)
2) *Item ist man schuldig dem schafner bis uff Sunendag [...]* (1 ganzes Blatt)

---

31) STECK, Kulturgeschichtliches S. 183. Steck hat sogar eine Umrechnung in die Schweizerfranken von Anfang des 20. Jahrhunderts gewagt und ist auf 184 380 Franken gekommen, „ein ganz gehöriger Aderlass für die damalige Staatskasse". Er scheint die ganzen Rechnungen durchgerechnet zu haben, denn er vermerkt kleine Fehler von 5 Schilling und 6 Pfennig, vgl. Beilagen S. 663 Anm. 2 und S. 664 Anm. 1.
32) Beilagen S. 612 Nr. 8 (1507, Dez 15; Bern an den Bischof von Lausanne), S. 625 Nr. 26 (1508, Juni 21; Bern an den Bischof von Lausanne), S. 626 Nr. 27 (1508, Juni 24; Bern an den Bischof von Sitten), S. 628 Nr. 30 (1508, Sept 7), S. 642 Nr. 39 (1509, Apr 9; Bern an den Bischof von Sitten), S. 642 Nr. 40 (1509, Apr 18; Bern an den Bischof von Sitten).
33) Urkunden S. 335–344; Rechnungen S. 657–664.

3) *Hat min her von Sitten verzert an dem wirt zu der kronen [...]* (Rodel)
4) *Der cost, so von der Prediger sach wägen uffgeloffen unnd durch min hrrn. Seckelmeister usßgeben ist* = eine andere Ausfertigung der Rechnung Nr. 1, mit viel mehr Einzelheiten, aber leider meist ohne Angabe der darauf entfallenden Kosten (Rodel)
5) *Item nach der rechnig hat min her von Lossen verzert 20 lb und 1 fünfer* (ganz kleines Zettelchen)
6) *Item het min her von Sitten gehebt 31 roß, 6 wuchen und 3 tag [...]* (Zettel von der Breite eines Blattes)
7) *Rechnung des costes, so uber die reiß ist gangen gan Rom der Prediger wegen in miner gnedigen herren dienst durch meister Ludwig Löblin [...]* (Heft)
8) *Uf Samstag vor Trinitatis anno 9 so ist mit Niclaus Hasler gerechnet von der Prediger und des bruders zerung wägen [...]* (Doppelblatt)
9) *Uff Donstag, was der 14. tag Brachot im 1509. jar, so hat der buherr Huber und Ludwig Tilyer gerechnet mit dem wirt zu der kronen umb die zerung, so der bischof von Rom verzert hat zu dem nachgenden mal [...]* (Blatt)
10) *Uff Fritag nach Sant Ulrichs tag anno 9 so ist mit Burkart Schützen gerechnet der zerung halb vor und nach in der Prediger sach und hie in sinem hus beschechen [...]* (Blatt)
11) *Zur kronen. Uff Suntag nach Sant Gallen tag anno 9 so ist mit dem wirt zu der kronen gerechnet der zerung halb, so in der Brediger handel an im verzert ist [...]* (Rodel)

Die erste Rechnung[34] enthält das, was man die laufenden Kosten nennen könnte, und zwar von Jetzers Überstellung nach Lausanne Anfang Oktober 1507 bis zu dessen Flucht aus dem Haus des Großweibels am 25. Juli 1509. Da die Rechnung mit recht vielen Daten versehen ist, lassen sich die einzelnen Posten auch zeitlich einordnen. Der zweitletzte Posten beinhaltet sogar Ausgaben, die erst am 7. März 1510 im Zusammenhang mit der Eintreibung der Kosten der Jetzerprozesse gemacht wurden (siehe Epilog 2b). Die beiden ersten Posten betreffen die beiden Weibel, Ludi Belmund und Güder, die Jetzer Anfang Oktober 1507 nach Lausanne führten und Ende Dezember wieder zurückholten und die am 21. Dezember auch in den Akten von Jetzers Prozess in Lausanne erscheinen, unter den freilich entstellten Namen Glaudius Belmont und Ymer Gaidet (siehe Kap. II/1b, Jetzers Reaktion auf die Zeugenaussagen). Ein nächster Posten beinhaltet Jetzers Folte-

---
34) Rechnungen S. 657–659.

Die Kosten der Jetzerprozesse

rung in Bern Anfang Februar 1508, wozu man den Henker und einen Weibel von Solothurn kommen ließ. Es folgen – über die ganze Rechnung verstreut – Ausgaben für die Bewachung der Dominikaner, zunächst durch vier Weibel für 25 Tage (wohl seit dem 6. Februar 1508), dann durch acht Weibel für 143 Tage, die periodisch etwa alle Monate entlöhnt wurden: am 6. April, 6. Mai, 5. Juni, 6. Juli, 5. und 20. August, 21. September, 18. Oktober, 28. November, 22. Dezember 1508; 27. Januar, 1. März, 2. April sowie 5. und nach der Hinrichtung der Dominikaner am 31. Mai 1509 (*biß zuletst*), doch wird nicht gesagt, wo diese bewacht wurden, wohl zunächst im Dominikanerkonvent und dann, seit Beginn des Hauptprozesses, im Stiftsgebäude (siehe Kap. II/2a, Der Beginn des Hauptprozesses). Dagegen erfährt man in Jetzers Fall, dass er zunächst im Haus des Großweibels, dann im Stiftsgebäude und schließlich wohl wieder im Haus des Großweibels bewacht wurde (siehe Kap. II/1c).

Weitere Posten in der ersten Rechnung beinhalten Vorschüsse für die Reise des Chorherrn und künftigen Glaubensprokurators Ludwig Löubli nach Rom im Frühjahr 1508 und für Löublis Kollegen Konrad Wymann für die Reise nach Rom im Herbst 1508; für Löublis Reise existiert zudem eine eigene Rechnung (Nr. 7), wohl von dessen eigener Hand, die bereits ausgewertet worden ist (siehe Kap. II/2a, Die Vorbereitungen ...). Es folgen Ausgaben für die Folterungen der Dominikaner, die seit dem 19. August 1508 stattfanden und für die man wahrscheinlich vom Schneider Lienhard Tremp Röcke für die Dominikaner herstellen ließ. Diese scheinen vom Knecht des Henkers gefoltert worden zu sein, weil sie als Priester nicht vom Henker selber gefoltert werden durften (siehe Kap. II/2e, Vorbereitungen zur Anwendung der Folter). Schließlich, lakonisch, die Ausgaben für ihre Hinrichtung am 31. Mai 1509: 24 Pfund 4 Schilling für Holz und „Richtlohn", und 10 Schilling 8 Pfennig für die Schiffleute, die Holz und Stroh über die Aare führten, wohl auf die Schwellenmatte. Die erste Rechnung schließt mit verschiedenen Ausgaben, die am Ende des Revisionsprozesses anfielen: 12 Schild für den Diener des Bischofs von Rom, d. h. des Bischofs von Città di Castello; 12 Gulden für die Abschrift des Prozesses in St. Gallen (siehe Einl. 2a); 60 Pfund für den Sekretär des Bischofs von Rom, Salvator de Melegottis, der für die Niederschrift des Revisionsprozesses verantwortlich war; 24 Pfund für Hans Wagner, der im Frühjahr 1508 mit Ludwig Löubli nach Rom geritten war, und 20 Sonnenschild für Dr. Peter Grant von Sitten, Beisitzer im Haupt- und im Revisionsprozess, der dem Vorsteher der Oberdeutschen Dominikanerprovinz im März 1510 mit einem für diesen unangenehmen päpstlichen Breve (vom 10. Januar 1510) bis nach Augsburg nachreisen musste (siehe Epilog 2b).

Viele Posten, die sich in der ersten Rechnung finden, lassen sich mit gleichen, meist etwas ausführlicher formulierten Posten in Rechnung 4 identifizieren, so dass man annehmen darf, dass diese eine Vorstufe zur ersten Rechnung war, aber nicht nur zu dieser ersten Rechnung, sondern auch zu den Rechnungen 2 und 3 (allerdings nur wenige Posten). Demnach ist die vierte Rechnung wahrscheinlich die erste Laufrechnung, die überhaupt geführt wurde, bevor man zu einer etwas strafferen Rechnungsführung überging, vielleicht Ende Januar 1509, denn der letzte datierte Eintrag in Rechnung 4 datiert vom 27. Januar dieses Jahres. Der Unterschied zwischen den Rechnungen 1 und 4 lässt sich am besten anhand von einigen Einträgen zeigen. Im Unterschied zu Rechnung 1 hat Rechnung 4 auch einen Titel: *Der cost, so von der Prediger sach wägen uffgeloffen unnd durch min hrrn. Seckelmeister usßgeben ist*[35]. Die ersten Einträge der Rechnungen 1 und 4 stimmen überein, wenn sie auch in Rechnung 1 gestrafft sind:

Rechnung 4	Rechnung 1
Des erstenn Ludwigen Bellmund unnd Güder, alls si den Brůder gan Losann fůrtenn, uff irn gang unnd lon mit der zerung, [...]	*Des ersten Ludi Belmund und Güder von dem bruder gan Losan zu füren, [...]*

Der zweite Eintrag von Rechnung 1 ist eine Konzentration von mehreren Einträgen in Rechnung 4:

Rechnung 4	Rechnung 1
Denne den obbemeldten weÿblenn, den Brůder wider her zůfůren von Losann, [...] *Denne Ludwigen Bellmund unnd Güder, alls si den brůder brachten von Losann, uff das sie vormals empfangen hatten, [...]* *Denne dem brůder für sin zerung unnd ein par schůch, [...] als er von Losann hergefůrt ward*	*Denne inen beiden von dem bruder wider har zu füren, und im für zerung und schuch, [...]*

---

35) Urkunden S. 339 schreibt Rettig über Rechnung vier nur: „4) Es existirt noch eine andere Ausfertigung der Rechnung Nr. 1, mit viel mehr Einzelheiten, aber leider meist ohne Angabe der darauf entfallenden Kosten, so dass sie ziemlich werthlos ist". Steck übernimmt zwar dieses Urteil, gibt aber doch in einer Anmerkung einige wenige Einträge, s. Rechnungen, S. 660 Anm. 1. Wir haben die Rechnung 4 im Original eingesehen.

Es kommt auch vor, dass der Eintrag in Rechnung 4 klarer ist als derjenige in Rechnung 1, so wenn es hier heißt: *Dem nachrichter von Soloturn und Flükinger, dem weybel, von dem bruder zu fragen [foltern] under allen malen*, und erst aus dem entsprechenden Eintrag in Rechnung 4 hervorgeht, dass Flückiger ein Weibel von Solothurn und nicht von Bern war. Bei der Bewachung der Dominikaner hat Rechnung 4 mehr Namen und mehr Einzelheiten, reicht aber nur bis zum 27. Januar 1509, zugleich dem letzten Datum in Rechnung 4 überhaupt, so dass man vermuten darf, dass Rechnung 1 kurz danach begonnen wurde, vielleicht bereits im Hinblick auf die Eintreibung der Kosten nach dem Abschluss des Revisionsprozesses.

Schließlich hat Rechnung 4 noch Einträge, die in keine andere Rechnung übernommen wurden, so für einen gewissen Hans Dietrich, der sich mehrmals zum Bischof von Lausanne nach Lausanne und Genf begab und dort warten musste (insgesamt fünf Einträge), oder für Hans Frisching, der nach Lausanne ritt *umb gichtung des brůders*, was im November 1507 gewesen sein muss, ein Eintrag, der vielleicht nicht in Rechnung 1 überführt wurde, weil die Geldsumme fehlt. Oder aber Ausgaben für einen gewissen Jakob Seiler, der zum Bischof von Lausanne nach Genf geschickt wurde, als das Breve (wohl dasjenige vom 21. Mai 1508) in Bern angekommen war, und von da weiter nach Chambéry, wohl immer auf den Spuren des Bischofs von Lausanne (zwei Einträge). Dann Ausgaben für einen gewissen Mühlhauser, der wegen des (gleichen) Breves zum Bischof von Sitten abgeordnet wurde, und später noch einmal nach Sitten (zwei Einträge). Oder Ausgaben für einen gewissen Benedikt Müller, der nach Lausanne geschickt wurde, um den Prozess zu holen, wohl die Akten des ersten Prozesses, der Jetzer in Lausanne und Bern gemacht worden war, bevor Ludwig Löubli (Ende Februar 1508) nach Rom ritt. Oder Ausgaben für (Huf-)Eisen, die man bei Konrad Schmied hinter dem Kaufhaus kaufte und die wohl für die Pferde der Diener des Bischofs von Lausanne bestimmt waren. Oder Ausgaben für einen gewissen Guldimann, der nach Brugg ging, um Dr. Fricker nach Bern zu rufen, oder nach Sitten, um Briefe dorthin zu bringen, die nach Rom befördert werden mussten. Oder Ausgaben für einen gewissen Welti, der nach Ulm zum Provinzial ging (zwei Einträge). Oder Ausgaben für einen gewissen Norder(?), der sich wohl im Herbst nach Sitten begab, um den Prozess, d. h. wohl die Akten des Hauptprozesses bzw. eine Kopie davon, zu fordern, und der dort warten musste. Oder Ausgaben für einen gewissen Hiltbrand, der zu Pferd nach Basel geschickt wurde, um die Angehörigen der Stadt und der Universität aufzuhalten, die bereits nach Bern aufbrechen wollten, was im Februar 1508 gewesen sein muss. Schließlich Ausgaben für Schlosser, welche die Fuß- und Armeisen schmiedeten, in welche die Dominikaner seit Mitte Februar 1508 gefesselt waren. Alle diese Ausgaben, insbesondere Boten- und Reitlöhne, scheinen von Rechnung 4 nicht mehr in andere Rechnungen übernommen worden zu sein.

Die zweite Rechnung[36] betrifft das Essen, das die gefangenen Dominikaner bis zum 10. September 1508 (Sonntag vor Kreuzerhebung) verzehrt hatten, insgesamt 1060 Mahlzeiten zu 3 Schilling, was eine Summe von 159 Pfund ergab. Dazu kamen 1542 „Morgensuppen", „Abendurten" (Abendtrünke) und Schlummertrünke (zu je 18 Pfennig) für eine Gesamtsumme von 115 Pfund 13 Schilling. Bis zum gleichen Termin bezog Jetzer 316 Mahlzeiten, die insgesamt 47 Pfund 8 Schilling kosteten, sowie 513 „Morgensuppen", „Abendurten" und Schlaftrünke für insgesamt 38 Pfund 9 Schilling 6 Pfennig. Dies bedeutet, dass man für seine Mahlzeiten nicht weniger ausgab als für diejenigen der Dominikaner, nämlich 3 Schilling, und das Gleiche gilt auch für seine zusätzlichen Verpflegungen (18 Pfennig). Jetzer wurde aber bereits länger auf Kosten der Stadt verpflegt als die Dominikaner, nämlich 316 Tage, während es bei den letzteren nur 265 Tage waren. Wenn wir vom 10. September 1508 überschlagsweise zurückrechnen, so bedeutet dies, dass Jetzer schon seit länger als Anfang 1508 von der Stadt verköstigt wurde, und die Dominikaner etwa seit Jahresbeginn. Abgerechnet wurde mit einem „Schaffner", den man vielleicht mit dem Stiftsschaffner Niklaus Hasler identifizieren darf, der in den Jahren 1505–1515 im Amt war[37]. Dies würde bedeuten, dass Jetzer und die Dominikaner bereits vom Stift aus verpflegt wurden, bevor sie am 26. Juli 1508 für den Haupt- und den Revisionsprozess dorthin überführt wurden. In der gleichen Rechnung (Nr. 2) sind aber auch noch zwei Summen – einmal 15 Pfund 1 Schilling und einmal 5 Pfund 12 Schilling – verzeichnet, die erste für die Verpflegung von Mitgliedern des Kleinen und Großen Rats, die offenbar bei der Folterung der Dominikaner anwesend waren (siehe Kap. II/5a, Die Vertretung der Stadt in den Gerichten der Jetzerprozesse), und die zweite Summe für den Knecht des Henkers (den „Hundeschlager"?), der die Folterungen durchführen musste. Dazu kam eine Summe von 125 Pfund für 20 Saum Wein (1 Saum zu 6 Pfund 5 Schilling), den der Schaffner offenbar aus dem Keller des Stiftspropsts Johann Armbruster genommen hatte, der Ende Juli 1508 gestorben war. Wir erinnern uns: das Stiftsgebäude war damals dreigeteilt, in die Propstei, Kustorei und Schaffnerei, wobei die Schaffnerei in der Mitte lag und der Haupt- und der Revisionsprozess in der Propstei stattfanden (siehe Kap. II/2a, Der Beginn des Hauptprozesses). Laut der Abschlussrechnung (Nr. 8) wurde die Summe für den Wein des verstorbenen Stiftspropsts dessen Erben durch den Säckelmeister zurückerstattet.

---

36) Rechnungen S. 659.
37) TREMP-UTZ, Kollegiatstift S. 120, 166, 198, 201.

Die dritte Rechnung[38] betrifft wahrscheinlich die Ausgaben, welche die Bischöfe von Città di Castello und Sitten während des Revisionsprozesses in der „Krone" (an der Gerechtigkeitsgasse) gemacht hatten, deren Wirt damals Bernhard Armbruster, der Bruder des verstorbenen Stiftspropsts, war (siehe Kap. II/3a, Der Beginn des Revisionsprozesses). An erster Stelle spricht die Rechnung vom Bischof von Sitten, der während 23 Tagen mit 34 Pferden und Männern (in dieser Reihenfolge) sowie vier „Trabanten" (Leibwächter, ständige Begleiter) in der „Krone" wohnte, der Tag pro Pferd und Mann zu 1 Pfund, insgesamt 810 Pfund. Dazu wurden offenbar auch Gäste des Bischofs von Sitten verpflegt, Mitglieder der bernischen Räte und Eidgenossen, und ebenso die Knechte und Diener der Berner, die Mahlzeit für 2 Groß, insgesamt 213 Pfund 7 Schilling 8 Pfennig. An zweiter Stelle steht der Bischof von Città di Castello, der während 6 Wochen und 5 Tagen in der „Krone" wohnte, begleitet von 14 Pferd und Mann sowie drei „Trabanten". Auch er hatte Gäste: Mitglieder der bernischen Räte, Eidgenossen, Priester sowie ebenfalls Knechte und Diener der Berner. Wir wissen, dass der Bischof von Città di Castello bereits am 7. April 1509 in Bern eingetroffen war und also einiges länger als der Bischof von Sitten hier weilte, der wohl erst kurz vor Beginn des Revisionsprozesses (am 2. Mai 1509) hier eingetroffen war (siehe Kap. II/3a, Der päpstliche Auftrag ...). Wir wissen außerdem, dass am 14. Mai auch eine Tagsatzung in Bern stattfand, weil die beiden Bischöfe zugleich Werber für ein Bündnis mit dem Papst waren (siehe Kap. II/5a, Der bündnispolitische Hintergrund). Dies erklärt auch die eidgenössischen Gäste der beiden Bischöfe. Ob es allerdings korrekt war, die Ausgaben für diese Gäste auch unter Kosten der Jetzerprozesse (hier immerhin insgesamt 1815 Pfund 16 Schilling 6 Pfennig) zu verbuchen, sei dahingestellt. Einen kleinen(!) Eindruck vom Gefolge der drei Bischöfe im Revisionsprozess gibt die Liste der Zeugen der Verurteilung der vier Dominikaner, die am 23. Mai 1509 um 6 Uhr abends stattfand (siehe Kap. II/3e, Einleitung).

Der Bischof von Lausanne wohnte nicht in der „Krone", sondern im Haus, das die Bischöfe von Lausanne seit der Mitte der 1460er-Jahren in Bern besaßen und das wohl zu Ehren der beiden Bischöfe, Aymo und Sebastian von Montfalcon, der „Falken" hieß (siehe Kap. II/1b, Die Chorherren Johann Dübi und Heinrich Wölfli). Der Bischof von Lausanne scheint auch während des Revisionsprozesses im „Falken" gewohnt zu haben, doch musste die Stadt ebenfalls für sein Essen aufkommen, immer laut Rechnung 3 eine Pauschalsumme von 448 Pfund 6 Schilling für 34 Tage für ihn und sein Gefolge, von dem man keine Einzelheiten erfährt. In dieser Summe war

---

38) Rechnungen S. 659 f.

der Lohn des Wirts, Burkhard Schütz, noch nicht inbegriffen; mit ihm wurde erst am 9. Juli 1509 abgerechnet (Rechnung Nr. 10). Die Rechnung Nr. 5 betrifft ebenfalls den Bischof von Lausanne, doch handelt es sich dabei nur um einen kleinen Zettel mit der Notiz: *Item nach der rechnig hat min her von Lossen verzert 20 lb und 1 fünfer*[39], doch erfährt man nicht, bei welcher Gelegenheit. Die sechste Rechnung[40] betrifft wahrscheinlich die Ausgaben, die der Bischof von Sitten während des Hauptprozesses ebenfalls in der „Krone" gemacht hatte. Damals war er 6 Wochen und 3 Tage hier einquartiert gewesen, zusammen mit 31 Pferd und Mann, der Tag für Pferd und Mann 11 Groß, insgesamt 1364 Pfund. Dazu kamen zwei „Trabanten", deren Tag 10 Schilling 8 Pfennig kostete, insgesamt 51 Pfund 4 Schilling. Der Hofmeister des Bischofs von Sitten scheint mit dem Wirt abgerechnet zu haben und auf 1415 Pfund gekommen zu sein, in etwa das Total der beiden vorher genannten Summen. In der „Krone" waren auch „der Doktor" und „der Rektor" von Basel untergebracht, „der Doktor" während 6 Wochen und 2 Tagen zu zweit und außerdem während 9 Tagen noch mit einem „Knecht" (Summe 54 lb 16 ß), und „der Rektor von Basel" während 19 Tagen zu zweit und zu Pferd (Summe 34 lb 16 ß 9d). Dabei handelte es sich um Johann Mörnach (bzw. um Johann Textoris von Mörnach), Doktor beider Rechte, von Basel, und um den amtierenden Rektor der Universität Basel persönlich, Jakob Wysshar, die beide als Rechtsgelehrte zum Hauptprozess herbeigezogen worden waren (siehe Kap. II/2c).

Die Rechnungen 8–11 sind Schlussabrechnungen mit dem Stiftsschaffner Niklaus Hasler (Nr. 8), mit dem Wirt zur „Krone" (Nr. 9 und 11) sowie mit dem Wirt zum „Falken", Burkhard Schütz (Nr. 10). Am 2. Juni 1508 – also nur kurz nach der Hinrichtung der Dominikaner am 31. Mai 1509 – rechnete man mit Niklaus Hasler ab[41]; seit der letzten Abrechnung, die am 10. September 1508 vorgenommen worden war (Rechnung Nr. 2), hatten die Dominikaner und Jetzer weitere 6892 Mahlzeiten (zu 3 Schilling) verzehrt, was eine Summe von 1033 Pfund 16 Schilling ergab. Dazu kamen 6190 „Morgensuppen, Abendürtinnen und Schlaftrünke" zu 18 Pfennig, was sich auf eine Summe von 464 Pfund 5 Schilling belief. Für Kohlen und andere Ausgaben wurden dem Schaffner 20 Pfund bezahlt, insgesamt 1518 Pfund 1 Schilling. Dazu wurde die Summe der vorhergehenden Rechnung (Nr. 2) addiert und wurden die Summen abgezogen, die der Stiftsschaffner inzwischen von verschiedenen Seiten bekommen hatte und über den 2. Juni 1509 hinaus bekam, doch ist nicht zu erfahren, was die Stadt ihm schließlich

---

39) Rechnungen S. 660.
40) Rechnungen S. 660.
41) Rechnungen S. 662 f.

schuldig blieb. Am gleichen 2. Juni wurde auch mit dem Großweibel (Lienhard Schaller) abgerechnet, der Jetzer und die ihn bewachenden Weibel nicht weniger als 77 Wochen beherbergt hatte; er erhielt pro Tag 8 Schilling und eine Gesamtsumme von 215 Pfund 12 Schilling und seine Frau ein „Trinkgeld" von 5 Pfund. Wenn wir das Jahr zu 52 Wochen rechnen, dann hätte Jetzer praktisch eineinhalb Jahre im Haus des Großweibels verbracht und wäre deshalb wohl auch während des Hauptprozesses nicht im Stiftsgebäude untergebracht gewesen, doch lässt sich hier nicht letzte Gewissheit gewinnen.

Am 14. Juni 1509 wurde mit dem Wirt zur „Krone" abgerechnet (Rechnung Nr. 9)[42], und zwar für einen zweiten Aufenthalt des Bischofs von Città di Castello, von dem wir nicht wissen, wann er stattgefunden hat; es muss aber wohl nach dem 31. Mai 1509 und vor dem 14. Juni 1509 gewesen sein, als der Bischof sich weiterhin in der Eidgenossenschaft aufhielt (siehe Kap. II/5a, Der bündnispolitische Hintergrund). Dieser hatte immer noch 13 Pferd und Mann sowie 3 Trabanten bei sich (beim früheren Aufenthalt waren es 14 Pferd und Mann sowie 3 Trabanten gewesen), und ihr Aufenthalt dauerte 15 Tage, was eine Summe von 205 Pfund ergab. Der Bischof empfing auch wieder Gäste, die nicht weniger als 99 Mahlzeiten verzehrten, was 17 Pfund kostete, und dazu Boten aus Luzern, so dass die ganze Summe sich noch einmal auf 227 Pfund 17 Schilling 4 Pfennig belief, auch dies nicht unbedingt Kosten der Jetzerprozesse ... Am 6. Juli 1509 rechnete man mit Burkhard Schütz, dem Wirt zum „Falken", ab (Rechnung Nr. 10)[43], und zwar über die Essen, die er *vor und nach in der Prediger sach* in seinem Haus serviert hatte, und kam dabei auf 1004 Pfund 4 Schilling 5 Pfennig, wobei man nicht erfährt, ob in dieser Summe diejenige von 448 Pfund 6 Schilling der vorangehenden Rechnung (Nr. 3) inbegriffen war. Von dieser Summe wurde abgezogen, was Schütz bereits erhalten hatte; es blieben 575 Pfund 9 Schilling 5 Pfennig, an die Schütz am Freitag vor Margarethe (20. Juli) 200 und am 19. Oktober 1509 weitere 100 Pfund bezahlt bekam. Am 21. Oktober 1509 rechnete man schließlich auch mit dem Kronenwirt, Bernhard Armbruster, ab (Rechnung Nr. 11)[44], und hier wurden nun die Summen, die während des Hauptprozesses für den Bischof von Sitten sowie Johann Mörnach und Johann Wysshar (Rechnung Nr. 6), und diejenigen, die während des Revisionsprozesses für die Bischöfe von Sitten und Città di Castello aufgelaufen waren (Rechnung Nr. 3), addiert, was eine Gesamt-

---

42) Rechnungen S. 663.
43) Rechnungen S. 663. Burkhard Schütz könnte die Witwe seines Vorgängers, Jakob Kaufmann, geheiratet haben, vgl. HUBER HERNÁNDEZ, Für die Lebenden S. 107.
44) Rechnungen S. 663 f.

summe von 3500 Pfund ergab, in die auf nicht ganz transparente Art auch die Kosten für den zweiten Aufenthalt des Bischofs von Città di Castello eingegangen waren. Davon wurden die Summen, die der Wirt bereits bekommen hatte, abgezogen, doch blieben immer noch 1084 Pfund 6 Pfennig.

b) – und ihre Bezahlung

Die Auseinandersetzung um die Kosten der Jetzerprozesse haben noch einmal eine Menge Quellen hervorgebracht, die in ihrer großen Mehrheit nur in den von Georg Rettig herausgegebenen „Urkunden des Jetzerprozesses" gedruckt sind (gegen Schluss nur mehr recht summarisch); Steck dagegen hat in seine Edition nur diejenigen Stücke aufgenommen, „die für die Auffassung des Prozesses Wichtigkeit haben". Er fasste die Situation folgendermaßen zusammen: „Es beginnen nun die Verhandlungen über die Erstattung der Prozesskosten, die der Rat von Bern auf 5000 Gulden (im Jahre 1524 sogar auf 8000 Gulden) anschlug. Der Rat verlangte, dass die ganze Oberdeutsche Provinz des Predigerordens zu dieser Erstattung angehalten werde, da es unbillig sei, dazu allein die von frommen Vorfahren gestifteten Einkünfte des Berner Klosters in Anspruch zu nehmen und der Orden, nach dem Ausgang des Prozesses, als mitschuldig erscheine. Die Verhandlungen darüber zogen sich sehr in die Länge. Der Papst anerkannte in einem Breve vom 30. Juni 1509 die Begründetheit der Ansprüche Berns, verlangte aber die Sendung eines Beauftragten, als welchen der Rat von Bern im Herbst 1509 den Chorherren Constans Keller nach Rom abordnete. Die Sache verquickte sich mit den politischen Verhältnissen und der Stellung von Hilfstruppen zum Dienst der päpstlichen Politik. Dennoch erwehrte sich der Predigerorden dieser Ansprüche schließlich mit Erfolg, und der Berner Rat musste sich an die Einkünfte des Berner Klosters allein halten, bis dann die Reformation dem Handel ein Ende machte."[45] Man versteht Stecks Entscheidung, die Quellen zu dieser Auseinandersetzung nicht mehr in seinen Quellenband aufzunehmen; aber wir kommen hier nicht darum herum, in der gebotenen Kürze einen Überblick auch darüber zu geben, nicht zuletzt weil dieser Streit das Andenken an den „Misshandel" zumindest bis 1514 (1524) aufrechterhalten und damit seine Bedeutung für die Frage hat, ob ein direkter Weg vom Jetzerhandel zur Reformation führe oder nicht. Vorausgeschickt sei auch, dass „die Sache" nur ganz am Anfang, als es um die Liga von Cambrai ging, „mit den politischen Verhältnissen und der Stellung von Hilfstruppen zum Dienst der päpstlichen Politik" verquickt war; dann ist

---

45) Beilagen S. 644 f.

Die Kosten der Jetzerprozesse   903

davon in den Quellen nicht mehr die Rede, sei es, weil das Bündnis mit dem Papst seit März 1510 Wirklichkeit war, sei es, weil die bündnispolitische Konstellation den Jetzerhandel eben doch nicht beeinflusst hat (siehe Kap. II/5a, Der bündnispolitische Hintergrund).

Bereits am 8. Juni 1509 richtete die Stadt Bern ein Dankesschreiben an Papst Julius II. für seine Hilfe bei der „Sühne dieses schädlichen und verderblichen Verbrechens (*pro expiatione huiusmodi pestifferi et funestissimi sceleris*)", und kam dann gleich zum Punkt, d. h. zu den „großen Kosten, die bei der Verfolgung des Falls mit dem Unterhalt von päpstlichen Boten und Kommissaren" aufgelaufen seien, und ebenso bei der Bewachung der zunächst festgehaltenen und dann verurteilten Dominikaner. Da der Fall nicht nur die Stadt Bern, sondern auch die heilige Römische Kirche und die Verteidigung des christlichen Glaubens betreffe, beschwor sie den Papst, sie dabei zu unterstützen, dass der Dominikanerorden, dessen „höchst verbrecherische Amtsträger sich nicht gescheut hätten, die zum Feuer Verurteilten zu verteidigen und alles zu ihrer Rettung zu unternehmen", ihr „gebührende Genugtuung leiste", so dass „kein Grund zur Klage mehr bleibe". Und dann wieder die alte Drohung: wenn dies nicht geschehe, könne die Stadt Bern ihre Gemeinde nicht von einem Sturm auf das Kloster, wo Häresie und falsche Erscheinungen fabriziert worden seien, abhalten. Der Papst antwortete mit Brief (Breve) vom 30. Juni 1509 und teilte mit, dass er es nur gerecht finde, wenn Bern vom Orden entschädigt werde (*De expensis aequum putamus, ut vobis ab eodem ordine satisfiat*), eine Stelle, die in der Folge immer wieder zitiert wurde. Doch da die Lasten auf die einzelnen Dominikanerkonvente zu verteilen seien, bat der Papst um die Entsendung eines eigenen Boten und ermahnte die Berner, keine Anwendung von Gewalt gegen den Dominikanerkonvent in ihrer Stadt zuzulassen[46].

Mit Brief vom 3. August 1509 an Julius II. weigerte Bern sich zunächst, einen eigenen Boten zu schicken und damit „Kosten auf Kosten zu häufen (*expensas expensis accumulare*)", und drohte einmal mehr mit einem Sturm auf das leicht erreichbare Dominikanerkloster in der Stadt. Der Papst solle den Dominikanerorden nötigenfalls zwingen, die Kosten, mit deren Abtragung man gerade im Herbst 1509 sehr beschäftigt war (siehe oben Rechnungen 8–11), zu übernehmen. Ende August schrieb Bern sowohl an den Bischof von Città di Castello, wieder in Rom, als auch an den Papst und drohte mit Schwierigkeiten für den Dominikanerorden nicht nur in Bern, sondern auch an andern Orten der Eidgenossenschaft[47], doch offensichtlich ohne Erfolg. Am 24. Oktober 1509 versuchte man einmal mehr, den Propst

---

46) Beilagen S. 645 f. Nr. 43, S. 646 f. Nr. 45 (1509, Juni 8 und 30).
47) Urkunden S. 290–294 (1509, Aug 3 und 31).

von Solothurn, Niklaus von Diesbach, der sich weiterhin in Rom aufhielt, einzuschalten, mit Hinweis auf das päpstliche Breve vom 30. Juni 1509 und mit einem möglichen Sturm auf die Dominikanerkonvente in der ganzen Eidgenossenschaft[48]. Nur wenig später scheint ein Brief des Bischofs von Città di Castello in Bern eingetroffen zu sein, datiert vom 26. Oktober 1509, des Inhalts, dass er die Gelegenheit gehabt habe, mit dem Papst zu sprechen, und diesen willig gefunden habe, die Berner in der Sache der Kosten zu unterstützen. Dagegen habe der Kardinal von Neapel und Beschützer des Dominikanerordens (Olivier Carafa), Widerstand angemeldet. Deshalb müsse der Papst auf der Entsendung eines eigenen Boten beharren, damit es nicht so aussehe, als ob er aus eigenem Antrieb (*motu proprio*) oder unter Zwang gehandelt habe[49]. Bern musste nachgeben und den Chorherrn Constans Keller nach Rom schicken.

Von Constans Keller war bisher noch nie die Rede, außer dass er am Tag des hl. Thomas von Aquin (7. März 1507) zusammen mit Valerius Anshelm und Thomas vom Stein bei den Berner Dominikanern eingeladen war, wo über die Empfängnis Marias diskutiert wurde, ohne dass man dabei etwas über Kellers Haltung erfahren hätte (siehe Kap. II/2d, Zeugenaussage Anshelm). Constans Keller stammte aus Schaffhausen und hatte sich im Wintersemester 1479/1480 an der Universität Basel immatrikuliert, an der er 1484 den Grad eines *Magister artium* erwarb. Seit 1490 stand er im Dienst des deutschen Königs Maximilian I., der ihm im Jahr 1498 eine Chorherrenpfründe am Vinzenzstift in Bern verschaffte, die er bis zu seinem Tod 1519 innehielt. In diesen rund zwanzig Jahren amtete er zugleich als geistlicher Diplomat für die Stadt Bern. Weil er dabei seiner Residenzpflicht am Vinzenzstift nur ungenügend nachkam, führte dies zu ständigen Konflikten zwischen dem Rat und dem Stiftskapitel[50]. Bemerkenswert ist, wie rasch der Rat seine Politik nach dem Erhalt des Briefs des Bischofs von Città di Castello (vom 26. Oktober 1509) umstellte: nachdem er den Papst, den Bischof von Città di Castello und Alexander de Gablonetis noch am 3. November 1509 vom Auftrag an den Propst von Solothurn unterrichtet hatte, beschloss er bereits zwei Tage später, am 5. November 1509, einen Empfehlungsbrief für Constans Keller an den Bischof von Sitten, Matthäus Schiner,

---

48) Urkunden S. 294 f. (1509, Okt 24; Instruktion für den Propst von Solothurn), vgl. auch ebd. S. 297 (1509, Okt 29; Bern an den Propst von Solothurn).

49) Urkunden S. 295f (1509, Okt 26; der Bischof von Città di Castello an Bern). Zu Olivier Carafa siehe Kap. II/3a, Briefe aus Rom.

50) TREMP-UTZ, Chorherren S. 68–71, vgl. auch Kathrin UTZ TREMP, Art. Keller, Constans, in: HLS online (Zugriff 27. Juli 2018).

schreiben zu lassen[51]. Dieser datiert vom 10. November 1509, und ebenso ein Brief und eine Instruktion an Constans Keller selber, der sich wahrscheinlich bereits am Hof des Bischofs von Sitten aufhielt, sowie Briefe an den Papst, den Bischof von Città di Castello, wiederum an Alexander de Gablonetis, den Propst von Solothurn und an Kaspar von Silenen, Hauptmann der päpstlichen Garde. Aus dem Brief an Keller geht hervor, dass der Propst von Solothurn, Niklaus von Diesbach, nicht mit dieser Mission beauftragt werden konnte, weil er *für ein inwoner zu Rom geacht möcht werden und desshalb not sin, einen eignen und besundern boten usszuschicken.* Keller wurde instruiert, dem Papst vorzustellen, dass der Jetzerhandel keineswegs nur eine Sache der Berner sei, sondern auch der Ehre der christlichen Kirche und der Bewahrung des heiligen christlichen Glaubens gedient habe. Da die „Gewaltigen" des Dominikanerordens „den Misshandel erdichtet und gefördert" hätten, seien die Herren von Bern der Meinung, dass sie zu „Schmach, Unruhe und Mühe" nicht auch noch die Kosten sollten tragen müssen. Keller solle dem Papst zu wissen tun, dass die Herren von Bern ihre Gemeinde bisher nur mit Mühe hätten davon abhalten können, sich am Dominikanerkloster in der Stadt und in anderen eidgenössischen Orten schadlos zu halten; wenn der Papst ihnen nicht zu Hilfe komme und der Orden nicht angewiesen werde, die Kosten zu übernehmen, dann könnten die Herren für nichts garantieren. Schließlich sollte Keller den Papst auch an sein Breve vom 30. Juni 1509 erinnern, mit dem Zitat: *Putamus etiam, ut vobis ab ordine satisfiat.*[52]

Keller reiste offenbar zusammen mit dem Bischof von Sitten, jedenfalls schrieb er am 23. Dezember 1509 nach Bern, dass er am 12. Dezember zusammen mit diesem in Rom eingetroffen sei; dieser habe ihm rasch Zutritt zum Papst verschafft und auch der Bischof von Città di Castello sei ihm beigestanden. Er fand den Papst willig, doch leisteten die Dominikaner viel Widerstand; sie gingen von Kosten von 1000 Gulden aus, und Keller musste gestehen, dass er gar nicht genau wusste, um wieviel Geld es denn eigentlich ging. Auch wollte er wissen, um wieviel man denn dem Orden entgegenkommen könnte, wenn der Papst *ettwaß meßigung der suma begerte ze thund.* Dann musste er unterbrechen, denn der Postbote wolle aufbrechen, doch hoffte er, seinem Ziel beim Abgang des nächsten Boten bereits näher zu sein[53], jedoch ohne dass ein weiterer Brief von ihm in dieser Sache überliefert wäre. Vom 8. Januar 1510 datiert ein Breve, mit welchem der Papst

---

51) Urkunden S. 298 (1509, Nov 5; Bern an den Bischof von Sitten), vgl. auch ebd. S. 297 f. (1509, Nov 3; Bern an den Papst u. a.).
52) Urkunden S. 298–305 (1509, Nov 10).
53) Urkunden S. 305 f. (1509, Dez 23), vgl. auch BÜCHI, Schiner 1 S. 175.

sich an den Vorsteher der Oberdeutschen Dominikanerprovinz wandte, ohne jedoch dessen Namen zu nennen, und ihn daran erinnerte, dass in den vergangenen Jahren einige Brüder der Dominikanerobservanz des Konvents von Bern es gewagt hätten, viel vom katholischen Glauben Abweichendes zu verkünden, so dass der Schultheiß und die Räte der Stadt Bern, welche die Brüder des Konvents immer in Ehre gehalten hätten, ihn mit Boten und Briefen gebeten hätten, die Urheber dieser Fiktionen und Irrtümer in ihre Schranken zu weisen und die sich entwickelnde Häresie auszurotten. Er, der Papst, sei seiner pastoralen Pflicht nachgekommen und habe die Bischöfe von Lausanne und Sitten – vom Provinzial ist nicht die Rede – mit der Untersuchung betraut. Diese seien zum Schluss gekommen, dass „diese Brüder sich aufs Schwerste verfehlt hätten und der Todesstrafe würdig" seien, doch habe der Papst gewünscht, die Klostervorsteher, die im Gefängnis der Berner festgehalten worden seien, zu befreien, „wenn es sich mit Gott und der Gerechtigkeit vereinbaren ließe", und deshalb den Bischof von Città di Castello, Stellvertreter eines Auditors der Rota, einen integren, gelehrten und umsichtigen Mann, nach Bern geschickt, um zusammen mit den beiden Bischöfen den Prozess einer Revision zu unterziehen. Die Folgen seien für den Orden zwar lästig, aber doch notwendig gewesen. Noch aber seien der Schultheiß und die Räte von Bern für die Kosten, die sie für die Entsendung von vielen Gesandten und Boten gehabt hätten, nicht entschädigt, und er habe sie bis jetzt nur schwer davon abhalten können, gegen die andern Brüder dieses Konvents zu wüten und sich an dessen Gütern schadlos zu halten. Deshalb wählte der Papst von zwei Übeln das kleinere und befahl dem Provinzial bei seiner Gehorsamspflicht gegenüber dem Heiligen Stuhl, Schultheiß, Rat und Gemeinde von Bern innerhalb von drei Monaten in Bezug auf die Kosten zufriedenzustellen oder auf andere Weise mit ihnen übereinzukommen. Andernfalls würde er, der Papst, sie durch die Pröpste von Bern und Interlaken zufriedenstellen lassen, und dies ungeachtet der Privilegien des Dominikanerordens[54].

Vom gleichen 8. Januar 1510 datiert auch ein Breve des Papstes, das an die Pröpste von Bern und Interlaken gerichtet war. Diesen wurde aufgetragen, nach dem Ablauf von drei Monaten dafür zu sorgen, dass Schultheiß und Rat von Bern für ihre Forderungen aus den Gütern des dortigen Dominikanerkonvents (hier *domus S. Jacobi* genannt) entschädigt würden. Gegen allfälligen Widerstand waren kirchliche Strafen zu verhängen und notfalls der weltliche Arm (wiederum Schultheiß und Rat!) anzurufen[55]. Wie wir noch sehen werden, war diese zweite Lösung überhaupt nicht im Sinn des Berner

---

54) Urkunden S. 306–308 (1510, Jan 8).
55) Urkunden S. 308 f. (1510, Jan 8).

Rats, und deshalb versuchte er es zunächst mit der ersten, mit dem Befehl des Papstes an den Provinzial, dem sich aber auch mancherlei Hindernisse entgegenstellten. Der Papst schickte nämlich sein Breve nicht direkt an den Provinzial, sondern nach Bern, und es war Aufgabe der Berner, ihm diesen Befehl zuzustellen und auch durchzusetzen! Und der Provinzial scheint sich gut versteckt zu haben, jedenfalls wandten die Berner sich am 20. Februar 1510 an ihre Kollegen in Basel und baten sie, sich insgeheim zu erkundigen, wo dieser sich aufhalte[56]. Wir wissen nicht, ob die Stadt auf diese Anfrage je eine Antwort bekommen hat, aber am 7. März 1510 wandte sie sich an Peter Groß (Magni), Domherrn von Sitten, der als Beisitzer sowohl am Haupt- als auch am Revisionsprozess teilgenommen hatte, und bat ihn, das Breve dem Provinzial zu überbringen und sich dessen Empfang bestätigen zu lassen, wohl eine ausgesprochen heikle Mission. Die Zeit drängte, denn seit dem Erlass des Breves waren bereits zwei Monate vergangen und der Papst hatte darin eine Frist von drei Monaten gesetzt. Es scheint, dass der Bischof von Sitten die Dienste „seines" Domherrn angeboten hatte, der offenbar ohnehin nach Augsburg reiste. Dieser sollte sich dort bei der Handelsgesellschaft der Welser, die von Bern bereits informiert worden war, nach dem Aufenthaltsort des Provinzials erkundigen, und wenn er diesen in Erfahrung gebracht haben würde, sich zu ihm begeben und ihm das Breve in Anwesenheit eines geschworenen Notars und von genügend Zeugen überreichen. Groß sollte dabei keine Kosten, Mühe und Arbeit scheuen, und man versprach ihm dafür reiche Belohnung[57].

Auf dem päpstlichen Breve vom 8. Januar 1510 findet sich in der Tat eine notarielle Notiz, wonach dieses am 19. März während der Komplet im Konvent der Dominikanerbrüder in Augsburg in der Krankenstube entgegengenommen worden sei[58], und im Staatsarchiv Bern wird ein durch Peter Magni selber ausgestelltes Notariatsinstrument aufbewahrt, wonach er das Breve am 18.(!) März 1510 im Dominikanerkonvent in Augsburg dem Provinzial Lorenz Aufkirchen persönlich übergeben habe, und zwar in einem Stübchen des Klosters und nach(!) der Komplet. Der Provinzial habe das Breve geküsst und es vor dem Notar und Zeugen gelesen; als Zeugen werden genannt der Priester Leonhard Kurzlin von Göppingen (Diözese Konstanz) und der Notar Johann de Petra von Leuk (Diözese Sitten), der letztere offenbar der Begleiter von Peter Magni. Dieser scheint denn auch für seine Dienste belohnt worden zu sein; denn in der ersten Rechnung findet

---

56) Urkunden S. 309 (1510, Feb 20).
57) Urkunden S. 309–311 (1510, Mrz 7).
58) Urkunden S. 308 (1510, Jan 8): *Recepimus in Augusta 19. Martias feria 3a post Iudica infra completorium in conventu fratrum in stuba infirmorum.*

sich, wie wir bereits gesehen haben, eine Ausgabe von 62 Pfund 13 Schilling 4 Pfennig für *doctorn Petern von Wallis für sin arbeit zu Rom und das breve dem provincial zu antwurten*[59]. Nichtsdestoweniger erfuhr man in Bern vor dem 30. März 1510 von Schiner, dass der Provinzial sich nach Rom begeben hatte, und fürchtete bereits, *daß durch in etwa widerwärtigs und dem zu abbruch, so uns in vervolg des costens nachgelassen ist, geworben und gehandlet möchte werden*. Bern gelangte sogleich wieder an den Papst und flehte ihn an, dem Provinzial, der, wie man von Schiner und Constans Keller erfahren habe, in Rom weile, das Breve zur Kenntnis zu bringen und ihn zu dessen Befolgung zu zwingen[60].

Das päpstliche Breve hatte insofern schließlich doch eine Wirkung, als am 18. Mai 1510 – mehr als vier Monate nach seinem Erlass – die nicht namentlich genannten Anwälte des Dominikanerordens in Bern erschienen und „ihren schriftlichen Befehl" vorlegten, wonach die Kosten der Jetzerprozesse aus den Gütern des Berner Konvents abzutragen seien, ein Angebot, das der Berner Rat rundweg abschlug, mit der Forderung, *der orden selle solich costen zalen und nit das gothus hie* – wozu wiederum die Anwälte des Dominikanerordens keine Vollmacht hatten. Am 10. Juni 1510 wandte Bern sich wiederum an Schiner und begründete seine negative Haltung damit, dass ihm nicht zugemutet werden könne, *uns mit dem zu vernügen, so vorhin das unser und von unsern vordern, Got zu lob und den selen zu trost, dargeben ist,* und dies, obwohl das zweite päpstliche Breve (ebenfalls vom 8. Januar 1510), gerichtet an die Pröpste von Bern und Interlaken, genau dies vorsehe. Bern bestand darauf, dass die „Obern und Gewaltigen" des Dominikanerordens *an dem gebruchten mißhandel nit kleine schuld* hätten und dass der Orden deshalb nicht unbeschadet davon kommen solle, und bat Schiner um raschen Rat, denn die Zeit dränge – die Frist von drei Monaten war längst abgelaufen! – und dem Orden sollte kein Vorwand gegeben werden, *verrer ußflücht und inred zu suchen*[61]. Schiner scheint umgehend geantwortet und eine Kopie des Breves verlangt zu haben, um es wiederum an den Papst zu schicken, eine Bitte, die Bern am 17. Juni 1510 erfüllte[62]. Der Bischof von Sitten scheint sich erst vor dem 6. September 1510 wieder gemeldet zu haben, doch ist weder sein Schreiben noch die Antwort der Berner überliefert, und Constans Keller scheint im August 1510 am sog.

---

59) StABern, A V 1370, Unnütze Papiere 17,1 Nr. 15 (1510, Mrz 18), vgl. auch Rechnungen S. 659.
60) Urkunden S. 311 (1510, Mrz 30; Bern an Schiner), S. 312f. (1510, Apr 1; Bern an Papst Julius II.).
61) Urkunden S. 313f. (1510, Mai 18 u. Juni 10).
62) Urkunden S. 313–315 (1510, Mai 18, Juni 10 und 17), vgl. auch Korrespondenzen Schiner 1 S. 95f. Nr. 122 u. 123 (1510, Juni 10 und 17).

Chiasserzug teilgenommen zu haben und Anfang September noch nicht nach Bern zurückgekehrt gewesen zu sein[63]. Ende 1510 wurde er indessen erneut nach Rom geschickt, doch nicht ausschließlich wegen der Kosten des Jetzerhandels, sondern vor allem wegen weiterer Inkorporationen an das Vinzenzstift und mehreren Ablässen; die Kosten der Jetzerprozesse standen lediglich am Ende einer aus acht Punkten bestehenden Supplik (datiert vom 10. November 1510), von denen jedoch im Jahr 1510 keiner realisiert werden konnte, weil der Papst über den Ausgang des Chiasserzugs – die eidgenössischen Verbündeten hatten sich bei Chiasso von den Franzosen aufhalten lassen – verärgert war[64].

Darauf scheint man erst Anfang September 1511 wieder auf die Kosten der Jetzerprozesse und ihre Bezahlung zurückgekommen zu sein; vielleicht war der Anlass dazu die Begnadigung des „damaligen" Lesemeisters der Dominikaner (wahrscheinlich Georg Sellatoris), der bereits wieder über die Erbsünde gepredigt und dabei wohl auch den Jetzerhandel erwähnt hatte, Themen, von denen man in Bern nichts mehr hören wollte (siehe Epilog 3a). Bei dieser Gelegenheit scheint man beschlossen zu haben, dass die *herren, so vormals bi dem handel gewäsen sind, wider zu samen kommen und des costens halb underred und ratschlag söllen tun*; offenbar wollte man ihnen vorschlagen, die Rebberge des Dominikanerkonvents am (Bieler-)See, die man auf 4000 Pfund schätzte, zu beschlagnahmen und dem Konvent für den Rest Fristen zu setzen[65]. Dies bedeutet jedoch nicht, dass man in Bern die Idee, dass der Orden – oder doch die Ordensprovinz – für den Schaden aufkommen müsse, aufgegeben hätte; denn am 15. Dezember 1511 schrieb man an den Provinzial, Lorenz Aufkirchen, dass der Prior und andere (Brüder) des Berner Dominikanerkonvent ihnen vorgeschlagen hätten, von den „Renten und Gülten" des Konvents so viel zu nehmen, *damit si darnebend narung und ufenthalt möchten haben*. Die Stadt lehnte dies ab, und zwar weil die „Renten und Gülten" dazu gar nicht ausreichten, und dann auch, weil ihnen nicht zukomme, *das zů nämen, so vorhin das unser und von uns und unsern vordern dahin ist gäben und verordnet*. Deshalb verlangte Bern vom Provinzial – und nannte dabei erstmals die Zahl von 5000 Gulden –, *den obbemeldten costen, der sich ungevärlich uff die fünf tusent gulden*

---

63) Urkunden S. 315 (1510, Sept 6).

64) TÜRLER, Der Berner Chorherr Constans Keller S. 279–294: Exkurs. Die Sendungen Kellers nach Rom in den Jahren 1510 bis 1512. Vgl. auch TREMP-UTZ, Kollegiatstift S. 62.

65) Urkunden S. 316 (1511, Sept 5), vgl. auch Haller, Bern in seinen Rathsmanualen 1465–1565, 1 S. 194 f. (1511, Sept 5). Die Rebberge in Neuenstadt am Bielersee gehörten wohl zum wertvollsten (und deshalb am meisten verpfändeten) Besitz des Berner Dominikanerkonvents, siehe Kap. II/3c, Der Kaufmann Johann Graswyl.

reicht, über und an sich zů nämen [und] söllichen uß gemeins ordens gůt abzůtragen. Dies mit der Begründung, dass *nit allein die hingerichten, sunder ouch ander, so noch in leben und nit die minsten in irem orden sind, schuldig geachtet mogen werden*, und unter der unverhüllten Drohung, dem Dominikanerorden sonst das Haus Bern wegzunehmen und *in ander händ zu stellen*, und zwar so, dass *dem gotshus nützit entzückt [entzogen] und der gotsdienst ungeschwächt gehalten sol werden*. Bern habe keineswegs die Absicht, *söllichen merklichen costen, so wir unbillicher wis gelitten und empfangen haben, vallen zů lassen oder von unser vordern gestiften selgret und almůsen zů nämen*[66]!

Gleichzeitig wandte Bern sich auch an den Altstadtschreiber Thüring Fricker und teilte ihm mit, dass man mit dem Prior und Konvent des Berner Dominikanerklosters verhandelt und diese willig gefunden habe, *alles das zu tund, so in irem vermogen und inen zu erliden sîe*. Man habe daraufhin die „Gülten und Nutzung" des Gotteshauses angeschaut und gefunden, dass diese nicht genügten, um die Kosten abzutragen, *besunder wo der gotsdienst ungeschwächt bliben und ein zimliche zal der personen enthalten sol werden*. In der Meinung, *dass sölicher cost mit* (wohl: *nit*) *unbillichen durch den orden und uß des ordens gut abgericht sölte werden*, habe Bern an den Provinzial geschrieben und dabei auch mit Drohungen gearbeitet. Da Fricker aber offenbar „vormals" von Vermittlung und „Mittelspersonen" gesprochen habe, wollte man auch diesen Weg verfolgen, und bat ihn, entsprechende Vorschläge zu machen. Nachdem Bern (vor dem 9. Januar 1512) eine Antwort des Provinzials bekommen hatte, die ihm die letzten Illusionen raubte, bat man Fricker noch einmal um Vermittlung, wofür dieser offenbar die Stadt Basel in Aussicht genommen hatte[67]. Fricker antwortete am 2. Februar 1512 aus Brugg: Seine Basler Mittelsmänner hätten dem Provinzial geschrieben und die Antwort erhalten, dass dieser in einen *unverbundnen verhörstag* eingewilligt habe, der in der kommenden Fastenzeit in Basel stattfinden solle. Fricker riet zur Annahme, da seinen Basler Mittelsmännern dadurch die Gelegenheit geboten werde, *den gesandten Predyerherrn zu erscheinen [aufzuzeigen?] irn väler, nit allein der vier hingerichten, sunder ouch der provinz, so ir vordrer provincial und ander irs capitels und ordens diffinitores das alles wohl gewüßt und zu rettung und schirm ir erfundnen und bewärten [nachgewiesenen] ydolatry in uwer edlen stat und ouch zu Rom sich behilflich ingemüscht [eingemischt] und also die sach an sich gezogen haben*. Hier wird klar gesagt, dass man insbesondere den Provinzial

---

66) Beilagen S. 648f. Nr. 46 (1511, Dez 15). Zu Aufkirchen siehe Kap. II/3a, Der Beginn des Revisionsprozesses, Anm. 28.

67) Urkunden S. 318f. (1511, Dez 15, und 1512, Jan 9; Bern an Fricker).

(Peter Sieber) und sein Gefolge für schuldig hielt, nicht nur Mitwisser gewesen zu sein, sondern sich auch für die Rettung der „Idolatrie" in Bern und Rom eingesetzt bzw. „eingemischt" zu haben[68].

Fricker drängte sehr auf Vermittlung; offenbar lag ihm viel daran, zu einem *früntlichen abtrag* zu kommen, von der für ihn – er war damals 83 Jahre alt – nicht nur die Abtragung der Kosten, sondern in gewisser Weise auch die Ruhe der in der Dominikanerkirche in Bern bestatteten Toten abhing: *Gar gnädig hern, dise ding bedorfen guter und vernünftiger beleitung, angesehen den swären kosten, der daran hangt, und daß damit, ob Got wil, ein früntlicher abtrag erarbeit und vil ändrung ouch abgestorbner und läbender, wil die in uwer gnad gotshus der Predyer ruwen und hinfür ruwen megen, gestillet möcht werden.* In Bern sah man die Dinge nüchterner und antwortete Fricker (am 6. Februar 1512), dass man keinen „freundlichen Verhörtag" wolle, solange der Provinzial darauf bestehe, dass die Kosten der Jetzerprozesse allein aus dem Vermögen des Hauses Bern und keineswegs aus dem der Oberdeutschen Provinz oder anderer Konvente bestritten werden solle; wenn es sich so verhalte, dann könne man dies auch in Bern selber erledigen, denn der Prior und die Brüder des Konvents seien willig und die Pröpste von Bern und Interlaken hätten Vollmacht dazu (laut dem zweiten päpstlichen Breve vom 8. Januar 1510). Und am 13. Mai 1512 schrieb Bern an den Provinzial selber und drohte wieder damit, den Dominikanerorden in Bern *von uns zu tund und das gotshus mit andern geistlichen personen, die sich des costens möchten beladen und annämen, zu versehen.* Diese Drohung war weniger aus der Luft gegriffen, als uns heute scheint, hatte Bern doch im Winter 1484/1485 dem Deutschen Orden die Pfarrkirche St. Vinzenz – das Münster – weggenommen und ein weltliches Chorherrenstift daraus gemacht[69].

Am 7. Juli 1512 fand in Zürich jene Tagsatzung statt, auf der bekannt wurde, dass der Vogt der Gemeinen Herrschaft Baden Jetzer, der am 25. Juli 1509 aus dem Gefängnis in Bern entkommen war, verhaftet hatte. Es ist wohl nicht zufällig, dass man nicht nur wissen wollte, wie diesem die Flucht aus dem Gefängnis gelungen war, sondern einmal mehr, welches die Schuldigen gewesen seien, und zwar weit über den Rahmen des Berner Konvents hinaus (siehe Epilog 1b). Dies könnte Bern zusätzlichen Antrieb gegeben haben, am 12. Juli 1512 eine neue Supplikation zu formulieren, mit der man erneut den Chorherrn Constans Keller nach Rom schicken wollte. Diese umfasste wiederum die verschiedensten Anliegen, wobei die ausstehenden

---

68) Urkunden S. 320 f. (1512, Feb 2; Fricker an Bern).
69) Urkunden S. 321–323 (1512, Feb 6 und Mai 13; Bern an Fricker und an Provinzial), vgl. TREMP-UTZ, Kollegiatstift.

Kosten des Jetzerhandels diesmal an erster Stelle standen (an neunter Stelle: ein Ablass für den Wallfahrtsort Oberbüren)[70]. Die Supplikation datiert zwar vom 12. Juli 1512, doch scheint Keller erst im Herbst dieses Jahres aufgebrochen zu sein[71]. Er erreichte, dass Papst Julius II. am 7. Januar 1513 ein Breve an den Vorsteher der Oberdeutschen Dominikanerprovinz richtete, ihn an dasjenige vom 8. Januar 1510 erinnerte und ihm mitteilte, dass er sich über einen Kardinal mit dem Ordensgeneral (wohl Cajetan) ins Einvernehmen gesetzt habe, dass der Provinzial der Stadt Bern noch vor Ostern (27. März) 1513 Genugtuung leisten oder doch zumindest Abgesandte zum Verhandeln nach Bern schicken müsse. Die Schriften sowohl des Papstes als auch des Ordensgenerals scheinen am 16. Februar 1513 im Besitz der Stadt gewesen zu sein, jedenfalls leitete diese an diesem Datum Kopien an den Stadtschreiber von Basel, Johann Gerster (im Amt 1503–1523), weiter und bat ihn, seinerseits jemanden nach Nürnberg zu schicken, der dort den Provinzial ausfindig machen könne[72].

Der Stadtschreiber von Basel scheint diesem Auftrag nachgekommen zu sein, jedenfalls bequemte der Provinzial sich am 11. April 1513 endlich dazu, einen Brief an Bern zu richten, der allerdings nicht eben verheißungsvoll begann, denn dieser glaubte, der Stadt Bern nichts schuldig zu sein, qualifizierte die hingerichteten Klostervorsteher als Opfer und stellte jede Mitschuld in Abrede: *Gnedig hern, uns bedunkt unser conscientz nach, daß wir uwer gnaden von rechts wegen nüt schuldig sin der sach halber berürend unser covent(!) in uwer gnaden statt Bern von wegen der vier armen vor zytten unsers ordens, daselbst by uwer gnaden gericht etc., so wir doch nit tail sin gwest, ouch nüt gehandelt in namen unser provintz.* Neben der Einsicht fehlte auch das Geld; denn die Provinz habe keinen gemeinsamen Fiskus oder Säckel und jeder Konvent lebe von Almosen seiner Stifter und Wohltäter, die keiner weggeben wolle: *Ist auch nit in unserm vermügen, uwer gnaden gelt zu geben, wann wir kein gemain fiscum oder seckel haben, sonder ytlicher convent lebt vom almůssen siner stifter und wollthätern, wölche nit wölten lyden, ir almůssen andern zu schicken.* Es ist nicht auszuschließen, dass dies auch die Antwort eines Provinzialkapitels war, das vorgängig in Mainz stattgefunden hatte. Dann schlug der Provinzial doch versöhnlichere Töne an und bat „Euer Gnaden" demütig, *sie wöllen uns armen*

---

70) Korrespondenzen Schiner 1 S. 173 f. Nr. 219 (1512, Juli 10), vgl. auch TÜRLER, Der Berner Chorherr Constans Keller S. 280 f.
71) Urkunden S. 324 (1512, Aug 25, Sept 18 und 24, Okt 2), vgl. auch TREMP-UTZ, Chorherren S. 69 f.
72) Urkunden S. 325 f. (1513, Jan 7); Beilagen S. 653 f. Nr. 52 (1513, Feb 16). Zu Johann Gerster († 1531) vgl. André ZÜND, Art. Gerster, Johannes, in: HLS online (Zugriff 21. Juni 2019).

gnedigklich bedenken und wyter uns unbekümert lassen der sach halber, in welcher wir uns bits [bis] har doch manichfeltig mit gedult gelitten haben. Er machte weiter darauf aufmerksam, dass es nicht im Interesse der Stadt Bern liege, weiterhin „Schmach und Schaden" auf die Provinz zu werfen, denn diese würden unweigerlich auf das Kloster in Bern zurückfallen: *Mag ouch uwer gnaden Hochwißheit wol ermessen, so von des closters wegen in uwer gnaden statt unser gantz provintz wyter mer schmach und schaden lyden wurde, möcht dem selbigen closter person halb und sunst in mancherlay weg mer schaden dann nützen.*[73]

Ähnlich argumentierte das Generalkapitel des Dominikanerordens, das Mitte Mai 1513 in Genua tagte und das formulierte, dass es nicht angehe, wenn der Ruf einer ganzen Gemeinschaft – gemeint war der Orden – dadurch beschädigt werde, was einem einzelnen Glied zugestoßen sei (*nec est aequum famam innocentium et praesertim communitatis laedi, ut membro uni succuratur*). Deshalb wolle das Generalkapitel nicht, dass der Provinzial und die Väter der Oberdeutschen Provinz es auf sich nähmen, den Herren von Bern die angeblichen(!) Schulden zu bezahlen, die sie aus Anlass jenes unglücklichen Falles verlangten, der in den vergangenen Jahren in Bern geschehen sein sollte; die Sorge, für die Kosten aufzukommen, solle man vielmehr jenen überlassen, die sie angehe[74].

Aber auch Bern gab nicht auf und wandte sich am 11. Juni 1513 – nach dem Tod von Papst Julius II. am 21. Februar 1513 – an den neuen Papst, Leo X. (1513–1521), wahrscheinlich wiederum durch den Chorherrn Constans Keller. Bern rief dem neuen Papst das Breve Papst Julius' II. vom 8. Januar 1510 in Erinnerung und ebenso, dass der Provinzial nicht darauf eingegangen sei. Und da es der Stadt weiterhin „unwürdig" schien, dass das, was sie „aus Ehrerbietung für die heilige Römische Kirche und vor allem zur Ausrottung eines häretischen Glaubens" getan habe, ihr „zu Schaden und Beeinträchtigung" gereichen sollte, flehte sie den Papst an, die Anweisung seines Vorgängers zu erneuern, so dass ihr kein Grund mehr zum Klagen bleibe, und vor allem kein Grund, die Dominikaner aus Bern zu vertreiben und durch andere zu ersetzen, welche für den Rest der Kosten aufkommen

---

73) Beilagen S. 654f. Nr. 53 (1513, Apr 11, Provinzial an Bern).
74) Beilagen S. 655f. Nr. 54 (1513, Mai 15), mit Verweis auf Acta capitulorum generalium ordinis Praedicatorum 4 (1501–1553) S. 109. Hübscher meint, dass es Paul Hug gewesen sei, der den negativen Beschluss des Provinzialkapitels von Mainz auch auf dem Generalkapitel von Genua durchgebracht habe, und zwar gegen den Willen des Ordensgenerals Cajetan, vgl. HÜBSCHER, Deutsche Predigerkongregation S. 29, doch ist nicht auszuschließen, dass Hübscher damit vor allem Cajetan in Schutz nehmen wollte.

könnten[75]. Am 12. Juli 1513 richtete Papst Leo X. denn auch einen Brief (ein Breve) an den Provinzial der Oberdeutschen Dominikanerprovinz, Lorenz Aufkirchen, und beklagte sich bitter darüber, dass dieser sich geweigert habe, dem Breve seines Vorgängers, Julius II., Folge zu leisten. Der Papst sprach von Starrsinn und Renitenz (*obstinatio et renitentia*) und befahl dem Provinzial unter Androhung der Exkommunikation, zusammen mit den Ersten seiner Provinz mit der Stadt Bern eine Übereinkunft zu suchen. Für den Fall, dass dieser in seinem Widerstand beharre, drohte der Papst mit seiner Ungnade, was für seinen Orden und seine Provinz nicht ohne Folgen bleiben werde. Am gleichen Tag (12. Juli 1513) schrieb der Papst auch an Bern und teilte mit, dass auch der Ordensgeneral dem Provinzial schreiben und ihm für die Übereinkunft mit Bern wiederum eine Frist setzen würde, und zwar wiederum Ostern – diesmal wohl Ostern 1514[76]. Mitte August 1513 wandte Bern sich wiederum an Constans Keller, an den Stadtschreiber von Basel und an den Provinzial, am 23. Dezember 1513 wiederum an Constans Keller, und ebenso am 5. Januar 1514[77]. Am 20. Januar 1514 schrieb Bern entnervt an Papst Leo X., dass die Spitze der Provinz trotz der päpstlichen Bemühungen in keiner Weise eingelenkt habe und sogar eher bereit sei, die bernische Niederlassung aufzugeben, als der Stadt die noch ausstehende Summe zu bezahlen (*illos ipsos de ordine potius monasteria relinquere, quam nos de summa restanti contentos facere velle*). Und am 27. April 1514 ließ Bern den Provinzial schließlich wissen, „dass man sich entschlossen habe, vom Berner Kloster jährlich 500 Pfund einzuziehen bis zu völliger Deckung der Kosten", die hier auf noch 10 000 Pfund (ungefähr 5000 Gulden) veranschlagt werden[78]. Anshelm schreibt diesen Beschluss auch dem Einfluss der *hochgeachte[n] und wol gefrŭnte[n] frowen in S. Michels insel* zu, d. h. den Dominikanerinnen in der Insel, die wohl tatsächlich in der stadtbernischen Gesellschaft gut verankert waren. Ebenfalls laut Anshelm hätte die Stadt das Dominikanerkloster für 10 000 Kronen dem Abt von Payerne und Pignerol verkaufen können, der sich mit Jean-Amédée Bonivard identifizieren lässt, seit 1493 Abt von Pignerol, seit 1503 Rat des Herzogs von Savoyen und in den Jahren 1507–1514 Kommendatarabt des Cluniazenserpriorats Payerne, doch lag es wohl kaum im Interesse der Stadt, das Kloster an einen savoyischen Würdenträger zu verkaufen. Anshelms Schluss: *und also belib das kloster und der kosten bi enandren, fun-*

---

75) Urkunden S. 330f. (1513, Juni 11; Bern an Leo X.), vgl. auch ebd. S. 329 (1513, Juni 15 und 24; Bern an Keller).
76) Urkunden S. 331–334 (1513, Juli 12; Leo X. an Provinzial und Bern).
77) Urkunden S. 329 und 334.
78) Urkunden S. 334f. (1514, Jan 20; Bern an Leo X.); StABern, A III 16, Dt. Miss. N, fol. 281r–v (1514, Apr 27).

dend gnad, unnss [bis] die rechte zit kam, da sinds bede recht angelegt und ussgericht worden.[79]

Man ist überrascht, mit welcher Hartnäckigkeit Bern die Eintreibung der Kosten des Jetzerhandels während rund fünf Jahren verfolgte und dabei tatsächlich noch mehr Kosten auf die bereits bestehenden häufte; dies lässt sich wohl nur aus der erlittenen Schmach und Verletzung erklären (siehe Kap. II/5a). Nichtsdestoweniger wagte die Stadt nicht, ihre oft wiederholte Drohung, den Dominikanerorden aus der Stadt zu entfernen und durch einen andern zu ersetzen, in die Tat umzusetzen – in dieser Hinsicht war man noch weit von der Reformation entfernt. Dies könnte indessen auch damit zusammenhängen, dass der Berner Dominikanerkonvent im zweiten Jahrzehnt des 16. Jahrhunderts einen seltsamen Aufschwung erlebte (siehe Epilog 3), den man sich gar nicht erklären kann, wenn man an seine Finanzlage denkt; es ist aber auch nicht auszuschließen, dass diese von der Stadt in besonders düsteren Farben gemalt wurde, damit niemand auf die Idee kam, dass dieser die Kosten für den Jetzerhandel selber tragen könnte. Auf dem Weg vom Jetzerhandel zur Reformation könnte es also so etwas wie einen Aufschub gegeben haben, der bewirkte, dass dieser Weg eben nicht gradlinig war – wie Richard Feller und Kurt Guggisberg gemeint haben (siehe oben, Einleitung). Die beiden sprachen allerdings nur vom Totentanz, den der Maler Niklaus Manuel in den Jahren 1517 bis 1522 an der Friedhofsmauer des Dominikanerklosters anbrachte – aber da waren eben noch viel mehr Aufträge an den gleichen Maler: derjenige der Annenbruderschaft zu einem Annenaltar und derjenige – wohl der Dominikaner selber – zu einem neuen Hauptaltar mit ganz besonderer Ikonographie, die im Übrigen auch nicht von großer Einsicht und Reue spricht.

3. Ein Aufschub?

Zunächst einmal scheinen die Dominikaner des Konvents von Bern stark vom Rat abhängig gewesen zu sein, und dieser überlegte am 26. März 1510, ob man ihnen ihre (Kirchen-)Zierden auf Karfreitag und das Osterfest (28. und 30. März) herausgeben wolle. Diese waren am 10. Januar 1508 inventarisiert, in einen Raum des Dominikanerkonvents eingeschlossen, mit den Siegeln der Konvents und des Rats versiegelt und am 7. September des glei-

---

79) Anshelm 3 S. 167, vgl. auch Germain HAUSMANN, Art. Payerne, in: HS III/2 S. 391–460, hier S. 459f. – Am 22. Februar 1518 scheint der Provinzial Eberhard von Kleve (1515–1529) übrigens in Bern gewesen zu sein, doch offenbar ohne dass sich in der Kostenfrage etwas getan hätte, vgl. HÜBSCHER, Deutsche Predigerkongregation S. 29 und 95f. Beilage 2.

chen Jahres, am Ende des Hauptprozesses, definitiv beschlagnahmt worden, zusammen mit dem Archiv[80]. Im Herbst 1511 scheint der Lesemeister der Dominikaner (Georg Sellatoris?) bereits wieder über die Erbsünde und wohl auch den Jetzerhandel gepredigt zu haben und danach bestraft worden zu sein; jedenfalls wurde am 5. September im Rat beschlossen, ihn zu begnadigen und wieder predigen zu lassen, doch so, *daß er hinfür des artickels der erbsünd witer nit gedenken und desselben handels müssig gan sölle*[81]. Es erstaunt nicht, wenn unter diesen Umständen im Konvent keine Ruhe einkehrte; als der Prior (Johann Ottnant?) im Jahr 1512 auf einem Kapitel (Provinzialkapitel?) weilte, seien *etlich schrifften erdicht und an heimliche orrt gelegt* worden, in der Absicht, diesen gegenüber dem Rat zu verleumden. Der letztere scheint den Schriften zwar keinen Glauben geschenkt, aber den Prior doch nach seiner Rückkehr verhört und danach auch Abgeordnete in den Konvent geschickt zu haben, die in Bezug auf diesen nichts anderes als „Ehre und Lob" hörten – und außerdem viel Erstaunen, *wellich so dürftig syen gewåssen, söllich schmåchlich(en) schrifften zů erdichten und also zůlegen*. Der Rat ließ dem Prior mitteilen, *zů erfarung der gethåtter allen moglichen vliß unnd ernst anzůkeren, die unnd ander, so imm widerwårttig syen, zů straffen,* und ihm, wenn nötig, seine Hilfe anbieten. Der Prior scheint den Täter – der nicht genannt wird – bestraft und nach Böhmen geschickt zu haben, doch seien *noch etlich ander vorhanden, die dem vermeldten hernn prÿor ouch widerwårttig gewåsen*; deshalb wandte der Rat sich am 24. August 1512 an den Provinzial, Lorenz Aufkirchen, und bat ihn, *dieselben, so Ir (= Ůwer Erwůrd) der berůrt herr prÿor wirdt anzöigen, ab unnd hinwåg zůvordern unnd ander an ir statt zůverordnen*[82].

Trotzdem scheint es nach wie vor Leute gegeben zu haben, welche die hingerichteten Dominikaner für unschuldig hielten, und es könnte sich um diese – wie um Savonarola – so etwas wie ein Heiligenkult entwickelt haben, jedenfalls findet sich im Ratsmanual unter dem 18. September 1514 eine Notiz, dass man wegen der Säulen, an denen die Dominikaner verbrannt worden seien, an den Großen Rat gelangen wolle: *An Mh. die burger zu bringen der Sülen halb, daran die Prediger gebrönnt sind*. Etwas mehr ist aus Anshelms Chronik zu erfahren, wo zu lesen ist, dass die Säulen auf der Schwellenmatte *nach unlanger zit, durch erpetne pit des bischofs von Losan, da [...] dannen getan* wurden[83]. Demnach wären die Säulen auf Bitten des Bischofs von Lausanne, immer noch Aymo von Montfalcon, entfernt wor-

---

80) HALLER, Bern in seinen Rathsmanualen 1, S 194 (1510, Mrz 26), vgl. auch Def. S. 590 Kap. III/5; Beilagen S. 628 Nr. 30 (1508, Sept 7); Anshelm 3 S. 149.
81) HALLER, Bern in seinen Rathsmanualen 1 S. 194 f.; Urkunden S. 316.
82) StABern, A III 16, Dt. Miss. N, fol. 40v–41r (1512, Aug 24).
83) HALLER, Bern in seinen Rathsmanualen 1 S. 195, vgl. auch Anshelm 3 S. 165.

Ein Aufschub?

den, doch ist nichts über dessen Beweggründe zu erfahren. Aus Murners Reimgedicht geht hervor, dass die Henker bei der Hinrichtung der vier Dominikaner am 31. Mai 1509 strengen Befehl hatten, die Asche aufzunehmen und in die Aare zu verstreuen, wohl damit niemand sie davon tragen und sich kein Heiligenkult entwickeln könne, wie es seit 1498 in Florenz mit Savonarola geschehen war, und dies obwohl man dessen Asche aus dem gleichen Grund in den Arno gestreut hatte[84]. Die zwei Säulen sind auch im Holzschnitt von der Hinrichtung der Dominikaner sichtbar, die der *Falschen History*, d. h. der deutschen Übersetzung des Defensoriums, beigegeben ist (siehe Kap. I/4, Abb. 14). Auch wenn Murner sich fest davon überzeugt zeigt, dass mit dem Verstreuen der Asche in Bern die nötigen Vorsichtsmaßnahmen getroffen worden seien, um einem allfälligen Kult – und damit auch Unschuldsvermutungen – vorzubeugen, scheint es eben doch nicht ganz so gewesen zu sein, denn sonst hätte man nicht fünf Jahre später – im Jahr 1514 – die Säulen entfernen lassen müssen.

Als Klostervogt amtete nicht mehr Wilhelm von Diesbach, sondern Lienhard Hübschi, langjähriger Säckelmeister der Stadt Bern (1512–1527). Bei den Kosten, die auf den Berner Dominikanerkonvent zukamen, war es durchaus sinnvoll, wenn der Vogt ein ausgewiesener Finanzfachmann war (seit 1516 auch Vogt des Vinzenzstifts). Andererseits war er auch ein Schwager des hingerichteten Subpriors Franz Ueltschi und dürfte als solcher auch Sympathien für die Dominikaner gehabt haben, die er am 12. Januar 1508 vor dem Rat gegen Jetzer in Schutz genommen hatte (siehe Kap. I/3e)[85]. Obwohl die Finanzlage des Berner Dominikanerkonvents angeblich – wie

---

84) Murner, Von den fier ketzeren S. 151 f. Verse 4253–4285: „*Wie man jr esch uffasset / und sye in das wasser schutt. / Die hencker hetten in befelh, / Wann sye verbranten mann und pfel, / So solten sye die eschen nemmen, / Die do kåm von jrem brennen, / Und die bald werffen in die Ar, / Weyt spreiten uß umb hjn und har. / Uß vil ursach was das gethon, / Das ich ytzunder lasse ston. / Man murmlet wol das umendumb, / Das solchs geschäh allein dorumb / Ob man sye heilig wolt erliegen, / Die eschen ettlich dannhjn triegen / Ob auch yemant dörfft solichs iehen, / Das jnen unrecht wer geschehen / Do mit ein gantzen rate schedigen / Und wolten sye für helgen predigen, / Die esch für heyltumb lassen ston, / Als sye vormols auch hand gethon, / Do man im rouch gen himel sandt / Zů Florentz in dem welschen landt / Hieronymus, ein predger hieß, / Den man do selbst verbrennen ließ / Umb seine grosse missethatt / Der bapst ins feür verurteilt hatt. / Von dem sye sagen, das er sey / Allein uß haß und lugnerey / Verbrant schentlich in feüres not / Und sey ein martrer auch vor got / Als sye mit disen hand gethan, / Die sye für martler geben an. / Das mag nun kein bestandt nit han. / Man weiß zů vil in disen sachen. / Sye mügents zů kein helgen machen.* – Zu Savonarolas Asche vgl. WEINSTEIN, Savonarola S. 1 u. 298; zu einem immer wieder unterdrückten Kult um ihn vgl. FINUCANE, Contested Canonizations S. 183 u. 204 f.

85) UTZ TREMP, Geschichte S. 141, vgl. auch TREMP-UTZ, Kollegiatstift S. 132.

in der Auseinandersetzung um die Bezahlung der Kosten der Jetzerprozesse immer wieder betont wurde (siehe Epilog 2b) – angespannt war, versuchte der Konvent doch mit großen Aufträgen an den Maler Niklaus Manuel an die Zeit vor dem Jetzerhandel anzuknüpfen, als der Konvent 1495 von den Berner Nelkenmeistern den Lettner und 1498 das Sommerrefektorium hatte ausmalen lassen (siehe Kap. I/2b). Charlotte Gutscher sieht sogar einen Zusammenhang zwischen der Blüte der 1490er- und derjenigen der 1510er-Jahre, und zwar in der Person von Johann Ottnant, Prior in den Jahren 1480 und 1486 sowie 1497–1498, der zu Beginn des Revisionsprozesses wieder als Prior erscheint (siehe Kap. II/3a, Der Beginn des Revisionsprozesses)[86].

a) Neue Altartafeln für die Berner Dominikanerkirche

In der Zeit von 1514 bis 1518 wurden für die Dominikanerkirche nicht weniger als drei neue Altarwerke geschaffen: ein Johannesaltar möglicherweise für die Johanneskapelle, ein Annenaltar, von dem man nicht weiß, wo er stand (in der Marienkapelle?!), und ein Hauptaltar, der den Patronen der Dominikanerkirche, Peter und Paul, geweiht war. Von ihnen stammten zwei – der Johannesaltar und der Annenaltar – mit Sicherheit vom Maler Niklaus Manuel (Deutsch); die Zuschreibung des Hauptaltars ist heute umstritten, aber für unsere Zwecke ist es nicht wichtig, ob er von Manuel rührt oder nicht[87]. Von Niklaus Manuel stammt jedenfalls der Totentanz, der in den Jahren 1517–1522 an die Friedhofsmauer der Dominikaner gemalt wurde. Von diesen vier Werken wurde wahrscheinlich nur der Hauptaltar von den Dominikanern selber bezahlt, wenn sie nicht auch dafür Gönner gefunden haben. Vom Johannesaltar weiß man nicht, wer ihn finanziert hat; vom Annenaltar kann man annehmen, dass es die Annen-, Lux- und Loyenbruderschaft war (siehe Einl. 3b), und vom Totentanz hat man zumindest bis vor kurzem geglaubt, dass er von denjenigen bezahlt wurde, die sich darauf darstellen ließen. Daraus kann man schließen, dass die Dominikaner noch über nicht wenige Anhänger verfügt haben, denen viel daran gelegen war, „ihren" Konvent zu rehabilitieren[88]. Leider existieren zu all diesen Werken keine schriftlichen Quellen, so dass wir auf Hypothesen angewiesen sind. Es ist vielleicht auch kein Zufall, wenn Anshelm sich – mit einer kleinen Ausnah-

---

86) GUTSCHER-SCHMID, Nelken statt Namen S. 84f.
87) Zu Niklaus Manuel vgl. nur MARTI, Söldner, Bilderstürmer, Totentänzer.
88) Laut HUBER HERNÁNDEZ, Für die Lebenden S. 300f. lässt sich aufgrund der überlieferten Berner Testamente erstaunlicherweise keine „Einbuße der Legate an die Dominikaner als Folge des Jetzerhandels" feststellen, höchstens ein „leichter Rückgang" für die Zeit von 1507 bis 1515.

Ein Aufschub? 919

me (dem Annenaltar) – über alle diese neuen Werke hartnäckig ausschweigt, und man darf vermuten, dass er an der vielleicht auch von der Stadt selber vorangetriebenen Versöhnung nicht teilnehmen mochte und unversöhnlich blieb.

Das erste Werk, das Niklaus Manuel für die Dominikanerkirche geschaffen haben könnte, ist ein Johannesaltar, von dem nur der linke Flügel überliefert ist, mit einem Martyrium der hl. Ursula auf der Außen- und einer Enthauptung Johannes' des Täufers auf der Innenseite[89]. Die Zuschreibung an die Johanneskapelle in der Dominikanerkirche war erst möglich, nachdem man Genaueres über diese Kapelle wusste, und dies tat man erst nach den archäologischen Untersuchungen von 1988–1990, begleitet von einer Auswertung der Akten der Jetzerprozesse im Hinblick auf die topographischen Verhältnisse in Kloster und Kirche zur Zeit des Jetzerhandels. In der Johanneskapelle stand tatsächlich ein Johannesaltar, auf dem auch die Messen für den Jetzer heimsuchenden Geist gelesen wurden. Die Johanneskapelle war für die Laienbrüder – wie Jetzer – bestimmt, und sie hat sich aufgrund der Jetzerprozessakten auf der Ostseite des Lettners und auf der Nordseite des Chors situieren lassen, als eigentliches Gegenstück zur Marienkapelle (mit der blutweinenden Marienstatue) auf der Südseite (siehe Kap. II/2b, Die Verschwörung der Klostervorsteher in der Marienkapelle, Abb. 15)[90]. Wenn dieser neue Johannesalter wirklich für die gleichnamige Kapelle in der Dominikanerkirche bestimmt war, dann könnte er einen gleichen Altar ersetzt haben, der erst im letzten Jahrzehnt des 15. Jahrhunderts von einem Nelkenmeister (Johann Schweizer, als Zeuge vorgesehen im Hauptprozess, aber nicht zu Wort gekommen, siehe Kap. II/2d, Einleitung) gemalt worden war; doch ist der Bestimmungsort in beiden Fällen nur hypothetisch und ist wenig wahrscheinlich, dass ein praktisch neuer Altar so rasch ersetzt worden sein würde, auch wenn er mit seinem spätgotischen Stil um 1515 schon überholt gewesen sein sollte[91].

Nach dem stilistischen Befund muss der Johannesaltar vor dem Annenaltar entstanden sein, von dem eine Tafel – „Der hl. Eligius in der Werkstatt eines Goldschmieds" – mit der Jahrzahl „1515" versehen ist. Vom Annenaltar sind vier ganze Tafeln enthalten, nicht aber der Mittelteil, die Predella und das Gesprenge. Im letzteren vermutet Hans Christoph von Tavel eine Madonna im Strahlenkranz auf der Mondsichel als apokalyptisches Weib, und im Mittelschrein eine hölzerne Skulptur der hl. Anna, möglicherweise umgeben von anderen Figuren (Anna Selbdritt?, Heilige Sippe?). Die über-

---

89) www.niklaus-manuel.ch, Kat. 2.01 und 2.02.
90) Utz Tremp, Geschichte S. 152–154.
91) Gutscher-Schmid, Nelken statt Namen S. 69–81.

lieferten Tafeln gelten auf der Außen- oder Werktagseite (Altar in geschlossenem Zustand) dem hl. Eligius in der Werkstatt eines Goldschmieds und dem hl. Lukas, der eine Madonna malt (www.niklaus-manuel.ch, Kat. 3.01 und 3.03), und auf der Innen- oder Festtagsseite (Altar in geöffnetem Zustand) der Begegnung von Joachim und Anna an der Goldenen Pforte und der Geburt Marias (Kat. 3.02 und 3.04)[92] – im Grund eine perfekte Illustration des Programms der Annen-, Lux- und Loyenbruderschaft. Es kann kein Zweifel daran bestehen, dass der Annenaltar von dieser Bruderschaft gestiftet worden ist, deren Mitglieder (u. a. der Chorherr Thomas vom Stein, Venner Kaspar Wyler, der Apotheker Niklaus Alber und der Goldschmied Martin Franke, alle Zeugen im Haupt- und/oder im Revisionsprozess) möglicherweise weiterhin zu den Dominikanern hielten; ja, man könnte sich sogar vorstellen, dass auch Niklaus Manuel selber Mitglied dieser Bruderschaft gewesen wäre und damit von seinen „Mitbrüdern" einen großen Auftrag bekommen hätte. Wir erinnern uns, dass die Statue in der Marienkapelle am Tag der Translation des hl. Eligius (bzw. in der Nacht zuvor) blutige Tränen zu vergießen begann (siehe Kap. II/2b, Die blutweinende Marienstatue), und das war bestimmt kein Zufall, sondern Berechnung durch die Klostervorsteher. Hans Christoph von Tavel stellt denn auch einen Bezug zum Jetzerhandel her, wenn er unterstellt (aber ohne wirklich deutlich zu werden), dass nach dem Jetzerhandel die Pietà aus der Marienkapelle hätte entfernt werden müssen und hier der Annenaltar aufgestellt worden sei (wie Anm. 92).

Hier interessiert vor allem die Darstellung der Begegnung von Joachim und Anna an der Goldenen Pforte (Kat. 3.02), denn von ihr ist im Jetzerhandel mehrmals die Rede. Im Defensorium interpretiert Maria eine der beiden von ihr mitgebrachten Reliquien, nämlich das Kreuz mit drei Tropfen aus dem Blut Christi auf dessen Windel als Zeichen für „die Wahrheit und Gerechtigkeit ihrer Empfängnis in der Erbsünde", mit der sie sich bei ihrer Mutter Anna angesteckt habe, und diese sich wiederum bei ihren Eltern. Die drei Tränentropfen bedeuteten, dass Maria drei Stunden (nach der Empfängnis) in der Erbsünde geblieben sei; darauf sei sie von ihrem Sohn Jesus Christus geheiligt worden. Und noch mehr: die Erbsünde war praktisch Voraussetzung für das ewige Heil, denn kein Mensch könne das Himmelreich betreten, wenn er sich nicht mit der Erbsünde angesteckt habe – außer ihr Sohn Jesus Christus! In seinem ersten Prozess (in Lausanne und

---

92) www.niklaus-manuel.ch, Kat. 3.01–3.04. Zur Legende, wonach der Evangelist Lukas im Auftrag der Apostel die Jungfrau Maria gemalt hätte, vgl. SCHREINER, Maria, Jungfrau S. 257–259. – Wir verzichten darauf, die farbigen Abbildungen hier wiederzugeben, da sie auf www.niklaus-manuel.ch (Katalog des gemalten Werks) bequem einsehbar sind.

Ein Aufschub?

Bern) kam Jetzer am 20. November 1507 direkt auf die Szene an der Goldenen Pforte zu sprechen, doch brachte er wohl einiges durcheinander, wenn er sagte, dass Maria ihm gesagt habe, dass ihre Mutter Anna sie nicht direkt beim Kuss unter der Goldenen Pforte empfangen habe, sondern erst drei Stunden später, und während dieser drei Stunden sei Anna selber gereinigt worden, damit sie (ihre Tochter) nicht in der Erbsünde empfange. Im Hauptprozess wurde Jetzer (am 31. Juli 1508) gefragt, ob er die Jungfrau Maria gefragt habe, was die Erbsünde sei, eine Frage, die er bejahte. Maria habe ihm geantwortet, dass wegen Adams Ungehorsam gegenüber Gott alle mit dieser angesteckt seien und dass auch sie davon nicht ausgenommen sei, auch wenn sie sich die Erbsünde nicht von Adam zugezogen habe, sondern von ihrer Mutter Anna und von ihren Eltern überhaupt. Sie habe auch gesagt, dass die Franziskaner sich irrten, wenn sie glaubten, sie sei beim Kuss unter der Goldenen Pforte beim Zusammentreffen ihres Vaters und ihrer Mutter empfangen worden; dies sei nicht wahr, sie sei vielmehr beim Beischlaf ihrer Eltern empfangen worden, wie alle anderen auch. Damit war den Dominikanern das Kunststück gelungen, den Franziskanern die Auffassung, dass Maria beim Kuss ihrer Eltern unter der Goldenen Pforte empfangen worden sei, zu unterschieben, die vor allem eine volkstümliche und allenfalls literarische, aber nicht franziskanische Auffassung war (siehe Einl. 3a)[93].

Vor diesem Hintergrund wäre es interessant zu wissen, ob die Empfängnis Marias bei der Begegnung von Anna und Joachim an der Goldenen Pforte, wie sie auf einer Tafel des 1515 für die Dominikanerkirche geschaffenen Annenaltars dargestellt ist, makulistisch oder immakulistisch konnotiert ist. Oder mit anderen Worten: ob die Dominikaner auch nach dem unglücklichen Ausgang des Jetzerhandels an der befleckten Empfängnis festgehalten bzw. ob sie es gewagt haben, ihre Meinung von dieser, an der sie wohl festgehalten haben (die Predigt des neuen Lesemeisters im Herbst 1511!), auf einer Altartafel weiterhin zu propagieren. Denn das ikonographische Konzept des Annenaltars ist wohl nicht die Leistung des Malers Niklaus Manuel, wie Hans Christoph von Tavel meint, wenn er von einer „hervorragenden intellektuellen Leistung Manuels" spricht (wie Anm. 92), sondern

---

[93] Def. S. 559 Kap. I/15; Akten I S. 29 Nr. 105 (1507, Nov 30; Jetzer); II/1 S. 91 Nr. 141 f. (1508, Juli 31, 14 Uhr; Jetzer). Vgl. auch DÖRFLER-DIERKEN, Verehrung der heiligen Anna S. 49–51; BŒSPFLUG/BAYLE, Sainte Anne S. 48: „[...] le célèbre prédicateur de la cathédrale de Strasbourg, Jean Geiler von Kaysersberg (1445–1510), la [= conception hors norme] dénonce sans ménagement aucun dans un de ses *Quatre beaux sermons de Notre Dame: Notre-Dame fut conçue humainement. Certainement pas par un baiser, comme le soutiennent les imbéciles, mais comme font ensemble un homme et une femme, comme toi et moi.*"

stammt vielmehr von den Dominikanern (Johann Ottnant?) selber. Laut der Germanistin Réjane Gay-Canton, die sich in einem Artikel eigens mit der Begegnung an der Goldenen Pforte befasst hat, führen Lexikonartikel (zu Lemmata wie Anna, Unbefleckte Empfängnis, Begegnung an der Goldenen Pforte, Maria), die einen direkten Zusammenhang zwischen dem Kuss unter der Goldenen Pforte und der unbefleckten Empfängnis herstellten, in die Irre, insbesondere wenn noch ein Engel über Anna und Joachim schwebt. Die Begegnung könne wohl ein symbolischer Akt für die Empfängnis, müsse aber nicht unbedingt auch ein Ausdruck für eine unbefleckte Empfängnis sein (Jean Wirth)[94].

Réjane Gay-Canton hat verschiedene Manuskripte des *Marienlebens* des Bruders Philipp, eines Kartäusers, aus dem letzten Viertel des 14. Jahrhunderts untersucht, ein Text, der später in die *Weltchronik* des Heinrich von München und in die *Historienbibel* eingegangen und dort illustriert worden ist. Während der Autor des Marienlebens eine klar makulistische Position vertritt, unterliegt dieser Befund beim Eintritt in die Bilderwelt gewissen Veränderungen. In der Mehrzahl der Übernahmen des Marienlebens des Bruders Philipp in die *Weltchronik* des Heinrich von München oder in die *Historienbibel* wird die makulistische Vision des ursprünglichen Autors beibehalten (oder sogar noch radikalisiert). Dagegen wird in einer Gruppe der Handschriften der *Weltchronik* eine Überschrift eingeführt, die einen Zusammenhang zwischen dem Kuss unter der Goldenen Pforte und der Empfängnis Marias herstellt: *Hie sante got einen engel zü Ioachim in die wuosten, das er in solt trösten und jm sagen, das er solt ein kint gewinnen von einem kuoß, und solte heissen Maria [...]*. Auch das dazugehörende Bild suggeriert einen Zusammenhang zwischen Begegnung und Empfängnis, auch wenn Joachim und Anna sich nur umarmen, aber gar nicht küssen. Die Überschrift zum Bild lautet: *Wie frouwe Anna zü Jherusalem fuor Also sy der engel geheissen hett und ir ir lieber man Joachim begegnete under der guldin portem mit sime vihe und er sy umbe ving und sy eins kindes von jme swanger wartt*. Eine der Handschriften wird noch deutlicher: *[...] und er umb ving sie unde si wardt von jm aines chindes swanger von dem chuß.* Auf diese Weise geriet das Bild – oder vielmehr die Überschrift des Bildes – in Widerspruch zum ursprünglichen Text. Während einige Kopisten diesen Widerspruch bemerkt und den Kuss in der Überschrift wieder weggelassen haben, bauten andere (eine Sankt-Galler und eine Solothurner Handschrift)

---

94) GAY-CANTON, La Rencontre, vgl. auch DIES., Entre dévotion, insbes. S. 226, und Jean WIRTH, L'image à la fin du Moyen Âge (2011) S. 176–183. Zur Begegnung unter der Goldenen Pforte, die der Heimsuchung Marias (Begegnung der beiden schwangeren Frauen Maria und Elisabeth) nachgebildet ist, vgl. auch BŒSPFLUG/BAYLE, Sainte Anne S. 47–50, und LEVI D'ANCONA, The Iconography S. 43–46.

den Kuss noch aus und machten ihn zum Augenblick der Empfängnis ohne Erbsünde. Dieser Eindruck wird dadurch verstärkt, dass auf dem dazugehörenden Bild die Goldene Pforte als „geschlossene Pforte" (*ianua clausa*), Symbol der Jungfräulichkeit, und dass Joachim, um den Kuss sichtbar zu machen, im Profil dargestellt ist. Der Kuss entspricht zwar nicht einem Kuss im heutigen Sinn, aber die beiden schmiegen doch Wange an Wange. Der Eindruck wird noch einmal verstärkt auf Bildern, welche aus der Goldenen Pforte fast ein Schlafzimmer machen oder welche die Begegnung unter der Goldenen Pforte und die Geburt Marias aufeinander folgen lassen, wie dies auch beim Annenaltar für die Berner Dominikanerkirche von 1515 der Fall ist (Kat. 3.04).

Nichtsdestoweniger will Réjane Gay-Canton – mit Jean Wirth – aus den Ergebnissen dieser Versuchsreihe nicht den Schluss ziehen, dass die Empfängnis Marias unbedingt als unbefleckt dargestellt werden sollte, und so dürfen wir im Umkehrschluss wohl auch nicht behaupten, dass auf der Begegnung an der Goldenen Pforte auf unserem Annenaltar eine befleckte Empfängnis suggeriert wird, auch wenn doch einige Indizien in diese Richtung weisen. Die Goldene Pforte ist alles andere als ein geschlossener Raum, sie bietet vielmehr eine Aussicht auf eine schöne Landschaft; der Engel ist kein Engel, sondern eine neugierige Magd[95], und der Kuss ist auch nicht eigentlich ein Kuss. Auch hat Joachim einen Dolch um die Lenden gehängt, der eine sexuelle Konnotation (im Sinn einer natürlichen Empfängnis bzw. Zeugung) enthalten könnte[96]. Aber weiter darf man wohl nicht gehen. Die vorangehenden und folgenden Bemerkungen sind ohnehin nur als Anregung an die Kunsthistoriker zu verstehen, die aufgeführten Kunstwerke einmal unter dem Aspekt des Jetzerhandels und der Empfängnis Marias zu betrachten.

Wenn aus dem Annenaltar auch nicht eindeutig hervorgeht, dass der Berner Dominikanerkonvent im zweiten Jahrzehnt des 16. Jahrhunderts nicht gerade große Reue und Einsicht an den Tag legte, so gibt es doch noch weitere Indizien, dass dem so war, und zwar in den Tafeln zum Hauptaltar, die wohl in den Jahren 1517/1518 entstanden sind. Es handelt sich um einen „Traum des Papstes Innozenz III." (Kat. R1.01), eine „Schlüsselübergabe an Petrus" (Kat. R1.02), einen „heiligen Thomas (von Aquin) bei König Ludwig dem Heiligen" (Kat. R1.03) und schließlich eine „Bekehrung des Sau-

---

95) Zur Magd, die sich über die Unfruchtbarkeit ihrer Herrin lustig macht, vgl. GAY-CANTON, Entre dévotion S. 33, 40; BŒSPFLUG/BAYLE, Sainte Anne S. 46. Dagegen findet sich auf der an die Begegnung von Joachim und Anna an der Goldenen Pforte anschließenden Geburt der Maria nicht nur ein Engel, sondern ein ganzer Engelchor.
96) Ich danke Frau Prof. Lieselotte Saurma-Jeltsch, Heidelberg, für einen anregenden E-Mail-Wechsel (5. u. 6. Aug. 2018) zu dieser Goldenen Pforte.

lus" (Kat. R1.04)[97]. Diese vier Tafeln wurden bis 1994 Niklaus Manuel zugeschrieben und zusammen mit zwei andern Tafeln – einer „Anbetung der drei Weisen aus dem Morgenland" (Kat. 7.01) und einer „Aussendung der Apostel" (in zwei Fragmenten, Kat. 7.02 u. 03) – dem Retabel auf dem Hauptaltar der Dominikanerkirche in Bern zugeordnet[98]. Im Jahr 1994 haben der Kunsthistoriker Wolfgang Kersten und die Restauratorin Anne Tremblay die Rekonstruktion eines Retabels, der alle sieben Bilder umfasst hätte, abgelehnt, und seit neuestem spricht Hans Christoph von Tavel aufgrund von stilistischen Überlegungen den vier ersten Tafeln auch die „Eigenhändigkeit" Niklaus Manuels ab; nichtsdestoweniger stammen die sechs Bilder wohl aus dessen Werkstatt. Da es für unsere Zwecke nicht erheblich ist, ob die ersten vier Tafeln von Niklaus Manuel selber stammen, diese aber ein absolut sinnvolles Ensemble für einen Hauptaltar einer Dominikanerkirche mit dem Patrozinium Peter und Paul (29. Juni) ergeben, beziehen wir uns im Folgenden nur auf die vier ersten Tafeln. Dabei stellen „Der Traum des Papstes Innozenz III. vom hl. Dominikus, der die Laterankirche stützt" (Kat. R1.01) und „Der heilige Thomas bei König Ludwig dem Heiligen" (Kat. R1.03) die Außen- oder Werktagseite dar, „Die Schlüsselübergabe an Petrus" (Kat. R1.02) und „Die Bekehrung des Saulus" (Kat. R1.04) die Innen- oder Festtagseite. Die letzteren brauchen uns hier nicht zu interessieren, denn sie sind klar den Patronen der Berner Dominikanerkirche Peter und Paul gewidmet, und die Aussetzung der Hostie und der Reliquien zur Verehrung am Patronatsfest 1507 sind wohl noch allen in bester Erinnerung (siehe Kap. II/5b, Die Reliquien und ihre Verehrung). Dagegen weisen die Tafel der Werktagseite viel ungewöhnlichere und seltenere Themen auf: den „Traum des Papsts Innozenz III. vom hl. Dominikus, der die Laterankirche stützt", und den „hl. Thomas bei König Ludwig dem Heiligen".

Auf der ersten Tafel sehen wir den „Traum des Papsts Innozenz III. vom hl. Dominikus, der die Laterankirche stützt". Dabei soll es sich um ein „wenig bekanntes Motiv aus der Geschichte des Dominikanerordens" handeln, das in der italienischen Kunst des 15. und 16. Jahrhunderts nur sporadisch begegne und nördlich der Alpen so gut wie unbekannt sei: „Es muss dem Maler vom Auftraggeber vorgeschrieben worden sein."[99] Im Gegenteil handelt es sich um ein sehr bekanntes Motiv: eine wesentlich ältere, wahrscheinlich die erste Darstellung überhaupt findet sich in der Oberkirche von Assisi, stammt von Giotto (1267–1337) und ist noch vor Ende des 13. Jahr-

---

97) www.niklaus-manuel.ch, Kat. R1.01–R1.04.
98) www.niklaus-manuel.ch, Kat. 7.01–7.03.
99) Hugo WAGNER, in: Niklaus Manuel Deutsch S. 237 Nr. 81.

hunderts entstanden[100]: Hier schläft der Papst rechts und fällt die Kirche links, doch besteht der wesentliche Unterschied darin, dass hier der hl. Franziskus die Kirche stützt, und nicht der hl. Dominikus. Das Motiv auf der Tafel des Hauptaltars der Dominikanerkirche ist allerdings nicht von den Dominikanern bei den Franziskanern gestohlen worden, sondern es scheint den beiden Orden bereits in den 1240er-Jahren gemeinsam und austauschbar geworden zu sein, und zwar in ihrem gemeinsamen Kampf gegen den Weltklerus[101] – und dies trotz der Tatsache, dass Papst Innozenz III. (1198–1216) einen solchen Traum zu seinen Lebzeiten unmöglich gehabt haben kann. Nichtsdestoweniger ist es wohl kein Zufall, wenn das Motiv ausgerechnet in den 1510er-Jahren in Bern wieder auftaucht, mit der eindeutigen Botschaft, dass die Dominikaner Stützen der römischen Kirche und des Papsttums seien, und nicht das Gegenteil!

Eine noch deutlichere Sprache spricht die zweite Tafel, die den hl. Thomas von Aquin bei König Ludwig dem Heiligen zeigt, ein noch viel selteneres Motiv als dasjenige des Traums des Papstes Innozenz III. mit Dominikus. Es stammt aus der Biographie, die der Dominikaner Wilhelm von Tocco (um 1240–um 1323) seinem Lehrer Thomas von Aquin um 1320 widmete, die erste Biographie des Aquinaten überhaupt, die gleichzeitig zu dessen Heiligsprechung (1323) diente[102]. Thomas von Aquin soll zu verschiedenen Malen an der Universität Paris doziert haben und bei einer dieser Gelegenheiten von König Ludwig IX. (1226–1270) zusammen mit seinem Prior zum Essen eingeladen worden sein. Dabei scheint er in Gedanken vertieft gewesen zu sein und plötzlich ausgerufen zu haben, dass er einen Beweis gegen die Häresie der Manichäer gefunden habe. Der Prior erinnerte Thomas daran, dass er eigentlich der Gast des französischen Königs sei, doch ließ dieser gleich einen Schreiber kommen, um Thomas' Geistesblitz festhalten zu lassen. „Am breitgeschwungenen Tischbein ist in auffallender Weise das französische Lilienwappen angebracht", das an den am 29. November 1516 mit

---

100) Lexikon der christlichen Ikonographie 6 (1974) S. 285 (freundlicher Hinweis von Raoul Blanchard, Freiburg).
101) Niklaus KUSTER OFMCap, Franz von Assisi – Kirchenbauer und Kirchenstütze. Zwei populäre Bilder des Heiligen in der Quellenkritik, in: Wissenschaft und Weisheit. Franziskanische Studien zu Theologie, Philosophie und Geschichte 78 (2015) S. 25–68, vgl. auch Chiara FRUGONI, Franz von Assisi. Die Lebensgeschichte eines Menschen (1997) S. 94 f. (zitiert bei KUSTER, wie oben). Zum möglichen Ursprung vom Traum des Papstes Innozenz III. vgl. André VAUCHEZ, Les songes d'Innocent III, in: Francesco d'Assisi et gli Ordini mendicanti (Medioevo francescano. Saggi 10, 2005) S. 81–96 (erstmals publiziert in: Studi sulla società e le culture del Medioevo per Girolamo Arnaldi, a cura di L. GATTO e P. Supino MARTINI (2002) 2 S. 296–706).
102) G(iulia) BARONE, Art. Wilhelm v. Tocco, in: Lex.Ma 9 (1998) Sp. 189 f.

dem französischen König geschlossenen Friedens- und Freundschaftsvertrag von Freiburg erinnern dürfte[103]. Die Botschaft ist klar: der hl. Thomas ist nicht ein zerstreuter Professor, sondern die Dominikaner sind Bekämpfer der Häretiker, Inquisitoren, und keinesfalls selber Häretiker – und dies obwohl sie im Jetzerhandel als solche verurteilt worden waren! Die Identifizierung der Dominikaner – mehr als der Franziskaner – mit der Inquisition – auch heute noch prägend – war damals schon weit vorgeschritten[104]. Die dominikanische Inquisitionstätigkeit wird auch bei den Dominikanerstammbäumen der Nelkenmeister am Lettner der Dominikanerkirche und im Sommerrefektorium betont[105], und dies obwohl sich der Berner Domi-

---

103) Hugo WAGNER, in: Niklaus Manuel Deutsch S. 238 Nr. 83. Vgl. auch Das Leben des heiligen Thomas von Aquino, erzählt von Wilhelm von Tocco, und andere Zeugnisse zu seinem Leben. Übertragen und eingeleitet von Willehad Paul ECKERT (Heilige der ungeteilten Christenheit. Dargestellt von den Zeugen ihres Lebens. Herausgegeben von Walter NIGG und Wilhelm SCHAMONI, 1965) S. 141 f. Kap. 43: „Dass der Lehrer [= Thomas von Aquin] vom Sinnhaften abgewandt war. [...] Von seiner wunderbaren und unerhörten Geistesabwesenheit und geistigen Betrachtung erzählt man folgendes: Einmal habe ihn der hl. Ludwig von Frankreich zu Tisch eingeladen. Er aber habe sich demütig entschuldigt wegen des Werkes *Summa Theologiae*, das er zu jener Zeit diktierte. Als das Gebot des Königs und die Aufforderung des Priors bewirkten, dass der Meister sich aus den Höhen geistiger Schau demütig vor dem ausdrücklichen Gebot von König und Prior verneigte und seine Wissenschaft verließ, ging er mit jener Vorstellung, die er, als er noch in der Zelle war, gefasst hatte, zum König. Und während er neben ihm an der Tafel saß, schlug er plötzlich, von der Wahrheit des Glaubens angehaucht, auf den Tisch und sagte: ‚Eben habe ich einen guten Schluss gegen die Irrlehre der Manichäer.' Der Prior rührte ihn an und sprach: ‚Merkt auf, Meister, dass Ihr jetzt am Tische des Königs von Frankreich seid.' Und er zog ihn kräftig am Umhang, damit er, der von den Sinnen entrückt war, erwache. Als er gleichsam seine Sinne wieder fand, neigte er sich vor dem heiligen König und bat ihn, er solle ihm vergeben, weil er am königlichen Tisch so zerstreut gewesen sei. [...] Der heilige König trug aber Sorge, dass jene Betrachtung, die den Geist des Lehrers in ihren Bann zu schlagen vermochte, nicht verlorenging. Daher ließ er seinen Schreiber rufen und verlangte, dass in seiner Gegenwart schriftlich festgehalten würde, was der Lehrer im geheimen bewahrte, obwohl bei des Lehrers Gedächtnis nicht ganz unterging, was ihm der göttliche Geist eingab, dass er es bewahre." – Zum Frieden von Freiburg vgl. Après Marignan. La paix perpétuelle entre la France et la Suisse, Actes du colloque Paris, 27 septembre / Fribourg, 30 novembre 2016, éd. par Alexandre DAFFLON e. a. (Mémoires et documents de la Société d'histoire de la Suisse romande 4/XIV, 2018).

104) OSTORERO, Le diable au sabbat S. 706 f.; MERCIER, La Vauderie d'Arras S. 64 ff., vgl. auch Christine Caldwell AMES, Righteous Persecution. Inquisition, Dominicans and Christianity in the Middle Ages (2009).

105) GUTSCHER-SCHMID, Nelken statt Namen S. 98, 100, 116; CÁRDENAS, Genealogie und Charisma S. 307 f. Ebd. S. 331–333 weist Cárdenas u. a. auf einen „Triumph des

nikanerkonvent in dieser Beziehung nie besonders hervorgetan hatte, vielleicht auch, weil der Sitz der Dominikanerinquisition der Diözese Lausanne sich in Lausanne befand und die Stadt Bern wohl nie eine Inquisition – die immer auch Delegation von Macht bedeutete – in ihren Mauern geduldet hätte[106].

Hugo Wagner hat bereits 1979 festgestellt, dass dem ikonographischen Programm des Hauptaltars der Dominikaner offensichtlich die Absicht zugrunde gelegen habe, „das durch den Jetzerhandel von 1509(!) schwer angeschlagene Ansehen des Ordens wiederherzustellen: Dominikus ist die eigentliche Stütze der Kirche, mit ihm identifiziert sich der Dominikanerorden. Thomas von Aquin genoss die Gunst gar eines Königs [...]."[107] Da Wagner aber damals noch sechs Tafeln (bzw. fünf Tafeln und zwei Fragmente) unter einen Hut bzw. auf einen Altar – den Hauptaltar der Dominikanerkirche – bringen musste, ist seine Charakterisierung der „Wiederherstellung des schwer angeschlagenen Ansehen des Ordens" weniger eindeutig ausgefallen, als sie es wohl sein muss, wenn man sich auf die vier Tafeln beschränkt, die laut Hans Christoph von Tavel nicht von Niklaus Manuel selber, wohl aber aus seiner Werkstatt stammen. Dieser Versuch der „Wiederherstellung" war indessen alles andere als bescheiden, sondern vielmehr recht uneinsichtig und selbstbewusst. Man kann die Vermutung anstellen, dass Manuels „Geschäft" zu groß geworden war, als dass er noch alle Tafeln hätte selber malen können; man kann aber auch vermuten, dass ihm selber die Rehabilitationsbemühungen des Ordens – zumindest in dieser Form – nicht zusagten, aber dafür gibt es durchaus keine Beweise. Soweit ich sehe – aber das müsste natürlich überprüft werden –, hat der Jetzerhandel in Manuels *literarischem* Werk keine Spuren hinterlassen[108], und dies obwohl er sich dazu durchaus angeboten hätte; dies wäre wohl dahingehend zu interpretieren, dass Manuel die Dominikaner schonen wollte.

---

hl. Thomas von Aquin" hin, der zwischen 1488 und 1493 im Auftrag des Kardinals Olivier Carafa von Filippino Lippi in dessen Kapelle in Santa Maria sopra Minerva in Rom angebracht wurde (CÁRDENAS S. 333 Abb. 14), doch hat sie nicht gesehen, dass es das gleiche Motiv auch an dem 1517/1518 gestalteten Hauptaltar der Berner Dominikanerkirche gibt, obwohl sie sich ausführlich mit den Berner Dominikanerstammbäumen beschäftigt hat. Beim Kardinal Olivier Carafa handelt es sich um den Protektor des Dominikanerordens, der im Oktober 1509 in Rom Widerstand gegen die bernischen Forderungen nach Rückerstattung der Kosten des Jetzerhandels anmeldete, siehe Epilog 2b.

106) UTZ TREMP, Freiburger Waldenserprozess.
107) Hugo WAGNER, in: Niklaus Manuel Deutsch S. 241.
108) Niklaus Manuel, Werke und Briefe. Vollständige Neuedition, hg. von Paul ZINSLI / Thomas HENGARTNER (1999).

b) Totentanz und Jetzerhandel

Wesentlich unverfänglicher als die Themen das neuen Hauptaltars in der Dominikanerkirche war das umfassende und allgemein menschliche Thema des Totentanzes, das es vielleicht auch Leuten, die den Dominikanern seit dem Jetzerhandel kritisch gegenüberstanden, erlaubte, sich als Angehörige der spätmittelalterlichen Stände darstellen zu lassen. Beim Berner Totentanz handelt es sich um „das größte bekannte und bis heute das populärste Werk Manuels", das in den Jahren 1517–1522 an die Innen- oder Außenseite der Friedhofsmauer der Dominikanerkirche gemalt wurde; der Friedhof befand sich südlich der Kirche, am Ort der heutigen Zeughausgasse[109]. Dabei geht es um rund vierzig Tafeln mit in der Regel je zwei Figuren, die an Wappen, Initialen und teilweise auch an ihrer Physiognomie erkennbar sind. Dargestellt sind nicht nur (kürzlich) verstorbene, sondern auch durchaus lebende Zeitgenossen aus Bern, eine Tatsache, durch die sich Manuels Totentanz grundlegend von allen bekannten Totentänzen der Zeit unterscheidet: „Im Unterschied zum Basler Totentanz und allen andern überlieferten Totentänzen aus der Zeit vor der Reformation stellte die Identifikation der Standesvertreter mit lebenden oder kürzlich verstorbenen Persönlichkeiten des Stadtstaates ein öffentliches Politikum dar, das sich in ganz anderer Weise an die Bevölkerung wandte als ein zeitloses *Memento mori* in einem Kirchhof" (Hans Christoph von Tavel). Die Tatsache, dass die Figuren fast lebensgroß (1,5–1,6 m) dargestellt sind, mag einen gewissen Identifizierungseffekt noch verstärkt haben. Hans Christoph von Tavel glaubt allerdings nicht mehr, dass die Darstellungen der einzelnen Figuren von den jeweils Dargestellten als Stifter finanziert worden seien; er geht vielmehr von der Hypothese aus, „Manuels Totentanz sei eine Stiftung weniger Personen und orientiere sich an einer Theateraufführung lebender und kürzlich verstorbener Zeitgenossen aus Bern und Freiburg i. Ü.". Er hält es „für wahrscheinlicher, dass die in den Jahren 1516 bis 1520 amtierenden Schultheißen und Ludwig von Diesbach, der Bruder des 1517 verstorbenen Schultheißen Wilhelm von Diesbach, das ganze Werk mit ihren privaten Mitteln finanziert haben". Diese These ist umso interessanter, als die Idee und die Stiftung dann von ganz oben gekommen wären und man daraus schließen könnte, dass die Stadtregierung selber an einer Versöhnung mit den Dominikanern interessiert gewesen wäre, vielleicht verbunden mit einem *Memento mori*, das nicht nur an die gesamte Stadtbevölkerung, sondern auch an die Dominikaner gerichtet gewesen wäre.

---

109) Hier und im Folgenden nach www.niklaus-manuel.ch, Kat. 19.01–19.24.

Ein Aufschub? 929

Bei den in den Jahren 1516–1520 amtierenden Schultheißen handelte es sich um Wilhelm von Diesbach (Schultheiß 1515–1517), Jakob von Wattenwyl (Schultheiß 1517–1519) und Hans von Erlach (Schultheiß 1519–1521). Von ihnen war der erste während des Jetzerhandels Klostervogt der Dominikaner gewesen und als solcher im Hauptprozess auch als Zeuge einvernommen worden. Aus seiner Aussage geht hervor, dass er den Vorgängen im Konvent eher kritisch gegenüberstand und zum Warten riet, wo die Jungfrau Maria angeblich nicht mehr warten wollte ... Außerdem war er ein Onkel von Ludwig Löubli, einem der ersten entschiedenen Gegner der Dominikaner und Glaubensprokurator im Haupt- und Revisionsprozess (siehe Kap. II/2d, Der Klostervogt Wilhelm von Diesbach). Wilhelm von Diesbachs Tod am 28. Dezember 1517, gefolgt innerhalb von 17 Tagen von demjenigen seiner (dritten) Frau, Anastasia Schwend aus Zürich, könnte denn auch ein wichtiges Datum für den Totentanz überhaupt gewesen sein: entweder war dieser schon vorher beschlossene Sache oder dann gab der Tod des regierenden Schultheißen, der schon im 80. Altersjahr stand, den Anlass dazu[110]. Wilhelm von Diesbach wurde auf dem Totentanz indessen nicht als Schultheiß dargestellt; sein Wappen befindet sich vielmehr, zusammen mit demjenigen seiner Frau, in der linken untern Ecke der Hälfte des ersten Bildes des Totentanzes, das dem „Sündenfall" gewidmet war (Kat. 19.01). Als Schultheiß wurde vielmehr der Freiburger Peter Falck abgebildet, der am 6. Oktober 1519 auf der Rückfahrt von seiner zweiten Jerusalemreise auf hoher See starb, was man wohl in Freiburg und Bern als jähen Tod empfand, auch wenn Falck nicht im Amt gestorben war[111]. Wilhelm von Diesbach könnte also durchaus an einer Rehabilitierung der Dominikaner gelegen gewesen sein, die unter seiner Verantwortlichkeit als Klostervogt zu großem Schaden gekommen waren, wenn auch wohl durch eigene Schuld.

---

110) Zum Tod Wilhelms von Diesbach vgl. Anshelm 4 S. 241: *Des herlichen schultheissen von Diesbach tod. Zů end diss jars ist durch ein pestilenzfieber von diser zit gescheiden der edel, milt und wîs ritter, her Wilhelm von Diesbach, sines alters im 80. und des rats im 42. jar, [...]; al êrenlůt, heimsch und frömd, und besunder alle kůnst und kůnstler geliept; [...] Hat vil an Signow, Worb und Hollingen verbuwen, an vil orten kostlichem hus han und an der alkîmî vil verunkostet, also dass er uber sin unrechenlich innemen ob 20,000 gulden schuld sinen vier sůnen hat gelassen, nach deren unlangen abgang alle sîne hab in der schuldneren gwalt ist kommen. Indert 17 tagen fůr im sin gemahel, frow Anastasia Swendin, nach.*

111) TREMP, Das Ende des Freiburger Humanisten Peter Falck. Falck war allerdings nicht an der Pest gestorben, wie man überall lesen kann, sondern an der Malaria, vgl. Andreas GUTZWILLER / Stephan GUTZWILLER, An welcher Pestilenz starb wohl Peter Falck (1468–1519)?, in: FG 96 (2019) S. 236–242 (Miszelle).

Etwas weniger klar ist die Stellung der anderen Stifter zum Dominikanerkonvent. Jakob von Wattenwyl wird in den Akten der Jetzerprozesse nur gerade zwei Mal erwähnt, und zwar beide Male im Zusammenhang mit dem Stadtschreiber Niklaus Schaller. Als dieser laut seiner Zeugenaussage im Hauptprozess bereits am Dienstag nach Ostern (4. April) 1507 ins Dominikanerkloster gerufen wurde, um Jetzers erstes Stigma zu bewundern, wurde er von Jakob von Wattenwyl begleitet, der damals noch Säckelmeister (1507–1512) war. Als Schaller Ende Juli 1507 wieder ins Dominikanerkloster gerufen wurde, diesmal weil Jetzers Stigmata über Nacht verschwunden waren, und einen der Schlüssel zum Hauptalter in Empfang nahm, wo die rote Hostie eingeschlossen wurde, begegnete er auf dem Heimweg wiederum dem Säckelmeister von Wattenwyl, der ihn rügte, ob er nicht gescheiter sei als die anderen, und ihm riet, den Schlüssel zurückzugeben, was Schaller denn auch tat (siehe Kap. II/2d, Der Stadtschreiber Niklaus Schaller, und II/3c, Der Stadtschreiber Niklaus Schaller und Venner Kaspar Wyler). Aus dieser Episode darf man wohl schließen, dass auch Jakob von Wattenwyl dem Jetzerhandel kritisch gegenüberstand, und etwas Ähnliches könnte auch für Hans von Erlach gelten, Sohn Rudolfs von Erlach, der zur Zeit des Jetzerhandels Schultheiß gewesen war. Da dieser am 18. November 1507 im Amt gestorben war, konnte er nicht mehr selber als Zeuge befragt werden; gewissermaßen an seiner Stelle sprach der Weibel Konrad Brun, der ihn überallhin begleitet hatte, so auch am 25. Juni 1507 frühmorgens zur blutweinenden Marienstatue in die Dominikanerkirche. Anders als der Klostervogt Wilhelm von Diesbach war Rudolf von Erlach nicht aus dem Bett gekommen, sondern vom Lettner in der Franziskanerkirche, wo er frühmorgens zu beten pflegte (Anshelm 3 S. 98), so dass man vermuten darf, dass er ein Familiare der Franziskaner war und deshalb dem Geschehen im Dominikanerkonvent ebenfalls kritisch gegenüberstand; nichtsdestoweniger war er dann angesichts der blutweinenden Marienstatue doch zu Tränen gerührt, während der Weibel eher angewidert war (siehe Kap. II/2d, Der Weibel Konrad Brun). Wenn von Tavels Hypothese zutrifft, dass die Schultheißen der Jahre 1516 bis 1520 die Stifter des Totentanzes waren, so vielleicht nicht nur in der Absicht, dem Maler Niklaus Manuel Arbeit zu verschaffen, sondern auch, dem durch den Jetzerhandel schwer beschädigten Ansehen des Dominikanerkonvents gewissermaßen in einem staatsmännischen Akt – oder in einer gewaltigen PR-Aktion[112] – wieder aufzuhelfen.

---

[112] Diesen Ausdruck verdanke ich dem Kunsthistoriker Dr. Stephan Gasser, Konservator im Museum für Kunst und Geschichte Freiburg.

Ein Aufschub? 931

Aber auch sonst lassen sich gewisse Linien vom Totentanz zum Jetzerhandel – oder umgekehrt – ziehen, wenn diese auch nicht unbedingt als Parteinahme für die Dominikaner interpretiert werden dürfen, vor allem wenn ein auf dem Totentanz Dargestellter finanziell nichts beizutragen hatte. Der Bischof des Totentanzes ist mit dem Wappen und den Initialen von Venner Kaspar Wyler versehen (Kat. 19.04), der zur Zeit des Jetzerhandels eindeutig ein Familiare der Dominikaner gewesen war: Anfang März 1507 war er zusammen mit dem Chorherrn Thomas vom Stein, dem Apotheker Niklaus Alber und dem Goldschmied Martin Franke an der Stiftung einer zusätzlichen Jahrzeit für die Annen-, Lux- und Loyenbruderschaft beteiligt gewesen, und Ende Juli 1507 hatte er zusammen mit dem Stadtschreiber Niklaus Schaller einen der drei Schlüssel zur roten Hostie in Empfang genommen, ihn dann aber wie dieser rasch zurückgegeben (siehe Kap. II/3c, Der Stadtschreiber Niklaus Schaller und Venner Kaspar Wyler). Auch Thomas vom Stein, der im Totentanz als Chorherr mit dem typischen Chorherrenpelz (lat. *almutium*) dargestellt ist (Kat. 19.05), war eben nicht nur ein Chorherr, der mehr als dreißig Jahre (1485–1519) als Kantor im Vinzenzstift saß, sondern auch ein Familiare der Dominikaner, obwohl er dies in seiner Zeugenaussage im Hauptprozess wohl ein bisschen herunterzuspielen versuchte (siehe Kap. II/2d, Thomas vom Stein). Der Doktor des Kirchenrechts ist mit dem Wappen des Kaufmanns Bartholomäus May versehen (Kat. 19.06), der die Stadt an wichtigen Sitzungen des Gerichts im Haupt- und Revisionsprozess vertrat (siehe Kap. II/5a, Die Vertretung der Stadt ...), aber vor allem auch bei der Umwandlung von Geld in Wechselbriefen half[113]; von ihm ist aber keine persönliche Stellungnahme (Zeugenaussage) zu den Ereignissen überliefert.

Der Doktor des Kirchenrechts bildet ein Paar mit dem Magister (Kat. 19.06). Diesen identifiziert Hans Christoph von Tavel mit dem Stadtschreiber Niklaus Schaller, der sowohl im Haupt- als auch im Revisionsprozess als Zeuge verhört wurde und der den Dominikanern wohl wesentlich näher gestanden ist, als es von außen den Anschein macht (siehe Kap. II/2d und II/3c). Was Schaller aber in keiner seiner beiden Zeugenaussagen sagt, ist, dass er von den Dominikanern auch wegen des Breves konsultiert worden war, das der Lesemeister und der Subprior am 30. November 1507 in Rom erworben hatten und das ihnen helfen sollte, sich zu reinigen. Aus dieser Geschichte geht auch hervor, dass Schaller in einem Vertrauensverhältnis zum neuen (alten) Prior Johann Ottnant stand (siehe Kap. II/3e, Allerletzte Geständnisse des Priors), was sich auf die Pazifizierung nach dem Jetzerhandel günstig ausgewirkt haben könnte. Es muss für den Stadtschreiber

---

113) Beilagen S. 628 Nr. 30 (1508, Sept 20), und Rechnungen S. 657 f. u. 661 f.

nicht leicht gewesen sein, zwischen den Fronten zu stehen, zwischen seinen persönlichen religiösen Neigungen und seinen offiziellen Pflichten als Stadtschreiber, und deshalb könnte er auch sein Möglichstes dazu beigetragen haben, um in den 1510er-Jahren nicht zuletzt mittels des Totentanzes Ruhe und Frieden wiederherzustellen.

Der Magister im Totentanz ist hie und da auch mit dem Chorherrn Heinrich Wölfli identifiziert worden, so irrtümlicherweise auch von mir selber[114], doch ist diese Identifizierung falsch, denn das Wappen und vor allem die Initialen deuten eindeutig auf Niklaus Schaller. Der Irrtum erklärt sich daraus, dass ein gewisser Johann Haller um 1580 den Bericht des Heinrich Wölfli über die Jerusalemfahrt, die dieser im Jahr 1520 unternommen hatte, in die deutsche Sprache übersetzt und ihr das Porträt des Magisters aus dem Totentanz vorangestellt und dieses als Bildnis von Wölfli bezeichnet hatte (Kat. 19.06, hier auch Abbildung des Bildes). Wenn man den Totentanz unter dem Aspekt des Jetzerhandels und der Rehabilitierung der Dominikaner betrachtet, dann muss man zum Schluss kommen, dass es unmöglich war, Heinrich Wölfli im Totentanz einen Platz einzuräumen: dies wäre geradezu kontraproduktiv gewesen, denn Wölfli hatte sich viel zu sehr mit den Dominikanern identifiziert, ein Ruf, der ihn bis weit in die 1520er-Jahre verfolgte (siehe Epilog 4b) Es ist auch nicht ganz auszuschließen, dass Wölfli von den Dominikanern, die ihn schlimm missbraucht hatten, so enttäuscht war, dass er sich nicht auf „ihrem" Totentanz darstellen lassen wollte. Der Stadtschreiber Niklaus Schaller war zwar ebenfalls ein Freund der Dominikaner gewesen, aber er hatte sich doch klug zurückgehalten, um als Vertreter der Stadtregierung akzeptiert zu bleiben und vielleicht sogar mäßigend wirken zu können.

Es ist wohl auch kein Zufall, wenn beim Bild der vier Mönche, die mit zwei Totengerippen tanzen müssen – ein Dominikaner, ein Franziskaner(?), ein Zisterzienser (oder Benediktiner) und ein Kartäuser –, der Dominikaner zuvorderst steht und als einziger ganz abgebildet ist (Kat. 19.08). Die Dominikaner waren zwar die Hausherren, aber kein zeitgenössischer Betrachter des Totentanzes wird sich beim Anblick dieses Bildes nicht an die vier Ordensangehörigen erinnert haben, die 1509 auf dem Scheiterhaufen hingerichtet worden waren, eine besonders brutale Art des Todes. Ja, der unzweifelhaft reformierte Prediger, der auf dem letzten Bild des Totentanzes (19.24) dargestellt ist, könnte ursprünglich ein Dominikaner gewesen sein; unter den Mönchen, die vom dort abgebildeten *Arbor humana* (nach dem berühmten Straßburger Prediger Johannes Geiler von Kaysersberg, 1445–

---

114) TREMP-UTZ, Chorherren S. 100.

Ein Aufschub? 933

1510) fallen, sind die Dominikaner und Franziskaner jedenfalls prominent vertreten[115].

Auf die geistliche folgt im Totentanz die weltliche Hierarchie, an erster Stelle Kaiser und König (Kat. 19.10). Hier hat Manuel wahrscheinlich seine beiden Schwäger dargestellt, als Kaiser Hans Boley Gantner, der 1517 die Schwester von Manuels Frau Katharina, Margarethe Frisching, heiratete, oder aber dessen Vater, den bekannten Sonnenwirt, und als König Hans Frisching, Bruder von Katharina und Margarethe Frisching, oder allenfalls dessen Vater. Die Zweifel bestehen, weil zwar die jeweiligen Familienwappen – Gantner bzw. Frisching – gegeben werden, nicht aber die Initialen (die ohnehin bei den jeweiligen Vätern und Söhnen die gleichen gewesen wären). Im Fall der Gantners neigt Hans Christoph von Tavel eher zum Vater, weil der Kaiser einen grauen Bart hat, im Fall der Frischings eher zum Sohn, einem berühmt-berüchtigten Reisläufer, der bei der Entstehung des Totentanzes rund dreißig, der Vater aber über siebzig Jahre alt war. Boley Gantner d. Ä. war nicht nur 1517 gestorben, er hatte dem Dominikanerkonvent auch eine Darstellung der Dreifaltigkeit gestiftet, die auf dem Marienaltar in der Marienkapelle stand und die ins Wanken geriet, als der Lesemeister sich beim zweiten Orakel dahinter verbarg (siehe Kap. II/3b, Der Subprior). Von den Frischings hatte lediglich der Vater im Jetzerhandel eine gewisse Rolle gespielt, er war am 15. November 1507 nach Lausanne geschickt worden, um den Bischof von Lausanne in seinem Vorgehen gegen Jetzer zur Eile anzutreiben; seine Aussage im Hauptprozess erwies sich jedoch als unergiebig (siehe Kap. II/2d, Johann [Hans] Frisching [d. Ä.]). Als Jurist (Kat. 19.13) könnte Lienhard Hübschi dargestellt sein; jedenfalls ist das Wappen über dem Juristen dasjenige der Familie Hübschi. Hans Christoph von Tavel zögert allerdings, die Darstellung des Juristen auf Lienhard Hübschi zu beziehen, da dieser kein Jurist gewesen sei, aber Gantner war ja auch kein Kaiser und Frisching kein König ... Vielmehr ist es wohl sogar sinnvoll, die Darstellung auf Lienhard Hübschi zu beziehen; denn wie wir gesehen haben, war dieser nicht nur langjähriger Säckelmeister (1512–1527), sondern auch Vogt des gerade finanziell arg gebeutelten Dominikanerkonvents und außerdem ein Schwager des hingerichteten Subpriors Franz Ueltschi. Für den Säckelmeister und Finanzfachmann Lienhard Hübschi wären dann weniger die juristischen Bücher, die er unter dem Arm und in den Händen trägt, bezeichnend, als der große Beutel unter dem geöffneten roten Mantel, dem der Tod vielleicht die Münze entnommen hatte, die er dem Juristen vor die Nase hält.

---

115) TREMP, Das Ende des Freiburger Humanisten Peter Falck S. 120–123.

Die Familie Hübschi ist noch mit einer zweiten Person im Totentanz vertreten, und zwar mit dem Fürsprecher, der im Bild auf den Juristen folgt (Kat. 19.14). Dabei handelt es sich wohl um Dietrich Hübschi, Neffe von Lienhard Hübschi, Chorherr von St. Vinzenz 1516–1524[116]. Der Fürsprecher ist vom Antoniusfeuer befallen und hat einen amputierten Arm, ohne dass man etwas Entsprechendes von Dietrich Hübschi wüsste. Entsprechend ist das Wappen in der Nische oberhalb des Fürsprechs gewissermaßen ein Allianzwappen der Familie Hübschi mit dem Antoniuskreuz. Im gleichen Bild ist der Arzt dargestellt, der ein Uringlas zur Untersuchung hervorhebt – aber die Nische über dem Bild ist als einzige im ganzen Totentanz überhaupt ohne Wappen geblieben. Sowohl Adolf Fluri als auch Urs Martin Zahnd halten es für wahrscheinlich, dass der damalige Stadtarzt und nachmalige Chronist Valerius Anshelm das Vorbild für den Arzt im Totentanz gegeben habe (Zahnd immerhin mit wiederholten Fragezeichen)[117] – vielmehr geben sollte, denn er hat diese Kollaboration wahrscheinlich verweigert, und wer seine Haltung zum Jetzerhandel kennt, kann sich dieses Nichtmitmachen gut erklären. Laut seiner Zeugenaussage im Hauptprozess hatte Anshelm, damals noch Schulmeister und noch nicht Stadtarzt, durchaus bei den Dominikanern verkehrt, aber sich wohl zu kritisch geäußert, jedenfalls hatte ihn ihr Verteidiger im Hauptprozess als Zeuge abgelehnt. Er kam dann trotzdem zu Wort (siehe Kap. II/2d, Valerius Anshelm), erzählt hier aber unter anderem, wie man „von der Tafel" direkt zur „Tortur" (*a tabula ad tormenta*) geschritten sei, d. h. vom Essen zum Passionsspiel, das er insbesondere in seiner Chronik als grauenerregend schildert (siehe Kap. II/5b, Jetzers Stigmata und Passionsspiel). Anshelm war wohl nicht bereit – und vielleicht auch schon zu reformatorisch gesinnt –, um seine Hand zu einem Frieden mit den Dominikanern zu bieten, und es ist sicher kein Zufall, wenn der Totentanz – letztlich ein großer Erfolg für Manuel und die Dominikaner – in seiner Chronik mit keinem einzigen Wort erwähnt wird.

Ebenso wie die Familie Hübschi ist auch die Familie Armbruster mit zwei Figuren im Totentanz vertreten, mit dem Jüngling und mit dem Vogt (Kat. 19.15 und 19.16). Die Familie Armbruster war freilich nicht im gleichen Maß mit dem Dominikanerkloster verbunden wie insbesondere Lienhard Hübschi, doch hatte Johann Armbruster, der erste Propst des Vinzenzstifts (1484/1485–1508), im ersten Prozess Jetzers in Lausanne als Verbindungsmann und Dolmetscher fungiert, dann aber war er kurz nach Beginn

---

116) TREMP-UTZ, Chorherren S. 66 f.
117) Adolf FLURI, Niklaus Manuels Totentanz in Bild und Wort, in: Neues Berner Taschenbuch 6 (1900) S. 119–266, hier S. 193, und ZAHND, Gesellschaftsbild S. 145, 148, 152, vgl. auch DERS., „...aller Wällt Figur..." S. 122 u. 129.

des Hauptprozesses gestorben (siehe Kap. II/5a, Die Vertretung der Stadt ...). Im Totentanz ist freilich nicht der Propst dargestellt, sondern sein Bruder Bernhard, Wirt zur „Krone", wo die Bischöfe von Sitten und Città di Castello untergebracht waren (siehe Epilog 2a), und dessen Sohn Franz, der Sohn als Jüngling (Kat. 19.15), der Vater auf dem nächsten Bild als Vogt (Kap. 19.16). Das Wappen ist bei beiden das gleiche, beim Vater kommen außerdem die Initialen B. A. dazu. Sowohl der Propst als auch sein Bruder scheinen wohlhabend gewesen zu sein; vielleicht deshalb die Antwort des Vogts an den Tod: *Was hilfft groß Rychtumb und Pallässt / Deßglychen ouch vil pracht und gfäst / Hätt Jch schon aller wällt gůt allein / so deckt mich doch zůlest ein kleiner Stein.* Das Grab ist auf dem Bild auch abgebildet und vielleicht eine Anspielung darauf, dass Bernhard Armbruster 1511 im Münster ein solches gekauft hatte.

Im Totentanz ist auch der Schneidermeister Lienhard Tremp dargestellt (Kat. 19.19), der zusammen mit anderen grobes Tuch (Wifling) für die Folterröcke der Dominikaner geliefert und diese auch angefertigt hatte (siehe Kap. II/2e, Vorbereitungen für die Anwendung der Folter). Er vertritt im Totentanz die Handwerker allgemein, wobei sein eigenes Handwerkszeug nicht abgebildet ist. Es ist unbestritten, dass er den Handwerker gab, denn die Nische links über dem Bild ist mit seinem Wappen und seinen Initialen versehen, und als er am 3. Februar 1561 starb, notierte Johann Haller (1525–1575), Dekan am Münster, dass Lienhart Tremp gestorben sei, *ein alter redlicher man, der im anfang des evangeliums vil gůts gethan. Was der lest deren, die zů den Predgeren am Todtentanz gmalet sind.* Tremp war in der Tat ein früher Anhänger der Reformation, er war (seit 1501) mit Ursula Steiner verheiratet, die zwar nicht eine Schwester Zwinglis, aber doch eine entfernte Verwandte von diesem war. Im Jahr 1523 hatte Tremp erste Kontakte zu Zwingli, der im gleichen Jahr in Zürich die Reformation einführte, und in den Jahren 1526 und 1527 stand er in Briefwechsel mit diesem. Seit 1528 war Tremp Meister des Niederen Spitals, das in den in der Reformation aufgehobenen Dominikanerkonvent verlegt worden war, und ging wohl täglich hier ein und aus, wo er selber an der Friedhofsmauer als jugendlicher Handwerksmann dargestellt war[118].

Es ist müßig, nach all jenen zu suchen, die etwas mit dem Jetzerhandel zu tun hatten, aber im Totentanz nicht vorkommen, aber das Fehlen eines bestimmten Mannes fällt doch auf, und dies umso mehr, als er außerhalb des kirchlichen Rahmens von Manuel für sich arbeiten ließ: der Schmied Anton Noll, der im Hauptprozess eine vielschichtige Aussage abgelegt hatte (siehe Kap. II/2d, Der Schmied Anton Noll). Im Jahr 1502 erscheint er als Besitzer

---

118) UTZ TREMP, Ein reformierter Tremp.

eines Hauses an der Ecke Münsterplatz / Kesslergasse (heute Münstergasse 31), an das er 1506 (nach dem Abbruch des Nachbargebäudes) eine neue, mit Streben verstärkte Ostfassade erbauen ließ. Diese wiederum ließ er 1518 von Niklaus Manuel mit einer monumentalen Fassadenmalerei versehen, die den alttestamentlichen König Salomo zeigt, der sich von einer Frau verführen lässt, einen Götzen in Gestalt eines dämonischen geflügelten Tieres auf einer Säule anzubeten (Idolatrie!), ein Motiv, das in der Druckgraphik des 15. und 16. Jahrhunderts verbreitet war (Kat. 18.01 und 18.02). Um 1735/1740 wurde die bereits beschädigte Wandmalerei zerstört, doch ist sie in zwei recht zuverlässigen Kopien überliefert. Noll zählte zwar zu den frühen Befürwortern der Reformation – wahrscheinlich nicht zuletzt aufgrund der Erfahrungen, die er im Jetzerhandel gemacht hatte –, doch kann die um 1518 entstandene Darstellung von Salomos Götzendienst wohl nicht als Kritik an der römischen Kirche interpretiert werden, sondern allenfalls als Kritik an der „Weibermacht" bzw. an der Macht der Liebe. Man kann nicht ausschließen, dass auch Anton Noll, ebenso wie Valerius Anshelm, sich dem Totentanz verweigert, aber Niklaus Manuel praktisch gleichzeitig in einem anderen, viel weltlicheren Rahmen unterstützt hat. Dagegen erstaunt nicht, dass Ludwig Löubli, ein erbitterter Gegner der Dominikaner und Glaubensprokurator im Haupt- und im Revisionsprozess, im Totentanz keinerlei Spuren hinterlassen hat.

Es hat sich als viel ergiebiger erwiesen, den Totentanz, den Niklaus Manuel in den Jahren 1517 bis 1522 an die Friedhofsmauer des Dominikanerklosters gemalt hat, vor dem Hintergrund des Jetzerhandels zu lesen, als zunächst angenommen[119]. Eine solche Lektüre erlaubt es, gewisse Zuschreibungen zu bestätigen (Schaller als Magister, Hübschi als Jurist) oder andere zu entkräften (Wölfli als Magister, Anshelm als Stadtarzt). Dabei ist wohl nicht zufällig, dass es sich bei den Abwesenden und sich Verweigernden um frühe Anhänger der Reformation handelt. Führende Vertreter der Stadt (die Schultheißen der Jahre 1516 bis 1520) scheinen aber doch versucht zu haben, mit den Dominikanern wieder ins Reine zu kommen, auch wenn man während der Verhandlungen um die Kosten mehrmals mit der Aufhebung bzw. der Auswechslung des Ordens gegen einen anderen gedroht hatte (siehe Epilog 2b); eine Aufhebung, wie sie dann nur kurze Zeit später Wirklichkeit wurde, konnte man sich während der 1510er-Jahre wohl noch nicht vorstellen. Während die Dominikaner der Oberdeutschen Ordensprovinz

---

119) In unserem Vorgehen hat uns bestärkt, dass auch Philippe Rogger das Anbringen des Wappens der Familie Glaser bei der Tochter im Totentanz (Kat. 19.18) als „gesellschaftliche Rehabilitierung" des Löwenwirts Michel Glaser interpretiert, der 1513 nach dem Könizer Aufstand wegen des Austeilens von französischen Pensionen hingerichtet worden war, vgl. ROGGER, Geld, Krieg und Macht S. 72.

kein Ohr für die Klagen der Berner hatten, scheint man mit den Dominikanern am Ort einigermaßen ins Einvernehmen gekommen zu sein. Nichtsdestoweniger erhoben diese mit den Tafeln des Annen- und vor allem des Hauptaltars wiederum recht hohe Ansprüche, die insbesondere diejenigen, welche die Versöhnung verweigerten, in ihren Überzeugungen bestärkt haben mögen. Es ist kein Zufall, wenn wiederum Anshelm – der über den Totentanz kein Wort verliert – vom nächsten Skandal berichtet, der verglichen mit dem Jetzerhandel allerdings nur ein Skandälchen war.

c) Ende des Tauwetters?

Ende der 1510er-Jahre ging das, was man als Tauwetter zwischen der Stadt und den Dominikanern bezeichnen könnte, zu Ende, vielleicht nicht zuletzt vor dem Hintergrund der internationalen Entwicklungen, d. h. Luthers Thesen und deren Folgen, die bei Anshelm (4 S. 212 ff.) – vielleicht nicht nur aus nachträglicher Perspektive – breiten Raum einnehmen. Daneben vernachlässigt dieser auch die bernischen Ereignisse nicht; so berichtet er, dass sich im September 1518 im noch päpstlichen Bern (*zů Bern Rômscher war*) wiederum *ein kostlich stuk zůgetragen* habe, und zwar erneut bei *den sunders geistlichen Predieren*. Nachdem die Annen-, Lux- und Loyenbruderschaft einen *vast volgezierten altar* zu Ehren der hl. Anna „aufgerichtet" habe, habe sie auch noch *Heiltum [Reliquien] von ihrer patronin* haben wollen. Junker Albrecht vom Stein habe deshalb an den König von Frankreich und an den Abt des Klosters auf der Insel in der Saône (Île Barbe) bei Lyon geschrieben, *da S. Ann mit vil andren heiligen und heiltům wesen sol*, zunächst ohne Erfolg. Darauf bestach vom Stein mit Hilfe eines Faktors der Handelsgesellschaft der Manlich (von Augsburg) den Kustos der Annakapelle der Île Barbe, der für ihn etwas von dem Heiltum stehlen sollte, wie es vorher auch einigen deutschen Kaufleuten gelungen sei, in den Besitz eines „Armrohrs" zu kommen. Der Kustos gab ihnen *ein scherble von einer hirnschalen, in bisem-bomwollen und in ein sidin důechle schon verwiklet; was alles wolgeschmakt*. Diesen „himmlischen Schatz" führte Junker Albrecht nach Lausanne, wo dieser vom Bischof von Lausanne, jetzt Sebastian von Montfalcon (1517–1560), Neffe von Aymo von Montfalcon, „ehrlich" empfangen wurde[120].

---

120) Anshelm 4 S. 262. Zu Albrecht vom Stein (1484–1522, gefallen in der Schlacht an der Bicocca), Sohn des Brandolf († 1500), seit 1505 im Großen, seit 1514 im Kleinen Rat, Gesandter an die Tagsatzung sowie nach Mailand und Paris, Anführer in den Mailänderkriegen, vgl. Hans BRAUN, Art. Stein, Albrecht vom, in: HLS online (Zugriff 10. Juli 2019). – Zur Handelsgesellschaft der Manlich vgl. Gerhard SEIBOLD, Die Manlich. Ge-

Der neue Bischof ließ es sich nicht nehmen, das Heiltum zu dessen Ehre und zu derjenigen der Stadt Bern selber nach Bern zu bringen: *Da ward er in bischoflicher zierd mit grosser process geistlichs und weltlichs stats vorm tor herlich enpfangen, und in der predierkilchen zů S. Annen altar beleitet, daruf er das gros heiltům mit grosser verêrung und bischoflichem ablas hinstalt.* Leider ist auch hier nicht zu erfahren, wo der Annenaltar gestanden hat, wohl aber, dass für das Heiltum von den Dominikanern umgehend „ein vergittertes, gut verschlossenes Grüftlein neben dem Altar in die Kirchenwand gemacht" wurde, das mit den Legenden von Anna und Eligius ausgemalt und bald auch schon mit Votivgaben und anderen „Götzenopfern" umgeben wurde. Junker Albrecht vom Stein stiftete einen ganzen Messornat, *kappen, messgewand und levitenrók von rotem sammt und gestik [gestickt?].* Die Dominikaner wollten für die kostbare Reliquie bereits einen kostbaren Reliquienbehälter schmieden lassen, als ein Brief vom Abt der Île Barbe in Lyon eintraf, des Inhalts, „man sölle dem unmöglichen Diebstahl keinen Glauben schenken; er habe auch seinen Mönch, der lediglich aus dem allgemeinen Beinhaus ein Scherben von einer Hirnschale verkauft habe, bestraft". Das Gleiche sagte auch ein Bote des französischen Königs, Savonier, der aus Lyon stammte. Nichtsdestoweniger hätten die Dominikaner weiterhin behauptet, das Heiltum, das ihnen recht viel Wachswerk und Geld eingebracht habe, sei echt und der Abt habe diesen Brief nur geschrieben, damit man ihn nicht haftbar machen könne (*dass es im keinen nachteil bringen möchte*). Für Anshelm war dies einmal mehr „ein gutes Beispiel für das Gewerbe der päpstlichen Heiligkeit", das der Lutherschen Sache nur Auftrieb verleihen konnte[121]. Es handelt sich aber keineswegs nur um eine von diesem erfundene Geschichte, um die Dominikaner einmal mehr lächerlich zu machen; vielmehr scheint auch der Rat sich für die Reliquie eingesetzt und sich damit einmal mehr zum Narren gemacht zu haben[122]. Das Benediktinerkloster L'Île-Barbe bei Lyon (mit den Kirchen Saint-Loup, Notre-Dame und Sainte-Anne) war für einen schwungvollen Handel mit Annenreliquien bekannt; auch die Annenbruderschaften von Annaberg (im Erzgebirge) und Frankfurt hatten sich hier mit einschlägigen Reliquien ver-

---

schichte einer Augsburger Kaufmannsfamilie (1995). – Zu Sebastian von Montfalcon, Bischof von Lausanne 1517–1560, vgl. HS I/4 S. 148–150.
121) Anshelm 4 S. 262 f. Ebd. S. 171, wird der Bote des französischen Königs, (von) Savonier, als Hofmeister der Louise von Savoyen, Mutter von König Franz I. von Frankreich, bezeichnet.
122) Vgl. Anshelm 4 S. 262 Anm. 2: „Der Rath von Bern schrieb nachher einen drohenden Brief nach Lyon gegen Alle, welche den Mannlich(!) für diesen der Stadt Bern geleisteten Dienst verantwortlich machen möchten", vgl. StABern, A III 176, Lat Miss. H, fol. 333v (1518, Nov 5), und ebd., fol. 408v (1520, Mrz 15).

Ein Aufschub? 939

sorgt, doch hatten die Annaberger und Frankfurter sich die Echtheit ihrer Reliquien vom Abt von Lyon(!) beglaubigen lassen[123], und man kann nicht ausschließen, dass dieser die Berner Reliquie nur deshalb diffamierte, weil Bern sie unter der Hand erworben und nicht den Richtigen dafür bezahlt hatte.

Ein weiteres Bespiel für das „Gewerbe der päpstlichen Heiligkeit" war für Anshelm auch der Wallfahrtsbetrieb von Oberbüren, wo das Geschäft mit der Taufe von totgeborenen Kindern und „Missgeburten" weiterhin blühte, und er lässt denn auf das Kapitel über die falsche Annenreliquie ein solches über Oberbüren folgen, wo im gleichen Jahr 1518 (vom Rat) zwei neue Kaplaneien samt dazugehörigen Kaplaneihäusern gestiftet worden waren (siehe Kap. II/5b, Eine neue Wallfahrt). Dies war freilich bereits im Frühjahr geschehen, die Sache mit der Anna-Reliquie erst im September, aber Anshelm ging offenbar nicht chronologisch vor, sondern stellte an den Anfang, was ihm am wichtigsten – oder am skandalösesten – erschien. Dies war aber auch nicht die Geschichte mit der Annenreliquie, sondern vielmehr – nach einigen Kapiteln über Luther – diejenige mit dem Ablassverkauf durch den observanten Franziskaner Bernhardin Sanson von Mailand, der im November 1518 im Berner Münster stattfand, und dies obwohl, wie Anshelm gleich zu Beginn vermerkt, das römische Ablassgewerbe dank Luther an vielen Orten bereits in üblem Ruf stand. Auch hier war der Chronist offenbar Augenzeuge gewesen; jedenfalls wollte er aus Sansons eigenem Mund vernommen haben, dass dieser innerhalb von achtzehn Jahren für drei Päpste (für den Bau des Petersdoms) um 800 000 Dukaten eingenommen hatte. Sanson verkaufte *zimlich wolfeil* alles, was man haben wollte: *absolutionen, dispensationen, commutationen, restitutionen, stationen, mess-, bicht- und spis-friheiten, fegfürselen, confessionalia, kurz und lang etc.* Dabei stieß er auch schon auf Widerstand, den er energisch bekämpfte. So musste Bartholomäus May (Doktor des geistlichen Rechts im Totentanz) wegen geringer Worte vor Sanson niederknien und um Gnade betteln. Als man diesen mit Luthers Ablassschrift konfrontierte, schwur er „hoch bei Gott und seiner Seele", Luther sei „ein verdammter Erzketzer". Sanson verkaufte seinen Ablass im Münster vom 31. Oktober bis nach dem 11. November 1518, und man konnte solchen nicht nur für vergangene und gebeichtete Schulden bekommen, sondern auch für zukünftige (und entsprechend noch unbeichtbare). Am letzten Sonntag seiner Mission (wahrscheinlich am 7. November 1518) ließ Sanson nach dem Imbiss alle mit der großen Glocke in sein „Kaufhaus" rufen, wo er auf dem mittleren Altar vor dem Chor stand, und „drei unerhörte Gnaden ausrufen", und zwar durch den

---

[123] DÖRFLER-DIERKEN, Die Verehrung der heiligen Anna S. 19, 84, 93.

Chorherrn Heinrich Wölfli. Anshelm erzählt, dass er zu Beginn dieser „Predigt" zum Schultheißen (Jakob von Wattenwyl, 1517–1519) gesagt, habe, wenn Sanson Fuchs und Heinrich Wolf gemeinsam predigten, dann müsse er als Schultheiß seine Gänse und Schafe „eintun". Am Ende von dem, was Anshelm „Seelenauffahrt" nennt, soll der uns aus den Jetzerprozessen und dem Totentanz wohlbekannte Venner Wyler laut geflucht und den Chor mit den Worten verlassen haben: „Wenn die Päpste solche Gewalt haben, dann sind sie große und unbarmherzige Bösewichte, wenn sie die armen Seelen so [im Fegefeuer] leiden lassen."[124]

Natürlich ist es nicht statthaft, Anshelms Erzählung einfach eins zu eins zu übernehmen, denn sie ist aus der Perspektive der Reformation geschrieben, die sich in Bern 1528 durchgesetzt hat. Aber der Ablassverkauf durch Bernhardin Sanson im Herbst 1518 könnte für die bernische Vorreformation doch prägend gewesen sein, möglicherweise prägender als der Jetzerhandel. Trotzdem sind wir jetzt Anshelm gefolgt, weil bei ihm deutlich wird, dass die Entwicklung seit 1517 eine Wendung genommen hatte, welche den Rahmen der Auseinandersetzung – oder Versöhnung – zwischen der Stadt Bern und dem Dominikanerkonvent zu sprengen begann. Leute wie Bartholomäus May und Venner Wyler, die im Totentanz noch mitgemacht hatten, distanzierten sich jetzt – immer laut Anshelms Chronik – von dem, was dieser auch hier als „ein Beispiel des päpstlichen Gewerbes" bezeichnet. Wyler könnte sich übrigens bereits vorher von den Dominikanern abgewandt haben; denn er hatte am 10. März und 25. Juli 1517 sowie am 10. März 1518 Jahrzeiten bei den Dominikanerinnen in der Insel und bei den Franziskanern sowie beim Vinzenzstift gestiftet, nicht aber bei den Dominikanern[125]. Wie wir gesehen haben, stand Heinrich Wölfli im Herbst 1518 noch auf der Seite des „päpstlichen Gewerbes", doch sollte sich dies in den 1520er-Jahren ändern und Wölfli – vielleicht gerade deshalb – zu einem recht frühen Anhänger der Reformation werden (siehe Epilog 4, Einleitung). Es ist auch nicht ganz auszuschließen, dass er als damaliger Prädikant des Stifts verpflichtet war, dem fremden Ablassprediger als Dolmetscher zu dienen, „ohne notwendigerweise selber großen Gefallen an dem Geschehen

---

124) Anshelm 4 S. 259–261. Zu Sanson vgl. Ludwig Rochus SCHMIDLIN, Bernhardin Sanson, der Ablassprediger in der Schweiz 1518/1519. Eine historische, dogmatische und kirchenrechtliche Erörterung (1918), der Sansons Tätigkeit in der Schweiz ebenfalls kritisch sieht. Bemerkenswert ist, dass Sanson aus dem gleichen Franziskanerkonvent, Sant'Angelo in Mailand, stammen könnte wie Bernardin de Bustis, siehe Kap. I/3a.

125) Anshelm 4 S. 261, vgl. auch StABern, F. Inselarchiv, 1517, Mrz 10; F. Stift, 1517, Juli 25; 1518, Mrz 10.

Ein Aufschub? 941

zu finden"[126]. Allerdings suchte er auf der Jerusalemreise, die er in den Jahren 1520 und 1521 unternahm, am 1. Mai 1520 den Ablassprediger Sanson in Mailand auf und holte sich bei ihm eine Erlaubnis zu seiner Pilgerreise[127], was doch wieder für eine persönlichere Beziehung sprechen könnte. Bevor wir uns in einem letzten Kapitel den 1520er-Jahren und dem in ihrem Verlauf erneut aufbrechenden Streit zwischen den Chorherren Wölfli und Löubli zuwenden, soll noch eine weitere Episode aus dem Jahr 1518 evoziert werden, die zwar nicht in Bern, aber doch im benachbarten Freiburg spielte und uns wieder zur Annenverehrung zurückführt. Sie ist bei Anshelm (3 S. 299) nicht unter dem Jahr 1518, sondern bereits unter dem Jahr 1512 aufgeführt und zeigt, dass nicht nur die Berner und der Bischof von Lausanne, sondern selbst Kaiser Maximilian I., die Reichsstände, römische Legaten und der Bischof von Augsburg sich an der Nase hatten herumführen lassen, und zwar *von einer dochter zů Ougspurg, so on spîs und trank geglowt heiligs leben ze fůeren.* Alle glaubten, *die 40järige dochter Anna lebte on alle menschliche spis und trank* und *hätte schwôwlich [wohl schöuwlich] wesen mit Got*, d. h. stehe Gott sehr nahe, was ihr viel Geld eingebracht habe. Im Jahr 1512 wurde sie durch Kunigunde, die Schwester Kaiser Maximilians I. und Witwe Herzog Albrechts IV. von Bayern (reg. 1465–1508), entlarvt, weshalb Anshelm die Geschichte unter dem Jahr 1512 bringt, nicht ohne schon hier anzufügen, dass Anna *zů lest zů Fryburg in Oechtland [als] ein falsche diebin ertränkt* wurde.

Anna Laminit (Lamettin, Lamelottin, Lamentin), Frau des Armbrusters Hans Bachmann, stand am 21., 26. und 29. April 1518 in Freiburg vor Gericht und gestand, dass ein „Ehrenmann" von Augsburg ihr einen Knaben anvertraut habe, der indessen gestorben sei. Als dieser „Ehrenmann" nach seinem Sohn geschickt habe, habe sie ihm den Sohn ihres Mannes untergeschoben, mit dem er *vil kosten gehept* habe. Weiter sagte sie aus, dass sie den Leuten zu verstehen gegeben habe, sie hätte Erscheinungen der hl. Anna, damit diese sie für eine fromme Frau hielten. Sie habe sich in ein häresnes Kleid gekleidet, damit man glaube, sie führe ein entbehrungsreiches Leben. Sie habe auch ein hölzernes Kruzifix gehabt, das sie aus den Wunden habe

---

126) Tremp-Utz, Chorherren S. 100, vgl. auch Schwinkhart, Chronik S. 216: *Der Commisari prediget ouch allwågen jn denen kilchen, da er den såmlichen ablaß usgab, und als [er] keyn tütsch konndt, verkündet er söllichen ablas(!) in latin und nam zů jm den Canzelversåcher, und der sagt dann dz jn tütscher sprach sinen undertonen.*

127) Heinrich Wölflis Reise nach Jerusalem 1520/1521 S. 15: *den 1. Meyens als wir zu Meyland zum Sod ynkheert, hand wir die Statt besichtiget, unnd da han ich angsprochenn F. Sansonem des Bapsts Legaten, der in d'Eidnoschafft was gschickt worden, applas brieff zuverkhouffen; unnd han von imme begärrt erlouptnus min fürgenome reiß zu volbringen, habs auch von Imm erlanngt.*

bluten lassen können, und zwar mit eigenem Blut, das sie beim Nasenbluten gewonnen habe. Mit diesem Blut habe sie auch ein Tüchlein bestrichen und den Leuten gesagt, dieses sei vom Himmel auf sie herunter gefallen; dieses Tüchlein sei in Augsburg in der Heiligkreuzkirche *für ein groß zeichen gehalten worden*. Mit dem gleichen Blut habe sie auch Kreuzlein auf ihre Hände gemalt, die angeblich ebenfalls vom Himmel gekommen seien. Während fünfzehn Jahren hätte man geglaubt, dass sie keine „irdische Speise" esse. Nichtsdestoweniger habe sie immer gegessen; sie habe den Leuten gesagt, sie sollten die Armen speisen, und sich davon ihren Teil genommen. Sie habe in Augsburg auch Heilige(?) malen lassen und die Bildchen den Frommen gegeben und gesagt, diese kämen von der hl. Anna. Wenn die Leute sie um Reliquien gebeten hätten, habe sie ihnen Knochen gegeben, die aus dem Beinhaus stammten – ebenso wie die Annenreliquie, die im Herbst 1518 unter großen Ehren von Lyon nach Bern gebracht wurde ... Ihren Beichtvater habe sie während sieben Jahren im Glauben gelassen, dass sie tatsächlich nichts esse. Am 30. April 1518 wurde Anna in Freiburg zum Tod durch Ertränken verurteilt, und am 4. Mai das Urteil vom Rat bestätigt und vollstreckt[128].

Die Erscheinungen der hl. Anna, das blutschwitzende Kruzifix, die blutigen Tüchlein und Kreuzlein auf den Händen sowie die Reliquien erinnern sehr an den Jetzerhandel, und Albert Büchi, der die Geständnisse, die Anna Laminit im April 1518 in Freiburg machte, veröffentlicht hat, meint denn auch, dass es der Jetzerhandel gewesen sei, der die Freiburger bewogen habe, mit der Betrügerin kurzen Prozess zu machen[129], während man ihr in Augsburg, ihrer früheren Heimat, jahrelang zugeschaut hatte. Denn die Geschichte der Anna Laminit hat eine lange Vorgeschichte, auf die wir hier aus Platzgründen nicht mehr eingehen können[130]. Für Anshelm (3 S. 299) war die Geschichte der Anna Laminit jedenfalls ein weiteres *Wunderwerk des Endchrists*, und für uns vielleicht ein weiteres Mosaiksteinchen dafür, dass im Jahr 1518 der von Bern geförderte Wallfahrtsort Oberbüren zwar noch einmal einen Aufschwung nahm, aber mit der Verurteilung von Anna Laminit in Freiburg, der falschen Annenreliquie aus Lyon und schließlich mit der Anpreisung des Ablasses für den Bau des Petersdoms in Bern durch Bernardin Sanson hier doch recht große Enttäuschungen zu verkraften waren. Da-

---

128) BÜCHI, Ende der Betrügerin S. 44–46 Beilagen 1–3 (Beilage 1 = StAFreiburg, Schwarzbuch 4 S. 26; Beilage 2 = StAFreiburg, Säckelmeisterrechnung Nr. 231 (1518/I); Belage 3 = StAFreiburg, Ratsmanual 35 fol. 80v).

129) BÜCHI, Ende der Betrügerin S. 43.

130) Friedrich ROTH, Die geistliche Betrügerin Anna Laminit von Augsburg (ca. 1480–1518). Ein Augsburger Kulturbild vom Vorabend der Reformation, in: Zeitschrift für Kirchengeschichte 43 / NF 6 (1924) S. 355–417.

Ein Aufschub? 943

bei könnte man auf die Verehrung der heiligen Anna ausgewichen sein, um weniger Schaden anzurichten als im Jetzerhandel mit der Marienverehrung, aber letztlich war die Annenverehrung doch Teil der Marienverehrung (siehe Einl. 3b)[131]. Es ist vielleicht auch kein Zufall, wenn der Berner Chronist Ludwig Schwinkhart um 1520 bereits eine recht säkularisierte Version des Jetzerhandels und der Jetzerprozesse gibt, in welcher der Bischof von Lausanne und die von Rom eingesetzten geistlichen Gerichte kaum mehr eine Rolle spielen, sondern die Hauptrolle der Stadt Bern zufiel, die im Gericht prominent vertreten gewesen wäre und die Dominikaner in erster Linie wegen ihres Pakts mit dem Teufel verurteilt hätte, der zu einem weltlichen Verbrechen geworden war (siehe Kap. II/3e, Der Jetzerhandel in der Chronik des Ludwig Schwinkhart).

4. Vom Jetzerhandel zur Reformation (1520 bis 1528/1530)

In den 1520er-Jahren brachen vor dem Hintergrund der um sich greifenden Vorreformation die alten Gegensätze, die man im vorangehenden Jahrzehnt unter dem Deckel gehalten hatte, wieder auf, aber die Fronten begannen nun anders zu verlaufen. Der Jetzerhandel taucht in anderen Zusammenhängen wieder auf, und ebenso der Streit zwischen den Chorherren des Vinzenzstifts, Ludwig Löubli und Heinrich Wölfli[132]. Der Streit hatte seinen Ursprung darin, dass Löubli als erster bereits am 23. August 1507 zu Protokoll gegeben hatte, *daß der handel, so allhie zu den Predigern mit dem bruder fürgeloffen, ein erdachte lotterî und ketzerî sîe* (siehe Kap. II/2d, Zeugenaussage Noll), während Wölfli bedingungslos und naiv an Jetzer und die Dominikaner glaubte und sich mit ihnen identifizierte (siehe insbes. Kap. II/3c, Zeugenaussage Wölfli). Wölflis Leichtgläubigkeit wurde von den Dominikanern denn auch ausgenützt, und man versteht sie nicht bei einem gebildeten Mann, einem Humanisten oder zumindest Protohumanisten, wie Wölfli es war. Doch schlossen Humanismus und spätmittelalterliche Frömmigkeit sich keineswegs aus, wie auch die Beispiele Thüring Fricker (siehe Kap. I/2d, Der Streit um die messelesenden Toten) oder Peter Falck zeigen[133]. Bei

---

131) Im Unterschied zu Anshelm stand der Luzerner Schilling der Annenverehrung unkritisch gegenüber bzw. war wohl selber ein Annenverehrer, vgl. Luzerner Schilling S. 526 Kap. 449, S. 532 f. Kap. 455, S. 572 f., 675.
132) Hier und im Folgenden nach TREMP-UTZ, Chorherren S. 80–82 u 99–101 (Biographien Ludwig Löubli und Heinrich Wölfli); zu Wölfli vgl. auch RAPP BURI/STUCKY-SCHÜRER, Der Berner Chorherr Heinrich Wölfli.
133) TREMP, Das Ende des Freiburger Humanisten Peter Falck S. 129 ff., vgl. auch OGUEY, La „petite Renaissance" d'Aymon de Montfalcon S. 124 f., der von „humanistes

Löubli hingegen lagen die Interessen anders. Löubli stammte aus guter Familie; er war der Sohn des Handelsherrn Werner Löubli und seiner ersten Frau Christine, einer Schwester des späteren bernischen Schultheißen Wilhelm von Diesbach, Vogt des Dominikanerkonvents, und hatte das Kanonikat an St. Vinzenz praktisch von seinem Onkel, Albrecht Löubli (Chorherr 1485–1502), geerbt. Ebenso wie Wölfli (*Magister artium* der Universität Paris 1494) hatte Löubli auch einen Universitätsabschluss (Lizentiat der Universität Paris 1486), aber es waren nicht die Wissenschaft und die Gelehrsamkeit, die ihn interessierten, sondern vieles andere. Er war ein eher unzuverlässiger Chorherr, und wenn er im Stift trotzdem Karriere machte und am 15. September 1508 Dekan wurde, so verdankte er dies seiner entschieden ablehnenden Haltung im Jetzerhandel, die in Bern großen Eindruck machte. Verglichen mit Löubli war Wölfli ein Selfmademan, der seine Karriere ausschließlich seiner Gelehrsamkeit sowie seinem gewissenhaften Einsatz für das Stift und dessen Gottesdienst verdankte. Seine Leichtgläubigkeit im Jetzerhandel könnte seine Karriere verzögert haben, und als er 1523 endlich Kantor wurde, ein Amt, das ihm auf den Leib geschrieben war, setzte er es – und sein Kanonikat – gleich wieder aufs Spiel, indem er sich verheiratete und damit auf die Seite der Neugläubigen schlug (siehe Epilog 4b).

Der Streit zwischen Löubli und Wölfli brach bereits im Spätherbst 1507 aus, und man scheint versucht zu haben, ihn im Stiftskapitel zu schlichten (siehe Kap. II/2d, Zeugenaussage Murer). Als Wölfli sich im Sommer 1512 darüber beklagte, dass er seinen Mitchorherren Constans Keller, der als geistlicher Diplomat seit 1509 vermehrt unterwegs war, nicht zuletzt auch in Sachen Kosten der Jetzerprozesse (siehe Epilog 2b), und dabei immer mehr mit dem Bischof von Sitten, Matthäus Schiner, zusammenarbeitete, schon wieder beim Gottesdienst vertreten müsse, wurde ihm entgegengehalten, dass Keller ihn dafür bei Schiner von dem Verdacht gereinigt habe, während des Jetzerhandels in die Ränke der Dominikaner eingeweiht gewesen zu sein. Dabei legte Wölfli dem Stiftskapitel eine Urkunde vor, in der ihm von den drei Bischöfen des Revisionsprozesses seine Unschuld bestätigt wurde[134], eine Urkunde, die er sich wohl während des Revisionsprozesses be-

---

mineurs" spricht. – Die Frage nach Wölflis Humanismus und Frömmigkeit hat auch Hans von Greyerz mehrmals beschäftigt, zunächst in einem Aufsatz v. GREYERZ, Der Jetzerhandel und die Humanisten S. 265–269, wo er sich mit der Haltung der drei Berner Humanisten Thüring Fricker, Heinrich Wölfli und Valerius Anshelm zum Jetzerhandel befasst, und dann auch in DERS., Studien zur Kulturgeschichte, wo er Wölfli ein eigenes Kapitel widmet (S. 431–455).

134) TREMP-UTZ, Chorherren S. 69 (Biographie Constans Keller), vgl. auch Das Stadtrecht von Bern 6/1 S. 303 f. Nr. 15r. – Im Jahr 1513 trug Wölfli auf das vordere Vorsatzblatt eines Sammelbandes, der zwei gedruckte Bücher (von Giovanni Francesco Pico

schafft hatte und die beweist, wieviel ihm bereits damals an seiner Rehabilitierung gelegen war. Löubli seinerseits scheint im Jahr 1514 den Berner Hans Bischof und insbesondere dessen Schwiegervater, Venner Kaspar Wyler, verleumdet zu haben, dass sie eine Pension vom Herzog von Mailand bezögen. Wyler klagte deshalb im Sommer 1514 vor dem Rat, und Löubli wurde zum Widerruf (in einer Sitzung des Kapitels von St. Vinzenz) und zu einem Jahr Verbannung aus der Stadt verurteilt, so dass er während des ganzen Jahres 1515 dem Kapitel fernbleiben musste. In diesem Zusammenhang schrieb Wölfli ein Neujahrsgedicht auf Löubli, in dem er sich bei diesem entschuldigte, „dass er ihm bei dessen von der Obrigkeit befohlenen Weggang von Bern nicht einmal die Hand zum Gruße gereicht habe", beteuerte ihm aber jetzt seine Anteilnahme[135]. Damit hatte Wölfli jedenfalls seinen guten Willen gezeigt, und für einige Jahre könnte der Streit zwischen den beiden zum Stillstand gekommen sein, was aber nicht verhinderte, dass er in den 1520er-Jahren unter veränderten Umständen umso heftiger wieder zum Ausbruch kam. Bevor wir jedoch darauf zu sprechen kommen, sollen zunächst die Erwähnungen des Jetzerhandels in diesem Jahrzehnt vorgestellt werden. Dabei kann es sich keineswegs um eine Geschichte der Vorreformation in Bern handeln (auch wenn sich darin doch einiges von dieser Geschichte spiegelt)[136], noch um vollständige Biographien der Chorherren Löubli und Wölfli, sondern vielmehr um eine Art verschränkter Doppelbiographie eines paradigmatischen Paares. Auch hier führt der Weg nicht gradlinig vom Jetzerhandel zur Reformation: derjenige (Löubli), der die „erdachte Lotterei und Ketzerei" von Anfang an durchschaut und sie dann als Glaubensprokurator unerbittlich bekämpft hatte, blieb letztlich unbeirr-

---

della Mirandola aus dem Jahr 1511 und von Petrus Marus von 1483) enthält, ein Gedicht über „denkwürdige Ereignisse der Stadt Bern" ein, darunter das Gründungsjahr der Stadt Bern (1191), des Berner Münsters (1421) und des Chorherrenstifts St. Vinzenz (1485) sowie den Jetzerhandel (1509), doch sind die Verse zum Jetzerhandel – ein Chronostichon – so gelehrt und nichtssagend (*Rupiae ... ingenio scelus ex crudele sagaci / Et pseudo extinguis protinus igne levi*), dass man sie keineswegs als Auseinandersetzung Wölflis mit diesem Ereignis, das sein Leben wie kein anderes geprägt und überschattet hat, interpretieren kann. Bemerkenswert ist immerhin, dass er den Jetzerhandel überhaupt in eine solche Reihe stellt. online: http://dx.doi.org/10.3931/e-rara-67369 (Zugriff 2. Sept. 2020); vgl. RAPP BURI/STUCKY-SCHÜRER, Der Berner Chorherr Heinrich Wölfli S. 86 f.

135) TREMP-UTZ, Chorherren S. 81, vgl. auch RAPP BURI/STUCKY-SCHÜRER, Der Berner Chorherr Heinrich Wölfli S. 91.

136) Zur Vorreformation in Bern vgl. WALDER, Reformation und moderner Staat S. 483 ff. Vgl. auch Martin SALLMANN, The Reformation in Bern, in: A Companion to the Swiss Reformation, ed. by Amy Nelson BURNETT / Emidio CAMPI (Brill's Companions to the Christian Tradition 72, 2016) S. 126–169.

bar dem alten Glauben treu, auch wenn dies für ihn die lebenslängliche Verbannung aus Bern bedeutete, während derjenige (Wölfli), der auf den Schwindel hereingefallen war, sich relativ rasch dem „neuen Glauben" – einer „wirklichen" Häresie! – anschloss, auch wenn ihn dies eine schöne, selbsterarbeitete Karriere kostete und er sich seinen Irrtum im Jetzerhandel ein Leben lang selber nicht verzeihen konnte.

a) Der Jetzerhandel in den 1520er-Jahren

Am 4. März 1523 wandte der Rat von Bern sich an die Pfarrer von Düdingen, Koppigen und Lüsslingen sowie an den Beichtvater der Zisterzienserinnen von Fraubrunnen und bat sie, nach Bern zu kommen, und zwar als Zeugen in einer Klage gegen den Lesemeister der Franziskaner in Bern, Sebastian Meyer, der am Tag der hl. Anna (26. Juli) 1522 in Fraubrunnen gepredigt und *daselbs etwas ungeschickter worten der Bredier [Prediger, Dominikaner] und anderer sachen halb gebrucht sölle haben*. Sebastian Meyer scheint sich keiner Schuld bewusst gewesen zu sein, hatte aber den Rat angerufen, *darumb grund der warheit zů erkunden*. Der Rat schrieb auch an die Äbtissin von Fraubrunnen und bat sie, zwei Frauen, die zum Servieren bei diesem „Worthandel" anwesend gewesen waren, danach zu fragen, *was worten, so uns oder andern zů schmach möchte[n] dienen, der genannt her doctor gebrucht habe*[137]. Am 24. März 1523 wurden die Pfarrer von Lüsslingen, Düdingen und Koppigen in Bern verhört und gaben zu Protokoll, dass sie am 26. Juli 1522 beim Imbiss und beim Abendbrot in Fraubrunnen *vil und mängerley von der Lutterschen sach wägen geredt* und dass der Lesemeister *inen allwäg züchtige, gütige andtwurt uss der heiligen geschrift geben*. Der Pfarrer von Limpach habe beanstandet, dass Luther die Sakramente und insbesondere die Messe abschaffen wolle, und gemeint, dieser werde *ouch im rouch zů himel faren, alsswol als der Huss*. Der Lesemeister habe erwidert, Hus sei Unrecht geschehen, *dan ob schon ein mönsch in einer irrung wäre, so sölte man in doch nit angends verbrönnen und für ein ketzer halten, sunder in nach dem heilligen evangelio güttlich strafen und underwysen*. Dies war das richtige Stichwort für den Pfarrer von Limpach, der nachgefragt habe: *so gehör ich wol, min herren von Bern hand den Predigerherren unrecht gethan?* Der Lesemeister habe geantwortet: *Ja, nach dem*

---

137) Aktensammlung zur Berner Reformation S. 53 f. Nr. 197 u. 198 (1523, Mrz 4). Zum Franziskaner Sebastian Meyer, der zu den Hauptförderern der Reformation in Bern gehörte, vgl. Urban FINK, Art. Meyer, Sebastian, in: HLS online (Zugriff 7. Feb. 2021) mit Verweis auf Paul LACHAT, Barfüßerkloster Bern, in: HS V/1 S. 137–146, hier S. 138.

heilligen evangelio wäre inen ungůttlich beschächen, dann das evangelium tötte niemand, aber nach keiserlichem rechten so wäre inen nit unrecht beschächen, dann man müsste übelthäter strafen, damit einer von dem andern sicher wäre und bösers vermitten blibe. Die verhörten Pfarrer waren sich indessen einig, dass Sebastian Meyer keineswegs gesagt habe, die Herren von Bern hätten den Dominikanern „Gewalt und Unrecht" angetan; sie hätten alle *mit dem genampten herrn doctor in disputierens wyss geredt* und dieser habe freundliche Antworten gegeben. Nur der Pfarrer von Limpach sei heftig geworden, so dass die Nonnen unzufrieden gewesen seien. Der Lesemeister sei höchst gelassen geblieben und habe beim Abschied gesagt: *lieben Herren, zürnen nütt!*[138] Bemerkenswert ist, dass hier ausgerechnet ein Franziskaner die hingerichteten Dominikaner in Schutz nahm und zwischen dem Urteil des geistlichen und des weltlichen Gerichts unterschied. Dies erlaubte es ihm, nur das erstere zu kritisieren und den Rat zu schonen, auch wenn es implizierte, dass die Dominikaner als „Übeltäter" dargestellt werden mussten, von denen es die Allgemeinheit zu schützen galt.

Der Rat scheint den Pfarrern von Düdingen, Koppigen und Lüsslingen Glauben geschenkt zu haben, denn nur kurze Zeit darauf schrieb er an den Provinzial der Oberdeutschen Franziskanerprovinz, er solle Sebastian Meyer in Bern bleiben lassen; denn wenn er diesen abberufen würde, würde in Bern ein Mangel an *göttlicher und evangelischer Lehre* entstehen, die man hier gerne höre, fördere und beschütze. Dies war nur kurz vor dem Mandat *Viti et Modesti* (vom 15. Juni 1523), mit dem der Rat allen Predigern vorschrieb, sich an die Bibel zu halten[139]. Es könnte auch sein, dass dieser in Bezug auf die Kosten der Jetzerprozesse milder gestimmt worden war. Jedenfalls beschloss er am 19. Januar 1524, *von den bredigern hundert pfund geltz für die gantzen summ zů nämen und sie damit gerüwiget [zu] lassen*[140], doch ist nicht zu erfahren, ob es sich dabei um eine Reduktion der Summe von 500 Pfund handelte, die der Rat seit 1514 jedes Jahr vom Kloster einzog – oder zumindest hatte einziehen wollen (siehe Epilog 2b) –, oder gar um einen Verzicht auf die ganze Schuld. Am 18. Februar 1524 nahm dieser dagegen wiederum den Jetzerhandel zum Vorwand, um den Provinzial der Oberdeutschen Dominikanerprovinz, Eberhard von Kleve (de Clivis, 1515–1529), aufzufordern, den Prior und Lesemeister der Berner Niederlassung, Hans Heym, abzuberufen. Der Rat vernehme *allerley unwillens, so vil der unsern zů dem prioren und lässmeister üwers gotzhus hie by uns tragen,*

---

138) Aktensammlung zur Berner Reformation S. 56 f. Nr. 212 (1523, Mrz 24).
139) Aktensammlung zur Berner Reformation S. 59 Nr. 218 (1523, Apr 7), vgl. auch ebd. S. 65–68 Nr. 249 (1523, Juni 15).
140) Aktensammlung zur Berner Reformation S. 92 Nr. 345 (1524, Jan 19).

us dem, dass gemeint wird, er habe an dem misshandel, in verruckten iaren von etlichen üwers ordens in bemeltem gotzhus gebrucht, wüssen und schuld gehebt. Dazu sei er in seinen Predigten *etwas ungeschickt und andern unsern predicanten widerwertig,* woraus im Volk *zweyung und allerley unrůwige reden erwachsen.* Deshalb sollte der Provinzial die Stadt Bern *mit einem andern, tougenlichen, gelerten, erbers wandels* versehen, *der dann sin ler und predigen uf das heilig evangelium und die göttlichen geschrift [...] gründe, mit abstellen der sophistereien und ander nidiger zůsätz.* Dabei wird Hans Heym in den Jetzerprozessakten mit keinem Wort erwähnt; die Gerüchte, die ihn damit in Verbindung brachten, könnten u. U. daher rühren, dass er ursprünglich aus dem Konvent Frankfurt stammte, wo der Jetzerhandel um 1494/1500 in den Wirt-Händeln seinen Anfang genommen hatte (siehe Einl. 3b und c)[141].

Am 11. April 1524 gelangte Bern wiederum an den Provinzial und bat ihn, die Berner Niederlassung von einer Steuer zu Gunsten des Ordens zu verschonen, *dann demselben begegnet durch die Luterschen leer allerley abgangs, es sye an dem opfer und andern zůfällen.* Außerdem seien *in dem schwären handel, so üwer erwird orden in vermerkten jaren hie by uns uszůtragen gehept habe, von dem berürten gotzhus ein mercklicher costen bezogen und damit desselben gotzhuss rent und gült gemindert [...] worden.* Bern habe *in demselben handel ob den acht tusend pfund(!) costens erlitten und für denselben nit mer dann tusent pfund genommen,* obwohl – und nun folgt Berns *Ceterum censo – gemeint worden, dass der orden, so in dem misshandel beladen ist gewäsen, uns abtrag gethan sölte haben*[142]. Wir wissen nicht, wie der Provinzial auf die beiden Schreiben reagiert hat; jedenfalls weilte Heym im Oktober 1524 noch in Bern und wurde damals zusammen mit dem Lesemeister der Franziskaner, Sebastian Meyer, entlassen, mit der Begründung, dass sie mit ihren gegensätzlichen Predigten in der Stadt spaltend wirkten; dabei bescheinigte der Rat ihnen indessen einen guten Ruf, was wohl bedeutet, dass er bestätigte, dass Heym mit dem Jetzerhandel nichts zu tun gehabt hatte[143].

---

141) Aktensammlung zur Berner Reformation S. 94 f. Nr. 360 (1524, Feb 18), vgl. auch UTZ TREMP, Art. Bern S. 321. Heym weilte nur ganz kurze Zeit in Bern, vgl. PAULUS, Die deutschen Dominikaner S. 212–214, und SPRINGER, Die deutschen Dominikaner S. 51 Anm. 20, S. 54 Anm. 38, S. 59 mit Anm. 64, S. 60, 182 mit Anm. 37, S. 324 Anm. 85. Es ist auch nicht sicher, ob Heym in Bern zugleich Lesemeister und Prior gewesen ist, vgl. Anshelm 5 S. 59, wo dieser als Lesemeister zusammen mit einem ungenannten Prior auftritt.

142) Aktensammlung zur Berner Reformation S. 112 f. Nr. 386; Beilagen S. 656 Nr. 55 (beide 1524, Apr 11).

143) Aktensammlung zur Berner Reformation S. 152 f. Nr. 498 u. 499 (1524, Okt 26).

Näheres berichtet Anshelm: Hans Heym, *ein frecher, wolgefizter und volbiblischer lesmeister*, sei von Mainz nach Bern geschickt worden, um *den nüwen evangelischen fůss zehalten*, und er habe auch rasch großen Zulauf und Ruhm gewonnen, so dass der Jetzerhandel zu Anshelms Bedauern fast in Vergessenheit geraten wäre: *dass ouch sines convents unvergesslich schand und schaden, wie wol noch diss jars durch abtrag kostens zů Bern und durch nůw getrukte bůechle [Jetzerliteratur] in allen Tůtschen landen ernůweret, in vergessen wåre komen*. Am Sonntag, 23. Oktober 1524, habe Heym gepredigt, *Kristus håte nit alein gnůg tan får unsere sůnd und schuld, wie die nůwen evangelisten sagtid, sunder wir můstid ouch gnůg tůn, und das wólt er mit der heiligen gschrift bewisen*. Deshalb bezichtigten ihn der Schneider Lienhard Tremp und der Unterschreiber Thomas von Hofen der Lüge, und wurden darauf verhaftet, doch wollten sie eher im Gefängnis *erfulen, wan unerwist dem můnch einen widerrůf zetůnd*. Am Mittwoch, 26. Oktober 1524, wurde der Große Rat versammelt, und das Ergebnis war der Beschluss, die Kanzeln sowohl bei den Dominikanern als auch bei den Franziskanern stillzulegen, was wiederum dem Prädikanten des Stifts (und zukünftigen Reformator Berns), Berchtold Haller, einen Vorteil verschaffte[144].

Am 18. Januar 1525 erschien vor dem Rat der Stadt Bern ein Adeliger namens Ruland von Andlau, der wohl aus dem gleichnamigen unterelsässischen Adelsgeschlecht stammte. Dieser hatte mehrere Klagen gegen den Dominikaner Paul Hug, der einst Lesemeister im Berner Dominikanerkonvent gewesen sei. Dies trifft allerdings nicht zu, doch hatte Hug im Winter 1507/1508 zusammen mit dem Prior von Basel, Werner von Selden, den Provinzial Peter Sieber in Bern vertreten und stand auch im Ruf, am Verbrechen der vier hingerichteten Dominikaner beteiligt gewesen zu sein. Ruland von Andlau bat den Berner Rat, aus dem Prozess Jetzers und der vier Do-

---

Es ist anzunehmen, dass der Lesemeister der Franziskaner im Sinn der Reformation gepredigt hatte, und derjenige der Dominikaner im gegensätzlichen Sinn, denn die Franziskaner standen der Reformation viel offener gegenüber als gerade die observanten Dominikaner, vgl. BARTHELMÉ, La réforme dominicaine S. 153–155, und GAY-CANTON, Entre dévotion S. 394. Vgl. auch PAULUS, Die deutschen Dominikaner; SPRINGER, Die deutschen Dominikaner, und DERS., Der Orden. – Laut Ariane Huber Hernández setzten die Legate zu Gunsten der proreformatorischen Berner Franziskaner früher (bereits 1525) aus als diejenigen zu Gunsten der Dominikaner (erst 1527), vgl. HUBER HERNÁNDEZ, Für die Lebenden S. 303.

144) Anshelm 5 S. 57–60, vgl. auch TREMP-UTZ, Kollegiatstift S. 159, und DIES., Gottesdienst S. 96. Thomas von Hofen war in den Jahren 1516–1527 auch Stiftsschreiber und scheint 1527 gestorben zu sein, vgl. TREMP-UTZ, Kollegiatstift S. 127f., und UTZ TREMP, Ein reformierter Tremp S. 202f.

minikaner (*ex processu Johannis Jetzer et prefatorum quattuor fratrum Predicatorum*) die Anschuldigungen gegen Paul Hug ausziehen und ihm in Form eines beglaubigten Briefes (*littere testimoniales*) zukommen zu lassen. Der Rat beauftragte den Stadtschreiber, die Prozessakten durchzulesen und den gewünschten Auszug zu machen, den er in der Folge besiegelte[145]. Der Rat war umso eher bereit, der Bitte des Ruland von Andlau zu willfahren, als er selber Paul Hug immer im Verdacht gehabt, aber nie hatte Hand an ihn legen können; zum Revisionsprozess war er gar nicht mehr erschienen, weil das Gericht ihm das gewünschte sichere Geleit verweigert hatte (siehe Kap. II/3a, Der Beginn des Revisionsprozesses). Es war wohl nicht leicht, die lateinischen Prozessakten durchzulesen, und dies umso weniger, als der Stadtschreiber Niklaus Schaller, der den ganzen Handel miterlebt hatte und sich in den Akten leichter hätte zurechtfinden können, am 24. November 1524 im Amt gestorben war. Sein Nachfolger war Peter Cyro (Girod, um 1495–1561) aus Freiburg, doch scheint dieser sein Amt erst am 7. Juli 1525 angetreten zu haben[146], so dass man annehmen muss, dass irgendein Schreiber aus der Berner Kanzlei den verlangten Auszug angefertigt hat. Dieser ist nicht überliefert, sondern wurde wohl direkt dem Petenten ausgehändigt, aber in den Prozessakten finden sich doch Unterstreichungen, die genau der erwähnten Anfrage entsprechen, und es ist sicher kein Zufall, wenn sie alle aus den Verhören vom 4. September 1508 stammen, die eigens dazu dienten, die Mitschuld der Ordensprovinz zu ergründen (Kap. II/2e, Die Mitschuld der Oberdeutschen Dominikanerprovinz). Paul Hug wird freilich noch an vielen anderen Stellen in den Prozessakten genannt, aber der Schreiber scheint die einschlägigsten Stellen doch gefunden und unterstrichen zu haben[147]:

---

145) Aktensammlung zur Berner Reformation S. 174 f. Nr. 556 (1525, Jan 18). Vgl. auch Dorothea A. CHRIST, Art. Andlau, von, in: HLS online (Zugriff 13. Juli 2019).

146) Albert BÜCHI, Peter Girod und der Ausbruch der Reformationsbewegung in Freiburg, in: ZSKG 18 (1924) S. 1–21, 305–323, hier S. 306, vgl. auch STUDER IMMENHAUSER, Verwaltung S. 93–99. Niklaus Schaller scheint kurz vor seinem Tod sein Testament gemacht zu haben. Darin wählte er sein Grab *in sant Vincentzen Stiftkilchen in dem grab vor minem gewonlichen stand [Kirchenstuhl], darin min beid husfrouwen säligen bestattet sind*, und verfügte, dass an den Tagen der Beerdigung, des Siebenten und Dreißigsten je 50 und an den Tagen seiner Jahrzeit je 80 „arme Menschen" gespeist werden sollten, und widerrief eine Vigil, die er früher zu seiner Jahrzeit eingesetzt hatte; vgl. TREMP-UTZ, Gottesdienst S. 65.

147) In Akten II/2 S. 296 Nr. 41 (1508, Sept 4; Prior) wird Paul Hug als „Lesemeister" (*lector*) bezeichnet, was das obige Missverständnis erklären könnte, doch war er Lesemeister von Ulm und nicht von Bern, siehe Kap. I/3b, Anm. 110.

Akten II/1 S. 142 Nr. 398 (1508, Sept 4; Jetzer)	*dominus provincialis, doctor Magnus <u>et quidam concurrens sive socius provincialis</u>*
Akten II/2 S. 255 Nr. 51 (1508, Sept 4; Lesemeister)	*frater Wernherus, recedens a convocatione in Pfortzen cum reverendo patre <u>domino provinciali, fratre Paulo</u>, magistro Magno Wetter et priore Coloniensi, vocato magister Servatius Fanckel*
Akten II/2 S. 256 Nr. 51 (1508, Sept 4; Lesemeister)	*quod homo iste e medio auferreretur; unde conclusum tunc per eum [magistrum Wernherum] fuit, aliis <u>omnibus suprascriptis tamen postea assentientibus</u>*
Akten II/2 S. 257 Nr. 52 (1508, Sept 4; Lesemeister)	*Dicens insuper, quod <u>frater Paulus predictus presidens</u>, dum de mense Iugnii(!) missus fuit per totam provinciam Pfortzen ad capitulum generale Papiense pro negotiis provincie, habuit in mandatis ab inquisitis quatuor, sciente et non contradicente provinciali, ut gesta cum Iohanne Ietzer generali manifestaret*
Akten II/2 S. 296 Nr. 41 (1508, Sept 4; Prior)	*quod post convocationem fratrum Predicatorum in civitate Pfortzen, magister Wernherus dixit provinciali cum magistro Servatio, priore Coloniensi, magistro Watter(!), fratre Paulo <u>lectore</u>, et uno de Bolonia [Polonia], in itinere veniendo huc Bernum, de hac re Iohannis Ietzer et quomodo confecta erant omnia et ad quem finem*
Akten II/2 S. 297 Nr. 41 (1508, Sept 4; Prior)	*quod magister Magnus <u>et frater Paulus iuramentum</u> Iohanni Ietzer dederunt, quod nullo modo revelaret gesta cum eo*

Am 26. Februar 1526 erhielten die Berner Dominikaner eine Quittung über 1000 Pfund, die sie der Stadt *der ansprach halb* gegeben hatten[148]. Dass mit der „Ansprach" die Kosten des Jetzerhandels gemeint sein könnten, geht daraus hervor, dass die Summe exakt derjenigen entsprach, die der Rat in seinem Brief an den Provinzial vom 11. April 1524 genannt hatte. Dies bedeutet wohl, dass der Rat von den damals veranschlagten 8000 Pfund letztlich tatsächlich nur 1000 Pfund bekommen hatte und dass er sich jetzt

---

148) Aktensammlung zur Berner Reformation S. 295 Nr. 831 (1526, Feb 26).

damit zufrieden gab, vielleicht aus der Einsicht heraus, dass ohnehin nicht mehr zu holen sei, oder aber weil er jetzt, im Vorfeld der Reformation, ganz andere Sorgen hatte. Es ist nicht auszuschließen, dass der Jetzerhandel auch außerhalb von Bern dazu benützt wurde, um im anbrechenden konfessionellen Zeitalter Leute zu diffamieren, die man aus welchen Gründen auch immer belasten wollte; jedenfalls erschien vor dem 20. November 1526 ein gewisser Herr Wendelin Hass (Haas?) mit einem Empfehlungsschreiben des Standes Obwalden und wollte offenbar wissen, ob er in den Prozessakten erwähnt werde oder nicht. Der Rat befahl dem Stadtschreiber – jetzt sicher Peter Cyro – die Prozessakten durchsuchen zu lassen, doch sei diesem wegen anderer Geschäfte – die wohl vorgingen – nicht möglich gewesen, *alles ze erkunden und durchläsen*. Deshalb könne der Rat den Obwaldnern nicht zuverlässige Auskunft geben, *ob gedachter her Wänndeli in söllichem vergriffen old einicher gestalt angezogen sye, und hierumb nit wüssen, ob im recht old unrecht beschäche, können ouch in weder schuldigen noch entschuldigen*. Der Rat von Obwalden scheint die Beschuldigung auch nicht allzu ernst genommen zu haben, sonst hätte er nicht den Beschuldigten – wohl ein Priester – selber nach Bern geschickt. Der Rat von Bern konnte diesem freilich keinen Persilschein ausstellen, hingegen die Editoren der Aktensammlung zur Berner Reformation, von denen einer auch der Editor der Jetzerprozessakten war, nämlich Rudolf Steck[149]. Die Tatsache, dass dieser der Editor sowohl der Jetzerprozesse als auch der Aktensammlung zur Berner Reformation war, ist Garantie dafür, dass ihm für die Jahre 1521–1532 kaum ein Stück zum Nachleben des Jetzerhandels entgangen ist.

b) Bis dass der Tod euch scheidet: der Streit zwischen den Chorherren Ludwig Löubli und Heinrich Wölfli

Die Erinnerung an den Jetzerhandel wurde weiter dadurch wachgehalten, dass in den 1520er-Jahren der Streit zwischen den Chorherren Ludwig Löubli und Heinrich Wölfli, der in den 1510er-Jahren zu einem Stillstand – wenn auch wohl nicht Frieden – gekommen war, wieder aufbrach. Aufhorchen lässt die Geschichte um Jörg (Georg) Brunner aus Landsberg (Bayern), der als Priester der Wallfahrtskapelle von Kleinhöchstetten im Jahr 1522 im Streit mit dem Kapitel von Münsingen lag, das sich beim Rat von Bern beklagte, dass der Priester mit seinen Predigten nach dem Evangelium den übrigen Pfarrern die Kundschaft wegnehme. Der Rat setzte eine Expertenkommission ein, zu der unter anderen der Dekan des Vinzenzstifts, Ludwig

---

149) Aktensammlung zur Berner Reformation S. 352 Nr. 1043 (1526, Nov 20).

Löubli, der Lesemeister der Franziskaner, Sebastian Meyer, und vom Rat Bartholomäus May und Anton Noll gehörten, beide frühe Anhänger der Reformation. Am 29. August 1522 gab Löubli sein Mandat zurück, denn er war der Meinung, dass der „Handel" wegen seiner Tragweite vor den Bischof von Konstanz gehöre. Der Rat scheint nicht darauf eingegangen zu sein, sondern an Löublis Stelle Niklaus von Wattenwyl, Sohn des amtierenden Schultheißen Jakob von Wattenwyl, Chorherr (1508–1523) und künftiger Propst des Vinzenzstifts (1523–1525), ernannt zu haben, und offenbar auch Heinrich Wölfli. Jedenfalls war dieser dabei, als die Kommission am gleichen Tag im Franziskanerkloster zusammentraf. Wir können hier den für die Anfänge der Reformation in Bern wichtigen Streit und seinen Ausgang nicht weiter verfolgen, doch lässt aufhorchen, dass auch zwei Dominikaner an dem öffentlichen Streitgespräch, das am 2. September stattfand, teilnehmen sollten und dass sie sich offenbar ebenfalls entschuldigten[150] – ebenso wie Löubli, was bedeutet, dass dieser erstmals die gleiche (altgläubige) Haltung einnahm wie die von ihm während des Jetzerhandels so verfolgten Dominikaner! Dagegen gehörte Heinrich Wölfli offenbar seit Anfang der 1520er-Jahre zu den „Neugläubigen"; jedenfalls wird er Ende Oktober 1522 in einem Atemzug mit Valerius Anshelm und Niklaus von Wattenwyl genannt, ohne dass man wüsste, wie es bei ihm zu diesem Gesinnungswandel gekommen wäre[151].

Für diesen Gesinnungswandel könnte die Jerusalemreise verantwortlich sein, die Wölfli in den Jahren 1520/1521 unternahm. Es war nicht seine erste Wallfahrt; er war 1506 und 1510(?) bereits am Grab der hl. Maria Magdalena in Südfrankreich gewesen, 1514 an einem unbekannten Bestimmungsort und in den Jahren 1520/1521 eben in Jerusalem[152]. Über seine Jerusalemfahrt bzw. Syrische Reise hat er einen Reisebericht verfasst, der nicht im Original überliefert ist, wohl aber in einer deutschen Übersetzung, die 1582 durch Johann Haller, den Enkel von Berchtold Haller, dem Reformator der Stadt Bern, angefertigt wurde. Sowohl am Anfang als auch am Schluss sei-

---

150) Aktensammlung zur Berner Reformation S. 27–38 Nr. 129 (1522, Aug 29–Okt 2), vgl. auch Ernst WALDER, Art. Brunner, Jörg; Anne-Marie DUBLER, Art. Kleinhöchstetten, beide in: HLS online (Zugriff 13. Juli 2019). Vgl. auch WALDER, Reformation und moderner Staat S. 484–490. – Zu Niklaus von Wattenwyl vgl. TREMP-UTZ, Chorherren S. 95–97, zur seiner Familie vgl. Hans BRAUN, Die Familie von Wattenwyl während der Mailänderkriege und der Reformation in Bern, in: Päpste, Pilger, Pönitentiare (Festschrift für Ludwig Schmugge zum 65. Geburtstag), hg. von Andreas MEYER u. a. (2004) S. 181–195.
151) RAPP BURI/STUCKY-SCHÜRER, Der Berner Chorherr Heinrich Wölfli S. 103 f.
152) TREMP-UTZ, Chorherren S. 99, vgl. auch RAPP BURI/STUCKY-SCHÜRER, Der Berner Chorherr Heinrich Wölfli S. 73.

nes Berichts bekennt Wölfli, dass er das auf seiner Reise ausgegebene Geld – rund 400 Berner Pfund – wohl besser als Almosen an die Armen verteilt hätte (S. 12 u. 125), doch könnte dies ein nachträglicher Zusatz des Übersetzers sein[153]. Bereits in Venedig nahm Wölfli Anstoß an den großen Zeremonien, die ihm von Äußerlichkeiten geprägt schienen. So nannte er die Vermählung des Dogen mit dem Meer einen *aberglauben, der sich den Venedigeren (als die sonst schier Heiden sind) wol zimpt* (S. 18f.). Die Gottesdienste in San Marco schienen ihm mehr von „Pracht als von Andacht" geprägt (S. 21), und er schließt, dass *die lüth daselbs den ytelen und unnützen Ceremonien ergeben seien, hindangesetzt alle Religion* (S. 22). Die Besichtigungen im Heiligen Land erlebte er vor dem Hintergrund des Evangeliums, allerdings auf recht naive Art. So beanstandete er, dass einige Franziskanermönche in Jaffa den Pilgern erzählten, Petrus habe hier gefischt und sei Christus zum Apostelamt berufen worden, *so doch das der Evangelischer histori zuwider, die da heiter züget, das das bjm Galileischen meer beschähen* (S. 41). Auf der Rückfahrt besuchte Wölfli auch die Stadt Rom, und hier war es bei ihm Antipathie auf den ersten Blick: *Ich fieng glich an mercken, das ich in den rechten Ehgraben [Abwassergraben] unnd grundsuppen aller lasteren khon was unnd das man nienen unverschampter und ungestraafft sündige dann zu Rom* (S. 106). An Maria Lichtmess (2. Februar 1521) wohnte er dem Gottesdienst in der päpstlichen Kapelle bei, wohin Papst Leo X. auf einer Sänfte getragen wurde, wo er die Kerzen weihte und wo alle niederfielen und ihm die Füße küssten. In der Prozession zählte Wölfli nicht weniger als 29 Kardinäle und 32 Bischöfe, „die alle diesen Götzen begleiteten", und er spricht von „großer Pracht und großer Hoffart" (S. 106). Auch am Aschermittwoch (13. Februar 1521) küssten alle dem Papst die Füße und predigte ein *geschwätzigter junger Prediger*; dieser lobte den Papst über alle Maßen und setzte ihn zu Wölflis Missfallen „nur wenig unter Christus"! Wölfli nahm Zuflucht zu einem päpstlichen Beichtvater, der ihn tröstete, aber sich der „päpstlichen Tyrannei" wohl bewusst war (S. 108). Die 24 Tage, die er in Rom verbrachte, erschienen Wölfli wie 24 Jahre, und er scheute sich nicht, Rom das „neue Babylon" zu nennen (S. 108). Dagegen scheint sein Glauben an die Orden noch ungebrochen; er fand die Dominikaner auf dem Aventin „fromm und gottesfürchtig" (S. 108), und auf dem Rückweg übernachtete er in Farfa bei deutschen Cluniazensermönchen, die ein „feines Leben führten" sowie „freigebig und reich" waren (S. 109), und besuchte schließlich die Kartause bei Grenoble (S. 123). Wölfli hatte sein Interesse an den Zeremonien noch nicht ganz ver-

---

153) Heinrich Wölflis Reise nach Jerusalem 1520/1521, vgl. auch v. GREYERZ, Studien zur Kulturgeschichte S. 446 f.

loren; jedenfalls gab er dem Bericht über seine Jerusalemreise das Formular bei, nach dem die Ritter des Hl. Grabes „ordiniert und gemacht" wurden (S. 126–131), doch weigerte er sich nach seiner Rückkehr 1522, für das Stift ein Zeremonienbüchlein zu schreiben[154].
Der Streit zwischen den Chorherren Löubli und Wölfli brach erst wieder richtig aus, nachdem Wölfli am 4. Juli 1523 dem Bischof von Lausanne, Sebastian von Montfalcon, als Kantor des Vinzenzstifts anstelle des verstorbenen Martin Lädrach präsentiert worden war. Der Bischof von Lausanne scheint ihm darauf die Investitur verweigert zu haben, wenn er ihm nicht vorher einen Eid leiste, doch erfährt man nicht, was der Bischof mit diesem Eid bezweckte; jedenfalls befahl der Rat dem Stiftskapitel, Wölfli selbst zu investieren, worauf es wieder zum Streit zwischen Löubli und Wölfli kam, dessen Austragung jedoch am 16. September 1523 auf die Zeit nach dem 29. September verschoben wurde. Wölflis Stellung im Kapitel scheint in jenen Jahren eine starke gewesen zu sein, und man sagte ihm sogar einen großen Einfluss auf den Propst (seit 5. März 1523 Niklaus von Wattenwyl) nach[155]. Dann aber scheinen die Dinge sich überschlagen zu haben, indem Heinrich Wölfli sich zu Beginn des Jahres 1524 verheiratete und als Chorherr abgesetzt wurde, ebenso wie gleichzeitig auch die Chorherren Dietrich Hübschi, Neffe des langjährigen Säckelmeisters Lienhard Hübschi (und Jurist im Totentanz), und Meinrad Steinbach (Chorherr seit 1520). Am 8. Mai 1524 legten die drei eine bemerkenswerte Rechtfertigungsschrift vor dem Rat vor, doch scheint es bei der Absetzung und beim Entzug der Chorherrenpfründen geblieben zu sein. Immerhin wurde ihnen am 12. Dezember 1524 zugestanden, dass sie ihre Pfründen noch zwei Jahre sollten beziehen dürfen, da sie zu Beginn ihrer Chorherrenzeit ebenso lange (die sog. Karenzzeit) hatten darauf warten müssen[156].

---

154) TREMP-UTZ, Chorherren S. 100.
155) TREMP-UTZ, Chorherren S. 100, vgl. auch Aktensammlung zur Berner Reformation S. 71 Nr. 261, S. 77 Nr. 293 (1523, Juli 4, Sept 16), und Das Stadtrecht von Bern 6/1 S. 317 f. (irrtümlicherweise auf 1523, Aug 19 statt 12 datiert). – Der Bischof von Lausanne, Sebastian von Montfalcon, hat Wölfli persönlich gekannt, hatte ihn dieser doch auf dem Rückweg von seiner Jerusalemreise Anfang Mai 1521 in Lausanne besucht, vgl. Heinrich Wölflis Reise nach Jerusalem S. 124: *Den 1. Meyens (1521) bin ich gan Losannen khon. Unnd als ich da grüßt den ehrwirdigen Herrn Sebastian de Montefalcone, Bischoff zu Losannen, hatt er mich bhalten zum Nachtmal, und mich vil frygäber unnd früntlicher tractiert dann ich je wärtt gsin wäre. Er wolt auch nummen, das ich ein roß uß sinem stal näme, welches ich wölte, unnd daruf biß gan Bern füre, aber ich dancket imm hochlich unnd wolts nitt, als der ich nun gewonet hatt zefuß zreißen, unnd mir das auch lieber was dann ryten.*
156) Aktensammlung zur Berner Reformation S. 117–124 Nr. 406 u. 407, S. 160 Nr.

Der Streit zwischen Löubli und Wölfli kam erst am 2. Juni 1525 wieder auf die Traktandenliste des Rats, und dieser entschied eher zu Gunsten von Löubli: dass dieser sich bei Wölfli nicht entschuldigen müsse, insbesondere weil der Eid, den der Bischof von Wölfli verlangt hatte, nicht gegen den Rat gerichtet gewesen sei, wie Wölfli selber vorgegeben habe. Dann auch, weil dieser habe zugeben müssen, dass er selber seinerzeit gesagt habe, *der predigern sach sye als gerecht als unser gloub und die mäss*, und weil Löubli ihn nicht selber als Ketzer bezeichnet habe, sondern nur *als einen, der darin gestekt*, also nur als Anhänger einer Häresie[157]. In der Folge scheint Wölfli an den Großen Rat appelliert zu haben, der am 14. August 1525 zu seinen Gunsten entschied: dass Löubli, der Wölfli einen Lügner gescholten habe, ihm dies auch nachweisen müsse, ebenso, dass er wissentlich in der Häresie gesteckt und dazu „Rat und Tat" gegeben habe. Hier ist nun auch zu erfahren, dass Löubli Wölfli einen Lügner genannt hatte, als dieser 1523 ins Kapitel gekommen war, um sich auf Befehl des Rats von diesem investieren zu lassen (nachdem der Bischof ihm die Investitur verweigert hatte). Löubli habe gesagt, dem Kleinen Rat sei nicht die Wahrheit, sondern Lügen gesagt worden, und wenn man ihm die Wahrheit gesagt hätte, hätte er den entsprechenden Befehl nicht gegeben. Damit nicht genug, habe er, als er die Sakristei (vorzeitig?) verlassen wollte, sich auf der Treppe umgekehrt und sich an Wölfli gewandt, mit den Worten: *gang, küss den Jätzer, in dess kätzery du gestäcket bist, als du in dero jetzt ouch steckest!* Wölfli habe geantwortet: *er wäre fromm und ein byderbmann als er.* Darauf habe Löubli ihn wiederum der Lüge bezichtigt und schließlich (vor Gericht?) auch des Mitwissens und des Mittuns im Jetzerhandel beschuldigt: *der bemelt meister Wölfflin hätte ein wüssen und rhat und that zů der sach gethan.* Der Große Rat entschied zu Gunsten von Wölfli und verurteilte Löubli dazu, seine Behauptungen entweder zu beweisen oder zu widerrufen[158]. Es ist wohl kein Zufall, wenn

---

521 (1524, Mai 8, Dez 12). Zu Meinrad Steinbach, Chorherr 1520–1524, vgl. TREMPUTZ, Chorherren S. 90.

157) Aktensammlung zur Berner Reformation S. 214 f. Nr. 637 (1525, Juni 2), vgl. auch ebd. S. 189 Nr. 609 (1525, Apr 7). Wölflis Aussage, *der predigern sach sye als gerecht als unser gloub und die mäss*, findet sich nicht in den Prozessakten, wohl aber bei Anshelm (3 S. 100), und zwar im Anschluss an die blutweinende Marienstatue, welche die Gemüter in der Stadt Bern spaltete: *Und also erhůb sich glich anfänglich in dieses spils ussbruch grosse zwitracht in der stat; dan etlich hielten die sach fůr war und gerecht, so heftig, dass der korher Wölfle schwůr: wår si nit gerecht, so wår sin heilig mess nit gerecht.* Es ist deshalb nicht auszuschließen, dass Anshelm Wölflis Ausspruch aus dem Ratsmanual vom 2. Juni 1525 und Wölfli diesen nicht unbedingt schon während des Jetzerhandels getan hat.

158) Aktensammlung zur Berner Reformation S. 229 f. Nr. 708 u. 709 (1525, Aug 14).

Löubli damals, am 12. August 1523, nur von Jetzers Ketzerei gesprochen hat, nicht aber von derjenigen der Dominikaner, deren Verurteilung er in den Jahren 1508 und 1509 als Glaubensprokurator im Haupt- und im Revisionsprozess mit aller Macht betrieben hatte! Indem er Jetzers Häresie mit derjenigen der Neugläubigen gleichsetzte, beschimpfte er Wölfli zweifach als Häretiker, auch wenn für uns Heutige, insbesondere für die Reformierten, zwischen den beiden „Häresien" große Unterschiede zu bestehen scheinen, nicht zuletzt, weil die zweite Häresie inzwischen zur anerkannten Konfession geworden ist, was in den 1520er-Jahren jedoch noch durchaus nicht voraussehbar war.

Löubli scheint weder zum Beweis seiner Anschuldigungen noch zu deren Widerruf angetreten zu sein. Jedenfalls trug Wölfli am 18. November 1525 im Rat eine „Protestation" gegen den Bischof von Lausanne vor, deren Inhalt man nicht kennt, und der Rat gestand Wölfli „einen offenen Brief an alle Amtleute" zu, Löubli festzunehmen, wenn er diesen in die Hände geraten sollte, und vor allem seine Güter zu beschlagnahmen, um Wölfli für die erlittenen Kosten zu entschädigen. Löubli scheint zu einem Monat Verbannung aus der Stadt und einer Buße von 10 Schilling verurteilt worden zu sein[159]. Dies scheint keine große Strafe zu sein, und mit Verbannungen hatte Löubli ja Erfahrung – 1515 hatte er das ganze Jahr außerhalb der Stadt verbracht –, doch scheint die einmonatige Verbannung von 1525 nun zu einem lebenslänglichen Exil geführt zu haben. Am 26. Mai 1526 nahm Löubli, immer noch als Dekan von Bern und als Vertreter des Bischofs von Lausanne, an der von den Altgläubigen veranstalteten Disputation von Baden teil, doch scheint er dann noch einmal um freies Geleit nach Bern gebeten zu haben, das ihm am 14. Juli 1526 willig gewährt wurde[160]. Löubli scheint dieses auch benützt zu haben, doch wurde am 23. Juli 1526 das für Wölfli günstige Urteil vom Großen Rat bestätigt, und am 3. August 1526 wurde Johann Dübi anstelle von Ludwig Löubli zum Dekan des Vinzenzstifts gewählt[161]. Löubli seinerseits wurde am 17. März 1527 zum Propst des St. Ursenstifts in Solothurn ernannt, und zwar anstelle des zurücktretenden Niklaus von Diesbach, seines Cousins, den wir aus den Jetzerprozessen als Ansprechpartner der jeweiligen Boten nach Rom, wiederum Ludwig Löubli und Konrad Wymann, kennen (siehe Kap. II/2a, Die Vorbereitungen, und Kap.

---

159) Aktensammlung zur Berner Reformation S. 243 Nr. 762 (1525, Nov 18), S. 253 Nr. 791 (undat.; Rechnungen).
160) Aktensammlung zur Berner Reformation S. 309 Nr. 888, S. 333 Nr. 955 (1526, Mai 16, Juli 14). Zur Disputation von Baden vgl. Irena BACKUS, Art. Disputationen, in: HLS online (Zugriff 14. Juli 2019).
161) Aktensammlung zur Berner Reformation S. 335 Nr. 965 (1526, Juli 23); TREMP-UTZ, Chorherren S. 62 u. 82.

II/3a, Die Vorbereitungen), so dass man annehmen kann, dass Löublis Familie ihm einmal mehr eine Stelle beschafft hat. Als Propst in Solothurn ist Löubli „ein großer Anteil daran zuzuschreiben, dass Solothurn beim Alten Glauben blieb", doch scheint er auch dort nicht viel disziplinierter gewesen zu sein als vorher in Bern; jedenfalls erhob das dortige Stiftskapitel um 1535 Klage beim Rat, „dass Löubli unwillig und nachlässig sei, kein Kapitel halte, Stiftsgelder zu seinen Handen nehme und Entlehntes nicht zurückerstatte"[162].

Wölfli dagegen scheint in Bern sehr pfleglich behandelt worden zu sein, und umso pfleglicher, je mehr die Reformation Fortschritte machte. Am 26. April 1527 beschloss der Rat, ihm eine Schuld von ungefähr 100 Pfund zu erlassen, die er bei der Stadt noch hatte, und zwar wegen den Vinzenzteppichen, die er um 1515 in das Münster gestiftet hatte und die an Festtagen über das alte Chorgestühl, das keine oder nur eine ungeschnitzte Rückwand hatte, gehängt worden waren[163]. Am 18. Dezember 1527 wurde Löubli – einmal als Dekan (von Bern) und einmal als Propst von Solothurn bezeichnet – eingeladen oder vielmehr aufgefordert, an die Disputation von Bern (6. bis 29. Januar 1528) zu kommen, und ihm dabei freies Geleit gegen Wölfli zugesichert, doch scheint er davon keinen Gebrauch gemacht zu haben, obwohl er, wie der Rat vorwurfsvoll bemerkte, doch an der Disputation von Baden (1526) teilgenommen hatte[164]. Wölfli hingegen wurde am 5. Juni 1528 zum ersten Chorgerichtsschreiber ernannt, ein Amt, das er allerdings nur etwa ein Jahr innegehabt zu haben scheint; nachher arbeitete er

---

162) Klemens ARNOLD, St. Ursus in Solothurn, in: HS II/2 S. 493–535, hier S. 514–516 Biographien Nikolaus von Diesbach (1500–1526) und Ludwig Löubli (1527–1537). Löubli könnte auch Inkunabeln aus der Bibliothek des Berner Dominikanerkonvents nach Solothurn mitgenommen haben, darunter möglicherweise auch von Prior Johann Vatter eingebundene Bände, siehe Kap. I/2a, Anm. 19.

163) Aktensammlung zur Berner Reformation S. 394f. Nr. 1184 u. 1185 (1527, Apr 26), vgl. auch TREMP-UTZ, Chorherren S. 100, und Anna RAPP BURI / Monica STUCKY-SCHÜRER, Leben und Tod des heiligen Vinzenz. Vier Chorbehänge von 1515 aus dem Berner Münster (Glanzlichter aus dem Bernischen Historischen Museum, 2000). Heinrich Wölfli könnte auch die Auswahl der Heiligen des Himmlischen Hofs im Chorgewölbe Berner Münsters von 1517 vorgenommen haben, vgl. Jürg SCHWEIZER, Das Programm und die Skulpturen des Chorgewölbes, in: Bernd NICOLAI / Jürg SCHWEIZER (Hg.), Das Berner Münster. Das erste Jahrhundert: Von der Grundsteinlegung bis zur Chorvollendung und Reformation (1421–1517/1528) (^{1}2019) S. 443–493, hier S. 482f. Wölflis Leichtgläubigkeit im Jetzerhandel könnte u. U. auf seine Liebe zu den Heiligen und ihren Geschichten zurückzuführen sein.

164) Aktensammlung zur Berner Reformation S. 541 Nr. 1408, S. 542f. Nr. 1410 (1527, Dez 18).

bis zu seinem Tod im Jahr 1532 als geschworener Schreiber[165]. Als am 30. November 1528 über die Abfindung der ehemaligen Chorherren von St. Vinzenz beraten wurde, wurden die 1524 abgesetzten Chorherren Wölfli und Hübschi – Steinbach war bereits verstorben – mit der gleichen Summe von 600 Pfund bedacht wie die andern Chorherren[166]; von Ludwig Löubli ist hingegen nicht die Rede. Im Gegenteil: am 3. April 1529 schrieb der Rat nach Solothurn und mahnte diesen an eine Geldsumme, für die er für ihn gebürgt habe, und verlangte, umgehend entlastet zu werden[167]. Mit der Reformation waren auch die Vinzenzteppiche überflüssig geworden, und Wölfli wurde am 18. November 1529 vor die Wahl gestellt, mit 10 Mütt Dinkel entschädigt zu werden oder das Tuch zurückzunehmen. Schließlich scheint der Rat aber die Vinzenzteppiche doch behalten und Wölfli mit 30 Kronen entschädigt zu haben, zahlbar durch den Stiftsvogt in Raten von 5 Kronen, jeweils auf den 1. April[168].

Man könnte sich denken, dass Wölfli nun hätte zufrieden sein können, doch gab er offenbar keine Ruhe; jedenfalls scheint er am 8. Juni 1530 vor dem Rat erschienen zu sein und um die Wiederherstellung seiner Ehre gebeten zu haben (*ime umb sollichen handel schriftlichen schin ze geben, damit er und die sinen irer eeren sich bewaren mogind*). Der Rat wollte zunächst nach Solothurn schreiben, und zwar dieses Mal nicht an den Propst, sondern an den Rat, von dem er annahm, dass er wisse, warum Löubli das bernische Gebiet verlassen habe (*sich unser statt und land geäussert*): weil er sich nämlich bei Wölfli nicht entschuldigen, sondern vielmehr „sein Vaterland meiden" wolle. Löubli scheint inzwischen Bürger oder zumindest Hintersasse von Solothurn geworden zu sein, und der Rat von Bern berief sich auf die zwischen Bern und Solothurn bestehenden Bündnisse, die den Rat von Solothurn verpflichteten, Löubli nach Bern zu schicken, um sich bei Wölfli zu entschuldigen. Am 24. August 1530 war noch keine Antwort

---

165) Aktensammlung zur Berner Reformation S. 733 Nr. 1516 (1528, Juni 5), vgl. auch TREMP-UTZ, Chorherren S. 101. Als geschworener Schreiber verurkundete Wölfli am 22. November 1530 den Verkauf der Antiphonare des Vinzenzstifts (siehe Kap. II/3c, Der Priester Johann Zwygart) an den Klerus von Estavayer-le-Lac, vgl. Albert JÖRGER, Das Schicksal der Berner Antiphonare in Estavayer, in: FG 58 (1972–1973) S. 41–53, hier S. 43 u. S. 51 Anh. 1.
166) Aktensammlung zur Berner Reformation S. 914 Nr. 2043 (1528, Nov 30), vgl. auch ebd. S. 902 Nr. 2022 (1528, Nov 16).
167) Aktensammlung zur Berner Reformation S. 1007 Nr. 2227 (1529, Apr 3).
168) Aktensammlung zur Berner Reformation S. 1177 Nr. 2612 (1529, Nov 18), S. 1239 Nr. 2755 (1530, Mrz 24), vgl. auch ebd. S. 1236 Nr. 2748 (1530, Mrz 11).

von Solothurn eingetroffen, und der Rat fragte nach[169]. Am 17. September scheint er zur Antwort bekommen zu haben, dass Löubli sich seinerseits beim Rat von Solothurn beklagt habe, *dass ime von uns dhein nüw recht ervolgen mogen* – für den Berner Rat *verr [fern] neben der warheit*. Auf den Vorschlag von Solothurn, dass Wölfli sich umgekehrt dorthin bemühen sollte, holte der Rat von Bern weit aus: dass Löubli Wölfli mehr als Jahr und Tag habe warten lassen, *eeb*(!) *er ime rechte antwurtt geben*. Vom Urteil (zu Gunsten von Löubli) habe Wölfli zuerst an den Kleinen Rat, dann an die Sechziger und schließlich an den Großen Rat appelliert und vor diesem Recht erhalten – bzw. *Löubli sin sachen verloren*. Dieser habe sich erboten, Kundschaft von außerhalb des bernischen Gebiets und der Eidgenossenschaft beizubringen, und habe dafür achtzehn Wochen Zeit bekommen; stattdessen sei er *rechtswichig* geworden und zunächst nach Freiburg gegangen, wohl ehe er in Solothurn Propst wurde. Jedenfalls bestand der Rat darauf, dass Löubli nach Bern kommen und dass Solothurn ihn widrigenfalls ausweisen müsse! Der Handel habe nun schon sechs Jahre gedauert – was in etwa zutrifft –, und der Rat von Bern hatte offensichtlich genug[170].

Als am 15. November 1530 bernische Gesandten wegen der freien Verkündigung des Wortes Gottes nach Solothurn ritten, darunter auch Anton Noll und Lienhard Tremp, wurde ihnen weiter aufgetragen, *Wölflis und Löublis sach usszemachen*. Sie scheinen indessen nichts ausgerichtet zu haben, so dass der bernische Rat am 7. Dezember 1530 einmal mehr nach Solothurn schreiben musste[171]. Die Stadt Solothurn scheint Löubli schließlich – wie von ihr verlangt – ausgewiesen zu haben, und dieser scheint nach Freiburg ausgewichen zu sein, so dass Bern am 5. Juni 1531 die Freiburger über die ganze Geschichte informieren und am 17. August 1531 wiederum nachhaken musste[172]. Erst Wölflis Tod Ende April / Anfang Mai 1532 scheint der unerquicklichen Auseinandersetzung, die weit über die Einführung der Reformation in Bern hinaus andauerte, ein Ende gemacht zu haben. Wölflis Todesdatum geht aus einem Brief hervor, den der Zürcher Reformator Heinrich Bullinger am 5. Mai 1532 an den Berner Reformator Berchtold Haller richtete, mit der Bemerkung: „Unser Wölfli ist von den Lebenden geschieden (*Lupulus noster e vivis excessit*)." Wölfli starb als allseits ge-

---

169) Aktensammlung zur Berner Reformation S. 1262f. Nr. 2811 (1530, Juni 8), S. 1287 Nr. 2864 u. 2865 (1530, Aug 24).

170) Aktensammlung zur Berner Reformation S. 1295 f. Nr. 2886 (1530, Sept 17).

171) Aktensammlung zur Berner Reformation S. 1305 Nr. 2906, S. 1310f. Nr. 2917 (1530, Nov 15, Dez 7).

172) Aktensammlung zur Berner Reformation S. 1359f. Nr. 3019, S. 1384 Nr. 3065 (1531, Juni 5, Aug 17).

schätzter Mann[173], und doch muss seine Haltung im Jetzerhandel in gewisser Weise sein ganzes Leben überschattet haben, sonst hätte er nicht so hartnäckig während mehr als sechs Jahren auf die Wiederherstellung seiner Ehre gepocht. Nach Wölflis Tod scheint Löubli wiederum nach Solothurn zurückgekehrt zu sein; jedenfalls starb er dort am 28. Februar 1537, fünf Jahre nach Wölfli[174].

Beim Streit zwischen Wölfli und Löubli (oder umgekehrt) kreuzen sich die Lebenswege von zwei verschiedenen Männern aus verschiedenen Milieus: zum einen Löubli, aus guter Familie, der es dank seiner familiären Beziehungen ohne große Mühe zu einem Kanonikat am Vinzenzstift und, wohl dank seines Einsatzes im Jetzerhandel, auch zur Würde des Dekans gebracht hatte; und andererseits Wölfli, der nur dank seiner Gelehrsamkeit und humanistischen Bildung ein Kanonikat am gleichen Stift erlangt hatte und dessen Aufstieg zu einer Stiftswürde (Kantor) durch seine Leichtgläubigkeit im Jetzerhandel lange verzögert wurde. Im Grund ist weniger erstaunlich, dass Wölfli als Humanist zum Neugläubigen wurde, denn dieser Weg war insbesondere den Deutschschweizer Humanisten (nach dem Vorbild Zwinglis) vorgezeichnet[175], als vielmehr, dass er als Humanist auf den Jetzerhandel hereingefallen war; dass ihn dies selber wurmte, geht daraus hervor, dass er bis an sein Lebensende gegen seinen schlechten Ruf aus dieser Zeit kämpfte. Dabei ging es um mehr als nur um seine „Ehre", sondern auch um seine eigene „Seele"[176], sein eigenes Gewissen, vor dem er wohl nicht bestehen konnte, und dies noch weniger, seit er „neugläubig" geworden war. Dagegen war Löubli kein Humanist, der Weg zur „Neugläubigkeit" war ihm nicht vorgezeichnet, und die Familie von Diesbach, der er durch seine Mutter angehörte, scheint der Reformation relativ lang widerstanden zu haben[177]. Außerdem mag Löubli gerade der Jetzerhandel, bei

---

173) RAPP BURI/STUCKY-SCHÜRER, Der Berner Chorherr Heinrich Wölfli S. 65, 102.
174) TREMP-UTZ, Chorherren S. 82.
175) Thomas MAISSEN, Literaturbericht Schweizer Humanismus, in: Schweizerische Zeitschrift für Geschichte 50 (2000) S. 515–544, hier S. 524 f., 527, 536 f., 543, und DERS., Art. Humanismus, in HLS online (Zugriff 15. Juli 2019).
176) Formulierung aus dem Brief, den Bern am 5. Juni 1531 an Freiburg schrieb, vgl. Aktensammlung zur Berner Reformation S. 1359 Nr. 3019: *dass meyster Heinrich Wölfly, unser burger, gedachten Ludwigen Löubly, zůred halb, die im an sin seel und eer langend [...]*.
177) Die Messe in der Diesbach-Kapelle gehörte zu den letzten Messen, die am 27. Januar 1528 im Münster gelesen wurden, vgl. Anshelm 5 S. 244 (1528), und die Familie von Diesbach spaltete sich nach der Reformation in Bern in einen reformierten und einen katholischen Zweig auf, vgl. Ulrich MOSER, Art. Diesbach, von, in: HLS online (Zugriff 15. Juli 2019), sowie BINZ-WOHLHAUSER, Katholisch bleiben? S. 52.

dem die Häresie mit der Inquisition bekämpft worden war, in seiner altgläubigen Haltung bestärkt haben, und ebenso sein daraus resultierender heftiger Streit mit Wölfli, auch wenn ihn dies auf die gleiche Seite brachte wie die ehemals so bekämpften Dominikaner. Je weiter die Vorreformation in Bern fortschritt, desto mehr erhielt Wölfli als „Neugläubiger" Recht, und dass er ein aufrechter „Neugläubiger" war, geht daraus hervor, dass er dabei die geistliche Karriere, die er nur dank seiner Bildung und seinem Einsatz gemacht hatte, aufs Spiel setzte und verlor. Je weiter die Vorreformation in Bern fortschritt, desto mehr wurde Löubli als „Altgläubiger" ins Unrecht gesetzt, und da er sich zu einem Widerruf bzw. zur Wiederherstellung der Ehre seines Widersachers nicht durchringen konnte, bezahlte er mit dem Exil – wo ihm seine Familie wiederum ein prestigeträchtiges Amt zu verschaffen wusste, das er wiederum so schlecht versah wie seinerzeit das Kanonikat in Bern.

Die Karrieren der beiden Männer hätten sich vielleicht ganz normal so entwickelt, wie sie sich entwickelt haben: der Humanist und Aufsteiger Wölfli wurde zum Reformierten, und der Sohn aus gutem Haus, Löubli, hielt am alten Glauben fest – wenn da nicht der Jetzerhandel gewesen wäre, in dem sich beide auf ihre Art „profiliert" hatten, Wölfli als „Leichtläubiger" und Löubli als „Ungläubiger" und hart „Durchgreifender". Wölflis Leichtgläubigkeit könnte die leichte Beeindruckbarkeit eines Aufsteigers gewesen sein, der sich in neuen Welten zurechtfinden musste, oder aber die rhetorische Überschwänglichkeit eines Humanisten, oder beides. Dazu mögen als Grundanlagen eine gewisse Naivität und Hartnäckigkeit gekommen sein, mit der Wölfli zuerst die Wunder des Jetzerhandels und dann seine verletzte Ehre verteidigte. Wie auch immer: wie die Fronten sich in der Zeit zwischen dem Jetzerhandel und der Reformation fast in ihr Gegenteil verkehrten, zeigt eine Urfehde aus dem Jahr 1534, als der (altgläubige) Zimmermann Sebius Wyg eine Äußerung widerrufen musste, die er mehr als einmal gemacht hatte: „Er wolle es noch erleben, dass die Messe wiederkehre und die drei Prädikanten in der Stadt Bern (Berchtold Haller, Franz Kolb – der Beichtvater des Priors Johann Vatter – und Kaspar Megander) auf dem Schwellenmätteli verbrannt würden, wie einst die Predigermönche."[178]

---

178) StABern, F. Urfehden, 1534, Feb 6, vgl. auch SPECKER, Urfehden S. 143.

Anhang

1. Chronologische Übersicht über Jetzerhandel und Jetzerprozesse

Die folgende chronologische Übersicht ist wesentlich ausführlicher als diejenige, welche Rudolf Steck in seiner Edition der Akten des Jetzerprozesses (S. 665–668) gegeben hat, und außerdem werden zu den einzelnen Fakten auch die Belege gegeben. Die Übersicht geht zunächst von den Dokumenten aus (Bspe.: Brief Berns an den Bischof von Lausanne oder Jetzers erstes Verhör in Lausanne), doch bezieht sie auch das Defensorium ein, das für den Verlauf des Jetzerhandels und für Jetzers ersten Prozess in Lausanne und Bern im Winter 1507/1508 wichtige Daten (wenn auch nicht unbedingt richtige Fakten) liefert. Dabei wird jeweils das erste eindeutig datierte Faktum und/oder Dokument gegeben, aber nicht alle anderen möglichen Aussagen zum gleichen Ereignis (Ausnahme: 1507, Mai 7). Dagegen sollten Parallelüberlieferungen (im Defensorium und in den Akten von Jetzers erstem Prozess in Bern) sichtbar werden. Wo sonst keine eindeutige Datierung möglich ist (siehe etwa 1507, Juni 27 und 29 sowie Sept 24), wird auf die Chronik von Valerius Anshelm zurückgegriffen. Andererseits werden „obskure" Daten wie das ominöse Provinzialkapitel von Wimpfen, das Anfang Mai 1506 stattgefunden hat (und an dessen Existenz wir nicht zweifeln), oder die von Jetzer belauschte Verschwörung in der Marienkapelle (siehe Kap. II/2b) nicht in die chronologische Übersicht aufgenommen. Die gewählte Darstellungsart (mehrere mögliche Einträge unter einem Tag) erlaubt zu sehen, was alles am gleichen Tag geschah (insbesondere bei den Verhören im Haupt- und Revisionsprozess), gibt aber nicht unbedingt die chronologisch richtige Abfolge an, die sich nicht immer eruieren lässt.

a) Jetzerhandel

1507, Jan 6 (*Epiphaniae Domini*)
- der 23-jährige Schneidergeselle Johann Jetzer aus Zurzach wird für ein Probejahr in den Dominikanerkonvent von Bern aufgenommen; er bekommt das Ordenskleid und eine Zelle im Dormitorium, in der er, wie vorher schon in der Gästekammer, von einem Geist heimgesucht wird (Def. S. 541 f. Kap. I/1)

1507, Feb 19 (*feria sexta ante festum sancti Matthie vel ante Dominicam Invocavit*)

– Erscheinen des Geistes, der erstmals spricht und die Bedingungen für seine Erlösung nennt (Jetzer muss sich während der nächsten Woche jeden Tag geißeln und für den Geist in der Johanneskapelle acht Messen lesen lassen) (Def. S. 542 Kap. I/2)

ohne Datum (1507, Feb 19–26)
– die Geißelungen für die Erlösung des Geistes werden von allen Dominikanern gemeinsam vollbracht, und ebenso die verlangten acht Messen gelesen (Def. S. 543 f. Kap. I/3)

1507, Feb 26 (*sexta feria* = Freitag)
– (10 bis 11 Uhr abends) der Geist erscheint, wird aber von den ihn begleitenden bösen Geistern daran gehindert, in Jetzers Zelle zu gelangen (Def. S. 544 f. Kap. I/4)
– der Geist gelangt schließlich doch in Jetzers Zelle, und es gelingt, die bösen Geister für einen Augenblick zu bannen (Def. S. 545 f. Kap. I/5)
– der Geist erzählt seine Lebensgeschichte und lobt die dominikanische Observanz (Def. S. 546–548 Kap. I/6)
– was der Geist zu seiner Erlösung aus dem Fegefeuer, in dem er bereits 160 Jahre verbracht hat, weiter noch braucht (Def. S. 548–550 Kap. I/7)
– der Geist, der jetzt das Ordenskleid der Dominikaner trägt, lobt den Orden der Dominikaner und seine Auffassung von der (befleckten) Empfängnis Marias, was Jetzer falsch versteht (Def. S. 550 f. Kap. I/8)

1507, Mrz 11 (*feria quinta ante Laetare, quae occurrebat illo anno in vigilia beati Gregorii papae et doctoris*)
– statt an einem Freitag erscheint der Geist, jetzt als Priester gekleidet, an einem Donnerstag und klärt das Missverständnis um die Empfängnis Marias (unbefleckt statt befleckt) auf (Def. S. 551 f. Kap. I/9)
– wegen ihres Streits um die Empfängnis Marias schmoren viele Dominikaner und Franziskaner im Fegefeuer, insbesondere aber der Franziskaner Duns Scotus, der ihn angefangen hat (Def. S. 552–554 Kap. I/10)
– der Geist nennt seinen Namen, Heinrich Kaltbürger (Kalpurg) von Solothurn, und geht nun in die „ewigen Freuden" ein (Def. S. 554 f. Kap. I/11)
– *Protestatio veritatis* (Def. S. 555 Kap. I/12)

1507, Mrz 24
– der Lesemeister Stephan Boltzhurst bereitet Jetzer auf die vom Geist angekündigte Erscheinung der hl. Barbara vor (Def. S. 555 f. Kap. I/13)

Chronologische Übersicht über Jetzerhandel und Jetzerprozesse   965

- *circa horam nonam*: Erscheinung der hl. Barbara, die eine Erscheinung der Jungfrau Maria für die Zeit nach der Matutin ankündigt (Def. S. 556 f. Kap. I/14)
- *tempus matutinarum* (um Mitternacht): Erscheinung der Jungfrau Maria (Def. S. 558–561 Kap. I/15 u. 16)
- die Jungfrau Maria drückt Jetzer ein Stigma in die rechte Hand (Def. S. 561 f. Kap. I/17)

1507, Mrz 25 (*sequenti nocte circiter horam nonam*)
- kurzes Erscheinen der Jungfrau Maria (Def. S. 562 Kap. I/18)

1507, Mrz 27 (*sabbato ante Palmarum*)
- zwei wunderbare Zeichen, dass der Subprior sich, wie von Maria befohlen, mit einem Brief auf den Weg zum Provinzial machen soll (Def. S. 562 f. Kap. I/18)

1507, Mrz 28, Palmsonntag (*Dominica Palmarum*)
- (*circa horam nonam; circa XI vero, pulsato primo signo matutinarum*) die Jungfrau Maria trägt das Sakrament von Jetzers Zelle in den Chor (Def. S. 563–565 Kap. I/19)
- (*post coenam*) die Jungfrau Maria beantwortet die Fragen des Lesemeisters und spricht das Vaterunser wie alle anderen, um zu beweisen, dass sie in der Erbsünde empfangen ist (Def. S. 565 f. Kap. I/20)

1507, Mrz 31, Mittwoch (*feria quarta de sero, circa horam nonam*)
- die Jungfrau Maria erscheint Jetzer und wird dabei vom Prior in der Nebenzelle beobachtet (Def. S. 566 Kap. I/22; Kap. I/21 fehlt in der Nummerierung)

1507, April 1, Gründonnerstag (*feria quinta de sero, iterum circa nonam*)
- die Jungfrau Maria erscheint Jetzer, wendet ihr verschleiertes Gesicht dem Prior in der Nebenzelle zu und erneuert Jetzer das Stigma (Def. S. 566 f. Kap. I/22)

1507, April 2, Karfreitag (*feria sexta Parascenes de sero*)
- die Jungfrau Maria nimmt Jetzer die Verbände für das Stigma weg und legt sie ins Sakramentshäuschen im Chor; beantwortet Fragen zu Christi Passion und ihrem Mitleiden (Def. S. 567 f. Kap. I/23)

1507, April 3, Karsamstag (*sabbato ante Paschae, post horam nonam*)

– die Jungfrau Maria erscheint erstmals vor auswärtigen Zeugen (Def. S. 568 Kap. I/24)

1507, April 4, Ostersonntag (*Dominica vero Paschae, circa decimam*)
– die Jungfrau Maria erscheint und beklagt sich über die „modernen" Gelehrten (Def. S. 568 f. Kap. I/24)

ohne Datum (1507, April 4–11) (*circa octo, circa decimam horam noctis*)
– letzte Fragen des Lesemeisters an Maria (Def. S. 569 f. Kap. I/25)
– Antworten der Maria (Def. S. 571 f. Kap. I/26)

1507, April 11
– (Kolophon) *Collectum Bernae post octavas Paschae Anno Domini millesimo quingentesimo septimo per priorem eiusdem conventus* (Def. S. 572)
– (*ante prandium, hora octava*) Ankunft Werners von Selden, Prior des Dominikanerkonvents von Basel (Def. S. 572 f. Kap. II/1)

1507, April 12, Montag (*altera die, que fuit secunda feria post octavas Paschae; nocte sequenti*)
– Prior Werner überlegt, ob er am nächsten Tag abreisen will – da erscheint in der folgenden Nacht die Jungfrau Maria bei Jetzer (Def. S. 573 Kap. II/1)

1507, April 13 und 14, Dienstag und Mittwoch (*tertia feria et quarta post octavas Paschae*)
– Prior Werner bleibt in Bern, freundet sich mit Jetzer an und stellt durch ihn der Jungfrau Maria Fragen (Def. S. 573 f. Kap. II/1)

1507, April 14 und 15, Mittwoch und Donnerstag (*quarta feria similiter et quinta feria post octavas Paschae*)
– das Sakrament wird in Jetzers Zelle aufgestellt, damit dieser die Jungfrau Maria bei ihrem Kommen beschwören kann (Def. S. 574 Kap. II/2)

1507, April 15, Donnerstag (*nocte sequenti quinta feria, hora quasi decima*)
– die Jungfrau Maria erscheint, und in ihrer Hand verwandelt sich eine weiße Hostie in eine rote (Def. S. 574 f. Kap. II/2)

1507, April 16, Freitag (*feria sexta post octavas Paschae*)
– (*finito completorio*) Jetzer vermittelt Prior Werner Marias Antworten auf dessen Fragen (Def. S. 575 f. Kap. II/3 u. 4)

– (*in nocte immediate sequenti circa horam decimam*) die Jungfrau Maria erscheint in Jetzers Zelle und zeigt sich auch Prior Werner (Def. S. 576 f. Kap. II/5)

1507, April 17, Samstag (*Sabbatum post octavas Paschae, summo mane, ante missam*)
– Jetzer vermittelt Prior Werner einmal mehr Marias Antworten auf dessen Fragen (Def. S. 577 f. Kap. II/6)

1507, April 18, Sonntag (*Dominica prima post octavas Paschae; post coenam; in puncto duodecimae media nocte*)
– weitere Gespräche zwischen Jetzer und Prior Werner, der am folgenden Tag abreisen muss (Def. S. 578 f. Kap. II/7)

1507, Mai 2
– Kapitel der Oberdeutschen Dominikanerprovinz in Pforzheim (Def. S. 580 Kap. II/8)

1507, Mai 7, Freitag (*septima Maii, quae fuit sexta feria post Dominicam Cantate*)[1]
– Jetzer erhält die übrigen Stigmata (Def. S. 579 f. Kap. II/8)

1507, Mai 12, Vorabend vor Auffahrt (*in vigilia Ascensionis Domini, hora meridiei ad duas circiter horas*)
– Prior Werner von Basel kommt im Gefolge des Provinzials auf dem Weg ans Generalkapitel in Lyon[2] nach Bern und sieht Jetzer mehrmals die Passion darstellen (Def. S. 580 Kap. II/8)

1507, Mai 16, 21, Sonntag, Freitag (*Dominica infra octavam Ascensionis, sexta autem feria sequenti*)

---

1) Das Datum 1507, Mai 7, ist unsicher. Laut dem Lesemeister hätte Jetzer die Stigmata am 5. Mai 1507 in der Nacht (*in vigilia Iohannis ante Portam Latinam, noctu*) empfangen (Akten II/2 S. 235; undat., 1508, Aug 31; Lesemeister, Bekenntnisschrift), laut dem Subprior wäre es um den 1. oder 6. Mai vor der Matutin (*circa festum Philippi et Iacobi vel sancti Iohannis ad Portam Latinam ante matutinas*) gewesen (Akten II/2 S. 196; 1508, Aug 11; Subprior, Artikelverhör), oder aber um den 6. Mai, nachts, nach oder vor der Matutin (*in festo sancti Iohannis ante Portam Latinam vel circa, hora nocturna, post vel ante matutinas*) (Akten II/2 S. 302 Nr. 12; 1508, Aug 21; Subprior, Folterverhör).
2) Statt Mitte Mai in Lyon fand das Generalkapitel des Dominikanerordens erst Anfang Juni in Pavia statt, denn die italienischen Dominikaner wollten wegen der Kriegsläufe die Alpen nicht überqueren, vgl. Anshelm 3 S. 92; Akten II/1 S. 142 Anm. 1; II/2 S. 235 Anm. 2.

– Prior Werner kommt im Gefolge des Provinzials auf der Rückreise von Lyon wieder nach Bern; Jetzer liegt sieben bzw. neun Stunden in Ekstase; die Gesellschaft bleibt zwölf Tage in Bern, am letzten Tag erscheint Jetzer wiederum die Jungfrau Maria, doch glaubt der Provinzial, dass Jetzer selber die Stimme der Maria nachgemacht habe, und schilt ihn deswegen (Def. S. 580 Kap. II/9)

1507, Juni 24 (*nocte sequenti die sancti Ioannis baptistae*)
– Jetzer betet mit der Jungfrau Maria im Chor der Dominikanerkirche und wird von zwei Engeln auf den Altar der Marienkapelle entrückt, wo er die Marienstatue (blutige) Tränen weinen sieht und sich bei ihrem Sohn beklagen hört, dass die Ehre der unbefleckten Empfängnis, die ihm gebühre, ihr zugeteilt werde (Def. S. 580 f. Kap. II/9)

1507, Juni 25, Freitag (*sexta feria, mane pulsatis campanis*)
– großer Zulauf zur blutweinenden Marienstatue in der Dominikanerkirche, wird vom Rat verboten (Def. S. 581 Kap. II/10)

1507, Juni 27 (*uf nåchsten Sontag um einlife [11 Uhr]*)
– die rote Hostie und die Reliquien werden einer Abordnung des Rats und des Vinzenzstifts in der Sakristei gezeigt (Anshelm 3 S. 103)

1507, Juni 29 (*uf S. Peter und Pauls Tag, ihrer kilchen zůsampt Unser Frowen patronen*)
– die rote Hostie wird in einer Prozession herumgetragen und den ganzen Tag zur Verehrung ausgestellt (Anshelm 3 S. 103 f.)

1507, Juli 9 (*octava visitationis Mariae*)
– die Abgesandten des Provinzials, Paul Hug und Magnus Wetter, untersuchen die Vorfälle in Bern und ordnen an, dass Jetzer in die Gemeinschaft und zur Arbeit zurückkehre; Prior Werner bleibt wegen eines Augenleidens in Basel (Def. S. 581 f. Kap. II/10)

1507, Juli 15 (*in die [octava] Margaretae virginis, que celebratur Basileae XV Iulii*)
– Rückkehr der Abgesandten des Provinzials nach Basel (Def. S. 582 Kap. II/10)

1507, Juli 19 (*decimanona Iulii*)

Chronologische Übersicht über Jetzerhandel und Jetzerprozesse 969

- trotz des von den Abgesandten des Provinzials auferlegten Schweigens verbreitet sich das Gerücht von den Wundern im Berner Dominikanerkonvent in ganz Deutschland (*per totam Alemaniam*)
- (*Kolophon*) Prior Werner setzt seine Aufzeichnungen fort, und der Provinzial bricht mit seiner Gefolgschaft von Basel nach Freiburg i. Br. auf (Def. S. 582 Kap. II/10)

1507, Juli 21 (*in profesto [octavae] Mariae Magdalenae*)
- Besuch des Bischofs von Lausanne im Berner Dominikanerkloster, wo er schlecht empfangen wird (Def. S. 582 f. Kap. II/11)

1507, Juli 23 (*altera Magdalenae*)
- der Bischof von Lausanne schickt seinen Generalvikar und einen Benediktiner nach Bern, um Jetzer in der Ekstase zu beschwören, allerdings ohne Erfolg (Def. S. 583 Kap. II/11)

1507, Juli 29 (*in octava Mariae Magdalenae*)
- Prior Werner schickt den Mitbrüdern von Bern die Bulle *Grave nimis* und ihre Bestätigung durch Papst Alexander VI. (Def. S. 583 Kap. II/11)
- der Schaffner von Bern, Heinrich Steinegger, kommt mit Briefen des Provinzials und Prior Werners von Basel in Bern an (Def. S. 583 Kap. II/12)
- (*sequenti nocte*) die Jungfrau Maria erscheint Jetzer und nimmt ihm die Stigmata weg (Def. S. 583 f. Kap. II/12)

1507, Juli 30, Freitag (*in crastino, quod fuit penultima Iulii*)
- Entdeckung der fehlenden Stigmata; die übrigen Reliquien werden eingeschlossen; der Schaffner Heinrich Steinegger wird erneut zum Provinzial nach Freiburg i. Br. geschickt, um Rat zu holen; er kommt am 1. August abends nach Basel und reist am 2. August nach Freiburg i. Br. weiter (Def. S. 583 f. Kap. II/12)

1507, Aug 15 (*in nocte Assumptionis Mariae*)
- die Jungfrau Maria besucht Jetzer weiterhin; der Lesemeister von Bern plant eine Reise nach Rom (Def. S. 584 Kap. II/12)

1507, Aug 23 (*vigilia Bartholomei*)
- der Chorherr Ludwig Löubli bestätigt vor dem Rat und in Gegenwart von Prior und Lesemeister des Dominikanerkonvents, gesagt zu haben, *daß der handel, so zu den Predigern mit dem bruder fürgeloffen, ein erdachte lotterî und ketzerî sîe* (Beilagen S. 608 Nr. 1)

1507, Sept 10 (*die Veneris post festum nativitatis Marie*)
- Prior und Konvent des Dominikanerklosters von Bern machen bei Johann Graswyl, Bürger und wohnhaft von Bern, eine Anleihe von 800 Pfund (Akten III S. 522–524)

1507, Sept 12–13
- Erscheinung einer gekrönten Maria auf dem Lettner der Dominikanerkirche (Akten I S. 36 u. 38; 1507, Dez 6; Zeugenaussage der Chorherren Dübi und Wölfli)

1507, Sept 24
- der Lesemeister und der Subprior brechen nach Rom auf (Anshelm 3 S. 127)

b) Jetzerprozesse

Jetzers Prozess in Lausanne und Bern

1507, Okt 2
- Brief Berns an den Bischof von Lausanne (Beilagen S. 608 f. Nr. 2)

1507, Okt 8
- (*octava mensis Octobris*) Jetzers erstes Verhör in Lausanne (Akten I S. 3–14 Nr. 1–55)
- (*octava Octobris*) der Prior von Bern schreibt an denjenigen von Basel, dass Jetzer vom Rat von Bern verhaftet und zum Bischof von Lausanne geschickt worden sei (Def. S. 584 f. Kap. III/1)

1507, Okt 14
- Brief des Provinzials Peter Sieber an Bern (Beilagen S. 609 Nr. 3)

1507, Okt 15, Lausanne, Saint-Maire (*quindecima mensis Octobris, anno quo supra, in castro sancti Marii, videlicet in stupha ipsius castri*)
- Jetzers zweites Verhör in Lausanne (Akten I S. 14–16 Nr. 56–71)
- (*post aliquod temporis intervallum*) das Verhör nimmt eine Wende, als Jetzer bittet, vom Eid, den er (am 9. Juli 1507) gegenüber den Abgesandten des Provinzials abgelegt hatte, entbunden zu werden (Akten I S. 16–18 Nr. 72–78)

Chronologische Übersicht über Jetzerhandel und Jetzerprozesse 971

1507, Okt 29 (*altera Simonis et Iudae*)
– Paul Hug, Stellvertreter des Provinzials, und Werner von Selden, Prior von Basel, werden vom Provinzial zu einer Art Verteidiger des Dominikanerkonvents von Bern eingesetzt (Def. S. 585 Kap. III/1)

1507, Okt 31, Lausanne, Saint-Maire (*die ultima Octobris, anno quo supra et loco premisso*)
– Jetzers drittes Verhör in Lausanne (Akten I S. 18 Nr. 79–83)

1507, Nov 3
– Brief Berns an den Bischof von Lausanne (Beilagen S. 609 f. Nr. 4)

1507, Nov 15
– Brief Berns an Propst Johann Armbruster, der beim Prozess in Lausanne als Übersetzer wirkt (Beilagen S. 610 f. Nr. 5)

1507, Nov 17, Lausanne, Saint-Maire (*die decima septima mensis Novembris, anno et loco predicto*)
– (undat.) Anklageartikel gegen Jetzer (Akten I S. 19–23 Art. 1–25)
– Artikelverhör Jetzers (Akten I S. 24–26 Nr. 95–101)

1507, Nov 20, Lausanne, Saint-Maire (*die vicesima Novembris, anno et loco quibus supra*)
– Jetzers viertes Verhör in Lausanne; dieses nimmt wiederum eine Wende, indem Jetzer bittet, in den Schutz des Bischofs von Lausanne aufgenommen zu werden und das Kleid der Dominikaner ablegen zu dürfen (Akten I S. 26–29 Nr. 102–106)

1507, Nov 22, Lausanne, Saint-Maire (*die vicesima secunda mensis Novembris, anno et loco quibus supra*)
– Jetzers fünftes Verhör in Lausanne (Akten I S. 30–34 Nr. 107–118)

1507, Nov 30
– der Prior und Konvent des Dominikanerklosters in Bern erwirken (durch den Lesemeister und den Subprior) in Rom ein Breve, das die Pröpste von Bern und Interlaken mit einer Untersuchung beauftragt, die ihre Unschuld erweisen sollte (WIRZ, Bullen und Breven aus italienischen Archiven S. 248 f. Nr. 262)

1507, Dez 3
- Brief Berns an Paul Hug, Stellvertreter des Provinzials Peter Sieber (Beilagen S. 611 Nr. 6)

1507, Dez 6, Bern, Haus des Bischofs von Lausanne (*die sexta mensis Decembris, anno quo supra, in urbe Bernensi, videlicet in domo habitacionis [...] Lausannensis episcopi [...], in camera penes stupham anteriorem existentem*)
- (undat.) Verhörartikel für die Zeugen Johann Dübi und Heinrich Wölfli (Akten I S. 34 f. Art. 1–12)
- Zeugenaussage Johann Dübi, Chorherr und Kustos des Vinzenzstifts von Bern (Akten I S. 36 f.)
- Zeugenaussage Heinrich Wölfli, Chorherr des Vinzenzstifts (Akten I S. 37–39 Nr. 1–12)

1507, Dez 5, 8, 9 (*in profesto sancti Nicolai, in die conceptionis Virginis gloriosae, altera die*)
- Prior Werner von Basel wird nach Bern gerufen, wo er am 8. Dezember ankommt und wo er am 9. Dezember mit Jetzers Geständnissen (vor dem Bischof von Lausanne) konfrontiert wird, welche die Vorsteher des bernischen Dominikanerkonvents belasten (Def. S. 585 f. Kap. III/2)

1507, Dez 11
- Brief von Cajetan, Stellvertreter des Ordensgenerals des Dominikanerordens, an Bern (Beilagen S. 612 Nr. 7)

1507, Dez 12, Bern, Haus des Bischofs von Lausanne (*die duodecima mensis Decembris, anno prescripto, in urbe Bernensi, videlicet in domo habitacionis [...] Lausannensis episcopi*)
- Zeugenaussage des Schuhmachers Johann Koch von Bern (Akten I S. 39 f.)

1507, Dez 15 (*quarta feria post Luciae, post prandium*)
- Prior Werner von Basel geht zum bernischen Rat und, nach dem Mittagessen, zum neuen Schultheißen von Bern, Hans Rudolf von Scharnachtal, und schickt anschließend den Kaplan des Inselklosters, Jakob von Wimpfen, mit einem Brief zum Provinzial nach Straßburg (Def. S. 586 f. Kap. III/2)
- Brief Berns an den Bischof von Lausanne (Beilagen S. 612 f. Nr. 8)

1507, Dez 19 (*Dominica quarta Adventus*)
– Prior Werner kehrt nach einem Besuch in der Kartause Thorberg nach Basel zurück (Def. S. 587 Kap. III/2)

undat. (1507, Dez 20?)
– Brief des Provinzials, Peter Sieber, an Bern (Beilagen S. 613 Nr. 9)

1507, Dez 21, Lausanne, Saint-Maire (*vicesima prima mensis Decembris, anno quo supra, Lausanne in castro sancti Marii, in camera existente inter crotam dicti castri et magnam cameram*)
– Jetzers Reaktion auf die Zeugenaussagen in Bern, insbesondere auf diejenige des Schuhmachers Johann Koch (Akten I S. 41–43 Nr. 119–135)

1507, Dez 27 (*in die Ioannis evangelistae*)
– der Vertreter des Provinzials, Paul Hug, Lesemeister in Ulm, kommt nach Basel (Def. S. 587 Kap. III/3)

1507, Dez 28–30 (*in die Innocentum – in profesto sancti Silvestri*)
– Paul Hug und Prior Werner reisen von Basel nach Bern, Prior Werner auf einem Esel (Def. S. 587 Kap. III/3)

1507, Dez 29
– (*feria quarta praecedenti, quae fuerat Thomae martyris*) Jetzer wird vor dem ganzen Rat angehört (Def. S. 587 f. Kap. III/3)
– Brief Berns an den Bischof von Lausanne (Beilagen S. 613 Nr. 9)

1507, Dez 31
– Paul Hug geht zum Schultheißen Hans Rudolf von Scharnachtal (Def. S. 587 Kap. III/3)

1508, Jan 5 (*quarta autem feria, quae fuit vigilia Epiphaniae, facto prandio*)
– Jetzer wird im Haus des Großweibels Lienhard Schaller in Bern das Ordensgewand abgenommen (Def. S. 588 Kap. III/3)

1508, Jan 7
– erste Gegenüberstellung von Jetzer und den Dominikanern (Paul Hug, Vertreter des Provinzials; Prior Werner von Basel; der Prior und der Schaffner von Bern) vor dem Rat in Bern (Beilagen S. 614–616 Nr. 11)
– (*sequenti autem sexta feria, quae fuit altera Epiphaniae*) Gegenüberstellung von Jetzer und den Dominikanern vor dem Rat in Bern (Def. S. 589 f. Kap. III/4)

– Brief Berns an den Bischof von Lausanne (Beilagen S. 613 f. Nr. 10)

1508, Jan 10 (*secunda feria infra octavam Epiphaniae*)
– die Kostbarkeiten des Berner Dominikanerkonvents werden inventarisiert; dagegen weigern sich die Dominikaner, den Prior und den Schaffner einzuschließen, und werden deshalb auf den 12. Januar vor den Rat geladen (Def. S. 590 f. Kap. III/5)

1508, Jan 11 (*tertia feria, sub completorio in tenebris*)
– Rückkehr des Lesemeisters und des Subpriors von Rom (Def. S. 591 Kap. III/5)

1508, Jan 12 (*quarta feria infra octavam Epiphaniae*)
– die Dominikaner vor dem Rat: melden die Rückkehr von Lesemeister und Subprior von Rom mit einem Empfehlungsbrief für den Konvent von Bern vom Stellvertreter des Ordensgenerals, Thomas Cajetan (wahrscheinlich Brief mit Datum von 1507, Dez 11, siehe oben); Paul Hug bürgt für die Vorsteher des Berner Klosters, und der Ratsherr Lienhard Hübschi nimmt seinen Schwager, den Subprior Franz Ueltschi, in Schutz (Def. S. 591 Kap. III/5)

1508, Jan 14
– (*sexta feria, quae fuerat altera octavae Epiphaniae*) Zweite Gegenüberstellung von Jetzer und den Dominikanern vor dem Rat und den Sechzigern in Bern sowie vor Propst, Dekan, Kustos und einem weiteren Chorherrn des Vinzenzstifts (Def. S. 591 f. Kap. III/6)
– Brief Berns an den Bischof von Lausanne (Beilagen S. 616 Nr. 12)

1508, Jan 31 (*ultimo Ianuarii*)
– Dritte Gegenüberstellung(?) von Jetzer und den Dominikanern vor dem Rat und den Sechzigern in Bern; Jetzers Anklagepunkte gegen die Klostervorsteher (Def. S. 593 f. Kap. III/7)

1507, Feb 4 (*sexta feria post Purificationem; in profesto sanctae Agathae virginis*)
– der ganze bernische Dominikanerkonvent fastet bei Wasser und Brot (Def. S. 594 Kap. III/8)
– der Henker von Solothurn langt in Bern an (Def. S. 595 Kap. III/8)

1508, Feb 5
- (*die Agathe virginis*) Jetzers erstes Folterverhör in Bern (Akten I S. 43-47 Nr. 136-152)
- (*post prandium*) Jetzer wird vom Henker von Solothurn gefoltert (am Seil hochgezogen) und legt alle Schuld auf die Klostervorsteher (Def. S. 595 Kap. III/8)
- Jetzers Geständnisse (Def. S. 595-597 Kap. III/9, Art. 1-15)

1508, Feb 6 (*Dominica et sanctae Dorotheae virginis; in die sanctae Dorotheae virginis, qua fuit Dominica quarta post octavam Epiphaniae*)
- die Dominikaner werden ins Rathaus gerufen, und Paul Hug, dem Beichtvater des Inselklosters und Prior Werner werden Jetzers Geständnisse zur Kenntnis gebracht; die vier Klostervorsteher werden im Kloster gefangengesetzt, jeder in einem eigenen Stübchen und bewacht von je zwei städtischen Weibeln (Def. S. 595 Kap. III/8, vgl. auch ebd. S. 597 f. Kap. III/10)

1508, Feb 7
- Jetzers zweites Folterverhör in Bern (Akten I S. 47-51 Nr. 153-161)
- (*altera Dorotheae*) Jetzer wird erneut gefoltert und beschuldigt nun auch den Provinzial und die Dominikaner, die auf der Reise ans Generalkapitel in Lyon und auf der Rückreise in Bern weilten (siehe 1507, Mai 12, 16) und ihn ermahnten, den Vorstehern des bernischen Konvents gehorsam zu sein (Def. S. 599 Kap. III/11)

1507, Feb 8
- das Gerücht kommt zu den Häuptern der Stadt Bern, dass ein Dominikaner einen Berner als „Kuhliebhaber" beschimpft habe; der ganze Konvent wird zusammengerufen, und man versucht, den Schuldigen ausfindig zu machen (Def. S. 598 Kap. III/10)

1508, Feb 9 (*Appoloniae*)
- (*hora quasi undecima*) Paul Hug, Prior Werner und der Beichtvater der Insel müssen sich vor dem Rat und den Sechzigern wegen des Schmähworts des „Kuhliebhabers" und wegen Jetzers Anklagen verantworten; Prior Werner ist nun auch in Verdacht geraten und muss sich verteidigen (Def. S. 598 Kap. III/10)
- (*facto prandio, hora tertia*) Paul Hug und der Beichtvater des Inselklosters gehen zum Schultheißen von Scharnachtal; die Wachen im Dominikanerkloster werden nicht reduziert (Def. S. 598 f. Kap. III/10)

1508, Feb 9/12
- Brief Berns an den Bischof von Lausanne (Beilagen S. 616 f. Nr. 13)
- Brief Berns an Johann Armbruster, Propst des Vinzenzstifts (Beilagen S. 617 f. Nr. 13)

1508, Feb 10 (*Scholasticae*)
- drittes Folterverhör(?) Jetzers; seine Geständnisse werden den Dominikanern am 11. Februar indessen vorenthalten (Def. S. 599 Kap. III/11)

1508, Feb 14 (*Valentini*)
- Prior Werner kehrt nach Basel zurück, um die Parteigänger der Dominikaner (Bischof, Domkapitel, Bürgermeister, Kollegiatstift St. Peter) zu mobilisieren (Def. S. 599 f. Kap. III/11)

1508, Feb 14–22
- die Klostervorsteher werden im Konvent zusätzlich in eiserne Fußfesseln gelegt (Def. S. 599 f. Kap. III/11)

1508, Feb 17
- Brief Cajetans an Bern (Beilagen S. 618 Nr. 14)

1508, Feb 19
- Brief Berns an Stift und Stadt Basel, Bürgermeister und Rat, Rektor der Universität sowie Propst und Kapitel von St. Peter (Beilagen S. 619 Nr. 15)
- Prior und Konvent des Dominikanerklosters von Bern machen bei demjenigen von Basel eine Anleihe von 150 Gulden (Beilagen S. 619 f. Nr. 16)

1508, Feb 22
- Bern, Haus des Großweibels Lienhard Schaller (*die vicesima secunda mensis Februarii, [...] in urbe Bernensi, videlicet in domo [...] Leonardi Schaller, magni salterii Bernensis*) Jetzers letztes Verhör vor dem Generalvikar von Lausanne (Akten I S. 51–54 Nr. 162–168)
- (*Cathedrae Petri*) die Basler Parteigänger der Dominikaner schicken einen Boten nach Bern, der jedoch am 22. Februar mit der Nachricht zurückkehrt, diese sollten nicht nach Bern kommen; von Bern wird Ludwig Löubli, ein erklärter Feind der Dominikaner, nach Rom geschickt (Def. S. 600 Kap. III/11)

Chronologische Übersicht über Jetzerhandel und Jetzerprozesse

1508, Feb 25
- Empfehlungsbriefe für Ludwig Löubli, der nach Rom reist (Beilagen S. 620 Nr. 17)

1508, Feb 26 (*altera Matthie Apostoli*)
- (*Kolophon*) Prior Werner schließt seine Aufzeichnungen ab (Def. S. 601)

Hauptprozess in Bern

1508, Mrz 4
- Brief Berns an den Generalvikar von Lausanne, Baptiste de Aycardis (Beilagen S. 620 f. Nr. 17)

1508, Mrz 13
- der Rat und die Sechziger von Bern möchten als Richter für den bevorstehenden Prozess die Bischöfe von Lausanne, Konstanz, Basel und Sitten haben (Beilagen S. 621 Nr. 18)
- Passbrief für Ludwig Löubli (Beilagen S. 621 f. Nr. 19)
- Empfehlungsbriefe für Ludwig Löubli an Papst Julius II. und andere (Beilagen S. 622 Nr. 20; Urkunden S. 217–219)
- Brief Berns an Niklaus von Diesbach, Propst von Solothurn, und andere in Rom (Beilagen S. 623 Nr. 21; Urkunden S. 219–221)

1508, Mrz 28
- Brief des Lesemeisters Stephan Boltzhurst an seine Brüder in Offenburg (Beilagen S. 624 f. Nr. 22)

1508, April 2
- Reduzierung(?) der Bewachung der Vorsteher des Dominikanerklosters (Beilagen S. 625 Nr. 23)

1508, Apr 26
- Beglaubigungsschreiben für Propst Niklaus von Diesbach an den Papst (Urkunden S. 223)

1508, Mai 21
- Auftrag des Papsts an die Bischöfe von Lausanne und Sitten sowie an den Provinzial der Oberdeutschen Dominikanerprovinz zur Inquisition (Akten II/1 S. 59–61; Beilagen S. 625 Nr. 24)

1508, Juni 11
- Beschluss des Generalkapitels des Dominikanerordens in Rom betreffend Angehörige des Ordens, die in Ekstase fallen (Beilagen S. 625 Nr. 25)

1508, Juni 21
- Brief Berns an den Bischof von Lausanne (Beilagen S. 625 Nr. 26)

1508, Juni 24
- Brief Berns an den Bischof von Sitten, Matthäus Schiner (Beilagen S. 625 f. Nr. 27)

1508, Juli 5
- die Bischöfe von Lausanne und Sitten sowie der Provinzial der Oberdeutschen Dominikanerprovinz werden auf den 23. Juli 1508 nach Bern bestellt (Beilagen S. 626 Nr. 28)
- Brief an den Bischof von Lausanne (Beilagen S. 626 f. Nr. 28)
- Brief an den Bischof von Sitten (Urkunden S. 226)
- Brief an den Provinzial der Oberdeutschen Dominikanerprovinz (StA-Bern, A III 15, Dt. Miss. M, fol. 8v–9r)

1508, Juli 17
- Brief Berns an Thüring Fricker, ehem. Stadtschreiber, mit der Bitte, „von der Prediger Sache wegen" nach Bern zu kommen (Beilagen S. 627 Nr. 29)

1508, Juli 26 (Mittwoch)
- (*apud Bernam, in ecclesia sancti Vincentii*) Eröffnung des Prozesses (bzw. des päpstlichen Breves vom 21. Mai 1508) gegen Johann Jetzer (Akten II/1 S. 57–64)
- (*apud Bernenses in ecclesia sancti Vincentii*) Eröffnung des Prozesses (bzw. des päpstlichen Breves vom 21. Mai 1508) gegen Stephan Boltzhurst, Dr. theol.; Johann Vatter, Prior; Franz Ueltschi, Subprior, und Heinrich Steinegger, Schaffner (Akten II/2 S. 147–150)
- (*hora vesperarum, in domo prepositure Bernensi*) Beginn des Prozesses gegen Jetzer (Akten II/1 S. 64)
- (undat.) Anklageartikel gegen Jetzer (Art. 1–18, unvollständig) (Akten II/1 S. 64–67)
- Beginn von Jetzers Artikelverhör (Art. 1–9) (Akten II/1 S. 68 f.)

Chronologische Übersicht über Jetzerhandel und Jetzerprozesse 979

1508, Juli 27 (Donnerstag)
- (*hora prime*) *sententia interloqutoria*: auf Antrag des Glaubensprokurators Ludwig Löubli werden die vier Dominikaner am folgenden Tag aus ihrem Kloster in die Propstei überführt (Akten II S. 150–152)

1508, Juli 28 (Freitag)
- Fortsetzung Artikelverhör Jetzer, Art. 10–18 (Akten II/1 S. 69 f.), gefolgt von einem Verhör ohne Anklageartikel (Akten II/1 S. 70–72 Nr. 1–19)

1508, Juli 29 (Samstag)
- Verhör Jetzers (Akten II/1 S. 72–77 Nr. 20–55)
- (*hora vesperarum*) Verhör Jetzers (Akten II/1 S. 77–81 Nr. 56–87)

1508, Juli 31 (Montag)
- Verhör Jetzers (Akten II/1 S. 81–87 Nr. 88–119)
- (*hora secunda post meridiem*) Verhör Jetzers (Akten II/1 S. 87–106 Nr. 120–218)

1508, Aug 2 (Mittwoch)
- Verhör Jetzers (Akten II/1 S. 106–121 Nr. 219–303)

1508, Aug 4 (Freitag)
- Verhör Jetzers (Akten II/1 S. 121–128 Nr. 304–328)
- (*hora secunda post meridiem*) Verhör Jetzers (Akten II/1 S. 128–134 Nr. 329–358)
- der Glaubensprokurator Ludwig Löubli verlangt die Eröffnung des Prozesses gegen die vier Dominikaner, die als ihren Verteidiger Johann Heinzmann, Prokurator am bischöflichen Hofgericht in Basel, einsetzen und auf den folgenden Tag zitiert werden (Akten II/2 S. 152 f.)

1508, Aug 5 (Samstag)
- Verhör Jetzers (Akten II/1 S. 134–139 Nr. 359–389)
- Verhör Jetzers (Akten II/1 S. 139–141 Nr. 390–397)
- *sententia interloqutoria*: Zitierung der vier Dominikaner auf Montag, 7. August 1508, morgens (Akten II/2 S. 153–155)
- (undat.) Protest der vier Dominikaner (Akten II/2 S. 155 f.)

1508, Aug 7 (Montag)
- (*hora prime*) *sententia interloqutoria*: die vier Dominikaner sollen einzeln und ohne Verteidiger auf die Anklageartikel antworten müssen; Zitierung auf Mittwoch, 9. August, *hora prime* (Akten II/2 S. 156–158)

- (undat.) Anklageartikel gegen die vier Dominikaner (Akten II/2 S. 158–164 Art. 1–35)
- (*hora vesperarum*) Artikelverhör des Lesemeisters Stephan Boltzhurst (Akten II/2 S. 164–167 Art. 1–15)

1508, Aug 8 (Dienstag)
- (*de mane*) Fortsetzung Artikelverhör des Lesemeisters (Akten II/2 S. 167–172 Art. 16–35)
- Artikelverhör des Schaffners Heinrich Steinegger (Akten II/2 S. 172–178 Art. 1–35)

1508, Aug 9 (Mittwoch)
- Artikelverhör des Priors Johann Vatter (Akten II/2 S. 178–190 Art. 1–35)

1508, Aug 11 (Freitag)
- Artikelverhör des Subpriors Franz Ueltschi (Akten II/2 S. 190–200 Art. 1–35)
- angesichts der Artikelverhöre der vier Dominikaner verlangt der Glaubensprokurator die Anwendung der Folter; der Verteidiger der Dominikaner protestiert; Zitierung der Parteien auf den folgenden Freitag (1508, Aug 18), morgens (*de mane*) (Akten II/2 S. 201)

1508, Aug 12 (Samstag)
- (irrtümlicherweise Aug 11, Montag) der Glaubensprokurator präsentiert die Zeugen: Wilhelm von Diesbach, Ritter, Altschultheiß von Bern; Niklaus Schaller, Stadtschreiber; Martin Franke, Goldschmied; Lukas, Glaser; Nikolaus (Alber), Apotheker; Heinrich Stiffels, Zimmermann; Johann Schweizer, Maler, und Ludwig (von Schüpfen, Scherer) sowie Bruder Bernhard Karrer (Dominikaner) und Oswald, Konverse des Dominikanerkonvents; der Verteidiger der Dominikaner protestiert und wird auf die Vesperzeit zitiert (Akten II/2 S. 201 f.)
- (*hora vesperorum*)[3] die Zeugen werden zugelassen; vom Verteidiger der Dominikaner nimmt das Gericht einen Fragenkatalog entgegen, nach welchem die Zeugen zu befragen seien (Akten II/2 S. 202 f.)
- (undat.) Fragenkatalog des Verteidigers für die Zeugen (Akten II/2 S. 203–208)
- Zeugenaussage Anton Noll, Schmied (Akten II/3 S. 329–339)

---

3) In den Akten sowohl *vesperarum* als auch *vesperorum*; laut Steck „bezeichnet das Masculinum den Abendgottesdienst, das Femininum in der Regel die Abendzeit", vgl. Akten II/2 S. 202 Anm. c.

- Zeugenaussage Martin Franke, Goldschmied (Akten II/3 S. 339–343)
- Zeugenaussage Wilhelm von Diesbach, Klostervogt (Akten II/3 S. 343–346)
- Zeugenaussage (schriftlich) Niklaus Schaller, Stadtschreiber (Akten II/3 S. 393–395)
- der Bischof von Sitten soll am Dienstag, 15. August (Mariä Himmelfahrt), in Bern predigen (Beilagen S. 628 Nr. 30)

1508, Aug 13 (Sonntag)
- Zeugenaussage Peter Müller, Cluniazenser (Akten II/3 S. 346 f.)
- Zeugenaussage Johann Müller, Schaffner der Franziskaner (Akten II/3 S. 347 f.)
- Zeugenaussage Johann (Hans) Frisching (d. Ä.), Mitglied des Kleinen Rats (Akten II/3 S. 348)
- Zeugenaussage Thomas vom Stein, Kantor des Vinzenzstifts Bern (Akten II/3 S. 349 f.)
- Zeugenaussage Benedikt Weingarter, Venner (Akten II/3 S. 350–352)
- (*hora secunda post meridiem*) Zeugenaussage Niklaus (Alber), Apotheker (Akten II/3 S. 352 f.)
- Zeugenaussage Niklaus Darm (Akten II/3 S. 353–355)
- Zeugenaussage Ludwig von Schüpfen, Scherer (Akten II/3 S. 355–357)
- Brief des Bischofs von Sitten an seine Landleute im Wallis (Korrespondenzen Schiner 1 S. 78 f. Nr. 103)

1508, Aug 14 (Montag)
- Abschluss des Prozesses Johann Jetzer (Akten II/1 S. 141 f.)
- (*de mane*) Zeugenaussage Rudolf Huber, Bauherr (Akten II/3 S. 358–362)
- Zeugenaussage Konrad Brun, Weibel der Stadt Bern (Akten II/3 S. 362–366)
- Zeugenaussage Johann Schindler, Mitglied des Rats der Sechzig (Akten II/3 S. 366–369)
- (*hora causarum solita*) der Glaubensprokurator bringt weitere Zeugen (nicht genannt) bei; diese werden trotz des Protests des Verteidigers der Dominikaner zugelassen; Termin für die Zeugen: Samstag (1508, Aug 19) (Akten II/2 S. 208 f.)

1508, Aug 15 (Dienstag, Mariä Himmelfahrt)
- Predigt des Bischofs von Sitten, siehe unter 1508, Aug 12

1508, Aug 16 (Mittwoch)
- Zeugenaussage Johann Dübi, Kustos des Vinzenzstifts (Akten II/3 S. 370–372)
- Zeugenaussage Jost Keller, Kanzler des Bischofs von Basel (Akten II/3 S. 372)
- Zeugenaussage Niklaus Grafenried, Mitglied des Kleinen Rats (Akten II/3 S. 372–374)
- Zeugenaussage Johann Zehnder, Glockengießer (Akten II/3 S. 374–376)
- Zeugenaussage Heinrich Stiffels, Zimmermann (Akten II/3 S. 376–378)
- Zeugenaussage Peter Esslinger, Gerichtsschreiber (Akten II/3 S. 378–380)

1508, Aug 17 (Donnerstag)
- (*hora prime*) der Glaubensprokurator verlangt aufgrund der Zeugenaussagen die Anwendung der Folter gegen die Dominikaner und Jetzer; der Verteidiger der Dominikaner fordert und erhält eine Liste der Zeugen, und ebenso einen Termin (*hora vesperorum*), um gegen diese zu protestieren. Jetzer lässt durch seine ihm ad-hoc gegebenen Verteidiger, Peter Magni und Johann Mörnach, gegen die Anwendung der Folter gegen ihn protestieren (er sei schon genug gefoltert worden und habe seine Geständnisse abgelegt), und erhält denselben Termin (Akten II/2 S. 209 f.)
- (*hora vesperorum*) der Glaubensprokurator verlangt die Anwendung der Folter gegen die Dominikaner (nicht mehr aber gegen Jetzer); der Verteidiger der Dominikaner legt Artikel vor, die gegen Jetzer gerichtet sind; Termin: der folgende Tag, *hora prime* (Akten II/2 S. 210)

1508, Aug 18 (Freitag)
- (*hora prime*) *sententia interlocutoria* (*dissentiente domino provinciali*): das Gericht lehnt die vom Verteidiger der vier Dominikaner vorgelegten Artikel (gegen Jetzer) ab; der Verteidiger protestiert und zieht insbesondere die Unparteilichkeit des Zeugen Valerius Anshelm in Frage; nächster Termin: Vesperzeit (Akten II/2 S. 210–212)
- (undat.) Anklageartikel des Verteidigers gegen Jetzer (Akten II/2 S. 212–217 Art. 1–16)
- (*hora vesperorum*) *sententia interloquutoria* (ohne Provinzial): Anwendung der Folter gegen die vier Dominikaner; ihr Verteidiger legt einen „Zettel" mit (acht) Gründen gegen die Anwendung der Folter vor (Akten II/2 S. 217–219)
- (undat.) Gründe des Verteidigers gegen die Anwendung der Folter gegen die Dominikaner (Akten II/2 S. 219–224 Art. 1–8)
- Zeugenaussage des Priesters Johann Brünisberg, Verwalter in Rüeggisberg (Akten II/3 S. 380 f.)

- Zeugenaussage des Priesters Christen Keusen, Vikar in Rüeggisberg (Akten II/3 S. 381 f.)

1508, Aug 19 (Samstag)
- (undat.) Brief von Thüring Fricker an Bern (wegen Folterung der Dominikaner) (Beilagen S. 627 f. Nr. 29)
- erstes Folterverhör des Lesemeisters, Stephan Boltzhurst (Akten II/2 S. 224 f.)
- (*in domo prepositure Bernensis, videlicet in loco torture*) Erstes Folterverhör des Schaffners, Heinrich Steinegger (Akten II/2 S. 258 f.)
- (*in domo prepositure Bernensis, in loco torture*) Erstes Folterverhör des Priors, Johann Vatter (Akten II/2 S. 275 f.)
- Zeugenaussage Benedikt Dick, Pfarrer von Wimmis (Akten II/3 S. 382–384)

1508, Aug 21 (Montag)
- (*in loco predicto torture*) zweites Folterverhör des Schaffners (Akten II/2 S. 259 f.)
- (*in domo predicte prepositure Bernensis, in loco torture*) Erstes(?) Folterverhör des Subpriors, Franz Ueltschi (Akten II/2 S. 297–303 Nr. 1–13)

1508, Aug 23 (Mittwoch)
- (*in domo prepositure Bernensis, in aula audientie causis solita*) Erste Geständnisse des Schaffners (Akten II/2 S. 260–262 Nr. 1–13)
- (*in loco eodem torturarum solito*) Zweites Folterverhör des Priors; Bedenkfrist bis Montag (28. August 1508) (Akten II/2 S. 276 f.)
- Erste(?) Geständnisse des Subpriors (Akten II/2 S. 303–306 Nr. 14–21)

1508, Aug 25 (Freitag)
- Weitere Geständnisse des Schaffners, unterbrochen durch Anwendung der Folter (Akten II/2 S. 262–265 Nr. 1–26)
- (*hora vesperorum, in aula domus prepositure Bernensis audientie causis solita*) Weitere Geständnisse des Schaffners (Akten II/2 S. 265 f. Nr. 27–30)

1508, Aug 26 (Samstag)
- Weitere Geständnisse des Schaffners (Akten II/2 S. 266–270 Nr. 31–62)
- Bestätigung der bisherigen Geständnisse durch den Subprior (Akten II/2 S. 306 Nr. 23)

- außerordentliche Geständnisse des Subpriors bezüglich Pakt mit dem Teufel (Akten II/2 S. 321 f. Nr. 71, außerhalb der chronologischen Reihenfolge)

1508, Aug 28 (Montag)
- Erste Geständnisse des Priors (Akten II/2 S. 277–279 Nr. 1)
- (*post prandium*) Drittes Folterverhör des Priors (Akten II/2 S. 279–282 Nr. 2–8)
- (*post prandium, in aula domus supradicte prepositure*) Weitere Geständnisse des Priors (Akten II/2 S. 282–286 Nr. 9–17)

1508, Aug 29 (Dienstag)
- Weitere Geständnisse des Priors, mit Ermahnungsrede des Bischofs von Sitten (Akten II/2 S. 286–295 Nr. 18–39)

1508, Aug 30 (Mittwoch)
- (*in domo prepositure Bernensis, videlicet in loco pro torturis contra quatuor patres inquisitos exequendis deputatos*) Erste Geständnisse des Lesemeisters (Akten II/2 S. 225 f. Nr. 1–2)
- (*hora vesperorum*) Weitere Geständnisse des Lesemeisters (Akten II/2 S. 227 Nr. 3)
- Zweites außerordentliches Geständnis des Subpriors bezüglich Pakt mit dem Teufel (Akten II/2 S. 319–321 Nr. 60–70, außerhalb der chronologischen Reihenfolge)
- Zeugenaussage Rudolf Schürer, Frühmesser von St. Stephan (Akten II/3 S. 384)
- Zeugenaussage Peter Lector(is), Pfarrer von Oberwil im Simmental (Akten II/3 S. 385)
- Zeugenaussage Peter Bratschi, Pfarrer von Boltigen (Akten II/3 S. 386)
- Zeugenaussage von Heinrich Ubert, Pfarrer von Zweisimmen (Akten II/3 S. 387 f.)
- Zeugenaussage Bruder Oswald, Konverse im Dominikanerkonvent in Bern (Akten II/3 S. 388 f.)
- Zeugenaussage Bruder Bernhard Karrer, Dominikaner in Bern (Akten II/3 S. 389 f.)
- (undat.) Zeugenaussage (schriftlich) Johann Murer, Dekan des Vinzenzstifts (Akten II/3 S. 391–393)
- (undat.) Zeugenaussage (schriftlich) Valerius Anshelm, Schulmeister und Stadtarzt (Akten II/3 S. 396–401)

1508, Aug 31 (Donnerstag)
- Bekenntnisschrift des Lesemeisters, von ihm selbst verlesen (Akten II/2 S. 227–238)
- Weitere Geständnisse des Lesemeisters (Akten II/2 S. 238–244 Nr. 4–19)
- (*hora vesperorum*) Weitere Geständnisse des Lesemeisters (Akten II/2 S. 244–252 Nr. 20–46)

1508, Sept 1 (Freitag)
- (*de mane, in aula audientie causarum* und dann *in loco torture*) Zweites Folterverhör des Lesemeisters (Akten II/2 S. 252 f.)
- (*hora vesperorum, in aula domus prepositure*) Weitere Geständnisse des Lesemeisters (Akten II/2 S. 253–255 Nr. 47–49)
- Weitere Geständnisse des Schaffners (Akten II/2 S. 270–274 Nr. 63–78)
- (*hora vesperorum*) Abschluss des Prozesses des Schaffners (Akten II/2 S. 274 Nr. 79)
- Abschluss des Prozesses des Priors (Akten II/2 295 f. Nr. 40)
- (*in aula iudiciali*) Weitere Geständnisse des Subpriors (Akten II/2 S. 306 f. Nr. 24–25)

1508, Sept 2 (Samstag)
- (*in loco iudiciali de mane*) Fortsetzung Geständnisse Subprior (Akten II/2 S. 322–324 Nr. 72–75, außerhalb der chronologischen Reihenfolge)
- Weitere Geständnisse und Abschluss des Prozesses des Subpriors (Akten II/2 S. 307–319 Nr. 26–37)

1508, Sept 3 (Sonntag)
- der Lesemeister nimmt seine Geständnisse vom 1. September teilweise zurück (Akten II/2 S. 255 Nr. 50)

1508, Sept 4 (Montag)
- zusätzliche Verhöre betr. Mitschuld der Oberdeutschen Dominikanerprovinz
- – Jetzer (Akten II/1 S. 142 f. Nr. 398–400)
- – Lesemeister (Akten II/2 S. 255–258 Nr. 51–53)
- – Prior (Akten II/2 S. 296 f. Nr. 41)
- Einberufung der Mitglieder des Rats (der Räte?) auf Mittwoch (1508, Sept 6) (Beilagen S. 628 Nr. 30)

1508, Sept 5 (Dienstag)
- zusätzliche Verhöre betr. Mitschuld der Oberdeutschen Dominikanerprovinz

- – Schaffner (Akten II/2 S. 274 f. Nr. 80)
- – Subprior (Akten II/2 S. 324 f. Nr. 76–78)

1508, Sept 7 (Donnerstag)
- der Glaubensprokurator verlangt vom Gericht das Urteil; die Dominikaner und ihr Verteidiger bestreiten die Gültigkeit der Prozesse und unterstellen sich dem Schutz und dem Erbarmen des Papstes (Akten II/2 S. 325 f.)
- die Bischöfe von Lausanne und Sitten (die sich nicht einig sind, vgl. Luzerner Schilling S. 452 Kap. 388) verlangen und erhalten vom Rat einen Aufschub, um erneut an den Papst zu gelangen (Beilagen S. 628 Nr. 30)
- Prior Werner von Basel flieht nach Frankfurt (Def. S. 601 f.)

Revisionsprozess in Bern

1508, Sept 20
- Wechselbriefe, Instruktion, Passbrief und Empfehlungsbriefe für Konrad Wymann, Pfarrer von Spiez (und Glaubensprokurator im Hauptprozess) für eine Reise nach Rom (Beilagen 2 S. 628 Nr. 30)
- (undat.) Instruktion (Beilagen S. 629 Nr. 31)

1508, Sept 24
- Empfehlungsbriefe an Niklaus von Diesbach, Propst von Solothurn, und Kaspar von Silenen, Hauptmann der päpstlichen Schweizergarde in Rom (Beilagen S. 629 f. Nr. 32)
- Brief Berns an Papst Julius II. (Beilagen S. 630–632 Nr. 33)
- Briefe Berns an den Sekretär und den Referendar des Papstes, an die Auditoren der Rota sowie an Alexander de Gablonetis und Peter Colini, Ehrenchorherren des Vinzenzstifts (Beilagen S. 632 Nr. 33)

1508, Okt 30
- Bemerkung im Ratsmanual: *Denne von der Brediger vergicht wägen, als ich weiß* (Beilagen S. 632 Nr. 34); bezieht sich wahrscheinlich auf die Akten des Hauptprozesses, siehe 1508, Nov 6/8

1508, Nov 5
- Erster Brief von Konrad Wymann aus Rom (Beilagen S. 633 f. Nr. 35/1)

1508, Nov 6/8
- Brief Berns an den Bischof von Sitten: Bitte um eine Abschrift der Prozessakten, wohl der Akten des Hauptprozesses (Beilagen S. 632 f. Nr. 34)

Chronologische Übersicht über Jetzerhandel und Jetzerprozesse

1508, Nov 16
- Zweiter Brief von Konrad Wymann aus Rom (Beilagen S. 634 f. Nr. 35/2)

1508, Dez 14
- Dritter Brief von Konrad Wymann aus Rom (Beilagen S. 635 f. Nr. 35/3)

1508, Dez 21
- Vierter Brief von Konrad Wymann aus Rom (Beilagen S. 636 f. Nr. 35/4)

1509, Jan 3
- Bern an den Bischof von Lausanne (Urkunden S. 275 f.)

1509, Jan 10
- Fünfter Brief von Konrad Wymann aus Rom (Beilagen S. 637 f. Nr. 35/5)

1509, Feb 1
- Sechster Brief von Konrad Wymann aus Rom (Beilagen S. 638 f. Nr. 35/6)

1509, Feb 13
- Brief Berns an den Bischof von Sitten (Beilagen S. 639 Nr. 36)

1509, Mrz 1
- Auftrag des Papsts an die Bischöfe von Lausanne und Sitten, zusammen mit Achilles de Grassis, Bischof von Città di Castello, Referendar des Papstes, den Hauptprozess zu „revidieren" (Akten III S. 408 f.; Beilagen S. 639)
- Auftrag des Papsts an Achilles de Grassis, Bischof von Città di Castello, zusammen mit den Bischöfen von Lausanne und Sitten den Hauptprozess zu „revidieren" und ein Urteil zu fällen (Akten III S. 409 f.)

1509, Mrz 7
- Brief Berns an den Papst wegen der Dominikaner, Zofingen u. a. (Beilagen S. 639 Nr. 36)

1509, Mrz 8
- Briefe Berns an den Bischof von Sitten und an Thüring Fricker (Beilagen S. 639 Nr. 36)

1509, April 5 (Gründonnerstag)
- Brief Berns an den Bischof von Sitten (Beilagen S. 639 f. Nr. 37)

1509, April 9 (Montag nach Ostern)
- Antwort des Bischofs von Sitten an Bern (Beilagen S. 640 f. Nr. 38)
- Brief Berns an den Bischof von Sitten (Beilagen S. 642 Nr. 39)
- Brief Berns an den Bischof von Lausanne (Urkunden S. 281 f.)
- Brief Berns an Thüring Fricker (Urkunden S. 281 f.)

1509, April 18
- Briefe Berns an die Bischöfe von Sitten und Lausanne (Beilagen S. 642 Nr. 40)
- Brief Berns an den Bischof von Sitten (Beilagen S. 642 f. Nr. 40)

1509, April 24 (6?)
- Brief von Paul Hug (Stellvertreter des Provinzials der Oberdeutschen Dominikanerprovinz) an den Bischof von Città di Castello mit der Bitte um freies Geleit für die Verteidiger der vier Angeklagten; wird dem Gericht des Revisionsprozesses am 2. Mai 1509 vorgelegt (Akten III S. 412)

1509, Mai 2 (Mittwoch)
- Konstituierung des Gerichtshofs für den Revisionsprozess in Bern (Akten III S. 407–413)
- Erstes Verhör Jetzers (durch den Bischof von Sitten) (Akten III S. 413–416 Nr. 1–15)

1509, Mai 4 (Freitag)
- Zweites Verhör Jetzers (Akten III S. 416–417 Nr. 16–27)
- (*hora prima post meridiem*) Drittes Verhör Jetzers (Akten III S. 417–420 Nr. 28–36)

1509, Mai 5 (Samstag)
- Viertes Verhör Jetzers (Akten III S. 420–424 Nr. 37–46)
- Eröffnung des Verfahrens gegen die vier Dominikaner (Akten III S. 424 f.)
- (*circa horam secundam post meridiem*) Erstes Verhör des Lesemeisters (Akten II S. 425–430 Nr. 1–21)

1509, Mai 7 (Montag)
- Zweites Verhör des Lesemeisters (Akten III S. 430–434 Nr. 22–43)
- (*hora secunda post meridiem*) Drittes Verhör des Lesemeisters (Akten III S. 434–438 Nr. 44–57)
- (*hora quinta vel circa post meridiem*) Beginn der Prozesse gegen den Schaffner, Subprior und Prior (Akten III S. 438–440)

Chronologische Übersicht über Jetzerhandel und Jetzerprozesse

1509, Mai 8 (Dienstag)
- Erstes Verhör des Schaffners (Akten III S. 440–444 Nr. 1–16)
- (*hora tercia post meridiem*) Zweites Verhör des Schaffners (Akten III S. 444–447 Nr. 17–26)

1509, Mai 9 (Mittwoch)
- Drittes Verhör des Schaffners (Akten III S. 447–451 Nr. 27–41)
- der Novize Johann Meyerli ist zitiert worden, hält sich aber nicht mehr in Bern auf (Akten III 451 f.)

1509, Mai 10 (Donnerstag)
- Erstes Verhör des Priors (Akten III S. 452–455 Nr. 1–10)
- (*circa horam terciam post meridiem*) Zweites Verhör des Priors (Akten III S. 455–458 Nr. 11–20)

1509, Mai 11 (Freitag)
- Drittes Verhör des Priors, Gegenüberstellung mit Jetzer (Akten III S. 458–464 Nr. 21–33)
- (*circa horam terciam post meridiem*) Viertes Verhör des Priors (Akten III S. 464–467 Nr. 34–42)

1509, Mai 12 (Samstag)
- Fünftes Verhör des Priors (Akten III S. 467–474 Nr. 43–64)
- (*circa horam quartam post meridiem*) Sechstes Verhör des Priors (Akten III S. 474–478 Nr. 65–76)

1509, Mai 14 (Montag)
- Erstes Verhör des Subpriors (Akten III S. 478–480 Nr. 1–6)
- (*circa horam terciam post meridiem*) Zweites Verhör des Subpriors (Akten III S. 481 f. Nr. 7–12)
- Tagsatzung in Bern, auf welcher die Bischöfe von Città di Castello und Sitten, Achilles de Grassis und Matthäus Schiner, für ein Soldbündnis mit dem Papst (Julius II.) werben, der Bischof von Lausanne, Aymo von Montfalcon, aber für die Verlängerung des Soldbündnisses (1499–1509) mit Frankreich (EA III/2 S. 457–460 Nr. 330)

1509, Mai 15 (Dienstag)
- Drittes Verhör des Subpriors (Akten III S. 483–487 Nr. 13–25)

1509, Mai 16 (Mittwoch)
- Viertes Verhör des Subpriors (Akten III S. 487–492 Nr. 26–45)

- (*circa horam terciam post meridiem*) Fünftes Verhör des Subpriors (Akten III S. 492–494 Nr. 46–53)
- der Glaubensprokurator präsentiert die Zeugen: den Priester Johann Zwygart, den Goldschmied Martin Franke, den Glaser Lukas, den Schuhmacher Johann Koch, den Schmied Friedrich Hirz, den Chorherrn Heinrich Wölfli, den Kaufmann Johann Graswyl, den Apotheker Niklaus Alber und noch andere Bürger und Bewohner von Bern (Akten III S. 494 f.)

1509, Mai 17 (Donnerstag, Auffahrt)
- Zeugenaussage des Priesters Johann Zwygart (Akten III S. 495 f.)
- Zeugenaussage Friedrich Hirz, Schmied und Sporer (Akten III S. 496 f.)
- Zeugenaussage Martin Franke, Goldschmid (Akten III S. 497)
- Zeugenaussage Johann Koch, Schuhmacher (Akten III S. 497 f.)
- Zeugenaussage Johann Graswyl, Kaufmann (Akten III S. 498)
- Zeugenaussage Heinrich Wölfli, Chorherr des Vinzenzstifts (Akten III S. 498–503)
- Zeugenaussage Glaser Lukas (Akten III S. 503–505)
- Zeugenaussage Niklaus Alber, Apotheker (Akten III S. 505 f.)
- Brief von Paul Hug, Stellvertreter des Provinzials der Oberdeutschen Dominikanerprovinz, an Bern (Beilagen S. 643 f. Nr. 41)

1509, Mai 18 (Freitag)
- Viertes Verhör des Lesemeisters (Akten III S. 506–508, ohne Nummerierung)
- (*hora septima de mane*) Abschließendes Verhör des Lesemeisters (Akten III S. 508 f.)
- Abschließendes Verhör des Schaffners (Akten III S. 509–511)
- Präsentation von zwei weiteren Zeugen durch den Glaubensprokurator (Akten III S. 511)
- Zeugenaussage Niklaus Schaller, Stadtschreiber (Akten III S. 511 f.)
- Zeugenaussage Venner Kaspar Wyler (Akten III S. 512–514)
- der Kaufmann Johann Graswyl bringt die Urkunde über die Anleihe von 800 Pfund, welche die Dominikaner (am 10. September 1507) bei ihm gemacht hatten (Akten III S. 514)

1509, Mai 19 (Samstag)
- Abschließendes Verhör des Priors (Akten III S. 514 f.)
- Abschließendes Verhör des Subpriors (Akten III S. 515 f.)

- Bedenkfrist von drei Tagen für die vier Angeklagten (getrennt); sie identifizieren den vom Kaufmann Johann Graswyl beigebrachten Wechselbrief (Akten III S. 516)
- der Glaubensprokurator Ludwig Löubli bringt als Zeugen über den Wechselbrief den Stadtschreiber Niklaus Schaller und seinen Untergebenen Heinrich Peyer bei, der den Brief geschrieben hat (Akten III S. 516 f.)
- der Glaubensprokurator bringt Zeugen für die Abwesenheit der Verteidiger der Dominikaner bei: Niklaus Schaller, Stadtschreiber; Heinrich Peyer, Untergebener des Stadtschreibers; François des Vernets, Sekretär des Bischofs von Lausanne; Franz Kolb, Prädikant am Vinzenzstift; Valerius Anshelm, Stadtarzt (Akten III S. 517 f.)
- die vier Klostervorsteher und ihre Verteidiger werden durch Anschläge an den Türen der Vinzenzkirche, an der Propstei und an der Kreuzgasse sowie an den Türen der Dominikanerkirche zitiert, innerhalb von drei Tagen vor dem Gericht zu erscheinen und vorzubringen, was zur Verteidigung der vier Angeklagten zu sagen sei (Akten III S. 518 f.)

1509, Mai 21 (Montag)
- der Glaubensprokurator Ludwig Löubli beschuldigt die vier Klostervorsteher und ihre Verteidiger, die nicht erschienen sind, der Kontumaz; als weiteren Zeugen präsentiert er den Scherer Johann Haller (Akten III S. 519)
- Zeugenaussage Johann Haller (Akten III S. 519 f.)

1509, Mai 22 (Dienstag)
- Zeugenaussage Johann Dübi, Kustos des Vinzenzstifts (Akten III S. 520)
- (*hora octava*) die vier Klostervorsteher erscheinen einzeln vor Gericht: sie haben nichts mehr zu ihrer Verteidigung beizutragen und bitten um Gnade (Akten III S. 520)
- (*hora decima*) das Gericht nimmt zusammen mit dem Goldschmied Martin Franke und dem Glaser Lukas einen Augenschein im Kloster (Akten III S. 520–522)
- Heinrich Peyer, Untergebener des Stadtschreibers Niklaus Schaller, präsentiert eine lateinische Übersetzung der ursprünglich deutschen Urkunde über die Anleihe, welche die Klostervorsteher am 10. September 1507 beim Kaufmann Johann Graswyl gemacht haben (Akten III S. 522–524)
- (*circa horam sextam post meridiem*) der Glaubensprokurator präsentiert neun Mitglieder des Kleinen und vier Mitglieder des Großen Rats, die alle bezeugen, dass in Bern ein großer Skandal entstanden wäre, wenn die Herren von Bern nicht den Bischof von Lausanne, ihren Ordinarius, her-

angezogen hätten, durch dessen Vorsicht diese Fiktionen entdeckt worden seien (Akten III S. 524–526)
- (*circa horam septimam post meridiem*) die vier Klostervorsteher werden (einzeln) zum Urteil vorgeladen, das am nächsten Tag um sechs Uhr morgens gesprochen werden soll (Akten III S. 526)

1509, Mai 23 (Mittwoch)
- (*circa horam sextam de mane*) auf Antrag des Glaubensprokurators werden die vier Klostervorsteher (Prior, Subprior, Lesemeister und Schaffner, einzeln) wegen ihren „skandalösen, vom katholischen Glauben abweichenden Illusionen" und wegen Sakrileg, Giftmord, Idolatrie, Absage an Gott und Anrufung von Dämonen zur Degradierung von ihren Ordens- und priesterlichen Würden und zur Übergabe an den weltlichen Arm verurteilt (Akten III S. 526–530)
- (*circa horam octavam*) die Degradierung und Übergabe an den weltlichen Arm werden an der Kreuzgasse durch den Bischof von Città di Castello am Prior, Lesemeister, Subprior und Schaffner vollstreckt (Akten III S. 530 f.; vgl. auch Anshelm 3 S. 161 f.; Luzerner Schilling S. 499 Kap. 429)
- (*hora vesperorum*) Jetzer wird auf den nächsten Tag um acht Uhr (morgens) zur Urteilsverkündung vorgeladen (Akten III S. 531)
- Antwort Berns an Paul Hug, Stellvertreter des Provinzials, auf seinen Brief von 1509, Mai 17 (Beilagen S. 644 Nr. 42)

1509, Mai 24 (Donnerstag)
- (*circa horam octavam de mane*) Jetzer wird aus ganz Deutschland verbannt und außerdem dazu verurteilt, an einem Tag öffentlich mit einer Mitra aus Papier durch die Stadt Bern geführt und darauf mit dieser vor der Propstei oder dem Rathaus eine Stunde lang auf einer Leiter ausgestellt zu werden (Akten III S. 531–535)

1509, Mai 30 (Mittwoch)
- allerletzte Geständnisse des Priors, überbracht durch seinen Beichtvater Franz Kolb (Akten III S. 535 f.)

1509, Mai 31 (Donnerstag)
- Versammlung von Rat und Burgern wegen den Dominikanern (Beilagen S. 644 Nr. 42)
- *Wie die vier entwichten väter mit dem für gericht wurden* (Anshelm 3 S. 164 f.; vgl. auch Luzerner Schilling, S. 499 Kap. 429; Schodoler S. 275 Kap. III/466; Schwinkhart S. 42 Kap. 10)

1509, Juli 25
– *Wie der Jåtzer dem gift, der urtel, dem schwert und der gefångnůss ist entrunnen* (Anshelm 3 S. 165 f.)

2. Die Mitglieder des Dominikanerkonvents Bern 1498–1508

1498 LÖHR, Teutonia S. 150 f. Nr. 41 (UTZ TREMP, Art. Bern S. 304 Anm. 106)	1506/1507 Def. S. 541	1506/1507 *Falsche History* GÜNTHART, Von den vier Ketzern S. 61	1508, Feb 19 Schuldverschrei- bung des Berner zu Gunsten des Basler Dominika- nerkonvents Beilagen S. 619 f. Nr. 16
fr. Johannes Ott- nant, prior se- cundarie assump- tus	*frater Ioannes Vetter*(!), *lector, prior*	*vatter Iohannes vetter prior und leßmeis- ter*	*frater Iohannes Vatter, tunc prior*
Johannes Be- mung(?), *supprior*	*frater Stephanus Boltçhorst, sacrae theologiae profes- sor*	*vatter Stephan boltzborst*(!) *doc- tor und predicant*	*frater Stephanus Boltzhurst, tunc lector conventus*
	frater Franciscus Ulschi, subprior	*vatter Franciscus ulschi supprior*	*frater Heinricus Steinegger, pro tunc procurator conventus*
Johannes Crüttlin, lector conventus	*frater Henricus Hell, de consilio* (*consilio* = ev. lat. Übersetzung von Root, polit. Gem. u. Amt LU)	*vatter Heinrich hell von rot*	*frater Iohannes Ottnant, lector ac confessor*
Anthonius Pistoris, lector et predicans conventus	*frater Iohannes Rolmanni, senior*	*vatter Iohannes rolmann der âlter*	*frater Balthasar Fabri, vicarius supprioris*
fr. Anthonius Fab- ri, procurator et censuarius conven- tus	*frater Conradus Çimmerecklin*	beim Übersetzen in die *Falsche His- tory* möglicher- weise weggefallen	*frater Heinricus Hel de consilio*
fratres conventua- les: Johannes Rûlmanni	*frater Balthasar Fabri*	ebenso	*frater Iohannes Rulandi Rull*
Martinus Swab	*frater Paulus Süberlich*	ebenso	*frater Cunradus Cimmerechel*

Die Mitglieder des Dominikanerkonvents Bern 1498–1508

Conradus Zumerhecklin	*frater Bernardus Karrer, magister studentium*	*vatter Bernhart karrer studentenmeister*	*frater Bernardus Karrer*
	frater Henricus Steinecker, procurator	*vatter Heinrich steinecker schafner*	*frater Ieorius Sellatoris, studens generalis*
Georius Harnescher	*frater Iodocus Hack*	*vatter Iost hack*	*frater Allexander Meusch*
Benedictus Spichtin	*frater Alexander Mesch et*	*vatter Alexander mesch und*	*frater Iohannes Blenderer*
Alexius Büchler	*frater Ulricus Hüglin,* **omnes sacerdotes**	*vatter Ulrich hüglin* **all priester**	*frater Marco*
Nicolaus Sartor	*frater Iohannes, sartor, senior*	*brůder Hans schneider der ålter*	*frater Ioseph*
Michahel Seman	*frater Oswaldus*	*brůder Oswald*	*frater Gallus Korn*
Jodocus Hack	*frater Georgius, cocus, et*	*brůder Iőrg koch und*	*frater Rodulffus Noll*
Johannes Reng	*fratres Georgius, pistor,* **conversi**	*brůder Iőrg der pfister,* **vier converßen**	*frater Iohannes Meyer*
Erhardus Ringlin	**cum aliis iuvenibus septem**	**mit sampt anderen siben iungen**	*frater Ieorius Pflieger*
Johannes Vatter			*frater Iohannes Lapicide*
Fridericus Jucker			*frater Sebastianus Viniatoris*
non sacerdotes: *Georius Sellatoris, diaconus*			
Heinricus Steinegger, subdiaconus			
Bernhardus Karrer, subdiaconus			
novicii vero quatuor			

3. Who's who von Jetzers Erscheinungen

Es werden nicht alle Stellen angegeben, welche die Erscheinungen betreffen, sondern nur diejenigen, aus denen hervorgeht, wer die betreffende Erscheinung dargestellt hat.

Erscheinungen (in chronologischer Reihenfolge)	wer	Belege (chronologisch nach Aussagen)
Geist	Subprior	Def. S. 603 Kap. IV/3
	Subprior	Akten II/2 S. 298 Nr. 1 f. (1508, Aug 21; Subprior, Folterverhör)
	Subprior	Akten II/2 S. 261 Nr. 2 (1508, Aug 23; Schaffner, Folterverhör)
	Subprior	Akten II/2 S. 278 Nr. 1 (1508, Aug 28; Prior, Folterverhör), vgl. auch ebd. S. 280 Nr. 2 (1508, Aug 28, Nachmittag; Prior, Folterverhör), und Akten III S. 459 Nr. 23 (1509, Mai 11; Prior)
	Subprior	Akten II/2 S. 228 (undat., 1508, Aug 31; Lesemeister, Bekenntnisschrift)
	Subprior	Anshelm 3 S. 55
der erlöste Geist	Prior	Akten II/1 S. 76 Nr. 47 f. u. 50 f. (1508, Juli 29; Jetzer)
	Subprior / Prior	Akten II/2 S. 299 Nr. 2 (1508, Aug 21; Subprior, Folterverhör), vgl. ebd. III S. 479 Nr. 3 (1509, Mai 14; Subprior), S. 484 Nr. 18 (1509, Mai 15; Subprior): Prior
	Subprior	Akten II/2 S. 230 (undat., 1508, Aug 31; Lesemeister, Bekenntnisschrift)
	Prior	Akten III S. 459 Nr. 24 f. (1509, Mai 11; Prior)
	Prior	Anshelm 3 S. 60 f.
ein adeliger Konversenbruder	Lesemeister	Akten II/2 S. 230 (undat., 1508, Aug 31; Lesemeister, Bekenntnisschrift), vgl. auch Def. S. 550 Kap. I/8

Who's who von Jetzers Erscheinungen

Erscheinungen (in chronologischer Reihenfolge)	wer	Belege (chronologisch nach Aussagen)
Barbara (1507, Mrz 24/25)	der Novize Marcellus (wahrscheinlich Meyerli)	Akten II/1 S. 78 Nr. 69 (1508, Juli 29, Vesperzeit; Jetzer)
	Lesemeister	Akten II/2 S. 300 Nr. 9 (1508, Aug 21; Subprior, Folterverhör)
	Lesemeister	Akten II/2 S. 231 (undat., 1508, Aug 31; Lesemeister, Bekenntnisschrift)
	Lesemeister	Akten II/2 S. 239 Nr. 5 (1508, Aug 31; Lesemeister, Folterverhör)
	Lesemeister	Anshelm 3 S. 64
Maria (und Barbara?) mit zwei hölzernen Engeln (aus der Sakristei)	Lesemeister und Subprior	Akten III S. 465 Nr. 37 (1509, Mai 11, 15 Uhr; Prior), vgl. auch Akten I S. 85–87 Nr. 107–110, 113 f., 118 (1508, Juli 31; Jetzer); Akten III S. 434 Nr. 43 (1509, Mai 7; Lesemeister), S. 448 Nr. 29 (1509, Mai 9; Schaffner), S. 485 Nr. 20 (1509, Mai 15; Subprior), S. 509 (1509, Mai 18; Schaffner); Anshelm 3 S. 65, 68
Maria (1507, Mrz 24/25)	Lesemeister	Akten II/1 S. 136 Nr. 373 (1508, Aug 5; Jetzer), vgl. auch ebd. S. 90 Nr. 135 f. (1508, Juli 31, 14 Uhr; Jetzer)
	Lesemeister	Akten II/2 S. 301 Nr. 9 (1508, Aug 21; Subprior, Folterverhör), vgl. auch ebd. S. 307 Nr. 26 (1508, Sept 2; Subprior, Folterverhör)
	Lesemeister	Akten II/2 S. 263 Nr. 16 (1508, Aug 25; Schaffner, Folterverhör)
	Lesemeister	Akten II/2 S. 231, 234 (undat., 1508, Aug 31; Lesemeister, Bekenntnisschrift)
	Lesemeister	Akten II/2 S. 239 Nr. 5, S. 241 Nr. 14 (1508, Aug 31; Lesemeister, Folterverhör)
	Lesemeister	Anshelm 3 S. 70 f. (Palmsonntag, 1507, Mrz 28)
Maria, die Jetzer das erste Stigma gibt (1507, Mrz 24/25)	Lesemeister	Akten II/2 S. 301 Nr. 11 (1508, Aug 21; Subprior, Folterverhör), vgl. auch ebd. S. 311 Nr. 32 (1508, Sept 2; Subprior, Folterverhör)

Erscheinungen (in chronologischer Reihenfolge)	wer	Belege (chronologisch nach Aussagen)
	Lesemeister	Akten II/2 S. 281 Nr. 3 (1508, Aug 28, Nachmittag; Prior, Folterverhör)
	Lesemeister	Akten II/2 S. 245 Nr. 20 (1508, Aug 31, Vesperzeit; Lesemeister, Folterverhör)
	Lesemeister	Anshelm 3 S. 67
Maria, die Jetzer das erste Stigma pflegt	Lesemeister	Akten II/2 S. 232 (undat., 1508, Aug 31; Lesemeister, Bekenntnisschrift)
Maria in der Karwoche 1507 (Mrz 28–Apr 3)	Prior	Akten II/2 S. 232 (undat., 1508, Aug 31; Lesemeister, Bekenntnisschrift)
	Prior	Anshelm 3 S. 73
Maria beim Besuch des Goldschmieds Martin Franke und des Glasers Lukas (1507, Apr 3/4)	Prior Werner von Basel / der Novize Johann Meyerli	Akten II/2 S. 244 Nr. 18 (1508, Aug 31; Lesemeister, Folterverhör), vgl. Akten III S. 430 f. Nr. 26 (1509, Mai 7; Lesemeister): der Novize Johann Meyerli
	der Novize Johann Meyerli	Akten III S. 468 Nr. 46 (1509, Mai 12; Prior)
	der Novize Johann Meyerli	Anshelm 3 S. 73
Maria, die Bernardin de Bustis' *Mariale* zerreißt (1507, Apr 11)	Lesemeister	Anshelm 3 S. 74
Maria und zwei Engel auf Schwebezug (1507, Apr 15)	Lesemeister, Prior und Subprior	Def. S. 595 Kap. III/9 Art. 2 = Akten I S. 43 f. Nr. 137 (1508, Feb 5; Jetzer)
	Lesemeister, Prior und Subprior	Akten II/1 S. 106 Nr. 221 (1508, Aug 2; Jetzer)
	Lesemeister, Prior und Subprior	Akten II/2 S. 266 Nr. 31, S. 267 Nr. 44 (1508, Aug 26; Schaffner, Folterverhör), vgl. auch ebd. S. 274 Nr. 80 (1508, Sept 5; Schaffner, Folterverhör)

Who's who von Jetzers Erscheinungen 999

Erscheinungen (in chronologischer Reihenfolge)	wer	Belege (chronologisch nach Aussagen)
	Lesemeister, Prior und Subprior	Akten II/2 S. 282f. Nr. 9 (1508, Aug 28, Nachmittag; Prior, Folterverhör); vgl. auch ebd. S. 289 Nr. 28 (1508, Aug 29; Prior, Folterverhör), S. 296 Nr. 41 (1508, Sept 4; Prior, Folterverhör), und Akten III S. 454 Nr. 7 (1509, Mai 10; Prior)
	Lesemeister, Prior und Schaffner / Subprior	Akten II/2 S. 233 (undat., 1508, Aug 31; Lesemeister, Bekenntnisschrift), vgl. ebd. III S. 428 Nr. 9 (1509, Mai 5, 14 Uhr; Lesemeister): Lesemeister, Prior und Subprior; vgl auch ebd. S. 434 Nr. 43 (1509, Mai 7; Lesemeister)
	Lesemeister, Prior und Subprior	Akten II/2 S. 242 Nr. 15 (1508, Aug 31; Lesemeister, Folterverhör)
	Lesemeister, Prior und Subprior	Akten II/2 S. 307 Nr. 25 (1508, Sept 1; Subprior, Folterverhör), vgl. auch ebd. S. 308 Nr. 26 (1508, Sept 2; Subprior, Folterverhör), und Akten III S. 485 Nr. 20 (1509, Mai 15; Subprior)
	Lesemeister, Prior und Subprior	Anshelm 3 S. 78f.
Maria, die dem Prior und dem Lesemeister, die ans Provinzialkapitel von Pforzheim (1507, Mai 2) gehen, den Segen gibt	Subprior	Akten II/2 S. 311 Nr. 31 (1508, Sept 2; Subprior, Folterverhör)
	Subprior	Anshelm 3 S. 82f.
Maria, die Jetzer die übrigen Stigmata gibt (1507, Mai 7)	Subprior	Akten II/1 S. 110 Nr. 246f. (1508, Aug 2; Jetzer)
	Subprior	Akten II/2 S. 302 Nr. 12 (1508, Aug 21; Subprior, Folterverhör), vgl. auch ebd. S. 311 Nr. 32 (1508, Sept 2; Subprior, Folterverhör)

Erscheinungen (in chronologischer Reihenfolge)	wer	Belege (chronologisch nach Aussagen)
	Subprior	Akten II/2 S. 234 f. (undat., 1508, Aug 31; Lesemeister, Bekenntnisschrift)
	Subprior	Akten II/2 S. 245 Nr. 20 (1508, Aug 31, Vesperzeit; Lesemeister, Folterverhör)
	Subprior	Anshelm 3 S. 83 f.
Maria, die Jetzer die Stigmata pflegt	Prior, Subprior	Akten II/2 S. 245 Nr. 23 (1508, Aug 31, Vesperzeit; Lesemeister, Folterverhör)
	Subprior	Akten II/2 S. 312 Nr. 35 (1508, Sept 2; Subprior, Folterverhör)
	Lesemeister	Akten III S. 475 Nr. 68 (1509, Mai 12, 16 Uhr; Prior)
Maria, die mit Jetzer betet	Lesemeister, Subprior	Akten II/2 S. 247 Nr. 30 (1508, Aug 31, Vesperzeit; Lesemeister, Folterverhör)
	Lesemeister	Akten III S. 475 Nr. 66 (1509, Mai 12, 16 Uhr; Prior)
Stimmen der blutweinenden Marienstatue und ihres Sohnes (1507, Juni 24/25) = Orakel I	Lesemeister	Def. S. 604 Kap. IV/4
	Lesemeister	Akten II/1 S. 114 Nr. 272 (1508, Aug 2; Jetzer)
	Lesemeister / Johann Meyerli	Akten II/2 S. 263 Nr. 19 (1508, Aug 25; Schaffner, Folterverhör), vgl. ebd. S. 270 Nr. 63 (1508, Sept 1; Schaffner, Folterverhör), und ebd. III S. 440 f. Nr. 3 f., S. 442 Nr. 7 f. (1509, Mai 8; Schaffner): Johann Meyerli
	Paul Süberlich von Frankfurt OP / Johann Meyerli	Akten II/2 S. 290 Nr. 32 (1508, Aug 29; Prior, Folterverhör), vgl. Akten III S. 455 Nr. 9 (1509, Mai 10; Prior), und ebd. S. 457 Nr. 17 (1509, Mai 10, 15 Uhr; Prior): der Novize Johann Meyerli

Who's who von Jetzers Erscheinungen

Erscheinungen (in chronologischer Reihenfolge)	wer	Belege (chronologisch nach Aussagen)
	der Novize Johann Meyerli	Akten II/2 S. 321 Nr. 67 (1508, Aug 30; Subprior, Folterverhör), vgl. auch ebd. S. 313 Nr. 39 (1508, Sept 2; Subprior, Folterverhör): ein „Unschuldiger". Vgl. Akten III S. 480 Nr. 6 (1509, Mai 14; Subprior), S. 486 Nr. 24 (1509, Mai 15; Subprior): der Novize Johann Meyerli
	Lesemeister / Johann Meyerli	Akten II/2 S. 236 (undat., 1508, Aug 31; Lesemeister, Bekenntnisschrift), vgl. ebd. S. 246 Nr. 26 (1508, Aug 31, Vesperzeit; Lesemeister, Folterverhör): der Novize Johann Meyerli. Vgl. auch Akten III S. 428 Nr. 12 (1509, Mai 5, 14 Uhr; Lesemeister).
	der Novize Johann Meyerli	Anshelm 3 S. 96 f.
Stimmen der blutweinenden Marienstatue und ihres Sohnes (nach 1507, Juni 24/25) = Orakel II	Lesemeister	Akten III S. 434 Nr. 40 (1509, Mai 7; Lesemeister)
	Lesemeister	Akten III S. 441 f. Nr. 6 (1509, Mai 8; Schaffner)
	Lesemeister	Akten III S. 471 Nr. 55 (1509, Mai 12; Prior)
	Lesemeister	Akten III S. 486 Nr. 24 f. (1509, Mai 15; Subprior)
	Lesemeister	Anshelm 3 S. 101
Maria und Cäcilia	Subprior und Lesemeister	Akten II/1 S. 114 f. Nr. 273 (1508, Aug 2; Jetzer)
	Subprior und Lesemeister	Akten II/2 S. 245 Nr. 24 (1508, Aug 31, Vesperzeit; Lesemeister, Folterverhör)
	Subprior und Lesemeister	Akten II/2 S. 311 Nr. 34 (1508, Sept 2; Subprior, Folterverhör)
	Subprior und Lesemeister	Anshelm 3 S. 93 und 109 (erzählt die Geschichte der Erscheinung von Maria und Cäcilia irrtümlicherweise zwei Mal)

Erscheinungen (in chronologischer Reihenfolge)	wer	Belege (chronologisch nach Aussagen)
Bernhard von Clairvaux	Prior	Akten II/1 S. 118 Nr. 284 (1508, Aug 2; Jetzer)
	Prior	Akten II/2 S. 281 f. Nr. 7 (1508, Aug 28, Nachmittag; Prior, Folterverhör), vgl. auch Akten III S. 454 Nr. 6, S. 470 Nr. 50 (1509, Mai 10 u. 12; Prior)
	Prior	Akten II/2 S. 247 Nr. 31 (1508, Aug 31, Vesperzeit; Lesemeister, Folterverhör)
	Prior	Akten II/2 S. 312 Nr. 37 (1508, Sept 2; Subprior, Folterverhör), vgl. auch ebd. III S. 493 Nr. 48 (1509, Mai 16, 15 Uhr; Subprior)
	Prior	Akten III S. 448 Nr. 29 (1509, Mai 9; Schaffner)
	Prior	Anshelm 3 S. 105 f.
Maria und Katharina von Siena	Subprior und Schaffner	Def. S. 589 Kap. III/4, vgl. auch ebd. S. 593 Kap. III/7 Art. 4; vgl. auch Beilagen S. 615 Nr. 4 (1508, Jan 7)
	Subprior und Schaffner	Def. S. 593 Kap. III/7 Nr. 3 (1508, Jan 31; Jetzer)
	Subprior und Schaffner	Akten II/1 S. 120 Nr. 299 (1508, Aug 2; Jetzer)
	Schaffner = Katharina von Siena	Akten II/2 S. 263 Nr. 17 (1508, Aug 25; Schaffner, Folterverhör)
	Subprior und Schaffner	Akten II/2 S. 264 Nr. 26 (1508, Aug 25; Schaffner, Folterverhör)
	Subprior und Schaffner	Akten II/2 S. 285 Nr. 16 (1508, Aug 28, Nachmittag; Prior, Folterverhör)
	Subprior und Schaffner	Akten II/2 S. 237 (undat., 1508, Aug 31; Lesemeister, Bekenntnisschrift), vgl. auch ebd. S. 248 Nr. 33 (1508, Aug 31, Vesperzeit; Lesemeister, Folterverhör)
	Subprior und Schaffner	Akten II/2 S. 315 Nr. 42 (1508, Sept 2; Subprior, Folterverhör)
	Subprior und Schaffner	Anshelm 3 S. 111

Who's who von Jetzers Erscheinungen

Erscheinungen (in chronologischer Reihenfolge)	wer	Belege (chronologisch nach Aussagen)
die gekrönte Maria (1507, Sept 12/13)	Jetzer	Def. S. 584 f. Kap. III/1
	der Subprior oder ein anderer	Akten I S. 33 Nr. 113 (1507, Nov 22; Jetzer)
	Subprior	Def. S. 593 Kap. III/7 Art. 3 (1508, Jan 31; Jetzer)
	Paul Süberlich von Frankfurt OP	Akten II/1 S. 139 Nr. 387 (1508, Aug 5; Jetzer)
	Paul Süberlich von Frankfurt OP	Akten II/2 S. 290 Nr. 32 (1508, Aug 29; Prior, Folterverhör)
	Paul Süberlich von Frankfurt OP	Akten II/2 S. 321 Nr. 65 (1508, Aug 30; Subprior, Folterverhör), vgl. auch ebd. S. 318 Nr. 52 (1508, Sept 2; Subprior, Folterverhör)
	Paul Süberlich von Frankfurt OP	Akten II/2 S. 250 Nr. 42 (1508, Aug 31, Vesperzeit; Lesemeister, Folterverhör)
	Paul Süberlich von Frankfurt OP	Akten III S. 448 f. Nr. 31 (1509, Mai 9; Schaffner)
	Paul von Frankfurt, Novizenmeister	Anshelm 3 S. 125

4. Die Zeugen in den Jetzerprozessen

Zeugen in alphabetischer Reihenfolge	Jetzers Prozess in Lausanne und Bern	Hauptprozess in Bern	Revisionsprozess in Bern
Alber, Niklaus, Apotheker		1508, Aug 13, 14 Uhr	1509, Mai 17
Anshelm, Valerius, Schulmeister und Stadtarzt		undat. (schriftlich)	
Bratschi, Peter, Pfarrer von Boltigen		1508, Aug 30	
Brünisberg, Johann, Priester, Verwalter in Rüeggisberg		1508, Aug 18	
Brun, Konrad, Weibel		1508, Aug 14	
Darm, Niklaus, Mitglied des Gr. Rats		1508, Aug 13, 14 Uhr	
Dick, Benedikt, Pfarrer von Wimmis		1508, Aug 19	
Diesbach, von, Wilhelm, Vogt des Dominikanerkonvents Bern		1508, Aug 12	
Dübi, Johann, Kustos des Vinzenzstifts	1507, Dez 6	1508, Aug 16	1509, Mai 22
Esslinger, Peter, Gerichtsschreiber		1508, Aug 16	
Franke, Martin, Goldschmied		1508, Aug 12	1509, Mai 17
Frisching, Johann (Hans d. Ä.), Mitglied des Kl. Rats		1508, Aug 13	
Grafenried, Niklaus, Mitglied des Kl. Rats		1508, Aug 16	
Graswyl, Johann, Kaufmann			1509, Mai 18
Haller, Johann, Scherer			1509, Mai 21
Hirz, Friedrich, Sporer			1509, Mai 17
Huber, Rudolf, Bauherr		1508, Aug 14, morgens	
Karrer, Bernhard, Dominikaner in Bern		1508, Aug 30	
Keller, Jost, Kanzler des Bischofs von Basel		1508, Aug 16	

Die Zeugen in den Jetzerprozessen 1005

Zeugen in alphabetischer Reihenfolge	Jetzers Prozess in Lausanne und Bern	Hauptprozess in Bern	Revisionsprozess in Bern
Keusen, Christen, Vikar des Pfarrers von Rüeggisberg		1508, Aug 18	
Koch, Johann, Schuhmacher	1507, Dez 12		1509, Mai 17
Lector(is), Peter, Pfarrer von Oberwil (Simmental)		1508, Aug 30	
Lukas, der Glaser			1509, Mai 17
Müller, Johann, Franziskaner		1508, Aug 13	
Müller, Peter, Cluniazenser		1508, Aug 13	
Murer, Johann, Dekan des Vinzenzstifts		undat. (schriftlich)	
Noll, Anton, Schmied		1508, Aug 12	
Oswald, Konversenbruder im Dominikanerkonvent Bern		1508, Aug 30	
Schaller, Niklaus, Stadtschreiber		1508, Aug 12 (schriftlich)	1509, Mai 18 (schriftlich)
Schindler, Johann, Mitglied des Rats der Sechzig		1508, Aug 14	
Schürer, Rudolf, Frühmesser in St. Stephan (Simmental)		1508, Aug 30	
Schüpfen, von, Ludwig, Scherer		1508, Aug 13, 14 Uhr	
Stein, vom, Thomas, Kantor des Vinzenzstifts		1508, Aug 13	
Stiffels, Heinrich, Zimmermann		1508, Aug 16	
Ubert, Heinrich, Pfarrer von Zweisimmen		1508, Aug 30	
Weingarter, Benedikt, Venner		1508, Aug 13	
Wölfli, Heinrich, Chorherr des Vinzenzstifts	1507, Dez 6		1509, Mai 17 (schriftlich)
Wyler, Kaspar, Venner			1509, Mai 18
Zehnder, Johann, Glockengießer		1508, Aug 16	
Zwygart, Johann, Priester			1509, Mai 17

Abbildungsverzeichnis

Frontispiz: Aussetzung der roten Hostie zur Verehrung und die blutweinende Marienstatue mit dem Leichnam Christi in der Marienkapelle. Frontispiz von Jacobus de Marcepallo [Jacques de Marchepallu], *Tractatus in elucidationem cuiusdam hostie rubricate in urbe inclita Berna* [um 1509]; Österreichische Nationalbibliothek, 77.R.30.(Adl) (http://data.onb.ac.at/rep/10AC2CB4).

Abb. 1 (S. 133): Jetzer bittet auf den Knien um Aufnahme in den Dominikanerkonvent in Bern. *Ein erdocht falsch history etlicher Prediger münch* [1509] [p. 9]; Zwickau, Ratsschulbibliothek, 24.10.14., Nr. 16.

Abb. 2 (S. 135): Der Geist in Jetzers Zelle I. *Ein erdocht falsch history etlicher Prediger münch* [1509] [p. 13]; Zwickau, Ratsschulbibliothek, 24.10.14., Nr. 16.

Abb. 3 (S. 137): In der bernischen Dominikanerkirche werden an drei Altären Messen für die Erlösung des Geistes gelesen. *Ein erdocht falsch history etlicher Prediger münch* [1509] [p. 14]; Zwickau, Ratsschulbibliothek, 24.10.14., Nr. 16.

Abb. 4 (S. 138): Der Geist in Jetzers Zelle II. *Ein erdocht falsch history etlicher Prediger münch* [1509] [p. 17]; Zwickau, Ratsschulbibliothek, 24.10.14., Nr. 16.

Abb. 5 (S. 149): Die hl. Barbara in Jetzers Zelle. *Ein erdocht falsch history etlicher Prediger münch* [1509] [p. 29]; Zwickau, Ratsschulbibliothek, 24.10.14., Nr. 16.

Abb. 6 (S. 151): Die Jungfrau Maria in Jetzers Zelle I. *Ein erdocht falsch history etlicher Prediger münch* [1509] [p. 30]; Zwickau, Ratsschulbibliothek, 24.10.14., Nr. 16.

Abb. 7 (S. 156): Jetzer nach dem Empfang des ersten Stigmas. *Ein erdocht falsch history etlicher Prediger münch* [1509] [p. 35]; Zwickau, Ratsschulbibliothek, 24.10.14., Nr. 16.

Abb. 8 (S. 157): Die Jungfrau Maria in Jetzers Zelle II. *Ein erdocht falsch history etlicher Prediger münch* [1509] [p. 36]; Zwickau, Ratsschulbibliothek, 24.10.14., Nr. 16.

Abb. 9 (S. 159): Die Jungfrau Maria in Jetzers Zelle III. *Ein erdocht falsch history etlicher Prediger münch* [1509] [p. 37]; Zwickau, Ratsschulbibliothek, 24.10.14., Nr. 16.

Abb. 10 (S. 188): Jetzer kniet in der Marienkapelle auf dem Altar vor der Pietà, wobei die Stigmata an seinen Füßen und seiner lin-

Abbildungsverzeichnis 1007

ken Hand sichtbar werden. *Ein erdocht falsch history etlicher Prediger münch* [1509] [p. 58]; Zwickau, Ratsschulbibliothek, 24.10.14., Nr. 16.
Abb. 11 (S. 202): Die Dominikaner vor dem Rat von Bern. *Ein erdocht falsch history etlicher Prediger münch* [1509] [p. 62]; Zwickau, Ratsschulbibliothek, 24.10.14., Nr. 16.
Abb. 12 (S. 208): Jetzer wird gefoltert. *Ein erdocht falsch history etlicher Prediger münch* [1509] [p. 74]; Zwickau, Ratsschulbibliothek, 24.10.14., Nr. 16.
Abb. 13 (S. 224): Jetzer gefesselt auf einer Bank, umstanden von den vier Dominikanern in Ordensgewand und mit Tonsuren. *Ein erdocht falsch history etlicher Prediger münch* [1509] [p. 86]; Zwickau, Ratsschulbibliothek, 24.10.14., Nr. 16.
Abb. 14 (S. 225): Die vier Dominikaner auf dem brennenden Scheiterhaufen. *Ein erdocht falsch history etlicher Prediger münch* [1509] [p. 88]; Zwickau, Ratsschulbibliothek, 24.10.14., Nr. 16.
Abb. 15 (S. 330): Der Bereich Johanneskapelle – Sakristei – Kreuzgang in der bernischen Dominikanerkirche (aus UTZ TREMP, Geschichte des Berner Dominikanerkonvents S. 153 Abb. 140).
Abb. 16 (S. 714): Magischer Kreis mit „Charakteren" in der Mitte. *Liber incantationum, exorcismorum et fascinationum variarum* (15. Jh.); München, Bayerische Staatsbibliothek, Clm 849, p. 73 (http://daten.digitale-sammlungen.de/bsb00037155/image_73).

Tafel 1 (S. 1011): Im Berner Predigerkloster wird der einfältige Laienbruder und ehemalige Schneidergeselle von seinen Mitbrüdern für einen aufsehenerregenden Betrug missbraucht. Die Schweizer Bilderchronik des Luzerners Diebold Schilling 1513, p. 483; Eigentum Korporation Luzern (Standort: ZHB Luzern, Sondersammlung) (https://www.e-codices.unifr.ch/de/kol/S0023-2/483/0/).
Tafel 2 (S. 1013): Die Predigerbrüder weisen das Vesperbild, das blutige Tränen vergießt, dem staunenden Volk vor. Die Schweizer Bilderchronik des Luzerners Diebold Schilling 1513, p. 484; Eigentum Korporation Luzern (Standort: ZHB Luzern, Sondersammlung) (https://www.e-codices.unifr.ch/de/kol/S0023-2/484/0/).

Tafel 3 (S. 1015): Die Bischöfe von Sitten und Lausanne sitzen über die in den Jetzerhandel verstrickten Berner Dominikaner zu Gericht. Die Schweizer Bilderchronik des Luzerners Diebold Schilling 1513, p. 591; Eigentum Korporation Luzern (Standort: ZHB Luzern, Sondersammlung) (https://www.e-codices.unifr.ch/de/kol/S0023-2/591/0/) .

Tafel 4 (S. 1017): Die päpstlichen Richter Achilles de Grassis, Matthäus Schiner und Aymo von Montfalcon verhören in Bern drei inhaftierte Predigermönche. Die Schweizer Bilderchronik des Luzerners Diebold Schilling 1513, p. 643; Eigentum Korporation Luzern (Standort: ZHB Luzern, Sondersammlung) (https://www.e-codices.unifr.ch/de/kol/S0023-2/643/0/).

Tafel 5 (S. 1019): Vor dem Zeitglockenturm in der Berner Marktgasse degradieren die drei Bischöfe die verurteilten Dominikaner. Die Schweizer Bilderchronik des Luzerners Diebold Schilling 1513, p. 646; Eigentum Korporation Luzern (Standort: ZHB Luzern, Sondersammlung) (https://www.e-codices.unifr.ch/de/kol/S0023-2//646/0/).

Tafeln

Tafel 1 (zu S. 314)

Im Berner Predigerkloster wird der einfältige Laienbruder und ehemalige Schneidergeselle von seinen Mitbrüdern für einen aufsehenerregenden Betrug missbraucht. Nachts erscheint ihm ein Dominikaner als Maria verkleidet, Mitbrüder schläfern ihn durch einen Trank ein, um den Ahnungslosen mit ätzender Säure die „Wundmale Christi" einzubrennen (1507). Das Bild zeigt Jetzer auf einem Bett liegend, das von drei Dominikanern umstanden ist. Zwei davon machen sich an seinen Händen und Füßen (genauer an seiner linken Hand und seinem rechten Fuß) zu schaffen, sie haben Fläschchen in der Hand, vielleicht mit einer ätzenden Flüssigkeit, um Jetzer die Stigmata beizubringen. Der dritte flößt ihm einen Trank ein, was darauf hindeutet, dass es sich hier um Vorbereitungen zum Passionsspiel handelt, das Jetzer seit Empfang der Stigmata (am 7. Mai 1507) jeden Tag um die Mittagszeit aufführte und damit viele Besucher anlockte. Dabei stand er unter der Wirkung eines Tranks, von dessen Zusammensetzung man die verschiedensten Dinge erfährt, der ihn aber sicher betäubte, denn die Mönche verabreichten ihm diesen auch, wenn sie ihm die Stigmata erneuern wollten. Am vorliegenden Bild fällt außerdem auf, dass nur drei Dominikanervorsteher dargestellt sind, aber es ist nicht ganz auszuschließen, dass der vierte auch vorhanden ist, nämlich in der Gestalt der Jungfrau Maria mit Kind, denn für den Luzerner Schilling war von allem Anfang an klar, dass einer der Mönche die Maria gespielt hat. Das Bild hat eine gewisse Ähnlichkeit mit Abb. 13 (S. 224) aus der *Falschen History*, aber es handelt sich wohl nicht um die gleiche Szene.

(Die Schweizer Bilderchronik des Luzerners Diebold Schilling 1513, p. 483; https://www.e-codices.unifr.ch/de/kol/S0023-2/483/0/)

Tafeln

Tafel 1

Tafel 2 (zu S. 314)

Die Predigerbrüder weisen das Vesperbild, das blutige Tränen vergießt, dem staunenden Volk vor. Im Unterschied zum Holzschnitt in der *Falschen History* (siehe Abb. 10, S. 188) wird hier nicht klar, dass es sich dabei um einen Betrug handelt. Dargestellt ist die Pietà (das Vesperbild) in der Marienkapelle der Dominikanerkirche (heute Französische Kirche) in Bern, die hier allerdings nicht wie eine Statue aus Holz wirkt, vor allem weil der nackte Oberkörper und die Beine des dargestellten Christus fleischfarben dargestellt sind. Die Pietà steht in einem Gehäuse, das mit einem himmelblauen Tuch (mit Sternen) ausgeschlagen ist, das in den Akten der Jetzerprozesse vielfach bezeugt ist (Akten II/2 S. 246 Nr. 26, S. 263 Nr. 19, S. 313 Nr. 40; III S. 455 Nr. 9). Dagegen fehlt die Tafel mit der Darstellung der Dreifaltigkeit, die vom Sonnenwirt Boley Gantner gestiftet worden war und die in den Akten ebenfalls belegt ist (Akten III S. 486 Nr. 24). Jetzer kniet nicht auf dem Altar, sondern davor, und links neben ihm ein (betender?) Dominikaner mit ausgebreiteten Armen, rechts ein Priester (mit Tonsur, aber ohne Ordensgewand). Anders als in Abb. 10 wird die Menge nicht durch ein Gitter vom Altar ferngehalten. Anstelle der zwei Ratsherren stehen in der Bildmitte zwei Dominikaner, von denen einer suggestiv(?) auf die Muttergottes (die blutenden Tränen?) zeigt und der andere sich belehrend an das Volk wendet. Diese besteht nicht nur aus einem Ratsherrn, sondern mehreren Frauen (Beginen?), die bei der Verbreitung des neuen Wunders aus dem Dominikanerkloster eine große Rolle gespielt haben (Anshelm 3 S. 99).

(Die Schweizer Bilderchronik des Luzerners Diebold Schilling 1513, p. 484; https://www.e-codices.unifr.ch/de/kol/S0023-2/484/0/)

Tafeln

Tafel 2

Tafel 3 (zu S. 533)

Die Bischöfe von Sitten und Lausanne sitzen über die in den Jetzerhandel verstrickten Berner Dominikaner zu Gericht. In einem Saal, der mit einem Wandbehang verkleidet und der vielleicht mit der Halle der Propstei in Bern identisch ist, sitzen von links nach rechts die Bischöfe von Sitten und Lausanne, erkennbar an den bischöflichen Mitren, sowie ein Ratsherr, und stehen vier Dominikaner und zwei weitere Personen (der Verteidiger?). Dabei trifft allerdings nicht zu, dass die Dominikaner zusammen verhört worden wären; sie wurden vielmehr einzeln gefangen gehalten und einzeln verhört. Seltsamerweise scheint kein Zweifel daran zu bestehen, welcher der beiden Bischöfe derjenige von Sitten und welcher derjenige von Lausanne ist: derjenige mit den braunen Haaren ist Matthäus Schiner, derjenige mit den weißen Haaren Aymo von Montfalcon. Zwischen den beiden bestand ein recht großer Altersunterschied, fast derjenige einer Generation, indem Aymo 1443 und Matthäus um 1465 geboren worden war. Außerdem scheint Aymos Gesundheitszustand seit 1507 nicht mehr der beste gewesen zu sein (vgl. PIRIBI, Aymon de Montfalcon, ambassadeur S. 89, 98). Albert Büchi will sogar einen Unterschied in der Gestik der beiden Bischöfe erkannt haben, indem er meint, dass Schiner rede und die Mönche verhöre, während Aymo von Montfalcon eine abwehrende Geste mache (vgl. BÜCHI, Schiner 1 S. 129 Anm. 1). Dabei befand sich der Bischof von Lausanne letztlich auf verlorenem Posten (vgl. UTZ TREMP, La défense d'une cause perdue).

(Die Schweizer Bilderchronik des Luzerner Diebold Schilling 1513, p. 591; https://www.e-codices.unifr.ch/de/kol/S0023-2/591/0/)

Tafel 3

CClxxxv

Wie beid Bischof von wallis und losen uß entpselh von
iren heiligen vatter des bapst gan bern kument die
spruch ze erueneren

Und in dissem handel allem wie vorstat von den
obbemelten munchen und ja unß stat zu bern kumend
beid bischoff von wallis und losen uß entpselh unsers
heligen vatters des bapst und undervisend sye dann
munch selich die selbst doch bischoff gesoltet und besta-
und ward somit in jren ersinken der dingen hall das
man sy jemer zum tod verteilt Doch wolt der bischoff
von losen sy nit töten sunder in mieten der bischoff von
wallis wolt nabes mit der stat rat zu bas sie richten und
als was ein zwietracht das die von bern abscheiden
nit darsich und lisend die sach aber malß an sein uff man
das unsers vaters des bapst.

Tafel 4 (zu S. 557)

Die päpstlichen Richter Achilles de Grassis, Matthäus Schiner und Aymo von Montfalcon verhören in Bern drei inhaftierte Predigermönche. Auf dem Bild tragen die Bischöfe allerdings keine Mitren, sondern die roten vierkantigen Birette der Kardinäle, obwohl damals noch keiner der drei Kardinal war; die Bischöfe von Sitten und Città di Castello wurden es 1511, der Bischof von Lausanne überhaupt nie. Ihnen gegenüber stehen, wohl um der Symmetrie willen, nur drei Dominikanermönche, obwohl in den Revisionsprozess alle vier Klostervorsteher und auch Jetzer einbezogen waren. Die Dominikaner wurden auch nie zusammen verhört, sondern immer nur einzeln. Der vorderste der Dominikaner hält ein schwarzes Birett (Doktorhut?) in der Hand.

(Die Schweizer Bilderchronik des Luzerner Diebold Schilling 1513, p. 643; https://www.e-codices.unifr.ch/de/kol/S0023-2/643/0/)

Tafel 4

CCCxviii

Wie die sinf bischoff all tag zu baim nach jn biß zu
den armen münichen gieussent vnd sy excommuniciert

Vnd gab was der bischoff von rom der bischoff von malsi
Vnd der bischoff von köln ein seßeln zu vor von tag zu
tag weren gelegen vnd alle die bei dem mieß vnd
Darnach zu den gemainten sitzungen minische gerufft
die zu fragen vnd jr sachen ze erkoren So lang vnd viel ge-
iamer als der tat je verzigen nach schuldig funden vnd ab
vnd thun die sach so vil St man jn am sonßtag vor geweißet
solt beglaubet jren priesterlich würde abnämen vnd dem
den weltlichen gewalt empfelhen Doch müssend sy den
nach sehen eich nach den gezierde zu taun wann es was allen
hüten viel lüsten ze sehen Es bezzgazend zu zehölen des hölen St
von bölh sölich vnter verdrieß vnd den alten ze zu den
woltend Sa zumal vmb dend die hast mit wider von frig
von frankreich beglaubet denen er die hoptmannschaft be
ab sriben die mainend jn die birtsh alt an sy selb de
vnd das je verzeget vnd fein hoptman hütten Wie tul
onch vil vor von den armen cypucheln zu bem gescher ist
Sy verlasend sy doch ein liesten all sachen vnd fundt
sich hier gar so mit dez zeit sy gmit der schmerczen solt
vil ding gewagen vertan vnd den kinder sach gab Jn
bartsch vnd mit vber zer haute es waren Stich fuß oder
sy moß söllen mit langen halten Sorch zet es Sa sich
erschmertz so ginnlich das er selber chrab er schranc
wann sy sitzend groß gut vnd frind Sannt vernon
es heffet aber all weg so mocht die teuffel ouff jn darion
als er das veracht aber ez halff jn vnd das laub ein licht
in bat fül

Tafel 5 (zu S. 637)

Vor dem Zeitglockenturm in der Berner Marktgasse mit den typischen Lauben degradieren die drei Bischöfe die verurteilten Dominikaner. Der Bischof links, in grünem Mantel und roter Mitra, schabt einem ersten Dominikaner die geweihten Fingerspitzen des Priesters ab; der Bischof in der Mitte, in violettem Mantel und violetter Mitra, nimmt einem weiteren Dominikaner die geistlichen Gewänder weg, und der Bischof rechts, mit rotem Mantel und roter Mitra sowie Bischofsstab, übergibt einen dritten Dominikaner dem weltlichen Arm in Form eines zweifarbig gekleideten Stadtweibels, den man nur von hinten sieht und der unten an einer Treppe steht, die vom Gerüst auf die Gasse herunterführt. Der dritte Dominikaner trägt ein graues Gewand und ist kahl geschoren, ohne Tonsur, die beim ersten und zweiten Dominikaner noch sichtbar ist. Dargestellt sind nur drei Dominikaner, in gewisser Analogie zu den drei Bischöfen oder auch zur Dreizahl der an ihnen vorgenommenen Degradierungsschritte. Vor dem Gerüst ein gutes Dutzend bunt gekleideter Personen, die ohne Zweifel eine zahlreiche Zuschauermenge darstellen sollen, die meisten von hinten, darunter wiederum ein Weibel in zweifarbigem Gewand, ein Ordenshüter, der breitbeinig dasteht. Die Degradierung der Dominikaner und ihre Übergabe an den weltlichen Arm findet an der Kreuzgasse in Bern statt, wo normalerweise das weltliche städtische Gericht (mit dem Schultheißen oder dem Großweibel an der Spitze) seine Urteile sprach. Dahinter in stark verkürzter Perspektive der Zeitglockenturm, allerdings noch nicht mit der heutigen astronomischen Uhr (vgl. Jakob MESSERLI, Der Zytgloggenturm – öffentliche Räderuhren in Bern im 15. Jahrhundert, in: Berns Große Zeit S. 579–588).

(Die Schweizer Bilderchronik des Luzerner Diebold Schilling 1513, p. 646; https://www.e-codices.unifr.ch/de/kol/S0023-2//646/0/)

Tafel 5

Namenregister

Das Namenregister erfasst den Text und die Anhänge, aber nur ausnahmsweise Anmerkungen und Abbildungslegenden (Abb. 15 S. 330). Nicht aufgenommen werden die Lemmata Hans/Johann Jetzer (ausgenommen Jetzers Testament, Bruder, Mutter, Schwester und Jetzerliteratur) sowie Prior, Lesemeister, Subprior und Schaffner des Dominikanerkonvents Bern, außer wenn diese mit ihren Namen (Johann Vatter, Stephan Boltzhurst, Franz Ueltschi und Heinrich Steinegger) genannt sind. Das Gleiche gilt für den Bischof von Lausanne Aymo von Montfalcon, während für die etwas weniger häufig genannten Bischöfe von Città di Castello und Sitten, Achilles de Grassis und Matthäus Schiner, sowohl die Nennungen unter den Eigennamen als auch unter den Bischöfen von Città di Castello und Sitten verzeichnet werden können. Der Prior des Dominikanerkonvents von Basel, Werner von Selden, wird häufig zumindest mit seinem Vornamen genannt und deshalb ins Register aufgenommen. Lemmata wie Papst und Provinzial der Oberdeutschen Dominikanerprovinz werden aufgenommen, wenn sie mit ihren Namen (in der Regel Julius II. und Peter Sieber) genannt werden. Von Jetzers Erscheinungen werden der Geist Heinrich Kalpurg (oder Kaltbürger) und die heiligen Barbara, Bernhard von Clairvaux, Cäcilia und Katharina von Siena aufgenommen, nicht aber Maria und nicht die blutweinende Marienstatue in der Berner Dominikanerkirche, mit Ausnahme von Maria mit zwei Engeln auf einem Schwebezug in Jetzers Zelle und der gekrönten Maria auf dem Lettner der Dominikanerkirche, entscheidende Wendepunkte im Jetzerhandel.

Dagegen sind die Aufnahmen im Topographischen weit gefasst, mit den Altären, Kapellen und Bruderschaften in den verschiedenen Kirchen, mit dem Lettner in der Berner Dominikanerkirche und dem Dormitorium im Dominikanerkonvent sowie den Darstellungen, die in Kirche und Konvent hingen. Schließlich werden spezifische Sachstichworte wie die Bulle *Grave nimis*, die im Jetzerhandel eine wichtige Rolle spielt, die Verse *Tantum ergo sacramentum* (aus der von Thomas von Aquin für das Fronleichnamsfest gedichteten Hymne *Pangue lingua*) ins Register aufgenommen, ebenso wie das *Credo*, das *Ave Maria* (unter Maria) und das Vaterunser, die von Maria je nach Lehre (befleckt oder unbefleckt) verschieden rezitiert werden. Dazu kommen Sachstichworte wie Observanz (sowohl für die Dominikaner als auch, in minderem Maße, für die Franziskaner) und Reformation (für Bern, die Eidgenossenschaft und allgemein) sowie der eidgenössische Pensionenbrief (1503) und die „Dunkelmännerbriefe".

Die Seitenzahlen werden dort mit Asterix versehen, wo ausführlichere Angaben (oder Literaturhinweise) zu einem Lemma gemacht werden. Die Namen von modernen Autoren sind kursiv gesetzt.

Abkürzungen: Bf. = Bischof; bischöfl. = bischöflich; Diöz. = Diözese; Erzbf. = Erzbischof; Fam. = Familie; hl. = heilig; Hz. = Herzog; id. = identisch; Inq. = Inquisitor; kan. = kanonisiert; Kg. = König; Konv. = Konvent; Pf. = Pfarrer; Prof. = Professor; Prov. = Provinz; reg. = regiert; sel. = selig; Univ. = Universität.

Aachen, Wallfahrt 795
Aare, Fluss 33, 223, 422, 629–631, 653, 895, 917
Aarwangen, bernische Vogtei 390
Abraham 92
Abruzzen 838
Achshalm, Peter, Venner (Schmieden) 612*
Adam 93, 306, 921
Adana (Kilikien, Kleinasien), Bf. 709
Admont, von, Gottfried, Abt Admont (1138–1165) 404
Aebli, Johann, Chorherr Beromünster (1493–1531 †) 891*
Ägypten 92, 106
Aeschler, Marx, Chorherr Vinzenzstift Bern (1506–1519) 826 f.*
Äthiopier 223, 647, 657, 662
Afrika, Nordafrika 639
Aigle (Diöz. Sitten), bernische Vogtei (seit 1475) 40*, 285, 410
Alber, Niklaus, Apotheker 111, 361, 375, 382, 385, 388, 391*–393, 397 f., 437–439, 574, 582, 584, 601 f., 604, 608, 679, 819, 866, 920, 931, 980 f., 990, 1004
Albert der Große OP (um 1200–1280) 783
Albi, Johann, Inhaber Weibel-Lehen Sitten 567*
Alemannen 695
Alexander III., Papst (1159–1181) 638
Alexander IV., Papst (1254–1261) 716
Alexander VI., Papst (1492–1503) 105, 119, 148, 162, 191, 556, 562, 566, 805, 835, 845, 969
Alexander, Prior Kartause Thorberg (1507–1521) 192*, 435; s. auch Thorberg, Prior
Alexander von Hales, s. Hales, von, A.
Alphäus, Ehemann von Maria Kleophas, Vater von Jakob d. J. (Apostel) 106
Alter Zürichkrieg, s. Zürich
Amadeus VIII., Hz. Savoyen (1391–1434/39) 757

Ambrosius von Mailand, s. Mailand, von, A.
Ammann, Johann OP (nicht observant), von Straßburg 834 f.; möglicherw. id. mit Hartmann, Johann OP, und Stephan OP, Meister
Amsoldingen, Chorherrenstift 246, 744
Andlau (Elsass) 588
–, von, Lazarus OP(?), getaufter Jude, Illuminist 20 f., 29, 210, 220, 276, 278, 324, 326, 449, 468, 471 f., 479, 483, 494 f., 502, 505, 509 f., 558 f., 564, 568, 576 f., 583, 585–590, 607, 685 f., 690–692, 792, 811, 831, 874
–, von, Ruland 949* f.
Angers 690
Anjou, von, Ludwig OFM (1274–1297), Bf. Toulouse (1297) 838
Anna, hl., Ehefrau von Joachim, Mutter von Maria 92 f., 99, 106–112, 115, 151, 375, 388, 424, 919–922, 937–939, 941–943, 946
– Selbdritt (mit Maria und Jesus) 107, 110, 919; s. auch Sippe, hl.
Annaberg (Erzgebirge) 110, 938 f.
–, Annenbruderschaft 938
Annenaltäre, s. Lübeck
Annenbruderschaften 108 f.; s. auch Annaberg; Bern, Dominikanerkirche; Frankfurt; Kitzingen
Anselm von Canterbury, s. Canterbury, von, A.
Anshelm, Valerius, Schulmeister, Stadtarzt, Chronist Bern *passim*; s. auch Huber, Elsbeth, Ehefrau
Antonius (Eremit), hl. 397
Antonius von Padua, s. Padua, von, A.
Antoniusfeuer, Antoniuskreuz 934
Aosta, s. Stör, Johann
Aostatal 412
Aquin, von, Thomas OP (1227–1274, kan. 1323) 9, 58, 93–95, 102, 104, 148, 160, 177, 179, 219, 255, 307, 343, 431, 434, 437, 443, 684, 776, 781, 854, 856, 904, 923–927

Namenregister 1023

Aragon, Königreich 94, 97 f., 185; s. auch Ferdinand der Katholische, Kg.
Archer, Anton, Ehemann von Fränkli, Margareta, Säckelmeister Bern (1482) 118
Arianismus, Arius (um 260–327), Häresiarch 666
Aristoteles (384–322 v. Chr.) 102
Armbruster, Fam. Bern 934
–, Bernhard, Bruder von Johann, Wirt „Krone" Bern 393, 439, 548, 899, 901, 935
–, Franz, Sohn von Bernhard 935
–, Frau von Bernhard (Magdalene Brügglerin) 393, 439
–, Johann, Propst Vinzenzstift Bern (1484/85–1508), Generalvikar Diöz. Genf (1491–1493) 112, 204, 237*, 250–252, 254, 256, 266, 272, 279 f., 296, 393, 419, 429, 435, 548, 722–725, 898, 934, 971, 976
Arno, Fluss 917
Arnold, Klaus 107
Arras 624
–, „Vauderie d'Arras" (Hexenverfolgung 1460) 624
Asperlin, Petermann 237*, 251 f., 256, 266, 723
Assisi
–, Oberkirche 924
–, Berg La Verna 813
–, von, Franz(iskus), hl. (1185–1226, kan. 1228) 32, 35, 163, 183 f., 252, 374, 386, 632, 644, 672, 804, 812*–815, 818, 837, 839, 843 f., 880, 925
– Bild (in Jetzers Stübchen?) 826 f.
Attenhofer, Peter, Propst Zurzach (1496–1532) 238, 323*
Aufkirchen, Lorenz OP, Provinzial Oberdeutsche Dominikanerprov. (1509–1515) 551*, 907, 909, 914, 916
Augsburg 895, 907, 941 f.; s. auch Laminit, Anna, von Augsburg; Manlich und Welser, Handelsgesellschaften
–, Bf. 941
–, Dominikanerkonv. 907

– Krankenstube 907
–, Heiligkreuzkirche 942
–, Reichstag (1518) 34*
Augustin (354–430), Kirchenvater 92 f., 99, 120, 495, 672, 814
Augustinereremiten 175, 879
Auxerre, von, Haimo (um 841–nach 875) 106
Ave Maria, s. Maria
Avignon 96, 184, 815
–, avignonesische Obödienz (Großes Abendländisches Schisma) 96, 721, 839
Aycardis, de, Baptiste, Generalvikar und Offizial Lausanne, Ehrenchorherr Vinzenzstift Bern (1485–1519?) 191*, 236, 245, 251, 256, 266, 280, 285, 292, 296, 435, 474, 499, 529, 549, 577, 620 f., 623, 689, 724, 769, 785, 806, 977

Bach, Hans, Goldschmied Bern 196, 266*
Bacharach, von, Werner (1270/72–1287, angebl. von Juden ermordet) 840*
Bachmann, Hans, Armbruster, Freiburg (i. Ü.), Ehemann von Laminit, Anna 941
Baden AG 81, 123, 428, 887 f., 891
–, Disputation (1526) 957* f.
–, Grafschaft, Gemeine Herrschaft der Eidgenossen 131, 279, 887 f., 891
–, Tagsatzung (1503, Juli 21) 753, 775
–, (Land-)Vogt, eidgenössischer 128, 888–891, 911
Badenfahrt 77
Bäumer, Remigius 98
Balmer, s. Palmer
Balsia(?), von, Heinrich, Meister 177
Balzamo, Nicolas 776
Bamberg 502, 587, 589
–, Juden 220
Bandelli, Vinzenz OP, Ordensgeneral (1501–1506) 104 f., 108
Banderis, Peter, Kleriker Genf 620 f.
Barbara, hl. 4, 43, 58, 86, 148 f., 241, 249,

252, 297, 302, 339, 342, 346 f., 353, 388, 396, 428, 433 f., 464, 477 f., 493, 648, 650, 664, 666, 843, 964 f., 997
Barfüßer, s. Franziskaner allg. und Bern, Franziskanerkonv.
Barnay, Sylvie 670, 720
Barthelmé, Annette 141, 387, 835
Basel *passim*
–, Beitritt zur Eidgenossenschaft (1501) 743 f.
–, Bf., Diöz. 40, 212, 285 f., 491, 733, 739, 855, 976 f.
– Bischöfl. Konsistorium/Hofgericht, Prokurator, s. Heinzmann, Johann
– Kanzler, s. Keller, Jost
–, Bürgermeister 976; s. auch Zeigler, Wilhelm
–, Dominikanerkonv. (observant) 147, 152, 170 f., 189 f., 192, 194 f., 197 f., 211 f., 214 f., 217, 233, 280, 311, 331, 343, 348, 352, 386, 413, 443, 472, 483 f., 489, 501, 515, 525, 558, 686, 696, 721, 791, 852, 968 f., 973, 976; s. auch Simon, Novize; Stolwag, Augustin; Sohn von Schüpfen, von, Ludwig
– Prior, s. Selden, von, Werner
– Provinzialkapitel (1508, Mai 14) 567, 748*
–, Domkapitel, -stift 286, 976
– Propst, s. Hallwyl, von, (Hans Rudolf)
–, Frieden von Basel (1499) 743, 752
–, Goldschmiede 803
–, Kaufleute 773
–, Kleinbasel, Pf., s. Wysshar, Johann (Jakob?)
–, Konzil (1431–1449) 91, 97 f., 101, 104, 128, 166 f., 225, 306, 434, 495, 736, 798, 838
–, Petri, Druckerei 694
–, St. Peter, Kollegiatstift 286, 976; s. auch Gebwiler, (Johann)
–, Staatsarchiv 214
–, Stadtschreiber, s. Gerster, Johann

–, Univ., Hohe Schule 82, 170, 286, 428, 647, 738, 879, 904; s. auch Mörnach, Johann; Wonnecker, (Johannes Romanus)
– Rektor 976; s. auch Wysshar, Johann (Jakob?)
–, Universitätsbibliothek 75
Baselbiet, s. Ulrich, Schererlehrling
Baulmes, de, Jordana (als Hexe verurteilt 1477 Ouchy) 693
Bayern, bay(e)risch 29, 308
–, von, Albrecht, Bf. Straßburg (1478–1506) 119
–, von, Albrecht IV., Hz. (1465–1508) 942
–, von, Kunigunde, Witwe Albrechts IV., Schwester Maximilians I. 941
Beatenberg, Wallfahrtsort Stadt Bern 801
Behringer, Wolfgang 12
Beichlingen, von, Friedrich, Erzbf. Magdeburg (1445–1464) 796
Bellegarde, von, Bernard(in), Pf. Maytet/Meytter (Diöz. Genf?) 262 f., 620 f.
Belmont, Glaudius, Weibel Bern 265 f., 894; s. auch Belmund, Ludi/Ludwig
Bel(l)mund, Ludi/Ludwig, Weibel Bern 265, 893 f., 896; s. auch Belmont, Glaudius
Bemung(?), Johann OP, Subprior Dominikanerkonv. Bern (1498) 994
Benedikt von Nursia, s. Nursia, von, B.
Benediktiner 18, 90, 106, 161, 175, 191, 236, 251, 281, 441, 546, 620, 784, 801, 805 f., 857, 932, 938, 969
Berlin, Judenverfolgung (1510) 589
Bern, Berner *passim*
Ämter und Inhaber
–, Altschultheißen 801
–, Bauherr, s. Huber, Rudolf
–, Boten, s. Dietrich, Hans; Guldimann; Hiltbrand; Mühlhauser; Norder(?); Seiler, Jakob; Welti
–, Großweibel, s. Schaller, Lienhard
– Weibel, s. Brun, Konrad; Bur(en); Belmont (Belmund), Claudius (Ludi); Gaidet (Güder), Ymer;

Knecht, Bartlome; Steiner, Jakob; Werler, Christian
-, Henker 207*, 273, 459 f., 532, 629, 643, 653, 726, 895, 898, 917
-, Rat, Räte (Kleiner Rat, Sechziger, Großer Rat) *passim*
  - Rathaus 193, 198, 201, 203, 205, 207, 268, 277, 351, 366 f., 400, 591, 622, 624, 820, 853, 884, 886, 975, 992
-, Säckelmeister, s. Archer, Anton; Fränkli, Hans; Hübschi, Lienhard; Wattenwyl, von, Jakob
-, Schulmeister, Stadtarzt, Chronist, s. Anshelm, Valerius
-. Schultheiß, s. Diesbach, von, Wilhelm; Erlach, von, Hans; Erlach, von, Rudolf; Scharnachtal, von, Hans Rudolf; Wattenwyl, von, Jakob
  - Stellvertreter Schultheiß, s. Stein, vom, Sebastian
-, Stadtschreiber, s. Cyro (Girod), Peter; Fricker, Thüring; Schaller, Niklaus
  - Gerichtsschreiber, s. Esslinger, Peter
  - Altgerichtsschreiber, s. Erk, Jakob
  - Unterschreiber, s. Hofen, von, Thomas; Peyer, Heinrich
-, Venner, s. Achshalm, Peter (Schmieden); Grafenried, Niklaus (Pfistern); Schöni, Gilian (Metzgern); Weingarter, Benedikt, Hans, Wolfgang (Pfistern); Wyler, Kaspar (Gerbern)

Gassen, Plätze, Quartiere, Tore, Türme
-, Brunngasse 401
-, Fischmarkt 379*, 574, 601
-, Gerberngraben, Gerberquartier 395, 603, 886
-, Gerechtigkeitsgasse 548, 899
-, Herrengasse 413, 415
-, Hohliebe (Gut außerhalb der Stadt) 296*, 725
-, Junkerngasse 266, 603
-, Kesslergasse 936

-, Kirch- und/oder Kesslergasse (heute Münstergasse) 268, 375, 886
-, Kramgasse Schattenseite 403
-, Kreuzgasse 1, 574, 601, 610, 621*, 628, 636, 652, 660, 729, 867, 991 f.
-, Kreuzgassbrunnen 379
-, Marktgasse Sonnseite und Kornhausplatz (Neuenstadt und Platz) 398, 595, 605
-, Marzilitor 629*
-, Marziliturm 644
-, Metzgergasse (ehem. Hormansgasse) 591
-, Münsterplatz 293
-, Münsterplatz/Kesslergasse, Ecke (heute Münstergasse 31) 936
-, Neuenstadt 395
-, Neuenstadt oder Gerberngraben 395
-, Neuenstadt und Platz, s. Marktgasse Sonnseite und Kornhausplatz
-. Plätze (wahrscheinlich Kornhausplatz) 370, 406(?)
-, Stalden Schattenseite oder Junkerngasse 603
-, Zeitglockenturm 577, 605, Tafel 5
-, Zeughausgasse 31, 928

Gasthäuser, Gesellschaftshäuser
-, „Falken" (heute Marktgasse 11/Amthausgasse 6) 261*, 263, 336, 548, 899-901, 972, 992; Wirte, s. Kaufmann, Jakob; Schütz, Burkhard
-, Kaufhaus 897
-, „Krone" (Gerechtigkeitsgasse 64) 33, 548*, 553, 894, 899-901, 935; Wirt, s. Armbruster, Bernhard
-, Mittellöwen (Gesellschaft, Zunft) 261
-, Narren (und Distelzwang) 627 f.*
-, „Sonne" 580*, 933; Wirt, s. Gantner, Boley
-, „Storchen" (Aarbergergasse 2) 586*

Hinrichtungsstätten
-, Inselspital-Areal 630
-, Schönberg Ost 630*
-, Schwellenmatte, -mätteli (Hinrichtungsstätte der Dominikaner) 1, 33,

625, 629 f.*, 645, 653, 660, 867, 895, 916, 962
Institutionen, moderne
–, Bernisches Historisches Museum 61
–, Burgerbibliothek 70, 800
–, Kunstmuseum 153
–, Staatsarchiv 6 f., 65, 67, 69, 71, 74, 284, 394, 462, 543, 755, 800, 888, 893, 907
–, Univ., Hohe Schule
  – Philosophisch-historische Fakultät 22, 46, 48
  – Theologische Fakultät 22, 49, 70, 881
–, Universitätsbibliothek (früher Stadt- und Universitätsbibliothek) 13
Kirchen und Klöster
–, Deutscher Orden, Deutschordensbrüder 246, 252, 293, 468, 533, 564, 573, 581, 612 f., 618, 746, 749 f., 866, 911
  – Deutschordenshaus (nachm. Stiftsgebäude) 293
–, Dominikanerkirche, Predigerkirche (heute Französische Kirche) *passim*
Altäre, Kapellen
  – Annenaltar 110 f., 918–921, 923, 937 f.; s. auch Bruderschaften, Annen-, Lux- und Loyenbruderschaft
  – Hauptaltar, Hochaltar, Fronaltar 150, 155, 262, 304, 326, 383, 402, 404, 406, 411, 433, 489, 560, 562, 575, 582 f., 602, 611, 640, 687, 697, 789 f., 793 f., 915, 918, 924 f., 927 f., 937
    – Sakramentshäuschen 150, 152, 155, 158, 165, 181, 307, 342, 494, 574, 582, 649, 687, 781, 790, 809, 965
    – Schlüssel 192, 326, 382, 562, 573, 600, 602–605, 782, 787, 930 f.
  – Johannesaltar 918 f.
  – Johanneskapelle 31, 56, 134, 166, 187, 241, 314, 329, 330 Abb. 15, 331, 376, 504, 506, 593, 827, 918 f., 964
  – Heiliggrab, Grab Christi 166, 376, 503 f., 593
  – *imago Christi in Monte Oliveti depictum* 827
  – Marienaltar, -kapelle, -statue *passim*
  – Tafel mit Darstellung Dreifaltigkeit 315, 498, 504, 560, 580, 745, 747, 933
  – Vorhang von himmelblauer Farbe 221, 469, 504, 563, 580, 747
  – *locus ad beatam Mariam de sanguine* 340, 356, 788 f., 794, 803
  – *locus (religionis) ad sanctum sanguinem* 282, 785, 788
Bruderschaften
  – Annen-, Lux- und Loyenbruderschaft 91, 110–112, 114, 366, 375, 388, 391, 437 f., 592, 604, 915, 918, 920, 931, 937; s. auch Annenaltar
  – Rosenkranzbruderschaft 91, 118 f., 422, 738
  – Bruderschaft der Scherer(meister) 397 f.
–, Chor *passim*; s. auch Altäre, Hauptaltar
–, Friedhof 380, 403, 733, 883, 915, 918, 928, 935 f.
  – Totentanz 460, 733, 882, 915, 918, 928–937, 939 f., 955
–, Kirchenschiff 56, 414
–, Lettner 31, 33, 56 f., 118 f., 136, 140, 187, 194 f., 256–262, 266, 320, 328 f., 331, 345, 350, 359, 380, 399, 401 f., 408, 414, 451, 484, 498 f., 504–506, 513, 563, 566, 571, 575, 596 f., 606 f., 611, 615, 670, 700, 778, 820, 918 f., 926, 970
–, Orgel 331, 414, 484, 506
–, Patrone Peter und Paul (Juni 29) 343, 369, 439 f., 688, 788, 790, 918, 924, 968

Namenregister

–, Sakristei 304, 326 f., 330 Abb. 15, 381, 383, 386, 399, 402 f., 415, 430, 438, 504, 560, 608, 790, 793 f., 820, 866, 968, 997
- Engel, hölzerne 241 f., 303 f., 312, 560 f., 566, 608, 866, 997
–, Dominikanerkonv. (observant) *passim*
  Ämter und Inhaber
- Brüder, s. Blenderer, Johann; Büchler, Alexius; Harnischer, Georg; Hell, Heinrich; Hügli, Ulrich; Joseph; Jucker, Friedrich; Korn, Gallus; Lapicide, Johann; Lepcrons(?), Jodok; Marco; Joseph; Mesch (Meusch), Alexander; Pflieger, Georg; Reng, Johann; Ringlin, Erhard; Rolandi Rull, Johann d. Ä.; Sartor, Nikolaus; Schwab, Martin; Seman, Michael; Spichtin, Benedikt; Viniatoris, Sebastian
- Konversen: Georg (Hedner?), Koch; Georg (Hedner?), Bäcker; Jetzer, Johann/Hans, Schneider; Johann d. Ä., Schneider
- Kustos, s. Zimmerecklin, Konrad
- Lesemeister *passim*, s. Boltzhurst, Stephan; s. auch Heym, Heinrich; Krüttlin, Johann; Sellatoris, Georg
- Novizen, s. Meyer(li), Johann; Noll, Rudolf; Striger, Joseph
- Novizenmeister, s. Süberlich, Paul
- Observanz 34, 56, 110, 112, 138–142, 147, 717, 741, 834–837, 844, 906, 964
- Prior *passim*, s. Vatter Johann; s. auch Ottnant, Johann
- Provinzialkapitel (1498, Mai 6) 130, 140, 671
- Sakristan, s. Hack, Jodok
- Schaffner *passim*, s. Steinegger, Heinrich; s. auch Fabri, Anton
- Studentenmeister, s. Karrer, Bernhard
- Subprior *passim*, s. Ueltschi, Franz; s. auch Bemung(?), Johann; Pistoris, Anton

- Vikar Subprior, s. Fabri, Balthasar
- Terminiergebiet 118, 447, 862
- Terminierhäuser, s. Frutigen, Thun
- Vogt, s. Diesbach, von, Wilhelm; Hübschi, Lienhard
  Räumlichkeiten
- Bad 140, 166, 344, 354, 491, 817
- Bibliothek 55 f., 131 f., 137, 139, 427
- Dormitorium 4, 20, 28, 32, 52–57, 134, 136, 142, 149 f., 152, 155, 158, 164–166, 171, 181, 183, 240, 259, 305, 309, 321, 329, 331, 342, 353, 376, 414, 427 f., 493, 498, 503, 593, 611, 670, 827, 858 f., 963
- Bild oder Statue der Maria 149, 155, 181, 342, 611
- *imago crucifixi* 827
- Jetzers Zelle und Stübchen *passim*
  - Altar 158, 241, 313, 830
  - Schlüssel zu Jetzers Zelle 469, 554, 561, 567, 573, 579 f.
  - Schlüssel zu Jetzers Stübchen 368
  - „ein täfelin unser hernn lidens und mit S. Dominicus und Franciscus bildlin" 826 f.
  - *tabula Montem Oliveti depictum continens, non parvam, cum Christo in oratione posito et discipulis* 827
- Gästehaus 203
- Gästekammer 4, 52, 132, 239, 427, 489, 491, 501, 579, 733, 859, 963
- Kapitelsaal, -versammlung 55, 258, 330 Abb. 15
- Klosterweiher 650
- Kornhaus 598
- Krankenzimmer 52, 239, 579
- Kreuzgang 321, 330 Abb. 15, 599, 883

- Brunnen 599
- Pforte 52, 496, 564
- Refektorium und Sommerrefektorium 33, 54 f., 140, 330 Abb. 15, 644, 671, 918, 926
- Schneiderei, Schneiderstube 52, 239, 321
- – Ofen 239
- Studierzimmer des Lesemeisters 55, 148
- Stübchen des Priors *passim*
- Väterstube *passim*
–, Dominikanerinnen, s. Inselkloster
–, Franziskanerkirche (Barfüßerkirche), 112, 114, 307
- Jakobsaltar, -bruderschaft, -kapelle 91, 110, 112–114, 119
- Lettner 401, 930
–, Franziskanerkonv. (Barfüßerkonv.) 31 f., 83, 91, 110, 113 f., 153 f., 256, 307, 343, 348, 360, 364, 366 f., 374, 386 f., 401, 438, 501, 589, 649, 686, 689, 696 f., 741, 789, 818, 835, 879, 882, 886 f., 889, 932 f., 940, 947, 949, 953
- Guardian, s. Willenegger (Niklaus)
- Lesemeister 644; s. auch Meyer, Sebastian; Murner, Thomas
- Schaffner, s. Müller, Johann OFM
–, Heiliggeistkonv. 741; s. auch Spitäler, Oberer Spital
–, Inselkloster (Dominikanerinnen) 197*, 202, 204, 207, 211, 214, 381 f., 421, 426, 442, 538, 549, 626, 734, 791, 914, 940, 972, 975
- Beichtvater 207, 211, 975; s. auch Ottnant, Johann
- Kaplan 426, 442, 791; s. auch Wimpfen, von, Jakob
- Vogt (1506), s. Schaller, Niklaus 382, 626
–, Münster, s. St. Vinzenz, Pfarrkirche
–, St. Vinzenz, Chorherrenstift/Kollegiatstift, Vinzenzstift, 5, 74, 114, 204, 246, 261, 293 f., 315, 385, 388, 419, 429, 431, 440–442, 468, 531, 533, 573, 581, 591, 604, 620, 669, 722, 724, 744 f., 748–750, 778,, 790, 801, 904, 909, 911, 917, 940, 944 f., 959, 961, 968, 974

Ämter und Inhaber, Gebäude
- Chorherren, s. Aeschler, Marx; Hübschi, Dietrich; Keller, Constans; Löubli, Albrecht; Steinbach, Meinrad
- Dekan, s. Dübi, Johann; Löubli, Ludwig; Murer, Johann
- Ehrenchorherren, s. Aycardis, de, Baptiste; Colini, Peter; Conrater, Lukas; Gablonetis, de, Alexander; Prez, de, Guido
- Kantor, s. Lädrach, Martin; Stein, vom, Thomas; Wölfli, Heinrich
- Kapläne, s. Brünisberg, Johann; Täschenmacher, Johann
- Kustos (Pfarrer), s. Dübi, Johann
- Pedell, s. Schlüssel, Hans
- Prädikant, s. Haller, Berchtold; Kolb, Franz
- Propst, s. Armbruster, Johann; Murer, Johann; Wattenwyl, von, Niklaus
- Propstei (Amt, Ausstattung) 385, 418 f., 571 f., 583, 606, 906, 911, 971
- Stiftsgebäude (ehem. Deutschordenshaus) 20, 268, 293, 460, 886, 895, 898, 901
- Propstei 20, 293–296, 315, 460–462, 469, 479, 486, 488, 490, 507, 549, 553, 610 f., 622–624, 628 f., 644, 651 f., 725, 750, 884, 898, 958, 978 f.,983–985, 991 f.
- Halle (*aula*) 469, 479, 486, 490, 507, 983–985
- Küche, untere/Ort der Folter 461, 479, 488, 983 f.
- Turm 20, 629
- Kustorei 293, 898
- Schaffnerei 293, 898
- Stiftsschaffner, s. Hasler, Niklaus

- Stiftsschreiber, s. Esslinger, Adrian; Esslinger, Peter
- Vogt, s. Hübschi, Lienhard 917
–, St. Vinzenz, Pfarrkirche, Münster 40, 91, 112–114, 246, 259, 292, 366, 397, 407, 412, 549, 564, 573, 610, 651, 746, 749, 802, 840, 911, 935, 939, 978, 991; s. auch Küng, Erhart, Münsterbaumeister
  - Allerseelenaltar und -kaplanei (Stiftung Fricker, Thüring) 153, 448 f.
  - Altar, mittlerer, vor dem Chor 939
  - Antiphonare 591; s. auch Blochinger, Konrad; Michel, Meister; Silenen, von, Jost, Meister des Breviers des Jost von Silenen
  - Antoniuskapelle 491; Kaplan, s. Brünisberg, Johann
  - Beinhauskapelle (beim Münster), Bruderschaft Bader(meister) 397
  - Bruderschaft Unser Lieben Frauen Empfängnis, Liebfrauenbruderschaft 91, 110, 112–114; s. auch Muttergotteskapelle
  - Brügglerkapelle 112
  - Chor 112, 296
  - Chorgestühl, altes 958
  - Diesbachkapelle 112; Kaplan, s. Geißmann, Jörg
  - Eligius-Altar und -Kaplanei Gesellschaft zu Schmieden 366
  - Glocke 412
  - Grab Armbruster, Bernhard 935
  - Kirchturm, alter 112
  - Kreuzaltar 840
  - Muttergotteskapelle, Unser Frauen Kapelle 40, 113; s. auch Bruderschaft Unser Lieben Frauen Empfängnis
  - Orgel 40
  - Plattform 802
  - Sakristei 956
  - Südportal 112
  - Vinzenzteppiche (Stiftung Wölfli, Heinrich) 958 f.

Spitäler
–, Inselspital 630
–, Niederes Spital 892, 935
–, Oberes Spital (Heiliggeistspital) 112
–, Siechenhaus (Leprosenhaus), Kaplan 111, 375

Verschiedenes
–, Judenverfolgung 840
–, Nelkenmeister, bernische 33, 118, 140, 918 f., 926; s. auch Schweizer, Johann
–, Reformation (1528), Vorreformation, Disputation 10, 13, 31, 33, 49, 70, 77, 426, 432, 460, 590, 821, 824, 828, 874, 880–883, 892, 902, 915, 932, 935 f., 940, 943–945, 952 f., 957–962
–, Tagsatzung (1509, Mai 14) 44, 547, 763, 767–770, 772, 872, 899, 989
–, Waldenserprozess (1399) 633 f., 721
Bernardin von Siena, s. Siena, von, B.
Berndeutsch 29, 308
Berner Oberland 32, 352, 410, 412 f., 416, 422
–, Reformation 424
–, Rosenkranzbruderschaft 118
Bernhard von Clairvaux, s. Clairvaux, von, B.
Bernheim, Ernst 89
Beromünster (Münster im Aargau), s. Aebli, Johann, Chorherr
Besançon, Erzbf. 840
Bettelorden 109, 589, 671, 713, 759, 813–815, 839
Biberach 802
Bicocca (nördl. Mailand), Schlacht (1522) 81
Biel 164, 491, 494, 596
–, Stadtkirche, Plattform 802
Bielersee 491, 513, 566, 595–597, 909; s. auch Neuenburgersee
Bipp, Landvogt 390
Bischof, Hans, von Bern, Schwiegersohn von Wyler, Kaspar 945
Blenderer, Johann OP, Bruder Dominikanerkonv. Bern 214, 995

Blochinger, Konrad, Schreiber Antiphonare Vinzenzstift Bern 591
Blösch, Emil 3*, 4–7, 69, 880
Bodenseeraum 742
Böhmen 639, 916
–, Lesemeister OP 277
Bösingen, Pf., s. Brünisberg, Johann
Bolligen, Pf. 111, 375
Bologna 546, 567, 620
–, Bf. (Grassis, de, Achilles) 544
–, St. Petronius 66, 549
–, Univ. 382, 623
Bonaventura OFM (1221–1271, kan. 1482) 58 f., 94, 120, 148, 161, 167, 174, 255, 306 f., 495, 814 f., 841, 854, 858
Bonifaz VIII., Papst (1294–1303) 64, 638 f., 784
Bonivard, Jean-Amédée, Abt Pignerol (seit 1503), Kommendatarabt Payerne OClun (1507–1514) 914*
Bonjour, Edgar 698
Boltigen (Simmental), Pf., s. Bratschi, Peter
Boltzhurst, Jörg, Bruder von Stephan 288
–, Niklaus/Klaus/Claus, Bruder von Stephan 288 f.
–, Stephan OP, von Offenburg am Rhein, Lesemeister Dominikanerkonv. Bern (1505?–1509 †) 1, 4, 13, 37, 55, 58, 120, 129, 131, 143* f., 147, 152, 154, 182, 219, 228, 255, 288 f., 331, 338, 347, 482 f., 518, 549 f., 632, 705, 741 f., 834, 855, 964, 977 f., 980, 983, 994
Bonvin, Françoise (als Hexe verfolgt 1467 und 1469 Wallis) 295, 358 f.
Borgia, Alphonse, Kardinal von Valence, zukünftiger Papst Kalixt III. 815
Boudet, Jean-Patrice 757
Bourges, s. Rouvray, de, Jean, Domherr von B.
Bozen 468, 580, 701
–, Dominikanerkonv. 708
Bramberg, Jakob, Schultheiß Luzern (1501–1511) 765*

Brandenburg, Bistum 795, 798
–, Kurfürst 797–799, 804; s. auch Friedrich II.
–, Mark Brandenburg 795, 799
Brant, Sebastian, Stadtschreiber Straßburg (seit 1503) 82, 119, 121
Bratschi, Peter, Pf. Boltigen (1508–1527) 424, 984, 1004
Bremgarten AG 81*, 264, 387, 627, 643, 646, 718
Brigitta von Schweden, s. Schweden, von, B.
Brocadelli, Lucia (1476–1544), von Narni, auch Ferrara, von, Lucia, Dominikanerterziarin 162* f., 184, 307, 804 f., 809
Brotekel, Niklaus, s. Flüe, von, N.
Brügglerin, Magdalene, s. Armbruster, Frau von Bernhard
Brünisberg, Johann, von Freiburg (i. Ü.), Priester und Verwalter Rüeggisberg; Kaplan Antoniuskapelle St. Vinzenz, Münster, Bern; Pf. Bösingen 385, 418 f.*, 420, 437, 443, 982, 1004
Brugg AG 897, 909
Brun, Konrad, Weibel Bern 361, 401*–403, 406 f., 438–440, 504, 820 f., 824, 930, 981, 1004
Brunner, Jörg (Georg), von Landsberg (Bayern), Priester Kleinhöchstetten (1522) 952
Büchi, Albert 37 f.*, 39–46, 57, 253, 359, 456, 532, 762 f., 765, 772, 775, 860, 942
Büchler, Alexius OP, Mitglied Dominikanerkonv. Bern (1498) 995
Bullinger, Heinrich, Reformator Zürich (1531 ff.) 960
Burckard, Johannes 640
Bur(en), Weibel Bern 268
Burgunderkriege 38, 742, 751
Bustis, de, Bernardin OFM (um 1450–1513/15), Verfasser eines *Mariale* 9, 58, 104, 120, 162, 169, 172*–180, 183, 219, 305, 434, 478, 491 f., 494, 720, 777, 846, 854–858, 998

Cäcilia, hl., 58, 78, 298 f., 316 f., 333, 341, 428, 442, 504, 511, 778, 810, 859, 1001
Cajetan, Thomas (eigentl. Vio, de, Thomas, genannt Cajetan = von Gaëta) OP, Ordensgeneral (Vizegeneral) (1507/08–1518) 34, 36 f., 69, 121, 203, 216, 487, 490, 517, 526, 541, 560, 571, 583, 836, 853, 912, 914, 972, 974, 976
– „Gefährte", s. Schönberg, von, Nikolaus
Calano, Prosper, von Sarazana (Riviera di Levante It.), Arzt 568, 620, 623
Calven GR 742
Cambrai, Liga von (1508 f.) 760, 764 f.*, 766, 770, 773–775, 872, 902
Cambridge, Univ. 96
Canisius, Petrus SJ (1521–1597, sel. 1864, kan. 1925) 837
Canterbury, von, Anselm (1033–1109) 58, 92 f., 307, 404
Capua, von, Raymond OP, Ordensgeneral (1388–1399) 139, 184
Carafa, Olivier, Protektor Dominikanerorden Rom 490, 539*, 541, 560, 904
Cathaneis, de, Balthasar, Kleriker, von Bologna 567, 620, 623
Cedonius, hl. 784
Celle, von, Peter OSB († 1183) 161
Chambéry 897
Chandelier, s. Ravier
Chartres, Marienheiligtum 671
Châtel-Saint-Denis FR 358
Chiasso TI 909; Chiasserzug (1510) 908 f.
Chiffoleau, Jacques 356, 757
Città di Castello (Prov. Perugia It.) 544, 620, 623
–, Bf. 79, 232 f., 544, 548–551, 554, 557 f., 567 f., 573, 611, 614, 620 f., 623, 625, 627–630, 636 f., 640 f., 652, 654, 692, 722, 727–729, 763, 793, 864, 866, 869, 894 f., 899, 901–906, 935, 988, 992; s. auch Grassis, de, Achilles
Clairvaux, von, Bernhard OCist 58, 92 f., 148, 161 f., 174, 179, 187, 255, 298, 307, 316, 318 f., 341, 344, 405, 428,

442, 478 f., 495, 505, 512, 566, 579, 611, 778, 854, 856–859, 1002
Clérée, Johann OP, Ordensgeneral (1507) 34, 490, 516, 521, 526, 571
Clivis, de, Eberhard, s. Kleve, von, E.
Cluniazenser 385, 671; s. auch Müller, Peter OClun
Cluniazenserklöster, s. Farfa, Münchenwiler, Rüeggisberg, St. Petersinsel
Cölestin V., Papst (1294, kan. 1313) 838
Cojonnex, de, Nicod, bischöfl. Landvogt Lausanne (1510–1520) 253*, 256, 258
Colini, Peter, Ehrenchorherr Vinzenzstift Bern (1488–1508) 537*, 986
Colleti, Georg, Notar und Kleriker Diöz. Genf, Sekretär Bf. von Sitten (Schiner, Matthäus) Revisionsprozess 65 f., 549, 610
Colmar 118, 802
–, Dominikanerkonv. (observant) 118, 139, 282, 332, 558, 731, 835, 890
– Rosenkranzbruderschaft 118
Como, Marienstatue 633
Conti, Fabrizio 172
Conrater, Lukas, Ehrenchorherr Vinzenzstift Bern (1488–1527?) 764
Corcelles (-le-Jorat) VD, s. Prez, de, Barthélemy, Herr von C.
Cortona, von, Margareta (1247–1297) 827*
Coste, Etienne, Karmeliter, Prior Sainte-Catherine im Jorat (oberhalb Lausanne) 236*, 245, 256
Credo/Glaubensbekenntnis 50, 134, 180 f., 308, 495
Cudrefin, Petermann, Stadtschreiber Freiburg (i. Ü.) (1410–1427) 725*
Cyrene, von, Simon 165
Cyro (Girod), Peter, von Freiburg (i. Ü.), Stadtschreiber Bern (1524–1561) 950, 952

Därstetten (Simmental), Augustinerpropstei 246, 423, 425 f., 437, 443, 744
Damian, hl., s. Kosmas und Damian
Dampierre, de, Eric 616

Darm (Tarm), Niklaus, Mitglied Großer Rat Bern, Ehemann von Subinger, Katharina 394* f., 403, 438, 819, 981, 1004
Dellsperger, Rudolf 61
Denifle, Heinrich Suso OP 69*
Descœudres, Georges 51
Deutschland 64, 98, 100, 110, 139, 178 f., 190, 278, 537, 550, 595, 622–624, 639, 738, 808, 867, 884 f., 891, 949, 969, 992
–, Mitteldeutschland 797
–, Niederdeutschland 622
–, Oberdeutschland 622
Deutschschweiz, s. Schweiz
Dialogus apologeticus fratris Wigandi Wirt, s. Wirt, Wigand OP
Dick, Benedikt, Pf. Wimmis (1492–1518) 409 f., 413, 415 f., 418 f., 421 f., 426, 442, 791, 983, 1004; s. auch Wimmis, Pf.
Diesbach, von, Fam. Bern 378, 415, 961; s. auch Bern, St. Vinzenz, Münster, Diesbachkapelle
–, Christine, Schwester von Wilhelm (d. Ä.), Ehefrau von Löubli, Werner, s. dort
–, Hans, Patensohn von Armbruster, Johann 548
–, Ludwig, Bruder von Wilhelm (d. Ä.) 928
–, Niklaus (1430–1475) 751
–, Niklaus, Neffe von Wilhelm, Propst St. Ursenstift Solothurn (1500–1526) 286*, 288 f., 378, 535 f., 538, 542, 552, 730, 734, 849, 904 f., 957, 977, 986
–, Wilhelm (d. Ä.), Ehemann von Schwend, Anastasia, Vogt Dominikanerkonv. Bern, Schultheiß (u. a. 1515–1517 †) 222, 286, 361, 378*–381, 385 f., 398 f., 401, 404 f., 407–409, 437 f., 440 f., 468, 480, 504, 534, 649, 723, 743, 746, 752 f., 755, 821, 853, 917, 928–930, 944, 980 f., 1004
–, Wilhelm d. J., Sohn von Wilhelm (d. Ä.) 404*, 440

Dietrich, Hans, Bote Bern 897
Dinteville, de, Gaucher (1475–1539), s. Troyes, Bailli
Dörfler-Dierken, Angelika 107 f.
Döring, Matthias OFM († 1469), Magdeburg 796 f.
Dominikaner, Prediger (allg.) *passim*
–, Generalkapitel, s. Ferrara (1494); Genua (1513); Lyon/Pavia (1507), Metz (1313); Rom (1508)
–, Kapitel Ferrara röm. Obödienz (1391); Rodez avignonesische Obödienz (1391)
–, Oberdeutsche Dominikanerprov., s. dort
–, Ordensgeneral, s. Bandelli, Vinzenz; Cajetan, Thomas; Capua, von, Raymond; Clérée, Johann
–, Terziarinnen (Angehörige des Dritten Ordens), s. Brocadelli, Lucia; Siena, von, Katharina
Dominikus, hl. 184, 252, 316, 672, 814, 854, 924 f., 927
–, Bild (in Jetzers Stübchen?) 826 f.
Dommartin VD 340; s. auch Marguet, François, von D.
–, Herrschaft 341, 358
–, Kirche 341
Dornach SO 742
–, Schlacht (1499) 752
Dorthe, Lionel 274
Dreyfus, Alfred, Dreyfus-Affäre 24*
Droysen, Johann Gustav 89
Dübi, Johann, Kustos und Dekan Vinzenzstift Bern (1507–1515, 1520–1526, 1526–1528) 194, 204, 257, 259, 261 f.*, 263, 329, 350, 358 f., 389, 408 f., 433, 435 f., 442, 506, 554, 584, 606, 670, 722, 724, 728, 820 f., 824 f., 833, 866, 957, 970, 972, 982, 991, 1004
Düdingen, Pf. 946 f.
Dürmüller, Peter 144 f.
„Dunkelmännerbriefe" (*Epistolae obscurorum virorum*) 80, 89, 525, 590, 874, 876 f., 880, 882
Duns Scotus, Johannes OFM 9, 58 f.,

92, 94f., 100, 102f., 105f., 146, 148, 304f., 307, 786, 856, 964
Durand, Wilhelm 640
Durier, Jaquet (als Hexer verurteilt 1448 Vevey) 693

Echallens, s. Orbe und Echallens
Egolf, Kaplan und Organist (Bern, St. Vinzenz, Pfarrkirche) 252
Eidgenossen(schaft), eidgenössisch 38, 81, 190, 211f., 278f., 286, 316, 401f., 440, 531, 547, 618, 624, 739f., 742–744, 751–755, 757, 760, 764, 766–768, 770–775, 820, 822, 842, 870–872, 887f., 891, 899, 901, 903–905, 909, 960; s. auch Schweiz, schweizerisch
–, Abschiede, Eidg. 760, 774
–, Bündnis mit Papst (1510) 38, 45, 48, 544, 547, 758, 560f., 764, 766,, 768, 770, 773, 775, 872
–, Gemeine Herrschaften 739f., 891; s. auch Baden, (Land-)Vogt, eidg.
–, Marienwallfahrt, eidg. 800f.; s. auch Einsiedeln
–, Pensionenbrief (1503) 109, 444, 468, 531, 618, 746, 751*–756, 758, 774, 871
–, Reformation 83, 616; s. auch Zwingli, Ulrich
–, Söldner 19, 38f., 752, 754f., 760f., 764, 869
–, Tagsatzungen, s. Baden (1503), Bern (1509), Luzern (1505, 1507, 1509, 1510), Schwyz (1510), Zürich (1509, 1512)
Einsiedeln 800
–, Marienstatue 800
Elbe, Fluss 879
Eligius, Elogius, Eloi, Loy, hl. 31, 110f.*, 314, 366f., 371, 438f., 582, 919f., 938; s. auch Bern, Dominikanerkirche, Annen-, Lux- und Loyenbruderschaft; Bern, St. Vinzenz, Münster, Eligius-Altar
Elisabeth von Thüringen, s. Thüringen, von, E.
Emilia-Romagna (Region It.) 172

Emmental 308, 466, 566; s. auch Lauperswil, Lützelflüh
Endor, von, Hexe (Altes Testament) 699
England 92, 94, 96, 161, 671, 681, 857; s. auch Heinrich VIII.
–, von, Robert OCist (1201–1240), Bf. Olmütz 814
Ephesos, Konzil (431) 120
Erasmus von Rotterdam, s. Rotterdam, von, E.
Erfurt 800
–, Augustinereremitenkloster 109
–, Univ. 797
– Theologische Fakultät 796 f.
Erhard, Schneidermeister Luzern 238, 447
Erk, Jakob, Altgerichtsschreiber Bern 111, 375
Erlach, Rosenkranzbruderschaft 118; s. auch St. Johannsen, Benediktinerabtei
–, von, Hans (Sohn von Rudolf), Schultheiß Bern (1519–1521) 802, 929 f.
–, von, Rudolf, Schultheiß Bern (1507 †) 197, 222, 315, 361, 380, 398f., 401*, 439, 468, 480, 580, 649, 745f., 749, 820, 930
Erlenbach (Simmental), Pfarreiangehörige 423
Esslingen, s. Kreidweiß, Ulrich, von E.
Esslinger, Adrian, Sohn von Peter, Schreiber Vinzenzstift Bern (1503–1507) 415*
–, Peter, Schreiber Vinzenzstift Bern (1488–1503), Gerichtsschreiber (1493–1510) 281, 410, 415* f., 421, 443, 724, 793, 803f., 982, 1004
Estavayer-le-Lac FR, Antiphonare Vinzenzstift Bern 591
–, Estavayer, d', Jean, Vogt Waadt 264*
Este, d', Ercole, Hz. Ferrara (1431–1505) 162 f.
Ettiswil LU 801, 804
–, Pfarrkirche 801
–, Sakramentskapelle 801
Eugen IV., Papst (1431–1447) 798
Eymerich, Nikolaus (vor 1320–1399), Inq., spanischer 716

Fabri, Anton OP, Schaffner Dominikanerkonv. Bern (1498) 994
–, Balthasar OP, Vikar Subprior Dominikanerkonv. Bern (1508) 129, 156, 214, 352, 555*, 569, 994
Faenza 770
Falck (Falco), Hans (Johann), Ratsmitglied Freiburg (i. Ü.) 596*
–. Peter, Schultheiß Freiburg (i. Ü.) (1516–1519) 929*, 943
Fanckel (Vanckel), Servatius, Prior Dominikanerkonv. Köln (1488–1508) 518 f.*, 561, 890, 951
Farfa, Cluniazenserabtei 954
Faust, Dr. 709, 711
Faverge, de la, François, Kantor Domkapitel Lausanne 236*, 251, 253, 256
Feller, Richard 37, 46*–48, 57, 61 f., 65, 253, 359, 452, 456, 698, 763, 881 f., 884, 915
Ferdinand der Katholische, Kg. Aragon und Sizilien (1466/68–1516) 765, 773
Ferrara 307
–, Generalkapitel Dominikaner (1494) 187
–, Hz., s. Este, d', Ercole
–, Kapitel Dominikaner röm. Obödienz (1391) 96
–, von, Hieronymus, s. Savonarola, Hieronymus
–, von, Lucia, s. Brocadelli, Lucia
Ferrara-Florenz (Konzil 1438–1445) 97
Ferrer, Vinzenz OP (1350–1419, kan. 1458) 815, 839
Flagellanten (Geissler) 839
Florenz 148, 162, 631, 845, 878, 917; s. auch Ferrara-Florenz (Konzil)
Flückiger, Weibel, von Solothurn 274, 895, 897
Flückiger, Fabrice 615
Flüe, von (Flüher), Fam. 823
–, Dorothea, Frau von Niklaus 823
–, Niklaus (1417–1487), auch Klaus, Bruder, oder Niklaus Brotekel, Einsiedler (sel. 1649/69, kan. 1947) 401, 409, 436, 606, 820*–824, 828, 837 f., 842

Fluri, Adolf 934
Foligno, von, Angela († 1309, sel. 1693, kan. 2013) 839
Frachet, de, Gerhard OP († 1271) 306
Fränkli, Hans, Säckelmeister (1458–1477) 118
–, Margareta, Tochter von Hans, Ehefrau von Archer, Anton 118
François, Jean 281
Franconis, Humbert OP, Inq. Diöz. Lausanne, Genf, Sitten (1398–1404) 721
Frank, Hieronymus 126
Franke, Martin, Goldschmied 56, 111, 166, 349, 361, 375*–378, 382, 385, 388, 391 f., 437, 449, 503 f., 527, 559, 584, 592–594, 596 f., 601, 604, 610, 668, 687, 817 f., 866, 920, 931, 980 f., 990 f., 998, 1004; möglicherw. id. mit Müller, Martin 375 Anm. 145
Frankfurt a. M. 117, 217, 443, 525, 737 f., 874 f., 879, 938 f., 986
–, Annenbruderschaft 938
–, Dominikanerkonv. (observant) 115, 122, 948; s. auch Süberlich, Paul OP
  – Lesemeister (1494–1506), s. Wirt, Wigand
–, Messen 416, 443, 737, 803 f., 875, 878
–, Stadtkirche St. Bartholomäus 117, 119, 122; Stadtpf., s. Hensel, Konrad
Frankfurt (Oder) 800
Frankreich 38, 98, 278, 547, 751, 753, 760, 763, 776, 800, 808, 879, 989
–, König(reich) 76, 119, 547, 649, 681, 753, 760, 767 f., 773 f., 926, 937 f.; s. auch Franz I., Karl VI., Karl VIII., Ludwig IX., Ludwig XII.
–, Nordfrankreich 639, 671
–, Südfrankreich 64, 639 f., 821, 953
Franz I., Kg. Frankreich (1515–1547) 38
Franziskaner, Barfüßer (allg.) *passim*
–, Dritter Orden 114
–, Fraticellen 839
–, Oberdeutsche Franziskanerprov. (observant) 121, 947
–, Observanz 104, 116 f., 121 f., 169 f., 172, 180, 797, 839, 846, 854, 939

Namenregister

–, Ordensgeneral, s. Insuber, Franz
Franz(iskus) von Assisi, s. Assisi, von, F.
französisch 39, 44, 88, 237, 252, 356, 410, 429, 670, 683 f., 693, 720, 751–754, 757, 760, 762 f., 768, 771, 773, 776, 812, 877, 925
Franzosen 38, 633, 739, 752, 760, 772, 775, 871, 909
Fraubrunnen, Zisterzienserinnenkloster 946
–, Beichtvater 946
Frauenkappelen, Augustinerinnen 246, 744
Freiburg i. Br. 82, 190–193, 527, 803, 969
Freiburg i. Ü. 33, 38, 70, 253, 259, 261, 349 f., 361, 419, 527, 567, 596, 623 f., 675, 720 f., 764 f., 828, 837, 928 f., 941 f., 950, 960
–, Franziskanerkirche, Antonius-Altar (Maler: Fries, Hans) 349
–, Frieden (1516) 926
–, St. Nikolaus, s. Rappol(d), Paul, Kaplan
– Heiliggeistbruderschaft, Bugnon-Altar (Maler: Fries, Hans) 349
–, Schultheiß, s. Falck, Peter
–, Stadtschreiber, s. Cudrefin, Petermann
–, Univ. 38, 46, 49
–, Waldenserprozesse (1399 und 1430) 720, 725
Fricker, Thüring, Stadtschreiber Bern (1465–1470, 1471–1492) 153 f.*, 291 f., 365, 383–387, 394 f., 399, 435, 439, 448, 459–461, 529, 547, 552, 554, 581, 593, 612, 620 f., 724–728, 746, 749, 849, 851, 865, 897, 910 f., 943, 978, 983, 987 f.
Friedrich III., Kaiser (1440/52–1493) 589 f.
Friedrich II., Kurfürst Brandenburg (reg. 1440–1471) 796, 798
Fries, Hans, von Freiburg (i. Ü.), Maler 349 f., 361
Frisching, Fam. Bern 933
–, Hans/Johann (d. Ä., 1445–1530) 250 f., 253* f., 256, 260, 387, 723 f., 897, 933, 981, 1004
–, Hans (d. J.), Sohn von Hans (d. Ä.) 933
–, Katharina, Tochter von Hans (d. Ä.), s. Manuel, Katharina
–, Margarethe, Schwester von Katharina, s. Gantner, Margarethe
Fritzlar 99 f.
–, von, Heinrich († nach 1349) 99* f., 103
Frutigen (Kandertal)
–, Rosenkranzbruderschaft 118 f.
–, Terminierhaus Dominikanerkonv. Bern 422
Fuchs, Eduard 697
Furno, de, Johann, Kanzler Hz. Karls II./III. von Savoyen 112 f.
Furnohandel 764*

Gablonetis (Gabioneta), de, Alexander, Ehrenchorherr Vinzenzstift Bern (1508/09) 537, 545, 547, 764*–767, 872, 904 f., 986
Gabriel, Gehilfe von Ludwig von Schüpfen 320, 395 f.; möglicherw. id. mit Roggli, Scherer
Gaidet, Ymer, Weibel Bern 265 f., 894; s. auch Güder, Imer
Galen, Arzt, griech. 102
Galiläa 954
Gamaliël, Rat des G. 436*
Gantner, Fam. Bern 933
–, Boley (Pelagius) (d. Ä.), Wirt „Sonne" Bern, 580*, 933
–, Hans Boley, Sohn von Boley 933
–, Margarethe, geb. Frisching, Ehefrau von Hans Boley 933
Gappit, Perrissone (als Hexe verurteilt 1465 Châtel-Saint-Denis) 358*
Gay-Canton, Réjane 91, 98 f., 102, 922 f.
Gebwiler, (Johann), Dr., Chorherr St. Peter Basel 212*
Geiler von Kaysersberg, Johannes, von Straßburg (1445–1510) 932 f.

1036 Namenregister

Geißmann, Jörg, Kaplan Fam. von Diesbach 415
Gemeine Herrschaften, s. Eidgenossen(schaft)
Gemmingen, von, Uriel, Erzbf. Mainz (1508–1514) 874
Genf 695, 861, 897
–, Bistum, Diöz. 62, 65, 236 f., 262 f., 358, 549, 620, 695, 720
 – Administrator, s. Montfalcon, von, Aymo
 – Generalvikar, s. Armbruster, Johann
 – Inquisition Diöz. Lausanne, Genf und Sitten, s. Lausanne, Dominikanerkonv.
–, Franziskanerkonv. 694; s. auch Marchepallu, Jacques OFM
–, Rechtsberater des Rats, s. Suchet, Antoine
Genua 543, 754
–, Generalkapitel Dominikaner (1513, Mitte Mai) 36, 913
Georg (Hedner?), Koch, Konverse Dominikanerkonv. Bern 129, 155, 331 f., 731, 995
Georg (Hedner?), Bäcker, Konverse Dominikanerkonv. Bern 129, 155, 331 f., 731, 995
Germanen 695
Gerster, Johann, Stadtschreiber Basel (1503–1523) 912*, 914
Giotto (1267–1337) 924
Glarean, Heinrich 879*
Glarus 772
Glaser, Michel, Münzmeister, Löwenwirt Bern 755 f.
Glaubensbekenntnis, s. Credo
Göppingen (Diöz. Konstanz), s. Kurzlin, Leonhard
Goldene Pforte, Golgatha, s. Jerusalem
Graf, Urs (d. Ä., um 1485–1528) 33, 75, 82–84*, 86, 89, 125–127, 670
Grafenried, Johann, Vater von Niklaus 410

–, Niklaus, Mitglied Kleiner Rat Bern 410 f.*, 439, 442, 824, 982, 1004
Grand, Jean, Offizial und Generalvikar Diöz. Sitten 292*, 296, 365, 474, 549, 577, 620 f., 623, 769
Grant (Grand/Groß), Peter 266*, 895, 907; s. auch Magni, Peter
Grassis, de, Achilles, Bf. Città di Castello, Richter Revisionsprozess 5, 18 f., 41, 44 f., 48, 63, 66 f., 69, 218, 543*, 545–547, 761 f., 764–770, 772, 774, 850, 872, 887, 987, 989; s. auch Città di Castello, Bf.
–, Sekretär, s. Melegottis, de, Salvator
Graswyl, Johann, Kaufmann Bern 259, 328, 472, 513, 570, 584, 592, 595* f., 601, 609, 866, 970, 990 f., 1004
Gratius, Meister (Onkel von Ortwin), Henker Halberstadt 879
–, Ortwin, Prof. Univ. Köln, Adressat der „Dunkelmännerbriefe" 876–879
Grave nimis, Bulle (erlassen 1482 und 1483 von Sixtus IV., bestätigt 1503 von Alexander VI.) 104–106, 108, 119–121, 176, 191, 556, 562, 569 f., 606, 812, 866, 969
Gregor IX., Papst (1227–1241) 640
Gregor XI., Papst (1370/71–1378) 184, 841
Gregorianische Reform 671
Grenoble, Kartause 954
Greyerz, von, Hans 48*, 50, 57, 81, 757, 882
Griechen 92
Großer St. Bernhard 41, 545, 765
Güder, Imer, Weibel Bern 265*, 268, 893 f., 896; s. auch Gaidet, Ymer
Günthart, Romy 82, 85, 125
Guggisberg, Kurt 49*, 882, 884, 915
Guidici, de', Jean-Baptiste OP, Bf. 841
Guldimann, Bote Bern 897
Gundelfingen, von, Heinrich (1440/50–1490) 820
Gutscher-Schmid, Charlotte 140, 918

Namenregister

Habck, Peter, von Bern 596*
Habstetten, Wallfahrtsort Stadt Bern 801
Hack, Jodok (Jost) OP, von Freiburg (i. Br. oder i. Ü.), Sakristan Dominikanerkonv. Bern 129, 158, 203, 215, 331, 424–426, 442, 451, 506, 511, 513, 521, 523, 527, 561–563, 573, 995; s. auch Lepcrons(?), Jodok
Haimo von Auxerre, s. Auxerre, von, H.
Halberstadt 798, 879
–, Henker, s. Gratius, Meister
Hales, von, Alexander OFM (um 1185–1245) 58 f., 93, 120, 167* f., 174, 176, 179, 305, 307, 495, 856, 858
Halle an der Saale 589, 784; s. auch Rapp, Pfaffe; Waltheym, von, Hans
Haller, von, Albrecht (1758–1823) 82
–, (von), Gottlieb Emanuel (1735–1786) 7, 10, 82*–84
Haller, Berchtold, Prädikant Vinzenzstift Bern (1519 ff.), Reformator Bern 609, 949, 953, 960, 962
–, Johann, Scherer 67, 467, 577, 584, 605*, 825, 830 f., 991, 1004
–, Johann 932
–, Johann (1525–1575, Enkel von Berchtold), Dekan Münster Bern 932, 935, 953
Hallwyl, von, (Johann Rudolf), Propst Domkapitel Basel (1504–1510) 212*
Harnischer, Georg OP, Mitglied Dominikanerkonv. Bern (1498) 995
Hartmann, Johann OP (nicht observant), von Straßburg 835; möglicherw. id. mit Ammann, Johann OP, und Stephan OP, Meister
Hasler, Niklaus, Schaffner Vinzenzstift Bern (1505–1515) 894, 898*, 900
Hass (Haas?), Wendelin, von Obwalden 952
Havelberg, Bf., Bistum 795–798: s. auch Lintorff, von, Konrad
Hedner, s. Georg (Hedner?)
Heidelberg 117
–, Dominikanerkonv. (observant) 4, 170, 187, 550

– Prior, s. Kölli(n), Konrad
–, Franziskanerkirche 117, 122
– Lesemeister, s. Spengler, Johann
–, Univ. 117, 130
Heinrich VII., Kaiser (1309–1313) 878
Heinrich VIII., Kg. England (1509–1547) 765
Heinzmann, Johann, Dr., Prokurator bischöfl. Hofgericht Basel, Verteidiger Dominikaner Bern Hauptprozess 25, 213, 334*–337, 357, 361, 417, 456, 529, 557, 609 f., 829, 863, 865, 979
Hell, Heinrich OP, de consilio = von Root (Gem. und Amt LU), Bruder Dominikanerkonv. Bern 129, 214, 509, 559, 704, 994
Helsin, Abt von Ramsey (1080–1087) 94
Helvetier 743, 755; s. auch Eidgenossen(schaft), Schweiz
Hensel, Konrad, Stadtpf. (St. Bartholomäus) Frankfurt (1474–1505) 59, 90, 117 f., 119–122, 416, 737
Hertenstein, Niklaus, Schneider Bern 238*, 371
Heym, Hans OP, Lesemeister Dominikanerkonv. Bern (1524) 947*–949
Hieronymus, Kirchenvater 486
Hieronymus, Frank 126
Hiltbrand, Bote Bern 897
Hilterfingen, Pf. 111, 375
Hindelbank, Rosenkranzbruderschaft 118 f.
Hirz, Friedrich, Schmied, Spore(nma-che)r 325, 584, 591* f., 598 f., 601, 866, 990, 1004
Hochstraten, Jakob (1455–1527), Prior Dominikanerkonv. Köln, Prof. Univ. Köln, Inq. Kirchenprovinzen Köln, Mainz und Trier 875*–877, 879 f.
Hofen, von, Thomas, Unterschreiber Bern (1524) 949*
Hohenzollern 798
Horb am Neckar (Baden-Württemberg), s. Morgenstern, Heinrich
Huber, Elsbeth, Ehefrau von Anshelm, Valerius 77

–, Niklaus, Mitglied Großer Rat Bern 612*
–, Rudolf, Bauherr Bern (1492–1510 †) 222, 380, 398*–401, 407, 436, 438–441, 468 f., 480, 504, 600, 602, 612, 615, 649, 746, 748, 819, 894, 981, 1004
Hübschi, Fam. Bern 933 f.
–, Dietrich (Neffe von Lienhard), Chorherr Vinzenzstift Bern (1516–1524) 934*, 955, 959
–, Lienhard (Leonhard) (Schwager von Ueltschi, Franz), Säckelmeister (1512–1527), Vogt Dominikanerkonv. Bern 203*, 222, 352, 380, 398 f., 468 f., 480, 600–602, 649, 746, 748, 917, 933 f., 936, 955, 974
Hügli, Ulrich OP, Bruder Dominikanerkonv. Bern 129, 136, 142, 146, 155, 158, 215, 995
Hug, Paul OP, von Ulm, Vikar des Provinzials Peter Sieber 17, 25 f., 123, 189* f., 193 f., 197–207, 211 f., 219, 244, 246, 260, 269, 272, 294, 296, 318, 334, 351, 355, 371, 431, 441, 444, 453, 455, 497 f., 516, 518 f., 521–524, 526, 539, 541, 549–551, 557, 561, 571, 583, 607, 609–611, 625, 678, 735, 740, 794, 847, 864 f., 890, 949–951, 968, 971–975, 988, 990, 992
Hus, Jan 624, 666, 795, 946
Hutten, von, Ulrich (1488–1523) 876*

Île Barbe, s. Lyon
Innozenz III., Papst (1198–1216) 64, 923–925
Innozenz XI., Papst (1676–1689) 100
Insuber, Franz OFM, Ordensgeneral (1476) 104
Interlaken, Augustinerchorherren 423
–, Augustinerinnen 246, 744
–, Propst 571 f., 583, 606, 906, 908, 911, 971
Irland 800
Irreney(?), Peter, von Solothurn 596
Isaak 92
Italien, italienisch 67, 104, 172, 179, 519, 546, 554, 568, 760, 772, 846, 854, 879, 924
–, Oberitalien 38, 172, 775; s. auch Lombardei
–, Norditalien 64
–, Süditalien 752 f.

Jaffa, Franziskaner 954
Jakob, Protoevangelist, angebl. Sohn von Joseph aus erster Ehe 92, 106
Jakob d. Ä., Apostel, Sohn von Zebedäus und Maria Salomae 106
Jakob d. J., Apostel, Sohn von Alphäus und Maria Kleophae 106
Jakob, Dr., von Straßburg, Fürsprecher von Heinzmann, Johann 25, 213, 337, 446, 557, 609 f., 863, 865
Janssen, Johannes 23*
Jeanne d'Arc 673
Jegenstorf, Rosenkranzbruderschaft 118
Jeremias, Prophet 93, 118
Jerusalem, 92, 151, 780 f., 785, 795, 800, 929, 932, 941, 953, 955
–, Goldene Pforte 92, 99 f., 920–923
–, Golgatha 165
–, Heiliges Grab, Ritter des Hl. Grabes 145, 955
Jesaias, Prophet 118
Jesuiten 837
Jetzer, Hans (Vater von Johann/Hans), Bauer 237, 248
–, Johann/Hans, Schneider, Konverse Dominikanerkonv. Bern *passim*
 – Testament 267, 270, 350, 355, 377, 381, 391–393 (Exkurs), 433, 448, 499, 579
–, Bruder von Johann/Hans 414, 416
–, Mutter von Johann/Hans 5, 264, 447, 886, 889
–, Schwester von Johann/Hans 377
Jetzerliteratur 7, 10, 12, 62, 75, 79, 82*, 87–89, 126, 218, 228, 572, 656, 851, 949
Joachim, Ehemann von Anna, Vater von Maria 92, 99, 106, 920–923
Jöcher, Gelehrten-Lexikon 122

Johann d. Ä., Schneider, Konverse Dominikanerkonv. Bern 129, 132, 238, 258, 302, 429, 489, 995
Johanna (die Wahnsinnige), Königin Kastilien und Leon (1504/06–1555) 773
Johannes XXII., Papst (1316–1334) 716
Johannes Duns Scotus, s. Duns Scotus, J.
Johannes Evangelist, Sohn von Maria Salomae und Zebedäus 106,165, 404
Johannes Paul II., Papst (1978–2005) 98
Johannes der Täufer 93, 919
Jorat, s. Lausanne
Joseph, Vater des Protoevangelisten Jakob (aus erster Ehe) 92
Joseph OP, Bruder Dominikanerkonv. Bern 214, 995; möglicherw. id. mit Striger, Joseph OP
Jost, Hans Ulrich 50*, 763
Jucker, Friedrich OP, Mitglied Dominikanerkonv. Bern (1498) 995
Juden, jüdisch 24, 92, 172, 220, 324, 326, 436f., 537, 586, 588–590, 685, 700, 709, 734, 738, 784, 811, 840f., 852, 874
–, Hoher Rat 436
–, Judenhut 376
–, Judenverfolgungen, s. Bamberg, Berlin, Bern, Kärnten, Krain, Oberwesel, Reich, Steyr, Trient
–, konvertierte Juden, s. Andlau, von, Lazarus; Pfefferkorn, Johann; Rapp, Pfaffe
Julius II., Papst (1503–1513) 11, 29, 38, 40, 45, 48, 109, 128, 150, 152, 172, 218, 223, 225, 286, 537, 543, 634, 651, 683, 734, 758–762, 765, 769f., 772, 849, 872, 892, 903, 912–914, 977, 986, 989
Justinger, Konrad († 1438), Chronist Bern 633, 840

Kärnten, Judenverfolgung 590
Kaiserstuhl AG 377
Kalbermatter, Arnold, von Sitten 620* f.
Kalixt III., Papst (1455–1459), s. Borgia, Alphonse

Kalpurg (Kaltbürger), Heinrich, von Solothurn, Geist/Wiedergänger, angebl. ehem. Prior Dominikanerkonv. Bern 147, 231, 241, 297, 299, 339, 437, 464, 491, 664, 666, 699f., 717, 733, 779, 964
Kandertal 118, 422
Kappel, Schlacht, Zweite (1531) 891
Kappeler Frieden, Erster (1529) 83
Kapuziner 837
Karl V., Kaiser (1520–1556) 39, 877
Karl VI. (der Wahnsinnige), Kg. Frankreich (1380–1422) 757
Karl VIII., Kg. Frankreich (1483–1498) 752
Karl II./III., Hz. Savoyen (1486–1553) 113, 259
Karmeliter 175; s. auch Coste, Etienne; Lausanne, Sainte-Catherine du Jorat; Trapani, von, Albert
Karrer, Bernhard OP, Studentenmeister Dominikanerkonv. Bern 129, 136, 142, 145, 149f., 155, 158, 214, 361, 418, 421, 426*–428, 437, 442, 523, 527, 573, 615, 791, 980, 984, 995, 1004
Kartäuser 147, 239, 420, 922, 932; s. auch Thorberg, Kartause
Karthago, Konzil, Erstes und Drittes (348 und 397) 639
Kastilien, s. Johanna (die Wahnsinnige), Königin
Katharer 179, 665
Katharina von Siena s. Siena, von, K.
Kaufmann, Jakob, Wirt „Falken" Bern 261*
Keller, Constans, Chorherr Vinzenzstift Bern (1498–1519) 434, 437, 902, 904* f., 908, 911–914, 944
–, Jost, Kanzler des Bf. von Basel (1481–1509) 409* f., 413, 421, 443, 982, 1004
Kersten, Wolfgang 924
Keusen, Christan, Pfarrvikar Rüeggisberg 385, 418f.*, 420, 437, 443, 983, 1005
Kieckhefer, Richard 710–714, 868
Kirchberg, Rosenkranzbruderschaft 118

Kitzingen (Unterfranken, Bayern), Annenbruderschaft 107
Klaus, Bruder, s. Flüe, von, Niklaus
Kleinhöchstetten, Wallfahrtskapelle 952; s. auch Brunner, Jörg (Georg)
Kleophas, Bruder von Joachim, Ehemann (zweiter) von Anna, Vater von Maria Kleophae 106
Kleve (Clivis), von (de), Eberhard OP, Provinzial Oberdeutsche Dominikanerprov. (1515–1529) 836, 947
Knecht, Bartlome, Weibel Bern 268
Knobloch, Johann d. Ä., Offizin Straßburg 86
Koblenz AG 255
Koch, Johann, Schuhmacher (Dominikanerkonv.) Bern 196, 263–265*, 266, 323, 358, 382, 584, 592, 594, 601, 646, 676 f., 866, 972 f., 990, 1005
Köhler, H.-J. 87
Kölli(n), Konrad OP, Prior Heidelberg 489 Anm. 305*, 561
–, Ulrich OP, Prior Ulm 120, 488*, 561, 732
Köln, 784, 877, 878 f.
–, Dominikanerkirche 783
–, Dominikanerkonv. 185, 590, 791, 874
 – Blutreliquie 164, 242, 781, 783, 786 f., 792, 800
 – Prior 4, 277, 520, 522, 590; s. auch Fanckel, Sebastian; Hochstraten, Jakob
–, Kirchenprov. 875; Inq., s. Hochstraten, Jakob
–, Könige, drei, hl. 877
–, Synode (1452) 798
–, Univ. 116, 167, 876 f.
 – Prof., s. Gratius, Ortwin
 – Theologische Fakultät 115, 170, 875
 – Prof., s. Hochstraten, Jakob
 – Rektor, s. Kreidweiß, Ulrich
Könizer Aufstand (1513) 603 Anm. 116, 618, 755
Kolb, Franz, Prädikant Vinzenzstift Bern (1509–1512, 1527 ff.) 66, 609*, 625 f., 962, 991 f.
Konrad, Niklaus, Schultheiß Solothurn (1494–1520) 472*
Konstanz 238, 452, 525, 742
–, Bf. 40, 285 f., 891, 953, 977; s. auch Sonnenberg, von, Otto
 – Weihbf., s. Weldner, Thomas
–, Diöz. 121, 237, 285, 907
–, Konzil (1414–1418) 436, 624, 666, 838
–, Märkte 742
–, Reichstag (1507) 190, 326
Koppigen, Pf. 946 f.
Korn, Gallus OP, Bruder Dominikanerkonv. Bern 214, 995
Kosellek, Reinhart 88
Kosmas und Damian, hl. 397
Krain (Österreich), Judenverfolgung 590
Krakau, Wunder zu Gunsten der unbefleckten Empfängnis (1350 oder 1370) 97, 177, 179
Kreidweiß, Ulrich, von Esslingen, Rektor Univ. Köln 115
Krüttlin, Johann OP, Lesemeister Dominikanerkonv. Bern (1498) 994
Küng, Erhart, Baumeister Münster Bern (1420–1506/07) 113
Kues, von, Nikolaus (1401–1464) 434*, 798–800
Kurzlin, Leonhard, Priester Göppingen (Diöz. Konstanz) 907

Lädrach, Martin, Chorherr und Kantor Vinzenzstift Bern (1485–1519, 1519–1523) 554*, 722, 728, 955
Laminit (Lamettin, Lamelottin, Lamentin), Anna, von Augsburg (Frau von Bachmann, Hans), (hingerichtet 1518 Freiburg i. Ü.) 941* f.
Landsberg (Bayern), s. Brunner, Jörg (Georg)
Langenstein, von, Heinrich (1325–1397), Theologe 95–97
Laon, Marienheiligtum 671
Lapicide, Johann OP, Bruder Dominika-

nerkonv. Bern 215, 995; s. auch Lepcrons(?), Jodok
Lauperswil (Emmental) 345
Lausanne *passim*
–, Archives cantonales vaudoises, Register Ac 29 357
–, Bf. *passim*; s. Montfalcon, von, Aymo; s. auch Montfalcon, von, Sebastian; Montferrand, von, Benedikt
 – Generalvikar und Offizial s. Aycardis, de, Baptiste
 – Glaubensprokurator, s. Saint-Cierges, de, Michel
 – Haus des Bischofs von Lausanne in Bern, s. Bern, Gasthäuser, „Falken"
 – Hofmeister, s. Tupho, de, Claude
 – Landvogt, s. Cojonnex, de, Nicod
 – – Stellvertreter s. Levet, Georges
–, Dominikanerkonv. 422
 – Inquisition Diöz. Lausanne, Genf und Sitten, dominikan. 62 f., 236*, 239, 247, 273, 293, 359, 666, 720 f., 927; s. auch Westschweiz (Schweiz), Hexenprozesse
 – – Inquisitoren, s. Franconis, Humbert; Torrenté, de, Ulric
–, Domkapitel 236, 246, 340
 – Domherren, s. Faverge, de la, François (Kantor); Montdragon, de, Wilhelm; Pierre, de, Louis; Prez, de, Guido; Saint-Cierges, de, Michel; Salins, de, Jean (Schatzmeister)
–, Jorat (oberhalb Lausanne)
 – Briganten 258
 – Sainte-Catherine du Jorat, Karmeliter, 236*, 256
 – – Prior s. Coste, Etienne
–, Kathedrale, Marienwallfahrt 671*
 – Priester, s. Praroman, von, Philibert
–, Landvogt, bernischer (nach 1536) 274
–, Ouchy (unterhalb Lausanne), bischöfl. Schloss 693
–, Saint-Maire, bischöfl. Schloss 243, 247, 253, 266, 970 f., 973

–, Stadt, Recht der Bürger, den Folterungen beizuwohnen 727
Lazarus, hl., Bruder von Maria Magdalena 784
Lazarus von Andlau, s. Andlau, von, L.
Lebus, Bistum (Brandenburg) 795
Lector(is), Peter, Pf. Oberwil 423–426, 437, 443, 791, 984, 1005
Legnano 172
Leipzig 20, 588 f.
–, Stadtarchiv 589
–, Univ. 797
Leo X., Papst (1513–1521) 39, 875, 892, 913 f., 954
Leon, s. Johanna (die Wahnsinnige), Königin
Lepcrons(?), Jodok OP, Bruder Dominikanerkonv. Bern 325; s. auch Hack, Jodok (Jost) OP, oder Lapicide, Johann OP
Leu, Johann Jakob, Leu-Lexikon 74
Leuk (Diöz. Sitten) 620, 907
Levet, Georges, Stellvertreter Landvogt Lausanne (Cojonnex, de, Nicod) 256*, 258
Liber pontificalis 621, 640*
Liestal 198, 823
Limpach, Pf. 946 f.
Lintorff, von, Konrad, Bf. Havelberg (1427–1460) 796
Lisieux, von, Nicolas, Weltgeistlicher (um 1270) 814
Löubli, Fam. Bern 958
–, Albrecht, Chorherr Vinzenzstift Bern (1485–1502) 944*
–, Christine, Ehefrau (erste) von Löubli, Werner; Schwester von Diesbach, von, Wilhelm (d. Ä.) 944
–, Ludwig (Sohn von Christine und Werner, Neffe von Albrecht), Chorherr und Dekan Vinzenzstift Bern (1502–1508, 1508–1526), Glaubensprokurator Haupt- und Revisionsprozess, Propst St. Ursenstift Solothurn (1527–1537) 18 f., 25, 68, 215 f.*, 229 f., 232, 281, 283–289, 291–

293, 296 f., 334, 337, 341, 356, 359, 361, 370, 372–374, 378, 406 f., 410, 417, 431, 433, 441, 443, 445, 456, 461, 507, 529, 533–536, 552, 557, 584, 602, 605 f., 609–611, 615, 619, 622, 627, 634 f., 638, 642, 651, 667 f., 670, 721 f., 724 f., 727, 750, 757, 825, 848 f., 861 f., 865 f., 869, 883, 894 f., 897, 929, 936, 941, 943–945, 952 f., 955–962, 969, 976 f., 979, 991
–, Werner, Handelsherr 944
Löwenstein, Gerhard, Bürger Solothurn 416*, 803 f.
Lombardei 38, 104 f.; s. auch Oberitalien
Longinus, Ritter 784
Lourdes, Maria 674*
Loy, s. Eligius
Loys, Stephan 266*
Ludwig IX., der Heilige, Kg. Frankreich (1226–1270) 783, 923–925
Ludwig XII., Kg. Frankreich (1498–1515) 543, 752–754, 765, 872
Lübeck, Annenaltäre 107
–, St. Annen-Museum 107
Lüsslingen SO, Pf. 946 f.
Lüthard, Christoph 70*
Lützelflüh (Emmental) 466, 493 f., 566, 792
Lukas/Lux, hl. 110 f., 920*; s. auch Bern, Dominikanerkirche, Bruderschaften, Annen-, Lux- und Loyenbruderschaft
Lukas/Lux, Glaser(meister) 56, 166, 349, 361, 375 f., 437, 449, 503, 527, 559, 584, 592 f., 596 f., 601, 610 f., 668, 817, 866, 980, 990 f., 998, 1005
Lull, Raymond (1235–1315) 94
Luther, Martin, lutherisch 34, 83, 89, 109, 436, 615 f., 799, 877, 881 f., 937–939, 946, 948
Lutry VD 251
–, Benediktinerpriorat 251*
– Elemosinar, s. Synoteti, Nicod
– Kantor, s. Rocules, de, Antoine
–, Meier, bischöfl., s. Mayor, Jean

Luxemburg, von, Peter († 1387), Bf. Metz 838
Luzern(er) 28, 46, 81, 238, 344, 363, 371, 378, 397, 447, 456, 742, 753–756, 765, 801, 804, 886; s. auch Schilling, Diebold, von Luzern (Luzerner Schilling)
–, Boten 901
–, Franziskanerkirche 307
–, Franziskanerkonv. 83
– Prediger 363
–, Luzerner Plappart 742
–, Rat 765
–, Schultheiß, s. Bramberg, Jakob
–, Tagsatzungen 547 (1509, Apr 16?), 603 (1507, Aug 7), 753 (1505, Mai 20), 766 (1509, März 20), 766 f. (1509, Apr 16), 768 (1509, Juni 12/13), 768–770 (1509, Juni 13), 771 f. (1509, Juni 26/27), 772–774 (1509, Juli 22/24), 775 (1510, März 13/14), 872 (1509, März 10, Apr 16, 20)
–, Zentralbibliothek 80
Lyon 92, 938
–, Domherren 92 f., 187, 856
–, Generalkapitel Dominikaner (1507, Mai, s. auch Pavia) 17, 54, 148, 186, 212, 277, 313, 379, 497, 516, 518–520, 522–524, 558, 679, 805, 833, 853, 890, 967 f., 975
–, Île Barbe, Benediktinerkloster (mit Kirchen Saint-Loup, Notre-Dame und Sainte Anne) 937–939, 942

Magdeburg 796, 798 f.
–, Dom 796
–, Domherr, s. Tocke, Heinrich
–, Erzbf. 797 f.; s. auch Beichlingen, von, Friedrich; Schwarzburg, von, Günther II.
–, Erzdiöz. 798
–, Franziskanerkloster 797; s. auch Döring, Matthias OFM
–, Provinzialsynode (1412, 1451) 795, 798
Magni (Grant/Grand/Groß), Peter,

Domherr Sitten, Sekretär Schiner, Matthäus 292*, 365, 445, 474, 545, 552, 554, 593, 620 f., 727, 865, 907, 982; s. auch Grant (Grand/Groß), Peter
Mailand 81, 104, 158, 172, 174
–, Herzog(tum) 38 f., 278, 624, 751 f., 760, 768, 945; s. auch Sforza, Ludovico, Hz.; Sforza, Maximilian, Hz.
–, Sant'Angelo, Franziskanerkirche und -konv. (observant) 172, 180, 939, 941
–, Schloss und Pulverturm 653
–, von, Ambrosius (339–387), Kirchenvater 395
Mailänderkriege (1494–1516) 403, 653, 752, 754 f., 653
Mailänderpartei (Eidgenossenschaft) 752
Mainz 120 f., 877
–, Diöz. 121, 491, 733, 739
–, (Dominikanerkonv.) 949
–, Erzbf., -bistum 121, 737, 855; s. auch Gemmingen, von, Uriel
–, Inquisition (Kirchenprov. Köln, Mainz und Trier) 875; s. auch Hochstraten, Jakob, Inq.
–, Provinzialkapitel Dominikaner (1513) 912
–, Synode (1451) 798
–, Theologische Fakultät 115
Malagorge, Jakob, Stadtschreiber Biel (vielmehr Neuenstadt) 596*
Mani (216–276), Häresiarch, Manichäismus, Manichäer 666, 925
Manlich, Handelsgesellschaft Augsburg 937*
Manuel, Katharina, geb. Frisching, Frau von Niklaus 933
–, Niklaus, Maler († 1530) 86, 460, 733, 882, 915, 918*–921, 924, 927 f., 930, 933–936
Marbach LU 130
Marbach am Neckar (Baden-Württemberg) 130, 219, 308, 505, 570 f., 742
Marchal, Guy P. 713
Marchepallu (Marcepallo), de, Jacques (Jacobus) OFM († nach 1528), 694–697, 868
Marcilla, hl. 784
Marco OP, Bruder Dominikanerkonv. Bern 214, 995
Maresius, von Thun 368
Marguet, François, von Dommartin (als Hexer verurteilt 1498 Dommartin) 340 f., 358
Maria *passim*
–. *Ave Maria* 50, 119, 134, 164, 180, 182, 242, 248, 308, 314, 346, 399, 424 f., 427, 495, 632, 649, 672
–. *Ave regina caelorum* 187, 222, 262
–, Empfängnis (befleckte und unbefleckte, mit oder ohne Erbsünde) *passim*
–, Erscheinung mit zwei Engeln auf einem Schwebezug (1507, Apr 15) 4, 9, 32, 181, 276, 278, 309–312, 318, 333, 345 f., 353, 450, 470–472, 479, 483, 494 f., 501 f., 510 f., 515 f., 518, 520, 523 f., 554, 558, 564, 672, 679, 681, 685 f., 699, 777–779, 789, 846, 853, 859, 889, 998
–, Erscheinung mit Krone (gekrönte Maria) auf dem Lettner der Dominikanerkirche Bern (1507, Sept 12/13) 193–196, 200, 206, 215, 257–264, 266 f., 270 f., 320, 328–331, 341, 343–345, 350 f., 354–356, 359, 408, 411, 428, 442, 451, 454 f., 476, 484, 499, 501, 505 f., 509, 513, 561, 563, 566, 571, 575, 583, 596 f., 606 f., 609, 615, 670, 778, 970, 1003
Maria Jacobi, hl. 784
Maria Kleophae, Tochter von Kleophas und Anna (2. Ehe), Ehefrau von Alphäus, Mutter von Jakob d. J. 106
Maria Magdalena 165, 241 f., 486, 781, 783–787, 953; s. auch Marseille
Maria Salomae, Tochter von Salomas und Anna (3. Ehe), Ehefrau von Zebedäus, Mutter von Jakob d. Ä. und Johannes dem Evangelisten 106, 784

1044 Namenregister

Marignano, Schlacht (1515) 38
Mark Brandenburg, s. Brandenburg
Marokko, von, Märtyrer OFM (kan. 1481) 815
Marseille 785
–, Kirche der Maria Magdalena, Saint-Maximin 242, 783–787, 800, 953
–, Saint-Victor, Benediktinerkloster 784
Martha, hl., Schwester von Maria Magdalena 784
Martigny VS 545
–, Kastlan 545
Martin, Meister, Organist und Nekromantiker Bozen 468, 580, 701, 708
Maurer, Helmut 742
Maximilian I., Kg./Kaiser (1493/1508–1519) 543, 590, 754, 765, 772, 836, 872, 874, 904, 941
Maximin, hl. 784; s. auch Marseille
May, Bartholomäus 292*, 535 f., 620 f., 725, 728, 931, 939 f., 953
Mayor, Jean, bischöfl. Meier Lutry 253*
Maytet/Meytter (Diöz. Genf?), s. Bellegarde, von, Bernard(in), Pf. M.
Megander, Kaspar, Prädikant Bern 962
Melanchthon, Philipp (1497–1560) 875 f.
Melegottis (Mellegottis, Melligottis), de, Salvator, Sekretär von Achilles de Grassis (Bf. Città di Castello) 66*, 70, 549, 573, 610, 625 f., 729, 895
Merseburg 800
Mesch (Meusch), Alexander OP, Bruder Dominikanerkonv. Bern 129, 155, 158, 214, 230, 420, 437, 995
Metz, Bf., s. Luxemburg, von, Peter
–, Generalkapitel Dominikaner (1313) 95
Meyer, Sebastian OFM, Lesemeister Franziskanerkonv. Bern (1522–1524) 946*–948, 953
Meyer(li), Johann OP, Novize Dominikanerkonv. Bern 214 f., 302, 449, 476, 498, 504, 509, 512, 523, 527, 558–560, 562–564, 567 f., 573, 578, 580, 593, 632, 747–749, 846, 871, 989, 995, 997 f., 1000 f.

Michael, hl. 877
Michel, Meister, Schreiber Antiphonare Vinzenzstift Bern 591
Michel, Ludwig, Mitglied Großer Rat Bern 612*
Mitteldeutschland, s. Deutschland
Modena 172
Mörnach, Johann (eigentlich Textoris/Weber, Johann, von Mörnach), Ordinarius kanonisches Recht Univ. Basel 213, 335*, 409, 445, 529, 552, 900 f., 982
Montdragon, de, Wilhelm, Domherr Lausanne 251*, 253
Montefalcone, von, Klara († 1308, kan. 1881) 839
Montenegro, von, Johann OP 97
Montfalcon, von, Aymo OSB, Bf. Lausanne (1491–1517), Administrator Diöz. Genf (1497–1509), Richter in Jetzers Prozess in Lausanne sowie im Haupt- und Revisionsprozess in Bern 11, 44, 47 f., 65, 191*, 218, 235 f., 251, 254, 261 f., 286, 308, 429, 434, 498, 532 f., 694, 721, 753, 762, 764, 767 f., 771, 774, 776, 868, 872, 899, 916, 937, 989
– Sekretär, s. Vernets, des, François
–. Sebastian, Bf. Lausanne (1517–1560) 251, 261, 899, 937*, 955
Montferrand, von, Benedikt, Bf. Lausanne (1476–1491) 251, 261, 745
Monthey VS, Vizedominat, s. Rosay (Rosen), de, Peter
Monzon, de, Jean OP (um 1350–1415) 95 f.
Morgenstern, Heinrich, von Horb am Neckar, Schreiber 822
Mortier, Daniel Antonin OP 34–37, 57
Mühlhauser, Bote Bern 897
Müller (Molitoris), Bendicht/Benedikt 287*, 897
–, Jakob, von Biel 491
–, Johann OFM, Schaffner Franziskanerkonv. Bern 367, 386*, 438, 818 f., 981, 1005

Namenregister

–, Martin, Goldschmied 596 f.; möglicherw. id. mit Franke, Martin, Goldschmied 375 Anm. 145
–, Peter OClun 385* f., 438, 687, 725, 981, 1005
Müller-Büchi, Emil 38
München
–, Bayerische Staatsbibliothek (früher Hof- und Staatsbibliothek) 24, 75, 711, 713
–, Herz-Jesu-Kloster 12, 75
–, von, Heinrich, Chronist 922
Münchenbuchsee, Rosenkranzbruderschaft 118 f.
Münchenwiler, Cluniazenserpriorat 246, 744
Münsingen, Kapitel 952
Murer, Johann, Dekan und Propst Vinzenzstift Bern (1492–1508, 1508–1523) 204, 262, 418, 428 f.*, 430 f., 434 f., 440–442, 534 f., 552, 554, 593, 598, 620 f., 623, 722, 724–728, 764, 825, 849, 865, 984, 1005
Murner, Thomas OFM, möglicherw. Lesemeister Franziskanerkonv. Bern (1509) 7, 81–83*, 84, 86, 89, 91, 117, 126, 466 f., 631, 641, 645 f., 656, 660 f., 665 f., 684, 697 f., 735–738, 835, 880, 885, 887, 892, 917
Musarni(?), Michael 620 f.

Narni, s. Brocadelli, Lucia, von Narni
Naters VS, Landtag (1509) 545
Neapel, Zug nach (1494) 752
Neidiger, Bernhard 141
Nelkenmeister, s. Bern, Verschiedenes
Neuenburg, Graf, Stadt 666
–, Hexenprozesse (1439) 666
Neuenburgersee (wahrscheinlich See bei Neuenstadt = Bielersee) 472, 513
Neuenstadt BE, Schaffner, Weinberge Dominikanerkonv. Bern 491, 596 f.
–, Stadtschreiber, s. Malagorge, Jakob
Nidau 494
Niederdeutschland, s. Deutschland
Nikolaus V., Papst (1447–1455) 799

Nördlingen 802
Nogarolis, de, Leonhard, Magister, Notar Papst Sixtus' IV. 104, 176
Noll, Anton, Schmied Bern 31, 360 f., 365*–375, 380–382, 385–387, 400, 405 f., 431, 436, 438–441, 465, 634, 663, 687, 789, 818 f., 935 f., 953, 960, 980, 1005
– Haus Ecke Münsterplatz/Kesslergasse mit „Salomos Götzendienst" (Maler: Manuel, Niklaus) 935 f.
–, Rudolf, Novize Dominikanerkonv. Bern 214 f., 317, 995
Nordafrika, s. Afrika
Norder(?), Bote Bern 897
Nordfrankreich, s. Frankreich
Norditalien, s. Italien
Normandie 92, 96
Novara, Schlacht (1500, April 9) 278*, 322, 390, 739, 752, 757, 760, 871
Nürnberg 307, 737 f., 802, 912
–, Dominikanerkonv. (observant) 139, 147, 152, 567 f., 748, 791
–, Franziskaner 307
Nursia, von, Benedikt († 547) 814

Oberbüren (bei Büren an der Aare BE), Wallfahrt 172, 182, 416, 801–804, 912, 939, 942
–, Marienstatue 801–803
Oberdeutsche Dominikanerprov., Teutonia (observant) 3–6, 8, 11, 17, 27, 34, 36, 39, 43, 58 f., 63, 119 f., 147, 162, 173, 187, 217, 269, 277, 279, 289, 291, 382, 432, 515, 517, 521, 523 f., 526, 528, 550 f., 565, 635, 645, 677, 722, 730, 732, 835 f., 848, 851 f., 861, 870, 883, 892 f., 895, 902, 906, 909–914, 936, 947, 950, 967, 977 f., 985, 988, 990
–, Observanz 34, 101, 148, 184, 835 f.; observante Konv.e s. Basel, Bern, Colmar, Heidelberg, Frankfurt a. M., Nürnberg, Pforzheim, Stuttgart, Ulm, Wimpfen
–, Provinzial *passim*, s. Sieber, Peter; s.

auch Aufkirchen, Lorenz; Kleve, von, Eberhard; Stubach, Jakob
- Vikar des Provinzials Peter Sieber, s. Hug, Paul
-, Provinzialkapitel, s. Basel (1508), Bern (1498), Mainz (1513?), Pforzheim (1507), Stuttgart (1503), Wimpfen (1506)
Oberdeutsche Dominikanerprov. (nicht observant) 834–836; nicht observante Konv.e s. Straßburg, Zürich
Oberdeutsche Franziskanerprov., s. Franziskaner, Barfüßer (allg.)
Oberdeutschland, s. Deutschland
Oberenheim (Obernai, Elsass) 82
Oberitalien, s. Italien
Obersimmental, s. Simmental
Oberwesel (Mittelrhein), Judenverfolgung (1287) 840; s. auch Bacharach, von, Werner
Oberwil (Simmental) 425 f., 442 f.
-, Kirchweihe (Sonntag nach Michael) 421, 423, 425, 442
-, Patron St. Mauritius 423, 425, 442
-, Pf., Pfarrei 422–424, 443; s. auch Lector(is), Peter
Obwalden 820, 822, 952; s. auch Hass (Haas?), Wendelin, von O.
Österreich 751
-, Ewige Richtung (1474) 751
Offenburg 143, 228, 288 f., 308, 742, 977; s. auch Ottheinrich, Schultheiß
Olmütz, Bf., s. England, von, Robert
Oppenheim, Druckort 120
Orbe und Echallens VD (gemeinsame Herrschaft Bern und Freiburg i. Ü.) 253
Osmund, Bf. Salisbury (1078–1099, kan. 1457) 815
Ostia 538, 540
Ostorero, Martine 716
Oswald, Konverse Dominikanerkonv. Bern 53, 67, 129, 136, 142, 150, 164, 264, 309, 313, 346, 361, 418, 426 f.*, 428, 437, 471, 510 f., 523, 527, 561–564, 594, 980, 984, 995, 1005

Oron VD, Schloss 693
Ottheinrich, Schultheiß Offenburg 289
Ottnant (Ortnant), Johann OP, Prior Dominikanerkonv. Bern (1480, 1486, 1497–1498, 1509 ff.), Beichtvater Inselkloster Bern (1501–1509) 202, 204, 214*, 381, 549, 611, 625 f., 697, 793, 864, 916, 918, 922, 931, 994; s. auch Bern, Inselkloster, Beichtvater
Ouchy, s. Lausanne
Oxford, Univ. 96

Padua, von, Antonius OFM, hl. 349
Palmer (Balmer, Valper), Peter OP, Prior Wimpfen (1507) 120, 488*, 561, 732
Panissère, Jaquet (als Hexer verhört 1477 Ouchy) 693
Pannitonsoris, Wendelin, von Straßburg, Schüler und Patensohn von Gratius, Ortwin 878
Paris 24, 96, 783
-, Bf. 96
-, Dominikanerkonv. 96, 137
- Regens 137 f.
-, Univ. 94–96, 116, 167, 170, 176, 303, 388, 877, 925, 944
- Theologische Fakultät 95 f., 115, 143, 167
Patrizi Piccolomini, Agostino 640
Paulus OP, Lesemeister Krakau (1350) 177
Paulus Diaconus (725/730–vor 800) 709
Paulus, Nikolaus 12*–30, 34, 36 f., 39, 42, 46, 48 f., 51, 57, 60 f., 69, 71–73, 75, 80, 90, 124, 228, 245, 253, 359, 362, 655, 760 f., 763, 770, 852, 855, 860, 869, 881
Pavia, Generalkapitel Dominikaner (1507, Juni 6) 11, 17, 34, 37, 148, 277, 490, 495, 497, 516 f., 519, 521, 524, 526, 550, 571, 806, 844, 951; s. auch Lyon, Generalkapitel
-, Schlacht (1525) 81
Pavierzug (1512) 38
Payerne, Clunziazenserpriorat 914
Peckham, John OFM (um 1270) 814

Namenregister

Pelagius († 418), Pelagianismus 120, 666
Peney, „Mandement" (Diöz. Genf) 358
Pensionenbrief, s. Eidgenossen(schaft)
Peraudi, Raymund, Bf. Gurk und Kardinal (seit 1493), Legat Schweiz (1500–1504) 576*, 708
Petra, de, Johann, von Leuk (Diöz. Sitten), Notar 907
Petrus, Apostel 923 f., 954
Petrus Lombardus (um 1095/1100–1160) 95
Petrus Martyr OP, auch Petrus von Verona, Inq. (ermordet 1252) 158*, 306
Petrus Paschasius (1227–1300) 94
Peyer, Heinrich, Unterschreiber Bern 596*, 609, 991
Pfefferkorn, Johann, konvertierter Jude 89, 590, 874*–876, 879
Pflasterbach (Sünikon, Steinmaur ZH), Marienwallfahrt 322*
Pflieger, Georg OP, Bruder Dominikanerkonv. Bern 215, 995
Pforzheim, Dominikanerkonv. (observant) 4
– Lesemeister 277
– Prior 561
–, Provinzialkapitel (1507, Mai 2) 11, 78, 185 f., 313, 349, 465, 476, 495 f., 503, 511, 516, 519, 523 f., 577 f., 607, 743, 829, 831, 843, 853, 951, 967, 999
Philipp, Kartäuser 100, 922
Philipp, Pfalzgraf (1476–1508) 117
Pierre, de, Louis, Domherr Lausanne 236*, 253
Pignerol (Pinerolo), Abtei 914
Pilatus 252
Pisa 184
Pistoris, Anton OP, *lector et predicans* Dominikanerkonv. Bern (1498) 994
Pius IX., Papst (1846–1878) 98
Plappartkrieg (1458) 742
Polen 518, 520, 543, 890, 951
Pomesanien (poln. Pomezania), Bf. (Grassis, de, Achilles) 544
Pontificale Romanum 621

Pouilly, de, Jean († 1321) 95
Prag, Erzbf., Erzbistum 795
Praroman, von, Humbert 567*
–, Philibert, Priester Kathedrale Lausanne 263*
Prediger, s. Bern, Dominikanerkonv., und Dominikaner (allg.)
Presenssiis (Pressensé?), de, Johann, Gerichtsschreiber Bf. von Sitten 65*, 529, 549
Preußen, von, Konrad OP (erw. 1370–1426) 139
Prez, de, Barthélemy, Herr von Corcelles(-le-Jorat) 251*
–, Guido, Domherr Lausanne, Ehrenchorherr Vinzenzstift Bern (1485–1506/07?) 236*, 243, 256
Provence 784

Quicquat, Catherine (als Hexe verurteilt 1448 Vevey) 357, 693

Rafanellis, de, Johann OP, *magister pallatii* und Beichtvater Papst (1502–1515) 539*
Ramsey, s. Helsin, Abt von R.
Ranft(schlucht), Einsiedelei von Flüe, von, Niklaus 401, 822 f.
Rapp, Pfaffe, konvertierter Jude (hingerichtet 1514 Halle) 589
Rapperswil, Frieden von (auch Elender Frieden, Aug. 1443–April 1444) 800
Rappol(d), Paul, Kaplan St. Nikolaus Freiburg (i. Ü.) 294*
Ravenna 172, 770
Ravier (oder Chandelier), Benoît, Arzt Lausanne 253*
Rayner, Hervé 616 f.
Reformation (allg) 12, 23, 34, 83, 87, 639, 776, 880, 882, 928; s. auch Luther, Martin
Reich, hl. röm. Reich deutscher Nation
–, Judenverfolgungen 589 f.*, 874
–, Kaiser (Kg.), s. Friedrich III., Heinrich VII., Karl V., Maximilian I.

1048 Namenregister

–, karolingisches, ottonisches 671
–, Reichstage, s. Augsburg (1518), Konstanz (1507), Worms (1521)
Reng, Johann OP, Mitglied Dominikanerkonv. Bern (1498) 995
Rettig, Georg 7*–17, 19 f., 22, 27–30, 33–35, 37, 43, 51, 57, 62, 67, 69–73, 76, 82, 125, 228, 359, 456, 524, 760 f., 770, 775, 854, 860, 869, 880 f., 893, 902
Reuchlin, Johannes (1454/55–1522), Reuchlin-Handel 89, 141, 590, 836, 874–877*, 879 f., 882
Reuss, Rodolphe 36
Reyff, Fam. Freiburg (i. Ü.) 261
Rhein, rheinisch 29, 40, 143, 147, 288, 308, 323, 328, 350, 392, 394, 571, 742, 768, 840, 870, 879
Rievaulx, von, Aelred (1110–1167) 404
Ringlin, Erhard OP, Mitglied Dominikanerkonv. Bern (1498) 995
Robert, Kaufmann von Basel 322
Robert von England, s. England, von, R.
Rocules, de, Antoine (Raymond?), Kantor Benediktinerpriorat Lutry 281, 620 f.
Rodez, Kapitel Dominikaner avignonesische Obödienz (1388) 96
Röist, Kaspar (1478–1527), von Zürich, Hauptmann Schweizergarde Rom 836
Rogger, Philippe 755 f., 760
Roggli, Scherer 270; möglicherw. id. mit Gabriel, Gehilfe von Schüpfen, von, Ludwig
Rolandi Rull/Rolmann(i), Johann d. Ä. OP, Bruder Dominikanerkonv. Bern 129, 214, 999
Rom, Romreise, -wallfahrt *passim*
–, Dominikaner; s. auch Dominikaner, Prediger (allg.)
 – Aventin 954
 – Generalkapitel Dominikaner (1508, Juni 11) 34, 36, 490, 517, 526, 806, 829, 978
 – Protektor, s. Carafa, Olivier
–, Laterankirche 924
–, Laterankonzil, Viertes (1215) 693, 776

–, Laterankonzil, Fünftes (1512–1517) 674, 776
–, Obödienz, röm., urbanist. (Großes Abendländisches Schisma) 96, 721, 839
–, Papst *passim*; s. auch Alexander III., Alexander IV., Alexander VI., Bonifaz VIII., Cölestin V., Eugen IV., Gregor IX., Innozenz III., Innozenz XI., Johannes XXII., Johannes Paul II., Julius II., Kalixt III., Leo X., Nikolaus V., Pius IX., Sixtus IV., Urban V., Urban VIII.
 – Beichtvater, s. Rafanellis, de, Johann OP
–, Petersbasilika, -dom, St. Peter 559, 582, 706, 708, 939, 942
–, Rota (päpstl. Gericht) 218, 537, 543 f., 762, 864, 906, 986
–, Santa Maria Maggiore 582, 708
–, Schweizergarde 734, 986; s. auch Röist, Kaspar, Hauptmann; Silenen, von, Kaspar, Hauptmann
–, Vatikan. Archiv, Archivio Segreto Vaticano 69: s. auch *Denifle, Heinrich Suso* OP
–, Vatikanisches Konzil, Erstes (1869/70) 98
Romanel, Pierre 340 f.
Root LU, s. Hell, Heinrich OP
Rosay (Rosen), de, Peter, Inhaber Vizedominat Monthey 620* f.
Rosenkranzbruderschaft allg. 116–119, 122 f., 738; s. auch Bern, Dominikanerkirche, Bruderschaften; Berner Oberland, Colmar, Erlach, Frutigen, Hindelbank, Jegenstorf, Kirchberg, Münchenbuchsee, St. Stephan, Vinelz, Wallis, Zweisimmen
Rotterdam, von, Erasmus 879*
Rottweil 77
–. Reformation 77
Rouen, Synode (1445) 624
Rouvray, de, Jean, Domherr Bourges 97
Rovere, della, Francesco OFM 184, s. Sixtus IV., Papst

Ru(dol)f von Bern, Knabe (angebl. von Juden ermordet) 840
Rüeggisberg, Cluniazenserpriorat 246, 385, 418 f.*, 420, 437, 443, 744, 982 f., 1004 f.; s. auch Brünisberg, Johann; Keusen, Christen

Saane, Fluss 422
Sachseln, Grab von Flüe, von, Niklaus 824
Saint-Cierges, de, Michel (Johann?), Domherr Lausanne, Glaubensprokurator in Jetzers erstem Prozess in Lausanne 243*, 247 f., 251, 253, 256, 260, 292, 296 f., 474
Saladin, Jean-Christophe 877
Salins, de, Jean, Domherr Lausanne 251*, 253
Salisbury, Bf. 815; s. auch Osmund, Bf. Salisbury
Salomas, Ehemann (dritter) von Anna, Vater von Maria Salomae 106
Salomo, „Götzendienst" 936
Samuel (Altes Testament) 699
St. Albans, von, Nikolaus OSB 161
St. Gallen 317, 772, 774, 922
–, Abschrift Akten Jetzerprozesse 65 f., 317, 729, 895
–, Kaufleute 773
St. Johannsen, Benediktinerabtei bei Erlach 801
St. Petersinsel, Cluniazenserpriorat 246, 744
St. Stephan (Simmental), Filialkirche von Zweisimmen 421–426, 442
–, Frühmesser 422, 442; s. auch Schürer, Rudolf
–, Rosenkranzbruderschaft 118, 422
–, Terminiergebiet Dominikanerkonv. Bern 118
Sanson, Bernhardin OFM, von Mailand 939 f.*, 941 f.
Santiago de Compostela 795, 800
Santo Domingo, von, María († 1524), Dominikanermystikerin 163
Saône, Fluss 937

Sarah 92
Sarazana (Riviera di Levante It.), s. Calano, Prosper
Sartor, Niklaus OP, Mitglied Dominikanerkonv. Bern (1498) 995
Sattler, s. Sellatoris
Saulus, „Bekehrung" 923 f.
Savonarola, Hieronymus OP, auch Ferrara, von, Hieronymus (1498 in Florenz hingerichtet) 20, 42, 148, 162, 631, 845*, 916 f.
Savonier, von Lyon, Bote frz. Kg. 938*
Savorgnano, Hieronimo, Gesandter Venedig 767*
Savoyen, savoyisch 259, 264, 357, 429, 532, 540, 693, 764, 914
–, Herzöge, s. Amadeus VIII., Karl II./ III.
Saxer, Victor 783
Schaffhausen 904
Schaller, Lienhard (I.), Schneider, von Thann (Elsass), Vater von Lienhard und Niklaus 382*
–, Lienhard (II.), Grossweibel Bern 199, 267 f.*, 269, 281, 294, 382, 567, 724, 886, 901, 973, 976
–, Niklaus, Stadtschreiber Bern (1492–1524), Vogt Inselkloster (1506) 81, 195, 199, 237, 264, 267 f., 271, 281, 326, 360 f., 381–383*, 384–387, 399, 429, 438–440, 444, 454, 562, 571–573, 581, 584, 595 f., 598, 601–604, 607, 609, 612–615, 625 f., 643, 646, 676, 724, 746, 749, 782, 787, 793, 819, 866, 890, 930–932, 936, 950, 980 f., 990 f., 1005
Scharnachtal, Hans Rudolf, Schultheiss Bern (1507–1510, † 1512) 197* f., 271, 429, 612, 628, 890, 972 f., 975
–, Konrad († 1472), Ritter 799 f.
Schenkenberg, Landvogt/Obervogt 390, 410
Schilling, Diebold, von Bern (um 1436/37–1486), Chronist 80, 631
–, Diebold, von Luzern (vor 1460–1515, Neffe von Diebold von Bern), Chro-

nist 42, 44, 47, 80*, 89, 531–533, 621, 627, 629, 631–643, 646, 648, 652, 660 f., 682, 698, 718, 728 f., 735, 774, 801, 837, 854, 862, 867, 887
Schindler, Johann (Hans), Metzger, Mitglied Rat der Sechzig Bern 403*–407, 439–441, 667, 790, 806, 981, 1005
Schiner, Matthäus, Bf. Sitten (1499–1522), Richter Haupt- und Revisionsprozess 18, 37 f.*, 39–48, 51, 65, 68, 112 f., 218, 232, 286, 291, 308, 365, 407, 485, 530, 532, 535 f., 544–546, 593, 635, 638, 642, 653 f., 680, 690, 694, 723, 725, 727 f., 752, 757 f., 761–766, 768, 772, 775, 822, 844, 860, 865, 869, 904, 908, 944, 978, 989; s. auch Sitten, Bf.
– Gerichtsschreiber, s. Presenssiis (Pressensé?), de, Johann
– Sekretäre, s. Colleti, Georg; Magni (Grant/Grand/Groß), Peter
–, Nikolaus, Bf. Sitten (1497–1499) 38
Schirruglius, Gerhard, Schüler von Gratius, Ortwin 877 f.
Schisma, Großes Abendländisches (1378–1417) 721, 838; s. auch avignonesische und röm. Obödienz
Schläppi, Daniel 616 f.
Schlettstadt 802
–, Dominikanerkonv. 277
Schlüssel, Hans, Pedell Vinzenzstift Bern 627*
Schmied, Konrad, hinter Kaufhaus Bern 897
Schodoler, Werner, Chronist (1489/90–1541) 42, 81*, 89, 264, 387, 627, 643–646, 648, 656, 669, 718
Schönberg, von, Nikolaus (1472–1527), „Gefährte" von Cajetan 560*
Schöni, Gilian (Julian), Venner (Metzgern) Bern 612*
Schüpfen BE 395
–, Pf. 111, 375
–, von, Hans, Scherer 397
–, von, Ludwig, Scherer 320, 361, 385, 395*–398, 438, 442, 470, 605, 819, 980 f., 1005; s. auch Gabriel, Scherer
– Sohn von Ludwig, Konverse Dominikanerkonv. Basel 397
Schürer, Rudolf, Frühmesser St. Stephan 422, 424, 426, 984, 1005
Schütz, Burkhard (Burki), Wirt „Falken" Bern 261, 894, 900 f.*
Schuler, Jakob (1588–1658), Dekan Freiburg (i. Ü.) 70*
Schwab, Martin OP, Mitglied Dominikanerkonv. Bern (1498) 994
Schwaben, schwäbisch 29, 130, 200, 206, 210 f., 276, 308, 328, 505, 570, 742, 871
Schwabenkrieg/Schweizerkrieg (1499) 211, 742 f., 752, 757, 890
Schwäbischer Bund (1488) 742
Schwandener, Bendikt, Mitglied Großer Rat Bern 281*, 724
Schwarzburg, von, Günther II., Erzbf. Magdeburg (1403–1445) 795
Schweden, von, Brigitta (1303–1373, kan. 1391) 167, 344, 495, 839
Schweiz, schweizerisch 11, 422, 615 f., 708, 737, 742, 756, 760 f., 823, 871, 879, 880, 891; s. auch Eidgenossen(schaft), Helvetier
–, Deutschschweiz 624, 961
–, Innerschweiz 742, 842
–, Westschweiz (Diöz. Lausanne, Genf und Sitten), Hexenprozesse 15. Jh. 62, 236, 239, 273, 293, 295, 357, 359, 623, 660, 666, 693, 698, 716, 720, 868; s. auch Baulmes, de, Jordana; Bonvin, Françoise; Durier, Jaquet; Gappet, Perrissone; Marguet, François; Panissère, Jaquet; Quicquat, Catherine; Vernex, Antoine
Schweizer, Johann, Maler 361, 372, 441, 919, 980; s. auch Bern, Verschiedenes, Nelkenmeister
Schweizerkrieg, s. Schwabenkrieg
Schwend, Anastasia, von Zürich, Frau (dritte) von Diesbach, von, Wilhelm (d. Ä.) 929

Namenregister 1051

Schwinkhart, Ludwig (1495–1522), Chronist Bern 81* f., 89, 531, 627, 646–648, 650 –654, 657, 660 f., 684, 698, 729, 735, 737 f., 854, 887 f., 892, 943
–, Niklaus, Vater von Ludwig 81
Schwyz, Schwyzer 772, 800
–, Tagsatzung 775 (1510, Feb 4)
Segovia, von, Johannes (um 1393–1458), Chronist Basler Konzil 97, 178
Seiler, Jakob, Bote Bern 897
Selden bei Aarau 170
–, von, Werner OP, Prior Dominikanerkonv. Basel (1489, 1502–1503, 1506–1508) 10, 13, 15, 18, 59, 75, 85 f., 116, 120, 125–127, 168–170*, 171–174, 180–187, 189–198, 200–202, 204, 206 f., 210–217, 219, 225–227, 233 f., 243, 252, 255, 260, 264 f., 269, 271 f., 277, 280, 286, 308–312, 334, 351, 413, 443 f., 447 f., 451, 454 f., 471, 476, 483 f., 488 f., 491, 494 f., 500–504, 515–521, 523–526, 528, 558 f., 561, 564 f., 588 f., 593, 607, 661, 673–676, 678 f., 686, 688, 732 f., 735, 743 f., 778, 782, 803, 805, 846 f., 855 f., 890, 949, 951, 966–969, 971–973, 975–977, 986, 998
Sellatoris (Sattler), Georg OP, Lesemeister Dominikanerkonv. Bern (1509 ff.), 214, 331, 350, 549 f.*, 567, 575, 748, 864, 909, 916, 995
Seman, Michael OP, Mitglied Dominikanerkonv. Bern (1498) 995
Senigallia (Prov. Ancona It.), von, Kardinal, s. Vigeri, Marco OFM
Sforza, Ludovico (il Moro), Hz. Mailand (1480/94–1508) 278*, 322, 739, 741, 752, 871
–, Maximilian, Hz. Mailand (1512–1515) 38
Sieber, Peter OP, von Ulm, Provinzial Oberdeutsche Dominikanerprov. (1505–1508), Richter im Hauptprozess 17, 59, 119, 186 f.*, 190, 194, 197, 219, 277, 292, 308, 379, 382, 457, 516–519, 525 f., 550 f., 561, 678, 735, 739, 848, 890, 911, 949, 970, 972 f.
Siena 184
–, von, Bernardin (1380–1444, kan. 1450) 815, 839
–, von, Katharina, hl. (1347–1380, kan. 1461), Dominikanerterziarin 35, 54, 58, 84, 95, 139, 163, 183 f.*, 200, 206, 209, 252, 270, 298 f., 302, 307, 316, 319, 341, 345 f., 395 f., 411, 428, 431, 433, 442, 455, 469, 479, 499, 505, 512, 566, 605, 607, 609, 611, 632, 634, 644, 650, 746, 778, 804 f., 809 f., 813, 815, 825, 839, 859, 1002
Silenen, von, Jost, Meister des Breviers des Jost von Silenen, Illuminist Antiphonare Vinzenzstift Bern 591
–, Kaspar, Hauptmann Schweizergarde Rom (1506–1517) 287 Anm. 6*, 536, 538, 734, 905, 986
Silvan, hl., Schüler von Hieronymus, Kirchenvater 486
Simmental, Terminiergebiet Dominikanerkonv. Bern 118, 352, 361, 409 f., 413, 418, 421 f., 425 f., 437, 442 f., 445, 471, 506, 563, 791, 825, 862, 984, 1005; s. auch Boltigen, Därstetten, Erlenbach, Oberwil, St. Stephan, Zweisimmen, Wimmis
–, Obersimmental 603
Simon, Novize Dominikanerkonv. Basel 311 Anm. 62, 502
Sippe, hl. 107, 919
Sitten
–, Bf. 5, 8, 11, 19, 63, 66, 131, 229, 233, 285, 289 f., 292, 334, 336, 385, 432, 446, 457, 459, 467, 469, 474, 477, 486, 509, 525, 529, 531, 533 f., 537, 539, 542 f., 547–549, 552–554, 567, 576, 602–605, 612, 620 f., 623, 627 f., 635 f., 645, 651 f., 662, 694, 722, 733, 769, 773, 828, 849 f., 861, 864, 870, 872, 893 f., 897, 899–901, 905–907, 935, 977, 981, 984, 986–988; s. auch Wallis, Bf., und Schiner, Matthäus; s. auch Schiner, Niklaus; Supersaxo, Walter

- Hofmeister 900
-, Bistum, Diöz. 40, 285, 358, 907
  - Domherr, s. Magni (Grant/Grand/ Groß), Peter
  - Generalvikar und Offizial, s. Grand, Jean
  - Inquisition Diöz. Lausanne, Genf und Sitten, s. Lausanne, Dominikanerkonv.
-, Stadt 41, 533, 536, 545, 620, 766, 897
  - Recht der Bürger, den Folterungen beizuwohnen 727
  - Theodulskirche, Bruderschaft der unbefleckten Empfängnis Marias 45, 680
  - Vergiftungsfall 680
  - Weibel-Lehen, s. Albi, Johann
Sixtus IV., Papst (1471–1484) 35, 96, 98, 104 f., 108, 119 f., 176, 184, 191, 556, 562, 566, 738, 813, 852; s. auch Rovere, della, Francesco OFM
  - Notar, s. Nogarolis, de, Leonhard
Sizilien, s. Ferdinand der Katholische, Kg. Aragon und Sizilien
Sladeczek, Franz-Josef 61
Soest, 100
-, von, Jakob OP (1360–1440) 100
Soissons 671, 694
Solothurn 198, 259, 472, 487, 753, 755 f., 765, 958–961; s. auch Irreney(?), Peter; Löwenstein, Gerhard; Kalpurg/ Kaltbürger, Heinrich
-, Henker 207, 273, 974 f.
-, St. Ursenstift, Propst, s. Diesbach, von, Niklaus; Löubli, Ludwig
-, Schultheiß, s. Konrad, Niklaus
-, Venner, s. Stölli, (Hans)
-, Weibel, s. Flückiger
-, Zentralbibliothek, Kantonsbibliothek 130, 590, 922
Sonnenberg, von, Otto, Bf. Konstanz (1474/80–1491) 801 f., 824
Soubirous, Bernadette, Lourdes 674
Spalbeek, von, Elisabeth (1248–1316) 827*
Spanien, spanisch 163, 752, 800
-, Inq., s. Eymerich, Nikolaus
-, Kg. 774
Spengler, Johann OFM, Lesemeister Heidelberg (1499–1502) 60, 117, 737
Speyer 875 f.
-, Bf., Diöz. 117, 121, 875
Spichtin, Benedikt OP, Mitglied Dominikanerkonv. Bern (1498) 995
Spiez, Pf., s. Wymann, Konrad
Sponheim, Abt von, s. Trithemius, Johannes
Stanser Verkommnis (1481) 820
Stark, Martin, Tischmacher Bern 591
Steck, Rudolf 6 f., 10, 17, 21 f.*, 23–37, 39, 43, 45 f., 52, 57, 60–62, 67, 69–76, 78–82, 84 f., 87, 91, 124 f., 131, 144, 228, 268, 284, 288 f., 331, 352, 359, 385, 398, 429, 432, 456 f., 473, 539, 571, 577, 589, 623, 627, 655 f., 761, 770, 780, 852, 860, 869, 881, 893, 902, 952, 963
Stein, vom, Albrecht (1484–1522 †), Junker 937* f.
-, Hans 288
-, Sebastian, Ritter, Stellvertreter Schultheiß Bern 199, 612, 890
-, Thomas, Kantor Vinzenzstift Bern (1485–1519) 111, 375, 382, 388* f., 391, 394, 408, 434, 437 f., 604, 722, 819, 904, 920, 931, 981, 1005
Steinbach, Meinrad, Chorherr Vinzenzstift Bern (1520–1524) 955, 959
Steinegger, Heinrich OP, Schaffner Dominikanerkonv. Bern (–1509 †) 1, 4, 129, 132, 136, 192, 214, 338, 345*, 549, 969, 978, 980, 983, 994 f.
Steiner, Jakob, Weibel Bern 231
-, Ursula, s. Tremp, Ursula
Steitz, Georg Eduard 117
Stephan OP (nicht observant), Meister, von Straßburg 518, 833 f.; möglicherw. id. mit Ammann/Hartmann, Johann OP
Stettler, Michael (1580–1642), Chronist Bern 70*, 80, 89
Steyr (Österreich), Judenverfolgung 590

–, Dominikanerkonv. 122; s. auch Wirt, Wigand, Prior

Stiffels, Heinrich, Zimmermann (Dominikanerkonv.) Bern 32, 361, 413*f., 859, 980, 982, 1005 möglicherw. id. mit Zimmermann, Heini

Stölli, (Hans), Venner Solothurn 472*

Stör, Johann, Kleriker Diöz. Aosta 620f.

Stolwag, Augustin OP, Studentenmeister Dominikanerkonv. Basel 311

Straßburg 143, 266, 651, 802f., 972; s. auch Geiler von Kaysersberg, Johannes; Jakob, Dr., Fürsprecher; Knobloch, Johann d. Ä., Offizin; Pannitonsoris, Wendelin

–, Bf. 59; s. auch Bayern, von, Albrecht

–, Diöz. 121

–, Dominikanerkonv. (nicht observant) 143*f., 148, 152, 197, 219, 277, 282, 332, 518, 649, 731, 833–835, 844; s. auch Ammann/Hartmann, Johann OP / Stephan OP, Meister

–, Franziskanerkonv. 82f.

–, Franziskanerprov. (observant) 117, 121, 150

–, Reformation 83

–, St. Michael und St. Peter, Propst, s. Wolf, Thomas

–, Stadtschreiber, s. Brant, Sebastian

Striger, Joseph OP, Novize Dominikanerkonv. Bern 317; möglicherw. id. mit Joseph OP

Stubach, von, Jakob OP (eigentl. Fabri, Jakob, von Stubach), Provinzial Oberdeutsche Dominikanerprov. (1475–1488) 741

Stuttgart

–, Dominikanerkonv. (observant) 4, 121; s. auch Wirt, Wigand, Prior

–, Generalkapitel (1507, schließlich in Pavia) 495

–, Provinzialkapitel (1503) 741

Subinger (Suppinger), Hans (Johann), Mitglied Großer Rat Bern 612

–, Katharina, Ehefrau von Darm, Niklaus 394*

Suchet, Antoine, Rechtsberater Rat Genf (1502–1518) 335*, 474, 553

Süberlich, Paul OP, von Frankfurt, Novizenmeister Dominikanerkonv. Bern 129, 134, 136, 142, 181, 215, 331, 421, 423–426, 437, 442f., 455, 471, 476, 484, 506, 510f., 513, 523, 527, 562–564, 566, 573, 791, 994, 1000, 1003

Südfrankreich, s. Frankreich

Süditalien, s. Italien

Supersaxo, Walter, Bf. Sitten (1457–1482) 40, 286, 532

Suppinger, s. Subinger

Susanna, hl. 784

Synoteti, Nicod OSB, Elemosinar Priorat Lutry 251*, 256, 266, 723

Syrien, syrisch 92, 106, 953

Täschenmacher (Teschenmacher), Johann, Kaplan Vinzenzstift Bern 373*, 400

Tangermünde 797

Tarm, s. Darm

Tantum ergo sacramentum 343*, 684, 688

Tavel, von, Hans Christoph 919–921, 924, 927f., 930f., 933

Teutonia, s. Oberdeutsche Dominikanerprov.

Textoris/Weber, Johann, von Mörnach, s. Mörnach, Johann

Thann (Elsass) 382

Theophil(us) 583, 709*, 715

Thomas von Aquin, s. Aquin, von, Thomas

Thorberg, Kartause BE 197, 239, 648, 741, 973

–, Prior 192, 326, 372, 562, 573, 600, 602, 604, 782, 787; s. auch Alexander, Prior

Thüringen, von, Elisabeth, hl. 167, 344, 495, 839

Thun(er) 368, 440; s. auch Maresius, von Thun

–, Glocke 412

–, Terminierhaus Dominikanerkonv. Bern 422

Thurgau, Eroberung (1460, 1499) 742f.

Tillier (Tellier, Tilyer), Ludwig, Mitglied Kleiner Rat Bern 596*, 894
Tirol 710
Tobler, Gustav 22*
Tocco, von, Wilhelm OP (um 1240–um 1323) 925
Tocke, Heinrich (um 1390–1454), Domherr Magdeburg 796–798
Todi, da, Jacopone OFM (1230–1306), Laienbruder 404
Tolentino, von, Nikolaus, Augustinereremit (kan. 1446) 815
Tongern, von, Arnold (um 1470–1540) 879*
Torquemada, (von), Johannes OP (1388–1468) 97, 178
Toulouse, Bf., s. Anjou, von, Ludwig
–, Kathedrale, Kettenbuch 176
–, Marienstatue aus Marmor 180
Tours, Marienheiligtum 671
Torrenté, de, Ulric OP, Inq. Diöz. Lausanne, Genf, Sitten (1423–1441) 721
Trapani, von, Albert, Karmeliter (kan. 1457) 815
Tremblay, Anne 924
Tremp, Lienhard, Schneider(meister) Bern 460, 895, 935*, 949, 960
–, Ursula, geb. Steiner, Frau von Lienhard, Verwandte von Zwingli, Ulrich 935
Trient 754
–, Bf. 841
–, Franziskaner 841
–, Konzil (1545–1563) 92, 674
–, Judenverfolgung
–, von, Simon, Knabe (angebl. 1475 von Juden in Trient ermordet) 841
Trier, Erzbf. 434, 840
–, Kirchenprov., s. Hochstraten, Jakob, Inq.
–, Rock des Herrn 877*
Trithemius, Johannes OSB (1462–1516), Abt von Sponheim 90, 106*–108, 115
Troyes, Bailli (Dinteville, de, Gaucher) 771 f.*, 774
Trusen, Winfried 63 f.

Türkei, Türken 116, 421, 425, 537, 581, 707 f., 734, 738, 765, 774, 852
Tupho, de, Claude, Hofmeister Bf. Lausanne 620 f.
Twann (am Bielersee) 566

Ubert, Heinrich, Pf. Zweisimmen (–1527) 424*–426, 984, 1005
Ueltschi, Clewi (Niklaus), Kessler 352*
–, Franz OP (Sohn von Niklaus, Schwager von Hübschi, Lienhard), Subprior Dominikanerkonv. Bern (–1509 †) 1, 4 f., 129, 149, 214, 220, 275 f., 338, 352*, 367, 384, 398, 402, 601, 698, 917, 933, 974, 978, 980, 983, 994
Ulm 647, 738, 802
–, Dominikanerkonv. (observant) 4, 147, 186, 550, 555, 569, 578, 607, 812,, 897; s. auch Hug, Paul OP; Sieber, Peter OP; Wetter, Magnus OP, alle aus Ulm, Dominikanerkonv.
– Prior s. Kölli(n), Ulrich
– Propst 569, 606
Ulrich, Schererlehrling Baselbiet 624
Ungarn 543, 765
Unterwalden 823
Unterwallis, s. Wallis
Urban V., Papst (1362–1370) 841
Urban VIII., Papst (1623–1644) 637
Uri 753
Ursula, hl., Martyrium 919

Valence, Kardinal von, s. Borgia, Alphonse
Valper, s. Palmer
Vanckel, s. Fanckel
Vasella, Oskar 49*, 60, 883
Vaterunser 50, 134, 163 f., 180–182, 240, 242, 248, 255, 308, 314, 399, 427, 495, 505, 632, 965
Vatter, Johann OP, Prior Dominikanerkonv. Bern (1503–1509 †) 1, 4, 13, 66, 75, 85 f., 120, 124, 126, 128 f., 130* f., 198, 219, 238, 255, 338, 549, 568, 576, 619, 625, 628, 741 f., 851, 962, 978, 980, 983, 994 f.

Namenregister

Vauchez, André 812–815, 838
Venedig, Venezianer 11, 19, 26, 172, 760 f., 764–767, 769–772, 774, 869, 872, 954: s. auch Savorgnano, Hieronimo, Gesandter
–, San Marco 954
–, Vermählung des Dogen mit dem Meer 954
Vernets, des, François, Sekretär (1503–1514) von Montfalcon, von, Aymo (Bf. Lausanne) 65* f., 231, 237, 281, 292, 419, 529, 549, 609 f., 725, 991
Vernex, Antoine (als Hexer verhört 1482 Oron) 693
Verona, von, Petrus, s. Petrus Martyr
Vevey, Antiphonare Vinzenzstift Bern 591
–, Kastellanei, savoyisch 357, 639
Vézelay, Kirche der Maria Magdalena 784
Vigeri, Marco OFM, Kardinal von Senigallia 538*, 540–542, 734
Vinelz, Rosenkranzbruderschaft 118
Viniatoris, Sebastian OP, Bruder Dominikanerkonv. Bern 215, 995
Vio, de, Thomas OP, genannt Cajetan, s. Cajetan, Thomas OP
Viribus (Virilibus), de, Laurentius, Kleriker Città di Castello 620 f.
Viterbo 162
Vladislav II., Kg. Ungarn 765
Voragine, von, Jakob OP (1228/29–1298) 107

Waadt, waadtländisch 243, 264, 358
Wagner, Hans, Meister, Mitglied Großer Rat Bern 287*, 895
Wagner, Hugo 927
Waldenser 254, 665; s. auch Bern (Verschiedenes) und Freiburg (i. Ü.), Waldenserprozesse
Waldmann, Hans, (von Zürich, hingerichtet 1489) 755
Waldmannhandel 751
Wallis(er) 33, 38, 41, 295, 358, 365, 407, 531, 680, 765, 908, 981

–, Bf. 291, 531; s. auch Sitten, Bf.
–, Landtag (1509), s. Naters
–, Rosenkranzbruderschaft 118
–, Unterwallis, savoyisch 40, 532
–, Zenden 38
Waltheym, von, Hans (1422–1479), von Halle an der Saale 784, 821
Wangen an der Aare, Landvogt 390
Wartenberg (bei Wittenberg) 796
Wattenwyl, von, Jakob, Säckelmeister Bern (1507–1512), Schultheiß (1512, 1517–1519) 383, 438, 602*, 819, 929 f., 940, 953
–, Niklaus (Sohn von Jakob), Chorherr und Propst Vinzenzstift Bern (1508–1523, 1523–1525) 953*, 955
Weber, Johann, siehe Textoris Johann
Wegener, Lydia 88, 226–228
Weher(?), Cristoffel, Wechsler(?) Rom 287
Weinfelden, Belagerung (1458) 742
Weingarten, Blutreliquie 160
Weingarter (auch Weingarten, von), Benedikt (Bendicht), Sohn von Peter, Venner Pfistern Bern 390*, 398, 440, 612, 819, 981, 1005
–, Hans, Sohn von Peter, Venner Pfistern Bern 390
–, Peter, Schuhmacher Bern († 1493) 390
–, Wolfgang, Sohn von Hans, Venner Pfistern Bern 390
Weldner, Thomas, Weihbf. Konstanz (1461–1470) 824
Welser, Handelsgesellschaft Augsburg 907
Welti, Bote Bern 897
Werler, Christan, Weibel Bern 231
Werra, Johann, von Leuk und Sitten 620* f.
Wesalianer 120, 173
Wesel, von, Johann (1425–1481, als Häretiker verurteilt 1479 Mainz) 120*, 173
Westfalen 877
Westfrankreich, s. Frankreich
Westminster, Blutreliquie 160

Westschweiz, s. Schweiz
Wetter, Magnus OP, von Ulm, Lesemeister Schlettstadt (1507) 17, 189* f., 193, 244, 246, 277, 313, 318, 334, 441, 444, 453, 455, 497 f., 516, 518–524, 526, 678, 810, 951, 968
Weyermann, Niklaus, Mitglied Großer Rat Bern 372*, 441
Willading, Lienhard (Leonhard), Mitglied Großer Rat Bern 612*
Willenegger, (Niklaus) OFM, Guardian Franziskanerkonv. Bern (1520) 348*, 367, 387, 818
Willisau 774
Wilsnack (Mark Brandenburg), Wallfahrt 160, 794 f.*, 796–800, 804
Wimmis (Simmental) 409, 421, 425, 442
–, Pf., s. Dick, Benedikt
Wimpfeling, Jakob (1450–1528) 121, 170, 880*
Wimpfen (Bad Wimpfen, Baden-Württemberg)
–, Dominikanerkonv. (observant) 4
– Prior, s. Palmer, Peter
–, Provinzialkapitel (1506, Mai 3) 3, 6, 17, 24, 39, 46, 49, 58–60, 78, 90 f., 120–123, 170, 173, 187, 219, 332, 382, 476 f., 488*, 490, 500, 515 f., 531, 558, 561, 565, 569, 607, 646, 730–733, 735, 737, 739, 755, 852, 855 f., 870, 890, 963
Wimpfen, von, Jakob, Kaplan Inselkloster Bern 197 f., 202, 204, 421, 972; s. auch Bern, Inselkloster, Kaplan
Wirt, Wigand OP, Lesemeister Frankfurt (1494–1506), Prior Stuttgart (1506–1513), Prior Steyr (1519 †), Verfasser *Dialogus apologeticus fratris Wigandi Wirt* (zwischen 1503 und 1505/06) 59 f., 90, 106*, 108, 115–117, 119–123, 128, 173 f., 178 f., 218 f., 416, 477, 488, 490, 492, 561, 731–733, 735, 737, 739, 855, 857 f., 879, 890
Wirt-Handel/Händel (1494/95 und 1501–1513) 59 f., 78, 90 f., 106*, 115 f., 122, 737 f., 836, 855, 948

Wirth, Jean 922 f.
Wittenberg, s. Wartenberg bei W.
Wölfli, Heinrich, Chorherr und Kantor Vinzenzstift Bern (1503–1523, 1523–1524) 194, 257, 259, 261–263*, 277 f., 323–326, 328 f., 344, 350, 358 f., 372, 389, 408 f., 411, 433, 441 f., 450, 485, 505–507, 562, 566, 573, 584, 591 f., 597–603, 606, 625, 670, 676 f., 722, 820, 822–825, 833, 850, 866, 883, 932, 936, 940 f., 943–946, 952–962, 972, 990, 1005
Wolf, Thomas, Propst St. Michael und St. Peter Straßburg 119, 121
Wonnecker, (Johannes Romanus), Prof. Medizin Univ. und Stadtarzt Basel 212*
Worms 874
–, Bf., Diöz. 117, 121, 875
–, Reichstag (1521) 436
Wormser Beschlüsse (1495) 752
Wurmsbach, Zisterzienserinnenkloster 800 f.
–, Marienstatue 800 f.
Wyg, Sebius, Zimmermann Bern 962
Wyler, Kaspar, (Alt)venner Gerbern Bern 111, 199, 326, 375 f., 382, 388, 391, 562, 573, 584, 595, 601–603 f.*, 612–615, 625, 750, 782, 787, 866, 920, 931, 940, 945, 990, 1005
Wymann, Konrad, Pf. Spiez, Glaubensprokurator Haupt- und Revisionsprozess 68 f., 229, 293*, 297, 337, 461, 534–536, 538–543, 545, 552, 652, 734, 759 f., 850, 862, 865, 895, 957, 986 f.
Wysshan, Wilhelm, Mitglied Großer Rat Bern 281*, 724
Wysshar, Johann (Jakob?), Rektor Univ. Basel (1508), Pf. Kleinbasel 213, 335*, 552 f., 900 f.

Zahnd, Urs Martin 733, 934
Zauberlehrling 711
Zebedäus, Ehemann von Maria Salomae, Vater von Jakob d. Ä. und Johannes dem Evangelisten 106

Zeender, Fam. Bern, Glockengießer 412
Zehnder, Johann, Glockengießer 412*, 437, 443, 605, 802, 824, 982, 1005
Zeigler, (Wilhelm), Bürgermeister Basel (1502–1521) 212*
Zimmerecklin, Konrad OP, Kustos Dominikanerkonv. Bern 129, 214, 511, 527, 562, 994 f.
Zimmermann, Heini 413*; möglicherw. id. mit Stiffels, Heinrich
Zisterzienser 161, 671, 813, 857, 932
Zofingen AG 987
–, Mauritiusstift 388*
Zürich, Zürcher 81, 83, 397, 415, 752–756, 772, 800, 802, 836, 929
–, Alter Zürichkrieg (1436–1450) 800
–, Dominikanerkonv. (nicht observant) 150, 152, 836
–, Reformation (1523) 935
–, Reformatoren, s. Bullinger, Heinrich; Zwingli, Ulrich
–, Stadtbibliothek (Zentralbibliothek) 75
–, Tagsatzung 767 (1509, Mai 7), 768 f. (1509, Mai 31), 888, 911 (1512, Juli 7)

Zug 416
Zurzach AG 3, 10, 35, 46, 131*, 237 f., 248, 279, 298, 377, 397, 447, 456, 507, 599, 631, 644, 647, 963
–, Bezirk 255, 377
–, Marienkapelle 414, 447
–, Messen 322*, 412, 599
–, Propst, s. Attenhofer, Peter
–, Wappen 266
Zweisimmen (Simmental), Mutterkirche von St. Stephan 422
–, Pf., Pfarrei 422, 424–426, 442; s. auch Ubert, Heinrich, Pf.
–, Rosenkranzbruderschaft 118, 422
–, Terminiergebiet Dominikanerkonv. Bern 118, 422
Zwingli, Ulrich, Reformator Zürich (1523 ff.) 460, 616, 935, 961; s. auch Tremp, Ursula, Verwandte von Zwingli, Ulrich
Zwygart, Johann, Priester Bern 276, 479, 502, 559, 583–588, 590, 601, 866, 990, 1005